中華書局校刊

聚珍仿宋版

十三經注疏

十四　左傳注疏

中華書局

俱被楚侵明其並救二國傳稱救陳宋而經無宋字故設疑云蓋闕也服虔云趙盾既救陳而楚師侵宋趙盾欲救宋而楚師解去案經傳皆言侵陳遂侵宋陳在宋南是先侵陳去陳乃侵宋也若趙盾越宋而南救陳猶及楚師北迴救宋安得不及楚也若言欲救宋而楚師解去則救陳之時楚師已向宋矣何以書救陳也蓋以陳既被侵方始告晉晉人起師救陳楚又移師侵宋晉師比至於鄭楚師既已去矣故諸國會于棐林同共伐鄭棐林鄭地明晉始至鄭不得與楚相遇故竟無戰事言救陳宋者皆是致其意耳

宋公陳侯衛侯曹伯會晉師于棐林伐鄭晉師救陳宋四國君往會之共伐鄭也不言會趙盾取於兵會非好會也棐林鄭地滎陽宛陵縣東南有林鄉○棐芳尾反好呼報反

疏晉師至林鄉○正義曰晉本與師爲救陳宋但楚師已去故四國之君往會晉師與共伐鄭言于棐林者行會禮然後伐桓十五年公會宋公衛侯陳侯于袲伐鄭亦行會禮乃伐與此同也晉師趙盾爲將不言會趙盾而言晉師者取於兵會非好會言所會其兵非會其人故稱師案定八年公會晉師于瓦注云卿不書禮不敵公知此非爲趙盾不敵公侯稱師者沈氏云此會有宋公陳侯等猶成二年會于蜀有蔡許之君故知此非爲趙盾不得敵諸侯但取於兵會彼會于瓦唯有公故知與此異耳

○冬晉趙穿帥師侵崇。○崇本亦作崈○晉人宋人伐鄭

傳元年春王正月公子遂如齊逆女尊君命也諸侯之卿出入稱名氏所以尊君命也傳於此發者與還文不同故釋之

疏。注諸侯至釋之○正義曰氏者位尊乃賜是臣之寵號具名氏所以尊君命言君命重故貴臣行行人貴則君命尊也諸侯之卿出入稱名氏者若宋華元衛元咺之類是也如魯卿公孫敖喪歸尚稱氏明生歸亦然其歸父意如叔孫婼不稱氏者名有所爲與常例不同也會盟征伐具名氏者皆是尊君命也傳獨於此發者爲其與還文不同故於此釋之釋例曰昏禮雖奉時君之命其言必稱先君以爲禮辭故公子翬逆女傳曰脩先君之好公子遂逆

女傳稱曰尊君命互發其義也三月遂以夫人婦姜至自齊尊夫人也遂不言公子替其尊稱所以成小君之尊也公
子當時之寵號非族也故傳不言舍族釋例論之備矣○稱尺證反舍音捨疏注遂不至備矣正義曰公子亦是寵號其事與族相似魯臣有罪則貶去
其族族去則非卿今遂與夫人俱至物無兩大人不並尊若從夫人者尊則夫人卑矣故替其尊稱令從夫人者卑則夫人尊矣釋例曰往必稱族以示其重
還雖在塗必舍族以替之所以成小君之尊是其義也成十四年叔孫僑如逆女及以夫人至其文與此正同彼傳云稱族尊君命舍族尊夫人此傳不言稱
族舍族者釋例曰傳云公子遂如齊逆女尊君命也遂以夫人婦姜至自齊尊夫人也叔孫僑如逆女則往曰稱族還曰舍族然則公子公孫繫公之常言非
族也是言公子非族故與彼異文公子雖則非族稱舍亦與族同故其言尊君命尊夫人與彼亦不異也所以異者族必君賜乃稱之公子公孫繫公之常言
不須待賜乃稱之耳○夏季文子如齊納賂以請會宣公篡立未列於會故以賂請之○篡初患反○晉人討不
用命者放胥甲父于衛胥甲下軍佐文十二年戰河曲不肯薄秦於險疏注胥甲至於險○正義曰案彼傳胥甲與趙穿同罪放胥
甲而舍趙穿者於時趙盾爲政穿見晉君之壻或本罪輕於胥甲故得无咎而立胥克克甲之子先辛奔齊辛甲之屬大夫○會
于平州以定公位篡立者諸侯既與之會則不得復討臣子殺之與弒君同故公與齊會而位定○復扶又反疏注篡立至位定○正
義曰春秋之世王政不行諸侯自相推戴廢立不由天子篡弒而立則鄰國討之若與之會則序之於列成其爲君諸侯既已爲會則臣子不得復討若其殺
之則與弒君罪同宣公殺子惡而取國常畏魯人討己心不自安納賂請會故既與齊會而公位乃定成十五年戚之會討曹成公成公得列于會後曹人請
于晉曰先君無乃有罪乎若有罪則君列諸會矣是列會則位定也○東門襄仲如齊拜成謝得會也○六月齊人取

濟西之田爲立公故以賂齊也濟西故曹地僖三十一年晉文以分魯○爲于僞反○宋人之弑昭公也在文十六年晉荀林父以諸侯之師伐宋宋及晉平宋文公受盟于晉又會諸侯于扈將爲魯討齊皆取賂而還文十五年十七年二扈之盟皆受賂疏注文十至受賂○正義曰杜以傳言皆取賂而還必有二事乃得稱皆故指二扈之盟以充皆義劉炫云案傳數晉罪近發宋弑昭公前扈之盟文所不及何當虛指其事言皆取賂故謂宋及晉平取宋賂爲魯討齊取齊賂也案此言會諸侯于扈文承宋人之弑昭公下知非十七年會于扈既取宋賂又取齊賂而稱皆必爲十七年十五年二扈之盟者案十七年會于扈尋檢經傳全無魯討齊之事豈得違背經傳妄指十七年乎但宋弑昭公其罪既大故先言之爲魯討齊其先小故後言之劉炫以傳文先後顛倒又以會于扈爲十七年之事違背經傳而規杜非也取賂而還書本或云取齊賂而還檢勘古本及杜注意並無齊字文十七年宋及晉平唯受宋賂十五年會扈受齊賂耳傳言皆者皆齊宋也故知皆取齊賂者非也鄭穆公曰晉不足與也遂受盟于楚陳共公之卒楚人不禮焉卒在文十三年○共音恭陳靈公受盟于晉秋楚子侵陳遂侵宋晉趙盾帥師救陳宋會于棐林以伐鄭也楚蔿賈救鄭遇于北林與晉師相遇滎陽中牟縣西南有林亭在鄭北囚晉解揚晉人乃還解揚晉大夫○解音蟹○晉欲求成於秦趙穿曰我侵崇秦急崇必救之崇秦之與國○秦急崇絕句本或作崇急秦必救之是後人改耳疏秦急崇○正義曰崇是秦之與國故秦人急於援崇吾以求成焉冬趙穿侵崇秦弗與成○晉人伐鄭以報北林之役報因解揚於是晉侯侈趙宣子爲

政驟諫而不入故不競。於楚競強也爲明年鄭伐宋張本○侈昌氏反又尸氏反驟仕救反

經二年春王二月壬子宋華元帥師及鄭公子歸生帥師戰于大棘宋師敗績

獲宋華元。得大夫生死皆曰。獲例在昭二十三年大棘在陳留襄邑縣南疏宋華至生帥師○正義曰此華元歸生及哀二年趙鞅罕達客主各言帥師者皆是將尊師衆故並具其文或於歸生之下無帥師之字脫耳○注得大至縣南○正義曰此獲華元生也哀十一年獲齊國書死也以此知生死皆曰獲昭二十三年傳云書曰胡子髡沈子逞滅獲陳夏齧君臣之辭也傳言書曰是仲尼變例也

○秦師伐晉○夏晉人宋人衛人陳人侵鄭鄭爲楚伐宋獲其大夫晉趙盾興諸侯之師將爲宋報恥畏楚而還失霸者之義故貶稱人○爲鄭于爲反下同疏注鄭爲至稱人○正義曰諸經貶諸侯之卿稱人者傳皆言其名氏此傳唯稱趙盾及諸侯之師侵鄭諸侯之將不言名氏則實是微者非貶之也趙盾畏楚而還故貶之稱人釋例曰鄭受楚命伐宋大敗宋師獲其二卿此晉之不競也晉於是申命衆國大起其衆將以雪宋之恥取威定霸趙盾爲政而畏越椒之盛不敢遂其所志託辭班師失宋之心孤諸侯之望所以致貶也

○秋九月乙丑晉趙盾弒。其君夷皐靈公不君而稱臣以弒者以示良史之法深責執政之臣例在四年○皐古刀反疏注靈公至四年○正義曰釋例曰經書趙盾弒君而傳云靈公不君又以明於例此弒宜稱君也弒非趙盾而經不變文者以示良史之意深責執政之臣傳故特見仲尼曰越竟乃免明盾亦應受罪也雖原其本心而春秋不赦其罪蓋爲教之遠防

○冬十月乙亥天王崩傳無

傳二年春。鄭公子歸生受命于。楚伐宋受楚命也○受命于楚本或作命于楚宋華元樂呂御之

二月壬子戰于大棘宋師敗績囚華元獲樂呂樂呂司寇獲不書非元帥也獲生死通名經言獲華元故傳特護之曰囚以明其生獲故得見贖而還○帥所類反贖食欲反及甲車四百六十乘俘二百五十人馘百人狂狡輅鄭人鄭人入于井狂狡宋大夫輅迎也○乘繩證反下同俘芳夫反馘古獲反馘百人或馘百者人衍字狡古卯反輅五嫁反倒戟而出之獲狂狡君子曰失禮違命宜其爲禽也戎昭果毅以聽之之謂禮聽謂常存於耳著於心想聞其政令○倒丁老反宜其爲禽一本作宜其禽也毅魚既反著直略反殺敵爲果致果爲毅易之戮也易反○疏君子至戮也○正義曰軍法以殺敵爲上將軍臨戰必三令五申之狂狡失即戎之禮違元帥之命曲法以拯鄭人宜其爲禽也昭明也兵戎之事明此果毅以聽之之謂禮能殺敵人是名爲果言能果敢以除賊致此果敢乃名爲毅言能彊毅以立功易之戮也反易此道則合刑戮也昭謂明曉此禮致謂達之於敵毅彊也能致用此意乃爲彊人言在軍對敵必須殺也尚書成湯數桀之罪以誓衆云爾尚輔予一人致天之罰予其大賚汝爾不從誓言予則孥戮汝武王數紂之罪以誓衆云勗哉夫子尚桓桓如虎如貔如熊如羆于商郊爾所不勗其于爾躬有戮二王以至聖伐至惡尚誓衆使多殺是軍法務在多殺殺敵乃爲禮也公羊善宋襄公不鼓不成列以爲文王之戰亦不過此武王之戰既知不然文王之戰豈當若是審如公羊之言文王未曉戰法其不能身定天下豈爲此乎將戰華元殺羊食士其御羊斟不與及戰曰疇昔之羊子爲政疇昔猶前日也○食音嗣斟之金反不與音預疏注疇昔猶前日也○正義曰禮記檀弓云孔子謂子貢曰吾疇昔之夜夢坐奠於兩楹之間鄭玄云疇昔猶前日也是相傳爲然今日之事我爲政與入鄭師故敗君子謂羊斟非人也以其私憾。

敗國殄民。憾恨也殄盡也○憾本亦作感戶暗反注同敗必邁反又如字殄大典反於是刑孰大焉詩所謂人之無良者詩小雅義取不良之人相怨以亡○其羊斟之謂乎殘民以逞○宋人以兵車百乘文馬百駟畫馬爲文四百匹○逞敕領反【疏】注畫馬爲文○正義曰謂文飾雕畫之若朱其尾鬣之類也○以贖華元于鄭半入華元逃歸立于門外告而入告宋城門而後入言不苟見叔牂曰子之馬然也叔牂羊斟也卑賤得先歸華元見而慰之○牂子郎反對曰非馬也其人也叔牂。知前言。以顯故不敢讓罪既合而來奔叔牂言畢遂奔魯合猶荅也【疏】見叔至來奔○正義曰叔牂卑賤故得先歸華元見而安慰之曰往奔入鄭軍者子之馬自然非子之罪叔牂自知前言已顯不敢隱諱乃對元曰非馬也其人也言是已爲之叔牂既荅華元而即來奔魯耳服虔載三說皆以子之馬然爲叔牂之語對曰以不爲華元之辭賈逵云叔牂宋守門大夫華元既見叔牂牂謂華元曰子見獲於鄭者是由子之馬使然也華元對曰非馬也其人爲之也謂羊斟驅入鄭也奔走也言宋人贖我之事既和合而我即來奔耳鄭衆云叔牂即羊斟也在先得歸華元見叔牂牂即誣之曰奔入鄭軍者子之馬然也非我也華元對曰非馬也其人也言是女驅之耳叔牂既與華元合語而即來奔魯又一說叔牂宋人見宋以馬贖華元謂元以贖得歸謂元曰子之得來當以馬贖故然華元曰非馬也其人也言已不由馬贖自以人事來耳贖事既合而我即來奔杜以傳文見叔牂而即言曰則曰下皆當爲華元之語不得爲叔牂之辭且以華元與賤人交語而稱對曰謂歸國而來奔皆於文不順又羊斟與叔牂當是名字相配故不從三家而別爲之說采鄭氏來奔爲奔魯耳合是聚合言語故云合猶荅也宋城華元爲植巡功植將主也○植直吏反注同將子匠反【疏】注植將主也○正義曰周禮大司馬大役屬其植鄭司農云植謂部曲將吏故宋城華元爲植巡功是植謂將領主

帥監作者也巡功謂巡城檢作功也城者謳曰睅其目皤其腹棄甲而復睅出目皤大腹弃甲謂亡師○謳烏侯反睅戶

板反說文字林云大目也蘇林云寢視不安貌孟康云猶分然也皤步何反○疏注睅出目皤大腹○正義曰說文云睅大目也目大則出見故云出目也

皤是腹之狀腹以大爲異故爲大腹也○于思于思棄甲復來于思多鬚之貌○于思如字又西才反多鬚貌賈逵云白頭貌復扶又反

來力知反又如字以協上韻鬚須于反字又作鬚○疏注于思多鬚之貌○正義曰賈逵以爲白頭貌成十五年華元爲右師距此三十二年計未得頭白

故杜以爲多鬚貌亦是以意言之耳使其驂乘謂之曰牛則有皮犀兕尚多棄甲則那那猶何也○驂七南

反犀音西兕徐履反那乃多反疏犀兕尚多○正義曰釋獸云犀似豕郭璞曰形似水牛豬頭大腹庳腳。腳有三蹄黑色。三角一在頂上一在額上一在鼻

上鼻上者食角也小而不橢好食棘亦有一角者劉。歆期交州記曰犀出九德毛似豕蹄有甲頭似馬吳錄地理志云武陵沅南縣以南皆有犀釋獸云兕似

牛郭璞云一角青色重千斤說文云兕如野牛青毛其皮堅厚可制鎧交州記曰兕出九德有一角角長三尺餘形如馬鞭柄偏檢書傳犀兕二獸並出南方

非宋所有假令波及宋國必不能多言尚多者苟以荅謳者耳役人曰從其有皮丹漆若何華元曰去之夫其

口衆我寡傳言華元不吝其咎寬而容衆○漆音七吝力刃反咎其九反○秦師伐晉以報崇也伐崇在元年遂圍

焦焦晉河外邑夏晉趙盾救焦遂自陰地及諸侯之師侵鄭陰地晉河南山北自上洛以東至陸渾○渾戶

昏反以報大棘之役楚鬬椒救鄭曰能欲諸侯而惡其難乎遂次于鄭以待晉師

趙盾曰彼宗競于楚殆將斃矣。競強也鬬椒若敖之族自子文以來世爲號令尹○惡烏路反難乃旦反斃婢世反姑益

其疾乃去之欲示弱以驕之傳言趙盾所以稱人且爲四年楚滅若敖氏張本○晉靈公不君。失君道也以明於例應稱國以

弒○弒申志反厚斂以彫牆。彫畫也○斂力驗反彫本亦作雕牆在良反從臺上彈人而觀其辟丸也。宰夫

胹熊蹯不熟。殺之，寘諸畚，使婦人載以過朝。畚以草索爲之。筥屬○彈徒丹反胹音而煑也蹯扶元反寘之豉反

畚音本草器也索素各反筥九呂反疏宰夫胹熊蹯○正義曰字書過熟曰胹命此宰夫胹熊蹯其蹯不至於熟以其違命故殺之○注畚以至筥屬○正

義曰周禮挈壺氏挈畚以令軍糧鄭衆云縣畚于廩假之處畚所以盛糧之器故以畚表廩說文云畚蒲器可以盛糧韓詩外傳云鮑焦挈畚采蔬遇子貢於

道是畚可以盛糧盛菜以草索爲之今人猶有此器形制似筥故爲筥屬過朝以示人令衆懼己趙盾士季見其手問其故而

患之將諫士季曰諫而不入則莫之繼也會請先不入則子繼之三進及溜而

後視之士季隨會也○三進三伏公不省而又前也公知欲諫故佯不視○其手一本作首留力救反屋霤也疏將諫至繼之○正義曰言二人將欲

相隨入諫士季謂盾曰子是尊卿今與子俱諫而不入則莫之能繼續爲諫會是卑卿請先往諫不入則子繼之○三進及溜○正義曰溜謂簷下水溜之處

入門伏而不省起而更進三進而及於君之屋溜言迫於公之前也曰吾知所過矣將改之稽首而對曰人誰無

過過而能改善莫大焉詩曰靡不有初鮮克有終詩大雅也○鮮息淺反少也下同夫如是則

能補過者鮮矣君能有終則社稷之固也豈惟羣臣賴之又曰袞職有闕惟仲

山甫補之能補過也詩大雅也袞君之上服闕過也言服袞者有過則仲山甫能補之○袞古本反君能補過袞不廢

矣常服衮也猶不改宣子驟諫公患之使鉏麑賊之鉏麑晉力士○鉏仕俱反麑音迷一音五兮反晨往寢

門闢矣盛服將朝尚早坐而假寐不解衣冠而睡○闢婢亦反盛音成本或作成睡垂偽反麑退歎而言曰

不忘恭敬民之主也賊民之主不忠弃君之命不信有一於此不如死也觸槐

而死槐趙盾庭樹○槐音懷又音回○秋九月晉侯飲趙盾酒伏甲將攻之其右提彌明知之

右車右○飲於鴆反提本又作祇上支反彌面皮反趨登曰臣侍君宴過三爵非禮也遂扶以下公嗾夫

獒焉明搏而殺之獒猛犬也○遂扶舊本皆扶房孚反服虔注作跣先典反云徒跣也今杜注本往往有跣者嗾素口反說文云使犬也服本作㖞夫音扶獒五羔反尚書傳云大犬也爾雅云狗四尺為獒說文云犬知人心可使者搏音博

疏趨登至非禮也○正義曰此言飲趙盾酒是小飲酒耳非正燕禮燕禮獻酬之後方脫屨升堂行無筭爵非止三爵而已其侍君小飲則三爵而退玉藻云君子之飲酒也受一爵而色洒如也二爵而言言斯禮已三爵而油油以退鄭玄云禮飲過三爵則敬殺可以去矣是三爵禮訖自當退也提彌明言此之時未必已過三爵假此辭以悟趙盾耳○遂扶至獒焉○正義曰服虔本扶作跣注云趙盾徒跣而下走禮脫屨而升堂降階乃納屨堂上無屨跣則是堂何須云遂跣而下且遂者因上生下之言提彌明言訖而遂不得為趙盾遂也杜本作扶言扶盾下階也服虔云嗾㖞也夫語辭獒犬名公乃㖞夫獒使之噬盾也釋畜云狗四尺為獒是大犬之名以其使之噬盾故云獒猛犬也

盾曰棄人用犬雖猛何為責公不養士而更以犬為己用鬭且出提彌明死之初宣子田

於首山舍于翳桑田獵也翳桑桑之多蔭翳者首山在河東蒲坂縣東南○翳於計反蔭音陰又於鴆反見靈輒餓問其

病靈輒晉人曰不食三日矣食之舍其半問之曰宦三年矣宦學也○食之音嗣下同舍其音捨疏注宦學也○正義曰曲禮云宦學事師則二者俱是學也但宦者學仕宦學者尋經藝以此爲異耳未知母之存否今近焉去家近請以遺之使盡之而爲之簞食與肉簞笥也○遺唯季反下注同簞音丹笥思嗣反疏注簞笥也○正義曰鄭玄曲禮注云圓曰簞方曰笥然則俱是竹器方圓異名耳故以簞爲笥鄭玄論語注亦云簞笥也寘諸橐以與之既而與爲公介靈輒爲公甲士○橐他洛反與音預公介音界倒戟以禦公徒而免之問何故對曰翳桑之餓人也問其名居問所居不告而退不望報也遂自亡也輒亦去乙丑趙穿攻靈公於桃園穿趙盾之從父昆弟子乙丑九月二十七日○攻如字本或作弒疏注穿趙至弟子○正義曰晉語云趙衰趙夙之弟世族譜盾是衰子穿是夙孫是穿爲盾之從父昆弟之子也世本夙爲衰祖穿爲夙之曾孫世本轉寫多誤其本未必然也宣子未出山而復晉竟之山也盾出奔聞公弒而還○竟音境下文注同弒申志反大史書曰趙盾弒其君以示於朝宣子曰不然對曰子爲正卿亡不越竟反不討賊非子而誰宣子曰烏呼我之懷矣自詒伊慼其我之謂矣逸詩也言人多所懷戀則自遺憂○大音泰○孔子曰董狐古之良史也書法不隱不隱盾之罪○趙宣子古之良大夫也爲法受惡善其爲法受屈爲于僞反注同○惜也越竟乃免越竟則君臣之義絕可以不討賊○疏注越竟至討賊○正義曰哀八年傳公山不狃云君子違不適讎國未臣而有伐之奔命焉死之可也注云未臣所適之國則可還奔命死其難如彼傳文雖則出奔臣義未

絶此注云越竟則君臣之義絶者以仲尼云越竟乃免出竟則免責明其義已
絶也襄三十年鄭人殺良霄傳曰不稱大夫言自外入也去國不稱大夫是爲
義絶之驗且受君之命乃得爲臣今君欲殺己逃奔他國君之於臣既已絶矣
臣之於君能無絶乎董狐云子爲正卿反不討賊明其威足討賊卿位猶在故
責之耳我以君寵得爲國卿。杖君之威故羣下用命亦既失位出奔國人不復
畏我國內自有賊亂非我所能禁之故越竟得免由義絶故也不狃之言謂己
以他故出奔非是君欲殺己閔其宗國宜還救之昭二十一年宋公子城以晉
師救宋是其事也襄二十七年傳曰崔氏之亂申鮮虞來奔僕。賃於野以喪莊
公彼是公之寵臣去國而行君服豈復責無罪而將見殺逃竄而行免死者皆
令反服君乎禮檀弓曰穆公問於子思曰爲舊君反服古與子思曰古之君子
進人以禮退人以禮故有舊君反服之禮也今之君子進人若將加諸膝退人
若將隊諸淵無爲戎首不亦善乎又何反服之禮之有是言人去國雖同本情有
異不可以一概論也宣子使趙穿逆公子黑臀于周而立之黑臀晉文公子○臀徒門反疏注黑臀晉文公子○
正義曰周語單襄公云吾聞成公之生也其母夢神規其臀以。黑曰
使有晉國故命之曰黑臀晉世家成公者文公少子其母周女也○壬申朝于
武宮壬申十月五日既有日而無月冬又在壬申下明傳文無較例○較音角○初麗。姬之亂詛無畜羣公子詛盟誓○
麗力知反詛側慮反疏初麗至公子○正義曰服虔云麗姬與獻公及諸大夫詛無畜羣
公子欲令其二子專國杜雖不注義似不然若麗姬身爲此詛姬
死即應復常何得比至於今國無公族豈復文襄之霸遂踵麗姬法乎蓋爲奚
齊卓子以庶篡適晉國創其爲亂不用復畜公子案檢傳文及國語文公之子
雍在秦樂在陳黑臀在周襄公之孫談在周則是晉之公子悉皆出在他國是
其因行而不改成公今始革之故傳本其初也則是國內因麗姬之亂乃設此
詛非麗姬自爲詛也若麗姬爲詛不須言麗姬之亂以言之亂知其創麗姬也
自此之後雖立公族而顯者亦少唯有悼公之弟揚。干悼公之子慭二人名見

於傳昭十八年鄭人救火子產辭晉公子公孫於東門以外更無其人𡬶由偪於六卿不被任用故耳自是晉無公族無公子故廢公族之官疏注無公至之官○正義曰不畜羣公子故無公族是公族之官掌教公之子弟也下注云餘子適子之母弟亦治餘子之政。子屬餘子之官則適子屬公族之官也孔晁注國語云公族大夫掌公族及卿大夫子弟之官是卿之適子屬公族也晉語云欒伯請公族悼公曰荀家惇惠荀會文敏黶也果敢無忌慎靖使茲四人者爲之膏粱之性難正也故使惇惠者教之文敏者道之果敢者諗之慎靖者脩之使茲四人者爲公族大夫是公族主教誨也及成

公即位乃宦卿之適。子。而爲之田以爲公族宦仕也爲置田邑以爲公族大夫○適本又作嫡丁歷反下注同爲置于僞反又宦其餘子亦爲餘子餘子。嫡子之母弟也亦治餘子之政疏注餘子至之政○正義曰下庶子爲妾子知餘子則是適子之母弟也言亦爲餘子則知餘子之官亦治餘子之政今主教卿大夫適妻之次子也下云庶子爲公行掌率公之戎車則公行不教庶子然則卿大夫之妾子亦是餘子之官教之矣其庶子爲公行庶子妾子也掌率公戎行○行戶郎反注及下同疏注庶子至戎行○正義曰下。句趙盾自以爲庶爲旄車之族。則。旄。車。之。族。即公行也掌車而謂之公行知其掌率公戎車之行列也晉於是有公族餘子公行皆官名

疏晉於至公行○正義曰此晉有公族餘子公行詩魏風有公族公路公行其公族公行既同公路似此餘子但餘子不主路車公路非餘子也當與公行爲一以其主君路車謂之公路主車行列謂之公行其實正是一官詩人變文以韻句耳周禮無此三官之名夏官有諸子下大夫二人掌國子之倅事與公族同也春官有巾車下大夫二人掌王之五路事與公行同也無。餘子同者天子諸侯禮異耳趙盾請以括爲公族括趙盾異母弟趙姬之中子屏季也○括古活反中如字又丁仲反屏步丁反曰君姬氏之愛子也趙姬文公女成公姊也微君姬氏則臣

狄人也公許之盾狄外孫也姬氏逆之以爲適事見僖二十四年○見賢遍反冬趙盾爲旄車之族。旄車公行之官盾本卿適其子當爲公族辟屏季故更掌旄車○旄音毛一本作秏【疏】注旄車至旄車○正義曰主公車行列謂之公行車皆建旄謂之旄車之族詩云子子干旄又曰建旄設旄是公車必建旄也周禮主車之官謂之巾車巾者衣也主衣飾之車謂之巾車此掌建旄之車謂之旄車之族盾本卿之適子其子世承正適當爲公族使辟屏季故更爲旄車之族自以身爲妾子故使其子爲妾子之官知非盾身自爲旄車之族而云使其子者旄車之族賤官耳盾身既爲正卿無容退掌賤職六年經稱晉趙盾衛孫免侵陳仍書於經非身退位故知使其子耳原同長而使趙括者沈氏云以其君姬氏之愛子故使之非正適也使屏季以其故族爲公族大夫盾以其故官屬與屏季爲衰之適○衰初危反【疏】注盾以至之適○正義曰族即屬也故官屬者父時舊官屬也將父時官屬盡與屏季使季爲衰之正適也盾之此意欲令身死之後使屏季承其父後爲趙氏宗主但晉人以盾之忠更使其子朔承盾後耳

經三年春王正月郊牛之口傷改卜牛牛死乃不郊牛不稱牲未卜日猶三望○葬匡王無傳四月而葬速○楚子伐陸渾之戎○夏楚人侵鄭○秋赤狄侵齊無傳○宋師圍曹○冬十月丙戌鄭伯蘭卒再與文同盟【疏】注再與文同盟○正義曰蘭以僖三十三年即位文二年盟于垂隴七年于扈十四年于新城魯鄭俱在當言三同盟而云再者以扈之盟經文不序諸侯故不數劉炫規之非也○葬鄭穆公無傳

傳三年春不郊而望皆非禮也言牛雖傷死當更改卜取其吉者郊不可廢也前年冬天王崩未葬而郊者不以王事廢天事

禮記曾子問天子崩未殯五祀不行既殯而祭【疏】。注言牛至而祭○正義曰案經祭自啓至于反哭五祀之祭不行已葬而祭牛死在正月郊當用三月其間足得養牛牛雖一傷一死當更改卜取其吉者郊天之禮不可廢也牛死而遂不郊故爲非禮也不郊非禮則於禮得郊禮諸侯爲天子斬衰天王崩未葬而遂得郊者不以王事廢天事也引曾子問者舉。動輕以明重也初死以至於殯啓殯以至反哭於此之閒五祀之祭不行耳既殯之後啓殯以前五祀之祭猶尙不廢郊天必不廢矣故鄭注云郊社亦然王制云喪三年不祭唯祭天地社稷爲越紼而行事鄭玄云不敢以卑廢尊紼輴車索禮天子殯於西序欑輴車而塗之繫紼以備火災言越紼而行事是在殯得祭也案曾子問既殯而祭其祭也尸入三飯不侑酳不酢而已矣謂尸唯三飯祝不侑勸其食食罷主人酌酒酳尸尸不酢主人曾子問又云已葬而祭祝畢獻而已謂尸飯而侑勸訖酳尸尸酢主人酢訖又布席祝坐主人酌酒以獻祝獻畢而止故鄭注云既葬彌吉畢獻祝而後止是也鄭又注彼云天子七祀言五者關中言之案禮記祭法云王爲羣姓立七祀曰司命曰中霤曰國門曰國行曰泰厲曰戶曰竈王自爲立七祀諸侯爲國立五祀曰司命曰中霤曰國門曰國行曰公厲諸侯自爲立五祀大夫立三祀曰族厲曰門曰行適士立二祀曰門曰行庶士庶人立一祀或立戶或立竈是其義也

望郊之屬也不郊亦無望可也已有例在僖三十一年復發傳者嫌牛死與卜不從異○復扶又反

○晉侯伐鄭及郔。鄭及晉平士會入盟。郔鄭地爲夏楚侵鄭傳○郔音延

○楚子伐陸渾之戎遂至於雒觀兵于周疆雒水出上。雒冢領山至河南鞏縣入河○疆居良反定王使王孫滿勞楚子王孫滿周大夫○勞力報反楚子問鼎之大小輕。重焉示欲偪周取天下○對曰在德不在鼎昔夏之方有德也禹之世○夏戶雅反遠方圖物圖畫山川奇異之物而獻之貢金九牧使九州之牧貢金○鑄鼎象物象所圖物著之

於鼎○鑄之樹反著張慮反舊直略反百物而爲之備使民知神姦圖鬼神百物之形使民逆備之故民入川澤山林不。逢。不若若順也螭。魅。罔。兩。螭山神獸形魅怪物罔兩水神○螭敕知反魅亡備反本又作彪罔亡丈反兩本又作蜽音同說文云罔兩山川之精物也○

疏○注螭山至水神○正義曰螭山神獸形魅怪物先儒相傳爲然魯語仲尼云木石之怪夔罔兩水之怪龍罔象則罔兩是木石之神杜以爲水神者魯語賈逵注云罔兩罔象言有夔龍之形而無實體然則罔兩罔象皆是虛無當總彼之意非神名也上句言山林川澤則螭魅罔兩四神文十八年注螭魅山林異氣所生螭魅既爲山林之神則罔兩宜爲川澤之神故以爲水神也

莫能逢之。逢遇也用能協于上下以承天休民無災害則上下和而受天祐○休許虯反下同祐音右桀有昏德鼎遷于商載祀六百載祀皆年。○載祀爾雅云商曰祀唐虞曰載周曰年夏曰歲○

疏注載祀皆年○正義曰釋天云唐虞曰載商曰祀周曰年孫炎云載取物終更始祀取四時祭祀一說年取年穀一。熟是載祀皆年之別名復言之耳律曆志云商三十一王六百二十九年

商紂。暴虐鼎遷于周德之休明雖小重也不可遷○紂直九反其姦回昏亂雖大輕也言可移天祚明德有所厎。止厎致也○祚才故反厎音旨○成王定鼎于郟鄏郟鄏今河南也。武王遷之成王定之○郟古洽反鄏音辱卜世三十卜年七百天所命也周德雖衰天命未改鼎之輕重未可問也

疏卜世至七百○正義曰律曆志云周三十六王八百六十七年過卜數也

○夏楚人侵鄭鄭卽晉故也○宋文公卽位三年殺母弟須及昭公子武氏之謀也武氏謀奉。母弟須及昭公子以作亂事在文十八年使戴桓之族攻武氏於司馬子伯之

館盡逐武穆之族武穆之族以曹師伐宋秋宋師圍曹報武氏之亂也○冬鄭穆公卒初鄭文公有賤妾曰燕姞姞南燕姓○姞其乙反又其吉反夢天使與己蘭蘭香草疏夢天使與己蘭○正義曰夢言天者皆非天也此既言天使與己蘭即云余為伯儵儵即非天也伯儵不得自稱為天天不得變為伯儵明是夢者恍惚之言耳成五年晉趙嬰夢天使謂己祭余余福女上天之神聽明正直寧當就淫亂之人降福以求食乎昭四年叔孫穆子夢天壓己弗勝號豎牛助而勝之若是上天之神寧當與豎牛爭力而不勝也明皆恍惚之言或別有邪神夢者不識而妄稱天耳曰余為伯儵。余而祖也伯儵南燕祖○儵直留反以是為而子以蘭為女子名○女音汝以蘭有國香人服媚之如是媚愛也欲令人愛之如蘭○媚亡冀反令力呈反既而文公見之與之蘭而御之辭曰妾不才幸而有子將不信。敢徵蘭乎懼將不見信故欲。計所賜蘭為懷子月數公曰諾生穆公名之曰蘭文公報鄭子之妃曰陳嬀鄭子文公叔父子儀也漢律淫季父之妻曰報○嬀九危反生子華子臧子臧得罪而出出奔宋○臧作郎反誘子華而殺之南里南里鄭地在僖十六年使盜殺子臧於陳宋之間在僖二十四年又娶于江生公子士朝于楚楚人酖之及葉而死葉楚地今南陽葉縣○酖直蔭反葉式涉反疏朝于楚○正義曰諸侯大子攝行父事稱朝此公子士非大子亦稱朝者以大子稱朝故傳亦通言之其實合稱聘耳又娶于蘇生子瑕。子俞彌俞彌早卒洩駕惡瑕文公亦惡之故不立也洩駕鄭大夫○愈音愉惡烏路反下同公逐羣公子公子蘭奔晉從晉文公伐鄭在僖三十年○從如字又才用反石癸曰吾聞姬姞耦其子孫必蕃姞姓宜為姬配耦○癸居揆反蕃音煩下同姞吉人也后稷之元妃也姞姓之女為后稷妃周是以興故曰吉人今公子蘭姞甥也天或啓之必將為君其後必蕃先納之可以亢寵亢極也○亢苦浪反與孔將鉏侯宣多納之盟于大宮而立之大宮鄭祖廟○鉏仕俱反大音泰注同以與晉平穆公有疾曰蘭死吾其死乎吾所以生也刈蘭而卒傳言穆氏所以大興於鄭天所啓也○刈魚廢反

經四年春王正月公及齊侯平莒及郯莒人不肯公伐莒取向莒郯二國相怨故公與齊侯共平之向莒邑東海承縣東南有向城遠疑也○郯音談向舒亮反承韋昭之甑反一作丞又音拯○秦伯稻卒無傳未同盟○稻徒老反○夏六月乙酉鄭公子歸生弒其君夷傳例曰稱臣臣之罪也子公實弒而書子家罪其權不足也○赤狄侵齊無傳○秋。公如齊公至自齊。無。傳告于廟例在桓二年○冬楚子伐鄭

傳四年春公及齊侯平莒及郯莒人不肯公伐莒取向非禮也平國以禮不以亂伐而不治亂也責公不先以禮治之而用伐○不治直吏反以亂平亂何治之有無治何以行禮○楚人獻黿於鄭靈公穆公大子夷也○黿音元公子宋與子家將見宋子公也子家歸生○見賢遍反子公之食指動第二指也【疏】。第二指○正義曰大射禮云右巨指鉤弦鄭玄云右巨指右手大擘也又曰設決朱極三鄭玄云極猶放也所以韜

指利放弦也以朱韋爲之三者食指將指無名指小指短不用然則手之五指之名曰巨指食指將指無名指小指也定十四年傳闔閭傷將指取其一屨注云其足大指見斬遂失屨謂大指爲將指者言其將領諸指也足之用力大指爲多手之取物中指最長故足以大指爲將指手以中指爲將指其食指者食所偏用服虔云俗所謂噎鹽指也云以示子家曰他日我如此必嘗異味及入宰夫將解黿相視而笑。公問之問所笑○解如字一音蟹【疏】黿○正義曰說文云黿大鼈也中要記曰千歲之黿能與人語子家以告及食大夫黿召子公而弗與也欲使指動無效○食音嗣子公怒染指於鼎嘗之而出公怒欲殺子公子公與子家謀先先公爲難○染如琰反先悉薦反難乃旦反子家曰畜老猶憚殺之○六畜許又反注同王許六反憚徒旦反難也而況君乎反譖子家子家懼而從之譖子家於公夏弒靈公書曰鄭公子歸生弒其君夷權不足也子家權不足以禦亂懼譖而從弒君故書以首惡○禦魚呂反君子曰仁而不武無能達也初稱畜老仁也不討子公是不武也故不能自通於仁道而陷弒君之罪凡弒君稱君君無道也稱臣臣之罪也稱君謂唯書君名而稱國以弒言衆所共絶也稱臣者謂書弒者之名以示來世終爲不義改殺稱弒辟其惡名取有漸也書弒之義釋例論之備矣【疏】凡弒至之罪○正義曰晉語云趙宣子曰大者天地其次君臣則君臣之交猶父子也君無可弒之理而云弒君稱君君無道者弒君之人固爲大罪欲見君之無道罪亦合弒所以懲創將來之君兩見其義非赦弒君之人以弒之爲無罪也釋例曰天生民而樹之君使司牧之羣物所以繫命故戴之如天親之如父母仰之如日月事之如神明其或受雪霜之嚴雷霆之威則奉身歸命有死無貳故傳曰君天也天可逃乎此人臣所執之常也然本無父子自然之恩。末無家人習翫之愛高下之隔懸殊壅塞之否萬端是以居上者降心以察下表誠以感之然後能相親也若亢高自肆羣下絕望情義圮隔是謂路人非君臣也人心苟離則位號雖有無以自固故傳例曰凡弑君稱君君無道稱臣臣之罪稱君者唯書君名而稱國稱人以弑言衆之所共絕也稱臣者謂書弑者。主名以垂來世終爲不義而不可赦也然君雖不君臣不可以不臣故宋昭之惡罪及國人晉荀林父討宋曰何故弑君猶立文公而還深見貶削懷諸賊亂以爲心者固不容於誅也若鄭之歸生齊之陳乞楚之公子比雖本無其心春秋之義亦同大罪是以君子慎所以立也諸侯不受先君之命而篡立得與諸侯會者則以成君書之齊商人蔡侯班之屬是也若未得接於諸侯則不稱爵楚公子棄疾殺公子比蔡人殺陳佗齊人殺無知衞人殺州吁公子瑕之屬是也諸侯篡立雖以會諸侯爲正此列國之制也至於國內策名委質即君臣之分已定故殺不成君者亦與成君同義傳曰會于平州以定公位又云若有罪則君列諸會矣此以會爲斷也經書趙盾弑君而傳云靈公不君又以明於例此弑宜稱君也弑非趙盾而經不變文者以示良史之意深責執政之臣傳特見仲尼曰越竟乃免明盾亦應受罪也醫不三世不服其藥古之慎戒也人子之孝當盡心嘗禱而已藥物之。齊非所習也許止身爲國嗣國非無醫而輕果進藥故罪同於弑二者雖原其本心而春秋不赦蓋爲教之遠防也楚靈無道於民於例當稱國以弑公子比首兵自立楚衆散歸而靈王縊死故以比爲弑。王也比既得國國人驚亂棄疾從而扇之比懼自殺皆棄疾之由故書公子棄疾殺公子比也左氏義例止此而已其餘小異皆從赴也劉賈許穎以爲君惡及國朝則稱國以弑君惡及國人則稱人以弑案傳鄭靈宋昭經文異而例同故重發以同之子弑其父又嫌異於他臣亦重明其不異既不。碎別國之與人而傳云莒紀公多行無禮於國大子僕因國人以弑之經但稱國不稱人知國之與人雖言別而事一也杜言小異從赴者宋之蒙澤楚之乾谿俱是國內而弑捷不書蒙澤齊商人衞州吁俱是公子而州吁不稱公子諸如此類所有不同皆從赴也此弑君之例宥君罪臣罪之異而諸侯出奔皆不書逐君之人以罪臣者以君之見弒未必皆爲無道故立臣罪之文以見君有無罪死者國君而被臣逐悉是不能固位其罪皆在於君故杜諸侯出奔例云諸侯奔者皆迫逐而苟免非自出也仲尼之經更沒逐者主名以自奔爲文者責其不能自安自固所犯非徒所逐之臣也蔡侯宋雖無罪據其失位出奔亦其咎也是說逐君無罪臣之文意也鄭人立子良穆公庶子辭曰以賢則去疾不足去名○去疾子良名○去起呂反下皆同以順則公子堅長乃立襄公襄公堅也○長丁丈反襄公將去穆氏逐羣兄弟而舍子良以其讓己○舍音赦下同子良不可曰穆氏宜存則固願也若將亡之則亦皆亡去疾何爲何爲獨留乃舍之皆爲大夫○初楚司馬子良生子越椒子文曰必殺之子文子良之兄是子也熊虎之狀而豺狼之聲弗殺必滅若敖氏矣諺曰狼子野心是乃狼也其可畜乎子良不可子文以爲大慼及將死聚其族曰椒也知政乃速行矣無及於難且泣曰鬼猶求食若敖氏之鬼不其餒而而語助言必餒○難乃旦反餒奴罪反餓也及令尹子文卒鬭般爲令尹般子文之子子揚○般音班子越爲司馬蔿賈爲工正譖子揚而殺之子越爲令尹己爲司馬賈爲椒譖子揚而已得椒處○蔿于委反賈爲于僞反處昌慮反子越又惡之惡賈○惡烏路反注同乃以若敖氏之族圄伯嬴於轑陽而殺之圄囚也伯嬴蔿賈也轑陽楚邑○圄魚呂反嬴音盈轑音遼遂處烝野將攻王王以三王之子爲質焉弗受烝野楚邑三王文成穆○烝之承反質音致師于

漳澨漳澨，漳水邊。○漳音章，澨市制反。疏注漳澨漳水邊○正義曰釋例云漳水出新城沶鄉縣南至荊山東南經襄陽南郡當陽縣入沮爾雅水邊之名唯有厓涘岸滸無以澨爲水邊者但此云漳澨成十五年云決睢澨睢漳皆水名舉水名而言澨知澨是水邊也秋七月戊戌楚子與若敖氏戰于臯滸臯滸楚地○滸呼五反伯棼射王汰輈及鼓跗著於丁寧伯棼越椒也輈車轅汰過也箭過車轅上丁寧鉦也○棼扶云反射食亦反下同汰他來反輈陟留反跗芳扶反著直略反鉦音正疏及鼓跗著于丁寧○正義曰車上不得置簨簴以縣鼓故爲作跗若殷之楹鼓也言著於丁寧則丁寧是器晉語云伐備鐘鼓聲其罪也戰以淳于丁寧儆其民也是丁寧戰之用也周禮鼓人以金錞和鼓鄭玄云錞錞于也其形圓如碓頭以金鐲節鼓鄭玄云鐲鉦也形如小鐘軍行鳴之以爲鼓節是錞即淳于鐲即丁寧故先儒皆以鐲爲鉦之別名丁寧即是鉦也又射汰輈以貫笠轂兵車無蓋尊者則邊人執笠依轂而立以禦寒暑名曰笠轂此言箭過車轅及王之蓋○貫古亂反笠音立轂古木反疏注兵車至之蓋○正義曰服虔云笠轂轂之蓋如笠所以蔽轂上以禦矢也一曰車轂上鐵也或曰兵車旁幔輪謂之笠轂杜以彼爲不安故改之而爲此說亦是以意而言差於人情爲允耳師懼退王使巡師曰吾先君文王克息獲三矢焉伯棼竊其二盡於是矣鼓而進之遂滅若敖氏初若敖娶於䢵䢵國名○䢵本又作鄖音云疏王使至是矣○正義曰此是彊軍人之小耳息有此矢矢當有法不得無人學作唯三而已且射中王車由射之工不由矢善若其由矢王國猶有一矢何不一發以取越椒生鬬伯比若敖卒從其母畜於䢵畜養○畜許六反淫於䢵子之女生子文焉䢵夫人使棄諸夢中夢澤名江夏安陸縣城東南有雲夢城○夢音蒙又亡貢反虎乳之䢵子田見之懼而歸以告告女私通所生○乳如主反遂使收之楚人謂乳。穀謂虎於菟。故命之曰鬭穀於菟以其女妻伯比伯比所淫者○穀如口反於音烏菟音徒妻七計反實爲令尹子文鬭氏始自子文爲令尹其孫箴尹克黃箴尹官名克黃子揚之子○箴之金反使於齊還及宋聞亂其人曰不可以入矣箴尹曰弃君之命獨誰受之君天也天可逃乎遂歸復命而自拘於司敗王思子文之治楚國也曰子文無後何以勸善使復其所改命曰生易其名也○使於所吏反拘音俱

疏注易其名○正義曰言越椒之亂合誅絕其族今更存立故命曰生言應死而重生

○冬楚子伐鄭鄭未服也前年楚侵鄭不獲成故曰未服

附釋音春秋左傳注疏卷第二十一

春秋左傳注疏卷二十一校勘記　阮元撰盧宣旬摘錄

附釋音春秋左傳注疏卷第二十一 宣元年盡四年宋本春秋正義卷第十六石經春秋經傳集解宣上第十岳本宣字下增公字並盡十一年

〔宣公〕宋本閩本監本毛本作宣公此本宣字上有春秋經傳集解六字從單注本誤增也顧炎武云石經文公宣公卷字更濫惡而成城字皆缺末筆案成城字文公卷不缺筆字亦有法炎武誤唯宣公卷字迹甚劣乃朱梁所補全忠祖名信父名誠故信作信成城作厅坊避嫌名也所存唐刻僅三之一

凡唐諱皆如前卷

〔經元年〕

不貶絶以見罪 宋本罪下有惡字與昭元年公羊傳合

傳言新作延廄 監本廄作廐是俗字

內無貶于公之道 閩本監本毛本道下有也字從公羊傳增也

楚人執陳公子[米召] 補案各本[米召]作招與昭八年經傳合

六月齊人取濟西田 朱梁補刊石經濟誤齊

晉趙盾帥師救陳 補刊石經盾誤盾傳文同

冬晉趙穿帥師侵崇 補刊石經穿作穼誤崇公羊傳作柳釋文作崈云本亦作崇

（傳元年）

注諸侯至釋之 宋本以下正義二節總入注文釋例論之備矣之下

遂不言公子替其尊稱 淳熙本公誤君替宋本岳本作朁正義同

與彼亦不異也 宋本不作使是也

注胥甲至於險 宋本此節正義在先辛奔齊注下

皆取賂而還 正義云取賂而還書本或云取齊賂而還檢勘古本及杜注意並無齊字按或云非是

注文十至受賂 宋本此節正義在遂受盟於楚下

檢經傳全無魯討齊之事 宋本魯上有爲字是也

晉不足與也 補刊石經與誤与

楚人不禮焉 補刊石經禮改作礼

卒在文十二年 宋本岳本足利本二作三是也○今訂正

楚蔿賈救鄭 補刊石經救作捄謬

因晉解揚 補刊石經誤作解楊

秦急崇 宋本此節正義在吾以求成焉節之下

吾以求成焉 補刊石經誤作以求

以報北林之役 補刊石經役誤役

故不競於楚 補刊石經競誤竸

（經二年）

得大夫生死皆曰獲例在昭二十三年 案僖元年注無得字例上有獲字餘並同

趙盾弒其君夷皐 顧炎武云石經弒誤作殺案石經此處乃朱梁補刻不足依據

（傳二年）

春鄭公子歸生受命于楚 補刊石經脫春字釋文作命于楚云本或作受命于楚非也案高注呂覽察微篇引作受命于楚釋文于作於臧琳云陸氏非之是也傳本無受字故注云受楚命若傳本作受命于楚則文義已明杜可無庸注矣

故傳特護之曰囚 纂圖本毛本特誤時

馘百人 補刊石經馘誤馘

戎昭果毅以聽之之謂禮 補刊石經毅誤作殺下文不誤

致果爲毅 補刊石經致誤殺

君子至戮也 宋本以下正義八節總入役人曰節注下

致謂達之於敕殺殭也 宋本閩本監本毛本敕殺作敵毅是也

爾尚輔予一人 宋本毛本于作予不誤

與入鄭師 閩本監本與作輿非也

以其私憾 石經此處缺釋文憾作感云本文作憾注同按釋文作感是也

文馬百駟 案今本說文引傳作駁馬百駟

叔牂如前言以顯 宋本淳熙本岳本足利本如作知不誤浦鏜正誤以作已案已以古多通用

謂歸國而來奔 宋本而下有言字是也盧文弨校本作而曰來奔

于思多鬢之貌 釋文鬢又作鬚案惠棟云賈逵曰頭白貌毛詩瓠葉云有兔斯首鄭箋云斯白也今俗語斯白之字作鮮齊魯之間聲近斯正義曰服虔以于思爲白頭貌字雖異蓋亦以思聲近鮮故爲白頭也後漢書朱儁傳賊多髭者號于氏根注引杜注爲證案此則于爲須思爲白于思爲白須也

庳腳腳有三蹄　閩本監本毛本庳作痺腳腳毛本作脚脚乃俗字

黑色三角　監本三誤二

劉歆期交州記曰　宋本歆作欣記杭世駿改作志

去之夫其口衆我寡　陳樹華云林堯叟注云言此役夫然夫讀如字似未安一以去之二字爲句夫字屬下亦未妥不如三字連文夫作助語辭爲允也按以下六字爲句者是左傳凡云夫己氏夫先自敗也已言夫者皆指其人言也

世爲號令尹　宋本淳熙本岳本纂圖本足利本作世爲令尹無號字是也

失君道也　案後漢書王符傳注引注文失字上有不君二字以意增

厚斂以彫牆　釋文亦作彫云本亦作雕閩本監本毛本同注同案亦作雕用假借字

宰夫胹熊蹯不熟　案呂覽過理篇作臑熊蹯李善注魏文帝名都篇亦引作臑枚乘七發云熊蹯之臑注引傳文亦同然說文云洏煑孰也則作胹者俗字作臑則更俗矣內則作濡亦是洏之誤熟岳本作孰宋本正義亦作孰是也

筥屬　宋本淳熙本翻岳本纂圖本閩本監本毛本岳本筥作莒非也

宰夫胹熊蹯　宋本以下正義十八節總入爲公族大夫注下

寢門闕矣　補刊石經閩本監本毛本寢作寑非也

不忘恭敬民之主也 補刊石經恭作共民仍避唐諱缺筆

其右提彌明知之 釋文提作祇云本又作提後漢書郡國志引同案史記晉世家作示眯明索隱曰鄒誕生音示眯爲祁彌郎左傳之提彌

明蓋字異而音同

遂扶以下 釋文云舊本皆作扶房孚反服虔注作跣先典反云徒跣也今杜注本往往有作跣者正義亦云服虔本扶作跣注云趙盾徒跣而下走杜本作扶言扶盾下階也盧文弨云服本是也襄三年傳晉悼公懼魏絳之死亦跣而出皆是急迫不及納屨使然趙盾飲未至醉何假於扶明扶字誤也

公嗾夫獒焉 釋文云嗾服本作㖩正義曰服虔云嗾㖩也臧琳云依正義則服本亦作嗾但訓嗾爲㖩耳㖩字說文玉篇皆無至集韻始收毛本注疏作取不從口非也獒史記作敖

言扶盾下階也 閩本監本毛本盾上衍趙字監本毛本也誤跣

服虔云嗾㖩也 閩本監本毛本㖩作取段玉裁云此段宋本誤正義當云服虔本嗾作取注云取嗾也公乃嗾夫獒使之噬盾也

公乃㖩夫獒使之噬盾也 監本毛本㖩作嗾不誤

初宣子田於首山 案李善注叔元爲幽州牧與彭寵書引傳田作畋

舍于翳桑見靈輒餓 閩本監本毛本于作於餓作饑並非

今近焉 淳熙本今誤令

翳桑之餓人也 閩本監本餓誤餓

以示於朝 纂圖本閩本監本毛本示作視合於古文

烏呼我之懷矣 纂圖本閩本監本毛本足利本烏作嗚非也

自詒伊感 惠棟云王肅曰此邶風雄雉之詩案今詩感作阻惟小明詩作感而上句又異王子雍或見三家之詩據以爲衞詩伊段玉裁校本作繄

書法不隱 宋本法作灋下爲法受惡同

公山不狃云 宋本狃作狃是也○今訂正

杖君之威 監本毛本杖作仗俗字

僕責於野以喪莊公 閩本監本責作貴亦非宋本毛本作賃是也○今訂正

其母夢神規其臀以黑曰 案宋本國語黑作墨

初麗姬之亂 釋文亦作麗閩本監本毛本作驪案麗驪字一耳

唯有悼公之弟揚干 毛本干作于非也

㝵由偪於六卿 毛本偪作逼案偪與逼同

子屬餘子之官 宋本子上有餘字

乃宦卿之適子而爲之田此本初刊無子字後剜擠補刊石經宋本岳本亦無案昭廿八年正義詩汾沮洳正義並引作宦卿之適

以爲公族亦無子字適釋文云又作嫡

餘子嫡子之母弟也宋本淳熙本岳本嫡作適

下句趙盾浦鏜正誤句作文

爲旄車之族則旄車之族卽公行也閩本監本毛本則旄車之族五字並脫

無餘子同者宋本無下有與字

冬趙盾爲旄車之族釋文亦作旄云一本作軞案詩汾沮洳箋作軞詩正義引傳亦作軞字按說文無軞字正義說以孑孑干旄建旄設

旄則知孔本未嘗作軞也

〔經三年〕

〔傳三年〕

言牛至而祭宋本此節正義在望郊之屬也節注下

舉動輕以明重也宋本監本毛本無動字是也

郊之屬也補刊石經屬作属非

及郟鄭及晉平 補刊石經宋本郟作延案說文郟字注云鄭地顧炎武云石經誤作延是也

郟鄭地 宋本郟作延非也

雒水出上雒冢領山 毛氏六經正誤引建本亦作上雒是也又云注疏及興國本作上洛足利本同按作洛者非古本也

楚子問鼎之大小輕重焉 補刊石經輕誤輕

不逢不若 惠棟云張平子西京賦云禁禦不若爾雅釋詁云若善也郭景純注引左傳曰禁禦不若今左傳作不逢不若案下傳云莫能逢之杜云逢遇也既云不逢又云莫逢文既重出且杜氏不應舍上句注下句此晉以後傳寫之譌案惠棟說是也

螭魅罔兩 釋文魅本又作彪兩本又作蜽鄭氏注周禮家宗人引作螭彪魍魎說文鼎字下引作螭魅蝄蜽段玉裁云螭者轉寫之譌字說文此字在厹部作离云山神獸形

螭山至水神 宋本以下正義三節總入未可問也之下

莫能逢之 李善西京賦注引之作旃

民無災害 淳熙本災作灾

載祀皆年 釋文引注年下有也字

年取年穀一熟 宋本熟作孰

商紂暴虐 顧炎武云石經紂誤討案此乃明王堯惠謬刻也

有所底止 補刊石經此處缺纂圖本閩本監本毛本底作底顧炎武云五經無底字皆是底字今說文本作底字下有一畫誤字當從氏段玉裁云此說非也凡氏聲之字在古音第十六支佳部凡氐聲之字在古音第十五脂微皆灰部底本訓柔石經傳多借訓爲致凡字書韻書皆無作底少下畫者惟唐開成石經五經文字广部底誤作底广部底致也不誤

武王遷之 武字上史記正義後漢書逸民傳注引杜注並有河南縣西有郟鄏陌八字又案水經注十五引杜氏釋地曰縣西南有郟鄏陌

武氏謀奉母弟須 宋本脫母字

夢天使與己蘭 宋本以下正義二節總入刈蘭而卒注下已作己下同

余爲伯儵 宋本儵作儵釋文亦作儵非也案說文姞字注引作百鯈云黃帝之後姞姓

將不信 補刊石經此處信字未缺筆蓋書丹時偶忘避也

故欲討所賜蘭 宋本淳熙本岳本纂圖本毛本討作討是也閩本監本作託亦誤〇今訂正

生子瑕 陳樹華云瑕史記作溉徐廣云一作瑕索隱曰音蔬左傳作瑕

（經四年）

東海承縣東南有向城 段玉裁依釋文承改丞

秋公如齊顧炎武云秋誤作利案此處如齊下石經係補刊宋本岳本足利本有注文無傳二字諸本皆脫

在桓三年宋本淳熙本岳本足利本三作二不誤○今訂正

（傳四年）

第二指宋本以下正義三節總入皆爲大夫之下

相視而笑岳本纂圖本閩本監本毛本笑作笑案石經凡笑字俱从竹从犬

權不足也補刊石經權誤擢

未無家人習翫之愛宋本閩本毛本未作末是也○今訂正

謂書弑者主名臧禮堂據注及隱四年正義改主作之是也

藥物之齊非所習也閩本監本毛本齊作劑

故以比爲弑王也段玉裁校本王作主

既不碎別國之與人閩本監本毛本碎作辭

而傳云莒杞公多行無禮於國宋本杞作紀是也○今依訂正

般子文之子子揚閩本揚作楊非也

賈爲椒譖子揚　閩本監本爲作為非也

注漳澨漳水邊　宋本以下正義五節總入注文易其名也之下

汰輈及鼓跗　補刊石經宋本岳本作汏下同釋文亦作汏是也鼓毛本作皷字正義同按汲古閣作皷字皆从攴與說文跂與皷同意者合今本說文篆體譌誤詳段玉裁說文讀

其形圓如碓頭　閩本監本毛本碓作確誤也

又射汰輈以貫笠轂　六經正誤云汰作汏轂作轂誤案汏字亦誤說見上轂說文云輻所湊也从車𣪊聲釋文及石經各本並從隸省

尊者則邊人執笠　纂圖本閩本監本毛本邊作邉誤

差於人情爲允耳　閩本監本毛本允作近

從其母畜於䢵　釋文於作于

䢵夫人使弃諸夢中　宋漢書班固敘傳作瞢中師古曰瞢雲瞢澤也引左傳作瞢中又云瞢與夢同

江夏安陸縣城東南　案後漢書郡國志注引注文縣下無城字

楚人謂乳穀謂虎於菟　閩本監本毛本謂作爲非補刊石經誤作楚人謂乳爲穀謂虎爲於菟惠棟以爲唐石經非也云漢書敘傳菟作檡如淳曰穀音構牛羊乳汁曰構師古曰穀讀如本字又音乃苟反檡或作菟並音塗廣雅作於䖘案穀當作穀說文子部云穀乳也說詳莊卅年釋文校

春秋左傳注疏卷二十一校勘記

附釋音春秋左傳注疏卷第二十二 宣公五年盡十一年

杜氏注　孔穎達疏

經五年春公如齊○夏公至自齊○秋九月齊高固來逆叔姬高固齊大夫不書女歸降於諸侯疏注高固至諸侯○正義曰僖五年公孫茲如牟注云娶於牟也卿非君命不越竟故奉公命聘於牟因自爲逆然則此高固亦是因來聘而自逆也經書公孫茲如牟是以聘爲文此高固以逆爲文不言聘者此二者皆以非君之命不得越竟請君行聘而因自逆妻本意爲逆不爲聘也從魯而出私娶輕而君命重故書聘不書逆自外而來則嫁女重而受聘輕故書逆不書聘內外之異文耳諸侯嫁女於大夫則使大夫爲之主而書於經者行禮爲尊卑不敵故使大夫爲主耳其女適他族以先公遺體許人必告於廟故書之耳嫁於諸侯者皆書其歸此不書歸者差降於諸侯也非齊夫人不得言歸於齊若言歸於齊高氏則下嫁於大夫非公之敵故不得書其歸也○叔孫得臣卒無傳不書日公不與小斂不與音預斂力驗反○冬齊高固及子叔姬來叔姬寧固反馬疏注叔姬寧固反馬○正義曰傳言來反馬也據高固爲文耳嫌叔姬亦爲反馬故辯之二者各有所爲而。且相隨行耳女既適人當稱夫族宋蕩伯姬是其事也叔姬已適高氏而猶言子叔姬者以其新歸於夫反馬乃成爲婦今始來反馬故以父母之辭言之○楚人伐鄭

傳五年春公如齊高固使齊侯止公請叔姬焉留公強成昏○強其丈反○夏公至自齊書過也公既見止連昏於鄰國之臣厭尊毀列累其先君而於廟行飲至之禮故書以示過○厭於涉反累劣僞反疏注公既至示過○正義曰凡公

行還書至者往反無咎喜之而告廟也公如齊見止求與高固爲昏方始得以歸當以恥而不告亦復告廟飲至故依常書之以示過釋例曰凡反行飲至必以嘉會昭告祖禰有功則舍爵策勳無勳無勞告事而已若夫執止之辱厭尊毁列所以累其先君忝其社稷故當克躬罪己不以嘉禮自珍宣公如齊既已見止連昏於鄰國之臣而行飲至之禮故曰書過也言書過者書之以示公過也

傳○秋九月齊高固來逆女自爲也故書曰逆叔姬卽自逆也適諸侯稱女適大夫稱字所以別尊卑也此春秋新例故稱書曰而不言凡也不於莊二十七年發此例者嫌見遍而成昏因明之○自爲於僑反別彼列反

疏注適諸至明之○正義曰俱是外來逆女適諸侯遣臣來逆則稱逆女紀裂繻來逆女是也適大夫大夫自來逆則稱所逆之字此高固來逆叔姬是也二文不同所以別尊卑也傳言卿自逆者別其與君逆也莊二十七年莒慶來逆叔姬文與此同不於彼發例者嫌此高固見迫而成昏與常例或異故因此以明其不異也

○冬來反馬也禮送女留其送馬謙不敢自安三月。廟見遣使反馬高固遂與叔姬俱寧故經傳具見以示譏○廟見賢遍反下同使所吏反

疏注禮送至示譏○正義曰禮送女適於夫氏留其所送之馬謙不敢自安於夫若被出棄則將乘之以歸故留之也至三月廟見夫婦之情既固則夫家遣使反其所留之馬以示與之偕老不復歸也法當遣使不合親行高固因叔姬歸寧遂親自反馬與之俱來故經傳具見其事以示譏也儀禮昏禮者士之禮也其禮無反馬故何休據之作膏肓以難左氏言禮無反馬之法鄭玄箴之曰冠義云無大夫冠禮而有其昏禮則昏禮者天子諸侯大夫皆異也士昏禮云主人爵弁纁裳緇。衣乘墨車從車二乘婦車亦如之此婦車出於夫家則士妻始嫁乘夫家之車也詩鵲巢云之子于歸百兩御之又曰之子于歸百兩將之將送也國君之禮夫人始嫁自乘其家之車也則天子諸侯嫁女留其乘車可知也高固大夫也來反馬則大夫亦留其車也禮雖散亡以詩之義論之大夫以上其嫁皆有留車反馬之禮留車妻之道也反馬壻之義也高固以秋九月來逆叔

姬冬來反馬則婦入三月祭行乃反馬禮也是說禮有反馬之法唯高固不宜親行耳杜言三月廟見謂無舅姑者士昏禮婦至其夕成昏質明贊見婦於舅姑若舅姑既沒則婦入三月乃奠菜鄭玄云奠菜者祭菜也又記曰婦入三月然後祭行鄭玄云謂助祭也曾子問篇端稱孔子曰三月而廟見稱來婦也擇日而祭於禰成婦之義也鄭玄云謂舅姑沒者也是舅姑沒者以三月而祭因以三月為反馬之節舅姑存者亦當以三月反馬也士昏禮又稱若不親迎則婦入三月然後壻見於妻之父母此高固親迎則不須更見故譏其親反馬也案杜注經云叔姬寧固反馬傳唯舉反馬不言寧者以寧是常事唯反馬非禮故傳舉其非禮者○

○楚子伐鄭陳及楚平晉荀林父救鄭伐陳爲明年晉衞侵陳傳

經六年春晉趙盾衞孫免侵陳○夏四月○秋八月螽無傳○冬十月

傳六年春晉衞侵陳陳即楚故也○夏定王使子服求后于齊子服周大夫○秋赤狄伐晉圍懷及邢丘邢丘今河內平臯縣晉侯欲伐之中行桓子曰使疾其民驕則數戰爲民所疾○數所角反以盈其貫將可殪也殪盡也貫猶習也○貫古患反注同殪於計反【疏】注殪盡至習也○正義曰釋詁云貫習也殪死也言其死盡故以殪爲盡盈其貫者杜以爲盈滿其心使貫習來伐劉炫云案尚書泰誓武王數紂之惡云商罪貫盈言紂之爲惡如物在繩索之貫不得爲習也今知不然者以詩稱射則貫分先儒亦以爲習故杜用爲義得兩通劉直以尚書之文而規杜過恐非也周書曰殪戎殷周書康誥也義取周武王以兵伐殷盡滅之【疏】周書曰殪戎殷○正義曰如杜所注戎訓爲兵謂以兵伐殷而殪盡也殪字宜在下以周書本文故其字在上此類之謂也爲十五年晉滅狄傳○爲于僞反下注同○冬召桓公逆王后于齊召桓公王卿士事不關魯故不書爲成二年王

甥舅張本召上照反○○楚人伐鄭取成而還九年十一年傳所稱。屬之役蓋如此○鄭公子曼滿與王子伯廖語欲爲卿二子鄭大夫○曼音萬廖力彫反伯廖告人曰無德而貪其在周易豐䷶離下震上豐之離。䷝豐上六變而爲純離也周易論變故雖不筮必以變言其義豐上六曰豐其屋蔀其家闚其戶闃其無人三歲不覿凶義取無德而大其屋不過三歲必滅亡○蔀步口反又普口反闚古規反闃苦鵙反覿徒歷反疏。注豐上至滅亡○正義曰豐卦震上離下震爲動離爲明動而益明豐大之義豐卦上六變而爲純離之卦故爲豐之離也杜以筮得此卦爻變而爲彼卦可言遇觀之否遇坤之比耳此直口語不是揲蓍而亦言豐之離者周易論變爲義故雖不筮論易者必以變言其義故言豐之離也杜又引豐上六至不覿凶皆周易之文也王弼以爲上六以陰處極而最在外不復於位深自幽隱絕跡深藏者也蔀者覆鄣之物也豐大其屋又鄣蔽其家闇之甚也以甚闇而處大屋不能久享其利其屋雖大其室將空故。窺其戶而闃然無人也經三歲而不能顯見則凶伯廖引此者義取無德而居乃屋不過三歲必滅亡○弗過之矣不過三年間一歲鄭人殺之間○間廁之間

經七年春衛侯使孫良夫來盟○夏公會齊侯伐萊傳例曰不與謀也萊國今東萊黃縣○萊音來不與音預疏。衛侯至來盟○正義曰文二年晉人以公不朝使陽處父。父盟公以恥之書曰及晉處父盟去其族以厭恥也然則公與大夫對盟則爲恥辱此良夫來盟無貶責者彼公親朝晉晉侯不與公盟故遣大夫敵公是爲恥辱此不貶責者其君不得親來遣臣來與公盟不對彼君非爲恥也○秋公至自伐萊無傳○大旱無傳書旱而不書雩雩無功或不雩○冬公會晉侯宋公衛侯鄭伯曹伯于

黑壤〇壤如丈反

傳七年春衞孫桓子來盟始通且謀會晉也公卽位衞始脩好〇好呼報反〇夏公會齊侯伐萊不與謀也凡師出與謀曰及不與謀曰會與謀者謂同志之國相與講議利害計成而行之故以相連及爲文若不獲己應命而出則以外合爲文皆據魯而言師者國之大事存亡之所由故詳其舉動以例別之〇不與音預下及注與謀同年末不與放此應對之應別彼列反下注同【疏】凡師至曰會〇正義曰釋例曰與謀者同志之國彼我之計未定相與共謀講議利害計成而後行之故以相連及爲文不與謀而出師者謂不得已而應命故以外合爲文皆據魯而言之也公親會齊侯伐萊而傳以師出示例所以通卿大夫帥師者也魯既春會于曹以謀伐鄭夏遂起師而更從不與謀之文者屬公薨大子忽之位謀而非正故諱不與謀之例若夫盟主之命則上行乎下非匹敵和成之類故雖或先謀皆從不與謀之例成八年晉士燮來聘且言將伐郯下云會伐郯是也凡乞師者深求過理之辭執謙以偪成其計故雖小國乞之於大國大國乞之於小國亦皆從不與謀之例臧宣叔卽是也傳以師出爲例是唯繫於戰伐而劉賈許穎濫以經諸及之字爲義本不在例今欲強合之所以多相錯伐也杜言小乞大大乞小者僖二十六年公子遂如楚乞師成二年臧宣叔如晉乞師是小國乞於大國也成十三年郤錡來乞師十六年欒黶來乞師十七年荀罃來乞師十八年士魴來乞師是大國乞於小國也與謀者心俱欲伐彼此同謀乞師者非彼所欲乞來爲己也我乞彼者彼不與我謀彼乞我者我不與彼同謀是故凡言乞者皆從不與謀之例宣叔是小乞大郤錡是大乞小除晉乞魯以外更無大乞小者故舉郤錡以辯乞小之事耳晉是盟主自是上行乎下例無與謀之文不由郤錡乞師乃從不與謀之例〇赤狄侵晉取向陰之禾此無秋字蓋闕文晉用桓子謀故縱狄〇向舒亮反【疏】注此無秋字蓋闕文〇正

義曰苗秀乃名爲禾夏則無禾可取知此取必在秋此無秋字蓋闕文○鄭及晉平公子宋之謀也故相鄭伯以
會冬盟于黑壤王叔桓公臨之以謀不睦王叔桓公周卿士銜天子之命以監臨諸侯不同歃者尊卑之別也○相
息亮反歃所洽反又所甲反監古銜反○晉侯之立也在二年公不朝焉又不使大夫聘晉人止公
于會盟于黃父公不與盟以賂免黃父即黑壤故黑壤之盟不書諱之也慢盟主以取執止之
辱故諱之疏注慢盟主諱之○正義曰昭十三年公會劉子晉侯云。于平丘八月甲戌同盟於平丘公不與盟於時晉以讒慝弘多不與公盟公不得與非
國之恥故書其同盟而顯言不與此時公實有罪爲晉所執不得與盟是公之恥故諱而不書其盟若言諸侯實不盟公無所可與然
經八年春公至自會無傳義與五年書過同疏注義與五年書過同○正義曰被執不以爲恥而亦告廟飲至故書之以示過也故
杜云義與五年書過同○夏六月公子遂如齊至黃乃復無傳蓋有疾而還大夫受命而出雖死以尸將事遂以疾還非
禮也疏注蓋有至禮也○正義曰下言其卒故疑有疾而還也聘禮曰賓入竟而死遂也若。賓死未將命則既斂于棺造于朝介將命哀十五年傳曰有朝
聘而終以尸將事之禮是入所聘之竟則當遂行黃是齊竟遂以疾還非禮也○辛巳有事于大廟仲遂卒于垂有事祭也
仲遂卒與祭同日略書有事爲繹張本不言公子因上行還間無異事省文從可知也稱字時君所嘉無義例也垂齊地非魯竟故書地○大音泰傳同爲于
僞反省所景反竟音境○疏注有事至書地○正義曰有事祭也者謂禘祭也釋例以昭十五年有事于武宮傳稱禘于武公則知此言有事亦是禘也祭
之日仲遂卒不言禘而略言有事者禘事得常不主書禘爲下繹祭張本耳上言公子遂如齊此言仲遂卒不言公子者此書有事爲仲遂卒而書之與上相

連猶是一事因上行還間無異事省公子之文從可知也衞氏難杜云其間有辛巳有事于大廟何得為間無異事褰氏釋云有事于大廟是為仲遂卒起文止是一事故云間無異事也既不書公子而稱仲遂者時君所寵故稱其字非義例也定五年傳季平子行東野卒于房房是魯地卒於竟內故不書其地垂是齊地非魯竟故書地也

壬午猶繹萬入去籥繹又祭陳昨日之禮所以賓尸萬舞名籥管也猶者可止之辭魯人知卿佐之喪不宜作樂而不知廢繹故內舞去籥惡其聲聞○去起呂反注及傳同籥羊略反管音館惡烏路反聲聞音問又如字

疏注繹又至聲聞○正義曰繹又祭釋天文孫炎云祭之明日尋繹復祭也公羊傳曰繹者何祭之明日也穀梁傳云繹者祭之旦日之享賓也天子諸侯謂之為繹少牢饋食大夫之禮也謂之賓尸釋詁云繹陳也是陳昨日之禮以賓敬此尸也公羊傳曰萬者何干舞也籥者何籥舞也其言萬入去籥何去其有聲者廢其無聲者知其不可而為之也猶者何通可以已也是萬為舞名禮明堂位曰朱干玉戚冕而舞大武干楯也戚斧也此舞者左手執楯右手執斧故謂之武舞言王者以萬人服天下故以萬為名詩言碩人之舞云左手執籥右手秉翟鄭玄云籥如管六孔何休云吹之以節舞也故吹籥而舞謂之文舞魯人知卿佐之喪不宜作樂故去其有聲而不知廢繹納舞去籥惡其聲聞也尋杜注意直云萬舞名又注隱五年亦直云萬舞也下問羽數則萬是舞之大名不取公羊萬是干舞之義則執羽吹籥是為萬舞故杜云納舞去籥惡其聲聞是無干舞籥舞之別名也沈氏云案曾子問嘗禘郊社簠簋既陳天子崩后之喪廢則卿喪不廢正祭繹是又祭為輕故當廢之

○戊子夫人嬴氏薨無傳宣公母也○晉師白狄伐秦○楚人滅舒蓼○秋七月甲子日有食之既無傳月三十日食○冬十月己丑葬我小君敬嬴敬。諡嬴姓也反哭成喪故稱葬小君

疏注敬諡○正義曰諡法夙夜。敬事曰敬

雨不克葬庚寅日中而克葬也克成

疏雨不至克葬○正義曰定十五年九

月丁巳葬我君定公雨不克葬戊午日下昃乃克葬彼云乃此云而者公羊傳曰而者何難也乃者何難也曷爲或言而或言乃乃難乎而也何休云難者臣
子重難不得以正日葬其君言乃者內而深言而者外而淺下昃日昳久故言乃左氏無傳杜又不說或如公羊之言或是史家異辭○城平陽
今泰山有平陽縣○楚師伐陳
傳八年春白狄及晉平夏會晉伐秦經在仲遂卒下從赴晉人獲秦諜殺諸絳。市六日而
蘇蓋記異也○諜徒協反間也今謂之細作絳古巷反○有事于大。廟襄仲卒而繹非禮也○楚爲衆舒
叛故伐舒蓼滅之舒蓼。二國名○爲于僞反疏。注舒蓼二國名○正義曰舒蓼二國名者蓋轉寫誤當云一國名案釋例土地名有舒羣
舒。舒蓼舒庸舒鳩以爲五名則與文五年滅蓼同蓋蓼滅後更復故楚今更滅之劉炫以杜爲。一國而規之非也楚子疆之正其界也○疆居良
反○及滑汭滑水名○滑于八反如蛻反一音如悅反汭盟吳越而還吳國今吳郡越國今會稽山陰縣也傳言楚疆吳越服從
○會古外反稽古兮反彊其良反疏盟吳越而還○正義曰譜云吳姬姓周大王之子大伯仲雍之後大伯仲雍讓其弟季歷而去之荊蠻自號句吳句
或爲工夷言發聲也大伯無子而卒仲雍嗣之當武王克殷而因封其曾孫周章於吳爲吳子又別封章弟虞仲於虞自大伯五世而得封十二世而晉滅虞
虞滅而吳始大至壽夢而稱王壽夢以上世數可知而不紀其年壽夢元年魯成公之六年也夫差十五年獲麟之歲也二十三年魯哀公之二十二年而越
滅吳越姒姓其先夏后少康之庶子也封於會稽自號於越於者夷言發聲也濱在南海不與中國通後二十餘世至於允常魯定公五年始伐吳允常卒子
句踐立是爲越王越王元年魯定公之十四年也魯哀公二十二年句踐滅吳霸中國卒春秋後七世大爲楚所破遂微弱矣外傳曰芊姓歸越是越本楚之

別封也或非夏后之後也○晉胥克有蠱疾惑以喪志○蠱音古喪息浪反郤缺爲政代趙盾秋廢胥克使趙

朔佐下軍朔盾之子。代胥克爲成十七年胥童怨郤氏張本○冬葬敬嬴旱無麻始用葛茀記禮變之所由茀所

以引柩殯則有之以備火葬則以下柩○茀方勿反引棺索也柩其又反疏注記禮至下柩○正義曰禮記諸言自某始者皆與後人爲始此云始用葛茀所

則自此以後常用葛故云記禮變之所由茀字禮或作紼紼或作綍繩之別名也周禮遂人大喪屬六紼天子用六紼也喪大記君葬用四紼大夫士葬用二紼是

紼者所以引柩也於殯則已有之繫於輴車以備火災有災則引柩以辟火及葬則用之以下柩也雨不克葬禮也禮卜葬先遠

日辟不懷也懷思也疏雨不至懷也○正義曰曲禮云凡卜筮日旬之外曰遠某日旬之內曰近某日喪事先遠日吉事先近日鄭玄云喪

事葬與練祥也吉事祭祀冠取之屬也然則遠近日先卜上旬不吉卜次旬又不吉卜下旬喪事則先卜下旬卜葬先卜遠日辟不思念其親似欲汲汲而早

葬之也今若冒雨而葬亦是不思其親欲得早葬故舉卜葬先遠日以證爲雨而止禮也王制云庶人葬不爲雨止者鄭玄云雖雨猶葬禮儀少也○城

平陽書時也○陳及晉平楚師伐陳取成而還言晉楚爭強

經九年春王正月公如齊無傳公至自齊無傳○夏仲孫蔑如京師○齊侯伐萊無傳

○秋取根牟根牟東夷國也今琅邪陽都縣東有牟鄉○八月滕子卒未同盟○九月。晉侯宋公衛侯

鄭伯曹伯會于扈○晉荀林父帥師伐陳○辛酉晉侯黑臀卒于扈卒於竟外故書地四

與文同盟九月無辛西日誤○竟音境疏注卒於至日誤○正義曰釋例扈是鄭地故云卒於竟外黑臀以二年始立而云四與文同盟者杜注春秋又

爲釋例前後經傳勘當備盡豈晉侯二年始立不于文公之世而云四與文同盟必是後寫之誤蘇氏亦以爲然劉炫以此規杜非也其君卒或書地或不書地皆從赴今云卒於竟外故書地者。晉侯寳在竟外卒非以爲例也劉炫云襄七年鄭伯髡頑卒於鄵昭二十五年宋公佐卒于曲棘竟內亦書地非竟外九月無辛酉者下有十月癸酉杜以長曆推之癸酉是十月十六日辛酉在前十二日耳故云九月無辛酉上有八月下有十月非月誤也○冬十月

癸酉衞侯鄭卒無傳三與文同盟疏注三與文同盟○正義曰鄭父爕以僖二十五年卒鄭代立其年盟于洮二十六年于向二十八年于踐土文七年于扈十四年於新城唯二與文同盟云三者以二三字體相近轉寫之誤耳若其不然杜無容不委劉炫以此規杜非也○宋人圍

滕○楚子伐鄭○晉郤缺帥師救鄭○陳殺其大夫洩冶洩冶直諫於淫亂之朝以取死故不爲春秋所貴而書名○洩息列反冶音也疏注洩冶至書名○正義曰文八年宋人殺其大夫司馬貴之而不名此書洩冶之名是不爲春秋所貴故書名傳稱臣者所以治煩去惑是以伏死而爭則直諫者臣之盡忠之事洩冶忠諫而死不爲春秋所貴者釋例曰魯哀之可諫者甚衆未聞仲尼之苦言至於陳恆弒其君孔子沐浴而朝告於哀公求討不義顯事施舍足以致益者固人臣之所當造膝也若乃情色之惑君不能得之於臣父不能得之於子臣子而欲顯直於其君父適所以益謗而致罪也陳靈公宣淫悖德亂倫志同禽獸非盡言所救洩冶進無匡濟遠策退不危行言孫安昏亂之朝慕匹夫之直忘蘧氏可卷之德死而無益故經同罪賤之文傳特稱仲尼以明之忠爲令德非其人猶不可況不令乎此其義也是說不貴洩冶之意也然則比干諫紂而死非孔子稱殷有三仁焉善比干者家語云子貢曰陳靈公君臣宣淫於朝洩冶諫而殺之是與比干諫死同可謂仁乎孔子曰比干於紂親則諸父官則少師忠。款之心在於存宗廟而已固當以必死爭之冀身死之後紂當悔悟本志存於仁者也洩冶之於靈公位在大夫無骨肉之親懷寵不去仕於亂朝以區區之身欲止一

國之淫昏死而無益可謂狷矣詩云民之多辟無自立辟其洩冶之謂乎是言洩冶之行不得同於比干之意也

傳九年春王使來徵聘徵召也言周徵也徵聘不書加諷諭不指斥○諷芳鳳反夏孟獻子聘於周王以爲有禮厚賄之○賄呼罪反字林音悔○秋取根牟言易也○易以豉反○滕昭公卒爲宋圍滕傳

○會于扈討不睦也謀齊陳陳侯不會前年與楚成故晉荀林父以諸侯之師伐陳不書諸侯師林父帥之無將帥○將子匠反帥所類反○疏注不書至將帥○正義曰僖二十八年晉侯齊師宋師秦師及楚人戰於城濮彼注云宋公齊國歸父秦小子憖既次城濮以師屬晉不與戰也彼以師屬晉而經書其師此全不書者彼雖公卿不行仍有大夫帥之將卑師衆故稱師耳此則全無將帥以兵付晉弁入晉軍林父獨自帥之故唯書林父伐陳也晉侯卒于扈乃還○冬宋人圍滕因其喪也○陳靈公與孔寧儀行父通於夏姬皆衷其衵服以戲于朝二子陳卿夏姬鄭穆公女陳大夫御叔妻衷懷也衵服近身衣○夏戶雅反衷音忠王丁仲反衵女乙反一音汝粟反說文云日日所衣裳也字林同又云婦人近身內衣也仁一反御如字一音魚呂反近附近之近洩冶諫曰公卿宣淫民無效焉宣示也○效戶教反且聞不令君其納之納藏衵服○聞如字一音問公曰吾能改矣公告二子二子請殺之公弗禁遂殺洩冶孔子曰詩云民之多辟無自立辟其洩冶之謂乎辟邪也辟法也詩大雅言邪辟之世不可立法國無道危行言孫○禁居鴆反又音金多辟本又作辟四亦反注同立辟婢亦反注同邪似嗟反下同行下孟反孫音遜○楚子爲厲之役故伐鄭六年楚伐鄭取成於厲既成鄭伯逃

歸事見十一年○爲于僞反見賢遍反○晉郤缺救鄭鄭伯敗楚師于柳棼柳棼鄭地○柳力手反棼扶云反國

人皆喜唯子良憂曰是國之災也吾死無日矣自是晉楚交兵伐鄭。十。二年卒有楚子入鄭之禍

經十年春公如齊公至自齊無傳○齊人歸我濟西田元年以賂齊也不言來公如齊因受之○濟子禮反

○夏四月丙辰日有食之無傳不書朔官失之○己巳。齊侯元卒未同盟而赴以名○齊崔氏出

奔衛齊略見舉族出因其告辭以見無罪○見賢遍反下同疏注齊略至無罪○正義曰崔杼有寵於惠公惠公既薨高國二家恐其藉前世之寵

又有寵於新君故畏其偪己因君薨而逐之崔杼未有罪也齊人疑其事故不言其名略言崔氏見其舉族出奔耳及仲尼脩之大夫出奔無罪不名不名卽

因無罪故因告稱氏而書氏次見無罪若貴之或稱官或稱字如司城子哀之類是也○公如齊五月公至自齊無傳○癸

巳陳夏徵舒弒其君平國。徵舒陳大夫也靈公惡不加民故稱臣以弒○夏戶雅反○六月宋師伐滕○公

孫歸父如齊○葬齊惠公無傳歸父襄仲之子晉人宋人衛人曹人伐鄭鄭及楚平故○秋天

王使王季子來聘王季子者公羊以爲天王之母弟然則字季子天子大夫稱字疏注王季至稱字○正義曰公羊傳曰王季子者何天

子之大夫也其稱王季子何貴也其貴奈何母弟也是公羊以爲天王之母弟也母弟而稱季子然則字季子也天子大夫例稱字襄三十年天王殺其弟佞

夫母弟稱弟此不言王弟者釋例云朝聘盟會嘉好之事此兄弟之篤睦非義例之所興故仍舊史之策或稱弟或稱公子是由義無所見故因其舊文其相

殺害乃稱弟以示義耳○公孫歸父帥師伐邾取繹繹邾邑魯國鄒縣北有繹山○繹音亦疏注繹邾至繹山○正義曰

文十三年傳稱邾遷于繹則繹爲邾之都矣更別有繹邑今魯伐取之非取邾之都也亦因繹山爲名蓋近在邾都之旁耳○大水無傳○季孫行父如齊○冬公孫歸父如齊齊侯使國佐來聘既葬成君故稱君命使也○饑無傳有水災嘉穀不成楚子伐鄭

傳十年春公如齊齊侯以我服故歸濟西之田公比年朝齊故○夏齊惠公卒崔杼有寵於惠公高國畏其偪也高國二家齊正卿杼直呂反偪彼力反○公卒而逐之奔衞書曰崔氏非其罪也且告以族不以名典策之法告者皆當書以名今齊特以族告夫子因而存之以示無罪又言且告以族不以名者明春秋有因而用之不皆改舊。史疏注典策至改舊○正義曰傳言且告以族不以名知法當以名告而齊人誤以族告也釋例云若乃稱司城以貴效節於府人名書歸父之還以善復命於介因齊人告辭以著其無罪蓋隨事以示褒貶也傳既云書曰崔氏以明非罪復云且告以族不以名知典策之書舊當以名通也齊國雖繆以族告適合仲尼。新褒之實因而不革以示無罪且明春秋之作或因仍舊史成文不必皆有改也何休膏肓以爲公羊譏世卿而難左氏蘇氏釋云崔杼祖父名不見經則知非世卿且春秋之時諸侯擅相征伐猶尚不譏世卿雖曰非禮夫子何由獨責又鄭駁異義引尚書世選爾勞又引詩刺幽王絶功臣之世然則與滅繼絶王者之常譏世卿之文其義何在凡諸侯之大夫違違奔放也疏注違奔放也○正義曰釋例曰迫窘而奔及以禮見放俱去其國故傳通以違爲文是言違兼奔放也告於諸侯曰某氏之守臣某上某氏者姓下某名○守手又反疏注上某至某名○正義曰若言崔氏之守臣杼也大夫受氏常世守宗廟故謂之守臣言守宗廟之臣也僖十二年管仲云天子之二守高國在彼謂天子命之爲守國之臣與此異也知此異於彼者。豈天子命者出奔乃得告於諸侯餘臣出奔不得告也且下句云失守宗廟。如守臣謂守宗廟之臣非守國也

天子賜姓諸侯賜族對文則姓與族別散文則可以通禮謂族人爲庶姓故云上某出者姓其實正是族也失守宗廟敢告所有玉

帛之使者則告玉帛之使謂聘○之使所吏反疏注玉帛之使謂聘○正義曰聘禮執玉致命執帛致享故云玉帛之使謂聘也下注云恩

好不接故亦不告又昭二十年曹公孫會自鄸出奔宋注云嘗有玉帛之使來告故書則杜意以爲奔者之身嘗有玉帛之使於彼國己經相接則告之若奔

者未嘗往聘恩好不接則不告唯告奔者嘗聘之國餘不告也劉炫以爲玉帛之使謂國家有交好之國皆告非指奔者之一身不然則否恩好

不接故亦不告○好呼報反○公如齊奔喪公親奔喪非禮也公出朝會奔喪會葬皆書如不言其事史之常也○陳靈公與

孔寧儀行父飲酒於夏氏公謂行父曰徵舒似女對曰亦似君徵舒病之靈公卽位

於今十五年徵舒已爲卿年大無嫌是公子蓋以夏姬淫放故謂其子爲似以爲戲○夏戶雅反女音汝公出自其廄。射而殺之二

子奔楚○廄居又反射食亦反○滕人恃晉而不事宋六月宋師伐滕○鄭及楚平前年敗楚

師恐楚深怨故與之平諸侯之師伐鄭取成而還○秋劉康公來報聘報孟獻子之聘卽王季子也其後食

采於劉○師伐邾取繹爲子家如齊傳○季文子初聘于齊齊侯初卽位○冬子家如齊伐邾

故也魯侵小恐爲所討故往謝齊國武子來報聘報文子也○楚子伐鄭晉士會救鄭逐楚師于

潁北潁水出河南陽城至下蔡入淮疏注潁水至入淮○正義曰釋例曰潁水出河南陽城縣陽乾山東南經潁川汝陰至淮南下蔡縣入淮也諸。

侯之師戊鄭鄭子家卒鄭人討幽公之亂斲子家之棺而逐其族以四年弒君故也斲薄其棺不使從卿禮〇斲竹角反【疏】注以四至卿禮〇正義曰喪大記云君大棺八寸屬六寸椑四寸上大夫大棺八寸屬六寸下大夫大棺六寸屬四寸士棺六寸然則子家上大夫棺當八寸今斲薄其棺不使從卿禮耳不知斲薄之使從何禮也改葬幽公諡之曰靈【疏】幽公〇正義曰諡法動靜亂常曰幽

經十有一年春王正月〇夏楚子陳侯鄭伯盟于辰陵楚復伐鄭故受盟也辰陵陳地潁川長平縣東南有辰亭〇復扶又反下復封陳同〇公孫歸父會齊人伐莒無傳〇秋晉侯會狄于欑函晉侯往會之故以狄爲會主〇欑函狄地〇欑才端反函音咸【疏】注晉侯至狄地〇正義曰凡諸侯聚會魯不與者皆歷序諸國云會于某地上盟于辰陵卽其事也狄從諸夏序列亦然僖三十年齊人狄人盟于邢是也此異於彼而云晉侯會狄是狄在後地晉往會之故傳說晉大夫欲召狄郤成子勸其勤是晉侯自往故以狄爲會主成十五年會吳于鍾離襄十年會吳于相其意與此同〇冬十月楚人殺陳夏徵舒不言楚子而稱人討賊辭也【疏】注不言至辭也〇正義曰討賊辭者言弒君之賊人人皆欲殺之作舉國共殺之文故不言楚子也襄二十七年衛殺其大夫寗喜亦是討賊但衛人自殺其臣故稱大夫徵舒非楚之臣不得言殺其大夫諸放殺及執他國之臣皆不言某國大夫者以人臣卑賤故沒其爵號而空書名氏〇丁亥楚子入陳楚子先殺徵舒而欲縣陳後得申叔時諫乃復封陳不有其地故書入在殺徵舒之後【疏】注楚子至之後〇正義曰案傳楚子爲陳討夏氏亂遂入陳殺夏徵舒轘諸栗門此經先書殺夏徵舒後書入陳者據先後事實爲文故杜注云楚子先殺徵舒而欲縣陳後得申叔時諫乃復封陳不有其

地故書入在殺徵舒之後是其事也劉炫云楚子入陳乃殺徵舒經先書殺徵舒後言入陳者以楚子本意止欲討賊無心滅陳及殺徵舒滅陳爲縣後得申叔時諫乃復封陳於例不有其地故云入陳言楚人既殺徵舒楚子乃復入陳書納二子於陳入陳之文爲下納張本傳。云書曰入陳納公孫寧儀行父于陳書有禮也入納連文是入爲納也昭八年楚師滅陳執公子招放于越殺陳孔奐於彼心欲滅陳此則主爲討賊無心滅陳而復封之君子善其自悔故退入陳於下隱其縣陳之過若其不然當云楚子入陳殺夏徵舒如此則楚子本爲入陳因入。乃討陳賊則是惡楚子故書入在殺徵舒之後

納公孫寧儀行父于陳二子淫昏亂人也君弑之後能外託楚以求報君之讎內結強援於國故楚莊得平步而討陳除弑君之賊於時陳成公播蕩於晉定。亡君之嗣靈公成喪賊討國復功足以補過故君子善楚復之○播補賀反蕩如字

疏注二子至復之○正義曰二子與君淫昏致使君死國亂實罪人也今楚子入陳而納之乃是納罪人也例應罪楚子而傳言書曰入陳納公孫寧儀行父于陳書有禮也既善楚子有禮則是恕彼之過故杜迹其合恕之由言賊討國復是二子之力其功足以補過故君子善楚復之賈逵云二子不繫之陳絕於陳也惡其與君淫故絕之善楚有禮也案子糾捷菑皆不繫國自是例之常賈說非也釋例云賈氏依放穀梁云稱納者內難之辭納公孫寧儀行父于陳言書有禮不可言內難也陳縣而見復上下交讙二人雖有淫縱之闕今道楚匡陳賊討君葬威權方盛傳稱其禮理無所難此先儒說之不安也杜言於時陳成公播蕩於晉者此傳云陳侯在晉襄二十五年傳云夏氏之亂成公播蕩是也

傳十一年春楚子伐鄭及櫟子良曰晉楚不務德而兵爭與其來者可也晉楚無信我焉得有信乃從楚夏楚盟于辰陵陳鄭服也傳言楚與晉狎。主盟○櫟力狄反爭爭鬭之爭焉於

虔反夏楚盟本或作楚子○楚左尹子重侵宋子重公子嬰齊莊王弟王待諸鄭鄭楚地○鄭音延○令尹蒍艾獵城沂艾獵孫叔敖也沂楚邑○艾五蓋反獵力涉反沂魚依反疏注艾獵孫叔敖○正義曰服虔亦云艾獵蒍賈之子孫叔敖也此年云令尹蒍艾獵明年云令尹孫叔敖明一人也世本艾獵爲叔敖之兄世本多誤本不必然使封人慮事封人其時主築城者慮事謀慮計功○慮如字一音力於反廣雅云無慮都邑也疏注封人至計功○正義曰周禮封人凡封國封其四疆造都邑之封域者亦如之大司馬大役與慮事受其要以待考而賞誅鄭玄云慮事者封人也於有役司馬與之屬賦丈尺與其用人數也是封人主造城邑計度人數此云使封人故云其時主築城者慮事者謀慮城築之事無則慮之訖則計功也書多有無慮之語皆謂揆度前事也史以授司徒司徒掌役量功命日命作日數分財用財用築作具平板榦榦楨也○榦古旦反亦作幹楨音貞疏注榦楨也○正義曰釋詁云楨榦也舍人曰楨正也築牆所立兩木也翰所以當牆兩邊鄣土者也彼楨爲榦故謂榦爲楨謂牆之兩頭立木也板在兩旁鄣土者即彼文榦也平板榦者等其高下使城齊也稱畚築量輕重畚盛土器○畚音本盛音成程土物爲作程限○爲于僞反又如字疏稱畚築程土物○正義曰畚者盛土之器築者築土之杵司馬法輦車所載二築是也稱畚築者量其輕重均負土與築者之力也程土物謂鍬钁畚轝之屬爲作程限備豫也議遠邇均勞逸略基趾趾城足略行也○趾音止行下孟反具餱糧餱乾食也○餱音侯糧音良乾食如字一音嗣本或作乾飯度有司謀監主○度待洛反監古銜反事三旬而成十日爲旬不愆于素不過素所慮之期也傳言叔敖之能使民○愆起虔反○晉郤成子求成于衆狄衆狄疾赤狄之役遂服于晉赤狄潞氏最強故服役衆狄○潞音路秋會于欑函衆狄服也是行

也諸大夫欲召狄郤成子曰吾聞之非德莫如勤非勤何以求人能勤有繼其從之也勤則功繼之詩曰文王既勤止詩頌文王勤以創業○創初亮反文王猶勤況寡德乎○冬楚子爲陳夏氏亂故伐陳十年夏徵舒弒君○爲于僞反謂陳人無動將討於少西氏少西徵舒之祖子夏之名○少詩照反疏注少西至之名○正義曰禮以王父字爲氏徵舒以夏爲氏知子夏是字少西是名言少西氏者氏猶家也言將討少西之家遂入陳殺夏徵舒轘諸栗門轘車裂也栗門陳城門○轘音患因縣陳滅陳以爲楚縣陳侯在晉靈公子成公午申叔時使於齊反復命而退王使讓之曰夏徵舒爲不道弒其君寡人以諸侯討而戮之諸侯縣公皆慶寡人楚縣大夫皆僭稱公○使所吏反僭子念反疏以諸侯討而戮之○正義曰經無諸侯而云以諸侯討之諸侯皆慶者時有楚之屬國從行也十二年邲之戰經不書唐而傳云唐侯爲左拒昭十七年長岸之戰經不書隨而傳言使隨人守舟明此時亦有諸侯但爲楚私屬不以告耳女獨不慶寡人何故對曰猶可辭乎王曰可哉曰夏徵舒弒其君其罪大矣討而戮之君之義也抑人亦有言曰牽牛以蹊人之田抑辭也蹊徑也○女音汝蹊音兮徑古定反而奪之牛牽牛以蹊者信有罪矣而奪之牛罰已重矣諸侯之從也曰討有罪也今縣陳貪其富也以討召諸侯而以貪歸之無乃不可乎王曰善哉吾未之聞也反之可乎對曰吾儕小人所謂取諸其懷而與之也叔時

謙言小人意淺謂譬如取人物於其懷而還之爲愈於不還○儕士皆反輩也乃復封陳鄉取一人焉以歸謂之夏州州鄉屬示討夏氏所獲也○復扶又反夏戶雅反疏謂之夏州○正義曰謂之夏州者討夏氏鄉取一人以歸楚而成一州故謂之夏州故書曰楚子入陳納公孫寧儀行父于陳書有禮也沒其縣陳本意全以討亂存國爲。文善其。復禮疏注沒其至。復禮○正義曰言入陳納人爲有禮也直言入陳納人是沒其縣陳本意言陳國見存入而納此人耳是全以討亂存國爲文所以善其得禮

○厲之役鄭伯逃歸蓋在六年自是楚未得志焉鄭既受盟于辰陵又徼事于晉爲明年楚圍鄭傳十年鄭及楚平既無其事辰陵盟後鄭徼事晉又無端跡傳皆特發以明經也自厲之役鄭南北兩屬故未得志九年楚子伐鄭不以黑壤與伐遠稱厲之役者志恨在厲役此皆傳上下相包通之義也○徼古堯反疏注爲明至義也○正義曰十年鄭及楚平既無其事謂經無之也鄭徼事晉又無端跡亦謂經所無也傳若不發此語不知楚以何故明年忽然圍鄭爲此特發此傳以明後年圍鄭之經也自厲役以來鄭南北兩屬不專心於楚故楚未得志而明年圍之七年晉爲黑壤之會鄭伯在焉厲役在黑壤之前九年傳言楚子爲厲之役故伐鄭事在黑壤之後而彼傳不以黑壤與伐而遠稱厲之役者楚子之志所恨在於厲役逃歸不爲黑壤會晉故也上指厲。下指辰陵中包黑壤此皆傳上下相包通之義也

附釋音春秋左傳注疏卷第二十二

春秋左傳注疏卷二十二校勘記　阮元撰盧宣旬摘録

附釋音春秋左傳注疏卷第二十二　宣公五年盡十一年

（經五年）

以先公遺體許人　宋本公下有之字

叔孫得臣卒　淳熙本得誤傳

而且相隨行耳　宋本無且字

（傳五年）

連昏於鄰國之臣　纂圖本毛本鄰作隣俗字正義同

故書曰逆叔姬卽自逆也　補是也刊石經宋本岳本纂圖本閩本監本毛本卽作卿

嫌見逼而成昏　宋本淳熙本逼作迫

不於彼發例者　閩本缺於字

三月廟見　淳熙本作廟古廟字

鄭玄荅之曰　盧文弨荅作箴是也

緇衣浦鏜正誤衣作袘案儀禮作袘

乃奠菜鄭玄云閩本監本毛本乃奠菜鄭作然後祭行非也

擇日而祭於禰毛本於作于案曾子問作於

（經六年）

（傳六年）

注殪盡至習也宋本以下正義二節揔入此類之謂也注下

冬召桓公逆王后于齊補刊石經桓誤蘇

九年十一年傳所稱屬之役纂圖本閩本監本毛本屬作屬亦非宋本淳熙本岳本足利本作厲是也

其在周易豐之離也顧炎武云石經離卦誤畫作同人案碑乃宋梁補刊非唐刻

注豐上至滅亡宋本此節正義在鄭人殺之句下

故窺其戶宋本閩本監本毛本窺作闚不誤

（經七年）

衛侯至來盟宋本此節正義在衛侯使孫良夫來盟句下

使陽處父父盟公以恥之宋本閩本監本毛本父字不重

〔傳七年〕

衞孫桓子來盟毛本孫誤宋

厲公篡大子忽之位閩本大作太案古太子字皆作大

故諱不與謀之例宋本諱下有從字是也

臧宣叔郤錡是也閩本監本臧誤臧下同毛本郤作郤亦非下同

所以多相錯伐也閩本監本毛本伐作亂案伐疑代字之誤

公會劉子晉侯云于平邱宋本重云字山井鼎云當作云云是也

〔經八年〕

若賓死未將命毛本賓作實誤

有事至書地宋本以下正義二節揔入去籥注下

既不書公子而稱仲遂者宋本閩本監本毛本書作稱

敬謚宋本岳本毛本謚作謚注正義同案當作謚說見前

敬謚宋本此條正義在注文克成也之下

謚法夙夜敬事曰敬宋本敬事作勤事是也

戊午日下昃乃克葬宋本昃作昗是也閩本監本作𣅙毛本作昃下並同○今訂作昃

（傳八年）

晉人獲秦諜殺諸絳市顧炎武云絳誤終案石經此處乃朱梁補刊

有事于太廟補刊石經宋本淳熙本岳本足利本太作大是也石經空于字書丹時失寫也

舒蓼二國名諸本作二陸粲云羅泌曰蓼與舒蓼別舒蓼皐陶之後偃姓若舒又是一國僖之三年滅矣杜氏分舒舒蓼爲二國名孔氏遂以爲卽文五年楚所滅之蓼皆臆說也按陸粲云是

舒蓼二國名宋本以下正義二節揔入盟吳越而還注下

羣舒舒蓼閩本監本毛本羣舒下空一字非也

劉炫以杜爲一國而規之非也宋本一作二

郤缺爲政毛本郤作郤非下同

朔盾之子代胥克監本代作伐誤

注記禮至下柩宋本以下正義二節揔入注文懷忌也之下

禮或作紼監本紼作茀非

（經九年）

夏仲孫蔑如京師宋本淳熙本岳本纂圖本蔑作蔑不誤補刊石經作蔑非

九月晉侯宋公衞侯鄭伯曹伯會于扈補刊石經九月下有公會二字衍文

晉侯實在竟外卒宋本晉上有據字

則少師忠款之心閩本監本毛本款作欵是俗字

（傳九年）

言周徵也淳熙本周作問非

夏孟獻子聘於周石經宋本於作于

厚賄之閩本監本賄誤賂

不書至將帥宋本此節正義在乃還句下

秦小子憖宋本憖作憖與說文合此本子誤七今訂正

陳靈公與孔寧儀行父通於夏姬案鄭氏注禮運賈氏疏士喪禮引傳寧作甯補刊石經宋本於並作于是也下以戲于朝

字唯纂圖本毛本作於

民無効焉補刊石經宋本淳熙本岳本効作效是也釋文作傚

十二年卒有楚子入鄭之禍淳熙本十二誤土字

（經十年）

己巳齊侯元卒石經宋本淳熙本岳本纂圖本已巳作己巳是也○今訂正

靈公惡不加民淳熙本民作氏

今魯伐取之監本毛本伐作仍非也

（傳十年）

不皆改舊史宋本無史字案正義摘注作典策至改舊是無史字之明證

注典策至改舊宋本以下正義四節揔入不然則否注下

仲尼新褎之實宋本新作所是也

凡諸侯之大夫違石經宋本淳熙本岳本監本毛本並作侯此本閩本誤作使今訂正

上某氏者姓下某名宋本氏作出下某下有出者二字案正義曰故云上某出者姓似從宋本爲得也

豈天子命者出奔閩本監本毛本豈作蓋非也

如守臣謂守宗廟之臣宋本如作知是也盧文弨校本作則依考文改

飲酒於夏氏補刊石經宋本於作于

公出自其廄纂圖本監本毛本廄作廐俗字

注頳水至入淮宋本此節正義在諸侯之師戍鄭句下

諸侯之師戍鄭鄭子家卒毛本空上七字纂圖本同何焯云宋本無諸侯之師戍鄭句今宋本皆有何焯所據似纂圖本也

注以四至卿禮宋本此節正義在改葬幽公謚之曰靈句下

（經十一年）

頳川長平縣東南有辰亭案惠棟云酈氏曰今此亭在長平城西北長平縣在東南或杜氏不謬傳寫誤耳

故以狄爲會主淳熙本狄誤秋

欑函狄地毛本欑作攢非也

皆歷序諸國宋本毛本歷作列

傳云書曰入陳閩本監本毛本云作言

因入乃討陳賊宋本閩本作乃監本毛本作方非

定亡君之嗣淳熙本亡作二非也

（傳十一年）

傳言楚與晉狎主盟纂圖本監本毛本主誤王

注芟獵孫叔敖宋本以下正義四節摠入不忿于素注下

本不必然閩本監本毛本不必作必不

慮事謀慮計功宋本岳本足利本謀作無按正義當作無

財用築作具閩本監本作作用

平板榦釋文榦作幹云本亦作榦是也

楨榦楨也宋本幹楨作翰榦是也案莊廿九年成二年皆作翰榦○今訂正

臥鄭士者宋本宋本作臥是也此本作邸謬閩本監本毛本作郎亦非○今從宋本

郎彼文榦也宋本毛本作文閩本監本誤丈榦宋本作翰

謀監主宋本主作正

注少西至之名宋本以下正義四節揔入書有禮也注下

夏徵舒爲不道弑其君監本毛本改殺其

反之可乎對曰吾儕小人閩本監本毛本脫對字

全以討亂存國爲大宋本淳熙本岳本監本毛本大作文是也

善其復禮岳本監本毛本復作得與正義合

注沒其至復禮監本毛本復作得

又徵事于晉釋文徵作徼

上指厲宋本厲下有役字

春秋左傳注疏卷二十二校勘記

附釋音春秋左傳注疏卷第二十三 宣十二年

杜氏注　孔穎達疏

經十有二年春葬陳靈公無傳賊討國復二十一月然後得葬○楚子圍鄭前年盟辰陵而又徼事晉故○徼古堯反○夏六月乙卯晉荀林父帥師及楚子戰于邲晉師敗績晉上軍成陳故書戰邲鄭地○邲扶必反一音弼陳音直覲反疏注晉上至鄭地○正義曰此一軍成陳兩軍不成陳成陳者雖少以戰爲文案昭二十三年雞父之戰六國成陳而楚不成陳成陳者多而以敗爲文者六國雖衆楚爲兵主楚既未陳故以獨敗爲文與此異也○秋七月○冬十有二月戊寅楚子滅蕭蕭宋附庸國十二月無戊寅戊寅十一月九日疏注蕭宋至九日○正義曰莊十二年宋萬弒閔公蕭叔人心者宋蕭邑之大夫也平宋亂立桓公宋人嘉之以蕭邑封叔爲附庸莊二十三年蕭叔朝公是其事也此年楚子滅蕭定十一年宋公之弟辰入于蕭以叛則此後復爲宋邑也杜以長曆校之十二月無戊寅戊寅乃是十一月九日此不言月誤長曆云日月必有誤者案傳稱師人多寒若是十一月則今之九月未是寒時當月是而日誤也○晉人宋人衛人曹人同盟于清丘晉衛背盟故大夫稱人宋華椒承羣僞之言以誤其國宋雖有守信之善而椒猶不免譏清丘衛地今在濮陽縣東南○背蒲對反下注同疏注晉衛至東南○正義曰傳云盟曰恤病討貳陳貳於楚而宋伐之衛救陳不討貳也楚伐宋而晉衛不救不恤病也是晉衛背盟故貶其大夫而稱人曹是小國貶與不貶俱當稱人故不言曹也明年傳稱君子曰清丘之盟唯宋可以免則宋不違盟而亦貶宋卿者彼晉衛曹並皆僞妄華椒承羣僞之言以誤其國致使宋爲盟故伐陳衛人救之楚人討之伐陳怒楚被伐無救宋雖有守信之善而椒猶不免譏者爲

諸國失信而累及椒也晉衞不信乃在盟後非是心欲不信而妄作此盟當盟之時未有不信之狀在後違約不可豫知而亦幷責椒者君子結交當擇善而盟從之所與不善必將敗德椒與不信約盟則是不信之黨雖獨守信幷亦貶之戒後之人使擇交也宋師伐陳衞人救陳背清丘之盟

傳十二年春楚子圍鄭旬有七日鄭人卜行成不吉卜臨于大宮臨哭也大宮鄭祖廟○臨力鴆反下注同大宮音泰注同【疏】注臨哭至祖廟○正義曰案雜記客致含賵訖請臨襄十二年傳吳子壽夢卒臨于周廟故云臨哭也宮即廟也象其尊貌則謂之爲廟言其牆屋則稱之爲宮大宮宮之大者鄭祖廟者謂鄭大祖之廟也且巷出車吉出車於巷示將見還不得安居國人大臨守陴者皆哭陴城上俾倪皆哭所以告楚窮也○陴婢支反徐扶移反俾普計反倪五計反【疏】注陴城上俾倪○正義曰陴城上小牆俾倪者看視之名襄六年晏弱圍萊堙之環城傅於堞注云堞女牆也又二十五年吳子門于巢巢牛臣隱於短牆以射之二十七年盧蒲嫳攻崔氏崔氏堞其宮而守之注云堞短垣也陴堞俾倪短牆短垣女牆皆一物也說文云堞城上女垣也廣雅云陴俾倪女牆也釋名云城上垣曰陴於其孔中俾倪非常亦言陴益也助城之高也或曰女牆言其卑小比之於城如女子之於丈夫也楚子退師鄭人脩城進復圍之三月克之哀其窮哭故爲退師而猶不服故復圍之九十日○復扶又反注同故爲于僞反【疏】注哀其至十日○正義曰杜以三月克之謂圍經三月方始克之故云九十日也知非季春克之者下云六月晉師救鄭及河聞鄭既及楚平桓子欲還是將欲至河鄭猶未敗至河聞敗猶欲還師在國聞敗師必不發若是季春克之不應此至六月而晉人不聞以此知三月非季春也經傳皆言春圍鄭不知圍以何月爲始圍經旬有七日爲之退師聞其脩城乃復更進圍三月方始克之則從初以至於克凡經一百二十許日蓋以三月始圍至六月乃克也入自皇門至于逵路塗方九軌曰逵○逵求龜反爾雅云

九達謂之逵說文作馗云九達道似龜背故謂之馗逵或馗字鄭伯肉袒牽羊以逆肉袒牽羊示服爲臣僕○袒徒旱反曰孤不天不爲天所佑○佑音又不能事君使君懷怒以及敝邑孤之罪也敢不唯命是聽其俘諸江南以實海濱亦唯命其翦以賜諸侯使臣妾之亦唯命翦削也○俘方夫反囚也濱音賓翦子淺反若惠顧前好楚鄭世有盟誓之好○好呼報反注同徼福於厲宣桓武不泯其社稷周厲王宣王鄭之所自出也鄭桓公武公始封之賢君也願楚要福。于此四君使社稷不滅泯猶滅也○厲宣鄭桓公友周厲王之子宣王之母弟桓武鄭武公名滑突桓公之子泯彌忍反徐亡軫反要於遙反疏注周厲至滅也○正義曰鄭桓公是周厲王之子宣王母弟又宣王封之故僖二十四年及此皆厲宣。並言之桓公始封西鄭武公始居東鄭二公是始封之賢君若其存鄭則四君祐楚故願楚要福於此四君使社稷不滅泯滅也釋詁文使改事君夷於九縣楚滅九國以爲縣願得比之○九縣莊十四年滅息十六年滅鄧僖五年滅弦十二年滅黃二十六年滅夔文四年滅江五年滅六滅蓼十六年滅庸傳稱楚武王克權使鬬緡尹之又稱文王縣申息此十一國不知何以言九疏注楚滅至比之○正義曰楚滅諸國見於傳者哀十七年稱文王縣申息莊六年稱楚滅鄧十八年稱武王克權僖五年滅弦十二年滅黃二十六年滅夔文四年滅江五年滅六又滅蓼十六年滅庸凡十一國見於傳僖二十八年傳曰漢陽諸姬楚實盡之則楚之滅國多矣言九縣者申息定是其二餘不知所謂蘇氏沈氏以權是小國庸先屬楚自外爲九也君之惠也孤之願也非所敢望也敢布腹心君實圖之左右曰不可許也得國無赦王曰其君能下人必能信用其民矣庸可幾乎退三十里而許之平退一舍以禮鄭○下遐嫁反幾音冀

疏庸可幾乎○正義曰庸用也幾讀如冀言用可冀幸而得之乎何必滅其國潘尫入盟子良出質潘尫楚大夫子良鄭伯弟○尫
烏黃反質音致○夏六月晉師救鄭荀林父將中軍代郤缺○將子匠反下及注並同下尹將將左將右皆放此先
縠。佐之彘季代林父○縠戶木反本又作縠音同彘直例反疏注彘季代林父○正義曰服虔云食采於彘或當然也文十二年河曲之戰荀林父
佐中軍臾駢佐上軍欒盾將下軍自爾以來傳無其代知先縠代林父郤克代臾駢趙朔代欒盾也八年傳趙朔佐下軍知欒書代趙朔也案傳文皆稱彘子
今注云彘季者勘譜亦以彘子彘季為一人則杜君別有所據書傳殘缺不可得而知也劉炫云傳文皆稱彘子何以知是彘季以縠非彘季以規杜今知非
者杜以子為男子之稱季是幼小之辭季之與子是得通稱子路或為季路舉其常稱謂之子論其字謂之季故公子友或稱季友而劉以傳唯稱彘子無彘
季而規杜非也士會將上軍河曲之役郤缺將上軍宣八年代趙盾為政將中軍士會代將上軍郤克佐之郤缺之子代臾駢○臾滋
朱反駢蒲邊反趙朔將下軍代欒盾欒書佐之欒盾之子代趙朔趙括趙嬰齊為中軍大夫括嬰齊皆
趙盾異母弟鞏朔韓穿為上軍大夫荀首趙同為下軍大夫荀首林父弟趙同趙嬰兄○鞏九勇反韓
厥為司馬韓萬玄孫疏注韓萬玄孫○正義曰韓世家云韓之先事晉得封韓原曰韓武子後三世有韓厥世本云桓叔生子萬萬生求伯求伯
生子與子與生獻子厥史記所云武子蓋韓萬也如彼二文厥是萬之曾孫而服虔杜預皆言厥韓萬玄孫不知何所據也及河聞鄭既及
楚平桓子欲還曰無及於鄭而勦民焉用之桓子林父勦勞也○勦初交反徐又子小反焉於虔反楚歸
而動不後動兵伐鄭隨。武子曰善武子士會會聞用師觀釁。而動釁罪也○釁許斬反服云間也疏注釁罪也

○正義曰釁訓爲罪者釁是間隙之名今人謂瓦裂龜裂皆爲釁既有間隙故爲得罪也德刑政事典禮不易不可敵也不爲是征言征伐爲有罪不爲有禮○爲于僞反注同疏德刑至是征○正義曰既言觀釁而動更說無釁之事德刑政事典禮此六事行之不變易者不可與之敵也聖王之制征伐者爲有罪者耳不爲是六事不易。行征伐也此舉六事之目下文歷說楚不易六事以充之楚軍。討鄭怒其貳而哀其卑叛而伐之服而舍。之德刑成矣伐叛刑也柔服德也二者立矣昔歲入陳討徵舒今茲入鄭民不罷勞君無怨讟讟謗也○罷音皮讟徒木反疏君無怨讟○正義曰讟謗也政有常則民不恨故國君無人怨無人謗鼙鼓怨州吁鄭人謗子產是有怨謗也政有經矣經常也荆尸而舉荆楚也尸陳也楚武王始更爲此陳法遂以爲名○此陳直覲反下同商農工賈不敗其業而卒乘輯睦步曰卒車曰乘○賈音古卒子忽反注同乘繩證反注皆同輯音集又七入反疏商農至其業○正義曰齊語云公曰成民之事若何管子對曰四民者勿使雜處公曰處士工商農若何管子對曰昔聖王之制也處士就間燕處工就官府處商就市井處農就田野彼四民謂士農工商此數亦四無士而有賈者此武子意言舉兵動衆四者不敗其業發兵則以士從征不容復就間燕故不云士而分商賈爲二行曰商坐曰賈雖同是販賣而行坐異業發兵征伐四者悉皆不與故總云不敗其業也事不奸矣奸犯也○奸音干蔿敖爲宰擇楚國之令典宰令尹蔿敖孫叔敖○蔿于委反疏注宰令至叔敖○正義曰周禮六卿大宰爲長遂以宰爲上卿之號楚臣令尹爲長故從他國論之謂令尹爲宰楚國仍別有大宰之官但位任卑耳傳稱大宰伯州犂是也楚國名上卿爲令尹者釋詁云令善也釋言云尹正也言用善人正此官也楚官多以尹爲名皆取其正直也軍行右轅左追蓐在車之右者挾轅爲

戰備在左者追求草蓐為宿備傳曰令尹南轅又曰改乘轅楚陳以轅為主○蓐音辱挾胡牒反又古洽反一音古協反疏注在車至為主○正義曰司馬

法兵車一乘有甲士三人步卒七十二人甲士在車不共。碎役所言左右者分步卒為左右也兵車一轅服馬夾之而言挾轅者步卒被分在右者當軍行之

時又分之使在兩廂挾轅以為戰備楚陳以轅為主故以轅表車正是挾車嚴兵以備不虞也其應在左者使之追求草蓐令離道求草不近兵車也蓐謂臥

止之草故云為宿備也此是在道時然故云軍行右轅左追蓐至於對陳之時則各在車之左右故豫定左右之分在道分使之耳前茅慮無慮無

如今軍行前有斥候。蹹伏皆持以絳及白為幡見騎賊舉絳幡見步賊舉白幡備慮有無也茅明也或曰時楚以茅為旌識○蹹徒臘反幡芳元反騎其寄反

識申志反又音志疏注慮無至旌識○正義曰茅明也在前者明為思慮其所無之事恐其卒有非常當預告軍中兵衆使知而為之備也如今軍行謂

當杜之時行軍有此法也前有斥候蹹伏者令人遠在軍前斥度候望慮有伏兵使蹹行之持以絳及白為幡與軍人為私號也曲禮曰前有水則載青旌前

有塵埃則載鳴鳶前有車騎則載飛鴻前有士師則載虎皮前有摯獸則載貔貅其事與此見賊舉幡相似也茅明釋言文舍人曰茅昧之明也中權

後勁中軍制謀後以精兵為殿○勁吉政反殿丁練反百官象物而動軍政不戒而備物猶類也戒勑令疏注物

猶至勑令○正義曰類謂旌旗畫物類也百官尊卑不同所建各有其物象其所建之物而行動軍之政教不待約勑號令而自備。辨也周禮大司馬中秋教

治兵辨旗物之用王載大常諸侯載旂軍吏載旗師都載旜鄉遂載物郊野載旐百官載旟鄭玄云軍吏諸軍帥也師都遂大夫也鄉遂鄉大夫也或載旟或載

物衆屬軍吏無所將也郊謂鄉遂之州長縣正以下野謂公邑大夫載旐者以其將羨卒也百官卿大夫也載旟者以其屬衛。王也凡旌旗有軍衆者畫異

物無者帛而已是其尊卑所建各有物類也案春官司常職云及國之大閱贊司馬頒旗物王建大常諸侯建旂孤卿建旜大夫士建物師都建旗州里建旟

縣鄙建旐道車載旞斿車建旌俱是周禮而所建不同者大司馬所云中秋教治兵之法司常所云中冬教大閱之法鄭玄云凡頒旗物以出軍之旗則如秋以尊卑之常建則如冬大閱備軍禮旌旗不如出軍時空辟實也是爲時不同故所建異此云象物而動謂軍行之時當指治兵之法也能用典矣

其君之舉也內姓選於親外姓選於舊言親踈並用舉不失德賞不失勞老有加惠賜老則不計勞旅有施舍旅客來者施之以惠舍不勞役疏其君至施舍○正義曰內姓謂同姓也其君之舉用人也於同姓則選之於親於外姓則選之於舊於親內選賢○言唯賢是任不以親以舊便即用之所舉不失有德所賞不失有勞必有德乃舉有勞乃賞言不賞無勞不舉無德臣民年老有加增恩惠外來旅客有施舍常法謂羈旅之臣以其新來施以恩惠舍不勞役也○注賜老則不計勞○正義曰老有加惠當謂年老有加增恩惠不論有勞與無勞也劉炫云老者當有恩惠之賜非勞役之限但恩惠則賞賜之以文連賞不失勞之下故杜云賜老則不計勞劉炫以不計勞之文而規杜氏一何煩碎君子小人物有服章尊卑別也別彼列反○貴有常尊賤有等威威儀有等差○差初佳反又初宜反疏注威儀有等差○正義曰言貴有常尊則當云賤有常卑而云賤有等威者威儀等差文兼貴賤既屬常尊於貴遂屬等威於賤使互相發明耳禮不逆矣德立刑行政成事時典從禮順若之何敵之見可而進知難而退軍之善政也兼弱攻昧武之善經也昧昏亂經法也○昧音妹疏德立至敵之○正義曰功德苦其不立刑威苦其不行政以成就爲上事以得時爲善典貴其從禮惡其逆故云德立刑行政成事時典從禮順各以義理相配爲文皆。不易之事既歷序此事乃云若之何敵之。副上德刑政事典禮不易不可敵也子姑整軍而經武乎姑且也猶有弱而昧者何必楚仲虺有言曰取亂侮亡兼弱也仲虺湯左相薛之祖奚仲之後虺許鬼反侮亡呂反相息亮反○疏注仲虺至之後○正義曰取亂侮亡尚書仲虺之誥文也定元年傳薛宰曰薛之皇祖奚仲居薛以爲夏車正仲虺居薛以爲湯左相二人皆是薛祖是仲虺爲奚仲之後汋曰於鑠王師遵養時晦汋詩頌篇名鑠美也言美武王能遵天之道須暗昧者惡積而後取之○汋章略反於音烏鑠舒若反疏注汋詩至取之○正義曰汋詩經無汋字序云言能。汋先祖之道以養天下故以汋爲名焉鑠美釋詁文於歎辭也時是也晦昧也言於美乎哉武王之用師也能遵天之道養是闇昧之君待闇昧者惡積而後取之言遵天之道者上天誅紂之期未至武王靖以待之是其遵天之道也紂耆昧也耆致也致討於昧者音旨徐其夷反老也注耆及下同疏注耆致至於昧○正義曰耆音。指。指致聲相近故爲致也致討於昧者言養之使昧然後可討之上句云兼弱攻昧引仲虺之言以證兼弱引武王之事以證攻昧此不言攻昧而言耆昧者以汋詩之意言養紂而不言伐紂不得謂之攻昧故緣詩之意言致之於昧然後攻之武曰無競惟烈武詩頌篇名烈業也言武王兼弱攻昧故成無疆之業○疆居良反疏注武詩至之業○正義曰烈業也釋詁文競彊也詩意言無疆乎唯武王之功業言克商功業實無疆也此引武詩承兼弱攻昧之下故杜以傳意解之言武王兼弱取昧故成此無疆之業此詩汋武二篇並無兼弱之事因傳上文運言之撫弱耆昧以務烈所可也言當務從武王之功業撫而取之○以務烈所絕句疏撫弱至可也○正義曰上言兼弱此云撫弱言其撫養而取之未必皆攻伐以求之也此撫弱即覆上仲虺有言兼弱也耆昧即覆上汋曰於鑠王師耆昧也以務烈所覆上武曰無競惟烈士會言不須敵楚兼撫餘諸侯弱者致討諸侯昧者以務武王烈業之所可也彘子曰不可彘子先穀晉所以霸師武臣力也今失諸侯不可謂力有敵而不從不可謂武由我失霸不如死且成師以出聞敵彊而退非夫也。非丈夫命有軍師而卒以非夫唯羣子能我弗爲也以中軍佐濟佐彘子所帥也濟渡河〇帥所類反下及注有帥元帥三帥同疏晉所至佐濟〇正義曰言晉之所以得爲霸主者由軍師之武羣臣有力以有武力爲成此霸功今失諸侯不可謂之爲力見敵不能從一不可謂之爲武命爲軍帥者三軍將佐皆受君命爲軍之主帥以中軍佐濟謂一軍之內將佐分之各有所帥故注云佐彘子所帥也僖二十八年晉臣以下軍之佐與此同也知莊子曰此師殆哉〇莊子荀首知音智疏知莊子至大咎〇正義曰莊子見彘子逆命必當有禍乃論其事云此師之行甚危殆哉周易之書而有此事師之初六變而爲臨初六爻辭云軍師之出當須以法若不善則致其凶既引易文以人從律今者師出乃以律從人則有不臧之凶又覆解不臧之義云執事上下相順和成則爲臧若相違逆則爲不臧既釋不臧之事又釋以律之意坎爲衆今變爲兌兌爲柔弱是衆散爲弱坎爲川今變爲兌兌爲澤是川壅爲澤坎爲法象今爲衆則弱爲川則壅是法律破壞從人之象故曰律否臧以釋易文律否臧之義否臧易注云爲師之始齊師者也齊衆以律失律則散臧故師出以律律不可失失律而臧何異於否失令有功法所不赦故師出不以律否臧皆凶釋否臧了又釋凶之一字故云且律竭言法律竭盡也川水當盈而以竭盡且又被夭塞不得整流。似法當嚴整而以破壞被人違逆不得施行所以致此凶禍解釋凶義既了以盡易意然後論彘子之惡當此初六之禍故云水之不行是謂臨矣彘子有帥不從欲論不行之臨事誰甚於彘子周易所言是彘子之謂若能違辟前敵於事猶可若果敢遇敵必致禍敗也此禍敗之事彘子主受之雖在敵免死而歸必。大咎也師坎爲水坤爲衆衆行如水師出之象故名其卦爲師服虔云坎爲水坤爲衆又互體震震爲雷雷鼓類又爲長子長子帥衆鳴鼓巡水而行行師之象也臨兌爲澤坤爲地居地而俯視於澤臨下之義故名爲臨周易有之在師䷆坎下坤上師之臨䷒兌下坤上臨師初六變而之臨曰師出

以律否臧凶此師卦初六爻辭律法否不也○臧子郎反執事順成為臧逆為否今彘子逆命不順成故應。否臧之凶

○應應對之應衆散為弱坎為衆今變為兌兌柔弱疏注坎為至柔弱○正義曰晉語文公筮尚有晉國司空季子占之曰震雷也車也坎水也

衆也主雷與車而尚水與衆是坎為衆也易說卦兌為少女故為柔弱衆聚則彊散則弱坎變為兌是衆散為弱也川壅。為澤坎為川今變為兌兌

為澤是川見壅○壅於勇反本又作雍注皆同疏注坎為至見壅○正義曰說卦坎為溝瀆溝瀆即是川也說卦兌為澤川是流水今變為澤是川見壅也

有律以如己也如從也法行則人從法法敗則法從人坎為法象今為衆則散為川則壅是失法之用從人之象疏注如從至之象○正

義曰釋詁云如往也往是相從之義故訓為從也法行則人從之率人以從法也法敗則法從人人各有心棄法不用。法從人也釋言云坎律銓也樊光曰坎

卦水也水性平律亦平銓亦平也郭璞曰易坎卦主法法律皆所以銓量輕重是坎為法象也今坎變為兌為衆則散而為弱為川則壅而為澤是失法之所

用法敗從人之象也故曰律否。臧且律竭也竭敗也坎變為兌是法敗疏注竭敗至法敗○正義曰竭是水涸之名坎為水為法水

之竭似法之敗故云竭敗也坎變為兌則為水不流。則為法不行失為坎之用是法敗之象盈而以竭夭且不整所以凶也

水遇夭塞不得整流則竭涸也○夭於表反疏注水遇至涸也○正義曰哀九年傳曰如川之滿不可游也水當盈川而以壅故竭是水遇夭塞不得整

流則竭涸也夭遏是壅塞之義故云遏夭塞也不行謂之臨水變為澤乃成臨卦。澤不行之物、有帥而不從臨孰甚焉

此之謂矣譬彘子之違命亦不可行果遇必敗遇敵彘子尸之主此禍疏注主此禍○正義曰釋言訓尸為主故云主此

禍也服虔亦云。此禍也又引易師卦六五長子帥師弟子輿尸凶長子帥師以中行也弟子輿尸使不當也佐之於元帥弟子也而專以師濟使不當也軍必

破敗而輿尸案下句云雖免而歸則謂彘子當在陳而死師卦有輿尸之語其言尸之或容有此意但尸字不可兩解故杜略去之雖免而歸必

有大咎爲明年晉殺先穀傳○咎其九反韓獻子謂桓子獻子韓厥曰彘子以偏師陷子罪大矣子

爲元帥師不用命誰之罪也失屬亡師爲罪已重不如進也今鄭屬楚故曰失屬彘子以偏師陷

故曰亡師令立呈反○事之不捷惡有所分捷成也與其專罪六人同之不猶愈乎三軍皆敗則六

卿同罪不得獨責元帥師遂濟楚子北師次於郔郔鄭北地○郔音筵沈尹將中軍沈或作寢寢縣也今汝陰固始

縣○沈音審疏注沈或至始縣○正義曰楚官多名爲尹沈者或是邑名而其字或作寢哀十八年有寢尹吳由于因解寢爲縣名不言寢是而沈非也

子重將左子反將右將飲馬於河而歸子反公子側○飲於鴆反聞晉師既濟王欲還嬖人

伍參欲戰參伍奢之祖父○嬖必計反徐甫詣反字休方跂反參七南反令尹孫叔敖弗欲曰昔歲入陳今茲

入鄭不無事矣戰而不捷參之肉其足食乎參曰若事之捷孫叔爲無謀矣不

捷參之肉將在晉軍可得食乎令尹南轅反旆迴車南鄉旆軍前大旗○旆蒲具反鄉本又作嚮同許亮反

伍參言於王曰晉之從政者新未能行令其佐先穀剛愎不仁未肯用命愎很也○

愎皮逼反很胡懇反其三師者專行不獲欲專其所行而不得聽而無上衆誰適從聽彘子趙同趙括則爲軍无上

令衆不知所從○適丁歷反此行也晉師必敗且君而逃臣若社稷何王病之告令尹改乘

轅而北之次于管。以待之晉師在敖鄗之間熒陽京縣東北○有管城敖鄗二山在熒陽縣西北○乘繩證反管古
緩反管城管叔所封也本或作管古顏反非也敖五刀反鄗苦交反【疏】次于管○正義曰土地名熒陽京縣東北有管城古管國也鄭皇戌使
如晉師曰鄭之從楚社稷之故也未有貳心楚師驟勝而驕其師老矣而不設
備子擊之鄭師爲承承繼也○皇戌雖律反使所吏反驟仕救反楚師必敗彘子曰敗楚服鄭於此
在矣必許之欒武子曰武子欒書敗必邁反○楚自克庸以來在文十六年其君無日不討國
人而訓之討治也于民生之不易禍至之無日戒懼之不可以怠于曰也○易以豉反在軍。
無日不討軍實而申儆之軍實軍器儆敬領反○于勝之不可保紂之百克而卒無後訓
之以若敖蚡冒篳路藍縷以啓山林若敖蚡冒皆楚之先君篳路柴車藍縷敝衣言此二君勤儉以啓土○紂直九反蚡
扶粉反冒莫報反篳音必藍力甘反縷力主反【疏】注若敖至啓土○正義曰楚世家云熊咢卒子熊儀立是爲若敖若敖卒子霄敖立霄敖卒子熊眴立是
爲蚡冒蚡冒卒弟熊達立是爲楚武王案杜注文十六年傳蚡冒楚武王父不從史記也以荆竹織門謂之篳門則篳路亦以荆竹編車故謂篳路爲柴車方
言云楚謂凡人貧衣破醜敝爲藍縷藍縷謂敝衣也服虔云言其縷破藍藍然箴之曰民生在勤勤則不匱不可謂驕
箴誡○箴章金反匱其位反先大夫子犯有言曰師直爲壯曲爲老我則不德而徼怨于楚
我曲楚直不可謂老不得謂以力爭諸侯徼要也○要一遙反其君之戎分爲二廣君之親兵○廣古曠反下及注

皆同廣有一卒，卒偏之兩十五乘爲一廣。司馬法：百人爲卒，二十五人爲兩。車十五乘爲大偏。今廣十五乘，亦用舊偏法，復以二十五人爲承副。【疏】廣有至之兩○正義曰：兩廣之別，各有一卒，卒之兵百人也。一卒之外，復有十五乘之偏，幷二十五人之兩。既言一卒，又云卒偏之兩，言卒之者，成辭婉句耳。或解云兩屬於偏，云偏之兩者，謂偏家之兩。知不然者，案成七年以兩之一卒，亦云之字，豈又是兩家之卒？且杜注云十五乘爲大偏，今楚亦用舊偏法，此一廣之中實有此偏，非是偏名爲兩而出一卒，別復有偏之一兩二十五人從之。劉炫云：兩廣之別，各有一卒百人，一卒外復有偏一兩二十五人。兵法十五乘爲偏，偏有一兩從之，兩是偏家之物，故謂比爲偏之兩，其實一廣十五乘有一百二十五人從之。○注十五至承副○正義曰：下云楚子爲乘廣三十乘，分爲左右，知十五乘爲一廣也。史記稱齊景公時有司馬田穰苴善用兵，至六國時，齊威王使大夫追論古者司馬兵法，附穰苴於其中，凡二百五十篇，號曰司馬法。百人爲卒，二十五人爲兩，十五乘爲偏，皆司馬法之文。百人爲卒，二十五人爲兩，周禮亦有此文，但周禮無偏，故杜幷引司馬法耳。此云大偏，對成七年九乘爲小偏，故此爲大偏也。桓五年二十五乘爲偏，戰時臨陳所用，不同，不可與此相對爲大小，杜注多少，皆。望文也。言亦用舊偏法者，謂楚雖荊尸而舉，仍用舊偏。舊。於穰苴前已有，則應周禮有文，但以亡沒者多，故禮文不具。右廣初駕，數及日中；左則受之，以至于昏。內官序當其夜，內官，近官。序，次也。○序當其夜，一本作序當其次。【疏】右廣至其夜○正義曰：右廣雞鳴初駕，數及日中，則左廣受而代之，以至於昏，此晝日事也。其內官親近王者，爲次序以當其夜，若今宿直遞持更也。近以待不虞，不可謂無備。子良，鄭之良也；師叔，楚之崇也。師叔，潘尪，爲楚人所崇貴。師叔入盟，子良在楚，楚、鄭親矣。來勸我戰，我克則來，不克遂往，以我卜也，鄭不可從。」趙括、趙同曰：「率師以來，唯敵是求，克敵得屬又何俟。必從彘子得屬服鄭疏以我卜也○正義曰將我晉戰之勝負卜其遂來遂往猶人揲蓍看卦善惡而卜其去之與住也知季曰原屏咎之徒也知季莊子也原趙同屏趙括徒黨也知季音智荀首後爲智氏屏步丁反○趙莊子曰欒伯善哉莊子趙朔欒伯武子實其言必長晉國實猶。充也言欒書之身行能。充此言則當執晉國之政也○長徐丁丈反行下孟反楚少宰如晉師少宰官名○少詩照反注及下同曰寡君少遭閔凶不能文閔憂也聞二先君之出入此行也二先君楚成王穆王疏注二先至穆王○正義曰莊十六年楚始伐鄭文王之世也二十八年子元伐鄭成王之初也僖五年首止之會鄭伯逃歸自是以後鄭始時復從楚成王以前鄭未屬楚故出入此行唯成穆耳今之莊王成王孫穆王子出入此行猶往來於鄭將鄭是訓定豈敢求罪于晉二三子無淹久淹留也隨季對曰昔平王命我先君文侯曰與鄭夾輔周室毋廢王命今鄭不率率遵也○夾古洽反舊古協反毋音無寡君使羣臣問諸鄭豈敢辱候人候人謂伺候望敵者○候音戶豆反伺音司又音息嗣反敢拜君命之辱彘子以爲諂使趙括從而更之曰行人失辭言誤對○諂勑檢反寡君使羣臣遷大國之迹於鄭遷。徙也曰無辟敵羣臣無所逃命楚子又使求成于晉晉人許之盟有日矣有期日楚許伯御樂伯攝叔爲右以致晉師單車挑戰又示不欲崇和以疑晉之羣帥○單音丹挑徒了反下文同帥所類反疏注單車至羣帥○正義曰周禮環人掌致師鄭玄云致師致其必戰之志則致師者致己欲戰之意於敵人故單車揚威武以挑之下云趙旃請挑戰是也挑彼晉師故言以致晉師也楚子既求成而又令挑戰示其不欲崇和以疑誤晉之羣帥許伯曰吾聞致師者御靡旌摩壘而還靡旌驅疾也摩近也○摩末多反壘力軌反近附近之近樂伯曰吾聞致師者左射以菆左車左也菆矢之善者○射食亦反下注音同菆側留反【疏】注左車至善者○正義曰兵車自非元帥皆射者在左御在中央故云左車左樂伯居左故稱左也下云莊子抽矢菆納諸廚子之房選好矢而留之知菆是矢之善者代御執轡御下兩馬掉鞅而還兩飾也掉正也示閒暇○兩馬徐云或作插皆力掌反或音亮掉徒弔反徐乃較反鞅於丈反閒音閑【疏】注兩飾至閒暇○正義曰兩飾掉正皆無明訓服虔亦云是相傳為然也飾馬者謂隨宜刷刮馬又正其鞅以示閒暇攝叔曰吾聞致師者右入壘折馘折馘斷耳○折之設反注同馘古獲反斷音短執俘而還皆行其所聞而復晉人逐之左右角之張兩角從旁夾攻之樂伯左射馬而右射人角不能進矢一而已麋興於前射麋麗龜麗著也龜背之隆高當心○麋亡悲反著直略反【疏】注麗著至心者○正義曰易離卦彖云離麗也日月麗乎天百穀草木麗乎土是麗為著之義龜之形背高而前後下此射麋麗龜謂著其高處故杜以龜為背之隆高當心者服虔亦然是相傳為此說也晉鮑癸當其後使攝叔奉麋獻焉曰以歲之非時獻禽之未至敢膳諸從者鮑癸止之曰其左善射其右有辭君子也既免止不復逐○從才用反下從者同【疏】以歲至從者○正義曰周禮獸人冬獻狼夏獻麋春秋獻獸物者謂獻之以共王之膳耳非能徧及於百官也禮冬獵曰狩言圍守而取之獲禽多也於時虞人所獻或須及羣臣故言歲之非時獻禽之未至以為語之辭耳晉魏錡求公族未得錡魏犨子欲為公族大夫○錡魚綺反犨尺同反【疏】注錡

魏犨子○正義曰服虔亦以爲犨子世本以爲犨孫世本多誤未必然也而怒欲敗晉師請致師弗許請使許之遂往請戰而還楚潘黨逐之及熒澤見六麋射一麋以顧獻曰子有軍事獸人無乃不給於鮮敢獻於從者熒澤在熒陽縣東新殺爲鮮見六得一言其不如楚○敗必邁反又如字使所吏反熒戶扃反射食亦反鮮音仙注同叔黨命去之叔黨潘黨潘尪之子趙旃求卿未得旃趙穿子且怒於失楚之致師者請挑戰弗許請召盟許之與魏錡皆命而往郤獻子曰二憾往矣獻子郤克○憾胡暗反弗備必敗彘子曰鄭人勸戰弗敢從也楚人求成弗能好也師無成命多備何爲士季曰備之善若二子怒楚楚人乘我喪師無日矣乘猶登也○好呼報反下同喪息浪反不如備之楚之無惡除備而盟何損於好若以惡來有備不敗且雖諸侯相見軍衛不徹警也徹去也○警音景去起呂反彘子不可不肯設備士季使鞏朔韓穿帥七覆于敖前帥將也覆爲伏兵七處○覆扶又反注同帥如字將子匠反處昌慮反故上軍不敗趙嬰齊使其徒先具舟于河故敗而先濟潘黨既逐魏錡言魏錡見逐而退趙旃夜至於楚軍二人雖俱受命而行不相隨趙旃在後至席於軍門之外使其徒入之布席坐示无所畏也【疏】使其徒入之○正義曰使己從人入壘以取俘馘也楚子爲乘廣三十乘分爲左右右廣雞鳴而駕日中而說說舍也○乘繩證反下三十乘十乘卒注皆同說舒銳反注及下同

左則受之日入而說許偃御右廣養由基爲右彭名御左廣屈蕩爲右楚王更迭載之故名有御右○屈居勿反更音庚迭直結反乙卯王乘左廣以逐趙旃趙旃弃車而走林屈蕩搏之。得其甲裳下曰裳搏音博○晉人懼二子之怒楚師也使軘車逆之軘車兵車名○軘徒温反疏注軘車兵車名○正義曰襄十一年鄭人賂晉侯以廣車軘車淳十五乘甲兵備甲兵從之是兵車明矣鄭玄云廣車橫陳之車服虔云軘車屯守之車古名難得而知其義或當然矣潘黨望其塵使騁而告曰晉師至矣楚人亦懼王之入晉軍也遂出陳孫叔曰進之寧我薄人無人薄我詩云元戎十乘以先啓行先人也元戎戎車在前也詩小雅言王者軍行必有戎車十乘在前開道先人爲備疏注元戎至爲備○騁勑景反陳直覲反下注皆同先人悉薦反注及下同○正義曰元大也戎車也詩小雅六月之篇言王者軍行必有大車十乘常在軍前以開道諸軍從行所以先人爲備也詩毛傳云夏后氏曰鉤車先正也殷曰寅車先疾也周曰元戎先良也三代行軍皆前有此車其名司馬法之文也其先正先疾先良毛解其名鄭玄又釋其意鉤車備設鉤。般其行曲直有正故曰先正寅進也此車能進取遠道故曰先疾元戎大車之善者故曰先良也軍志曰先人有奪人之心薄之也奪敵戰心遂疾進師車馳卒奔乘晉軍桓子不知所爲鼓於軍中曰先濟者有賞中軍下軍爭舟舟中之指可掬也兩手曰掬○卒子忽反下及注並同掬九六反晉師右移上軍未動言餘軍皆移去唯上軍在經所以書戰言猶有陳疏晉師至未動○正義曰晉之三軍上軍在左中軍在中下軍在右言晉之中軍下軍敗走在上軍之右者皆移唯上軍未動故杜云餘軍皆移去唯上軍在工尹齊將右拒卒以逐下軍工尹齊楚大夫右拒陳名○拒音矩本亦作矩下同楚子使唐狡與蔡鳩居告唐惠侯二子楚大夫唐屬楚之小國義陽安昌縣東南有上唐鄉○狡古卯反疏告唐惠侯○正義曰此未戰之前告經不書唐侯者爲楚私屬故不見也曰不穀不德而貪以遇大敵不穀之罪也然楚不克君之羞也敢藉君靈以濟楚師藉猶假借也使潘黨率游闕四十乘游車補闕者○乘繩證反下之乘弁注易乘同疏注游車補闕者○正義曰周禮車僕有闕車之倅鄭玄云闕車所用補闕之車也此言游闕知游車以擬補闕今使從唐侯是補闕也從唐侯以爲左拒以從上軍駒伯曰待諸乎駒伯郤克上軍佐也隨季曰楚師方壯若萃於我吾師必盡萃集也○萃似醉反不如收而去之分謗生民不亦可乎同奔爲分謗不戰爲生民殿其卒而退不敗以其所將卒爲軍後殿○殿多練反注同王見右廣將從之乘屈蕩尸之曰君以此始亦必以終尸止軍中易乘則恐軍人識自是楚之乘廣先左以乘左得勝故疏注以乘左得勝故○正義曰桓八年傳云楚人尚左君必左者謂置車尚左故君在左此言先左謂乘廣先左耳上文且云右廣初駕日中乃授左廣則舊法先乘右廣今楚王偶然乘左廣以逐趙旃因是而得戰勝以爲宜乘左廣自是後乘廣先左以乘左得勝故也以晉人或以廣隊不能進廣兵車○隊直類反疏注廣兵車○正義曰襄十一年鄭人賂晉侯以廣車定四年史皇以乘廣死是兵車稱廣也此言晉人廣隊下云拔旆投衡軍行則旆在軍前不是車皆有旆也此蓋是晉人在軍之前載旆之車楚人惎之脫扃惎教也扃車上兵闌○惎其器反扃古熒反徐公冥反服云扃橫木校輪間一曰車前橫木也西京賦云

旗不脫扃薛綜云扃所以止旗也疏注惎教至兵闌○正義曰脫扃拔旆皆是教人之語知惎為教也服虔云扃橫木有橫木投於輪間一曰扃車前橫
木張衡西京賦云旗不脫扃薛綜注云扃所以止旗今杜以扃為車上兵闌各以意言皆無明證而禮扛鼎之木其名曰扃則扃是橫木之名教之脫扃則扃
是可脫之物杜云兵闌蓋橫木車前以約車上之兵器慮其落也隊坑則橫木有礙故不能進少進馬還又惎之拔旆投衡乃
出還便旋不進旆大旗也拔旆投衡上使不帆風差輕○帆凡劍反又作帊普霸反差於賣反疏注還便至差輕○正義曰旆扇風重故馬便旋而不
能進釋天云緇廣充幅長尋曰旐繼旐曰旆郭璞曰帛續旐末為燕尾者此旆能扇風使重令馬不能進則其制必大矣故云旆大旗也城濮之役亡大旆之
左旆此之類也旆縣於竿插之車上衡是馬頸上橫木故拔取旗竿投於衡上臥之使不帆風則於車差輕故得出坑也帆是扇風之名今人船上張布以鄣
風名之曰帆顧曰吾不如大國之數奔也趙旃以其良馬二濟其兄與叔父以他馬
反遇敵不能去弃車而走林逢大夫與其二子乘逢氏○數所角反乘繩證反謂其二子無
顧不欲見趙旃顧曰趙傁在後傁老稱也○傁素口反稱尺證反怒之使下指木曰尸女於是授趙
旃綏以免明日以表尸之表所指木取其尸○女音汝皆重獲在木下兄弟累尸而死○重直龍反疏注兄
弟累尸而死○正義曰獲者被殺之名並皆被殺唯當言皆獲耳欲見尸相重累之皆獲故杜辨之云兄弟累尸而死累即傳之重也楚熊負羈
囚知罃知莊子以其族反之負羈楚大夫知罃知莊子之子族家兵反還戰○罃於耕反還音環廚武子御武子魏錡
○廚直誅反下軍之士多從之知莊子下軍大夫故每射抽矢菆納諸廚子之房抽擢也菆好箭房箭舍○

射食夜切又食亦反擢直角反廚子怒曰非子之求而蒲之愛蒲楊柳可以爲箭董澤之蒲可勝既乎

董澤澤名河東聞喜縣東北有董池陂既盡也○勝音升陂彼宜反疏可勝既乎○正義曰重物不可舉者謂之不勝用之不可盡者亦言不勝史傳多有

其事今人無復此語故少難解耳既盡也可勝盡乎言用之不可盡也知季曰不以人子吾子其可得乎吾不可

以苟射故也射連尹襄老獲之遂載其尸射公子穀臣囚之以二者還穀臣楚王子○

射食亦反下同疏不以至故也○正義曰言我不以好箭射楚貴人之子而質之吾之子其可得乎吾爲此計者不可用惡箭苟且爲射故也及昏

楚師軍於邲晉之餘師不能軍不能成營屯宵濟亦終夜有聲言其兵衆將不能用○將子匠反丙

辰楚重至於邲重輜重也○重直勇反又直用反注上重字同輜側其反重也直用反疏注重輜重也○正義曰輜重載物之車也說文

云輜一名軿前後蔽也蔽前後以載物謂之輜車載物必重謂之重車人挽以行謂之輦輜重輦一物也襄十年傳稱秦堇父輦重如役挽此車也輜重載器

物糧食常在軍後故乙卯日戰丙辰始至於邲也周禮鄉師大軍旅會同正治其徒役與其輦輦鄭玄云輦駕馬輦人輓行所以載任器也止以爲藩營司馬

法曰夏后氏謂輦曰余車殷曰胡奴車周曰輜輦輦一斧一斤一鑿一梩一鋤周輦加二版二築又曰夏后氏二十人而輦殷十八人而輦周十五人而輦一說

者以爲夏出師不踰時殷踰時周歷時故前世輦少而後世輦多遂次于衡雍潘黨曰君盍築武軍築軍營以章武功○

雍於用反盍戶臘反而收晉尸以爲京觀積尸封土其上謂之京觀觀古亂反注及下京觀同○臣聞克敵必示子

孫以無忘武功楚子曰非爾所知也夫文止戈爲武文字武王克商作頌曰載戢

干。戈載櫜弓矢戢藏也櫜韜也詩美武王能誅滅暴亂息兵○戢側立反櫜古刀反韜他刀反而我求懿德肆于時夏

允王保之肆遂也夏大也言武王既息兵又能求美德故遂大而信王保天下○夏戶雅反注同疏武王至保之○正義曰昔武王克商周公爲之作頌曰武王誅紂之後則戢藏其干戈則櫜韜其弓矢言既誅暴亂則無復所用故韜藏之懿美也肆遂也時是也夏大也允信也武王以天下既定又能求美德之士而任用之故於是功業遂大信哉唯我武王保之美武王能保天下也○注戢藏至息兵○正義曰戢訓爲斂聚斂藏之義故爲藏也櫜一名韜盛弓矢之衣也干戈弓矢藏而不復用是美武王能誅滅暴亂而息兵也此所引者周頌時邁之篇也詩序云頌者以其成功告於神明則頌詩功成。乃。成乃作此傳言武王克商作頌者武王克商後世追爲作頌頌其克商之功非克商之作也國語引此云周文公之頌曰則此周公所作也傳言克商作頌者包下三篇皆述武王之事○注肆遂至天下○正義曰肆之爲遂相傳爲此訓也夏。大釋詁文求美德謂求而任用之遂大者功業遂大也又作武其

卒章曰耆定爾功武頌篇名耆致也言武王誅紂致定其功○耆音旨注同疏又作至爾功○正義曰既作時邁又作武篇也頌皆一章言其卒章者謂終章之句也言武王誅紂致定爾武之大功也其三曰鋪。時繹。思我徂維。求定其三三篇鋪布也繹陳也時是也思辭也頌美武王能布政陳教使天下歸往求安定○鋪普吳反徐音敷繹音亦疏其三至求定○正義曰其三周頌賚之篇也鋪布也繹陳也徂往也言武王能布陳政教故其時之民歸武王者皆云我。徂。惟自求安定美武王能安民故民歸之也○注其三至安定○正義曰鋪是布散之義故爲布也繹陳釋詁文思是語之辭不爲義也其六曰綏萬邦屢。豐年其六六篇綏安也屢數也言武王既安天下數致豐年此三六之數與今詩頌篇次不同蓋楚樂歌之。次第○屢力住反注同數所角反下數致同疏其六曰至豐年○正義曰其六周頌桓之篇也綏安也屢數也言武王伐紂安天下

萬國數有豐孰之年美武王能和衆國豐民財也○注其六六篇至次第○正義曰綏安釋詁文屢數常訓也杜以其三其六與今詩頌篇次不同故爲疑辭蓋楚樂歌之第言楚之樂人歌周頌者別爲次第故賚第三桓第六也劉炫以爲其三其六者是楚子第三引鋪時繹思第六引綏萬邦今刪定知非者此傳若是舊文及傳家敘事容可言楚子第三引鋪時繹思第六引綏萬邦此既引楚子之言明知先有三六之語故楚子引之得云其三其六若楚子始第三引詩第六引詩豈得自言其三曰其六曰劉以其三其六爲楚子引詩次第以規杜過何辟之甚沈氏難云襄二十九年季札觀樂篇次不同杜云仲尼未刪定此亦不同而云楚樂歌之次者襄二十九年雖少有篇次不同大略不甚乖越故云仲尼未刪定以前此之三六全與詩次不同故云楚樂歌之第今頌篇次桓第八賚第九也

夫武禁暴戢兵保大定功安民和衆豐財者也此武七德疏夫武至財者也○正義曰楚子既引四篇乃陳七德則四篇之內有此七者之義戢干戈櫜弓矢禁暴戢兵也時夏保之保大也耆定爾功定功也我徂求定安民也綏萬邦和衆也屢豐年豐財也我徂求定自能安民故往求定也綏萬國由德能和衆故萬國安也

故使子孫無忘其章著之篇章使子孫不忘疏注著之至不忘○正義曰杜以不忘其章謂子孫不忘上四篇之詩故云著之篇章使子孫不忘○必知然者以文承武王克商作頌之後文連四篇詩義故以爲著之篇章劉炫云能有七德故子孫不忘章明功業橫取下文京觀爲無忘其章明武功以規杜失非也

今我使二國暴骨暴矣

觀兵以威諸侯兵不戢矣暴而不戢安能保大猶有晉在焉得定功所違民欲猶多民何安焉無德而強爭諸侯何以和衆利人之幾幾危也○暴骨蒲卜反本或作曝焉得於虔反強其丈反而安人之亂以爲己榮何以豐財兵動則年荒武有七德我無一焉何以示子

孫其爲先君宮告成事而已祀先君告戰勝疏注祀先君告戰勝○正義曰禮記曾子問稱古者師行必以遷廟主行載于齊車言必有尊也尚書甘誓云用命賞于祖謂遷廟之祖主也爲先君宮爲此遷主作宮於此祀之告成事告戰勝也禮大傳記云牧之野武王之大事也既事而奠於牧室亦是新作室而奠祭也曾子問又曰無遷主則何主孔子曰天子諸侯將出必以幣帛皮圭告于祖禰遂奉以出載于齊車以行每舍奠焉而後就舍武非吾功也古者明王伐不敬取其鯨鯢而封之以爲大戮於是乎有京觀以懲淫慝鯨鯢大魚名以喻不義之人吞食小國○鯨直京反鯢五兮反懲直升反慝他得反疏注鯨鯢大魚名○正義曰裴淵廣州記云鯨鯢長百尺雄曰鯨雌曰鯢目即明月珠也故死即不見眼睛也周處風土記云鯨鯢海中大魚也俗說出入穴即爲潮水今罪無所晉罪無所犯也而民皆盡忠以死君命又何以爲京觀乎祀于河作先君宮告成事而還傳言楚莊有禮所以遂興○是役也鄭石制實入楚師將以分鄭而立公子魚臣辛未鄭殺僕叔及子服。僕叔魚臣也子服石制也疏是役至魚臣○正義曰入楚師言入此楚師於鄭國服虔云入楚師使楚師來入鄭是也此石制引楚師入鄭將以分鄭國以半與楚取半立公子魚臣爲鄭君己欲擅其寵也君子曰史佚所謂毋怙亂者謂是類也言恃人之亂以要利○佚音逸毋音無怙音戶要一遙反詩曰亂離瘼矣爰其適歸詩小雅離憂也瘼病也爰於也言禍亂憂病於何所歸乎歎之○瘼音莫疏注詩小至歎之○正義曰詩小雅四月之篇也離憂瘼病爰於皆釋詁文言時世禍亂必有憂病者於何其所適歸乎歎此禍亂不知將何以歸也歸於怙亂者也夫恃禍則禍歸之○夫音扶鄭伯許男如楚爲十四年晉伐鄭傳秋晉師歸桓子請死晉侯欲許之士貞子諫曰不可貞子士渥濁渥於角反疏桓子請死○正義曰檀弓云謀人之軍師敗則死之謀人之邦邑危則亡之今桓子將軍師敗故請死城濮之役晉師三日穀在僖二十八年○濮音卜文公猶有憂色左右曰有喜而憂如有憂而喜乎言憂喜失時公曰得臣猶在憂未歇也歇盡也○歇許竭反困獸猶鬭況國相乎及楚殺子玉子玉得臣○相息亮反下熊相同公喜而後可知也喜見於顏色○見賢遍反曰莫余毒也已是晉再克而楚再敗也楚是以再世不競成王至穆王今○競其敬反天或者大警晉也警戒也而又殺林父以重楚勝其無乃久不競乎林父之事君也進思盡忠退思補過社稷之衛也若之何殺之夫其敗也如日月之食焉何損於明晉侯使復其位言晉景所以不失霸○重直用反疏進思至補過○正義曰孝經有此二句孔安國云進見於君則必竭其忠貞之節以圖國事直道正辭有犯無隱退還所職思其事宜獻可替否以補王過此孔意進謂見君退謂還私職也或當以此二句據臣心爲文文既據臣君在其上施之於君則稱進內省其身則稱退盡忠者盡己之心以進獻於君補過者內脩己心以補君愆失故以盡忠爲進補過爲退耳非謂進見與退還也○冬楚子伐蕭宋華椒以蔡人救蕭蕭人囚熊相宜僚及公子丙王曰勿殺吾退蕭人殺之王怒遂圍蕭蕭潰申公巫臣曰師人多寒王巡三軍拊而勉之拊撫慰勉之○僚子彫反潰戶內反拊芳甫反疏蕭潰○正義曰實未潰史以實王之意故言潰知者下云明日蕭潰是也三軍之士皆如

挾纊。纊綿也言說以忘寒戶牒反纊音曠說音悅○挾疏注纊綿也○正義曰玉藻云纊為繭縕為袍鄭玄云纊新綿也遂傳於蕭。還

無社與司馬卯言號申叔展還無社蕭大夫司馬卯申叔展皆楚大夫也無社素識叔展故因卯呼之○傳音附還音旋卯馬飽

反號徐戶到反音戶刀反呼也一叔展曰有麥麴乎曰無有山鞠窮乎曰無。麥麴鞠窮所以禦濕欲使無社逃泥

水中無社不解故曰無軍中不敢正言故謬語○麴去六反鞠起弓反禦魚呂反下同解音蟹下同疏注麥麴至謬語○正義曰麥麴鞠窮所以禦濕賈逵

有此言則相傳為此說也尚書說命云若作酒醴爾惟麴糵則麥麴作酒之物本草有芎藭者是藥草之名觀傳文勢欲使無社逃於泥水中而問有此物以

否知是禦濕所用不知若為用之耳但河魚腹疾奈。何叔展言無禦濕藥將病曰目於眢井而拯之無社意解欲入

井故使叔展視虛廢井而求拯己出溺為拯○眢烏丸反眢井廢井也字林云井無水也一己皮反拯拯救之拯注同疏河魚至拯之○正義曰上句是叔展

之言曰下是無社對語無社頻荅言無叔展乃言必須入水故以水厄告之云如似河中之魚久在水內則生腹疾無此二物其奈濕何無社乃解其意告叔

展云當目視於眢井而拯出之出溺為拯方言文若為茅經哭井則己。叔展又教結茅以表井須哭乃應以為信○結經直結反己音紀

舊音以應應對之應疏若為至則己○正義曰此亦叔展之言也無社既解其意令展視井拯己但廢井必多不可知處故教無社令結茅為經置於井上

又恐無社錯應他人更教之云若號向井則是我之己身己。展。叔自謂也哭明日蕭潰申叔視其井則茅經存焉號

而出之號哭也傳言蕭人無守心號戶刀反注同守手又反○○晉原縠宋華椒衛孔達曹人同盟于清

丘原縠先縠疏注原縠先縠○正義曰杜譜以為雜人則不知誰之子也案傳先軫或稱原軫此蓋先軫之後也傳有名號之異杜譜皆並言之先縠之

下不言原穀是杜脫也上文稱爲㚟子服虔以爲食菜於㚟今復稱原原其上世所食也於時趙氏有原同蓋分原邑而共食之也曰恤病討貳

於是。卿不書不實其言也宋伐陳衞救之不討貳也楚伐宋晉不救不恤病也宋爲盟故伐陳陳貳於楚故○爲于僞反

衞人救之孔達曰先君有約言焉若大國討我則死之衞成公與陳共公有舊好故孔達欲背盟救陳而以死謝晉爲十四年衞殺孔達傳○約於妙反又如字共公音恭好呼報反背音佩十四年經注同

附釋音春秋左傳注疏卷第二十二

春秋左傳注疏卷二十三校勘記　阮元撰盧宣旬摘錄

附釋音春秋左傳注疏卷第二十三 宣十二年宋本春秋正義卷第十七石經春秋經傳集解宣下第十一岳本宣字下增公字並盡十八年

〔經十二年〕

而又徼事晉故 釋文徼作儌

蕭叔人心者 宋本監本毛本人作大是也

戊寅乃是十一月九日 閩本監本毛本脫戊寅二字

〔傳十二年〕

臨哭至祖廟 宋本以下正義六節總入子良出質注下

陴城上僻倪 宋本僻作俾是也案說文云陴城上女牆俾倪也釋名作睥睨言於其孔中睥睨非常也廣雅作埤堄云女牆也○今依宋本作俾倪疏內並同

巢牛臣隱於短牆以射之 宋本毛本臣誤城

陴倪女牆也 宋本作陴俾倪女牆也案今本廣雅作埤堄

不應此至六月而晉人不聞宋本閩本監本毛本此作比

圍三月宋本圍上有進字

不泯其社稷各本作泯補刊石經作泯依石經避唐太宗嫌名

願楚要福于此四君纂圖本毛本于作於與傳文同

皆厲宣並言之閩本並誤竝

先穀佐之補刊石經此處缺釋文云穀本又作縠

注彘季代林父句注下宋本自此以下至注鯨鯢大魚名正義總入告成事而還

隨武子曰善石經宋本淳熙本岳本纂圖本隨作隨

觀釁而動李善注班孟堅述高帝紀引傳文釁作舋俗字也

不易行征伐也宋本不易下有者字

楚軍討鄭石經宋本淳熙本足利本軍作君是也

服而舍之李善注文選辨亡論引作赦之

傳稱大宰伯州犂是也宋本犂作黎

不共碎役閩本監本毛本碎作卒非也

前有斥候蹹伏岳本足利本作蹋是也釋文同案爾雅釋言疏引亦作蹹說文無蹹字○今訂正

而自備辨也宋本辨作辦

以其屬衞王也閩本監宋毛本王作士誤也

言唯賢是任宋本言上有於舊內選賢五字

皆不易之事宋本皆下有是字

副上德閩本監本副誤嗣

序云言能汋先祖之道以養天下故以汋爲名焉案詩序汋作酌

耆音指指致聲相近閩本監本毛本指指改言言

聞敵彊而退閩本監本彊作疆

命有軍師補各本有作以師作帥與釋文正義合此本誤也

必當有禍監本毛本禍誤過

似法當嚴整閩本監本毛本似作以非

必大咎也宋本必下有有字是也

故應否臧之凶宋本岳本足利本否作不

川壅爲澤釋文云壅本又作雍注皆同案說文巛字注引作雝澤字下多凶字

乘法不用閩本監本毛本乘作乖亦非宋本作棄是也○今依宋本

法從人也宋本法上有是字是也

故曰律否臧補刊石經否作不

則爲法不行宋本則上有水不流三字

澤不行之物纂圖本監本毛本澤誤釋

此禍也宋本此上有主字是也

爲明年晉殺先縠傳宋本淳熙本晉下有人字

六人同之補刊石經六誤作立改刊加兩點遂成亦字謬

三軍皆敗毛本皆作旣

楚子北師次於郔釋文亦作郔監本毛本誤作郔注同

令尹叔孫敖弗欲曰補刊石經宋本淳熙本岳本叔孫作孫叔是也○今訂正

令尹南轅反斾補刊石經宋本岳本斾作旆不誤注同○今訂正

廻車南鄉宋本纂圖本毛本廻作迴釋文云鄉本又作嚮案後漢書袁紹傳注引作回軍南向按鄉是正字

次于管以待之釋文于作於又云管本或作菅案管字是也管即管叔所封之國見僖二十四年杜於彼注亦云管國在熒陽京縣東北

晉師在敖鄗之閒顧炎武云石經師誤帥案石經不誤所據乃王堯惠刻也

鄭皇戌使如晉師曰宋本岳本閩本監本戍作戌是也釋文亦作戌浦鏜云凡人名除定十三年公叔戍外並從戌亥之戌○校不悉出

在軍宋本軍誤君

子熊煦立浦鏜正誤煦作眴按浦鏜校亦非玉篇口部呴字云史記曰楚先有熊呴是爲蚡冒則呴當從口

凡人貧衣破醜敝爲藍縷考文破作被非

多少皆望文也宋本望作妄字按疏謂三處偏字皆各望文爲訓耳望是也

舊於穰苴前已有宋本舊下有偏字

又何俟補刊石經俟字下後人旁增焉字非也

實猶充也監本毛本充誤克下同

毋廢王命 纂圖本閩本監本毛本毋誤毋

遷徙也 淳熙本纂圖本閩本毛本徙作徒非也

靡旌驅疾也 宋本旌作族非

御下兩馬 案惠棟云鄭注周禮環人引作㒳馬釋文引徐先民云或作㒳案此則兩本㒳字故服杜訓爲飾古文省作兩

龜背之隆高當心 宋本淳熙本岳本足利本心下有者字

非能徧及於百官也 毛本徧作偏非

及熒澤 岳本纂圖本熒作滎非注同案後漢書郡國志注引傳文脫澤字

與魏錡皆命而往 石經皆下旁有受字後人妄加也

二憾往矣 釋文憾作感石經宋本亦作感石經改刊加小旁不可從也

右廣鷄鳴而駕 纂圖本閩本監本毛本雞作鷄

養由基爲右 毛本由作甴避所諱後漢書班彪傳作游文選東都賦同

屈蕩搏之 閩本監本毛本搏作摶誤

備設鉤鞶 案鞶字當作般說詳毛詩校勘記

敢藉君靈 石經初刻藉誤从竹改从廾

使潘黨率游闕四十乘 鄭氏注周禮車僕引傳文率作帥游作斿

屈蕩尸之曰 石經宋本淳熙本岳本尸作戶是也案漢書王嘉傳注李善文選范蔚宗宦者傳論注引並同錢大昕跋余仁仲校刻左傳本云家藏淳熙九經及長平游御史本巾箱小本俱作戶字

亦必以終 李善注范蔚宗宦者論引作必以此終

尸止 宋本淳熙本岳本足利本尸作戶止下右也字是也

軍中易乘 宋本淳熙本軍字脫

上文且則右廣初駕 閩本監本毛本則作云盧文弨校本且則作則云亦非宋本且作旦

今楚王偶然乘左廣以逐趙旃 宋本監本毛本廣作車非

此言晉人廣隊 閩本此作比非也

楚人惎之脫扃 惠棟云說文引作楚人與之云舉也黃顥說廣車陷楚人爲舉之案此則惎當爲畀杜氏所據本與許所據不同也

扃車上兵闌 宋本岳本闌作蘭案管子小匡篇注云蘭錡兵架也

注惎教至兵蘭 閩本監本毛本蘭作闌非

今杜以扃爲車上兵闌 宋本闌作蘭下同

逢大夫與其二子乘 閩本逢作逄岳本有注云逄音龐蜀本作逄此七字校刊時誤入案逄从夆是也从夅者誤

趙傻在後 惠棟云傻與叟同見無極山碑說文作姿云姿或作傻案五經文字云傻素口反與叟同見春秋傳

抽矢菆 惠棟云鄭注既夕禮云古文菆作騶漢書鼂錯傳云材官騶發矢道同的如淳曰騶矢也小顏曰騶謂善矢左氏傳作菆字其音同耳則知古菆字作騶也按騶自是假借字作菆是正字

與其輂輦 監本輂作輦非也

止以爲蕃營 閩本監本毛本蕃作藩

築軍營以章武功 淳熙本岳本足利本章作彰

載戢干戈 監本毛本干誤于

則頌詩功成乃成乃作 案乃成二字衍文宋本無

夏大釋詁文 宋本閩本監本毛本大誤人

鋪時繹思 案詩周頌正義引作敷時繹思

我徂維求定 石經宋本淳熙本岳本維作惟案傳引詩書多從小旁

我往惟自求安定 閩本監本毛本往作徂毛本惟作維

屢豐年 案惠棟云說文無屢字當從毛詩作婁今詩亦有作屢者俗作之

蓋楚樂歌之次第 依正義及宋本標起止皆云之第則次字衍也

注其六六篇至次第 宋本無篇至二字次作之字按疏云故楚樂歌之第是注古本無次字也

季札觀樂 宋本札作扎非也

今頌篇次 宋本今下有周字是也

取其鯨鯢而封之 惠棟云說文引作鱷鯢云海大魚也或从京漢書薛宣傳曰古者明王伐不敬取其鱷鯢小顏曰鱷古鯨字

又何以爲京觀乎 宋本淳熙本岳本足利本何作可石經無觀字後旁增于京字下爾雅疏引亦脫

子服石制也 淳熙本子作予誤

是役至魚臣 宋本以下正義二節總入注特亂則禍歸之之下

桓子請死 宋本以下正義二節總入使復其位注下

晉師三日穀 石經日字下旁增館字此後人據僖廿八年傳妄加也

今天或者大警晉也 淳熙本大誤天正德本作夫亦非

遂圍蕭蕭潰 顧炎武云下有明日蕭潰之文此處疑衍若此云蕭潰下便不得言遂傅于蕭也炎武說是也

拊而勉之 文選李善注潘安仁馬汧督誄引拊作撫

蕭潰 宋本以下正義五節總入明日蕭潰節注下

皆如挾纊 說文引亦作皆如挾纊云或從光作絖水經注廿二如作同非是

纊綿也 宋本綿作緜正義同按緜綿正俗字

遂傅於蕭 補刊石經蕭下有城字非也

有山鞠窮乎 羣經音辨引作鞠藭

鞠窮所以禦濕 纂圖本毛本濕作溼

奈何 淳熙本岳本奈作柰按柰正字○今訂正

哭井則己 補刊石經宋本岳本巳作己是也○今訂正

己展叔自謂也 浦鏜正誤作叔展是也

注原穀先穀 宋本此節正義在衞人救之節注下

於是卿不書 補刊石經作於是乎卿不書

春秋左傳注疏卷二十三校勘記

附釋音春秋左傳注疏卷第二十四 宣十三年至十八年

杜氏注　孔穎達疏

經十有三年春齊師伐莒○夏楚子伐宋○秋螽 無傳爲災故書 冬晉殺其大夫先縠 書名以罪討

傳十三年春齊師伐莒莒恃晉而不事齊故也○夏楚子伐宋以其救蕭也 救蕭在前年 君子曰清丘之盟唯宋可以免焉 宋討陳之貳今宋見伐晉衛不顧盟以恤宋而經同貶宋大夫傳嫌華椒之罪累及其國故曰唯宋可以免○累劣僞反 疏 注宋討至以免○正義曰往年清丘之盟宋卿亦貶傳狀於此發傳言唯宋可以免者意在責諸國耳嫌華椒之罪累及其國恐言宋亦有罪宜其不救但盟之不信唯椒身合貶宋國無罪言惟宋可以免見諸國皆合責也○秋赤狄伐晉及清先縠召之也 邲戰不得志故召狄欲爲變清一名清原 ○冬晉人討邲之敗與清之師歸罪於先縠而殺之盡滅其族君子曰惡之來也己則取之其先縠之謂乎 盡滅其族爲誅已甚故曰惡之來也 疏 注盡滅至來也○正義曰先縠之罪不合滅族盡滅其族爲誅已甚亦是晉刑。大過是爲大惡君子既嫌晉刑。大過又尤先縠自招故曰惡之來也己自取之惡之來也言大惡之事來先縠之家 ○清丘之盟晉以衛之救陳也討焉 尋清丘之盟以責衛 使人弗去曰罪無所歸將加而師孔達曰苟利社稷請以我說欲自殺以說晉○使所吏反我說如字又音悅以說音悅又如字罪我之由我則爲政而亢大國之討將以誰任亢禦也謂禦宋討陳也○亢苦浪反任音壬我則死之。爲明年殺孔達傳

經十有四年春衛殺其大夫孔達書名背盟于大國罪之夏五月壬申曹伯壽卒無傳文十四年盟新城○晉侯伐鄭○秋九月楚子圍宋○葬曹文公無傳○冬公孫歸父會齊侯于穀。

傳十四年春孔達縊而死衛人以說于晉而免以殺告故免于伐○縊一賜反遂告于諸侯曰寡君有不令之臣達構我敝邑于大國既伏其罪矣敢告諸殺大夫亦皆告衛人以爲成勞復室其子以有平國之功復以女妻之○復扶又反妻七計反疏注以有至妻之○正義曰釋詁以平爲成則成亦平也男子謂妻爲室故杜以爲衛人以其父有平定國家之勞復以女妻之言衛侯以女妻之也劉炫以爲傳文無衛侯之女爲孔達之妻復室其子謂復以室家還其子謂達既被誅家當沒入官復以孔達財物家室還其子今知非者案檢傳文上孔達云苟利社稷請以我說是孔達忠於衛國本實無罪所以告於諸侯祇欲虛以說晉衛人荷其功力何得沒其家資男子謂妻爲室則室者對夫之言故傳云女有家男有室今若以孔達之妻而還其子便則以母還子不得云復室其子又諸國大夫之妻傳皆不載其氏姓何得獨責孔達之妻須言衛侯之女既言復室其子明孔達之妻則衛侯之女可知劉以孔達之妻爲衛侯之女於傳無文以規杜過於義非也使復其位襲父祿位○夏晉侯伐鄭爲邲故也晉敗於邲鄭遂屬楚○爲于僞反告於

諸侯蒐焉而還蒐簡閱。車馬○蒐所留反閱音悅中行桓子之謀也曰示之以整使謀而來鄭人懼使子張代子良于楚十二年子良質於楚子張穆公孫○行戶郎反質音致鄭伯如楚謀晉故也鄭以子良爲有禮故召之有讓國之禮○楚子使申舟聘于齊曰無假道于宋申舟無畏亦使公子馮聘于晉不假道于鄭申舟以孟諸之役惡宋文十年楚子田孟諸無畏扶宋公僕○馮皮冰反惡烏路反扶勑乙反曰鄭昭宋聾昭明也聾闇也○聾力工反疏注昭明也聾闇也○正義曰人之聽視聰明唯在耳目而已鄭昭言其目明則宋不明也宋聾言其耳闇則鄭不闇也耳目各舉一事而對以相反言宋不解事必殺我也晉使不害我則必死王曰殺女我伐之見犀而行犀申舟子以子託王示必死○使所吏反使者同女音汝見賢遍反及宋宋人止之華元曰過我而不假道鄙我也鄙我亡也以我比其邊鄙是與亡國同○過古臥反又古禾反殺其使者必伐我伐我亦亡也亡一也乃殺之楚子聞之投袂而起投振也袂袖也○袂面世反袖徐又反屨及於窒皇窒皇寢門闕○屨九具反窒直結反疏注窒皇寢門闕○正義曰下云劍及於寢門之外則屨之所及未至於外故以窒皇爲寢門之闕謂至門逐及也莊十九年鬻拳葬於經皇注云經皇冢前闕者亦以此而知也經傳通謂兩觀爲闕唯指雉門高大爲縣舊章而使民觀之故雉門之觀特得闕名名爲闕者以其在門兩旁而中央闕然爲道雖則小門亦如此耳故杜於寢門冢門皆以闕言之此作窒彼作經字異音同未知孰是其名爲窒皇及市名蒲胥其義皆未聞劍及於寢門之外車及於蒲胥之市秋九月楚子圍宋○冬公孫歸父會齊侯于穀見晏桓子與之言魯樂桓子告高宣子桓子晏嬰父宣子高固○樂音洛疏○與之言魯樂○正義曰樂謂樂居高位也曰子家其亡乎懷於魯矣子家歸父字懷思也懷必貪貪必謀人謀人人亦謀己一國謀之何以不亡爲十八年歸父奔齊傳疏懷於至不亡○正義曰懷思也謂思高位於魯也既思高位必貪貪必計謀○他人既謀去他人他人亦謀去己一國之人謀去之何以不至亡也

○孟獻子言於公曰臣聞小國之免於大國也聘而獻物物玉帛皮幣也疏○孟獻至公說○正義曰臣聞小國之免罪於大國也使卿往聘大國而獻其玉帛皮幣之物於是主人亦禮待之庭前所實籩豆醯醢有百品也君自親朝於牧伯之國而獻其治國之功若征伐之功於是主人敬以待之主人之身有威儀容貌卑服之飾有物采文章嘉淑皆善也有善言辭善稱讚燕而送賓有加增賄貨言賓往既共則主報亦厚禮使小國如此朝聘大國者謀其不免於罪也若不往朝聘待其被誅責而始薦賄貨則無及於好事矣今楚子在宋君其圖之勸君使往聘也劉炫以爲皆是賓事聘而獻物謂獻其國內之物於是所獻之物庭中實之有百品謂聘享之禮龜金竹箭之屬有百品也朝而獻功言治國有功故土饒物產於是○玄纁璣組羽毛齒革乃得爲容貌之物采文章嘉淑謂美善之物加貨謂賄賂之多多獻賄賂以謀其不免於罪也○注物玉帛皮幣也○正義曰聘禮賓執圭以致命享用束帛加璧夫人聘用璋享用玄纁束帛加琮其享幣又有皮馬是聘所獻物有玉帛皮幣也於是有庭實旅百主人亦設籩豆百品實於庭以荅賓疏注主人至荅賓○正義曰聘禮君使卿韋弁服歸饔餼五牢有司入陳鼎豆簠簋鉶醯醢百甕米百筥黍稷稻粱皆設於中庭是主人設籩豆百品實於庭以荅賓也劉炫謂治國有功土饒云云炫以杜注莊二十二年庭實旅百奉之以玉帛諸侯朝王陳贄幣之象則朝聘陳幣亦實百品於庭非獨主人也朝而獻功獻其治國若征伐之功於

牧伯於是有容貌采章嘉淑而有加貨。容貌威儀容顏也采章車服文章也嘉淑令辭稱讚也。加貨命宥幣帛也言往共則來報亦備疏注容貌至亦備○正義曰杜謂於是有者皆主人之事故以容貌為威儀容顏當謂善為威儀容顏以接賓也采章車服文章謂主人陳設物采文章以接賓周禮車逆之類也嘉淑皆訓為善容貌。采章以外別言善善故以為令辭稱讚謂接賓之時善言辭善稱讚也加貨謂好貨加增於常若僖二十九年。介葛盧來朝禮之加燕好成十三年孟獻子為介王重賄之之類故以加貨為命宥幣帛也劉炫云案此勸君行聘唯當論聘之義深不宜言主之禮備豈慮楚不禮而言此也君之威儀無時可舍豈待朝聘賓至乃始審威儀顏色無賓客則驕容儀容儀非報賓之物何言報禮備又獻其治國劉炫云傳正稱朝以正班爵之儀率長幼之序則不名獻功成二年王禮鞏伯如侯伯克敵使大夫告慶之禮則侯伯克敵祇合使大夫告王征伐之功何故親朝獻牧伯禮小朝大小國不合專征復有何功可獻炫謂采章加貨則聘享獻國所有玄纁璣組羽毛齒革皆充衣服旌旗之飾可以為容貌物采文章嘉淑謂美善之物加貨言賄賂之多皆賓所獻亦庭實也於聘總言庭實於朝指其所有詳於君略於臣也案莊二十二年傳庭實旅百則朝者庭實又成二年傳云侯伯克敵使大夫告慶之禮據此文則聘賓有庭實又庭實旅百與容貌采章相對杜何知庭實容貌之等非是賓之所有必為主人之物又君無獻征伐之功何以知獻功於牧伯今知劉說非者僖二十二年楚子入享于鄭庭實旅百加籩豆六品又昭五年燕有好貨飧有陪鼎僖二十九年葛盧來朝禮之加燕好此傳云嘉淑而有加貨故知加貨庭實之等皆是主人待賓之物禮傳賓之於主無加貨之文故杜為此解襄八年鄭伯親獻蔡捷于邢丘是獻征伐之功於牧伯也劉苟違杜義以為庭實旅百及容貌采章嘉淑加貨之等並為賓物又以諸侯親朝無獻征伐之功以規杜氏違經背傳於義非也謀其不免也誅而薦賄則無及也薦進也見責而往則不足解罪○賄呼罪反今楚在宋君其圖之公說為明年歸

父會楚子傳○說音悅

經十有五年春公孫歸父會楚子于宋平者總言二國和故不書其人疏注平者至其人○正義曰平者和也言其先不平而今始平小服大弱下彊之意昭七年暨齊平燕與齊平也定十年及齊平十一年及鄭平魯與平也諸言平者皆舉國言平總言二國和同之意故不書其人謂不書公卿也燕暨齊平不言人此言宋人楚人史異辭耳穀梁傳曰人者衆辭也平稱衆上下欲之也賈逵云稱人衆辭善其與衆同欲然則彼不稱人者豈唯國君欲平而在下不欲平乎傳載盟辭則此平有盟不書盟者釋例曰宋人及楚人平實盟書平從赴辭也○六月癸卯晉師滅赤狄潞氏以潞子嬰兒歸潞赤狄之別種。潞氏國故稱氏子爵也林父稱師從告○潞音路種章勇反疏注潞赤至從告○正義曰狄有赤狄白狄就其赤白之間各自別有種類此潞是國名赤狄之內別種一國夷狄祖其雄豪者子孫則稱豪名爲種若中國之始封君也謂之赤白其義未聞蓋其俗尚赤衣白衣也傳稱天子建德因生以賜姓胙之土而命之氏者即以國名爲氏但華夏不須言夏國名不以氏配赤狄既須言狄單國不復成文故以氏配之潞氏甲氏皐落氏皆是也杜言氏國故稱氏雖指解此國狄而中國亦然劉炫云狄稱種者周禮內宰上春生穜稑之種賤之同之草木故稱種林父尊卿當稱帥師今從將卑師衆之例直稱師者從告也○秦人伐晉無傳○王札子殺召伯毛伯稱殺者名兩下相殺之辭兩下相殺則殺者有罪王札子王子札也蓋經文倒札字○札側八反徐又側乙反召上照反倒丁老反疏注稱殺至札字○正義曰穀梁傳曰不言其兩下相殺也言兩臣下自相殺非君殺臣不得言其大夫也釋例曰大臣相殺死者無罪則兩稱名氏以示殺者之罪王札子殺召伯毛伯是也若一死者有罪不稱殺者名氏晉殺其大夫陽處父是也傳稱此人爲王子捷捷札一人而札在子上故疑經文倒札字也公羊傳曰王札子者何長庶之號也何休云天子之庶兄也左傳言札爲王孫蘇所使非是尊貴不得爲王之庶兄故譜以爲雜人不知何王之子

○秋螽無傳螽音終○

○仲孫蔑會齊高固于無婁無傳無婁杞邑

○初稅畝公田之法十取其一今又履其餘畝復十收其一故哀公曰二吾猶不足遂以爲常故曰初○稅始銳反復扶又反

疏注公田至曰初○正義曰公羊傳曰古者什一而藉古者曷爲什一而藉什一者天下之中正也多乎什一大桀小桀寡乎什一大貉小貉什一者天下之中正也什一行而頌聲作矣何休云多取於民比於桀蠻貉無百官制度之費稅薄穀梁傳亦云古什一而藉孟子云夏后氏五十而貢殷人七十而助周人百畝而徹其實皆什一也趙岐注云民耕五十畝者貢上五畝耕七十畝者以七畝助公家耕百畝者徹取十畝以爲賦雖異名而多少同故云皆什一也書傳言十一者多矣故杜言古者公田之法十取其一謂十畝內取一舊法既已十畝取一矣今又履其餘畝更復十收其一乃是十取其二故論語云哀公曰二吾猶不足謂十內稅二猶尚不足則從此之後遂以十二爲常故曰初言初稅十二自此始也諸書皆言十一而周禮載師云凡任地近郊十一遠郊二十而三甸稍縣都皆無過十二漆林之征二十而五者彼謂王畿之內所共多故賦稅重諸書所言十一皆謂畿外之國故鄭玄云十一而稅謂之徹徹通也爲天下之通法言天下皆十一耳不言畿內亦十一也孟子又曰方里爲井井九百畝其中爲公田八家皆私百畝同養公田公事畢然後敢治私事漢書食貨志取彼意而爲之文云井田方一里是爲九夫八家共之各受私田百畝公田十畝是爲八百八十畝餘二十畝爲廬舍諸儒多用彼爲義如彼所言則家別一百一十畝是爲十十外稅一也鄭玄詩箋云井稅一夫其田百畝則九而稅一其意異於漢書不以志爲說也又孟子對滕文公云請野九一而助國中什一使自賦鄭玄周禮匠人注引孟子此言乃云是邦國亦異外內之法則鄭玄以爲諸侯郊外郊內其法不同郊內十一使自賦其一郊外九而助一是爲二十而稅二故鄭玄又云諸侯謂之徹者通其率以十一爲

正言郊內郊外相通其率爲十稅一也杜今直云十取其一則又異於鄭唯謂一夫百畝以十畝歸公今又履其餘畝稅之更十取一耳履畝穀梁傳文也趙岐不解夏五十殷七十之意蓋古者人多田少一夫唯得五十七十畝。耳五十而貢貢五畝七十而助助七畝好。惡。於此鄭注考工記云周人畿內用夏之貢法邦國用殷之助法○冬蝝生螽子以冬生遇寒而死故不成螽○蝝悅全反字林尹絹反劉歆云蚍蜉子也董仲舒云蝗子疏注螽子至成螽○正義曰釋蟲云草螽負蠜。蜇螽。蜙蝑李巡云皆分別蝗子異方之語也釋蟲又云蝝蝮蜪李巡云蝮蜪一名蝝蝝蝗子也郭璞云蝗子未有翅者劉歆以爲蚍蜉有翅者非也如李郭之說是蝝爲螽子也上云秋螽秋而生子於地至。冬其子復生遇寒而死故不成災傳稱凡物不爲災不書此不爲災而書之者傳云幸之也此年既飢若使蝝早生更爲民害則其困甚矣喜其冬生以爲國家之幸故喜而書之公羊傳亦云蝝生不書此何以書幸之也○饑風雨不和五稼不豐疏注風雨至不豐○正義曰此年秋螽知不爲螽而饑者春秋書螽多矣有螽之年皆不書饑而此獨書饑知年饑不專爲螽故云風雨不和五。穀不豐也

傳十五年春公孫歸父會楚子于宋終前年傳○宋人使樂嬰齊告急于晉晉侯欲救之伯宗曰不可伯宗晉大夫古人有言曰雖鞭之長不及馬腹言非所擊天方授楚未可與爭雖晉之彊。能違天乎諺曰高下在心度時制宜○度待洛反○川澤納汙受汙濁○汙音烏注同山藪藏。疾山之有林藪毒害者居之○藪素口反疏川澤至藏疾○正義曰周禮。虞之官有大澤大藪小澤小數爾雅十數皆是大澤則數是澤類鄭玄周禮注云澤水所鍾也水希曰數是數者澤之少水之名也川澤山數相配爲文者川是流水澤是委水俱是水故總云納汙言其納汙濁也

山有木藪有草毒螫之蟲在草在木故俱云藏疾言其藏毒害也藪是澤類而杜云山之有林藪者藪雖澤類傳文與山相連藪是草木積聚之處近山近澤皆得稱藪上既有川澤之文下別云山藪之事此藪近山故杜云山之有林藪也劉炫以爲澤旁之藪以規杜氏非也瑾瑜匿瑕匿亦藏也雖美玉之質亦或居藏瑕穢○瑾其斬反瑜羊朱反匿女力反疏注匿亦至瑕穢○正義曰瑾瑜玉之美名聘義曰瑕不掩瑜瑜不掩瑕鄭玄云瑕玉之病也瑜其中間美者玉之性善惡不相揜此云匿瑕似以美匿惡故云匿亦藏也言玉質雖美亦瑕藏其中不言瑜能。揜蓋瑕也國君含垢。忍垢恥○垢古口反本或作詬音同天之道也晉侯。恥不救宋故伯宗爲說小惡不損大德之喻○爲于僞反君其待之待楚衰乃止使解揚如宋使無降楚曰晉師悉起將至矣鄭人因而獻諸楚楚子厚賂之使反其言反言晉不救○解音蟹降戸江反不許三而許之登諸樓車使呼宋而告之樓車車上望櫓○櫓音魯遂致其君命楚子將殺之使與之言曰爾既許不穀而反之何故非我無信女則棄之速卽爾刑對曰臣聞之君能制命爲義臣能承命爲信信載義而行之爲利謀不失利以衞社稷民之主也義無二信欲爲義者不行兩信○女音汝下注而女也同信無二命欲行信者不受二命君之賂臣不知命也受命以出有死無霣霣廢隊也○霣于敏反隊直類反又可賂乎臣之許君以成命也成其君命死而成命臣之祿也寡君有信臣己不廢命下臣獲考考成也死又何求楚子舍之以歸○夏五月楚師將去宋在宋積九月不能服宋故申犀稽首於王之馬前曰毋畏知死而不敢廢王命王弃言焉王不能荅未服宋而去故曰弃言○申叔時僕僕御也曰築室反耕者宋必聽命從之築室於宋分兵歸田示無去志王從其言宋人懼使華元夜入楚師登子反之牀起之曰寡君使元以病告兵法因其鄉人而用之必先知其守將左右謁者門者舍人之姓名因而利道之華元蓋用此術得以自通○守手又反將子匠反道音導曰敝邑易子而食析骸以爨爨炊也○析思歷反骸戶皆反本又作骨公羊傳作骸何休注云骸骨也爨七亂反雖然城下之盟有以國斃不能從也寧以國斃不從城下盟○斃婢世反去我三十里唯命是聽子反懼與之盟而告王退三十里宋及楚平華元爲質盟曰我無爾詐爾無我虞楚不詐宋宋不備楚盟不書不告○質音致疏子反懼與之盟○正義曰服虔云與華元私盟許爲退師若孟任割臂與魯莊公盟下云盟曰是兩國平後共盟而楚人爲此辭耳非此華元子反私盟之辭也○潞子嬰兒之夫人晉景公之姊也酆舒爲政而殺之又傷潞子之目酆舒潞相○酆芳忠反相息亮反晉侯將伐之諸大夫皆曰不可酆舒有三儁才儁絕異也言有才藝勝人者三○儁音俊疏注儁絕至者三○正義曰辨名記云倍人曰茂十人曰選倍選曰儁千人曰英倍英曰賢萬人曰桀倍桀曰聖是儁爲絕異之稱也有三儁才知其有才藝勝人者三事耳不知三者何事也不如待後之人伯宗曰必伐之狄有五罪儁才雖多何補焉不祀一也耆酒二也棄仲章而奪黎氏地三也仲章潞賢人也黎氏黎侯國上黨壺關縣有黎亭○耆市志反黎禮兮反國名虐

我伯姬四也傷其君目五也疏不祀至五也○正義曰此五者從輕至重祀雖爲大罪廢祀末是害物故先言之者酒則廢亂政事有害於民故次之奔賢人而侵鄰國其害已大又次之殺夫人傷君目罪之大者故後言之棄仲章而奪黎氏地是爲二事而幷數爲一者俱是爲政之惡故幷數之奪黎氏地己盡奪之使黎侯失位故下云立黎侯而還更復其國也怙其儁才而不以茂德茲益罪也後之人或者將敬奉德義以事神人而申固其命審其政令若之何待之不討有罪曰將待後後有辭而討焉毋乃不可乎夫恃才與衆亡之道也商紂由之故滅由用也疏商紂由之故滅○正義曰史記殷本紀云紂賢辯捷疾聞見甚敏材力過人手格猛獸知足以拒諫飾足以飾非矜人臣以能高天下以聲以爲皆出己之下武王伐滅之是由恃才儁故滅也天反時爲災寒暑易節地反物爲妖羣物失性民反德爲亂亂則妖災生故文反正爲乏文字疏天反至災生○正義曰據其害物謂之災言其怪異謂之妖時由天物在地故屬災於天屬妖於地其寶民有亂德感動天地天地爲之見變妖災因民而生天地共爲之耳非獨天爲災而地爲妖民謂人也感動天地皆是人君感之非庶民也昭七年傳曰國無政不用善則自取謫於日月之災言以政取謫是其由君不由民以民表人故釋例引此即改民爲人是其民謂人也傳言天災地妖民亂歷序以尊卑爲次更言亂則妖災生明妖災由民起妖災亦通言耳天雖四時氣唯寒暑故杜以反時爲寒暑易節物則其數無窮故總云羣物失性反其常性即是妖也釋例曰物者雜而言之則昆蟲草木之類也大而言之則歲時日月星辰之謂也歲者水旱饑饉也時者寒暑風雨雷電雪霜也日月者薄食夜明也星辰者彗孛霣錯失其次也山崩地震者陽伏而不能出陰迫而不能升也凡天反其時地反其物以害其物性皆爲妖災是言妖災皆通天地共爲之也此傳地反

物者唯言妖耳洪範五行傳則有妖孽禍痾眚祥六者之名以積漸爲義漢書五行志說此六名云凡草物之類謂之妖妖猶夭胎言尚微也蟲豸之類謂之孽孽則牙孽矣及六畜謂之禍言其著也及人謂之痾痾病類言浸深也甚則異物生謂之眚自外來謂之祥是六名以漸爲稱唯眚祥有外內之異耳大旨皆是妖也○故文反正爲乏○正義曰許慎說文序云蒼頡之初作書蓋依類象形謂之文其後形聲相益謂之字文者物象之本字者孳乳而生是文謂之字也制字之體文反正爲乏服虔云言人反正者皆乏絕之道也人反德則妖災生妖災生則國滅亡是乏絕之道也盡在狄矣晉侯從之六月癸卯晉荀林父敗赤狄于曲梁辛亥滅潞曲梁今廣平曲梁縣也書癸卯從赴疏盡在狄矣○正義曰言盡在狄矣則狄皆有之其反德爲亂則五罪是也天地災妖傳不指斥不知於時潞國有何災何妖也酆舒奔衛衛人歸諸晉晉人殺之○王孫蘇與召氏毛氏爭政三人皆王卿士使王子捷殺召戴公及毛伯衛王子捷即王札子卒立召襄襄召戴公之子疏卒立召襄○正義曰卒終也謂後終立之非此時即立毛氏後亦不滅但傳不言之耳○

秋七月秦桓公伐晉次于輔氏晉地壬午晉侯治兵于稷以略狄土略取也稷晉地河東聞喜縣西有稷山壬午十月二十九日晉時新破狄土地未安權秦師之弱故别遣魏顆距秦而東行定狄也○顆苦果反立黎侯而還狄奪其地故晉復立之○復扶又反及雒魏顆敗秦師于輔氏晉侯還及雒也雒晉地○雒音洛獲杜回秦之力人也

初魏武子有嬖妾無子武子疾命顆曰必嫁是武子魏犨顆之父○嬖必計反疾病則曰必以爲殉。及卒顆嫁之曰疾病則亂吾從其治也及輔氏之役顆見老人結草以亢杜回亢禦也○殉似俊反本或作必以殉治直吏反下治命同亢苦浪反杜回躓而顛故獲之夜夢之曰余而所嫁婦人之父也而。女也○躓陟吏反徐又丁四反爾用先人之治命余是以報傳舉此以示教○晉侯賞桓子狄臣千室千家亦賞士伯以瓜衍之縣士伯士貞子○瓜古華反衍以善反曰吾獲狄土。子之功也微子吾喪伯氏矣伯桓子字邲之敗晉侯將殺林父士伯諫而止○喪息浪反羊舌職說是賞也職叔向父○說音悅向香丈反曰周書所謂。庸庸祗祗者謂此物也夫周書康誥庸用也祗敬也物事也言文王能用可用敬可敬夫音扶○士伯庸中行伯言中行伯可用君信之亦庸士伯此之謂明德矣文王所以造周不是過也故詩曰陳錫哉。周能施也錫賜也詩大雅言文王布陳大利以賜天下故能載行周道福流子孫○施式豉反率是道也其何不濟○晉侯使趙同獻狄俘于周不敬劉康公曰不及十年原叔必有大咎劉康公王季子也原叔趙同也○孚芳扶反不敬一本作而傲天奪之魄矣心之精爽是謂魂魄爲成八年晉殺趙同傳○魄普白反疏注心之至同傳○正義曰心之精爽是謂魂魄魂魄去之何以能久昭二十五年傳文○初稅畝非禮也穀出不過藉周法民耕百畝公田十畝借民力而治之稅不過此以豐財也疏初稅至財也○正義曰藉者借也民之田穀出共公者不過取所借之田欲以豐民之財故不多稅也既譏其稅畝言非禮乃舉正禮言穀出不過藉則知所稅畝者是藉外更稅故杜。氏爲十一外更十取一且以哀公之言驗之知十二而稅自此始也○冬蝝生饑幸之也蝝未爲災而書之者幸其冬生不爲物害時歲雖饑猶喜而書之疏冬螽生饑幸之也○正義曰幸之者爲幸螽冬生不幸饑也而傳以饑連螽生乃云幸之者以歲饑而復有災則民彌益其困由饑之故乃以爲幸故傳連。饑釋之

經十有六年春王正月晉人滅赤狄甲氏及留吁甲氏留吁赤狄別種晉既滅潞氏今又并盡其餘黨士會稱人從告○吁況于反種章勇反并必政反一音如字○夏成周宣榭火。傳例曰人火之也成周洛陽宣榭講武屋別在洛陽者爾雅曰無室曰榭謂屋歇前○榭本又作謝音同疏注傳例至歇前○正義曰楚語云先王之爲臺榭也榭不過講軍實臺不過望氛祥知榭是講武屋也名之曰宣則其義未聞服虔云宣揚威武之處義或當然也成周周之下都此榭別在洛陽講習武事則往就之爾雅釋宮云無室曰榭又云闍謂之臺有木者謂之榭李巡曰臺積土爲之所以觀望臺上有屋謂之榭則榭是臺上之屋居臺而臨觀講武故無室而歇前歇前者無壁也如今廳是也公羊以爲宣宮之榭謂宣王之廟也以其中興其廟不毀與左氏異也○秋郯伯姬來歸○冬大有年。無傳○郯音談

傳十六年春晉士會帥師滅赤狄甲氏及留吁鐸辰鐸辰不書留吁之屬○鐸待洛反三月獻狄俘獻于王也晉侯請于王戊申以黻冕命士會將中軍且爲大傅代林父將中軍且加以大傅之官黻冕命卿之服大傅孤卿○黻音弗將子匠反大音泰注同疏注代林至孤卿○正義曰晉之中軍之將執政之上卿也大傅又尊於上卿且加大傅以褒顯之禮命臣者皆賜之以服使服而受命傳言以黻冕者云黻冕是命孤卿之服故以之命士會也論語稱禹惡衣服而致美乎黻冕鄭玄云黻祭服之衣冕其冠也此云黻冕亦當然也黻蔽膝也祭服謂之黻其他服謂之韠俱以韋爲之。制同而色異韠各從裳色黻則其色皆赤尊卑以深淺爲異天子純朱諸侯

黃朱大夫赤而已大夫以上冕服悉皆有黻故禹言黻冕此亦云黻冕但冕服自有尊卑耳周禮司服孤之服自希冕而下此士會黻冕當是希冕也天子大傅三公之官也諸侯大傅孤卿之官也周禮典命云公之孤四命鄭衆云九命上公得置孤卿一人春秋時晉爲霸主侯亦置孤卿文六年有。大傅陽子。大師賈佗則晉嘗置二孤於是晉國之盜逃奔于秦羊舌職曰吾聞之禹稱。善人稱舉也不善人遠此之謂也夫詩曰戰戰兢兢。如臨深淵如履薄冰善人在上也言善人居位則無不戒懼○遠于萬反夫音扶兢居陵反本亦作矜善人在上則國無幸民諺曰民之多幸國之不幸也是無善人之謂也○諺音彥○夏成周宣榭火人火之也凡火人火曰火天火曰災疏凡火至曰災○正義曰人火從人而起人失火而爲害本其火之所來故指火體而謂之爲火天火則自然而起不能本其火體故以其所害言之謂之爲災聖人重天變故異其名春秋。天。變多矣唯此言火耳○秋郯伯姬來歸出也○爲毛召之難故王室復亂毛。召難在前年○爲于僞反難乃旦反注同復扶又反王孫蘇奔晉晉人復之毛。召之黨欲討蘇氏故出奔○冬晉侯使士會平王室定王享之原襄公相禮原襄公周大夫相佐也○相息亮反注同殽烝烝升也升殽於俎○殽戶交反烝之承反疏。注烝升也升殽於俎○正義曰禮升殽於俎皆謂之烝故烝爲升也鄭玄詩箋云凡非穀而食之曰殽則殽是可食之名切肉爲殽乃升於俎故謂之殽烝武子。私問其故享當體薦而殽烝故怪問之武士會謚季其字疏注享當至其字○正義曰若公侯來朝王爲設享則當有體薦薦其半體亦謂之房烝武子謂己被王享亦當房烝今乃殽烝故怪而問之王聞之召武子曰季氏而弗聞乎王享。有體薦享則半解其體而薦之所以示共儉疏注享則至共儉〇正義曰王爲公侯設享則半解其體而薦之爲不食故不解折所以示共儉也示共儉與下示慈惠成十二年傳文宴。有折俎體解節折升之於俎物皆可食所以示慈惠也〇折之設反注同疏注體解至惠也〇正義曰王爲公侯設宴禮體解節折升之於俎即殽烝是也其物解折使皆可食共食噉之所以示慈惠也其宴飲殽烝其數無文若祭祀體解案特牲饋食禮有九體則肩一臂二臑三肫四胳五正脊六橫脊七長脇八短脇九此謂士禮也若大夫禮則十一體加脡脊代脅其諸侯天子無文或同十一公當享卿當宴王室之禮也公謂諸侯疏注公謂諸侯〇正義曰五等諸侯總名爲公故云公謂諸侯言諸侯親來則爲之設享又設燕也享用體薦燕用折俎若使卿來雖爲設享仍用公之燕法亦用折俎是王室待賓之禮也周語說此甚詳王召士季曰子弗聞乎禘郊之事則有全烝王公立飫則有房烝親戚宴享則有殽烝今叔父使士季實來唯是先王之宴禮欲以貽爾體解節折而共飲食之於是乎有折俎以示容合好將安用全烝注國語者皆云禘祭宗廟郊祭天地則有全其牲體而升於俎謂之全烝王公立飫即享禮也禮之立成者名爲飫半解其體而升於俎謂之房烝傳言體薦即房烝也親戚宴享則宴享禮同皆體解節折乃升於俎謂之殽烝此傳略而爲文猶是彼意故注皆取彼解之武子歸而講求典禮以脩晉國之法。傳言典禮之廢久

經十有七年春王正月庚子許男錫我卒無傳再與文同盟疏注再與文同盟〇正義曰錫我以文六年即位七年盟于扈十四年于新城魯許俱在是再同盟也丁未蔡侯申卒無傳未同盟而赴以名丁未二月四日〇夏葬許昭公無傳葬蔡文公無傳〇六月癸卯日有食之無傳不書朔官失之〇己未公會晉侯衞侯曹伯

邾子同盟于斷道斷道晉地○斷直管反一音短○秋公至自會無傳○冬十有一月壬午公弟

叔肸卒傳例曰公母弟○肸許乙反

傳十七年春晉侯使郤克徵會于齊徵召也欲爲斷道會齊頃公帷婦人使觀之郤子登

婦人笑於房跛而登階故笑之○蹞音傾跛波可反疏注跛而登階○正義曰沈氏引穀梁傳云魯行父禿晉郤克跛衞孫良夫眇曹公子首僂故婦人笑之是以知郤克跛也穀梁傳定本作郤克眇衞孫良夫跛獻子怒出而誓曰所不此報無能涉河不復度河而東○復扶又反○獻子先歸使欒京廬待命于齊曰不得齊事無復命矣欒京廬郤克之介使得齊之罪乃復命○廬音盧又力於反○郤子至請伐齊晉侯弗許請以其私屬又弗許私屬家衆也爲成二年戰于鞌傳○鞌音安齊侯使高固晏弱蔡朝南郭偃會晏弱桓子○朝如字及斂盂高固逃歸聞郤克怒故○斂徐音廉一音力漸反盂音于夏會于斷道討貳也盟于卷楚卷楚即斷道○卷音權一音居免反辭齊人

晉人執晏弱于野王執蔡朝于原執南郭偃于溫執三子不書非卿野王縣今屬河內苗賁皇使

見晏桓子賁皇楚鬭椒之子楚滅鬭氏而奔晉食邑于苗地晏弱時在野王故因使而見之○賁扶云反使所吏反注及下同歸言於晉

侯曰夫晏子何罪昔者諸侯事吾先君皆如不逮言汲汲也○逮音代或大計反汲音急舉言羣

臣不信諸侯皆有貳志舉亦皆也齊君恐不得禮不見禮待故不出而使四子來左右或

沮之沮止也沮在呂反○曰君不出必執吾使故高子及斂盂而逃夫三子者曰若絶君

好寧歸死焉爲是犯難而來吾若善逆彼彼齊三人○好呼報反爲于僞反難乃旦反以懷來者吾

又執之以信齊沮吾不既過矣乎過而不改而又久之以成其悔何利之有焉

使反者得辭反者高固謂不當來之辭疏以信齊沮○正義曰使沮者之言信也○而又至有焉○正義曰晏桓子等懼晉之命不得已而來恨齊侯之使也今晉不以禮待之而又久執之以成其悔恨言本恨齊今又恨晉齊侯見晉如此將有背晉之心齊若叛晉何利之有言此者勸晉侯免之耳

而害來者以懼諸侯將焉用之晉人緩之逸緩不拘執使得逃去也傳言晉不能脩禮諸侯所以貳○焉於虔反拘九于反○秋八月晉師還○范武子將老老致仕初受隨故曰隨武子後更受范復爲范武子○復扶又反召

文子曰燮乎吾聞之喜怒以類者鮮文子士會之子燮其名○燮素協反鮮息淺反易者實多易遷怒也詩

曰君子如怒亂庶遄沮君子如祉亂庶遄已詩小雅也遄速也沮止也祉福也○遄市專反祉音恥君子

之喜怒以已亂也弗已者必益之郤子其或者欲已亂於齊乎。不然余懼其益

之也余將老使郤子逞其志庶有豸乎。豸解也欲使郤子從政快志以止亂○豸本又作鳺直是反或音居牛反非也解音蟹此訓見方言疏注豸解也○正義曰方言文爾從二三子唯敬二三子晉諸大夫乃請老郤獻子爲政

○冬公弟叔肸卒公母弟也凡大子之母弟公在曰公子不在曰弟以兄爲尊凡稱

弟皆母弟也此策書之通例也庶弟不得稱公弟而母弟或稱公子若嘉好之事則仍舊史之文惟相殺害然後據例以示義所以篤親親之恩崇友于之好釋例論之備矣○好呼報反

【疏】凡大至弟也○正義曰此例再言凡者前凡明稱母弟之人適子及妾子之等後凡明策書稱弟者皆母弟之義公之母弟見經者鄭段魯公子友衞叔武實母弟而不稱弟陳公子招昭元年稱公子八年稱弟釋例曰弟之寵異於衆弟蓋緣自然之情以養母氏之志公在雖俱稱公子其兄爲君則特稱弟殊而異之親而睦之既以隆友于之恩亦以獎爲人弟之敬成相親之益也通庶子爲君故不言夫人之子而曰母弟母弟之見於經者二十而傳之所發六條而已凡稱弟皆母弟此策書之通例也庶弟不得稱弟而母弟得稱公子故傳之所發隨而釋之諸稱弟者不言皆必稱弟也秦伯之弟鍼適晉女叔齊曰秦公子必歸此公子亦國之常言得兩通之證也仲尼因母弟之例據例以興義鄭伯懷害弟之心天王縱羣臣以殺其弟夫子探書其志故顯稱二兄以首惡佞夫稱弟不聞反謀也鄭段去弟身爲謀首也然則兄而害弟稱弟以章兄罪弟又害兄則去弟以罪弟身也推此以觀其餘秦伯之弟鍼陳侯之弟黃衞侯之弟鱄出奔皆是兄害其弟也秦伯有千乘之國而不能容其母弟傳曰罪秦伯歸罪秦伯則鍼罪輕也陳侯不能制御臣下使逐其弟傳曰非罪非黃之罪則罪在陳侯此互舉之文也至於招殺兄之子宋辰率羣卿以背宗國披大邑以成叛逆然不推刃於其兄故以陳首惡稱弟稱名從兩下相殺也統論其義兄弟二人交相殺害各有曲直存弟則示兄曲也鄭伯既云失教若依例存弟則嫌善段故特去弟兩見其義也若夫朝聘盟會嘉好之事此乃兄弟之篤睦非義例之所興故仍舊史之策或稱弟或稱公子踐土之盟叔武不稱弟此其義也莒挐非卿非卿則不應書今嘉獲故特書特書猶不稱弟明諸書弟者皆卿也先儒說母弟善惡褒貶既多相錯涉又云稱弟皆謂公子不爲大夫者得以君爲尊案傳莒挐非卿乃法所不書書而不言弟非得以君爲尊也凡聘享嘉好之事於是使卿故夷仲年之聘皆以卿稱弟而行此例所謂兄稱弟皆母弟左傳明文而自違之穎氏又曰臣

無竟外之交故云弟以貶季友子招樂憂故去弟以懲過鄭段去弟唯以名通
故謂之貶今此二人皆稱公子公子者名號之美稱又非貶所也劉炫云再言
凡者前凡據適妻子為文後凡嫌妾
子為君母弟不得稱弟故更言凡也

經十有八年春晉侯衞世子臧伐齊○臧子郎反○公伐杞無傳○夏四月○秋七月
邾人戕鄫子于鄫。○傳例曰自外曰戕。邾大夫就鄫殺鄫子○戕在良反徐又在精反鄫才陵反【疏】注傳例至鄫子○正義曰杜以會盟
之例卿則書名氏大夫則稱人此稱邾人故
云邾大夫耳賈逵亦云邾使大夫往殘賊之○甲戌楚子旅卒未同盟而赴以名吳楚之葬僭以
而不典故絕而不書同之夷蠻以懲求名之僞【疏】注未同至之僞○正義曰諸
○僭子念反懲直升反止也又作徵如字明也侯之葬魯不會則不書知吳
楚之葬為僭不書者襄二十九年傳稱葬楚康王公親送葬經亦不書故知其
不為魯不會也禮坊記曰天無二日。國無二王示民有君臣之別春秋不稱楚
越之王喪恐民之惑也鄭玄云楚越之君僭號稱王不稱其喪謂不書葬也公
羊傳曰吳楚之君不書葬辟其號也辟其號者五等諸侯死則稱爵書卒及葬
則從彼臣子之辭皆稱為公若書楚葬亦宜從彼所稱當云葬楚王以此僭而
不典不得稱王故遂絕之而不書其葬同之蠻夷言其不足紀錄以懲創自求
名號之僞同之蠻夷者蠻夷
卒亦不書言其不書似之也○公孫歸父如晉○冬十月壬戌公薨于路寢○
歸父還自晉至笙。遂奔齊大夫還不書春秋之常也今書歸父還奔善其能以禮退不書族者非常所及今特書略之笙魯竟也故
不言出○笙音生徐又勑貞反云本又作
檉亦作朾案徐後音是依二傳文竟音境

傳十八年春晉侯衞大子臧伐齊至于陽穀齊侯會晉侯盟于繒以公子彊為

質于晉晉師還蔡朝南郭偃逃歸[晉既與齊盟守者解緩故得逃○繒才陵反質音致解佳買反]○夏公使如楚乞師欲。以伐齊[公不事齊齊與晉盟故懼而乞師于楚不書微者行]○秋邾人戕鄫子于鄫凡。自虐其君曰弒自外曰戕[弒戕皆殺也所以別內外之名弒者積微而起所以相測量非一朝一夕之漸戕者卒暴之名○弒音試注同弒字從式殺字從殳他皆放此別彼列反一朝如字卒寸忽反]

【疏】注弒戕至之名○正義曰弒者試也言臣下伺候間隙試犯其君戕者殘也言外人卒暴而來殘賊殺害也弒。戕皆是殺也所以別內外之名耳釋例曰列國之君而受害於臣子其所由者積微而起所以相測量非一朝一夕之漸故改殺為弒而戕者卒暴之名有國之君當重門設險而輕近暴客變起倉卒亦因事而見戒也臣弒其君子弒其父世之惡逆君子難言故春秋。諸自內虐其君者通以弒為文也春秋弒君多矣其戕唯此一事自弒其君足明無道臣罪之例戕者外人所殺為無防被害皆是君自招之縱使君或無道其惡不加外國不得從弒君之例也若戰死則書滅此謂在國見殺耳

○楚莊王卒楚師不出既而用晉師[成二年戰于鞌是]楚於是乎有蜀之役[在成二年冬蜀魯地泰山博縣西北有蜀亭]○公孫歸父以襄仲之立公也有寵[歸父襄仲子]欲去三桓以張公室[時三桓。強公室弱故欲去之以張大公室○去起呂反下注將去並同張如字一音陟亮反]與公謀而聘于晉欲以晉人去之冬公薨季文子言於朝曰使我殺適立庶以失大援者仲也夫[適謂子惡齊外甥襄仲殺之而立宣公南通於楚既不能固又不能堅事齊晉故云失大援也○適丁歷反注同援于眷反夫音扶]臧宣叔怒曰當其時不能治也後之人何罪子欲去之許請去之[宣叔文仲子武仲父許其名也時為司寇主行]

刑言子自以歸父害己欲去者許請爲子去。○請爲于僞反遂逐東門氏襄仲居東門故曰東門氏子家還及笙子家歸父。字壇帷復命於介除地爲壇而張帷介副也將去使介反命於君○壇音善介音界疏。復命於介○正義曰聘禮復命之禮云公南鄉使者執圭反命曰以君命聘于某君某君受幣于某。宮某君再拜以享某君某君再拜若聘君薨于後歸執圭復命于殯升自西階不升堂子即位不哭辯復命如聘子臣皆哭與介入北鄉哭出袒括髮入門右即位踊是君之存亡皆有復命之。禮。今身。將。出奔不得親自復命故立介於位介當南面歸父於介前北面執圭復命既復命之後北面哭乃退括髮訖前即位北面哭三踊而出以復命之語語介使知令介以此言告於殯也既復命袒。括。髮。以麻爲髮○袒音但括古活反即位哭三踊而出依在國喪禮設哭位公薨故遂奔齊書曰歸父還自晉善之也

附釋音春秋左傳注疏卷第二十四

春秋左傳注疏卷二十四校勘記　阮元撰盧宣旬摘錄

附釋音春秋左傳注疏卷第二十四　宣十三年至十八年

（經十三年）

（傳十三年）

己則取之　石經此處缺宋本岳本纂圖本已作己不誤今從之

亦是晉刑大過　閩本監本毛本大作太下同

爲明年殺孔達傳　閩本監本毛本爲上不加注字舊式也

（經十四年）

冬公孫歸父會齊侯于穀　毛本于作丁誤

（傳十四年）

構我敝邑于大國　石經初刻構作搆改從木旁是也閩本監本毛本作搆

注以有至妻之　宋本此節正義在使復其位注下

復以女妻之　閩本監本毛本復作故按作復是也

晉敗於邲鄭遂屬楚 纂圖本毛本於作于屬作服誤也

蒐簡閱車馬 足利本作軍馬

鄭伯如楚 閩本鄭誤郎

楚子使申舟聘于齊 呂氏春秋行論篇注引舟作周案舟周古字通石經此處缺

注昭明也聾闇也 宋本以下正義二節總入楚子圍宋之下

屨及於窒皇 惠棟云高誘呂覽行論篇注引傳作經皇與莊十九年經皇一也

謂至門逐及也 閩本監本毛本逐作遂非也

唯指雉門高大 宋本高字上有以雉門三字是也

與之言魯樂 宋本以下正義三節總入何以不亡注下

貪必計謀他人 宋本謀下有去字

孟獻至公說 宋本以下正義三節總入注文爲明年歸父會楚子傳之下

於是玄纁璣組 宋本是下有有字

享用秉帛加璧 補毛本秉作束秉字誤也今正

則朝聘陳幣亦實百品於庭非獨主人也浦鏜正誤朝作此獨作謂云從傅士凱注解辨誤校

而有加貨淳熙本加誤嘉注同

容貌文章以外浦鏜正誤文作采是○今依改

葛盧來朝宋本葛上有介字是也

（經十五年）

潞赤狄之別種潞氏國宋本足利本無下潞字案正義引注云杜言氏國故稱氏足證潞字爲衍文

而中國亦然按各本同依上文則亦字當作不字

更復十收其一監本毛本收作取

趙岐不解夏五十殷七十之意宋本岐作歧俗字

一夫唯得五十七十畝耳閩本監本毛本耳誤且屬下讀

好惡於此閩本監本毛本惡於作異如

蜇螽蜙蝑監本毛本蜇作蜇蜙作螆並誤閩本亦作螆

至冬其子復生宋本冬作今

五稼不豐　纂圖本毛本稼作穀非也

五穀不豐也　宋本閩本監本毛本穀作稼不誤

（傳十五年）

雖晉之彊　閩本監本彊作疆

山藪藏疾　漢書路温舒傳引傳藏疾作臧疾案藏古作臧

川澤至藏疾　宋本以下正義三節總入去我三十里節注下

周禮虞之官　宋本禮下有澤字是也

是藪者澤之少水之名也　閩本監本少作小非也

瑜能揜蓋瑕也　毛本揜作掩同監本作揜非

國君含垢　釋文云垢本或作詬案漢書路温舒傳引作詬

晉侯恥不救宋　監本毛本恥作耻俗字

毋畏知死而不敢廢王命　纂圖本監本毛本毋作無非也

必先知其守將左右謁者門者　淳熙本者下增守字非也

析骸以爨釋文云骸本又作骨案史記宋世家楚世家呂氏春秋引作骨何休注公羊云骸骨也

鄬舒有三儁才宋本淳熙本岳本足利本雋作儁石經此處缺案下文作儁才則此處亦當作儁

儁絕至者三宋本以下正義六節總入晉人殺之句下

辨名記篇閩本監本辨作辯形相近而誤案辨名又作別名見白虎通聖人

倍人曰戎宋本戎作茂不誤浦鏜正誤倍作五是也

倍選曰儁閩本監本毛本儁作雋下同

上黨壺關縣有黎亭監本壺作壼

祀雖爲大罪宋本祀上有不字是也

紂賢辯捷疾浦鏜正誤賢作資依史記殷本紀改也

飾是非之端案殷本紀作言足以飾非

地反物爲妖案說文䄏字注云地反物爲䄏

天地爲之見變宋本爲作謂

時者寒暑風雨雷電雪霜也宋本雷作震

凡草物之類謂之妖宋本閩本監本毛本物作木案漢書五行志作物

及人謂之痾監本及作反非也

痾病類言浸深也案漢書五行志類作貌浸作寖

壬午十月二十九日宋本淳熙本岳本足利本十作七不誤

權秦師之弱淳熙本師作帥

而東行定狄也宋本淳熙本岳本纂圖本足利本也作地

狄奪其地纂圖本毛本狄作欲非也

晉侯還及雒也淳熙本也誤地

必以爲殉閩本殉作狥釋文無爲字云本或作必以爲殉案論衡死僞篇引作必以是爲殉則爲字當有也

而女也宋本纂圖本閩本監本毛本女作汝

爾用先人之治命石經用字下有而字案漢書張衡傳注論衡死僞篇引傳無而字顧炎武九經誤字云監本脫當依石經未辨此處石經乃朱梁補刊也

吾獲狄土顧炎武云石經土誤士案炎武所據乃王堯惠刻也

曰周書所謂庸庸祗祗者 淳熙本謂誤得

故詩曰陳錫哉周 石經宋本纂圖本監本毛本哉作載案詩傳訓哉爲載正義曰哉與載古字通

故杜氏爲十一外更十取一 宋本氏作以

故傳連饑釋之 宋本毛本饑作譏非也

（經十六年）

成周宣榭火 釋文榭作謝云本又作榭案惠棟云說文無謝字周𨛭敦銘曰王格于宣射古文榭字作射

冬大有年 案說文秊字注引作大有秊从禾千聲云穀孰也

（傳十六年）

注代林至孤卿 宋本此節正義在𦘕人在上節之下

以韋爲之祭 宋本閩本監本毛本祭作制屬下讀是也○今依改

但冕服自有尊卑耳 毛本脫服字但下衍𢧐字

有太傅陽子 宋本太作大下同

禹稱𦘕人 玉篇引作禹偁𦘕人云與稱同

戰戰兢兢釋文云兢兢本亦作矜矜纂圖本閩本監本毛本作競競非也

春秋天變多矣宋本天變作書災是也

毛召難在前年纂圖本閩本監本毛本召誤伯下注同

注烝升也升殽於俎宋本以下正義五節總入以脩晉國之灋注下

武子私問其故宋本子作季石經此處缺山井鼎云今本後人武子上補足季字所校諸本皆無檢杜注武士會謚季其字不爲無據也陳樹華云杜氏爲下傳文季氏而出此注且內外傳文閒稱士季無有稱季武子者山井鼎說非也

王享有體薦詩伐木正義禮王制正義引享作饗

宴有折俎詩伐木正義引作燕以折俎

正義曰五等諸侯總名閩本監本毛本脫正義曰三字

以脩晉國之法宋本法作灋

（經十七年）

（傳十七年）

傳例曰父母弟纂圖本閩本監本毛本父作同亦非宋本淳熙本岳本足利本作公是也○今改正

不復度河而東補各本度作渡

注跛而登階宋本以下正義三節總入而害來者節注下

討貳也閩本貳作式非

盟于卷楚顧炎武云石經誤作巷案此處石經乃補刊

將有背晉之心宋本毛本將作當

郤子其或者欲已亂於齊乎顧炎武云石經乎誤平案石經不誤炎武所據乃王堯惠刻考文引宋板作欲已於亂乎非也

庶有豸乎唐石經初刻豸作鳩後改豸釋文亦作鳩注同案羣經音辨引作庶有鳩乎云今文作豸集韻四紙引同云徐邈讀通作豸與釋文合

注豸解也宋本此節正義在乃請老郤獻子爲政句下

前凡明稱母弟之人閩本監本毛本人作文

釋例曰弟之寵宋本弟上有母字

見於經者二十毛本於作于十誤千

衛侯之弟緯出奔宋本閩本監本毛本緯作鱄不誤

皆是兄害其弟也宋本也上有者字

則鍼罪輕也 閩本監本毛本則誤見

傳言非罪 閩本監本毛本言作曰

存弟則示兄曲也 襄廿七年正義引作書弟非也

則嫌善段 閩本監本毛本善作書非

莒挐非卿 閩本監本毛本挐作拏非下同

又非貶所也 閩本監本毛本貶所作所貶

（經十八年）

邾人戕鄫子于鄫 纂圖本閩本監本毛本戕誤戕注同○案傳並同

國無二王 宋本國作土與坊記合

當云葬楚王 宋本楚下有莊字是也

歸父還自晉至笙 釋文云笙本作檉亦作朾案公羊穀梁作檉

笙魯竟也 宋本岳本足利本也作外

（傳十八年）

欲以伐齊石經欲作將下空一字

凡自虐其君曰弒石經自下有內字案周禮大司馬之職正義李善魏都賦注引傳並有內字顧炎武云虐上多內字誤也

弒戕皆是殺也毛本戕誤君

故春秋諸自內虐其君者閩本監本毛本諸誤謂

楚於是乎有蜀之役淳熙本乎誤平

時三桓強閩本監本作彊非纂圖本毛本作彊

許請爲子去宋本淳熙本岳本纂圖本監本毛本去下有之字

子家歸父字宋本無字字

復命於介宋本此節正義在遂奔齊節之下

某君受幣于某官宋本官作宮與聘禮合○今依訂正

辯復命宋本辯作辨案聘禮作辯

皆有復命之禮宋本禮作法

今身將出奔閩本監本毛本今誤若將出誤在外○今改正

袒括髮石經初刻脫袒字改刻增袒括二字案惠棟云士喪禮曰主人髻髮袒鄭注云古文髻作括爲古文髻也

春秋左傳注疏卷二十四校勘記

附釋音春秋左傳注疏卷第二十五 成元年盡二年

杜氏注　孔穎達疏

成公○陸曰成公名黑肱宣公子諡法安民立政曰成 疏正義曰魯世家云成公名黑肱宣公之子穆姜所生以定王十七年卽位諡法安民立政曰成釋例曰計公衡之年成公又非穆姜所生不知其母何氏也案宣元年夫人婦姜至自齊卽穆姜也至此始十八年耳二年傳稱公衡爲質於楚公衡成公子也既堪爲質則其年已長成公若是穆姜之子未得有成長之男

經元年春王正月公卽位無傳○二月辛酉葬我君宣公無傳○無冰無傳周二月今之十二月而無冰書冬溫 疏注周二至冬溫○正義曰襄二十八年春無冰彼春無月則是竟春無冰此亦應竟春無冰而書在二月下者以盛寒之月書之也穀梁傳曰終時無冰則志此未終時而言無冰何也終無冰矣加之寒之辭也其意言此月寒最甚此月無冰則終無冰矣杜言今之十二月者見此意也冬而無冰是時之失故書之記冬溫也○三月作丘甲周禮九夫爲井四井爲邑四邑爲丘丘十六井出戎馬一匹牛三頭四丘爲甸甸六十四井出長轂一乘戎馬四匹牛十二頭甲士三人步卒七十二人此甸所賦今魯使丘出之譏重斂故書○甸徒練反一音繩證反乘繩證反卒尊忽反斂力驗反 疏周禮至故書○正義曰周禮九夫爲井四井爲邑四邑爲丘四丘爲甸小司徒職文也司馬法六尺爲步步百爲畝畝百爲夫夫三爲屋屋三爲井四井爲邑四邑爲丘丘有戎馬一匹牛三頭是曰匹馬丘牛四丘爲甸甸六十四井出長轂一乘馬四匹牛十二頭甲士三人步卒七十二人戈楯具謂之乘馬然則杜之此注多是司馬法文而獨以周禮冠之者以司馬法祖述周禮其所陳者卽是周法言此是周之禮法耳不言周禮有此文也鄭注論語云司馬法成

方十里出革車一乘與此不同者鄭注小司徒云方十里爲成緣邊一里治溝洫實出稅者方八里六十四井案鄭注小司徒又引司馬法云成出革車一乘甲士十人徒二十人十成爲終千井革車十乘甲士百人徒二百人十終爲同萬井革車百乘甲士千人徒二千人與此車一乘甲士三人步卒七十二人不同者小司徒辨畿內都鄙之地域鄭所引士十人徒二十人者謂公卿大夫畿內采地之制此之所謂諸侯邦國出軍之法故不同也古者用兵天子先用六鄉鄉不足取六遂六遂不足取公卿采邑及諸侯邦國若諸侯出兵先盡三鄉三遂鄉遂不足然後總徵竟內之兵案此一車甲士步卒總七十五人周禮大司馬五人爲伍五伍爲兩四兩爲卒五卒爲旅五旅爲師五師爲軍大。敗不同者大司馬所云謂鄉遂出軍及臨時對敵布陳用兵之法此甲士三人步卒七十二人謂徵課邦國出兵之時所徵之兵既至臨陳還同鄉遂之法必知臨敵用鄉遂法者以桓五年戰于繻葛先偏後伍又宣十二年廣有一卒卒偏之兩及尚書牧誓云千夫長百夫長是臨時對敵皆用卒兩師旅也長轂馬牛甲兵戈楯皆一甸之民同共此物若鄉遂所用車馬甲兵之屬皆國家所共知者以一鄉出一軍則是家出一人其物不可私備故也此言四丘爲甸並據上地言之若以上中下地相通則二甸共出長轂一乘耳甸卽乘也六十四井出車一乘是故以甸爲名此一乘甲兵甸之所賦今魯使丘出甸賦乃四倍於常譏其重斂故書之也穀梁傳曰作爲也丘爲甲也丘甲國之事也丘作甲非正也古者立國家百官具農工皆有職以事上古者有四民有士民有商民有農民有工民丘作甲非正也其意以爲四邑爲丘使一丘農民皆作甲以農爲工失其本業故譏之今左氏經傳並言作丘甲耳重斂之事傳無明文而知必異穀梁以爲丘作甸甲者以傳云爲齊難故作丘甲以虞有齊難而多作甲兵知使丘爲甸甲而倍作之也士卒。牛。馬悉倍於常而獨言甲者甲是新作之物其餘斂充之耳非作之也譏其新作故舉甲言之初稅畝言初此不言初者此備齊難暫爲之耳非是終用故不言初然則築城備難非時不譏此亦備難而譏之者魯是大國甲兵先多僖公之世頌云公車千乘昭公之蒐傳稱革車千乘此時。不應然也其甲足以拒敵而又加之重斂故譏之○夏臧孫許及晉侯盟于赤棘晉地○秋王師敗績于茅。戎茅戎。別。種。也不言戰王者至尊天下莫之得校故以自敗爲文不書敗地而書茅戎明爲茅戎所敗書秋從告○茅戎亡交反史記及三傳皆作貿戎種章勇反○冬十月

傳元年春晉侯使瑕嘉平戎于王平文十七年邾垂之役詹嘉處瑕故謂之瑕嘉○邾音審詹之廉反單襄公如晉拜成○單襄公王卿士謝晉爲平戎○單音善爲于僞反下文同劉康公徼。戎將遂伐之康公王季子也戎平還欲要其無備○徼古堯反要也要一遙反疏。注康公至無備○正義曰宣十年經書王季子來聘傳言劉康公知即王季子也傳言平戎于王戎必遣使詣周受平但康公要戎者非要戎平還之使單使來平不足伐也欲伐其國耳以未平之日設備禦周今既平矣戎必無備要其無備將遂往伐之故下云遂伐茅戎起兵伐其國也叔服曰背盟而欺大國此必敗叔服周內史○背音佩下音同背盟不祥欺大國不義神人弗助將何以勝不聽遂伐茅戎三月癸未敗績于徐吾氏徐吾氏茅戎之別也疏敗績于徐吾氏○正義曰敗于徐吾之地也茅戎已是戎內之別徐吾又是茅戎之內聚落之名王師與茅戎戰之處○爲齊難故作丘甲前年魯乞師於楚欲以伐齊楚師不出故懼而作丘甲○難乃旦反下同○聞齊將出楚師夏盟于赤棘與晉盟懼齊楚○秋王人來告敗解經所以秋乃書○冬臧宣叔令脩賦繕完治完城郭○繕完市戰反下和端反具守備曰齊楚結好我新與晉盟晉楚爭盟齊師必至雖晉人伐齊楚必救之是齊楚同。

我也同共也○守手又反好呼報反知難而有備乃可以逞逞解也為二年齊侯伐我傳○解音蟹

經二年春齊侯伐我北鄙○夏四月丙戌。衛孫良夫帥師及齊師戰于新築衛師敗績新築衛地皆陳曰戰大崩曰敗績四月無丙戌丙戌五月一日○築音竹陳直覲反○六月癸酉季孫行父臧孫許叔孫僑如公孫嬰齊帥師會晉郤克衛孫良夫曹公子首及齊侯戰于鞌齊師敗績魯乞師於晉而不以與謀之例者從盟主之令上行於下非匹敵和成之類例在宣。七年曹大夫常不書而書公子首者首命於國備於禮成為卿故也鞌齊地○僑其驕反注同郤去逆反鞌音安與音預敵如字本或作適亦音敵【疏】注魯乞至齊地○正義曰此云盟主之令故不從與謀釋例云乞師不得從與謀所以不同者以事得兩通故互言之魯於聘與盟會雖二卿並行止書一使至於行師用兵則並書諸將此書四卿昭定之世或書三卿或卿書二卿皆謂重兵故書之其他國唯書元帥詳內略外也書曹公子首者釋例曰公侯伯子男及卿大夫士命數周官具有等差當春秋時漸以變改是故仲尼丘明據時之宜從而然之不復與周官同也命者其君正爵命之於朝其宮室車旗衣服禮義各如其命數皆以卿禮書於經衛之於晉不得比次國則郲莒杞鄫之屬固以微矣此等諸國當時附隨大國不得列於會者甚衆及其得列上不能自通於天子下無暇於備禮成制故與於盟會戰伐甚多唯曹公子首得見經其餘或命而禮儀不備或未加命數故皆不書之是言首成為卿故書○秋七月齊侯使國佐如師己酉及國佐盟于袁婁穀梁曰鞌去齊五百里袁婁去齊五十里【疏】注穀梁至十里○正義曰齊之四竟不應過遠且鞌已是齊地未必竟上之邑豈得去齊有五百里乎穀梁又云壹戰緜地五百里則是甚言之耳釋例土地名鞌與袁婁並闕不知其處遠近無以驗之○八月壬午宋公鮑卒未同盟而赴以名○鮑步卯反○庚寅衛侯速卒宣十七年盟于斷道據傳庚寅九月七日○取汶陽田晉使齊還魯故書取不以好得故不言歸○汶音問好呼報反疏注晉使至言歸○正義曰晉使齊還魯不用力故直書取哀八年齊人歸讙及闡此不言齊人歸者不以好得非齊歸我故不言歸○冬楚師鄭師侵衛子重不書不親伐疏注子重不書不親伐○正義曰僖二十五年楚人圍陳注云子玉稱人從告此云子重不書不親伐者彼以路遠或當不以實告此傳言侵衛遂侵我道路既近告當以實經傳皆言楚師例是將卑師衆故以爲子重不親伐所以弘通其義也○十有一月公會楚公子嬰齊于蜀公與大夫會不貶嬰齊者時有許蔡之君故疏注公與至君故○正義曰傳稱在禮卿不會公侯會公侯則貶之而稱人翟泉之盟是也此嬰齊會公乃稱公子而不貶者爲其會有蔡許之君蔡侯許男與公相敵嬰齊不與公敵故不貶也傳稱孟孫賂楚楚人許平卽云十一月公及楚公子嬰齊蔡侯許男秦右大夫說宋華元陳公孫寧衛孫良夫鄭公子去疾及齊國之大夫盟于蜀凡會盟觀者必先會而後盟盟時蔡許在列會時必亦在焉以二君乘楚車謂之失位經雖抑而不書會時其身實在且二君與楚同行無容不列於會故知二君在會嬰齊不敵公也或以爲於時兵將嬰齊爲主蔡許爲王左右隸屬嬰齊則二君卑於嬰齊何由得與公敵斯不然矣征伐以主兵爲先盟會以尊卑爲序春秋之常也僖二十七年楚人陳侯蔡侯鄭伯許男圍宋楚既稱人必非貴者爲其主兵猶序於上文七年公會諸侯晉大夫盟于扈傳曰齊侯宋公衛侯陳侯鄭伯許男曹伯會晉趙盾盟于扈於時晉爲盟主召諸侯使集會而趙盾猶序於下文不先諸侯則知此時盟行兵楚爲其主會則蔡許在先故二君自敵公明嬰齊不敵公也襄二十六年公會晉人鄭良霄宋人曹人于澶淵傳曰公會晉趙武宋向戌鄭良霄曹人于澶淵趙武不書尊公也於是衛侯會之然則時有衛侯猶貶趙武者於時衛侯雖往晉將執之不得與會而趙武敵公故貶之也彼傳又曰晉人執甯喜北宮遺使女齊以

先歸衛侯如晉。人執之於會已執其卿衛侯如晉晉卿執之明其不得與會公無所敵故趙武敵公與此異也○丙申公及楚人秦人宋人陳人衛人鄭人齊人曹人邾人薛人鄫人盟于蜀齊在鄭下非卿傳曰卿不書匱盟也然則楚卿於是始與中國準自此以下楚卿不書皆貶惡也○匱其位反【疏】注齊在至惡也○正義曰諸會盟同地而間無他事者例不重序其人此會盟。序者前會之時唯公會楚耳蔡許從楚而行唯。應蔡許在列秦宋以下諸國未至會盟人別故別序也諸征伐會盟實卿而貶稱人者傳皆言其名氏實是大夫而本合稱人者則傳皆言大夫此傳鄭公子去疾以上言其名氏則皆是卿也齊國之大夫則實是大夫故齊在鄭下爲非卿故也傳曰卿不書匱盟也謂匱盟之故幷貶楚卿楚卿於是盟上始與中國相準釋例曰楚之尹臣最多混錯舊說亦隨文強生善惡之狀混瀆無已其不能得辭則皆言惡蠻夷得志然當齊桓之盛而經以屈完敵之若必有褒貶非抑楚也此乃楚之初與未閑周之典禮告命之書自生同異猶秦之辟陋不與中國準故春秋。抑。秦以存例也楚之熊繹始封於楚辟在荊山蓽路藍縷以居。俗。裔及武王熊。違始居江漢之間然未能自同於列國故經稱荊敗蔡師荊人來聘從其所居之稱而總其君臣至於魯僖始稱楚人而班次在於蔡下僖二十一年當楚成王之世能遂其業內列於公侯會於盂楚之君爵始與中國列然其臣名氏猶多參錯至魯成二年楚公子嬰齊始乃具列傳曰卿不書匱盟也兼爲楚臣示例也自此以上春秋未以入例自此以下褒貶之義可得而論之也杜言兼爲楚臣示例者解傳言匱盟之意傳言卿不書者非獨言諸侯之卿不書兼言楚卿亦不書是兼爲楚卿示例

傳二年春齊侯伐我北鄙圍龍。龍魯邑在泰山博縣西南頃公之嬖人盧蒲就魁門焉攻龍門也○頃音傾嬖必計反魁苦回反龍人囚之齊侯曰勿殺吾與而盟無入而封封竟竟音境○弗聽殺而

膊。諸城上膊磔也○膊普各反磔陟百反疏注膊磔也○正義曰周禮掌戮掌斬殺賊諜而搏之鄭玄云搏當爲膊諸城上之膊字之誤也膊謂去衣磔之方言云膊曝也齊侯親鼓。士陵城三日。取龍遂南侵及巢丘取龍侵巢丘不書其義未聞疏注取龍至未聞○正義曰外取內邑非魯之罪無所可諱而此獨不書故杜云其義未聞賈逵云殺盧蒲就魁不與齊盟以亡其邑故諱不書耳案楚子滅蕭嬰齊入莒皆殺楚人而經不變文以加罪此何當改文以諱惡也哀八年齊人取讙及闡以淫女見取猶尙書之此殺敵見取何以當諱知諱義不通故不從也

○衛侯使孫良夫石稷甯相向禽將侵齊與齊師遇齊伐魯還相遇於衛也。良夫孫林父之父石稷石碏四世孫甯相甯俞子○相息亮反向舒亮反碏七略反俞羊朱反石子欲還孫子曰不可以師伐人遇其師而還將謂君何言無以荅君若知不能則如無出今既遇矣不如戰也夏有闕文失新築戰事石成子曰師敗矣子不少須衆懼盡成子石稷也衛師已敗而孫良夫復欲戰故成子欲使須救○復扶又反子喪師徒何以復命皆不對又曰子國卿也隕子辱矣隕見禽獲○喪息浪反隕于敏反疏皆不對○正義曰予者指斥孫子其言並告諸將言皆不對者孫子與甯相向禽皆不對又曰子國卿也乃專與孫子言耳子以衆退我此乃止。我於此止。禦齊師○禦魚呂反且告車來甚衆新築人救孫桓子故並告令軍中齊師乃止次于鞫居。鞫居衛地○鞫居六反新築人仲叔于奚救孫桓子桓子是以免于奚守新築大夫疏注于奚守新築大夫○正義曰大夫守邑以邑冠之呼爲某人孔子父鄹邑大夫傳稱鄹人紇論語謂孔子爲鄹人之子即此類也既衛人賞之以邑賞于奚辭請曲縣

軒縣也周禮天子樂宮縣四面諸侯軒縣闕南方〇縣音玄注同【疏】注軒縣至南方〇正義曰周禮小胥正樂縣之位王宮縣諸侯軒縣大夫判縣士特
縣鄭衆云宮縣四面縣軒縣去其一面判縣又去一面特縣又去一面四面象宮室四面有牆故謂之宮縣軒縣三面其形曲故春秋傳曰請曲縣繁纓以朝
諸侯之禮也鄭玄云樂縣謂鍾磬之屬縣於筍虡者軒縣去南面辟王也判縣左右之合又空北面特縣縣於東方或於階間而已是先儒皆以闕南方故曲
也家語說此事云請曲縣之樂繁纓朝王肅云軒縣闕一面故謂之曲縣以繁纓以朝許之繁纓馬飾皆諸侯之服〇繁步干反注同【疏】
注繁纓至之服〇正義曰周禮巾車掌王之五路玉路樊纓十有再就以祀路樊纓九就同姓以封象路樊纓七就異姓以封革路條纓五就以封四衛木
路前樊鵠纓以封蕃國鄭玄云樊讀如鞶帶之鞶謂金馬大帶也纓金馬鞅也玉路金路象路其樊及纓皆以五彩罽飾之就成也玉路十二成金路九成象
路七成革路樊纓以條絲飾之而五成木路以淺黑飾韋爲樊鵠色飾韋爲纓亦五成是言天子諸侯樊纓之飾繁即鞶也字之異耳巾車又云孤乘夏篆卿
乘夏縵大夫乘墨車士乘棧車其飾皆無樊纓是繁纓爲馬之飾皆諸侯之服也案儀禮既夕士薦馬纓三就又諸侯之卿有受革輅木輅之賜皆有繁纓而
云諸侯之服者以與曲縣相對又于奚所請故云諸侯之服且諸侯之卿特賜乃有大輅士喪禮爲送葬設盛服耳皆非正法所有仲尼聞之曰
惜也不如多與之邑唯器與名不可以假人器車服名爵號君之所司也名以出信名位
不愆爲民所信〇愆起虔反信以守器動不失信則車服可保器以藏禮車服所以表尊卑禮以行義尊卑有禮各得
其宜義以生利得其宜則利生利以平民政之大節也若以假人與人政也政亡則國家
從之弗可止也已【疏】仲尼至止也已〇正義曰仲尼在後聞之曰此曲縣繁纓可惜也不如多與之邑唯車服之器與爵號之名不可以

借人也此名號車服是君之所主也名位不愆則爲下民所信此名所以出信也動不失信然後車服可保此信所以守車服之器也禮明尊卑之別車服以表尊卑車服之器其中所以藏禮言禮藏於車服之中也義者宜也尊卑各有其禮上下乃得其宜此禮所以行其物宜也物皆得宜然則是利生焉此義所以生利益也利益所以成民此乃政教之大節也若以名器借人則是與人政也政教既亡則國家從之而亡不復可救止也已言利以平民者平成也每事有利所以成就下民使國益民皆是利也此以曲縣繁纓與人假人器耳名器俱是可重故幷言。也孫桓子還於新築不入不入國遂如晉乞師○臧宣叔亦如晉乞師皆主郤獻子宣十七年郤克至齊爲婦人所笑遂怒故魯衛因之孫桓子臧宣叔皆不以國命各自詣郤克故不書晉侯許之七百乘五萬二千五百人○乘繩證反下同郤子曰此城濮之賦也城濮在僖二十八年○濮音卜有先君之明與先大夫之肅故捷克於先大夫無能爲役無。能爲之役使請八百乘許之六萬人郤克將中軍士燮將上軍。范文子代荀庚○將子匠反疏。注范文子代荀庚○正義曰宣十二年邲之戰傳稱荀林父將中軍先縠佐之士會將上軍郤克佐之趙朔將下軍欒書佐之十三年晉殺先縠當是士會佐中軍郤克將上軍不知誰代郤克佐上軍疑是荀首爲之十六年士會將中軍則林父卒矣當是郤克佐中軍疑是荀首將上軍荀庚佐之十七年士會請老郤克將中軍當是荀首佐中軍荀庚將上軍所以知者此年傳稱楚屈巫對莊王云知罃之父中行伯之季弟也新佐中軍則荀首於莊王之世已佐中軍明士會老後郤克遷而荀首代也首於邲戰尚爲大夫不應宣之末年得佐中軍故疑先縠死後代郤克佐上軍也明年荀庚來聘傳稱中行伯之於晉也其位在三則此時荀庚將上軍矣林父卒來已久不應始用荀庚故疑林父卒後荀庚即佐上軍士會老後荀庚轉將上軍故杜以爲士燮代荀庚也邲戰以來趙朔無代今

欒書將下軍則趙朔卒矣故知欒書代趙朔不知此時誰代欒書佐下軍也欒書將下軍代趙朔韓厥爲司馬以救魯

衛臧宣叔逆晉師且道之季文子帥師會之及衛地韓獻子將斬人郤獻子馳

將救之至則既斬之矣郤子使速以徇。告其僕曰吾以分謗也不欲使韓氏獨受謗○道音導

徇似俊反師從齊師于莘莘齊地○莘所巾反六月壬申師至于靡笄之下靡笄山名○靡如字又音摩笄音雞齊侯使請戰曰子以君師辱於敝邑不腆敝賦詰朝請見詰朝平旦○腆他典反詰起吉反朝如字注及下朝夕朝食同見賢遍反對曰晉與魯衛兄弟也來告曰大國朝夕釋憾於敝邑之地大國謂齊敝邑魯衛自稱○憾胡暗反本又作感寡君不忍使羣臣請於大國無令輿師淹於君地輿衆也淹久也○令力呈反師如字下無令輿師同一音所類反能進不能退君無所辱命言自欲戰不復須君命○復扶又反齊侯曰大夫之許寡人之願也若其不許亦將見也齊高固入晉師桀石以投人桀擔也○擔丁甘反禽之而乘其車既獲其人因釋己車而載所獲者車繫桑本焉以徇齊壘將至齊壘以桑樹繫車而走欲自異○壘力軌反曰欲勇者賈余餘勇賈賣也言己勇有餘欲賣之○賈音古注同賣摩懈反癸酉師陳于鞌

邴夏御齊侯逢丑父爲右晉解張御郤克鄭丘緩爲右齊侯曰余姑翦滅此而朝食姑且也翦盡也○陳直覲反邴音丙又彼命反夏戶雅反解張音蟹下如字一音直亮反不介馬而馳之介甲也郤克傷

於矢流血及屨未絶鼓音中軍將自執旗鼓故雖傷而擊鼓不息○將子匠反下將在左同疏○注中軍至不息○正義曰以郤克爲中軍之將言己之傷而未絶鼓音明是法當自執旗鼓也周禮大僕軍旅田役贊王鼓鄭玄云王通鼓佐擊其餘面上云齊侯親鼓則天子諸侯自將兵者亦親執旗鼓以令衆曰余病矣張侯曰自始合而矢貫余手及肘余折以御左輪朱殷

豈敢言病吾子忍之張侯解張也朱血色血色久則殷殷音近烟今人謂赤黑爲殷色言血多汙車輪御猶不敢息○貫古亂反下注同肘竹九反折之設反殷於閑反徐於辰反注同近附近之近汙汙穢之汙字林一故反緩曰自始合苟有險余必下推車

子豈識之然子。病矣以其不識己推車○推昌誰反又他回反注及下推車同張侯曰師之耳目在吾旗鼓

進退從之此車一人殷之可以集事殷鎮也集成也殷多練反注同○若之何其以病。句○絶敗

君之大事也擐甲執兵固即死也擐貫也即就也○擐音患疏若之至事也○正義曰郤克云余病矣言己不堪擊鼓欲有退軍之意故責之云如之何其以身病之故欲喪敗君之大事也病未及死吾子勉之左并轡右援枹而鼓馬

逸不能止師從之晉師從郤克車○并必政反徐方聘反援音爰枹音浮鼓槌也字林云擊鼓柄也本亦作桴疏○援。桴而鼓○正義曰說文云援引也枹擊鼓杖也援枹而鼓謂引枹以擊之齊師敗績逐之三周華不注華不注山名○華如字又戶化反注之住反

韓厥夢子輿謂己曰且辟左右子輿韓厥父故中御而從齊侯居中代御者自非元帥御者皆在中將在左○帥所類反疏注居中至在左○正義曰韓厥爲司馬亦是軍之諸將也以夢之故乃居中爲御明其本不當中先非御者若御不在中又不須云

代御以此知自非元帥其餘之諸將皆御者在中將在左軍邴夏曰射其御者君子也公曰謂之君子而射
之非禮也齊侯不知戎禮○射食亦反下并注皆同【疏】注齊侯不知戎禮○正義曰僖二十二年傳曰雖及胡耇獲則取之明恥教戰求殺敵也
宣二年傳曰戎昭果毅以聽之之謂禮殺敵為果致果為毅是戎事以殺敵為禮齊侯謂射君子為非禮者乃是齊侯不知戎禮也射其左越于
車下越隊也○隊直類反射其右斃于車中。綦毋張喪車從韓厥曰請寓乘綦毋張晉大夫寓寄也○
綦毋音其下音無喪息浪反乘繩證反從左右皆肘。之使立於後以左右皆死不欲使立其處○處昌慮反【疏】皆肘之○正義
曰說文云肘臂節也謂左右為凶處故以肘排退之韓厥俛定其右俛俯也右被射仆車中故俯安隱○俛音勉仆音赴又蒲北反【疏】
韓厥俛定其右○正義曰言此者為下丑父與公易位由厥之俯故不覺其易綦毋張蓋助厥定右故並不見之逢丑父與公易位居公
處將及華泉驂絓於木而止驂馬絓也○華戶化反絓戶卦反一音卦驂七南反丑父寢於轏中轏士車○轏士生
產反又士板反字林仕諫反云臥車也【疏】注轏士車○正義曰周禮巾車士乘棧車鄭玄云棧車不革輓而漆之考工記輿人云棧車欲弇鄭玄云為其
無革輓不堅易坼壞然則弇者謂上狹下闊也轏與棧字異音義同耳蛇出於其下以肱擊之傷而匿之故不能
推車而及為韓厥所及丑父欲為右故匿其傷○肱古弘反匿女力反注同韓厥執縶。馬前縶馬絆也執之示脩臣僕之職○縶
張立反絆音半再拜稽首奉觴加璧以進進觴璧亦以示敬○觴式羊反【疏】韓厥至以進○正義曰襄二十五年鄭公孫舍之帥
師入陳傳曰陳侯免擁社子展執縶而見再拜稽首承飲而進獻事與此同唯無璧耳蓋古者有此禮彼雖敗績猶是國君故戰勝之將示之以臣禮事之不

忍卽加屈辱所以申貴賤之義晉語云靡笄之役郤獻子伐齊。齊侯來獻之以得殞命之禮也服虔引司馬法其有殞命以行禮如會所用儀也若殞命則左結旗司馬授飲右持苞壺左承飲以進杜不引之者蓋彼此不甚相當故也曰寡君使羣臣爲魯衞請曰無令輿師陷入君地本但爲二國救請不欲乃過入君地謙辭○爲于僞反注同令力呈反下臣不幸屬當戎行無所逃隱屬適也○屬音燭注同行下郎反且懼奔辟而忝兩君臣辱戎士若奔辟則爲辱晉君幷爲齊侯羞故言二君此蓋韓厥自處臣僕謙敬之飾言○辟音避注同徐扶臂反服氏扶赤反敢告不敏攝官承乏言欲以己不敏攝承空乏從君俱還○從才用反又如字丑父使公下如華泉取飲鄭周父御佐車宛茷爲右載齊侯以免佐車副車○宛紆元反茷扶廢反韓厥獻丑父郤獻子將戮之呼曰自今無有代其君任患者有一於此將爲戮乎郤子曰人不難以死免其君我戮之不祥赦之以勸事君者乃免之齊侯免求丑父三入三出重其待己故三入晉軍求之○呼火故反任音壬難乃旦反【疏】注重其至求之○正義曰劉炫以齊侯三入齊軍又三出齊軍以求丑父每出之時齊之將帥敗而怖懼以師而退不待齊侯致使齊侯入于狄卒今知不然者以傳文三入在前三出在後若用此說齊侯先在晉軍今入齊軍得以三入在前今齊侯既先在齊軍欲出求丑父應先出後入不應先入後出且初時二出容有二入在後之出遂入狄卒有出無入何得云三入又以傳文師帥兩字分明故杜以爲齊侯每出齊師以帥厲每退者每出之文别自爲義不計上之三出劉君不達此旨妄規杜失非也出齊師以帥退入于狄卒齊師大敗皆有退心故齊侯輕出其衆以帥厲退者遂進入狄卒狄卒者狄人從晉討齊者○卒子忽反注及下同輕遣政反迸補諍反狄卒皆抽戈。楯冒之以入于衛師衛師免之狄衛畏齊之強故不敢害齊侯皆共免護之○楯食準反又音允冒亡報反遂自徐。關入齊侯。見保者曰勉之齊師敗矣所過城邑皆勉勵其守者○守手又反辟。女子使辟君也齊侯單還故婦人不辟之辟音避注皆同一音扶赤反單音丹○女子曰君免乎曰免矣曰銳司徒免乎曰免矣銳司徒主銳兵者○銳悅歲反曰苟君與吾父免矣可若何。言餘人不可復如何○復扶又反乃奔走辟君齊侯以爲有禮先問君後問父故也既而問之辟司徒之妻也辟司徒主壘壁者○辟音壁必覓反注同徐甫亦反予之石窌石窌邑名濟北盧縣東有地名石窌○窌力救反一音力到反晉師。從齊師入自丘輿擊馬陘。丘輿馬陘皆齊邑○陘音刑齊侯使賓媚人賂以紀甗玉磬與地媚人國佐也甗玉甑皆滅紀所得○媚美異反賂音路甗魚輦反徐音彥又音言字林牛健反甑子孕反又慈陵反疏注媚人至所得○正義曰經書齊侯使國佐如師故知賓媚人郎國佐也杜譜云國佐賓媚人武子三事互見於經傳不知賓媚人是何等名號也鄭衆注考工記云甗無底甑方言云甑自關而東謂之甗知甗是甑也下云子得其國寶知甗亦以玉爲之傳文玉在甗磬之間明二者皆是玉也莊四年紀侯大去其國不言齊滅而云滅紀所得者紀侯被偪而去後齊侯收其民人又取其。國寶此則與滅無異故爲此解不可則聽客之所爲賓媚人致賂晉人不可曰必以蕭同叔子爲質同叔蕭君之字齊侯外祖父子女也難斥言其母故遠言之○質徐音致下同難乃旦反而使齊之封內盡東其畝使壟畝東。西行○盡津忍反壟力勇反行戶郎反又如字對曰蕭同叔子非他寡君之母也若以匹敵則亦晉君之母也吾子布大命於諸侯而曰必質其母以爲信其若王命何言違王命且是以不孝令也詩曰孝子不匱永錫爾類詩大雅言孝心不乏者又能以孝道長賜其志類若以不孝令於諸侯其無乃非德類也乎不以孝德賜同類疏蕭同至類也乎○正義曰蕭同叔子非他人是寡君之母也若以匹敵言之則亦晉君之母也吾子布大命於諸侯而曰必質其諸侯之母以爲信其若王命何先王之命諸侯也使之孝於母親其類今輕慢其母不愛同類即是違王命也柰此王命何乎今輕齊侯之母亦是輕晉侯之母自輕其母即是不孝且告。吾諸侯云以母爲質是此者以不孝之事令諸侯也詩之意言孝子所以行孝不爲匱乏之道故以孝道長賜女之族類諸侯皆晉侯之類晉侯皆以孝德賜同類若以不孝之事號令諸侯其無乃非是以孝德賜同類乎責其違孝道也所引詩者大雅既醉之篇先王疆理天下物土之宜而布其利疆界也理正也物土之宜播殖之物各從土宜○疆居反注下皆同故詩曰我疆我理南東其畝詩小雅或南或東從其土宜疏詩曰至其畝○正義曰此詩小雅信南山之篇今吾子疆理諸侯而曰盡東其畝而已唯吾子戎車是利晉之伐齊循壟東行易○易以鼓反無顧土宜其無乃非先王之命也乎反先王則不義何以爲盟主其晉實有闕失闕四王之王也禹湯文武之王于況反○樹德而濟同欲焉樹立也濟成也五伯之霸也夏伯昆吾商伯大彭豕韋周伯齊桓晉文○或曰齊桓晉文宋襄秦穆楚莊疏注夏伯至晉文○正義曰鄭語云祝融能昭顯天地之光明其後八姓昆吾爲夏伯矣大彭豕韋爲商伯論語云管仲相桓公霸諸侯昭九年傳曰文之伯也豈能改物是三代有伍伯矣伯者長也言爲諸侯之長也鄭玄云天子衰諸侯興故曰霸把也言把持王者之政教故其字或作伯或作霸也　勤而撫之以役王命　役事也　今吾子求合諸侯以逞無疆之欲　疆竟也○竟如字又音境　【疏】四王至之欲○正義曰禹湯文武四王之王天下也立德於民而成其同欲民有所欲上即同之東畝南畝皆順民意不改王之制度也五伯之霸諸侯也唯勤勞其功而撫順之以奉事王命而已吾子求合諸侯以快其無疆畔之欲止求自快己欲不與民同是違王霸之政也　詩曰布政優優百祿是遒　詩頌殷湯布政優和故百祿來聚遒聚也○遒在由反徐子由反　子實不優而棄百祿諸侯何害焉　言不能為諸侯害　【疏】詩曰至害焉○正義曰詩商頌言成湯布政優優然而寬故百種福祿於是聚歸之子實不能優寬而自棄福祿於諸侯何害言不能為諸侯害也所引詩者商頌長發之篇　不然　不見許　寡君之命使臣則有辭矣曰子以君師辱於敝邑不腆敝賦以犒從者　戰而曰犒為孫辭○使所吏反犒苦報反從才用反　【疏】注戰而曰犒為孫辭○正義曰士卒之勞於外師衆枯槁以酒食勞之謂之犒師此以師拒戰非犒勞之義而亦稱犒者言以此師衆往當待之如以酒食犒之然為孫順之辭耳　畏君之震師徒橈敗　震動橈曲也○橈乃教反　吾子惠徼齊國之福不泯其社稷使繼舊好唯是先君之敝器土地不敢愛子又不許請收合餘燼　燼火餘木○泯彌忍反好呼報反合如字又音閤燼似刃反　背城借一　欲於城下復借一戰○背音佩復扶又反　敝邑之幸亦云從也況其不幸敢不唯命是聽　言完全之時尚不敢違晉今若不幸則從命　【疏】注言完至從命○正義曰言於先完全福幸之時尚不違晉故言亦云從也是指其實事劉炫以為齊人請戰言敝邑脫或有幸戰勝亦云從也虛稱未然之事乖違文勢上下苟異杜氏而規其過非也　魯衛諫曰

齊疾我矣諫郤克也其死亡者皆親暱也子若不許讎我必甚唯子則又何求子得其國寶謂甗磬○暱女乙反我亦得地齊歸所侵而紓於難齊服則難緩○紓音紓緩也一音直呂反難乃旦反下同其榮多矣齊晉亦唯天所授豈必晉晉人許之對曰羣臣帥賦輿賦輿猶兵車以爲魯衛請若。苟有以藉。口而復於。寡君藉薦復白也○爲于僞反藉在夜反注同疏注藉薦復白也○正義曰禮承薦玉之物名爲繅藉藉是承薦之言故爲薦也復者報命於君故爲白也言無物則空口以爲報少有所得則。與口爲藉故曰藉口服虔云今河南俗語治生求利少有所得皆言可用藉手矣君之惠也敢不唯命是聽禽鄭自師逆公禽鄭魯大夫歸逆公會晉師秋七月晉師及齊國佐盟于爰婁使齊人歸我汶陽之田公會晉師于上鄍上鄍地闕公會晉師不書史闕○鄍覓經反疏注上鄍至史闕○正義曰定八年經書公會晉師于瓦此獨不書故云史闕謂舊史先闕故仲尼脩經無之賜三帥先路三命之服三帥郤克士燮欒書已嘗受王先路之賜今改而易新幷此車所建所服之物○帥所類反注及下同疏○賜三至之服○正義曰周禮典。士命公之孤四命其卿三命其大夫再命其士一命侯伯之卿大夫士亦如之此三帥皆卿也本國三命故魯賜以三命之服司馬司空輿。帥候正亞旅皆大夫本國一命故皆受一命之服於卿言賜於大夫言受互相足也周禮大夫再命此司馬司空等皆一命者春秋之時其事已異於周禮故大夫一命○注三帥至之物○正義曰三卿皆統一軍故總稱三帥魯君之賜晉臣正可知其法所得服改新以與之耳不得特命他臣發初賜以此物且彼若先無此物則無由敢受魯賜故杜以爲此三帥已嘗受王先路之賜今改而易新幷此車所建之旌旗所著之衣服皆賜之也案釋例先路者革路若木路或云先或云次蓋以就數爲差其受之於王則稱大杜言革路若木路者或用革或用木也知受之於王則稱大者鄭子蟜叔孫穆子受之於王皆稱大是也革木是卿大

夫車之尊者故云大路金路是諸侯車之尊者亦稱大則定四年大路大旂是也。玉路天子車之尊者亦稱大故顧命云大路在賓階面是也言所建所服之

物者周禮巾車革路建大白以即戎司服云凡兵事韋弁服巾車又云木路建大麾以田司服又云凡田冠弁服然則此車所建或是大白大麾所服或是韋

弁冠弁劉炫以爲既言先路則是晉君之賜杜云受王先路之賜非其義也今知不然者杜以穆叔子蟜嘗受王路故杜據而言之釋例應云受王大路之賜

言先路者順傳先路之文故也劉以爲嘗受晉君賜而規杜氏非也司馬司空輿帥。候正亞旅皆受一命之服晉司

馬司空皆大夫輿。帥主兵車候正主斥候亞旅亦大夫也皆魯侯賜【疏】注晉司至侯賜○正義曰司馬司空本是卿官之名但晉之諸卿皆以三軍將佐爲

號其司馬司空皆爲大夫之官仍有爲卿之嫌故云晉司馬司空皆大夫也明他國以爲卿晉以爲大夫也輿帥至於亞旅本是大夫官名故又云亦大夫也

軍行有此大夫從者司馬主甲兵司空主營壘輿帥主兵車候正主斥候亞旅次於卿是衆大夫也無專職掌散共軍事故後言之直言受服嫌非魯賜故云

皆魯侯賜○八月宋文公卒始厚葬用蜃。炭益車馬始用殉燒蛤爲炭以瘞壙多埋車馬用人從葬○蜃市

忍反蛤也炭吐旦反殉似俊反蛤古荅反瘞於例反壙苦晃反一音曠【疏】。注燒蛤至從葬○正義曰晉語云雀入于海爲蛤雉入于淮爲蜃月令孟冬雉入

大水爲蜃鄭玄云大水謂淮也大蛤曰蜃則蜃者蛤之類也周禮掌蜃掌斂互物蜃物以共闉壙之蜃鄭玄云互物蜯蛤之屬闉猶塞也將弁椁先塞下以

蜃禦濕也是用蜃以瘞壙也禮檀弓記曰塗車芻靈自古有之鄭玄云芻靈束茅爲人馬謂之靈者神之類也不解塗車當是用泥爲車也傳言益車馬者謂

用此塗車茅馬益多於常故云多埋車馬也鄭玄云殺人以衛死者曰殉言殉還其左右也言始用殉則自此以後宋君葬常用殉故謂此爲始也劉炫以爲

用蜃炭者用蜃復用炭知不然者杜以傳用蜃炭共文故知燒蛤為炭又且炭亦灰之類雖灰亦得稱炭劉君以為用蜃復用炭而規杜氏非也重器

備重猶多也○重直恭反注同疏注重猶多也○正義曰重謂重疊故猶多多為。皿器也言器備者士喪禮下篇陳明器云用器弓矢耒耜敦。杅槃匜役器甲冑干笮燕器杖笠翣其器有共用之器有備樂之器器故言器備

榑有四阿棺有翰檜四阿四注榑也翰旁飾檜上飾皆王禮○榑音郭翰戶旦反一音韓檜古外反徐音會疏注四阿至王禮○正義曰周禮匠人云殷人四阿重屋鄭玄云阿棟也四角設棟也是為四注。榑也士喪禮下篇陳明器云抗木橫三縮二謂於榑之上設此木從二橫三以負土則士之榑上平也今此榑上四注而下則其上方而尖也禮天子榑題湊諸侯不題湊不題湊則無四阿釋詁云楨翰榦也舍人曰楨正也築牆所立兩木也翰所以當牆兩邊障土者也翰在牆之旁則知此翰亦在旁也詩云會弁如星鄭玄云會謂弁之縫中言其際會之處也會在弁之上知此檜亦在上棺有此物明是其飾故以為旁飾上飾也言榑有棺有則是本不當有言其厚葬譏其奢。僭宋公所僭必僭天子明此四阿翰檜皆是王之禮也蜃炭言用亦本不當用其蜃炭蓋亦王之禮也車馬器備法得有之言益言重但譏其多耳殉則本不得然非譏其僭

君子謂華元樂舉於是乎不臣臣治煩去惑者也是以伏死而爭今二子者君生則縱其惑謂文十八年殺母弟須○去起呂反下去之同爭爭鬬之爭死又益其侈是弃君於惡也何臣之為若言何用為臣○侈昌氏反又式氏反疏注若言何用為臣○正義曰言何用為臣是不成臣也。言雖有若無劉君還以為不成臣與杜義無別而規杜氏非也

○九月衞穆公卒晉二。子自役弔焉哭於大門之外師還過衞故因弔之未復命故不敢成禮○過古禾反又古臥反衞人逆之逆於門外設喪位婦人哭於門內喪位婦人哭於堂賓在門外故

移在門內送亦如之遂常以葬至葬行此禮【疏】哭於至以葬○正義曰哭於大門之外謂大門外之西東面衛人逆之謂大門外之
東西面各從賓主之位婦人哭於門內謂門內之西東面以堂上在西東面故也至於三子之去衛人送之其位亦如之自此有鄰國弔者常行此禮以至於
葬沈氏云雜記弔者即位于門西東面主孤西面擯者受命曰孤某使某請事客曰寡君使某如何不淑相者入告出曰孤某須矣弔者入主人升堂西面弔者
升自西階東面致命此臣奉君命行弔之禮今三子師行經衛竟不敢成禮故於大門之外○注喪位至於堂○正義曰喪大記云君之喪夫人坐于西方內
命婦姑姊妹子姓立于西方外命婦率外宗哭於堂上北面又曰婦人迎客送客不下堂是喪位婦人哭於堂○楚之討陳夏氏也在宣
十。二年○夏戶雅反下同莊王欲納夏姬申公巫臣曰不可君召諸侯以討罪也今納夏姬
貪其色也貪色為淫淫為大罰周書曰明德慎罰周書康誥文王所以造周也明德
務崇之之謂也慎罰務去之之謂也【疏】周書至謂也○正義曰周書康誥之篇周公述文王之事以告康叔云惟乃丕
顯考文王克明德慎罰巫臣既引其言乃申其意言文王能為此行故所以造周國也務崇之謂務欲崇益道德務去之謂務欲去其刑罰若興諸
侯以取大罰非慎之也君其圖之王乃止子反欲取之巫臣曰是不祥人也是
夭子蠻子蠻鄭靈公夏姬之兄殺死無後○殺申志反下文殺靈侯同殺御叔御叔夏姬之夫亦早死○御魚據反【疏】夭子蠻殺御叔○正
義曰子蠻御叔自以短命死耳似天鍾美於是致使物無兩大故以二事為夏姬之罪弒靈侯陳靈公也戮夏南夏姬子徵舒出孔
儀孔寧儀行父喪陳國楚滅陳○喪息浪反下注而喪同何不祥如是人生實難其有不獲死乎言死

易得無爲取夏姬速之○易以豉反以天下多美婦人何必是子反乃止王以予連尹襄老襄老

死於邲不獲其尸邲戰在宣十二年其子黑要烝焉黑要襄老子○要一遙反烝之承反巫臣使道焉曰

歸吾聘女道夏姬使歸鄭○道音導注同聘女匹政反下音汝【疏】歸吾聘女○正義曰禮記內則云聘則爲妻奔則爲妾道之云女歸鄭國吾依禮聘女以爲妻也又使自鄭召之曰尸可得也襄老尸必來逆之姬以告王王問諸屈巫

屈巫巫臣屈居勿反○對曰其信知罃之父成公之嬖也而中行伯之季弟也知罃父荀首也中行伯荀林父也邲之戰楚人因知罃○知音智下於耕反新佐中軍而善鄭皇戌甚愛此子愛知罃也其必因鄭

而歸王子與襄老之尸以求之王子楚公子穀臣也邲之戰。以荀首囚。也鄭人懼於邲之役而欲求

媚於晉其必許之王遣夏姬歸將行謂送者曰不得尸吾不反矣巫臣聘諸鄭

鄭伯許之聘夏姬及共王即位將爲陽橋之役楚伐魯至陽橋在此年冬○共音恭使屈巫聘于齊

且告師期巫臣盡室以行室家盡去申叔跪從其父將適郢遇之叔跪申叔時之子○跪其委反一音居委反從才用反郢以井反又以政反曰異哉夫子有三軍之懼而又有桑中之喜宜將竊妻以

逃者也桑中衞風淫奔之詩及鄭使介反幣而以夏姬行介副也幣聘物○介音界將奔齊齊師新敗

曰吾不處不勝之國遂奔晉而因郤至至郤克族子【疏】注至郤克族子○正義曰世本郤豹生冀芮芮生缺缺生

克又云豹生義義生步楊楊生蒲城鵲居居生至如世本克是豹之會孫至是豹之玄孫於克爲二從兄弟子 以臣於晉晉人使爲邢大夫 邢晉邑邢音刑 ○子反請以重幣錮之 禁錮勿令仕○錮音固令力呈反 疏 注禁錮勿令仕○正義曰說文云錮鑄塞也鐵器穿穴者鑄鐵以塞之使不漏禁人使不得仕。官者其事亦似之故謂之禁錮今世猶然 王曰止其自爲謀也則過矣其爲吾先君謀也則忠忠社稷之固也所蓋多矣 蓋覆也○自爲于僞反又如字爲吾于僞反 且彼若能利國家雖重幣晉將可乎 言不許 若無益於晉晉將棄之何勞錮焉 爲七年楚滅巫臣族 晉南通吳張本 ○晉師歸范文子後入武子曰無爲吾望爾也乎 武子士會文子之父 對曰師有功國人喜以逆之先入必屬耳目焉是代帥受名也故不敢武子曰吾知免矣 知其不益己禍○屬章欲反後同帥所類反下注稱帥軍帥將帥同吾知一本無知字 郤伯見公曰子之力也夫對曰君之訓也二三子之力也臣何力之有焉 郤伯郤克○見賢遍反下同夫音扶 范叔見勞之如郤伯對曰庚所命也克之制也燮何力之有焉 荀庚將上軍時不出范文子上軍佐代行故稱帥以讓○勞力報反將子匠反下同 欒伯見公亦如之對曰燮之詔也士用命也書何力之有焉 詔告也欒書下軍帥故推功上軍傳言晉將帥克讓所以能勝齊 ○宣公使求好于楚莊王卒宣公薨不克作好 在位十八年○好呼報反下同 公即位受盟于晉 元年盟赤棘 會晉伐齊衛人不行使于楚 不聘楚○使所吏反 而亦受

盟于晉從於伐齊故楚令尹子重爲陽橋之役以救齊將起師子重曰君弱傳曰

寡人生十年而喪先君共王即位至是。二年蓋年十二三矣羣臣不如先大夫師衆而後可詩曰濟濟多士

文王以寧詩大雅言文王以衆士安○濟子禮反夫文王猶用衆況吾儕乎儕等○儕仕皆反且先君莊

王屬之曰無德以及遠方莫如惠恤其民而善用之乃大戶○閱民戶口閱音悅已責弃逋

責○逋補吾反逮鰥施及老鰥○鰥古頑反施始豉反救乏赦罪悉師王卒盡行彭名御戎蔡景公爲

左許靈公爲右王卒盡行故王戎車亦行雖無楚王令二君當左右之位○卒子忽反注同令力呈反疏。注王卒至之位○正義曰諸言

御戎皆御君之戎車此云彭名御戎知王戎車亦行也若君親在軍則君當車中御者在左勇力之士在右故御戎戎右常連言之此王車雖行王身不在故

不立戎右使御者在中令蔡許二君居王車上當左右之位若夾衛王然下注云乘楚王車爲左右是二君皆在車之上也二君弱皆強冠

之冬楚師侵衛遂侵我師于蜀公。略之而退故不書侵○強其丈反冠古亂反使臧孫往臧孫宣叔也辭曰

楚遠而久固將退矣無功而受名臣不敢不敢虛受退楚名楚侵及陽橋陽橋魯地孟孫請

往賂之楚侵遂深故孟孫請以賂往孟孫獻子也以執斲執鍼織紝。執斲匠人執鍼女工織紝織繒布者○斲竹角反鍼之林反紝

女金反徐而鴆反皆百人公衡爲質公衡成公子○質音致以請盟楚人許平十一月公及楚公

子嬰齊蔡侯許男秦右大夫說宋華元陳公孫寧衛孫良夫鄭公子去疾及齊

國之大夫盟于蜀齊大夫不書其名非卿也○說音悅去起呂反疏注齊大至卿也○正義曰諸大夫盟會經貶之稱人或總言大夫若實是國卿本合書名者傳即顯其名氏若本是大夫不合書名者傳直言其大夫見其貶與不貶俱當稱人故不復言其名氏此傳言齊國之大夫傳不顯其名爲非卿故也襄十六年溴梁之會經書戊寅大夫盟傳云於是叔孫豹晉荀假宋向戌衛寗殖鄭公孫蠆小邾之大夫盟於時會上鄭之下有曹言邾薛杞而小邾之大夫最處其下舉小邾而上包之此盟鄭人之下有齊曹邾薛鄫俱是大夫。最在上舉齊而下總之止爲齊若是卿則合言名氏此會非卿故舉齊也

卿不書匱盟也於是乎畏晉而竊與楚盟故曰匱盟匱乏也疏注匱乏也○正義曰私竊爲盟盟終不固此盟是匱乏之道也傳既言匱盟以解經又自解名曰匱盟之意於是乎畏晉而竊與楚盟故曰此是匱乏之盟也諸侯之卿竊與楚盟而仲尼貶之言其不應背晉故責之也責諸侯之背晉是成晉爲盟主也哀十二年公會吳于橐皋吳子請盟公不欲使子貢辭之而私與衞侯宋皇瑗盟彼畏吳而竊相與盟不貶者不與吳爲盟主言其私盟可許但魯自畏吳不書其盟其情無可責也釋例曰諸侯畏晉而竊與楚盟書盟而貶其卿此所以成晉爲盟主也吳之彊大始於會鄫終於黃池凡三會三伐三盟惟書會伐而不書盟者吳以盟主自居而行其夷體禮儀不典則盟神不蠲非所以結信義昭明德故不錄其盟不與其成爲盟主也既不與吳之爲盟主則宋魯衞三國私盟可許故無貶文是也若然僖二十一年公會諸侯盟于薄二十七年公會諸侯盟于宋彼二者皆顯與楚盟並無貶責此竊與楚盟而貶之者當僖公之時齊桓既卒晉文未與中國無伯唯彊是與雖遠共楚盟無所可責此時晉爲盟主堪率諸侯私竊爲盟心實畏晉故貶之耳然諸侯之。卿畏晉容可貶之楚之彊盛恆與晉敵非是畏晉卿亦貶者楚既彊盛應顯然作盟今私竊受盟不敢宣露。非是畏晉之義且成晉爲伯之事須貶楚

蔡侯許男不書乘楚車也謂之失位乘楚王車爲左右則失位也卿不書則稱人諸侯不

書皆不見經君臣之別○見賢遍反別彼列反疏注乘楚至之別○正義曰小國之從大國其征伐也皆自乘其車自率其軍至戰陳之時與同出力耳此二君棄己之車乘楚之乘乃爲楚王左右則是失位既失其位非復國君故傳與盟會並皆不序經書楚師鄭師侵衛於時蔡許在矣公會楚公子嬰齊于蜀蔡許亦在也及盟又蔡許之君在焉侵也會也盟也三事並失其位經悉不書故傳於盟下釋之明上侵衛會蜀皆失位也舊說諸侯之貶亦書爲人杜意謂諸侯之貶不至於人故因此而又明之卿不書則稱人諸侯不書則全不見經此是君臣之別明貶諸侯無稱人之法也君子曰位其不可不慎也乎蔡許之君一失其位不得列於諸侯況其下乎詩曰不解于位民之攸塈。詩大雅言在上者勤正其位則國安而民息也攸所也塈息也○解佳賣反塈許器反疏詩曰至攸塈○正義曰此大雅假樂之篇其是之謂矣○楚師及宋公衡逃歸臧宣叔曰衡父不忍數年之不宴宴樂也○數所主反樂音洛以棄魯國國將若之何誰居後之人必有任是夫國棄矣居辭也言後人必有當此患○居音基任音壬夫音扶是行也晉辟楚畏其衆也君子曰衆之不可已也大夫爲政猶以衆克況明君而善用其衆乎大誓所謂商兆民離周十人同者衆也大誓周書萬億曰兆民離則弱合則成衆言殷以散亡周以衆興疏大誓至衆也○正義曰泰誓云受有億兆夷人離心離德予有亂臣十人同心同德此言大誓所謂者引其意非本文也晉侯使鞏朔獻齊捷于周王弗見使單襄公辭焉曰蠻夷戎狄不式王命式用也○捷在妾反淫湎毁常王命伐之則有獻捷王親受而勞之所以懲不敬勸有功也兄弟甥舅侵敗王略兄弟同姓國甥舅異姓國略經略法度○湎面善反勞力報反敗必邁反王命伐之告事而已不獻其功所以敬親暱告伐事而不獻俘○暱女乙反禁淫慝也淫慝謂虣掠百姓取因俘也○慝他得反虣本又作暴薄報反掠音亮今叔父克遂有功于齊克能也而不使命卿鎮撫王室所使來撫余一人而鞏伯實來未有職司於王室鞏朔上軍大夫非命卿名位不達於王室又奸先王之禮謂獻齊捷○奸音干余雖欲於鞏伯欲受其獻其敢廢舊典以忝叔父夫齊甥舅之國也而大師之後也齊世與周昏故甥舅○大音泰曰寧不亦淫從其欲以怒叔父抑豈不可諫誨士莊伯不能對莊伯鞏朔○從子用反本亦作縱王使委於三吏委屬也三吏三公也三公者天子之吏也○疏注三吏三公也○正義曰曲禮云五官之長曰伯其擯於天子也曰天子之吏鄭玄云謂三公也是三公稱吏故知三吏三公也禮之如侯伯克敵使大夫告慶之禮降於卿禮一等王以鞏伯宴而私賄之使相告之曰非禮也勿籍相相禮者籍書也王畏晉故私宴賄以慰鞏朔○相息亮反注同疏禮之至一等○正義曰如侯伯克敵使大夫告慶之禮則不得依獻捷之禮其獻捷之禮王待之必重於告慶之禮鞏朔晉之上軍大夫也縱使得如獻捷之禮亦當降卿禮一等傳言降於卿禮一等以見王待鞏朔不失常也

春秋左傳注疏卷二十五校勘記　阮元撰盧宣旬摘錄

附釋音春秋左傳注疏卷第二十五 成元年盡二年宋本春秋正義卷第十八石經春秋經傳集解成上第十二淳熙本

岳本成字下增公字並盡十年

〔成公〕

〔經元年〕

無傳 毛本傳下有注字誤倒

書冬溫 重脩監本冬誤多

彼春無月 毛本月誤冰

此亦應竟春無冰 閩本監本脫此字

大敗不同者 監本毛本敗作致亦非宋本作數是也

士卒牛馬 閩本監本毛本作馬牛

此時不應然也 宋本不作亦是也

秋王師敗績于茅戎 釋文云茅戎史記及二傳皆作貿戎也按茅貿古音皆讀如矛

茅戎別種也　六經正誤引建本同宋本淳熙本纂圖本監本毛本重戎字宋本無種字與正誤所引注疏及臨川本合毛氏云戎別也久種字誤釋文別種音章勇反無種字者誤也岳本脫也字

（傳元年）

晉侯使瑕嘉平戎于王　周禮典瑞釋文引作叚嘉惠棟云古文止作叚讀爲遐

劉康公徼戎　石經徼作儌

注康公至無備　宋本以下正義二節總入背盟不祥節注下

是齊楚同我也　此本楚同二字誤作小字注文今訂正

（經二年）

夏四月丙戍　石經宋本岳本纂圖本戍作戌是也下同

及齊師戰于新築　石經師下半字缺顧炎武云師誤侯所據乃王堯惠刊也

例在宣七年　纂圖本正德本閩本監本毛本作十年誤也

鞌去齊五百里袁婁去齊五十里　案穀梁二齊字並作國陳樹華云杜氏引據恐不明白改作齊也

且鞍已是齊地　宋本監本毛本鞍作鞌案鞌鞍正俗字

取汝陽田石經陽下後人妄增之字

此云子重不書不親伐者閩本親誤稱下同

乃稱公子宋本作計亦應貶考文作言亦應貶

凡會盟觀者宋本無觀字盟上有且字是也

許男圍宋宋本閩本監本毛本作圍此本誤爲今訂正

文七年監本毛本七誤作十

衛侯如晉人執之宋本閩本監本毛本人字上重晉字與襄廿六年傳合

此會盟序者宋本序上有別字是也

唯應蔡許在列閩本監本毛本應誤慮

故春秋抑秦以存例也宋本抑秦作亦未

以居俗裔宋本毛本作以居草莽是也

及武王熊達宋本毛本達作達監本作通依史記楚世家改也杜氏世族譜文十六年宣十二年昭廿二年正義及釋文引世家並作熊達漢地理志淮南子主術訓注亦俱作達困學紀聞十一引史同宋本是也

〔傳二年〕

圍龍案史記魯世家晉世家龍並作隆索隱曰劉氏云隆卽龍也

盧蒲就魁門焉石經就作就非

殺而膊諸城上閩本監本膊誤膞正義同

注膊磔也宋本以下正義七節總入弗可止也已下

齊侯親鼓人石經纂圖本閩本監本毛本鼓字作鼔按說文攴部鼓字之錄切宋人誤用爲工戶切最爲謬說

三日毛本日誤百

相遇於衛也宋本淳熙本岳本纂圖本足利本也作地是也

隕子辱矣說文引傳隕作抎

我於此止禦齊師纂圖本監本毛本我於誤倒釋文禦作御

次于鞫居石經鞫字右半言字模糊葉抄釋文作鞫

周禮天子樂宮縣四面宋本淳熙本岳本面作周案周禮小胥鄭司農注云宮縣四面家語正論解王肅注云禮天子宮縣四周

大夫判縣宋本大夫上有卿字與周禮同

請曲縣繁纓以朝毛本請誤語繁語於

軒縣闕一面毛本闕誤曲

謂金馬大帶也宋本毛本金作今是也下同

士薦馬纓三就閩本監本毛本就作薦非也

皆非正法所有宋本有下有也字

故弁言也宋本也作名是也

孫栢子還於新築石經宋本淳熙本岳本纂圖本毛本作桓此本誤作柏閩本同今訂正

無能爲之役使宋本淳熙本岳本足利同無能作不中

士燮將上軍石經宋本淳熙本岳本足利本將作佐是也案四年傳尚云士燮佐上軍至十三年傳始云士燮將上軍此時不得爲將明矣

注范文子代荀庚宋本以下正義廿四節總入司馬司空節注之下

郤子使速以徇監本毛本徇誤狥

大國朝夕釋憾於敝邑之地宋本憾作感石經初刊同後人妄加小旁釋文亦作感是也云本亦作憾

買賣也岳本足利本賣作買非也

逢丑父閩本逢作逄非也段玉裁云字从夆逢丑父逢伯陵逢蒙皆薄紅反東轉爲江乃薄江反宋人廣韻改字从夅薄江切殊謬不可不正

余姑翦滅此而後朝食此本而後二字誤作小注石經宋本淳熙本岳本足利本無後字是也今依訂正案說文繫傳引翦滅作揃搣似不可爲典要

中軍將自執旗鼓纂圖本閩本監本毛本脫軍字

然子病矣淳熙本子誤予

○絕句此二字釋文也閩本監本毛本誤作注

右援枹而鼓釋文枹作桴云鼓槌也案李善注孫子荊爲石仲容與孫浩書引作桴禮記云蕢桴而土鼓元應書引詔定古文官書云枹桴二字同體說詳釋文校勘記

援桴而鼓宋本閩本監本毛本桴作枹

且辟左右石經宋本且作旦顧炎武云石經誤非也案錢大昕云夢必在夜則作旦義爲長

綦母張喪車石經宋本淳熙本岳本母作毋不誤注同

從左右皆肘之淳熙本纂圖本肘作射非也

周禮中車宋本毛本中作巾是也

棧車不韋鞔而漆之 宋本韋作革與周禮巾車注合鞔宋本作輓非是

易坼壞 閩本監本毛本坼作拆非也

韓厥執縶馬前 石經縶字上半缺案說文引傳作韓厥執馽前讀若輒縶馽或从糸執臧琳云古文左氏本作韓厥執馽前馽即縶正字今本訛爲馬又別出縶字縶當爲衍文

郤獻子伐齊侯來 宋本侯上重齊字是也

狄卒皆抽戈楯冒之 諸本作戈此本誤弋今訂正

遂自徐關入 案作徐郎十七年傳云國佐以穀畔齊侯與之盟於徐關纂圖本閩本監本毛本作齊非也

齊侯見保者曰 石經初刻脫侯字後增

辟女子 案惠棟云下云乃奔則辟當讀爲趯與五年伯宗辟重同周禮大司寇云使其屬蹕康成曰故書蹕作避杜子春云避當爲辟謂辟除姦人者也按謂蹕止行也古蹕字有作辟注訓爲避非也

可若何 毛本何誤乎

晉師從齊師 閩本監本毛本晉師誤晉侯

擊馬陘 案史記齊世家陘作陵徐廣曰一作陘賈逵曰馬陘齊地也

又取其國寶宋本國作珍

使龍敵東西行案史記集解引服虔注無西字朱鶴齡亦云西字衍文然西非衍字注謂作由西達東之路耳

乎今輕齊侯之母閩本乎作子是也監本此處模糊

且告吾諸侯云宋本吾作語

注夏伯至晉文宋本此節正義在四王至之欲之下

詩曰布政優優案詩作敷政鄭氏儀禮聘禮注云今文布作敷

故百種福祿宋本閩本監本毛本作百此本誤首今訂正

師徒橈敗石經凡橈字偏旁皆改刻此正從木是也

謂甗磬淳熙本甗誤獻

若苟有以藉口而復於寡君閩本監本藉下衍於字陳樹華云一本無若字宜作一本無於字也

則與口爲藉閩本監本毛本與作於非

注上鄖至史闕毛本鄖字下增地闕二字

周禮典士命宋本無士字是也

司馬司空輿帥閩本帥作師非也

玉路天子車之尊者閩本監本毛本玉作王

輿帥閩本監本毛本帥作師非注及正義同

用蜃炭釋文蜃作蠡案說文䖵部無蠡字作蠡非也

注燒蛤至從葬宋本以下正義四節總入何臣之爲注下

多爲皿器也閩本監本亦誤作皿宋本毛本作明

敎扞槃匜宋本毛本扞作杅是也

是爲四注椁也閩本監本毛本作槨也

譏其奢僭監本毛本僭作僭

言雖有若無毛本言誤亦

晉二子自役弔焉石經宋本淳熙本岳本足利本二作三林氏直解云三子謂郤克士燮欒書也

至於三子之去閩本監本毛本三作二非也

楹者受命曰宋本閩本監本毛本楹作相是也

孤某使某請事閩本監本毛本亦脫次某字據宋本補

在宣十二年宋本淳熙本岳本纂圖本足利本二作一不誤

周書至謂也宋本以下正義五節總入若無益於晉節注下

亦早死毛本早誤卑

殺靈侯石經宋本殺作弒

郯之戰以荀首囚也宋本岳本足利本無以字也作之淳熙本亦作之是也

禁人使不得仕官者陳樹華云官疑宦是也

在位十八年宋本淳熙本岳本纂圖本足利本位作宣是也

共王卽位至是二年岳本足利本二作三陳樹華云楚莊王卒於宣十八年之秋當依岳本作三山井鼎云或云作三年非蓋未之審耳閩本卽誤郎

而善用之纂圖本閩本監本毛本善下衍其字

注王卒至之位宋本以下正義六節總入是行也節注下

公略之而退宋本淳熙本岳本足利本略作畧不誤

以執齗執鍼織紝釋文紝作絍案說文云紝或从任作絍李善注東都賦引杜注云織絍織繒布也

最在上宋本最上有齊字是也

然諸侯之卿重脩監本卿誤瑯

非是畏晉之義宋本非作亦

民之攸塈毛本誤作攸暨注及正義同

衆之不可已也石經宋本淳熙本岳本足利本可下有以字

謂虣掠百姓釋文虣作暴云本亦作虣案李善注蕪城賦洞簫賦引字書云虣古文暴字

三公者天子之吏也此八字乃釋文岳本混入注中

注三吏三公也宋本以下正義二節總入非禮也勿籍注下

王待之必重於告慶之禮閩本待誤作侍

春秋左傳注疏卷二十五校勘記

附釋音春秋左傳注疏卷第二十六 成三年盡十年

杜氏注　孔穎達疏

經三年春王正月公會晉侯宋公衛侯曹伯伐鄭 宋衛未葬而稱爵以接鄰國非禮也 疏注宋衛至禮也○正義曰僖九年傳曰宋桓公卒未葬而襄公會諸侯故曰子凡在喪公侯曰子傳因未葬而發在喪之例是先君未葬嗣君不得稱爵以會諸侯也知非踰年得成君者文八年八月天王崩九年春毛伯來求金傳曰不書王命未葬也彼王既踰年矣猶不得稱王命臣知諸侯雖則踰年但是未葬不得稱爵以接鄰國正以王不命臣明知其非禮也○辛亥葬衛穆公 無傳 ○二月公至自伐鄭 無傳 ○甲子新宮災三日哭 無傳三年喪畢宣公神主新入廟故謂之新宮書三日哭善得禮宗廟親之神靈所馮居而遇災故哀而哭之○馮皮冰反 疏注三年至三哭之○正義曰公羊傳曰新宮者何宣公之宮也宣宮則曷爲謂之新宮不忍言也其言三日哭何廟災三日哭禮也穀梁傳曰新宮者禰宮也三日哭哀也其哀禮也迫近不敢稱諡恭也二傳皆以新宮爲宣宮三日哭爲得禮故杜依用之宣公以其十八年冬十月薨至二年十月而大祥祥而禘祭神主新始入廟故謂之新宮禮檀弓記曰有焚其先人之室則三日哭故曰新宮火亦三日哭鄭玄云謂人燒其宗廟新宮火人火也記稱新宮火者指此新宮災耳傳例曰天火曰災人火曰火三家經傳有。五字皆爲災鄭玄以爲人火雖非其義要天火人火其哭皆當三日是其善得禮也哀三年桓宮僖宮災不言哭而此言三日哭者釋例曰新宮者宣公之廟父廟也諒闇始闋而遇天災故感而哭之以致哀異於餘廟也 ○乙亥葬宋文公 無傳七月而葬緩 ○夏公如晉○鄭公子去疾帥師伐許○公至自晉 無傳 ○秋叔孫僑如帥師圍棘棘汶陽田之邑在濟北蛇丘縣○蛇以支反一音如字○大雩無傳以過時書○晉郤克衛孫良夫伐廧咎如赤狄別種○廧在良反咎古刀反種章勇反○冬十有一月晉侯使荀庚來聘○衛侯使孫良夫來聘○丙午及荀庚盟疏及荀庚盟○正義曰隱元年及宋人盟于宿魯之微者及之也此言及荀庚盟及孫良夫盟十一年及郤犨盟皆是公自及之非臣及之也知者僖二十八年傳晉欒枝入盟鄭伯襄十一年傳晉趙武入盟鄭伯鄭子展出盟晉侯臣對君者皆君自與盟知此使來亦公自與盟也上言來聘盟又不地盟於國都公親可知故不言公○丁未及孫良夫盟先晉後衛尊霸主鄭伐許無傳不書將帥告辭略○將子匠反帥所類反疏傳不書至辭略○正義曰直舉國名傳無其說知是告辭略故史異文耳賈逵云鄭小國與大國爭諸侯仍伐許不稱將帥夷狄之刺無知也此年夏鄭公子去疾帥師伐許明年冬鄭伯伐許先後並無貶責何獨此伐偏刺之

傳三年春諸侯伐鄭次于伯牛討邲之役也伯牛鄭地邲役在宣十二年遂東侵鄭晉潛軍深入鄭公子偃帥師禦之偃穆公子使東鄙覆諸鄤覆伏兵也○覆扶又反注同鄤亡袁反又莫于反徐武旦反一音萬敗諸丘輿鄭丘輿皆鄭地晉偏軍爲鄭所敗故不書皇戌如楚獻捷○夏公如晉拜汶陽之田前年晉使齊歸魯汶陽田故○許恃楚而不事鄭鄭子良伐許○晉人歸楚公子穀臣與連尹襄老之尸于楚以求知罃邲之戰楚獲知罃於是荀首佐中軍矣荀首知罃父故楚人許之王送知罃曰子其怨我乎對曰二國治戎臣不才不勝其任以爲俘馘執事不以釁

鼓[以血塗鼓爲釁鼓○勝音升下注同俘芳夫反馘古獲反釁許覲反]疏注以血至釁鼓○正義曰說文釁血祭也禮雜記釁廟之禮云雍人舉羊升屋自中中屋南面封羊血流于前乃降釁廟以血塗廟知釁鼓以血塗鼓也使歸即戮君之惠也臣實不才又誰敢怨王曰然則德我乎疏然則德我乎○正義曰德加於彼彼荷其恩故謂荷恩爲德論語以德報德傳稱王德狄人皆是也對曰二國圖其社稷而求紓其民[紓緩也○紓音舒]各懲其忿以相宥也[宥赦也○懲直升反宥音又]兩釋纍囚以成其好[纍繫也○纍力誰反好呼報反下同]二國有好臣不與及其誰敢德[言二國本不爲己○與音預爲于僞反]王曰子歸何以報我對曰臣不任受怨君亦不任受德無怨無德不知所報王曰雖然必告不穀對曰以君之靈纍臣得歸骨於晉寡君之以爲戮死且不朽[戮其不勝任○任音壬下亦不任同]疏死且不朽○正義曰懷荷君恩身雖死而朽腐此恩不朽腐也死尚不朽以示其至死不忘也若從君之惠而免之以賜君之外臣首[稱於異國君曰外臣]首其請於寡君而以戮於宗亦死且不朽。若不獲命[君不許戮]而使嗣宗職[嗣其祖宗之位職]次及於事而帥偏師以脩封疆雖遇執事[遇楚將帥○疆居良反將子亮反帥所類反]其弗敢違[違辟也]其竭力致死無有二心以盡臣禮所以報也王曰晉未可與爭重爲之禮而歸之○秋叔孫僑如圍棘取汶陽之田棘不服故圍之[僑如叔孫得臣子]○晉郤克衞孫良夫伐廧咎如討赤狄之餘焉宣十五年晉滅赤狄潞氏其餘民散入廧咎如故討之疏○注宣十至討之○正義曰謂赤狄餘民散入咎如之內今伐咎如者來就咎如之內討彼赤狄餘黨然廧咎如容赤狄餘民則咎如亦赤狄矣劉炫以爲廧咎如之國卽是赤狄之餘今知不然者以赤狄之國種類極多潞氏甲氏鐸辰皐落氏等皆是其類並爲建國假令潞氏甲氏鐸辰皐落雖滅自外猶存則是不滅者多止應言討赤狄之類不得稱餘且伐者聲其鐘鼓討者責其罪狀以廧咎如容受赤狄餘黨故伐而討責若以廧咎如卽是赤狄之餘應取土地與兵絕滅何當唯伐討而已劉以廧咎如卽是赤狄之餘而規杜非也廧咎如潰上失民也此傳釋經之文而經無廧咎如潰蓋經闕此四字○潰戶內反疏注此傳至四字○正義曰傳言上失民也釋經潰文若經無潰文則傳無所解故疑經闕此四字釋例曰傳文廧咎如潰上失民也今經但言伐廧咎如無廧咎如潰之文若經本無此文則丘明爲橫益經文而加失民之傳也是言知經闕之意也○三年潰逃已有例矣復發傳者嫌夷狄異於中國故重發也○冬十一月晉侯使荀庚來聘且尋盟尋元年赤棘盟荀庚林父之子衛侯使孫良夫來聘且尋盟尋宣七年盟公問諸臧宣叔曰仲行伯之於晉也其位在三下卿疏○其位在三○正義曰於時郤克將中軍荀首佐之荀庚將上軍是其位在三也注云下卿者傳稱小國之上卿當大國之下卿又言衛在晉不得爲次國則以衛爲小國荀庚若是中卿自然當先晉矣乃云晉爲盟主其將先之直以盟主先晉明是二人位等以此知荀庚是下卿也晉立三軍將佐有六第三猶爲下卿則其餘皆下卿也蓋以諸侯之禮唯合三卿三是其正故定以三人爲上中下餘皆從下卿也卿有上下往年賜晉三帥皆以三命之服者侯伯之卿禮皆三命上卿下卿命不異也孫子之於衛也位爲上卿將誰先對曰次國之上卿當大國之中中當其下下當其上大夫降一等小國之上卿當

大國之下卿中當其上大夫下當其下大夫（降大國二等）上下如是古之制也（古制公爲大國侯伯爲次國子男爲小國）衛在晉不得爲次國（春秋時以強弱爲大小故衛雖侯爵猶爲小國）

疏○注春秋至小國○正義曰古制公爲大國侯伯爲次國子男爲小國以土地之大小命數爲等差也春秋之世彊陵弱大國呑小爵雖不能自改地則以力升降諸侯聚會彊者爲雄史書時事大小爲序此事不可改易仲尼郎而用之宋公在齊侯之下許男在曹伯之上不復計爵之尊卑故衛雖侯爵猶爲小國以地狹小故也襄二十五年傳子產語晉曰今大國多數圻矣圻方千里是晉有方千里者三四也昭五年十三年傳皆言晉有革車四千乘計衛比於晉不過當五六分之一耳故不得爲次國其爲次國者當齊秦乎

晉爲盟主其將先之（計等則二人位敵以盟主故先晉）丙午盟晉丁未盟衛禮也

○十二月甲戌。晉作六軍（爲六軍僭王也萬二千五百人爲軍○僭子念反）韓厥趙括鞏朔韓穿荀騅趙旃皆爲卿賞鞏之功也（韓厥爲新中軍趙括佐之鞏朔爲新上軍韓穿佐之荀騅爲新下軍趙旃佐之晉舊自有三軍今增此故爲六軍○騅音佳）

疏注韓厥至六軍○正義曰杜知韓厥爲新中軍及上下新軍將佐者以下六年傳云韓厥將新中軍且爲僕大夫時晉更增置新中上下三軍韓厥將新中軍名居其首故杜依名配其將佐

○齊侯朝于晉將授玉。（行禮朝）

疏○將授玉○正義曰玉謂所執之圭也凡諸侯相朝升堂授玉於兩楹之間於此時郤克趨進故記之也史記齊世家曰頃公十一年晉初置六軍頃公朝晉欲尊王晉景公景公不敢當晉世家云景公十二年齊頃公如晉欲上尊景公爲王景公讓不敢然此時天子雖微諸侯並盛晉文不敢請隧楚莊不敢問鼎又齊弱於晉所較不多豈爲一戰而勝便卽以王相許準時度勢理必不然竊原馬遷之意所以有此說者當讀此傳將授玉以爲將授王遂節成爲此謬辭耳

郤克趨進曰此行

也君爲婦人之笑辱也寡君未之敢任。言齊侯之來以謝婦人之笑非爲脩。好故。云晉君不任當此。惠○君爲于僞反下爲兩君同任音壬晉侯享齊侯齊侯視韓厥韓厥曰君知厥也乎齊侯曰服改矣戎朝異服也言服改明識其人【疏】注戎朝異服○正義曰周禮司服凡兵事韋弁服禮玉藻記云諸侯皮弁以聽朔朝服以日視朝聘禮賓皮弁聘公皮弁迎賓迎聘客。尚以皮弁迎朝賓必皮弁矣在朝君臣同服公當皮弁則韓厥於時亦皮弁也鄭玄云韋弁以韎韋爲弁又以爲衣裳春秋傳曰晉郤至衣韎韋之跗注是也皮弁之服十五升白布衣素積以爲裳是戎朝異服也韓厥登舉爵曰臣之不敢愛死爲兩君之在此堂也○荀罃之在楚也鄭賈人有將寘諸褚中以出既謀之未行而楚人歸之賈人如晉荀罃善視之如實出己。賈人曰吾無其功敢有其實乎吾小人不可以厚誣君子遂適齊傳言知罃之賢○賈音古下同寘之豉反褚中呂反

經四年春宋公使華元來聘○三月壬申鄭伯堅卒無傳二年大夫盟于蜀壬申二月二十八日○杞伯來朝○夏四月甲寅臧孫許卒無傳○公如晉○葬鄭襄公無傳○秋公至自晉○冬城鄆無傳公欲叛晉故城而爲備○鄆音運【疏】冬城鄆○正義曰釋例土地名魯有二鄆文十二年城諸及鄆杜云此東鄆莒魯所爭者城陽姑幕縣南有員亭或曰鄆即員也成十六年傳晉人執季文子公待于鄆杜云此西鄆昭公所出居者東郡廩丘縣東有鄆城然則此爲公欲叛晉故城鄆以爲備當西鄆也○鄭伯伐許

傳四年春宋華元來聘通嗣君也宋共公即位○共音恭[疏]通嗣君也○正義曰文元年公孫敖如齊傳曰始聘焉禮也凡君即位卿出並聘踐脩舊好要結外援好事鄰國以衞社稷忠信卑讓之道也其事與此一也謂君初即位聘鄰國耳在魯而出謂之始聘自外而來謂之通嗣君言彼君嗣位以來未與魯通於此始通之也○杞伯來朝歸叔姬故也將出叔姬先脩禮朝魯言其故○夏公如晉晉侯見公不敬季文子曰晉侯必不免言將不能壽終也後十年陷厠而死詩曰敬之敬之天惟顯思命不易哉詩頌言天道顯明受其命甚難不可不敬以奉之○易以豉反夫晉侯之命在諸侯矣可不敬乎敬諸侯則得天命○秋公至自晉欲求成于楚而叛晉季文子曰不可晉雖無道未可叛也國大臣睦而邇於我邇近也諸侯聽焉未可以貳聽服也史佚之志有之周文王大史○大音泰曰非我族類其心必異楚雖大非吾族也與魯異姓其肯字我乎公乃止字愛也○冬十一月鄭公孫申帥師疆許田前年鄭伐許侵其田今正其界○疆居良反許人敗諸展陂鄭伯伐許取鉏任泠敦之田展陂亦許地○陂彼皮反鉏仕居反任音壬泠力丁反○晉欒書將中軍代郤克將子匠反○荀首佐之士燮佐上軍以救許伐鄭取氾祭氾祭鄭地成皋縣東有氾水○氾音凡注同或音祀祭側介反[疏]注氾祭至氾水○正義曰杜注熒陽中牟縣有東氾襄城縣有西氾知此氾祭非彼二氾而以成皋縣東有氾水者以傳為晉伐鄭取氾祭既為晉人所取當是鄭之西北界即今之氾水也字書水旁巳為氾水旁巳為氾字相亂也漢書音義亦為氾今氾水上源謂氾谷楚子

反救鄭鄭伯與許男訟焉於子反前爭曲直皇戌攝鄭伯之辭代之對子反不能決也曰君若辱在寡君寡君與其二三臣共聽兩君之所欲成其可知也欲使自屈。在楚子。前決之不然側不足以知二國之成側子反名爲明年許愬鄭於楚張本○愬音素○晉趙嬰通于趙莊姬趙嬰趙盾弟莊姬趙朔妻朔盾之子

經五年春王正月杞叔姬來歸出也傳在前年疏杞叔姬來歸○正義曰杞既出之猶稱杞者雜記曰諸侯出夫人夫人比至。于。國以夫人之禮行至以夫人入鄭玄云行道以夫人之禮者棄妻致命其家乃義絕不用此爲始○仲孫蔑如宋○夏叔孫僑如會晉荀首于穀穀齊地○梁山崩記異也梁山在馮翊夏陽縣北疏注記異也○正義曰公羊傳曰梁山崩何以書記異也公羊以爲非常爲異害物爲災此山崩無所害故爲異也○秋大水無傳○冬十有一月己酉天王崩○十有二月己丑公會晉侯齊侯宋公衛侯鄭伯曹伯邾子杞伯同盟于蟲牢蟲牢鄭地陳留封丘縣北有桐牢

傳五年春原屏放諸齊放趙嬰也原同屏季嬰之兄○屏步丁反嬰曰我在故欒氏不作我亡吾二昆其憂哉且人各有能有不能言己雖淫而能令莊姬護趙氏○令力丁反舍我何害弗聽嬰夢天使謂己祭余余福女使問諸士貞伯貞伯曰不識也既而告其人自告貞伯從人○舍音捨

又音赦聽吐丁反女音汝從才用反疏注自告貞伯從人〇正義曰嫌告趙嬰使人故云自告貞伯從人也若告趙嬰使人不得云神福仁而禍淫曰

神福仁而禍淫淫而無罰福也祭其得亡乎以得放遣為福祭之之明日而亡為八年晉殺趙

同趙括傳〇孟獻子如宋報華元也前年宋華元來聘〇夏晉荀首如齊逆女故宣伯餫諸

穀野饋曰餫運糧饋之敬大國也〇餫音鄆饋其媿反疏注野饋至大國〇正義曰釋詁云饁饋也孫炎曰饁野饋之饋也彼言野饋饋田農在野之人此

言野饋饋在野行路之人俱是在野〇言之謂之餫者言其運糧饋之彼〇自逆女而往饋之者敬大國也〇梁山崩晉侯以傳召伯

宗傳驛〇傳中戀反注及下同驛音亦伯宗辟重曰辟傳重載之車〇辟重匹亦反徐甫赤反本又作僻曰辟音避重人曰待

我不如捷之速也捷邪出〇捷在妾反邪似嗟反疏注捷邪出〇正義曰捷亦速也方行則遲邪出則速楚辭謂邪行小道為捷徑是捷

為邪出問其所曰絳人也問絳事焉曰梁山崩將召伯宗謀之問將若之何曰山

有朽壤而崩可若何國主山川主謂所主祭〇絳古巷反壤如丈反故山崩川竭君為之不舉去盛

饌〇為于偽反去起呂反饌仕戀反降服損盛服乘縵車無文〇縵武旦反又莫半反疏注車無文正義曰周禮巾車掌王之五路皆不言車

有文飾其下服車五乘孤乘夏篆卿乘夏縵大夫乘墨車鄭玄云夏篆五采畫轂約也夏縵亦五采畫無瑑耳墨車不畫也孤之車尚有瑑約明諸侯之車必

有瑑約詩所謂約軝錯衡是其事也乘縵車無文蓋乘大夫墨車也覲禮侯氏乘墨車乃朝鄭玄云墨車大夫制也乘之者入天子之國車服不可盡同也彼

為適王尚乘墨車明此山崩降服亦乘墨車也徹樂息八音出次舍於郊疏注舍於郊〇正義曰僖三十三年傳秦伯以師敗于殽秦服郊

次此言出次降服明亦次於郊也文四年傳楚人滅江秦伯爲之降服出次注云辟正寢與此文互相見也祝幣陳玉帛史辭自罪責以禮焉禮山川其如此而已雖伯宗若之何伯宗請見之見之於晉君○見賢遍反注皆同不可不肯見遂以告而從之從重人言○許靈公愬鄭伯于楚前。此年鄭伐。楚故六月鄭悼公如楚訟不勝楚人執皇戌及子國以鄭伯不直故也子國鄭穆公子故鄭伯歸使公子偃請成于晉秋八月鄭伯及晉趙同盟于垂棘垂棘晉地○宋公子圍龜爲質于楚而歸圍龜文公子○質音致下注同華元享之請鼓譟以出鼓譟以復入出入輒擊鼓○譟素報反復扶又反下同曰習攻華氏宋公殺之蓋宣十五年宋楚平後華元使圍龜代己爲質故怨而欲攻華氏○冬同盟于蟲牢鄭服也諸侯謀復會宋公使向爲人辭以子靈之難子靈圍龜也宋公不欲會以新誅子靈爲辭爲明年侵宋傳○向舒亮反難乃旦反一本無之難二字子靈爲辭一本無爲辭二字○十一月己酉定王崩經在蟲牢盟上傳在下月倒錯衆家傳悉無此八字或衍文○倒丁老反疏注經在至衍文○正義曰傳不虛舉經文此無所明又上下倒錯諸家之傳又悉無此言必是衍文此杜以疑事毋質不敢輒去之耳

經六年春王正月公至自會無傳○二月辛巳立武宮魯人自鞌之功至今無患故築武軍又作先君武公宮以告成事欲以示後世疏注魯人至後世○正義曰杜以傳稱季文子以鞌之功立武宮故云魯人自鞌之功至今無患追思鞌戰以爲己功故築武軍又作先君武公之廟以告戰勝之事欲以章示後世明己之功也其意言築爲武軍又作武公之廟公羊傳曰武宮者何武公之宮也是立宮爲武公廟也武

公是成公九世之祖其廟毀已久矣今復立之以爲不毀之廟禮明堂位曰魯公之廟文世室也武公之廟武世室也世室言其世世不毀劉炫以爲直立武公之宮不築武軍今知不然者以下傳云聽於人以救其難不可以立武立武由己非由人也是丘明譏魯立武以章武功明非徒築宮而已又宣十二年潘黨請築武軍楚子云武有七德我無一焉武非吾功遂不敢築武軍以明武功此則丘明譏魯章武功明亦築武軍也若其唯築武宮傳應云不可以立武宮不得單稱武也劉以爲唯築武公之宮而規杜非也

○取鄟附庸國也○鄟徐音專又徒欒反○衛孫良夫帥師侵宋○

夏六月邾子來朝無傳○公孫嬰齊如晉嬰齊叔肸子○壬申鄭伯費卒前年同盟蟲牢○費音祕

○秋仲孫蔑叔孫僑如帥師侵宋○楚公子嬰齊帥師伐鄭○冬季孫行父如晉○晉欒書帥師救鄭

傳六年春鄭伯如晉拜成謝前年再盟子游相子游公子偃○相息亮反下甯相同授玉于東楹之東禮授玉兩楹之間鄭伯行疾故東過【疏】○注禮授至東過○正義曰聘禮云公受玉于中堂與東楹之間鄭玄云中堂南北之中也入堂之深尊賓事也東楹之間亦以君行一臣行二也聘禮大夫奉命來聘君臣不敵故授玉于東楹之間國君來朝尊卑禮敵傳言東楹之東以譏鄭伯行速明禮當授玉于兩楹之間

士貞伯曰鄭伯其死乎自棄也已視流而行速不安其位宜不能久視流不端諦○諦音帝

○二月季文子以鞌之功立武宮非禮也宣十二年潘黨勸楚子立武軍楚子荅以武有七德非己所堪其爲先君宮告成事而已今魯倚晉之功又非霸主而立武宮故譏之○倚於綺反【疏】○注宣十至譏之○正義曰服虔云鞌之戰禱武公以求勝故立其宮

（案定元年傳昭公出故季平子禱于煬公立煬宮此若爲禱而立。何以不言禱也无驗之說故不可從）聽於人以救其難不可以

立武立武由己非由人也（言請人救難勝非己功○難乃旦反注同）○取鄭言易也（○易以豉反）○三月

晉伯宗夏陽說衛孫良夫甯相鄭人伊雒之戎陸渾蠻氏侵宋（夏陽說晉大夫蠻氏戎別種也）

（河南新城縣東南有蠻城經。唯書。衛孫良夫獨衛告也○夏戶雅反說音悅下文注同渾戶門反種章勇反）以其辭會也（辭會在前年）師

于鍼衛人不保（不守備○鍼其廉反一音針）說欲襲衛曰雖不可入多俘而歸有罪不及死

伯宗曰不可衛唯信晉故師在其郊而不設備若襲之是弃信也雖多衛俘而

晉無信何以求諸侯乃止。師還衛人登陴（聞說謀故陴毗支反）晉人謀去故絳（○晉復命新田爲

絳故謂此故絳○復扶又反）諸大夫皆曰必居郇瑕氏之地（郇瑕古國名河東解縣西北有郇城○郇音旬解音蟹）沃

饒而近盬（盬鹽也猗氏縣鹽池是○近附近之近下及注近寶皆同盬音古猗於宜反）【疏】（。沃饒至失也○正義曰土田良沃五穀饒多民豐則

國利財多則君樂其處不可失也○注盬鹽至池是○正義曰說文云盬河東鹽池袤五十一里廣七里周總百一十六里字從鹽省古聲然則盬是鹽之名

盬雖是鹽唯此池之鹽獨名爲盬餘鹽不名盬也）國利君樂不可失也韓獻子將新中軍且爲僕大夫

（兼大僕○樂音洛下謂樂同將子匠反下注軍將同大僕音泰）公揖而入獻子從公立於寢庭（路寢之庭）【疏】（注路寢之庭○

正義曰禮玉藻云君日出而視朝退適路寢聽政知寢庭是路寢之庭也沈氏云大僕職云王視燕朝則正位掌擯相鄭注云燕朝朝於路寢之庭韓獻子既爲

僕大夫故知寢庭路寢之庭也其路門之外朝則司士掌焉故司士掌治朝之儀治朝則路門之外每日治朝事之朝也其庫門之外朝則朝士掌焉故朝士云掌外朝之法此是詢衆庶問罪人之處也凡人君內朝二外朝一內朝二者路門內外之朝也外朝一者庫門外之朝也若諸侯三門皐應路外朝則在應門外魯之三門庫雉路則外朝在雉門外

謂獻子曰何如問諸大夫言是非對曰不可郇瑕氏土薄水淺土薄地下其惡易覯惡疾。疢觀成也○易以豉反下注同覯古豆反疢勑覲反本或作疢同疏注惡疾。疢觀成也○正義曰下云土厚水深居之不疾此云土薄水淺必居之多疾以此知惡是疾疢也爾雅訓覯爲見杜以惡爲疾疢疾疢非難見之物唯苦其病成耳故訓覯爲成言其病易成由水土惡故也

易覯則民愁民愁則墊隘墊隘羸困也○墊丁念反隘於賣反羸劣僞反疏易覯至墊隘○正義曰疾疢易成則下民愁苦民既愁苦則必羸困羸困而謂之墊隘者方言云墊下也地之下。濕狹隘猶人之羸困瘦困苦故杜以墊隘爲羸困也於是乎有沈溺重膇之疾沈溺。濕疾重膇足腫○溺乃歷反膇治僞反一音直媿反足腫章勇反一音常勇反不如新田今平陽絳邑縣是土厚水深居之不疾高燥故有汾澮以流其惡汾水出。大原經絳北西南入河澮水出平陽絳縣南西入汾惡垢穢○汾扶云反澮古外反垢古口反且民從教无災患十世之利也疏且民至利也○正義曰民有災患則不暇從上无災患則從教化十者數之小成故云十世之利也

夫山澤林鹽國之寶也國饒則民驕佚財易致則民驕侈○佚音逸疏注財易至驕侈○正義曰魯語敬姜云昔者聖王之處民也擇瘠土而居之勞其民而用之故長王天下夫民勞則思思則善心生逸則淫淫則忘善忘善則惡心生沃土之民不材逸也瘠土之民莫不向義勞也敬姜此語自是激發之辭未必聖王盡然要亦有此理也大史公書稱武王克殷患殷民富侈大史公曰奢昏厚葬以破其

產爲其富而驕佚故設法以貧之也管子曰倉廩實而知禮節衣食足而知榮辱讓生於有餘爭生於不足論語稱孔子適衛欲先富而後教爲其貧而無恥欲營生以富之也此皆觀民設教故其理不同若遷都近鹽則民皆商販則富者彌富驕後而難治貧者益貧。飢寒而犯。法且貧者資富而致貧富者削貧而爲富惡民之富乃是懸民之貧欲使貧富均而勞。逸等也近寶公室乃貧不可謂樂近寶則民不務本【疏正】注近寶則民不務本○正義曰農業人之本也商販事之末也若民居近寶則棄本逐末廢農爲商則貧富兼幷若貧富兼幷則貧多富少貧者無財以共官富者不可以倍稅賦稅少則公室貧也公說從之夏四月丁丑晉遷于新田爲季孫如晉傳○說音悅○六月鄭悼公卒終士貞伯之言○子叔聲伯如晉命伐宋晉人命聲伯秋孟獻子叔孫宣伯侵宋晉命也○楚子重伐鄭鄭從晉故也前年。楚晉盟○冬季文子如晉賀遷也○晉欒書救鄭與楚師遇於繞角繞角鄭地楚師還晉師遂侵蔡楚公子申公子成以申息之師救蔡申息楚二縣○成音城○禦諸桑隧汝南朗陵縣東有桑里。在上蔡西南○禦魚呂反隧音遂趙同趙括欲戰請於武子武子將許之武子欒書知莊子荀首中軍佐○范文子士燮上軍佐○韓獻子韓厥新中軍將諫曰不可吾來救鄭楚師去我吾遂至於此此蔡地○是遷戮也戮而不已又怒楚師戰必不克遷戮不義怒敵難當故不克○雖克不令成師以出而敗楚之二縣何榮之有焉六軍悉出故曰成師以大勝小不足爲榮若不能敗爲辱已甚不如還也乃遂還於是軍師之欲戰者衆或謂欒武子曰聖人與衆同欲是以濟事子盍從衆盍何不也○帥所類反下注同盍戶臘反子爲大政中軍元帥將酌於民者也酌取民心以爲政○子之佐十一人六軍之卿佐○疏○子之佐十一人○正義曰服虔云是時欒書將中軍荀首佐之荀庚將上軍士燮佐之郤錡將下軍趙同佐之韓厥將新中軍趙括佐之鞏朔將新上軍韓穿佐之荀騅將新下軍趙旃佐之其不欲戰者三人而已知范韓也欲戰者可謂衆矣商書曰三人占從二人衆故也商書洪範疏注商書洪範○正義曰武王克殷始作洪範。今見在周書傳謂之商書者以箕子商人所陳故也○武子曰善鈞從衆鈞等也○夫善衆之主也三卿爲主可謂衆矣三卿皆晉之賢人○從之不亦可乎傳善欒書得從衆之義且爲八年晉侵蔡

○傳

經七年春王正月鼷鼠食郊牛角改卜牛鼷鼠又食其角乃免牛无傳稱牛未卜日免放也免牛可也不郊非礼也○鼷音兮○疏鼷鼠至免牛○正義曰釋獸。鼷鼠李巡曰鼱鼩鼠一名鼷鼠孫炎曰有螫毒者蓋如今鼠狼改卜牛下重言鼷鼠又食其角不重言牛者何休云言角牛可知後食牛者未必故鼠故重言鼠改卜被食其角者言乃免牛則前食角者亦免之矣從下免省文也○注稱牛至禮也○正義曰僖三十一年傳曰牛卜日曰牲今稱牛是未卜日也免放也放不殺遂不郊也○吳伐郯○郯音談○夏五月曹伯來朝○不郊猶三望无傳書不郊間有事三望非禮○秋楚公子嬰齊帥師伐鄭○公會晉侯齊侯宋公衛侯曹伯莒子邾子杞伯救鄭八月戊辰同盟于馬陵馬陵衛地。陽平元城縣東南有

地名馬陵公至自會无傳○吳入州來州來楚邑淮南下蔡縣是也○冬大雩無傳書過○衛孫林父出奔晉

傳七年春吳伐郯郯成季文子曰中國不振旅蠻夷入伐而莫之或恤振整也旅衆也無弔者也夫言中國不能相愍恤故夷狄內侵○夫音扶○詩曰不弔昊天亂靡有定其此之謂乎詩小雅刺在上者不能弔愍下民故號天告亂○昊戶老反號戶刀反疏。詩曰至有定○正義曰此詩小雅節南山之篇有上不弔其誰不受亂上謂霸主吾亡無日矣君子曰知懼如是斯不亡矣○鄭子良相成公以如晉見且拜師謝前年晉救鄭之師爲楚伐鄭張本○相息亮反見賢遍反○○夏曹宣公來朝疏曹宣公來朝○正義曰比文及八年傳召桓公來賜公命並无所解釋而虛載經文者釋例曰其經傳事同而文異者或告命之辭有差異或氏族名號當須互見此蓋須互見名號故舉之也○○秋楚子重伐鄭師于氾氾鄭地在襄城縣南○氾音凡諸侯救鄭鄭共仲侯羽軍楚師二子鄭大夫○共音恭○○囚鄖公鍾儀獻諸晉八月同盟于馬陵尋蟲牢之盟且莒服故也蟲牢盟在五年莒本屬齊齊服故莒從之○鄖本亦作員音云邑名○晉人以鍾儀歸囚諸軍府。軍藏府也爲九年晉侯見鍾儀張本○藏才浪反○楚圍宋之役在宣十四年○師還子重請取於申呂以爲賞田王許之分申呂之田以自賞申公巫臣曰不可此申呂所以邑也是以爲賦以御北方若取之是無申呂也言申呂賴此田成邑耳不得此田則无以出兵賦而二邑壞也○所以邑也一本作所邑也御魚呂反○晉鄭必至于漢王乃止子重是以怨巫臣子反欲取夏姬巫臣止之遂取以行子反亦怨之及共王即位楚共王以魯成公元年即位○共音恭子重子反殺巫臣之族子閻子蕩及清尹弗忌皆巫臣之族○閻音鹽○及襄老之子黑要以夏姬故并怨黑要○要一遙反○而分其室子重取子閻之室使沈尹與王子罷分子蕩之室子反取黑要與清尹之室巫臣自晉遺二子書子重子反○罷音皮下同遺唯季反曰爾以讒慝貪惏事君而多殺不辜余必使爾罷於奔命以死巫臣請使於吳晉侯許之吳子壽夢說之乃通吳于晉壽夢季札父○慝他得反惏力含反請使所吏反夢莫公反說音悅札側八反以兩之一卒適吳舍偏兩之一焉司馬法百人為卒二十五人為兩。車九乘為小偏十五乘為大偏蓋留九乘車及一兩二十五人令吳習之○卒子忽反注同舍音赦舊音捨乘繩證反下注同令力呈反○【疏】以兩至一焉○正義曰以兩之一焉謂將二十五人也又言卒謂更將百人也言之者婉句耳凡將一百二十五人適吳也舍偏謂舍一偏之車九乘也兩之一焉又舍二十五人也凡舍九乘車二十五人與吳矣發首言兩之一者為舍此兩之一故先言之又言卒者見巫臣所將非唯有一兩也司馬法車九乘為小偏十五乘為大偏傳言偏不言大當是留九乘車矣唯言留一偏不見元將車數不知去時幾乘車去也丘明為傳辭皆易解此獨蹇澁或誤本文蘇氏云舍九乘車以六乘車還則以去時十五乘車傳不言者以舍既備偏明去時有車可知從省文也沈氏云聘使未有將兵車者今此特將兵車為方欲教吳戰陳故與常不同○與其射御教吳乘車教之戰陳教之叛楚前是吳常屬楚○戰陳直覲反寘其子狐庸焉使爲行人於吳吳始伐楚伐巢伐徐巢徐楚屬國○寘之豉反子重奔命救徐巢○馬陵之會吳入州來子重自鄭奔命因伐鄭而行○子重子反於是乎一歲七奔命蠻夷屬於楚者吳盡取之是以始大通吳於上國上國諸夏夏戶雅反○○

衛定公惡孫林父冬孫林父出奔晉林父孫良夫之子○惡烏路反衛侯如晉晉反戚焉戚林父邑林父。出奔戚隨屬晉○戚七狄反○疏戚林至屬晉○正義曰傳言晉反戚焉則戚已屬晉襄二十六年衛孫林父入于戚以叛此不言叛故解之戚是孫氏世所食邑林父出奔之後戚自從隨。而屬晉非林父入而將去故不言叛也

經八年春晉侯使韓穿來言汶陽之田歸之于齊齊服事晉故晉來語魯使還二年所取田○語魚據反○

○晉欒書帥師侵蔡○公孫嬰齊如莒○宋公使華元來聘○夏宋公使公孫壽來納幣昏聘不使卿今華元將命故特書之宋公無主昏者自命之故稱使也公孫壽蕩意諸之父○疏注昏聘至之父○正義曰傳於華元來聘之下云聘共姬也則華元新始告魯欲圖爲昏昏禮發首云昏禮下達乃言納采鄭玄云達通也將欲與彼合昏姻必先使媒氏。通其言女氏許之乃後使人納其采擇之禮此華元來聘則彼昏禮所謂下達者也士禮使媒諸侯不可求媒於。其國自使臣行則亦媒之義昏有六禮下達之後初有納采擇之禮既行納采其日即行問名問女之名將歸卜其吉凶也歸既卜得吉又使使者往告謂之納吉納吉則昏禮定矣復遣納徵徵成也納幣以成昏禮士禮納徵有玄纁束帛儷皮其諸侯謂之納幣以其幣多故指幣言之納幣以後又有請期親迎是之謂六禮也計華元來聘之後當有納采納吉二使二使之後乃次

納幣今唯書納幣者納采納吉其使非卿故不書也釋例曰諸侯昏禮士以士昏禮準之不得唯止於納幣逆女納幣逆女二事皆必使卿行卿行則書之他
禮非卿則不書也宋公使華元來聘聘不應使卿故傳但言聘共姬也使公孫壽來納幣納幣應使卿故傳明言得禮也魯君之昏唯存納幣逆女此其義也
是言聘女不應使卿今華元以卿將命故特書之也隱二年公羊傳曰昏禮不稱主人宋公使公孫壽來納幣則其稱主人何辭窮也辭窮者何無母也禮有
母則母命之宋公無主昏者宋公自命之故稱宋公使公孫壽來也公孫壽蕩意諸之父者文十六年傳文○晉殺其大夫趙同趙
括。傳曰原屏咎之徒也明本不以德義自居宜其見討故從告辭而稱名 疏 注傳曰至稱名○正義曰傳稱莊姬譖之則是同括無罪大夫無罪見殺
例不書名此並書名故解之宣十二年傳曰原屏咎之徒也明本不以德義自居而妄叨高位宜其見討今雖實不作亂從告而稱其名言從告者凡殺大夫
必以其實有罪告不肯言其無罪魯史詳其曲直乃立其文故所書或從或否耳○○秋七月天子使召伯來賜公命。諸侯
即位天子賜以命圭與之合瑞八年乃來。緩也天子天。王王者之通稱○通稱尺證反○ 疏 注諸侯至通稱○正義曰天子賜諸侯之命書傳亦無正禮唯
文元年天。王使毛伯來錫公命僖十一年傳王賜晉惠公命周語王賜晉文公命皆是即位而賜之又賜之以圭擬朝而合瑞諸侯即位禮必朝王明當即位
即賜之命今八年乃來是緩也隱元年宰咺來賵爲其緩書名以譏之此亦緩也而不譏之者彼贈死不及尸弔生不及哀子氏未薨而豫凶事所失者大故
特譏之春秋之時賜命禮廢唯文公即位而賜成公八年乃賜桓公死後追賜其餘皆不得賜苟以得之爲榮故不復譏其緩也且賜之以圭者爲朝而合瑞
魯尚不朝天子不宜譏天子賜緩也天子之見經者三十有。二稱天王者二十五稱王者。八稱天子者一即此事是也三稱並行傳無異說故知天子天王王
者之通稱也其不同者史異辭耳公羊傳曰其稱天子何元年春王正月正也其餘皆通矣杜用彼說也賈逵云諸夏稱天王畿內曰。王夷狄曰天子王使榮

叔歸含且賵以恩深加禮妾母恩同畿內故稱王成公八年乃得賜命與夷狄同故稱天子左氏無此義故杜不從之○○冬十月癸卯杞

叔姬卒前五年來歸者。女。歸適人雖見出弃猶以成人禮書之終為杞伯所葬故稱杞叔姬○晉侯使士燮來聘○叔孫

僑如會晉士燮齊人邾人伐郯先謀而稱會盟主之命不同之於列國○○衛人來媵古者諸侯取適夫人及左

右媵各有姪娣皆同姓之國國三人凡九女所以廣繼嗣也魯將嫁伯姬於宋故衛來媵之○媵以證反又繩證反適丁歷反姪大結反字林丈一反娣大計

反○疏注古者至媵之○正義曰莊十九年公羊傳曰媵者何諸侯娶一國則二國往媵之以姪娣從姪者何兄之子也娣者何弟也諸侯一聘九女是諸

侯娶適夫人及左右媵各有姪娣也傳曰同姓媵之異姓則否是夫人與媵皆同姓之國也魯衛同姓故來媵之釋例曰古者諸侯之娶適夫人及左右媵各

有姪娣皆同姓之國國三人凡九女參骨肉至親所以息陰訟陰訟息所以廣繼嗣也當時雖無其人必待年而送之所以絶望求塞非常也辭稱惷愚不教

故遣大夫隨之亦謂之媵臣所以將謙敬之實也夫人薨不更聘必以姪娣媵繼室一與之醮則終身不二所以重婚姻固人倫人倫之義既固上足以奉宗

廟下足以繼後世此夫婦之義也○

傳八年春晉侯使韓穿來言汶陽之田歸之于齊季文子餞之餞送行飲酒○餞錢淺反說文

云送去食也字林子扇反毛詩箋云祖而舍軷飲酒於其側曰餞○疏注餞送行飲酒○正義曰詩大雅韓奕篇云韓侯出祖出宿于屠顯父餞之清酒百

壺是餞為送行飲酒也○私焉私與之言曰大國制義以為盟主疏大國至盟主○正義曰義者宜也事得其宜謂之為義汶

陽之田宜其歸魯是歸魯為義歸齊不義大國當制其義事以為諸侯之盟主是以諸侯懷德畏討無有貳心謂汶陽

之田敝邑之舊也而用師於齊使歸諸敝邑用師之戰在鞌今有二命曰歸諸齊信以行義義以成命小國所望而懷也信不可知義無所立四方諸侯其誰不解體言不復蕭敬於晉○復扶又反疏信以至解體○正義曰言之有信義事乃行是信以行義事必以義命乃成就故義以成命也杖信以行義事以義而命諸侯故以小國所望而歸之懷歸也言而無信則信不可知所命非義則義無所立如是則四方諸侯其誰不解體謂事晉之心皆踈慢也詩曰女也不爽士貳其行士也罔極二三其德爽差也極中也詩衛風婦人怨丈夫不一其行喻魯事晉猶女之事夫不敢過差而晉有罔極之心反二三其德○行下孟反注同差初賣反又初佳反疏詩曰至其德○正義曰衛風氓之篇七年之中一與一奪二三孰甚焉士之二三猶喪妃耦而況霸主霸主將德是以用也○喪息浪反妃音配耦苦口反而二三之其何以長有諸侯乎詩曰猶之未遠是用大簡猶圖也簡諫也詩大雅言王者圖事不遠故用大道諫之○長音如字一音丁丈反行父懼晉之不遠猶而失諸侯也是以敢私言之疏詩曰至言之○正義曰詩大雅板之篇也言王者之所圖謀其事未能長遠我以是故用大道諫王行父今亦懼晉之不能遠圖而因此以失諸侯是以敢私言之私布此言即是大諫也○晉欒書侵蔡六年未得志故遂侵楚獲申驪○申驪楚大夫驪力馳反楚師之還也晉侵沈謂六年遇於繞角時疏楚師之還也○正義曰還在六年不於彼言者因其今獲申驪追言六年侵沈述欒書得從善之功故於此并言之獲沈子揖初從知范韓也繞角之役欒書從知莊子范文子韓獻子之言不與楚戰自是常從其謀師出有功故傳善之沈國今汝

南平。與縣○揖徐音集○又於立反與音餘一音預君子曰從善如流宜哉宜有功也如流喻速詩曰愷悌君子遐

不作人遐遠也作用也詩大雅言文王能遠用善人不語助○愷開在反樂也悌徒禮反易也○疏詩曰至作人○正義曰大雅旱麓之篇○求

善也夫作人斯有功績矣是行也鄭伯將會晉師會伐蔡之師○夫音扶○門于許東門大

獲焉過許見其無備因攻之○過古禾反○聲伯如莒逆也自爲逆婦而書者因聘而逆○爲于僞反下文爲趙嬰同○宋華

元來聘聘共姬也穆姜之女成公姊妹爲宋共公夫人聘不應使卿故傳發其事而已○共音恭疏。注穆姜之女○正義曰明年季文子

如宋致女還稱宋土之樂穆姜出拜謝之知是穆姜所生之女也○夏宋公使公孫壽來納幣禮也納幣應使卿○晉

趙莊姬爲趙嬰之亡故譖之于晉侯趙嬰亡在五年曰原屏將爲亂欒郤爲徵欒氏郤氏亦徵

其爲亂○六月晉討趙同趙括武從姬氏畜于公宮趙武莊姬之子莊姬晉成公女畜養也○疏。注趙武至養也

○正義曰史記趙世家云趙朔娶晉成公姊爲夫人案傳趙衰適妻是文公之女若朔妻成公之姊則亦文公之女父之從母不可以爲妻且文公之卒距此

四十六年莊姬此時尚少不得爲成公姊也賈服先儒皆以爲成公之女故杜從之史記又稱有屠岸賈者有寵於靈公此時爲司寇追論趙盾弒君之事誅

趙氏殺趙朔趙同趙括而滅其族案二年傳欒書將下軍則於時朔已死矣同括爲莊姬所譖此年見殺趙朔不得與同括俱死也於時晉君明諸臣彊無容

有屠岸賈輒廁其間得如此專恣又說云公孫杵臼取他兒代武死程嬰匿武於山中居十五年因晉侯有疾韓厥乃請立武爲趙氏後與左傳。皆違馬遷妄

說不可從也○以其田與祁奚韓厥言於晉侯曰成季之勳宣孟之忠成季趙衰宣孟趙盾○祁巨之

反宇林上尸反衰初危反盾徒本反而無後爲善者其懼矣三代之令王皆數百年保天之祿夫
豈無辟王賴前哲以免也言三代亦有邪辟之君但賴其先人以免禍耳○數所主反辟匹亦反注及下同哲陟列反邪似嗟反○
疏夫豈至免也○正義曰此趙同趙括。謂天祿之父祖若桀紂之輩雖邪辟子孫賴禹湯之功而食天祿○周書曰不敢侮鰥寡所
以明德也周書康誥言文王不侮鰥寡而德益明欲使晉侯之法文王○侮亡甫反鰥古頑反乃立武而反其田焉○秋
召桓公來賜。公命召桓公周卿士○晉侯使申公巫臣如吳假道于莒與渠丘公立於
池上渠丘公莒子朱也池城池也渠丘邑名莒縣有蘧。里○蘧其居反○疏注渠丘至蘧里○正義曰十四年莒子朱卒知渠丘公即是朱也渠丘莒
之邑名夷不當有謚或作別號此朱以邑名爲號不知其故何也○曰城已惡莒子曰辟陋在夷其孰以我爲虞
虞度也○已惡如字已猶大也本或作城已惡矣度待洛反○對曰夫狡。焉狡猾之人○狡交卯反猾于八反○思啓封疆以利
社稷者何國蔑有唯。然故多大國矣唯或思或縱也世有思開封疆者有縱其暴掠者莒人當唯此爲命
○疆居良反注同唯然音維本或作雖後人改也掠音亮疏唯然○正義曰俗本唯作雖今定本作唯勇夫重閉況國乎爲明年莒潰傳
○重直龍反又直勇反閉補計反又補結反一音戶且反○冬杞叔姬卒來歸自杞故書愍其見出來歸故書卒也若更適大
夫則不復書卒○復扶又反○○晉士燮來聘言伐郯也以其事吳故七年郯與吳成公賂之請緩師
文子不可文子士燮曰君命無貳失信不立禮無加貨事無二成公私不兩成○君後諸侯

是寡君不得事君也。欲與魯絕○後如字徐音胡豆反○欒將復之季孫懼使宣伯帥師會伐郯

○衞人來媵共姬禮也凡諸侯嫁女同姓媵之異姓則否必以同姓者參骨肉至親所以息陰訟○疏衞人至則否○正義曰膏肓以為媵不必同姓所以博異氣今左傳異姓則否十年齊人來媵何以無貶刺之文左氏為短鄭箴云禮稱納女於天子云備百姓於國君云備酒漿不得云百姓是不博異氣也齊是大國今來媵我得之為榮不得貶也

經九年春王正月杞伯來逆叔姬之喪以歸○公會晉侯齊侯宋公衞侯鄭伯曹伯莒子杞伯同盟于蒲。蒲衞地在長垣縣西南○公至自會無傳○二月伯姬歸于宋宋不使卿逆非禮○○夏季孫行父如宋致女女嫁三月又使大夫隨加聘問謂之致女所以致成婦禮篤昏姻之好○好呼報反疏注女嫁至之好○正義曰桓三年九月夫人姜氏至自齊冬齊侯使其弟年來聘傳曰齊仲年來聘致夫人也此二月伯姬歸于宋夏季孫行父如宋致女二者其間並近三月禮婦入三月廟見知致女必以三月蓋廟見之後婦禮既成使大夫聘問謂之致女。其成婦之禮存謙敬序殷勤所以篤昏姻之好也仲年行父俱是致女而彼言聘者在魯而出則曰致女在他國而來則但言聘外內之異文也以彼言聘而實是致女故二注皆言使大夫隨加聘問為此也晉人來媵媵伯姬也○秋七月丙子齊侯無野卒無傳五同盟丙子六月一日書七月從赴疏注五同盟○正義曰無野以宣十年即位此二年及國佐盟于袁婁又盟于蜀五年于蟲牢七年于馬陵此年于蒲皆魯齊俱在是五同盟也○晉人執鄭伯鄭伯既受盟于蒲又受楚賂會於鄧故晉執之稱人者晉以無道於民告諸侯例在十五年晉欒書帥師伐鄭○冬十有一月葬齊

頃公無傳○頃音傾○楚公子嬰齊帥師伐莒庚申莒潰上民逃其上曰潰楚人入鄆鄆莒別邑也楚偏師入鄆故稱人○秦人白狄伐晉○鄭人圍許城中城魯邑也在東海。廩丘縣西南此閏月城在十一月之後十二月之前故傳曰書時○疏注魯邑至書時○正義曰長曆推此年閏十一月傳城中城文在十二月上而云書時也即是閏月城之閏月半後即是十二月節故水昏已正而城之是得時也

傳九年春杞桓公來逆叔姬之喪請之也叔姬已絶於杞魯復強請杞使還取葬○復扶又反下同強其丈反杞叔姬卒爲杞故也還爲杞婦故卒稱杞○爲于僞反下注爲魯下文爲歸汶陽同逆叔姬爲我也既弃而復逆其喪明爲魯故○逆叔姬絶句爲我也本或無爲字○爲歸汶陽之田故諸侯貳於晉歸田在前年晉人懼會於蒲以尋馬陵之盟馬陵。在七年○季文子謂范文子曰德則不競尋盟何爲競強也范文子曰勤以撫之寬以待之堅彊。以御之明神以要之柔服而伐貳德之次也是行也將始會吳吳人不至爲十五年會鍾離傳○御魚呂反要一遙反○二月伯姬歸于宋爲致女復命起○楚人以重賂求鄭鄭伯會楚公子成于鄧爲晉人執鄭伯傳○夏季文子如宋致女復命公享之賦韓奕之五章韓奕詩大雅篇名其五章言蹶父嫁女於韓侯爲女相所居莫如韓樂文子喻魯侯有蹶父之德宋公如韓侯宋土如韓樂○蹶九衞反爲于僞反相息亮反樂音洛下同穆姜出于房再拜曰大夫勤辱不忘先君以

及嗣君施及未亡人穆姜伯姬母聞文子言宋樂喜而出謝其行勞婦人夫死自稱未亡人○施以豉反先君猶有望也言先君亦望文子之若此敢拜大夫之重勤又賦綠衣之卒章而入綠衣詩邶風也取其我思古人實獲我心喻文子言得己意○重直勇反又直用反綠如字本又作祿吐亂反注同邶音邶又作鄁○晉人來媵禮也同姓故○秋鄭伯如晉晉人討其貳於楚也執諸銅鞮銅鞮晉別縣在上黨○鞮丁兮反欒書伐鄭鄭人使伯蠲行成晉人殺之非禮也兵交使在其間可也明殺行人例○蠲古玄反又音圭使在所吏反楚子重侵陳以救鄭陳與晉故晉侯觀于軍府見鍾儀問之曰南冠而縶者誰也南冠楚冠縶拘執○縶中立反拘九于反疏注南冠楚冠○正義曰應劭漢官儀云法冠一曰柱後冠左傳南冠而縶則楚冠也秦滅楚以其冠賜近臣御史服之即今解豸冠也古有解豸獸觸不直者故執憲以其用形爲冠令觸人也有司對曰鄭人所獻楚囚也使稅之鄭獻鍾儀在七年稅解也○稅吐活反徐始銳反注同召而弔之再拜稽首問其族對曰泠人也泠人樂官○泠力丁反依字作伶疏注泠人樂官○正義曰詩簡兮序云衛之賢者仕於泠官鄭玄云泠官樂官也泠氏世掌樂官而善焉故後世多號樂官爲泠官呂氏春秋稱黃帝使泠倫自大夏之西崐崙之陰取竹斷兩節而吹之以爲黃鍾之宮昭二十一年傳景王鑄無射泠州鳩其之是泠氏世掌樂官也周語云景王鑄鍾成泠人告和魯語云泠籥詠歌及鹿鳴之三此稱泠人詩稱泠官是泠爲樂官之名也公曰能樂乎對曰先父之職官也敢有二事言不敢學他事使與之琴操南音南音楚聲○操七刀反下同公曰君王何如對曰非小人之所得知

也固問之對曰其爲大子也師保奉之以朝于嬰齊而夕于側也嬰齊令尹子重側司馬子反言其尊卿敬老不知其他公語范文子文子曰楚囚君子也言稱先職不背本也樂操。土風不忘舊也稱大子抑無私也舍其近事而遠稱少小以示性所自然明至誠〇語魚據反背音佩下同舍音捨少詩照反疏注舍其至至誠〇正義曰楚王既爲君矣不言爲君時事而遠稱大子者若言爲君時事嫌爲君隱惡或疑已在君位矯情爲善舍其當時近事遠稱大子少小者未爲君時不須隱蔽以示王性自然言其從小如此以明己之至誠無所私也禮君前臣名字則貴於名此道二卿之名不言字是尊晉君也名其二卿尊君也尊晉君也不背本仁也不忘舊信也無私忠也尊君敏也敏達也〇仁以接事信以守之忠以成之敏以行之事雖大必濟言有此四德必能成大事君盍歸之使合晉楚之成公從之重爲之禮使歸求成爲下十二月晉楚結成張本〇盍戶臘反〇冬十一月楚子重自陳伐莒圍渠丘渠丘城惡衆潰奔莒戊申楚入渠丘月六日莒人囚楚公子平楚人曰勿殺吾歸而俘莒人殺之楚師圍莒莒城亦惡庚申莒潰月十八日楚遂入鄆莒無備故也終巫臣之言君子曰恃陋而不備罪之大者也備豫不虞善之大者也莒恃其陋而不脩城郭浹辰之間而楚克其三都無備也夫浹辰十二日也〇浹子協反徐又音子答反夫音扶疏注浹辰十二日也〇正義曰浹爲周。匝也從甲至癸爲十日從子至亥爲十二辰周禮縣治象浹日而斂之謂周甲癸十日此言浹辰謂周子亥十二辰故爲十二日也詩曰雖有絲麻無弃菅蒯。雖有姬姜無弃蕉萃。凡百君子莫不代匱言備之不可以已也逸詩也姬姜大國之女蕉萃陋賤之人○菅古顏反蒯苦怪反蕉在遙反萃在醉反匱其位反疏無弃菅蒯○正義曰釋草云白華野菅郭璞曰菅茅屬陸璣毛詩疏曰菅似茅滑澤無毛。朒宜爲索漚及曝尤善蒯與菅連亦菅之類喪服疏屨者傳曰藨蒯之菲也可以爲屨明。朒如菅並可代絲麻之乏故云無棄也○秦人白狄伐晉諸侯貳故也○鄭人圍許示晉不急君也此秋晉執鄭伯是則公孫申謀之曰我出師以圍許示不畏晉爲將改立君者而紓晉使紓緩也勿亟遣使。請晉示欲更立君○爲將並如字或于僞反非也本或作僞將紓音舒使所吏反注及下同亟紀力反急也或欺異反數也晉必歸君爲明年晉侯歸鄭伯張本○城中城書時也○十二月楚子使公子辰如晉報鐘儀之使請。脩好結成鍾儀奉晉命歸故楚報之○好呼報反

經十年春衛侯之弟黑背帥師侵鄭○夏四月五卜郊不從乃不郊無傳卜常祀不郊皆非禮故書疏注卜常至故書正義曰曲禮論卜筮云旬之外曰遠某日旬之內曰近某日則卜者每旬一卜傳稱啓蟄而郊則周之三月郊之大期此云五卜者當是三月三卜四月又二卜皆不吉乃止也僖三十一年傳云禮不卜常祀不應卜而卜以不吉而不郊皆非禮也○五月公會晉侯齊侯宋公衛侯曹伯伐鄭晉侯太子州。蒲也稱爵見。其生代父居位失人子之禮○見賢遍反疏○注晉侯至之禮○正義曰如傳文知晉侯是大子也漢末有汝南應劭作舊。名。諱議云昔者周穆王名滿晉厲公名州滿又有王孫滿是同名不諱則此爲州滿或。兩州蒲誤耳今定本作蒲

傳無譏文知譏其生代父位失人子之禮者傳稱凡在喪公侯曰子父喪代位尙不稱君生代父位譏之必矣傳言立大子以爲君若其不譏則不須此傳是位顯其譏之意○齊人來媵無傳媵伯姬也異姓來媵非禮也○丙午晉侯獳卒六同盟據傳丙午六月七日有日無月○獳乃侯反疏注六同盟○正義曰獳以宣九年即位十七年盟于斷道元年于赤棘二年于袁婁五年于蟲牢七年于馬陵九年于蒲皆魯晉俱在是六同盟也○秋七月公如晉○冬十月。

傳十年春晉侯使羅茷如楚羅茷晉大夫○羅徐徒弔反一音杜敖反又土弔反茷扶廢反一音蒲發反又蒲艾反報大宰子商之使也子商楚公子辰使在前年○大音泰使所吏反下使及注使在同○衞子叔黑背侵鄭晉命也晉命衞使侵鄭○鄭公子班聞叔申之謀改立君之謀三月子如立公子繻子如公子班○繻音須夏四月鄭人殺繻立髠頑子如奔許髠頑鄭成公大子○髠苦門反頑如字徐五班反欒武子曰鄭人立君我執一人焉何益不如伐鄭而歸其君以求成焉晉侯有疾五月晉立大子州蒲。以爲君而會諸侯伐鄭生立子爲君此父不父子不子經因書晉侯其惡明○州蒲本或作州滿鄭子罕賂以襄鍾。子罕穆公子襄。鍾鄭襄公之廟鍾○子然盟于脩澤子駟爲質子然子垂皆穆公子。熒陽。卷縣東有。脩。武亭○質音致卷音權字林丘權反如淳漢書同音辛巳鄭伯歸鄭伯歸不書鄭不告入○晉侯夢大厲被髮及地搏膺而踊曰殺余孫不義厲鬼也趙氏之先祖也八年晉侯殺趙同趙括故怒○被皮寄反搏音博踊音勇疏注厲鬼至故怒○正義曰鬼怒言殺余孫不義必是枉死者之祖也景公即位以來唯有殺趙同趙括故知是趙氏之先祖趙氏先祖其人非一鬼不自言其名未知誰之鬼世本云公明生趙夙晉語云趙衰趙夙之弟則括之祖公明是也服虔又以爲公明之鬼凡爲疫。厲之鬼皆妖邪之氣未必真是彼人故杜不復指斥余得請於帝矣壞大門及寢門而入公懼入于室又壞戶公覺召桑田巫桑田。巫邑○壞音怪下同及寢門一本無及字覺古孝反巫言如夢巫云鬼怒如公所夢公曰何如曰不食新矣言公不得及食新麥公疾病求醫于秦秦伯使醫緩爲之緩醫名爲猶治也○醫於其反未至公夢疾爲二豎子曰彼良醫也懼傷我焉。逃之其一曰居肓之上膏之下若我何肓鬲也心下爲膏○懼傷我絕句焉徐於虔反一讀如字屬上句逃之絕句肓徐音荒說文云心下鬲上也鬲音革

【疏】注肓鬲至爲膏○正義曰此賈逵之言杜依用之古今傳文皆以爲膏之下賈服何休諸儒等亦皆以爲膏雖凝者爲脂釋者爲膏其實凝者亦曰膏故內則云小切狼臅膏則此膏謂連心脂膏也劉炫以爲釋。首者爲膏連心之脂不得稱膏以爲膏當爲鬲改易傳文而規杜氏非也

醫至曰疾不可爲也在肓之上膏之下攻之不可達之不及藥不至焉不可爲也達。針攻音工○公曰良醫也厚爲之禮而歸之六月丙午晉侯欲麥周六月今四月麥始。熟使甸人獻麥甸人主爲公田者○甸徒練反饋人爲之召桑田巫示而殺之將食張。如廁陷而卒張腹滿也○饋其媿反爲張如字張中亮反注同小臣有晨夢負公以登天及日中負晉侯出諸廁遂以爲殉傳言巫以明術見殺小臣以言夢自禍○○鄭伯討立君者戊申殺叔申叔禽叔禽

叔申弟○【疏】。注叔禽叔申弟○正義曰此無文也以禽與申俱死當是坐其兄弟知是弟也君子曰忠爲令德非其人猶不可況不令乎言申叔爲忠不得其人還害身【疏】忠爲至令乎○正義曰言叔申忠誠爲此令善之德施之於鄭伯施非得其善人猶尚不可何況不有令德者乎言令德者往年公孫申曰我出師以圍許爲將改立君者而紓晉使晉必歸君是也○○秋公如晉親弔非禮晉人止公使送葬於是羅茷未反是春晉使羅茷至楚結成晉讀魯。二於楚故留公須羅茷還驗其虛實冬葬晉景公公送葬諸侯莫在魯人辱之故不書諱之也諱不書晉葬也

附釋音春秋左傳注疏卷第二十六

珍倣宋版印

春秋左傳注疏卷二十六校勘記　阮元撰盧宣旬摘錄

附釋音春秋左傳注疏卷第二十六　成三年盡十年

（經三年）

三家經傳有五字　監本毛本五作火

乙亥葬宋文公　淳熙本脫宋字

晉郤克衞孫良夫伐廧咎如　石經宋本淳熙本作廧俗字省筆耳

及荀庚盟　宋本此節正義在冬十有一月節注下

（傳三年）

覆伏兵也　釋文注亦作兵也宋本淳熙本脫也字

皇戌如楚獻捷　石經宋本岳本戌作戍不誤

以爲俘馘　案說文聝字注引作以爲俘聝从耳或聲云或从首作䤋

注以血至釁鼓　宋本以下正義三節總入其竭力致死節下

正義曰　宋本曰字空缺

亦死且不朽 閩本朽誤杇

注宣十至討之 宋本以下正義二節總入上失民也注下

則傳無所解 閩本監本毛本所作此非

釋例曰傳文 宋本文作云

三年瀆逃已有例矣 宋本三上有文字是也

其位在三 宋本以下正義二節總入丙午節之下

子產語晉曰 宋本語作論

十二月甲戌 石經宋本岳本纂圖本閩本毛本戌作戍是也

將授玉 案惠士奇云授玉古文左傳作授王詳左傳補注然玉王二字篆體分別甚微此處自因太史公誤認玉爲王正義所言是也

將授玉 宋本以下正義二節總入在此當也之下

景公不敢當 案史記當作受

以爲將授王 毛本王作玉非也

遂節成爲此謬辭耳 補各本節作飾

君爲婦人之笑辱也石經初刻作御後改作婦

非爲脩好淳熙本好誤子下句故云誤文云

故云晉君不任當此惠宋本無惠字

迎聘客尚以皮弁監本毛本客作賓

如實出己石經宋本岳本已作己是也

（經四年）

（傳四年）

陷廁而死淳熙本而誤師岳本厠作廁不誤

取鉏任泠敦之田閩本泠誤冷

取汜祭石經汜作氾岳本纂圖本毛本作氾是也釋文亦作氾音凡注同或音祀案正義引字書云水旁巳爲氾水旁已爲汜字相亂也

注汜祭至汜水宋本此節正義在不然節注下

襄城縣有南汜閩本監本毛本南作西按作南與僖廿四年注合

字書水旁巳爲汜案已當作㔾

今汜水上源爲汜谷　宋本爲作謂

欲使自屈在楚子前決之　岳本在作於監本毛本作于山井鼎引考異亦作于楚子下多之字

〔經五年〕

夫人比至于國　宋本國上有其字與禮記雜記合毛本于誤千

〔傳五年〕

注自告貞伯從人　宋本此節正義在祭之之明日而亡注下

俱是在野言之　宋本言上有皆以野三字

謂之餫者　閩本監本毛本餫作饋非也

彼自逆女　閩本監本毛本自作晉非也

注捷邪出　宋本以下正義三節總入遂以告而從之注下

山有朽壤而崩　閩本朽誤杇

〔經六年〕

前此年鄭伐楚故　宋本足利本此作比楚作許與三年經合淳熙本岳本纂圖本亦作許

故云魯人自奮之功 宋本故云上有案在二年今始立武宮九字

（傳六年）

注禮授至東過 宋本此節正義在士貞伯曰節注下

傳言東楹之東 宋本傳字上有且字

注宣十至譏之 宋本此節正義在聽於人節注下

何以不言禱也 宋本何作可

經唯書衞孫良夫 岳本唯作惟宋本無衞字

乃止 淳熙本止誤上

沃饒至失也 宋本以下正義八節總入公說從之節注下

君日出而視朝 宋本日下有出字是也

惡疾疢 監本毛本疢作疢正義同釋文亦作疢云本或作疢同也按當云本或作疹俗譌从尔

地之下濕狹隘 毛本濕作溼下文注亦作溼

汾水出大原 淳熙本岳本纂圖本大作太按太泰字古皆作大

飢寒而犯法閩本監本毛本飢誤饑法作灋

而勞逸等也宋本閩本監本毛本逸作佚

前年楚晉盟宋本淳熙本足利本楚作從不誤

汝南朗陵縣東有桑里案後漢書郡國志引注作桑里亭

子之佐十一人宋本以下正義二節總入從之不亦可乎注下

今見在周書宋本閩本監本毛本作今此本誤令今改正

（經七年）

釋獸宋本獸下有云字是也

鄎音談此釋文也閩本監本並誤作注

陽平元城縣案郡國志引注作平陽誤也

（傳七年）

詩曰至有定宋本此節正義在斯不亡矣之下

尋蟲牢之盟石經亦作蟲顧炎武云誤作蟲所據乃王堯惠刻也

軍藏府也 淳熙本軍誤車

軍九乘爲小偏 宋本淳熙本岳本纂圖本監本毛本軍作車是也

以兩至一焉 宋本此節正義在子重子反節注下

以舍既備偏 宋本備作犕

今此特將兵車 宋本閩本監本毛本作今此本誤令今改正

林父出奔 監本脫出字

戚自從隨而屬晉 閩本監本毛本而上衍之字

〔經八年〕

必先使媒氏通其言 宋本通上有下字

諸侯不可求媒於其國 宋本毛本其作他

晉殺其大夫趙同趙括 閩本括誤栝

天子使召伯來賜公命 案曲禮正義引作來錫公命公羊穀梁亦作錫

八年乃來緩也 重修監本緩誤作綏

天子天王監本王誤作主

天王使毛伯來錫公命閩本監本毛本王誤作子

三十有二浦鏜正誤二作四盧文弨云是也

稱王者八宋本八作六不誤

畿內曰王宋本王作主

女歸適人宋本作文淳熙本岳本纂圖本監本毛本歸作旣是也重脩監本女誤

（傳八年）

注餞送行飲酒宋本以下正義五節總入是以敢私言之句下

信以至解體宋本閩本監本毛本作信以此本誤倒今訂正

猶女之事夫宋本脫事夫二字

是用大簡案詩作大諫杜云簡諫也古義本通

楚師之還也宋本無也字以下正義二節總入門于許東門之下

今汝南平與縣閩本監本毛本與作輿釋文亦作輿字按釋文當作與字故曰音餘一音預宋本作平與則作與者古本也

注穆姜之女　宋本此節正義在禮也注下

注趙武至養也　宋本以下正義二節總入乃立武而反其田焉之下

與左傳皆違　閩本監本毛本皆作背

以其田與祁奚　纂圖本祁作祈非也

夫豈無辟王賴前哲以免也　釋文辟作僻哲作喆

謂天祿之父祖　齊召南校本謂作嗣

秋召桓公來賜公命　閩本賜作錫

莒縣有蘧里　郡國志引注蘧下有邱字

渠邱至蘧里　宋本以下正義二節總入勇夫重閉節注下

夫狡焉思啓封疆　陸粲附注云狡焉當屬下爲句李善潘岳關中詩注引傳封疆上有其字

唯然　釋文云唯音維本或作雖後人改也正義曰俗本唯作雖今定本作唯

君命無貳　纂圖本無誤不

是寡君不得事君也　閩本脫也字

〔經九年〕

在長垣縣西南　毛本垣作咺非也

篤昏姻之好　纂圖本昏作婚

注女嫁至之好　宋本此節正義入晉人來媵注下

桓三年九月　監本毛本三誤二

其成婦之禮　宋本其上有致字

在東海廩邱縣西南　宋本岳本纂圖本監本毛本廩作廪案晉書地理志東海郡屬有厚邱無廩邱而劉昭注續漢書郡國志于東海郡厚邱條下引杜云縣西南有中鄉城又水經沭水注云又南逕東海厚邱縣則廩當是厚字之誤

〔傳九年〕

使還取葬　閩本還誤之

馬陵在七年　宋本淳熙本足利本陵下有盟字

堅疆以御之　石經宋本淳熙本岳本閩本監本毛本彊作疆是也

又賦綠衣之卒章而入　釋文云綠本又作褖案詩綠衣箋云綠當爲褖字之誤陸氏又作之說從鄭箋也

詩邶風也纂圖本閩本監本毛本邶誤邺釋文亦作邺云又作鄁

注南冠楚冠宋本以下正義三節總入君盍歸之節注下

即今解豸冠也閩本監本解作獬毛本作獬豸作廌案字林亦作廌

故執憲以其用形爲冠宋本用作角不誤監本毛本作以其形用非也

泠人也釋文云泠依字作伶案作伶非也五經文字云泠樂官或作伶訛

呂氏春秋稱黃帝使泠倫宋本泠作伶

以爲黃鍾之宮宋本閩本監本毛本鍾作鐘下鑄鍾同

泠州鳩其之閩本監本毛本其作藏亦誤宋本作非是也

樂操土風操字閩本誤作橾

備豫不虞石經凡豫字皆缺筆避代宗諱此處誤作豫

注浹辰十二日也宋本以下正義二節總入詩曰節注下

浹爲周匝也宋本匝作帀按帀匝正俗字

無弃菅蒯案玉篇蔽字注引作無棄菅蔽蒯字注云同上

無奔蕉萃漢書文帝紀注引亦作蕉萃案詩東門之池正義引作憔悴後漢應劭傳注云蕉萃憔悴古通用

陸璣毛詩疏曰案璣當作機

肕宜爲索宋本肕作朋从刃是也下同按詩白華正義爾雅疏並作韌

勿亟遣使請晉宋本淳熙本岳本纂圖本監本毛本請作詣不誤

請脩好結成監本毛本請作謂誤

〔經十年〕

晉侯大子州蒲也宋本淳熙本岳本纂圖本閩本監本毛本亦作蒲正義引應劭諱議云周穆王名滿晉厲公名州滿又有王孫滿則此爲州滿定本亦作滿釋文云州蒲本或作州滿劉氏史通雜駁篇以蒲爲誤案史記又作壽曼梁玉繩云曼滿音相近壽州字相通

見其生代父居位釋文無其字

應劭作舊名諱議云宋本名作君是也監本諱誤緯

或兩州蒲誤耳閩本監本毛本亦誤作兩宋本作爲

冬十月浦鏜云案禮記中庸正義成十年不書冬十月此有者當是後人妄增耳

〔傳十年〕

晉立大子州蒲以爲君　釋文云本或作州滿案定本作滿說見經

鄭子罕賂以襄鍾　宋本淳熙本岳本足利本鍾作鐘與石經合注同

熒陽卷縣東有脩武亭　淳熙本監本毛本熒作滎非也案水經濟水注引脩武作武脩方輿紀要云原武縣有武脩亭故卷城在今原武縣北宋本卷作巷誤也

注厲鬼至故怒　宋本以下正義二節總入小臣節注下

唯有殺趙同趙括　閩本監本毛本並作有亦非宋本作枉是也

則括之祖　浦鏜云括上當脫同字

凡爲疫厲之鬼　閩本監本毛本厲誤癘

桑田巫邑　宋本淳熙本岳本纂圖本監本毛本巫作晉是也

懼傷我焉逃之　岳本我字絕句釋文云焉於虔反一讀如字屬上句逃之絕句

肓鬲也心下爲膏　閩本監本毛本作肓鬲至爲膏

劉炫以爲釋首者　宋本無首字

達針　釋文作鍼也音針

麥始孰 宋本淳熙本岳本纂圖本閩本監本毛本孰作熟

張如廁 玉篇脹字注引作脹如廁案脹乃俗字釋文亦作張

注叔禽叔申弟 宋本以下正義二節總入君子曰節注之下

況不令乎 高注呂覽至忠篇引作況不令之尤者乎是所見本有異也

於是羅莪未反 淳熙本羅作饠非監本注文莪誤作茂

晉謂魯二於楚 岳本閩本監本毛本二作貳

春秋左傳注疏卷二十六校勘記

附釋音春秋左傳注疏卷第二十七 成十一年盡十五年

杜氏注　孔穎達疏

經十有一年春王三月公至自晉正月公在晉不書諱見止疏注正月至見止○正義曰襄二十九年正月公在楚傳曰釋不朝正于廟也彼以踰年故書正月公在楚此亦踰年不書正月公在晉者爲諱見止故正月不以告廟案春秋上下公之在晉諱與不諱悉皆不書此言諱見止者以此兼有諱義故詳之也宣五年傳公如齊高固使齊侯止公請叔姬焉夏公至自齊書過也注云公既見止連昏於鄰國之臣厭尊毀列累其先君而於廟行飲之禮故書以示過宣七年公會晉侯云云于黑壤傳稱晉侯以公不朝又不聘止公于會不與公盟八年公至自晉注云義與五年書過同此亦見止還而告至杜不言義與書過同者公實不貳於楚晉以無罪止公非所當諱故依法告至然則正月諱不告者正月公猶被執守臣若其告廟當云公被晉執故諱而不告公還不以爲恥故告至耳○晉侯使郤犨來聘己丑及郤犨盟郤犨郤克從父兄弟○犨尺由反○疏注郤犨至兄弟○正義曰案世本郤豹生冀芮芮生缺缺生克也又云豹生義生步揚揚生州州郎犨也如彼文則犨與克俱是豹之曾孫當爲從祖昆弟服虔以爲從祖昆弟杜云從父昆弟或父當是祖字誤耳○夏季孫行父如晉○秋叔孫僑如如齊○僑其驕反○冬十月

傳十一年春王三月公至自晉晉人以公爲貳於楚故止公公請受盟而後使歸前年七月公如晉至是乃得歸○郤犨來聘且涖盟公請受盟故使大夫來臨之○涖音利又音類○聲伯之母

不聘。聲伯之母叔肸之妻不聘無媒禮○聘本亦作娉四政反肸許乙反媒亡回反穆姜曰吾不以妾為姒昆弟之妻相謂為姒

穆姜宣公夫人宣公叔肸同母昆弟○姒音似【疏】注昆弟之妻相謂為姒○正義曰世人多疑娣姒之名皆以為兄妻呼弟妻為娣弟妻呼兄妻為姒因即惑於傳文不知何以為說今謂母婦之號隨夫尊卑娣姒之名從身長幼以其俱來夫族其夫班秩既同尊卑無以相加遂從身之少長喪服小功章曰娣姒婦報傳曰娣姒婦者弟長也以弟長解娣姒言娣是弟姒是長也公羊傳亦云娣者何弟也是其以弟解娣自然以長解姒長謂身之年長非夫之年長也釋親云長婦謂稚婦為娣婦。謂長婦為姒婦止言婦之長稚不言夫之大小今穆姜謂聲伯之母為姒昭二十八年傳叔向之嫂謂叔向之妻為姒二者皆呼夫弟之妻為姒豈計夫之長幼乎釋親又云女子同出謂先生為姒後生為娣孫炎云同出謂俱嫁事一夫也事一夫者以己生先後為娣姒則知娣姒以己之年非夫之年也故賈逵鄭玄及此注皆云兄弟之妻相謂為姒言兩人相謂謂長者為姒知娣姒之名不計夫之長幼也生聲伯而出之嫁於齊管于奚生二子而寡以歸聲伯以其外弟為大夫外弟管于奚之子為魯大夫○而嫁其外妹於施孝叔孝叔魯惠公五世孫郤犫來聘求婦於聲伯聲伯奪施氏婦以與之婦人曰鳥獸猶不失儷儷。耦也○儷力許反【疏】注儷耦也○正義曰禮謂兩皮為儷皮儷兩也故為耦子將若何曰吾不能死亡言不與郤犫懼能忿致禍○婦人遂行生二子於郤氏郤氏亡晉人歸之施氏施氏逆諸河沈其二子沈之於河○沈徐陰反注同一音如婦人怒曰已不能庇其伉儷而亡之伉敵也○已音以又音紀庇必利反又音祕伉苦浪反【疏】注伉敵也○正義曰伉者相當之言故為敵也伉儷者言是相敵之匹耦又不能字

人之孤而殺之字也愛將何以終遂誓施氏約誓不復為之婦也傳言郤犨淫縱所以亡也○復扶又反下文注復出皆同○夏季文子如晉報聘且涖盟也郤犨文子交盟魯晉之君其意一也故但書來盟舉重略輕疏注郤犨至略輕○正義曰晉臣來盟於魯魯臣往盟於晉俱是相要其意一也既同矣可書一以包二宜舉重而略輕遣使為輕君親為重故郤犨書聘又書盟文子直書如晉略言其聘而已衛冀隆難以為他卿來敵魯君春秋所諱魯卿出敵他國顯書名氏則應郤犨來盟為輕行父盟晉為重今書郤犨之盟則是舉輕略重何得云舉重略輕蘇氏釋云所言輕重者自謂魯之君臣臣盟為輕君盟為重二國各稟君命奉使而行非關敵公之義其意不同不得相難○周公楚惡惠襄之偪也惠王襄王之族○惡烏路反且與伯與爭政伯與周卿士○伯與音餘本亦作輿不勝怒而出及陽樊陽樊晉地王使劉子復之盟于鄄而入三日復出奔晉王既復之而復出所以自絕於周為明年周公出奔傳鄄周邑○鄄音絹○秋宣伯聘于齊以脩前好尋以前之好○好呼報反注同○晉郤至與周爭鄇田鄇溫別邑今河內懷縣西南有鄇人亭○鄇音侯字林音侯鄇人本又作候人如字○王命劉康公單襄公訟諸晉郤至曰溫吾故也故不敢失言溫郤氏舊邑○單音善疏注言溫郤氏舊邑○正義曰鄇是溫之別邑本從溫內分出溫屬晉鄇屬周溫是郤氏舊邑郤氏既已得溫則謂從溫而分出者亦宜從溫而屬郤氏故郤至爭之。其劉子單子之言襄王勞文公而賜之溫於時鄇已分矣賜晉以溫不賜以鄇也狐氏陽氏先處溫邑於時亦不得鄇鄇本未嘗屬晉故為王官之邑○劉子單子曰昔周克商使諸侯撫封各撫有其封內之地蘇忿生以溫為司寇與檀伯達封于河蘇忿生周武王司寇蘇公也與檀伯達俱封於河內

○禮徒丹反○疏注蘇忿至公也○正義曰尚書立政云周公若曰大史司寇蘇公此傳與彼俱言蘇公爲司寇明是一人此言克商即爲司寇是爲武王司寇蘇氏即狄又不能於狄而奔衛事在僖十年襄王勞文公而賜之温在僖二十五年○勞力報反狐氏陽氏先處之狐溱陽處父先食温地○溱側巾反而後及子若治其故則王官之邑也子安得之晉侯使郤至勿敢爭傳言郤至貪所以亡○宋華元善於令尹子重又善於欒武子聞楚人既許晉糴茷成而使歸復命矣在往年○華戶化反冬華元如楚遂如晉合晉楚之成爲明年盟宋西門外張本○秦晉爲成將會于令狐晉侯先至焉秦伯不肯涉河次于王城使史顆盟晉侯于河東史顆秦大夫○令力丁反顆苦果反晉郤犨盟秦伯于河西就盟王城范文子曰是盟也何益齊盟所以質信也齊一心質成也會所信之始也始之不從其何質乎秦伯歸而背晉成爲十三年伐秦傳○背音佩卷內皆同

經十有二年春周公出奔晉○夏公會晉侯衛侯于瑣澤瑣澤地闕○瑣素果反依字宜作璅○秋晉人敗狄于交剛交剛地闕○冬十月

傳十二年春王使以周公之難來告周公奔在前年○難乃旦反○書曰周公出奔晉凡自周無出周公自出故也天子無外故奔者不言出周公爲王所復而自絕於周故書出以非之疏注天子至非之○正義曰凡言出者

謂出其封内天子以天下爲家本無出封之理以無外之故雖有出奔之人史策皆不言出昭二十六年尹氏召伯毛伯以王子朝奔楚實出而不言出是其事也襄王辟於四夫之孝不顧天下之重故書云出居于鄭此周公王既復之而又自出故書云出奔是不應言出而言出皆所以罪責之也鄭玄荅孫皓曰凡自周無出者周無放臣之法罪大者刑之小則宥之以爲寶無出法案書流宥五刑則宥者流之非不出也舜放四罪投之四裔安得不出譏乎若如周禮無流放之文即云周無放臣之法禮三諫不從待放於郊然則周臣三諫不從終是不蒙王放欲令諫者何所措身左傳發凡自是書策之例因即以爲周制謂其實無出者執文害意爲蔽何甚○宋華元克合晉楚之成終前年事夏五月晉士燮會楚公子罷許偃二子楚大夫○罷音皮○癸亥盟于宋西門之外曰凡晉楚無相加戎好惡同之同恤菑危備救凶患若有害楚則晉伐之在晉楚亦如之交贄往來道路無壅贄幣也○好惡並如字又上呼報反下烏路反菑音災贄本又作摯之二反壅於勇反【疏】注贄幣也○正義曰傳言交贄往來謂聘使來去也聘禮賓執圭以通命執幣以致享故知贄是幣謂聘享之幣也謀其不協而討不庭討背叛不來在王庭者有渝此盟明神殛之殛誅也○渝羊朱反殛本又作極紀力反注同俾隊其師無克胙國俾使也隊失也○俾本亦作卑必爾反隊直類反注同胙才故反鄭伯如晉聽成聽猶受也晉楚既成鄭往受命會于瑣澤成故也晉既與楚成合諸侯以申成好○好呼報反盡年皆同○狄人間宋之盟以侵晉而不設備○間宋間廁之間秋晉人敗狄于交剛○晉郤至如楚聘且涖盟楚子享之子反相爲地室而縣焉縣鍾鼓也○相息亮反縣音玄注同郤至將登登堂

金奏作於下擊鍾而奏樂疏注擊鍾而奏樂○正義曰作樂謂之奏奏樂先擊鍾故周禮大司樂樂師每事皆云令奏鍾鼓以鍾先擊故先言鍾也鍾以金為之謂之金奏故鍾師掌金奏鄭玄云金奏擊金以為奏樂之節金謂鍾及鎛也鄭玄燕禮注云以鍾鎛播之鼓磬應之所謂金奏也是金為奏節之初故傳言金奏作於下作樂先擊鍾故注云擊鍾而奏樂也禮記仲尼燕居云兩君相見入門而縣興升堂而樂闋郊特牲曰賓入大門而奏肆夏示易以敬也鄭玄云賓朝聘者朝聘連言之則燕享朝賓聘客皆入門即奏樂矣其實朝賓入門而奏樂聘客則至庭乃奏樂此卻至將登堂始奏樂者縣當在庭而楚之為地室而縣待客將登乃奏皆所以見異故欲以驚賓矣燕享聘客皆當入門奏肆夏若燕己之羣臣則有王事之勞者乃得以樂納賓其常燕唯有升歌間合而已無納賓之樂也故燕禮記云若以樂納賓則賓及庭奏肆夏鄭玄云卿大夫有王事之勞者則奏此樂焉是燕己之臣無王事之勞者不以樂納賓也驚而走出子反曰日云莫矣寡君須矣吾子其入也賓曰君不忘先君之好施及下臣貺之以大禮重之以備樂貺賜也○莫音暮本亦作暮施以豉反重直用反○疏驚而至備樂○正義曰卒聞地下鍾聲出其不意故驚而走出其實為驚怖因即飾辭辭樂言己不敢當大禮匿其驚走之意○如天之福兩君相見何以代此下臣不敢言此兩君相見之禮疏注言此至之禮○正義曰仲尼燕居云兩君相見入門而縣興是賓入門作樂為兩君相見之禮也而燕禮雖兼聘問之賓以燕己臣為主而云若以樂納賓燕己之臣尚有以樂納賓之法則燕享聘客必以樂納賓矣故鄭玄郊特牲注云賓朝聘者朝聘並言則君臣同樂卻至不敢同君故以之為辭耳非謂禮不得也子反曰如天之福兩君相見無亦唯是一矢以相加遺焉用樂言兩君戰乃相見無用此樂○遺唯季反焉於虔反疏注言兩至此樂○正義曰子反意言晉楚並是大國不肯相朝

唯戰乃相見其相見之時唯當用是一矢以相加陵相遺與耳無爲用此樂也寡君須矣吾子其入也賓曰傳諸交讓得賓主辭者多曰賓主以明之【疏】注傳諸至明之○正義曰知傳諸交讓得賓主辭多曰賓主者此傳每稱郤至爲賓文十二年傳稱西乞術爲賓并稱主人曰之類是也若讓之以一矢禍之大者其何福之爲世之治也諸侯間於天子之事則相朝也王事間缺則脩私好○治直吏反下注治世同間音閑注同○於是乎有享宴之禮享。以訓共。儉享有體薦設几而不倚爵盈而不飲肴乾而不食所以訓共儉○享許丈反舊又許亮反本亦作饗宴於見反徐於顯反倚於綺反【疏】注享有至共儉○正義曰享有體薦宣十六年傳文也設几而不倚爵盈而不飲昭五年傳文也禮聘義記曰聘之禮至大禮也酒清人渴而不敢飲也肉乾人。飢而不敢食也彼言聘禮卽是享聘賓之禮此事皆所以教訓。恭儉也宴以示慈惠宴則折俎相與共食○折之設反【疏】注宴則至共食○正義曰宣十六年傳云宴有折俎宴則節折其肉升之於俎相與共啗食之所以表示慈惠也○共儉以行禮而慈惠以布政政以禮成民是以息百官承事朝而不夕不夕言無事○朝直遙反朝日朝徐音朝旦之朝【疏】朝而不夕○正義曰旦見君謂之朝莫見君謂之夕哀十四年傳稱子我夕晉語稱叔向夕皆謂夕見君也人息事少故百官承奉職事皆朝朝而莫不夕不夕言無事也○此公侯之所以扞城其民也扞蔽也言享宴結好鄰國所以蔽扞其民○扞戶旦反○所【疏】注扞蔽至其民○正義曰扞者扞禦寇難故爲蔽也言燕享結好與鄰國通和甲兵不與人得○安息所以蔽扞其民若如城然故云所以扞城其民也故詩曰赳赳武夫公侯干城詩周南之風赳赳武貌干扞也言公侯之以武夫止於扞難而已○赳居黝反一音居醜反難乃旦反干戶旦反本亦作扞又如字下同【疏】注詩周至而已○正義曰詩周南兔罝之篇言兔罝之人亦是賢者其人乃是赳赳然雄武之夫與公侯共扞城其民也引詩之意言世治無事公侯之與武夫設共儉慈惠之禮與人扞難而已其

不侵伐他國也干扞釋言文○及其亂也諸侯貪冒侵欲不忌爭尋常以盡其民八尺曰尋倍尋曰常言爭

尺。丈之地以相攻伐○冒莫報反又亡北反○疏注八尺至攻伐○正義曰周禮考工記云人長八殳長尋有四尺崇於人四尺車戟常崇於殳四尺是

八尺曰尋倍尋曰常喻其少故言爭尺丈之地以相攻伐盡殺其民孟子曰爭城以戰殺人盈城爭地以戰殺人盈野是謂盡殺其民也略其武夫

以爲己腹心股肱爪牙略取也言世亂則公侯制禦武夫以從己志使侵害鄰國爲搏噬之用無已○搏音博噬市制反疏注略

取至無已○正義曰武夫有武能爲人之扞蔽世治則公侯同於武夫同其腹心相與扞己民而已不侵犯他人也世亂則使武夫同於公侯同其公侯欲得拓

竟寬土則制禦武夫以從己志使武夫爲己腹心股肱爪牙令之侵害鄰國搏擊也噬齧也犬能搏噬譬之於犬爲搏噬之用無已時也故詩曰赳

赳武夫公侯腹心舉詩之正以駁亂義詩言治世則武夫能合德公侯之外爲扞城內制其腹心○駁邦角反疏注舉詩至腹心○正義曰

此亦兔罝之篇美賢人之事而引之以證世亂故解之此舉詩之正以駁世亂之義詩言治世則武夫能合德公侯外則扞城其民內則制其腹心也以其人

心則本貪縱之則害物矣美公侯能以武夫制己腹心自守扞難而已不害人也天下有道則公侯能爲民干城而制

其腹心亂則反之略其武夫以爲己腹心爪牙○能爲于僞反又如字疏天下至反之○正義曰天下有道之時則公侯能爲。扞城禦難

而使武夫制其己之腹心不侵犯他國也亂則反之不復扞蔽己民乃以武夫從己腹心將武夫爲股肱爪牙以侵害他國是反治世也晉楚世爲仇敵常有

相害之心子反言一矢相加仍懷戰鬭之意故郤至言世治則自守世亂則相侵。害荅上一矢之言冀得久爲和好故說此也今吾子之言亂

之道也不可以爲法然吾子主也至敢不從遂入卒事歸以語范文子文子曰無禮必食言吾死無日矣夫言晉楚不能久和必復相伐爲十六年鄢陵戰張本○語魚據反夫音扶本亦無此字復扶又反鄢謁晚反漢書音義一建反疏無禮至矣夫○正義曰以一矢爲辭是無禮也食言是其將背盟也背盟必相伐故爲死亡無日矣冬楚公子罷如晉聘且涖盟報郤至十二月晉侯及楚公子罷盟于赤棘晉地

經十有三年春晉侯使郤錡來乞師將伐秦也侯伯當召兵而乞師謙辭○錡魚綺反疏注將伐至謙辭○正義曰晉雖是侯伯恐魯不與若言召兵或容辭說言乞則不得不與釋例曰乞師者深求過理之辭執謙以逼成其討是解乞爲謙意○三月公如京師伐秦道過京師因朝王○過古禾反又古臥反疏注伐秦至朝王○正義曰公本爲伐秦道過京師因往朝王不稱朝而言公如京師者以明公朝。于王所王不在京師故指言王所據王言之不得不稱朝此則王在京師京師是國之總號不斥王身不可稱朝故依尋常朝聘鄰國之文稱如而已劉炫云魯朝聘皆言如不果彼國必成其禮或在道而還如者書其始發言往而已言公朝王所者發國不爲彼朝王至彼過王朝之朝訖乃書故稱朝也此過京師亦宜稱朝言如者發雖主爲伐秦即有朝王之意書其初發故言如也○夏五月公。自京師遂會晉侯齊侯宋公衛侯鄭伯曹伯邾人滕人伐秦○曹伯盧卒于師五同盟○盧本亦作盧力吳反疏注五同盟○正義曰盧以宣十五年即位十七年盟于斷道成二年于袁婁又于蜀五年于蟲牢七年于馬陵九年于蒲凡六同盟不數宣公斷道爲五○秋七月公至自伐秦無傳○冬葬曹宣公傳十三年春晉侯使郤錡來乞師將事不敬將事致君命孟獻子曰郤氏其亡乎禮身之幹也敬身之基也郤子無基疏禮身至無基○正義曰幹以樹木爲喻基以牆屋爲喻樹木以本根爲幹有幹故枝葉茂焉牆屋以下土爲基有基乃牆屋成焉人身以禮敬爲本必有禮敬身乃得存郤子無基則亦無幹但言有所。局不復得言幹耳且先君之嗣卿也受命以求師將社稷是衛而惰弃君命也不亡何爲郤錡郤克子故曰嗣卿爲十七年晉殺郤錡傳○惰徒臥反○三月公如京師宣伯欲賜欲王賜己請先使王以行人之禮禮焉不加厚○使所吏反孟獻子從王以爲介而重賄之介輔相威儀者獻子相公以禮故王重賄之○從才用反介音界相息亮反下同疏宣伯至賄之○正義曰周語云簡王八年魯成公來朝使叔孫僑如先聘○且告見王孫說與之語說言於王曰魯叔孫之來有異焉其幣薄而言諂殆請之也若請之必欲賜也且其狀方上而銳下宜觸冒人。王其勿賜若貪陵之人來而盈願是。不。賞善也且財不給王使私問諸魯魯人云請之也王遂不賜禮如行人孔晁云行人使人也以使人之禮禮之不從聘者之賜禮也又曰魯侯至仲孫蔑爲介王孫說與之語說讓說以語王王厚賄之公及諸侯朝王遂從劉康公成肅公會晉侯伐秦劉康公王季子劉成二公不書兵不加秦成子受脤于社不敬脤宜社之肉也盛以。脤器故曰脤宜出兵祭社之名○脤市軫反盛音成疏注脤宜至之名○正義曰宜者祭社之名脤是盛肉之器受脤于社受祭社之胙肉也周禮掌蜃祭祀共蜃器之蜃鄭玄云飾祭器之屬也春秋定十四年秋天王使石尙來歸。蜃蜃之器以蜃飾因名焉鄭衆云。蜃可以白器令色白是盛以脤器故曰脤也既言宜社又自解宜名釋天云起大事動大衆必先有事乎社而後出謂之宜孫炎曰有事祭也宜求見祐也是宜者出兵祭社之名劉子曰吾聞之民受天地之中以生所謂命也是以有動作禮義威儀之則以定命也能者養之以福養威儀以致福不能者敗以取禍是故君子勤禮小人盡力勤禮莫如致敬盡力莫如敦篤敬在養神篤在守業國之大事在祀與戎祀有執膰膰祭肉○膰音煩○盡津忍反下同疏注膰祭肉○正義曰詩詠祭祀之禮云爲俎孔碩或燔或炙又曰旨酒欣欣燔炙芬芬毛傳云傳火曰燔祭肉有燔而薦者因謂祭肉爲膰也戎有受脤神之大節也交神之大節今成子惰弃其命矣惰則失中和之氣其不反乎爲成肅公卒于瑕張本疏民受至反乎○正義曰天地之中謂中和之氣也民者人也言人受此天地中和之氣以得生育所謂命也命者教命之意若有所稟受之辭故孝經說云命者人之所稟受度是也命雖受之天地短長有本順理則壽考逆理則夭折是以有動作禮義威儀之法則以定此命言有法則命之長短得定無法則夭折無恒也故人有能者養其威儀禮法以往適於福或本分之外更得延長也不能者敗其威儀禮法而身自取禍或本分之內仍有減割也爲其求福畏禍之故君子勤禮以臨下小人盡力以事上勤禮莫如致敬盡力莫如用心敦篤敬之所施在於養神朝廷百官事神必敬篤在守業草野四民勿使失業也國之大事在祀與戎宗廟之祀則有執膰兵戎之祭則有受脤此是交神之大節也今成子受脤而惰是自棄其命矣死必在近此行其不得反乎爾之往也養之以福謂將身向福也敗以取禍謂禍及身也福則人之所欲作往就之辭也禍則人之所惡作自來之語也敬則所施有處故言致敬也厚則唯在己身無所可致故重言敦篤也執膰受脤俱是於祭末受而執之互相見也劉炫云命者冥也言其生育之性得之於冥兆也○夏四月戊午晉侯使呂相絕秦呂相魏錡子蓋口宣己命○相息亮反注同曰昔逮我

獻公及穆公晉獻公秦穆公○逮音代一音大計反相好戮力同心申之以盟誓重之以昏姻穆公夫人獻公之女○好呼報反六同戮力相承音六嵇康力幽反呂靜字韻與飂同字林音遼【疏】戮力同心○正義曰孔安國以戮力爲陳力以論語有陳力就列故也戮力猶言勉力努力耳天禍晉國文公如齊惠公如秦辟驪姬也不言狄梁舉所特大國○辟音避驪力知反無祿獻公即世穆公不忘舊德俾我惠公用能奉祀于晉僖十年秦納惠公俾本或作卑必爾反○下及注同又不能成大勳而爲韓之師僖十五年秦伐晉獲惠公【疏】又不至之師○正義曰言秦既納惠公又不能遂成大功而復伐晉爲此韓之師也下云亦悔于厥心謂秦悔伐晉也亦悔于厥心用集我文公集成也是穆之成也成功於晉文公躬擐甲胄跋履山川草行爲跋○擐音患胄直又反跋蒲末反踰越險阻征東之諸侯虞夏商周之胤而朝諸秦則亦既報舊德矣鄭人怒君之疆埸我文公帥諸侯及秦圍鄭晉自以鄭貳於楚故圍之鄭非侵秦也晉以此誣秦事在僖三十年○疆居良反埸音亦秦大夫不詢于我寡君擅及鄭盟詢謀也盟者秦伯謙言大夫○詢思巡反擅市戰反諸侯疾之將致命于秦致死命而討秦時無諸侯蓋諸侯遙致此意○諸【疏】注致死至此意○正義曰劉炫以爲誣秦今知不然者凡誣秦者謂加之罪傳辭少略者可得稱誣今傳云諸侯疾之將致命于秦文公恐懼綏靜諸侯又云我有大造于西傳文既詳明諸侯實有此意若無諸侯何得稱爲大造且秦師襲鄭鄭亦疾秦此則諸侯之義也劉以爲實無諸侯而規杜過非也文公恐懼綏靜諸侯秦師克還無害則是我有大造于西也造成也言晉有成功於秦○恐曲勇反

無祿文公即世穆爲不弔不見弔傷【疏】注不見弔傷○正義曰曲禮云知生者弔知死者傷知生而不知死弔而不傷知死而不知生傷而不弔鄭玄云人恩各施於所知弔傷皆謂致命辭也雜記諸侯使人弔辭曰寡君聞君之喪寡君使某如何不淑此施於生者傷辭未聞也說者有衍弔辭云皇天降災子遭罹之如何不淑此施於死者蓋傷辭畢退皆哭是弔傷之事蔑死。我君寡我襄公寡弱也○死我君本或以我字在死上【疏】蔑死至襄公○正義曰輕蔑文公以爲死無知矣謂襄公寡弱而陵忽之迭。我殽地奸絕我好。伐我保城殄滅我費滑伐保城誣之費滑國都於費今緱氏縣○迭直結反徐音逸殽戶交反奸音干費扶味反滑于八反緱古侯反、【疏】奸絕我好○正義曰奸亂斷絕不復與我和好也。○注伐保至氏縣○正義曰伐我涑川俘我王官傳皆無文。獨謂此爲誣者於時輕行襲鄭不得在道用兵故知此伐保城是誣之也春秋之時更無費國秦惟滅滑不滅費知費即滑也國都於費國邑並舉以圓文耳散離我兄弟撓。亂我同盟滑晉同姓○撓乃卯反徐許高反傾覆我國家我襄公未忘君之舊勳納文公之勳○覆孚服反下同而懼社稷之隕是以有殽之師在僖三十三年隕于敏反下同○猶願赦罪于穆公晉欲求解於秦穆公弗聽而即楚謀我天誘其衷成王隕命秦使鬬克歸楚求成事見文十四年文元年楚弑成王○見賢遍反【疏】注秦使至成王○正義曰文十四年傳云初鬬克囚于秦秦有殽之敗使歸求成僖三十三年秦敗于殽文元年楚弑成王故謀不成也穆公是以不克逞志于我逞快也○逞勑景反穆襄即世康靈即位文六年晉襄秦穆皆卒○康公我之自出晉外甥○又欲闕翦。我公室傾覆我社稷。帥我蝥賊以來蕩搖我邊疆蝥賊食禾稼蟲名謂秦納公子雍○闕其月反徐如字蟊賊莫侯反爾雅蟲食苗為蟊食節為賊疏注蟊賊至蟲名○正義曰釋蟲云食根蟊食節賊是食禾稼之蟲也納雍害晉若蟲食禾然彼晉自召雍非秦罪也我是以有令狐之役在文十年康猶不悛入我河曲悛改也○悛七全反伐我涑川俘我王官涑水出河東聞喜縣西南至蒲坂縣入河○涑徐息錄反又音速字林同俘芳夫反翦我羈馬我是以有河曲之戰在文十二年東道之不通則是康公。絶我好也。言康公自絶故不復東通晉○復扶又反及君之嗣也君秦桓公我君景公引領西望曰庶撫我乎望秦撫恤晉○君亦不惠稱盟不肯稱晉望而共盟○稱尺證反注同利吾有狄難謂晉滅潞氏時○難乃旦反入我河縣焚我箕郜芟夷。我農功夷傷也○箕音基一音其郜古報反芟所銜反夷本亦作痍音夷虔劉我邊陲。虔劉皆殺也○疏注虔劉皆殺也○正義曰劉殺釋詁文方言云虔殺也重言殺者亦圓文耳我是以有輔氏之聚聚衆也在宣十五年○聚才喻反注同疏注聚衆也○正義曰謂聚衆以拒秦也以上有殺之師令狐之役河曲之戰不用重文故變文言聚古人為文亦有辟耳君亦悔禍之延延長也而欲徼。福于先君獻穆晉獻秦穆○徼古堯反使伯車來命我景公伯車秦桓公子曰吾與女同好棄惡復脩舊德以追念前勳言誓未就景公即世我寡君。是以有令狐之會令狐會在十一年申厲公之命宜言寡人稱君誤也○女音汝下文皆同好呼報反一音如字復音服又扶又反寡君讀者亦作寡人疏注令狐至誤也○正義曰劉炫以為臣之出使自稱己君皆曰寡君○今。呂相雖奉晉兼有己語稱寡君正是其理杜何知宜為寡人稱君為誤今刪定知劉說非者以呂相奉厲公之命而往絶秦則皆是厲公之言不得兼有己語案隱十一年鄭伯告許大夫云假手于我寡人今呂相稱厲公之命還與君自稱無異亦當云我寡人故知稱君爲誤劉以稱寡君爲是以規杜過非也又不祥也祥舊背弃盟誓白狄及君同州也及與疏白狄及君同州○正義曰周禮職方氏正西曰雍州其川涇汭其浸渭洛皆秦地也正北曰幷州其澤藪曰昭餘祁其川虖池嘔夷皆晉地也是秦屬雍而晉屬幷白狄蓋狄之西偏屬雍州也君之仇讎而我之昏姻也。季隗廧咎如赤狄之女也白狄伐而獲之納諸文公○隗五罪反廧在良反咎音羔疏季隗至文公○正義曰三年晉衛伐廧咎如傳曰討赤狄之餘焉知咎如是赤狄也文公所奔之狄不言赤白以其伐赤不應赤自相伐知白狄伐之也其女雖是赤狄之種而由白狄以納文公得以白狄爲昏姻也且此辭多誣欲親狄以曲秦故引狄爲昏姻耳晉人自數伐狄寧復顧昏姻也杜以傳有季隗之事引之以證昏姻未必晉於白狄處無昏姻君來賜命曰吾與女伐狄寡君不敢顧昏姻畏君之威而受命于吏君有二心於狄曰晉將伐女狄應且憎是用告我言狄雖應荅秦而心實憎秦○應應對之應注同楚人惡君之二三其德也亦來告我曰秦背令狐之盟而來求盟于我昭告昊天上帝秦三公楚三王三公穆康共三王成穆莊○惡烏路反下同昊戶老反共音恭疏昭告昊天上帝○正義曰禮諸侯不得祭天其盟不主天神鄭玄觀禮注云。巡守之盟其神主日諸侯之盟其神主山川襄十一年亳城北之盟其載書云司慎司盟名山名川注云二司天神唯告天之别神不告昊天上帝此秦楚爲盟告天帝者春秋之時不能如禮且此辭多誣未必是實晉與諸國結盟皆不告昊天上帝何由秦楚獨敢告之蓋欲示楚人恨秦之深言其所告處重耳曰余雖與晉出入出入往來猶余唯利是視不穀惡其無成德是用宣之以懲不壹諸侯備聞此言斯是用痛心疾首暱就寡人疾亦痛也暱親也○徵直升反暱女乙反疏以徵不壹○正義曰楚道秦人用心不壹其盟不足與固宣示諸侯以懲創不壹之人寡人帥以聽命唯好是求君若惠顧諸侯矜哀寡人而賜之盟則寡人之願也其承寧諸侯以退承君之意以寧靜諸侯豈敢徼亂徼要也○要一遙反君若不施大惠寡人不佞其不能。諸侯退矣敢盡布之執事俾執事實圖利之俾使也疏寡人不佞○正義曰服虔云佞才也不才者自謙之辭也論語云焉用佞禦人以口給屢憎於人則佞非善事而以不佞為謙者佞是口才捷利之名本非善惡之稱但為佞有善有惡耳為善敏捷是善佞為惡敏捷是惡佞但君子欲訥於言而敏於行言之雖多情或不信故云焉用佞耳秦桓公既與晉厲公為令狐之盟而又召狄與楚欲道以伐晉諸侯是以睦於晉晉辭多誣秦故傳據此三事以正秦罪○道音導晉欒書將中軍荀庚佐之庚代荀首○將子匠反凡將某軍者放此以意求之士燮將上軍代荀庚郤錡佐之代士燮韓厥將下軍代郤錡荀罃佐之代趙同趙旃將新軍代韓厥○旃之然反郤至佐之代趙括郤毅御戎欒鍼為右郤毅郤至弟欒鍼欒書子○鍼其廉反孟獻子曰晉帥乘和師必有大功帥軍。帥乘車士○帥所類反乘繩證反注同五月丁亥晉師以諸侯之師及秦師戰于麻隧秦師敗績獲秦成差及不更女父不更秦爵戰敗績不書以為晉直秦曲則韓役書戰時公在師復不須告克獲有功亦無所諱蓋經文闕漏傳文獨存○隧音遂差初佳反徐初宜反更音庚女音汝復扶又反疏注不更至獨存○正義曰秦之官爵有此不更之名知女父是人之名字不更是官爵之號漢書稱商君爲法於秦戰斬一首者賜爵一級其爵名一爲公士二上造三簪裊四不更五大夫六公大夫七官大夫八公乘九五大夫十左庶長十一右庶長十二左更十三中更十四右更十五少上造十六大上造十七駟車庶長十八大庶長十九關內侯二十徹侯商君者商鞅也秦孝公之相封於商號爲商君案傳此有不更女父襄十一年有庶長鮑庶長武春秋之世已有此名蓋後世以漸增之商君定爲二十非是商君盡新作也其名之義難得而知耳傳言戰敗而經不書杜以意測之不知其故欲以爲秦曲晉直不以曲者敵直故不書戰則僖十五年韓之戰秦直晉曲書戰于韓也欲以爲不告故不書當時公親在師復不須告也欲以爲無功諱負則克獲有功亦無所諱也再三揆度不識所以故云蓋經文闕漏傳文獨存也經文依史官策書策書所無故經文遂闕也傳文采於簡牘簡牘先有故傳文獨存也曹宣公卒于師師遂濟涇及侯麗而還涇水出安定東南經扶風京兆高陸縣入渭也○涇音經麗力馳反疏注涇水至渭也○正義曰釋例曰涇水出安定朝那縣西東南經新平扶風至京兆高陸縣入渭迓。晉侯于新楚迓迎也既戰晉侯止新楚故師還過迎之麻隧侯麗新楚皆秦地○迓本又作訝五嫁反疏注迓迎至秦地○正義曰經書公會晉侯齊侯宋公衛侯鄭伯曹伯邾人滕人伐秦是伐時諸侯親行也傳云晉師以諸侯之師及秦師戰則知諸侯不親行也蓋皆別次以待之新楚當是晉侯次之處也以傳不言其次晉侯或聞戰勝而移處故云止新楚也成肅公卒于瑕終劉子之言瑕晉地○六月丁卯夜鄭公子班自訾求入于大宮不能殺子印子羽訾鄭地大宮鄭祖廟十年班出奔許今欲還爲亂子印子羽皆穆公子○班本亦作般同訾子斯反大音泰下同印一刃反反軍于市己巳子駟帥國人盟于大宮子駟穆公子遂從而盡焚之焚燒也殺子如子駹孫叔孫知子如公子班子駹班弟孫叔子如子孫知子駹子○駹武邦反【疏】注子如至駹子○正義曰子如即是子班據傳可知以外無文見其同時被殺必是近親相傳為此說耳○曹人使公子負芻守使公子欣時逆曹伯之喪二子皆曹宣公庶子○芻初俱反守手又反欣時如字徐云或作款亦音欣案公羊傳作喜時宜音忻秋負芻殺其大子而自立也宣公大子諸侯乃請討之晉人以其役之勞請俟他年冬葬曹宣公既葬子臧將亡子臧公子欣時國人皆將從之不義負芻故成公乃懼成公負芻告罪且請焉請留子臧乃反而致其邑還邑於成公為十五年執曹伯傳

經十有四年春王正月莒子朱卒無傳九年盟于蒲○夏衛孫林父自晉歸于衛晉納之故曰歸○秋叔孫僑如如齊逆女成公逆夫人最為得禮而經無納幣者文闕絕也【疏】注成公至絕也○正義曰釋例曰成公逆女及夫人至最為得禮故詳其文丘明謂之微而顯婉而成章也然則杜以傳文詳知其最得禮也釋例又云成公娶夫人而不納幣此經文闕也實聘而賤逆失禮之微者傳猶詳之言其不終若實不納幣非所略也是言闕絕者闕而文斷絕蓋疑仲尼脩定後其文始闕若脩時已闕傳應言其故也○鄭公子喜帥師伐許○九月僑如以夫人婦姜氏至自齊○冬十月庚寅衛侯臧卒五同盟【疏】注五同盟○正義曰臧父速以二年八月卒而臧代立其年十一月衛大夫與公盟于蜀三年孫良夫來盟五年于蟲牢七年于馬陵九年于蒲皆魯衛俱在是五同盟也○秦伯卒无傳二年大夫盟於蜀而不赴以名例在隱七年

傳十四年春衞侯如晉晉侯強見孫林父焉林父以七年奔晉強見欲歸之○強其丈反注同見賢遍反注強見下而見之同定公不可夏衞侯既歸晉侯使郤犨送孫林父而見之衞侯欲辭定姜曰不可定姜定公夫人是先君宗卿之嗣也同姓之卿疏注同之卿○正義曰世本孫氏出於衞武公至林父八世是同姓也大國又以爲請不許將亡雖惡之不猶愈於亡乎君其忍之違大國必見伐故亡○爲如字或于僞反惡爲路反安民而宥宗卿不亦可乎衞侯見而復之復林父位○宥音又衞侯饗苦成叔成叔郤犨甯惠子相相佐禮惠子甯殖○相息亮反注同苦成叔傲甯子曰苦成家其亡乎古之爲享食也以觀威儀省禍福也故詩曰兕觥其觩旨酒思柔詩小雅言君子好禮飲酒皆思柔德雖設兕觵觩然不用以兕角爲觵所以罰不敬觩陳設之貌○傲五報反本又作敖音同下同食音嗣兕徐辭姊反觵古橫反觩徐音虯又巨彪反一音巨秋反好呼報反疏注詩小至之貌○正義曰詩小雅桑扈之章言設爵不用之意君子好禮與於燕者皆思柔順之德无過可罰故雖設觵爵不用之也兕是獸名觵是爵稱知兕觵以兕角爲觵也周禮小胥職云觵其不敬者是所以罰不敬也異義韓詩說觵五升所以罰不敬也觵廓也著明之貌君子有過廓然明著詩毛傳說觵大七升許慎云觵罰有過一飲七升爲過多當謂五升是也詩良耜云有觩其角則觩是角貌此詩之意指其角貌言陳設不用故云陳設之貌彼交匪傲萬福來求彼之交於事而不憍傲乃萬福之所求疏注詩曰至來求○正義曰兕觵罰酒之爵言古之王者與羣臣燕飲無失禮者用兕觵之爵其觩然空陳設之無所可罰在席飲美酒者皆能思柔順中今和故不用也彼飲燕君子與人交接非有傲慢之心故萬種福祿求來歸之

夫子傲取禍之道也爲十七年郤氏亡○秋宣伯如齊逆女稱族尊君命也疏稱族尊君命○正義曰宣元年已發尊君命尊夫人之例今復發者彼以娶嫌非正禮且公子非族故重明之何休膏肓難左氏叔孫僑如舍族爲尊夫人案襄二十七年豹及諸侯之大夫盟復何所尊而亦舍族春秋之例一事再見者亦以省文耳左氏爲短鄭箴云左氏以豹。違命故貶之而去族今僑如無罪而亦去族故以爲尊夫人也春秋有事異文同則此類也○八月鄭子罕伐許敗焉爲許所敗○敗必邁反下同戊戌鄭伯復伐許庚子入其郛郛郭也○復扶又反許人平以叔申之封四年鄭公孫申疆許田許人敗之不得定其封疆今許以是所封田求和於鄭疆居良反下同○九月僑如以夫人婦姜氏至自齊舍族尊夫人也舍族謂不稱叔孫○舍音捨注同故君子曰春秋之稱微而顯辭微而義顯○稱尺證反志而晦志記也晦亦微也謂約言以記事事敘而文微○晦呼內反婉而成章婉曲也謂屈曲其辭有所辟諱以示大順而成篇章○婉紆晚反盡而不汙謂直言其事盡其事實無所汙曲○汙憂于反注同懲惡而勸善善名必書惡名不滅所以爲懲勸○懲直升反非聖人誰能脩之脩史策成此五者○衛侯有疾使孔成子甯惠子立敬姒之子衎以爲大子成子孔達之孫敬姒定公妾衎獻公○衎徐苦旦反冬十月衛定公卒夫人姜氏既哭而息見大子之不哀也不內酌飲歎徐音納酌市略反又章略反曰是夫也將不唯衛國之敗其必始於未亡人定姜言獻公行無禮必從己始下言暴妾使余是也○內如字烏呼天禍衛國也夫吾不獲鱄也使主社稷鱄衎之母弟○夫音扶鱄徐市臠反

一專音大夫聞之無不聳懼孫文子自是不敢舍其重器於衛寶器○聳息勇反舍音赦或音捨

盡寘諸戚寘置也戚孫氏邑○寘之豉反而甚善晉大夫備亂起欲以爲援爲襄十四年衛侯出奔傳

經十有五年春王二月葬衛定公無傳○三月乙巳仲嬰齊卒無傳襄仲子公孫歸父弟宣十八年逐東門氏既而又使嬰齊紹其後曰仲氏疏注襄仲至仲氏○正義曰公羊穀梁皆以嬰齊爲仲遂之子歸父之弟也以爲歸父之弟則同其言稱仲之意則異公羊以爲弟無後兄之義使嬰齊爲歸父之子則爲仲遂之孫故以王父字爲氏穀梁以爲宣八年仲遂卒者爲殺子赤疎之不使稱公子父既見疎不得稱公子故其子由父亦疎之不得稱公孫故別言仲氏杜之此注其言不明當以爲襄仲歸父本以東門爲氏及命嬰齊紹歸父之後改之曰仲氏也劉炫云仲遂受賜爲仲氏故其子孫稱仲氏耳○癸丑公會晉侯衛侯鄭伯曹伯宋世子成齊國佐邾人同盟于戚○成音城晉侯執曹伯歸于京師不稱人以執者曹伯罪不及民歸之京師禮也疏注不稱至禮也○正義曰諸傳於其事之下發凡例者杜皆於經之下引傳而言傳例曰今傳因曹伯發凡杜不引傳例者。據稱人以執爲例却云不然則否曹伯稱侯以執從不然之例故杜不得引之也不稱人以執者曹伯罪不及民其稱人之例於義爲然也諸侯不得相治。故歸之京師使天子治之是禮也釋例曰執諸侯當歸于京師而或以歸或歸于諸侯皆失其所從實而顯之義可知也公至自會無傳○夏六月宋公固卒四同盟疏注四同盟○正義曰固父鮑以二年八月卒而固代立其年十一月宋大夫與公盟于蜀五年于蟲牢七年于馬陵九年于蒲皆魯宋俱在是四同盟

鄭○秋八月庚辰葬宋共公三月而葬速○共音恭○宋華元出奔晉宋華元自晉歸于

宋華元欲挾晉以自重故以外納告○挾音協疏注華元至納告○正義曰案傳華元奔晉魚石即議止之魚石自止華元于河上元始至河本未至晉既書奔晉又書自晉歸者華元既出宋即來告華元既歸宋復來告十八年傳例曰凡去其國國逆而立之曰入復其位曰復歸諸侯納之曰歸此是魚石止之宜從國逆之例而爲諸侯納之文書曰自晉歸者華元與欒書相善布懼桓族欲挾晉以自重以晉納告于諸侯春秋從而書之以示元之本情故也

宋殺其大夫山不書氏明背其族宋魚石出奔楚公子目夷之曾孫○冬十有一月叔孫僑如會晉士燮齊高無咎宋華元衛孫林父鄭公子鰌邾人會吳于鍾離吳夷未嘗與中國會今始來通晉帥諸侯大夫而會之故殊會明本非同好鍾離楚邑淮南縣○燮息協反咎其九反鰌音秋好呼報反○許遷于葉許畏鄭南依楚故以自遷爲文葉今南陽葉縣也○葉舒涉反

傳十五年春會于戚討曹成公也討其殺大子而自立事在十三年執而歸諸京師書曰晉侯執曹伯不及其民也惡不及民凡君不道於其民諸侯討而執之則曰某人執某侯稱人示衆所欲執不然則否謂身犯不義者疏凡君至則否○正義曰春秋執諸侯多矣或名或否此例不言之者釋例曰諸侯見執者已在罪賤之地名與否非例所加故但書執某侯也天生民而樹之君使司牧之勿使失性若乃肆於民上人懷怨讎諸侯致討則稱某人執某侯衆討之文也諸侯雖身犯不義而惡不及民則不稱人以執之晉人執曹伯是也諸無加民之惡而稱人以執皆時之赴告欲重其罪以加民爲辭國史承以書策而簡牘之記具存夫子因示虛實傳隨而著其本狀以明得失也諸侯將見子臧於王而立之子臧辭曰前志有之

曰聖達節（聖人應天命不拘常禮○見賢遍反應應對之應拘九于反）次守節（謂賢者）下失節。（愚者妄動）為君非吾節也雖不能聖敢失守乎遂逃奔宋【疏】聖達至守乎○正義曰節猶分也人生天地之間性命各有其分聖人達於天命識已知分若以曆數在已則當奉承靈命不復拘君臣之交上下之禮舜禹受終湯武革命是言達節者也若自知已分不合高位得而不取與而不受子臧季札衛公子郢楚公子閭如此之類皆守節者也下愚之人不識已分侜張妄作取非其理干紀亂常如此之輩古今多矣州吁無知之等皆失節者也子臧自以身是庶子不合有國故言為君非吾節也雖不能為聖敢失其守節者乎○夏六月宋共公卒（為下宋亂起）○楚將北師（侵鄭衛）子囊曰新與晉盟而背之無乃不可乎子反曰敵利則進何盟之有（晉楚盟在十二年子囊莊王子公子貞○囊乃郎反）申叔時老矣在申（老歸本邑）聞之曰子反必不免信以守禮禮以庇身信禮之亡欲免得乎（言不得免○庇必利反又音秘）楚子侵鄭及暴隧遂侵衛及首止鄭子罕侵楚取新石（新石楚邑○隧音遂）欒武子欲報楚韓獻子曰無庸（庸用也）使重其罪民將叛之（背盟數戰罪也○數所角反）無民孰戰（為明年晉敗楚於鄢陵傳）○秋八月葬宋共公於是華元為右師魚石為左師蕩澤為司馬（蕩澤公孫壽之孫）【疏】注蕩澤公孫壽之孫正義曰世本云公孫壽生大司馬虺虺生司馬澤也華喜督之玄孫者又云督生世子家家生。季老老生司徒鄭鄭生司徒喜也公孫師莊公之孫者又云莊公生右師戊戊生司城師也鱗。朱鱗矔孫者又云桓公生公子鱗鱗生東鄉矔矔生司徒文文生大司寇子奏奏生小司寇朱也向戌桓公曾孫者又云桓公生向父肸肸生司城訾守守生小司寇鱣及合左師左師卽向戌也華喜爲司徒華父督之玄孫公孫師爲司城莊公孫向爲人爲大司寇鱗朱爲少司寇鱗矔孫○少詩照反下同矔古亂反向帶爲大宰魚府爲少宰蕩澤弱公室殺公子肥輕公室以爲弱故殺其枝黨肥文公子○帶音帶本又作帶大音泰華元曰我爲右師君臣之訓師所司也今公室卑而不能正不能討蕩澤吾罪大矣不能治官敢賴寵乎乃出奔晉二華戴族也華元華喜司城莊族也六官者皆桓族也魚石蕩澤向爲人鱗朱向帶魚府皆出桓公魚石將止華元魚府曰右師反必討是無桓氏也恐華元還討蕩澤幷及六族魚石曰右師苟獲反雖許之討必不敢言畏桓族強且多大功國人與之不反懼桓氏之無祀於宋也華元大功克合晉楚之成劫子反以免宋圍右師討猶有戌在向戌桓公曾孫言其賢華元必不討○戌音恤桓氏雖亡必偏偏不盡魚石自止華元于河上請討許之乃反使華喜公孫師帥國人攻蕩氏殺子山喜師非桓族故使攻之書曰宋殺大夫山言背其族也蕩氏宋公族還害公室故去族以示其罪○去起呂反魚石向爲人鱗朱向帶魚府出舍於睢上睢水名五大夫畏同族罪及將出奔○睢音雖徐許惟反又音綏華元使止之不可冬十月華元自止之不可乃反五子不止華元還魚府曰今不從不得入矣不得復入宋○復扶又反右師視速而言疾有異志焉若不我納今將馳矣登丘而望之

則馳騁而從之五子亦馳逐之○登丘而望之則馳絶句騁勑景反則決睢澨澨水涯決壞也○澨市利反涯本又作崖魚佳反音宜壞音怪閉門登陴矣左師二。司寇二宰遂出奔楚四大夫不書獨魚石告○陴毗支反疏注四大至石告○正義曰襄元年傳謂此五人爲五大夫故除去魚石謂之四大夫也彼四大夫所以不書者宋人獨以魚石告不以四人告也服虔云魚石卿故書以爲四人非卿故不書杜不然者案文七年傳云宋成公卒於是公子成爲右師公孫友爲左師。樂豫爲司馬鱗矔爲司徒公子蕩爲司城華御事爲司寇六卿和公室哀二十六年傳宋景公無子於是皇緩爲右師皇非我爲大司馬皇懷爲司徒靈不緩爲左師樂茷爲司城樂朱鉏爲大司寇六卿三族降聽政據彼二文則向爲人爲大司寇亦是卿也若五人皆告爲卿則書向爲人亦當書之何以獨書魚石杜言獨以魚石告正爲向爲人不書故也或少司寇二宰等六卿之外亦是卿官合書名氏猶如魯之三卿外別有公孫嬰齊臧孫許但非如六卿等世掌國政也華元使向戌。爲左師老佐爲司馬樂裔爲司寇以靖國人老佐戴公五世孫○裔以制反○晉三郤害伯宗譖而殺之及欒弗忌欒弗忌晉賢大夫伯州犁奔楚伯宗子○犁力兮反○韓獻子曰郤氏其不免乎善人天地之紀也而驟絶之不亡何待既殺伯宗又及弗忌故曰驟也爲十七年晉殺三郤傳○驟仕救反初伯宗每朝其妻必戒之曰盜憎主人民惡其上子好直言必及於難傳見雖婦人之言不可廢○惡烏路反好呼報反難乃旦反見賢遍反○十一月會吳于鍾離。始通吳也始與中國接○許靈公畏偪于鄭請遷于楚辛丑楚公子申遷許于葉

附釋音春秋左傳注疏卷第二十七

春秋左傳注疏卷二十七校勘記　阮元撰盧宣旬摘錄

附釋音春秋左傳注疏卷第二十七　成十一年盡十五年宋本春秋正義卷第十九石經春秋經傳集解成下第十三岳

本成字下增公字並盡十八年

〔經十一年〕

公至自晉　監本毛本晉作會與宣八年經合

晉侯使郤犨來聘　監本郤誤郄下同

己丑及郤犨盟　閩本監本毛本己誤已

郤犨郤克從父兄弟　案正義引注兄作昆又云服虔以爲從祖昆弟或父當爲祖字誤耳非也此條注文當正爲從祖昆弟以儀禮稱爲昆弟兄弟畫然不同言之則定當作昆也

或父當是祖字誤耳　宋本是作爲

〔傳十一年〕

聲伯之母不聘　釋文作不娉云本亦作聘字按作娉與說文合

長婦謂稚婦爲娣婦　宋本毛本下重娣婦二字是也

儷耦也李善鸚鵡賦注引作偶也

今河內懷縣西南有郇人亭釋文郇作鄇云本又郇字按說文邑部引傳爭郇田

其劉子單子之言閩本監本其作則

（經十二年）

（傳十二年）

晉士燮會楚公子罷許偃閩本監本燮作爕

二子楚大夫纂圖本子楚作公之非也

交贄往來道路無壅釋文贄本又作摯石經宋本足利本壅作雍案周禮秋官有雍氏惠棟云古壅字皆作雍無從土者說文作雝

俾隊其師釋文俾作卑云本亦作俾諸本作俾石經左邊缺

縣鍾鼓也宋本岳本纂圖本閩本監本毛本鍾作鐘疏內並同

享以訓共儉賈公彥儀禮燕禮疏引享作饗共作恭詩卷耳正義同按依左傳字例作享周禮儀禮字例作饗二禮疏引傳宜作享而申明之曰享與饗同如李善之注文選則善矣輒改左傳文爲饗未合也

肉乾人飢而不敢食也監本毛本飢誤饑

皆所以教訓恭儉也　宋本恭作共

共儉以行禮而慈惠以布政政以禮成　石經行字起禮字止計十一字蓋書丹時失去而字後復增入也

人得○安息　宋本閩本監本毛本作人得安息此本○誤增也

止于扞難而已　毛本于誤干

言爭尺丈之地　岳本丈作寸非也

則公侯能爲扞城禦難　宋本爲下有民字是也

世亂則相侵害　閩本監本毛本脫害字

（經十三年）

若言召兵　監本言作能非

以明公朝于王所　閩本于誤子

公自京師　石經公下有至字衍文也

（傳十三年）

禮身至無基　宋本此節正義在不亡何爲注下

但言有所局 監本局作拘

故王重賄之 宋本淳熙本岳本纂圖本足利本賄作賜

宜觸冒人王 閩本監本王作主按國語周禮作王

是不賞善也 閩本監本毛本不賞誤倒

成子受脤于社 詩緜正義引傳作受蜃

盛以脤器故曰脤 段玉裁校本以脤作以蜃按說文云盛以蜃故謂之祳

天王使石尙來歸蜃 按作蜃與周禮掌蜃注合今春秋定十四年經作脤

賸可以白器 宋本監本毛本賸作脤按鄭司農注周禮作蜃是也又按正義大致蜃賸同字而轉寫又不無訛誤

是以有動作禮義威儀之則 案漢書律曆志五行志引傳禮義在動作二字上律曆志以作故義作誼是所據本不同也

能者養之以福 各本並作之以惟漢書五行志律曆志漢酸棗令劉熊碑均作以之惠棟云杜注養威儀以致福則當如漢書所引作養以之福與下敗以取禍文正相對案顏氏注漢志云之往也往就福也段玉裁云作養以之福謂將身向福也亦與漢志合

盡力莫如敦篤 漢書五行志引作惇篤案惇通作敦

注膰祭肉 此節正義宋本在民受至反乎之後總入其不反乎注下

燔炙芬芬 宋本閩本監本毛本燔作膰案詩作燔

其不反乎 漢書五行志引乎作虖案虖古乎字

養之以福 段玉裁校改作以之

戮力同心 石經宋本戮作勠釋文亦作勠案說文勠并力也从力翏聲惠棟說詳補注○疏內並同

辟驪姬也 釋文驪作麗同

俾我惠公 釋文俾作卑云本亦作俾石經此處缺

晉自以鄭貳於楚 閩本監本毛本改作二於非

則是我有大造于西也 李善注陸機弔魏武帝文引傳于作乎石經此處缺

蔑死我君 石經初刊作蔑我先君後于我字之上改死字先字改我字釋文云本或以我字在死字上非也

迭我殽地 閩本作送我誤字也按迭者軼之假借凡浸突而過曰軼

奸絕我好 石經好字上旁增同字非唐刻也

奸絕我好 宋本此節正義在奸絕我好之下

疏注伐保至氏縣 閩本監本毛本疏亦作○依宋本改此一節正義宋本在上注今緱氏縣之下

銅謂此爲誣者閩本監本毛本銅作令亦誤宋本作獨是也○今從宋本

撓亂我同盟宋本撓作橈六經正誤云撓作橈誤建本從才非從木旁也按毛說是也說文撓擾也與木旁之橈義別且从手之字上聲从木之字去聲釋文云乃卯反即唐韻之奴巧切也

又欲闕翦我公室纂圖本監本毛本翦作剪俗字

闕翦我公室正義曰闕謂缺損翦謂滅削言欲損害晉之公室宋本以上二十四字在傾覆我社稷句下閩本監本毛本亦脫

俘我王官葉抄釋文俘作浮

則是康公絕我好也石經公字下後人旁增𢍁字我字下正增同字非唐刻也

謂晉滅潞氏時宋本閩本監本毛本同淳熙本潞誤作傛

芟夷我農功釋文夷作痍云本又作夷

虔劉我邊陲石經宋本淳熙本岳本纂圖本足利本作我邊垂是也按說文垂遠邊也陲危也其義各別

而欲徼福於先君獻穆釋文徼作儌是也

我寡君是以有令狐之會釋文云讀者亦作寡人陸粲云杜注云宜言寡人稱君誤也今案上文我是以有令狐之役我是以有河

曲之戰我是以有輔氏之聚此準上例疑寡君當爲衍字

今呂相雖奉君 閩本監本毛本作今此本誤令今改正宋本今下有命字諸本脫

而我之昏姻也 宋本淳熙本岳本無之字與石經合此本初刊亦無後擠增纂圖本閩本監本毛本作而我之昏姻也皆仍此本之誤

巡守之盟 宋本巡上有王字與覲禮注合

暱就寡人 釋文暱作昵案昵爲暱之或字

以懲不壹 宋本此節正義在以懲不壹句下

其不能諸侯退矣 宋本淳熙本岳本閩本監本毛本能下有以字與石經合

寡人不佞 宋本此節正義在其不能以諸侯退矣句下

帥軍帥乘車士 纂圖本毛本帥作師非

三朁褭 段玉裁校漢書百官公卿表七上褭作裹

六公大夫七官大夫 浦鏜云公官字互誤是也

襄十一年有庶長鮑 閩本監本毛本鮑誤飽

東南徑扶風京兆高陸縣入渭也 宋本岳本足利本徑作經

迓晉侯于新楚釋文迓本又作訝石經及諸本皆作訝

使公子欣時逆曹伯之喪釋文云欣徐云或作款亦音欣公羊傳作喜時宜音忻案漢書古今人表作曹剎時顏師古注云卽曹欣時也

（經十四年）

（傳十四年）

衞侯既歸淳熙本脫侯字

同之卿宋本監本毛本同下有姓字

衞侯饗苦成叔漢書五行志引饗作享字按左傳多作享此作饗爲僅見

苦成叔傲釋文云傲本又作敖音同下同漢書五行志引作敖師古曰敖讀曰傲則此字古本當作敖

苦成家其亡乎石經家字上旁增叔字與初學記所引合然非唐刻未敢從也乎五行志引作虖

兕觥其觩釋文亦作觵石經此處缺宋本淳熙本岳本纂圖本監本毛本作觵案說文觵字注云兕牛角可以飲者也从角黃聲其狀觵觵故謂之觵觥字注云俗觵从光據此當以觵爲正也說文引詩觩作斛

觩陳設之貌淳熙本貌誤象

注詩小至之貌 宋本此節正義在詩曰至來求之下

詩曰至來求 宋本此節正義在今夫子節注下

求來歸之 毛本求來誤倒

左氏以豹違命故貶之 閩本監本毛本違誤遺

謂屈曲其辭 淳熙本岳本纂圖本閩本監本毛本屈曲二字誤倒

（經十五年）

據稱人以執爲例 宋本據上有傳字

故歸之京師 閩本監本故作欲非也

公子目夷之曾孫 淳熙本曾作魯非也

吳夷末嘗與中國會 閩本監本末作昧非也

（傳十五年）

名與否 宋本名上有書字

愚者妄動 纂圖本愚誤作遇

不復拘君臣之交　毛本交誤文

敢失其守節者乎　毛本守誤安

注蕩澤公孫壽之孫　宋本作注蕩澤云云此節正義在猶有戍在句注之下

家生季老　閩本監本毛本季作秀非此據宋本改

鱗宋鱗矔孫者　宋本監本毛本宋作朱是也○今訂正

鱗生東鄉矔　宋本鄉作卿非案文七年正義引世本作鄉段玉裁云鄉即向也

守生小司寇鱣　毛本守誤安

向帶爲大宰　宋本淳熙本岳本足利本帶作帶與石經合釋文云本又作帶案說文無帶字而經典帶字時有如此作者

今公室卑而不能正　毛本公誤宮

書曰宋殺大夫山　宋本淳熙本岳本足利本殺下有其字石經此處缺依字數而論亦當有其字也

左師二司寇二宰遂出奔楚　閩本二司作三司誤也

樂豫爲司馬　閩本樂誤欒

向戌　石經宋本岳本閩本監本戍作戌是也

十一月會吳于鍾離 閩本監本毛本脫于字

春秋左傳注疏卷二十七校勘記

附釋音春秋左傳注疏卷第二十八 成十六年盡十八年

杜氏注　孔穎達疏

經十有六年春王正月雨木冰。無傳記寒過節冰封著樹○雨木冰如字公羊傳曰雨而木冰也舊于付反著直略反 疏 正月雨木冰○正義曰正月今之仲冬時猶有雨未是盛寒雨下即著樹爲冰記寒甚之過其節度公羊穀梁皆云雨而木冰是冰封著樹也今世時有之皆寒甚所致也 ○夏四月辛未滕子卒不書名未同盟 ○鄭公子喜帥師侵宋喜穆公子子罕也 ○六月丙寅朔日有食之無傳 ○晉侯使欒黶來乞師將伐鄭黶欒書子○黶於斬反徐於玷反 疏 注黶欒書子○正義曰十八年悼公之入黶尚爲公族大夫此時欒書尚在黶未爲卿而得名見經者襄二十九年鄭公孫段未爲卿而見經杜云蓋以攝卿行然則此亦當以攝卿故書 ○甲午晦晉侯及楚子鄭伯戰于鄢陵楚子鄭師敗績楚師未大崩楚子傷目而退故曰楚子敗績鄢陵鄭地今屬潁川郡○鄢謁晚反又於建反 疏 注楚師至敗績○正義曰此戰楚師未至於敗而楚子身傷故書楚子敗績也泓之戰宋公傷股師亦敗績故書師敗而不書宋公敗也君將不言帥師以君重於師也戰陳以師師相敵死亡既多舉師爲重故師敗君傷者唯書師敗而已不復書君身敗也劉炫又云若君將被殺獲者。爲重既書師敗又書殺獲即韓之戰獲晉侯大棘之戰獲華元雞父之戰獲胡沈之君是也 楚殺其大夫公子側側子反背盟無禮卒以敗師故書名 ○秋公會晉侯齊侯衛侯宋華元邾人于沙隨沙隨宋地梁國寧陵縣北有沙隨亭不見公不及鄢陵戰故不諱者恥輕於執止 疏 注不及至執止○正義曰諸公被執者皆諱不書執此會晉侯不肯見公不諱之者公為國內有故不及戰期雖不見公非公之罪是為恥輕於執止故直書之以示諫公之意冀公改過無後犯及歸書公至自會以無罪不諱故依法告廟也公至自會無傳○公會尹子晉侯齊國佐邾人伐鄭尹子王卿士子爵○曹伯歸自京師為晉侯所赦故書歸諸侯歸國或書名或不書名或言歸自某或言自某歸。無。傳義例從告辭○九月晉人執季孫行父舍之于苕丘苕丘晉地舍之苕丘明不以歸不稱行人非使人○苕音條使所吏反

疏注苕丘至使人○正義曰昭十三年晉人執季孫意如以歸此言舍之苕丘明其不以歸也大夫因使被執無罪者則書行人以見無罪於。時行父從公伐鄭在軍見執雖則無罪不稱行人以其非使人故也季孫意如得釋而歸書意如至自晉此行父得釋不書至者釋例曰賈氏以為書執行父舍于苕丘言失其所不書至者刺晉聽讒執之示己無罪也案傳因之苕丘以別晉都無義例也公待于鄆與行父。俱歸厭於公尊故不書行父至耳若欲示無罪則宜於執見義今既直書其執處絕不書至乃所以示終於見執非示無罪也穀梁以行父至不致者為公在故與杜義合也

冬十月乙亥叔孫僑如出奔齊公未歸命國人逐之○十有二月乙丑季孫行父及晉郤犫盟于扈晉許魯平故盟○公至自會無傳伐而以會致史異文○乙酉刺公子偃魯殺大夫皆言刺義取於周禮三刺之法○刺本又作刾七賜反爾雅云殺也

傳十六年春楚子自武城使公子成以汝陰之田求成于鄭汝水之南近鄭地○近附近之近鄭叛晉子駟從楚子盟于武城為晉伐鄭起○夏四月滕文公卒○鄭子罕伐宋滕宋之與國鄭因滕有喪而伐宋故傳舉滕侯卒侵伐經傳異文經從告傳言實他皆放此宋將鉏樂懼敗諸汋陂。敗鄭師也樂懼戴公

六世孫將鉏樂氏族○鉏仕魚反徐音在魚反汋七藥反徐音酌一音市藥反陂彼宜反疏注樂懼至氏族○正義曰樂懼是戴公六世孫世本有文也將鉏爲樂氏之族不知所出杜譜於樂氏之下鉏將鉏爲一人傳無樂鉏之文不知其故何也退舍於夫渠不儆宋師不儆備○夫音扶儆京領反鄭人覆之敗諸汋陵獲將鉏樂懼宋恃勝也汋陂夫渠汋陵皆宋地○覆徐敷目反一音扶又反又芳又反○衛侯伐鄭至于鳴鴈爲晉故也鳴鴈在陳留雍丘縣西北○爲于僞反○晉侯將伐鄭范文子曰若逞吾願諸侯皆叛晉可以逞逞快也晉厲公無道三郤驕故欲使諸侯叛冀其懼而思德若唯鄭叛晉國之憂可立俟也欒武子曰不可以當吾世而失諸侯必伐鄭乃興師欒書將中軍士燮佐之代荀庚疏欒書至燮佐之○正義曰晉語云鄢陵之役晉伐鄭荊救之欒武子將上軍范文子將下軍與此異者彼孔晁注云上下中軍之上下也傳曰欒書將中軍士燮佐之又曰欒范以其族夾公行引此爲正是彼謂分中軍爲二將將上而佐將下郤錡將上軍代士燮荀偃佐之代郤錡荀庚子韓厥將下軍郤至佐新軍荀罃居守荀罃下軍佐於是郤犨代趙旃將新軍新上下軍罷矣○守手又反疏注荀罃至罷矣○正義曰十三年傳云韓厥將下軍荀罃佐之又此年末傳云知武子將下軍郤犨將新軍是其文也三年作六軍其新三軍將佐六人皆賞鞌之功死亡不復存至此唯郤有韓厥在耳郤至佐新軍不言中下是新軍唯一知新上下軍於是罷矣欒如衛遂如齊皆乞師焉欒黶來乞師孟獻子曰有勝矣卑讓有禮故知其將勝楚戊寅晉師起鄭人聞有晉師使告于楚姚句耳與往句耳鄭大夫與往非使也爲先歸張本○句古侯反與音預使所吏

反楚子救鄭司馬將中軍子反令尹將左子重右尹子辛將右公子壬夫過申子反入見申叔時叔時老在申○過古禾反曰師其何如對曰德刑詳義禮信戰之器也器猶用也德以施惠刑以正邪詳以事神義以建利禮以順時信以守物民生厚而德正財足則思無邪○邪似嗟反注皆同用利而事節動不失利則事得其節時順而物成羣生得所上下和睦周旋不逆動順理求無不具下應上○應對之應各知其極心無二故詩曰立我烝民莫匪爾極烝衆也極中也詩頌言先王立其衆民無不得中正○烝之乘反注同【疏】注烝衆至中正○正義曰烝衆釋詁文極中常訓也詩頌思文之篇美后稷之德周語云昔我先王世后稷故杜以先王言之言先王后稷立其衆人無不得其中正也當堯之末洪水滔天人不粒食皆失其正性后稷教人耕稼以養之各復本性故無不得中正也是以神降之福時無災害民生敦厖和同以聽敦厚也厖大也○厖莫降反【疏】注敦厚厖大也○正義曰皆釋詁文也言人之生計若財物足皆豐厚而多大管子曰倉廩實而知禮節衣食足而知榮辱讓生於有餘爭生於不足是其人生厚大則心和而聽上命也莫不盡力以從上命致死以補其闕闕戰死者此戰之所由克也今楚內棄其民不施惠而外絕其好義不建利好呼報反○瀆齊盟不詳事神○瀆徒木反而食話言信不守物○話戶快反奸時以動禮不順時周四月今二月妨農業○奸音干本或作干【疏】注禮不至農業○正義曰沈氏云晉亦奸時所以無天殃者以鄭既有罪晉人討之楚黨有罪之鄭故獨謂之奸時而疲民以逞刑不正邪而苟快意○疲本亦作罷音皮下注同【疏】注刑不至快意○正

義曰魯語曰大刑用甲兵其次用斧鉞故大者陳之原野小者致之朝市則征伐之刑刑之大者刑不正邪而苟快意正謂伐晉是也此六句言楚無上六事隨便而言故與上不次服虔以外絕其好爲刑不正邪也食話言爲義不建利也疲民以逞爲信不守物也杜以食話言是言之不信也快意征伐是刑之失所也故不從舊說

民不知信進退罪也人恤所底其誰致死。

底至也〇底徐音旨又之履反

疏注底至也〇正義曰底聲近至故爲至也在上之信不著於人號令無常動。靖恣意或作東作西或欲遲欲速每事如此不可測量人不知信進退獲罪人人各憂其身不知性命所至誰肯致死戰也

子其勉之吾不復見子矣

言其必敗不反〇復見一本無復字復扶又反

疏對曰至子矣〇正義曰叔時此對首尾相成先舉六名云戰之器也言有此六事乃可以戰若器用然也自德以施惠至信以守物辨六事施用之處也自民生厚至所由克言能用六事得戰勝之意也自今楚內棄其民至疲民以逞言楚不行六事也民不知信以下言楚必敗之意也德者得也自得於心美行之大名有大德者以德撫人是德用之以施恩惠也有。奸邪者斷以刑罰是刑用之以正邪辟也詳。者祥也古字同耳釋詁云祥善也李巡曰祥福之善也事神得福乃名爲祥是祥用之以事神也義者宜也物皆得宜利乃生焉故義所以生立利益也禮者履也其所踐履當識時要故禮所以順時事也言而無信物將散矣故信所以守聚物也人君用此道以撫下民民之生計豐厚財用足則民之德皆正矣德謂人之性行論語云民德歸厚矣即是正也此一句覆上德以施惠由上施恩惠故民生計豐厚也。財用有。利益而每事得節飢則有食寒則有衣其事皆得一節矣此一句覆上義以建利也政不擾民時節皆順春種夏耨而物得成矣此句覆上禮以順時也自上及下和睦。相親周旋運轉不有違逆上之所求下無不具下民自知其中無復二心故詩美先王成立我之衆民無不於女先王得其中正言先王善養下民使得中也自上下和睦以下至莫匪爾極總論在上德義禮三事以教於下則在下之人皆無邪惡以信自守即包上刑以正邪信以守

物二句也聖王先成於民而後致力於神民既如此是以明神下之福祐時無水旱災害此覆上詳以事神也故下民生計皆豐厚而多大人皆和同其心以聽進止無不盡己之力以從上命戰陳之上有被殺傷者皆致其死命以補其空闕之處此戰之所由得而勝也今楚內棄其國內之民不行施惠是無德也外絕其。鄭國之好不得其利是無義也與晉結盟而復背之貫瀆齊同之盟是無詳也與人要言今背其語食消善言是無信也夏之二月農事正煩奸犯時是節而動兵伐人是無禮也晉人無罪苟欲伐之疲勞下民以快己欲是無刑也六事皆無是無器也無器而戰其可勝乎上若有信民。知所適上既無信不知所從從前言則違後令從後令則背前言人既不知在。上之信其進與退皆得罪也人人憂其所至不知己之性命將至何處其誰肯致死而戰也子其勉力為之此行也必敗吾不復得見子矣知其必死與之長訣也

姚句耳先歸子駟問焉對曰其行速過險而不整速則失志不思慮也不整喪列志失列喪將何以戰楚懼不可用也五月晉師濟河聞楚師將至范文子欲反曰我偽逃楚可以紓憂紓緩也○喪息浪反下同紓音舒夫合諸侯非吾所能也以遺能者我若。羣臣輯。睦以事君多矣。武子曰不可六月晉楚遇於鄢陵范文子不欲戰郤至曰韓之戰惠公不振旅衆散敗也在僖十五年○遺唯季反下注問遺也同輯又作集音同亦七入反箕之役先軫不反命死於狄也在僖三十三年邲之師荀伯不復從。荀林父奔。走不復故道在宣十二年○從徐子容反音或如字皆晉之恥也子亦見先君之事矣見先君成敗之事今我辟楚又益恥也文子曰吾先君之亟戰也有故亟數也○亟去吏反數所角反秦狄齊楚皆彊不盡

力子孫將弱今三彊服矣齊秦狄敵楚而已唯聖人能外內無患自非聖人外寧
必有內憂驕亢則憂患生也○亢苦浪反盍釋楚以爲外懼乎甲午晦楚晨壓晉軍而陳壓笮其未
備○盍戶臘反壓於甲反徐於輒反陳直覲反下及注皆同笮側百反軍吏患之范匄趨進士燮子○匄本又作丐古害反曰
塞井夷竈陳於軍中而疏行首疏行首者當陳前決開營壘爲戰道○行戶郎反一音如字注同壘力軌反晉楚唯
天所授何患焉文子執戈逐之曰國之存亡天也童子何知焉欒書曰楚師輕
窕固壘而待之三日必退退而擊之必獲勝焉郤至曰楚有六間不可失也其
二卿相惡子重子反○窕敕彫反又敕弔反惡如字又烏路反王卒以舊罷老不代○卒子忽反下皆同鄭陳而不整不整
列蠻軍而不陳蠻夷從楚者不結陳陳不違晦晦月終陰之盡故兵家以爲忌【疏】注晦月至忌○正義曰日爲陽精月爲陰精兵
尚殺害陰之道也行兵貴月盛之時晦是月終陰之盡也故兵家以晦爲忌不用晦日陳兵也昭二十三年七月戊辰晦吳敗楚師于雞父吳犯兵忌而戰勝
者杜云違兵忌晦戰擊楚所不意彼知楚有可敗之機晦是兵家所忌原楚之情必以吳爲不動故以晦日掩之擊楚不備故也在陳而囂囂喧
嘩也○囂許驕反徐讀曰嗷五高反注及後同喧本又作諠況元反嘩本又作譁音華合而加囂陳合宜靜而益有聲各顧其後莫
有鬬心人恤其所底舊不必良以犯天忌我必克之楚子登巢車以望晉軍巢車車上爲櫓
○巢說文作轈云兵車高如巢以望敵也字林同櫓音魯【疏】注巢車車上爲櫓○正義曰說文云轈兵高車加巢以望敵也櫓澤中守草樓也是巢與櫓俱

是樓之別名子重使大宰伯州犂侍于王後州犂晉伯宗子前年奔楚○大宰音泰官名大者多同以意求之王曰

騁而左右何也騁走也曰召軍吏也皆聚於中軍矣曰合謀也張幕矣曰虔卜於

先君也虔敬也○幕音莫徹幕矣曰將發命也甚囂且塵上矣曰將塞井夷竈而爲行

也夷平也○上時掌反行戶郎反下夾公行同皆乘矣左右執兵而下矣曰聽誓也左將帥右車右○乘繩證反下

同將子匠反下去將同帥所類反下元帥同疏注左將帥右車右○正義曰兵車爲元帥在中御者在左左也其餘將帥皆御者在中將帥在左也左右執

兵而下唯御者持車不下耳戰乎曰未可知也乘而左右皆下矣曰戰禱也禱請於鬼神○禱丁老反或丁

報反伯州犂以公卒告王。公晉侯苗賁皇在晉侯之側亦以王卒告賁皇楚鬭椒子宣四年奔晉○

賁扶云反皆曰國士在且厚不可當也晉侯左右皆以伯州犂在楚知晉之情且謂楚衆多故憚合戰與苗賁皇意異○憚徒旦

反疏注晉侯至意異○正義曰服虔以此皆曰之文在州犂賁皇之下解云賁皇州犂皆言曰晉楚之士皆在君側且陳厚不可當以爲州犂言晉彊賁

皇言楚彊故云皆曰也若如服言賁皇既言楚不可當何故復請分良以擊其左右故杜不用其說晉侯左右皆爲此言以憚伯州犂耳苗賁皇言

於晉侯曰楚之良在其中軍王族而已請分良以擊其左右而三軍萃於王卒

萃集也○萃似醉反必大敗之。公筮之史曰吉其卦遇復☳☷震下坤上復無變疏注震下至無變○正義曰

說卦震爲雷坤爲地復象曰雷在地中復。服虔云復反也陰盛於上陽動於下以喻小人作亂於上聖人興道於下萬物復萌制度復理故曰復也其筮六爻

無變者故言其所遇之卦而已曰南國蹙射其元王中厥目此卜者辭也復陽長之卦陽氣起子南行推陰故曰南國蹙也南國勢蹙離受其咎離為諸侯又為目陽氣激南飛矢之象故曰射其元王中厥目○蹙子六反射食亦反注及下射之同中丁仲反注同長丁丈反激古狄反疏注此卜至厥目○正義曰此實筮也而言卜者卜筮通言耳此既不用周易而別為之辭蓋卜筮之書更有此類筮者據而言耳服虔以為陽氣觸地射出為射之象杜以陽氣激南為飛。矢之象二者無所依馮各以意說得失終於無驗是非無以。可明今以杜言離為諸侯者案禮器云大明生於東君西酌犧象鄭玄云象日出東方而西行也詩邶柏舟鄭箋云日君象也說卦離為日故為諸侯國蹙王傷不敗何待公從之從其言而戰有淖於前淖泥也○淖乃孝反徐徒較反乃皆左右相違於淖違也辟步毅御晉厲公欒鍼為右步毅即郤毅彭名御楚共王潘黨為右。石首御鄭成公唐苟為右欒范以其族夾公行二族強故在公左右○共音恭夾古洽反疏注二族至左右○正義曰劉炫云族者屬也屬謂中軍以中軍夾公耳非謂宗族之兵今知非者杜云二族者順傳之文無明言宗族之事劉誣杜以為宗族妄規其過非也陷。於淖欒書將載晉侯鍼曰書退國有大任焉得專之在君前故子名其父大任謂元帥之職○焉於虔反疏國有至專之○正義曰言國有元帥之大任何得專意廢之而為御也○注在君至其父○正義曰曲禮曰父前子名君前臣名鄭玄云對至尊無大小皆相名以君至尊為在君前故子名其父且侵官冒也載公為侵官○冒莫報反徐莫比反失官慢也去將而御失官也離局姦也遠其部曲為離局○離力志反注同遠于萬反有三罪焉不可犯也乃掀公以出於淖掀舉也○掀許言反云捧轂舉之則公掀起也一曰掀引也胡根反一音虛斤反字林云舉出也火氣也又丘近反疏注掀舉也○正義曰說文云掀舉出也公在於淖知掀當訓為舉也癸巳潘尫之黨與養由基蹲甲而射之徹七札焉黨潘尫之子蹲聚也一發達七札言其能陷堅○尫烏黃反之黨一本作潘尫之子黨案注云黨潘尫之子也則傳文不得有子字古本此及襄二十三年申鮮虞之傳摯皆無子字蹲在尊反徐又在損反一音才官反札側八反徐側乙反疏潘尫之黨○正義曰潘尫之子其名為黨襄二十三年申鮮虞之傳摯辭與此同古人為文略言耳以示王曰君有二臣如此何憂於戰二子以射夸王○夸苦瓜反王怒曰大辱國賤其不尚知謀○知音智詰朝爾射死藝言女以射自多必當以藝死也詰朝猶明朝是戰日○朝如字注同女音汝呂錡夢射月中之退入於泥呂錡魏錡○射食亦反下至使射呂錡皆同占之曰姬姓日也周世姬姓尊異姓月也異姓卑必楚王也射而中之退入於泥亦必死矣錡自入泥亦死及戰射共王中目王召養由基與之兩矢使射呂錡中項伏弢象○中丁仲反下及注皆同弢弓衣○項戶講反弢他刀反以一矢復命言一發而中郤至三遇楚子之卒見楚子必下免胄而趨風疾如風楚子使工尹襄問之以弓問遺也疏注問遺也○正義曰遺人以物謂之為問問弦多以琴問子貢以弓論語云問人於他邦皆是也曰方事之殷也殷盛也有韎韋之跗注君子也韎赤色跗注戎服若袴而屬於跗與袴連○韎莫拜反又音妹徐莫蓋反跗方于反注之樹反袴苦故反屬章玉反疏注韎赤至袴連○正義曰鄭玄詩箋云韎茅蒐染也。韎聲也韋昭云茅蒐今絳草也急疾呼茅蒐成韎也茅蒐即今之蒨也賈逵云一染曰韎釋器云一染謂之縓謂一入赤為淺赤色也跗注兵戎之服自要以下而注於脚跗謂屬袴於下與附相連周禮司服凡兵事韋弁服鄭玄云韋弁以韎韋爲弁又以爲衣裳晉郤至衣韎韋之跗注是也鄭以跗當爲幅謂裁韋若布帛之幅相縫屬鄭言以爲衣裳則衣裳不連聘禮君使卿韋弁歸饔餼鄭玄云其服蓋韎布以爲衣而素裳鄭以彼非戎事當爲素裳明衣裳不連跗注杜言連者。謂要腳連耳若然在軍之服其色皆同耳謂均服振振上下同色郤至與衆同服所以獨見識者禮法雖有此服軍士未必盡然郤至服必鮮華故楚王偏識之識。見

不穀而趨無乃傷乎恐其傷郤至見客免胄承命曰君之外臣至從寡君之戎事以君之靈間蒙甲胄間猶近也○近如字一本或作與音預不敢拜命介者不拜○介音界疏注介者不拜○正義曰曲禮云介者不拜爲。其拜而蓌拜鄭玄云蓌則失容節蓌猶笮也慮其笮甲折○敢告不寧君命之辱以君辱賜命故不敢自安疏注以君至自安○正義曰劉炫以爲楚王云無乃傷乎恐其傷也荅云敢告不寧告其身不傷耳魏犨云不有寧也以傷爲寧此與魏犨相似今知不然者案僖二十八年魏犨云以君之靈不有寧也謂不有被傷以自寧也知不與彼同者以彼云不有寧謂不有損傷此直云不寧既無有字又先無。被傷之狀與魏犨不同也案檢杜注敢告不寧君命之辱宜連讀之若敢告不寧別自爲句則君命之辱一句零行無所依附故知與彼不同劉君不尋此意以爲與魏犨相似而規杜非也爲事之故敢肅使者言君辱命來問以有軍事不得荅故肅使者肅手至地若今揖○爲于僞反使所吏反注及下同揖伊志反揖也字林云舉首下手也疏注言君至今揖○正義曰周禮大祝辨九拜九曰肅拜鄭司農云肅拜但俯下手今時揖是也說文云揖舉首下手也其勢如今揖之小別晉宋儀注貴人待賤人賤人拜貴人揖三。肅使者而退晉韓厥從鄭伯從逐也其御杜溷羅曰速從之其御屢顧不在馬可及也韓厥曰不可以再辱國君乃止二年鞌戰韓厥已辱

齊侯○溷戶昬戶本二反郤至從鄭伯其右茀翰胡曰諜輅之余從之乘而俘以下從遣輕兵單進以距鄭伯車前而自後登其車以執之○茀府勿反翰徐音韓諜音牒輅五嫁反乘繩證反輕遣政反又如字疏注欲遣至執之○正義曰說文云諜軍中反間也兵書有反間之法謂詐爲敵國之人入其軍中伺候間隙以反告己軍令謂之細作人也此欲令諜迎鄭伯則非一人細作於時鄭伯退走故杜以爲輕兵單進遶鄭伯之前逆距鄭伯使鄭伯前視輕兵不復顧後得自後登其車以執之也鄭軍亂走輕兵獨出其間亦諜之類故翰胡得以諜言之郤至曰傷國君有刑亦止石首曰衛懿公唯不去其旗是以敗於熒乃內旌於弢中熒戰在閔二年○去起呂反熒戶扃反旌音精疏內旌於弢中○正義曰旌謂鄭伯所建之旗弢是盛旌之囊也周禮全羽爲旞析羽爲旌謂空建鳥羽者也但。九旗竿首皆有析羽故旌。爲之總名故此傳鄭伯與子重所建皆以旌言之其鄭伯所建當是交龍之旂子重所建當是熊虎之旗周禮中秋教治兵辨旗物諸侯載旂軍吏載旗鄭玄云軍吏諸軍帥也凡旌旗有軍衆者畫異物無者帛而已子重爲將自然當建熊虎之旗唐苟謂石首曰子在君側敗者壹大我不如子子以君免我請止乃死敗者壹大謂軍大崩也言石首亦君之親臣而就御與車右不同故首當御君以退。己當。死。戰楚師薄於險薄迫也叔山冉謂養由基曰雖君有命爲國故子必射王有死藝命○冉如炎反爲于僞反射○食亦反乃射再發盡殪叔山冉搏人以投中車折軾晉師乃止言二子皆有過人之能○發如字徐音廢殪於計反搏音博中丁仲反折之設反又市列反軾音式囚楚公子茷爲郤至見譖張本○茷扶廢反疏囚楚公子茷○正義曰晉語謂之王子發鉤蓋一名一字也欒鍼見子重之旌請曰楚人謂夫旌

子重之麾也彼其子重也日臣之使於楚也子重問晉國之勇臣對曰好以衆

整曰又何如又問其餘○夫音扶麾許危反日人實反使所吏反下免使者同好呼報反下及注皆同臣對曰好以。暇暇閑暇○閑音閑今兩國治戎行人不使不可謂整臨事而食言不可謂暇食好整之言○使所吏反又如字請攝飲焉攝持也持飲往飲子重○往飲於鴆反公許之使行人執榼承飲造于子重承奉也○榼苦臘反造七報反曰寡君乏。使使鍼御持矛御侍也是以不得犒從者使某攝飲子重曰夫子嘗與吾言於楚必是故也不亦識乎知其以往言好暇故致飲○犒苦報反從才用反受而飲之免使者而復鼓免脫也○復扶又反注及下同旦而戰見星未已子反命軍吏察夷傷夷亦傷也疏注夷亦傷。也○正義曰服虔云金創爲夷杜以戰用五兵唯殳無刃所言傷者皆刃傷也何須於此獨辨金木故知夷亦傷也復言之耳補卒乘補死亡○乘繩證反下同繕甲兵繕治也展車馬展陳也○陳如字雞鳴而食唯命是聽復欲戰晉人患之苗賁皇徇。曰蒐乘補卒蒐閱也○徇似俊反蒐所留反秣馬利兵秣穀馬也○秣音末脩陳固列固堅也○陳直覲反又如字蓐食申禱。申重也○蓐音辱重直用反明日復戰乃逸楚囚逸縱也○縱子用反王聞之召子反謀穀。陽豎獻飲於子反子反醉而不能見穀陽子反內豎○見賢遍反疏注穀陽子反內豎○正義曰鄭玄云豎未冠者之名故杜以爲內豎也案呂氏春秋云荊共王與晉厲公戰于鄢陵荊師敗共王傷臨戰司馬子反渴而求飲豎陽穀操酒而進之子反曰却酒也豎陽穀曰非酒也子反曰却酒也豎陽穀又曰非酒也子反受而飲之子反之爲人也嗜酒甘而不能絕於口醉戰既罷共王欲復戰而謀使召司馬子反子反辭以心疾共王駕往視之入幄中聞酒臭而還曰今日之戰不穀親傷所恃者司馬也而司馬又若此不穀無與復戰矣於是遂罷師去之斬司馬子反以爲戮與此不同者傳依簡牘本紀彼采傳聞異辭所說既殊其文亦異

王曰天敗楚也夫余不可以待乃宵遁晉入楚軍三日。穀食楚粟三日也○夫音扶三日穀本或作三日館穀誤也范文子立於戎馬之前曰君幼諸臣不佞佞才也○君幼本或作君幼弱何以及此君其戒之戒勿驕周書曰惟命不于常有德之謂周書康誥言勝無常命唯德是與

疏注周書至是與○正義曰周公稱成王之命告康叔以此言也唯上天之命不常於。一人也言善則得之惡則失之唯有德者於是與之

楚師還及瑕瑕地楚王使謂子反曰先大夫之覆師徒者君不在謂子玉敗城濮時王不在軍○覆芳服反子無以爲過不穀之罪也子反再拜稽首曰君賜臣死死且不朽王引過亦所以責子反。臣之卒實奔臣之罪也子重復謂子反曰初隕師徒者而亦聞之矣盍圖之聞子玉自殺終二卿相惡○卒從此已前皆子忽反隕于敏反盍戶臘反對曰雖微先大夫有之大夫命側側敢不義言以義命己不敢不受

疏雖微至不義○正義曰微無也縱使雖無先大夫有此舊事今大夫將義命己敢不以爲之義乎

側亡君師敢忘其死王使止之弗及而卒戰之日齊國佐高無咎至于師無咎高固子衛侯出于衛公出于壞隤壞隤魯邑齊衛皆後非獨魯明晉以僑如故不見公○壞戶怪反徐音懷隤徒回反

衛侯至壞隤○正義曰出于衛者已出衛竟也公出於壞隤始從壞隤而出猶未出魯竟下云公待於壞隤設守而後行是出國止於壞隤更從壞隤而出

宣伯通於穆姜穆姜成公母欲去季孟而取其室季文子孟獻子○去起呂反將行穆姜送公而使逐二子公以晉難告會晉伐鄭難乃旦反○曰請反而聽命姜怒公子偃公子鉏趨過二子公庶弟○鉏仕居反疏注二子公庶弟○正義曰沈氏云以刺公子偃不云弟故也指之曰女不可是皆君也言欲廢公更立君○女音汝○公待於壞隤申宮儆備申。勑宮備儆京領反○設守而後行是以後後晉楚戰期○守手又反使孟獻子守于公宮秋會于沙隨謀伐鄭也鄭伯未服宣伯使告郤犫曰魯侯待于壞隤以待勝者觀晉楚之勝負郤犫將新軍且為公族大夫以主東諸侯主齊魯之屬取貨于宣伯而訴公于晉侯訴譖也晉侯不見公○曹人請于晉曰自我先君宣公即位在十三年國人曰若之何憂猶未弭弭息也既葬國人皆將從子臧所謂憂未息○弭亡氏反而又討我寡君前年晉侯執曹伯以亡曹國社稷之鎮公子謂子臧逃奔宋是大泯。曹也泯滅也先君無乃有罪乎言今君無罪而見討得無以先君故若有罪則君列諸會矣諸侯雖有篡弒之罪侯伯已與之會則不復討前年會于戚曹伯在列盟畢乃執之故曹人以為無罪○篡初患反弒音試復扶又反下及下文復請同疏注諸侯至無罪○正義曰諸侯廢立當由天子但春秋之世王政不行若篡弒而立則侯伯既列於會便是已成為君臣人。得殺之鄰國不得復討往年為戚之會主為討曹但晉侯既列於會盟畢乃始執之故曹人以為無罪也宣元年會于平州以定公位齊非侯伯而得公位定者縱非侯伯乃是彊鄰既得與會即爲黨援晉若討魯齊必救之於是晉國竟不伐魯是由會齊而公位遂定也君唯不遺。德刑遺失也以伯諸侯豈獨遺諸敝邑敢私布之爲曹伯歸不以名告傳○伯如字又音霸

疏注爲曹至告傳○正義曰諸侯被執及歸或名或否雖從告辭傳不爲例但諸侯尊貴不斥其名曲禮曰諸侯不生名諸侯失地名滅同姓名是諸侯稱名者是罪責之事彼告者亦量其事之善否惡之則以名告故釋例曰蔡侯般弒父自立楚子欲顯行刑誅以章伯業誘而殺之蔡人深怨故稱名以告春秋從而書之是告者謂其有罪則稱名以告謂其無罪則告不以名此曹人訴君無罪晉侯從而釋之言其無罪而歸故晉人不以名告下云晉侯謂子臧反吾歸而君是晉人告其歸也此傳說曹伯無罪是爲經不以名告之傳也

○七月公會尹武公及諸侯伐鄭將行姜又命公如初復欲使公逐季孟公又申守而行諸侯之師次于鄭西我師次于督揚不敢過鄭督揚鄭東地○守手又反下注同過古臥反又古禾反○子叔聲伯使叔孫豹請逆于晉師豹叔孫僑如弟也僑如於是遂作亂豹因奔齊

疏注豹叔至奔齊○正義曰此時七月也至十月而僑如奔齊昭四年傳稱穆子去叔孫氏及庚宗遇婦人使私爲食而宿焉後生豎牛適齊娶於國氏生孟丙仲壬乃云宣伯奔齊穆子饋之則似豹在齊多年僑如始往故服虔以爲叔孫豹先在齊矣此時從國佐在師聲伯令人就齊師使豹豹不忘宗國聞白國佐爲魯請逆杜不然者若豹以前在齊則非復魯臣聲伯正可因之以請不得云聲伯使豹聲伯安得專使背叛之臣也又聲伯豈無魯人可使而崎嶇艱險遠使他國之人乎今傳言聲伯使豹明在魯軍得爲聲伯使耳下云聲伯食使者而後食不言食豹而言食使者明豹因請逆遂即不還還者豹之介耳於時魯師在鄭從鄭向齊塗出於魯豹必過魯乃去故得宿於庚宗彼傳因言宿於庚宗遂說娶於國氏生二子

耳二子之生必在僑如奔後豹之還魯雖無歸年而襄二年始見於經豎牛已能奉雉故杜以為此年去彼年歸故下注云傳因言其終 為食於鄭郊師逆以至 聲伯戒叔孫以必須所逆晉師至乃食 聲伯四日不食以待之食使者 使者豹之介食使音嗣使所吏反注同介音界下文敢介大國同 而後食 言其忠也○而後食一本作聲伯而後食 ○諸侯還于制田 滎陽宛陵縣東有制澤 知武子佐下軍 武子荀罃 以諸侯之師侵陳至于鳴鹿 陳國武平縣西南有鹿邑 遂侵蔡未反 侵陳蔡不書公不與○與音預 諸侯還于潁上戊午鄭子罕宵軍之宋齊衛皆失軍 將士與軍相失宋衛不書後也○將子匠反 疏 注將士至後也○正義曰服虔以失軍為失其軍糧傳稱諸侯還于潁上子罕宵軍之則軍諸侯之營不軍其輜重安得為失軍糧也故杜以為將士與軍相失謂夜裏迸散相失耳此諸侯即伐鄭之諸侯也經書公會尹子晉侯齊國佐邾人伐鄭不書宋衛傳言宋衛皆失軍則宋衛在矣在而不書後至故也 曹人復請于晉晉侯謂子臧反吾歸而君 以曹人重子臧故 子臧反曹伯歸 子臧自宋還 子臧盡致其邑與卿而不出 不出仕 ○宣伯使告郤犨曰魯之有季孟猶晉之有欒范也政令於是乎成今其謀曰晉政多門不可從也 政不由君 寧事齊楚有亡而已蔑從晉矣 蔑無也 若欲得志於魯請止行父而殺之 行父季文子也 我斃蔑 蔑孟獻子時留守公宮○斃婢世反 而事晉蔑有貳矣魯不貳小國必睦不然歸必叛矣九月晉人執季文子于苕丘公還待于鄆。鄆魯西邑東郡廩丘縣東有鄆城○廩力甚反 使子叔聲伯請季孫。于晉郤犫曰苟去仲孫蔑而止季孫行父吾與子國親於公室親魯甚於晉公室○去起呂反下同對曰僑如之情子必聞之矣聞其淫慝情○慝吐得反下文同若去蔑與行父是大棄魯國而罪寡君也若猶不棄而惠徼周公之福使寡君得事晉君則夫二人者魯國社稷之臣也若朝亡之魯必夕亡以魯之密邇仇讎仇讎謂齊楚○夫音扶朝如字【疏】若朝至夕亡○正義曰朝亡之謂朝失蔑與行父也魯必夕亡謂亡屬他國也下云亡而爲讎是欲棄晉而屬齊楚亡而爲讎治之何及言魯屬齊楚則還爲晉讎郤犫曰吾爲子請邑對曰嬰齊魯之常隸也隸賤官○爲于僞反敢介大國以求厚焉介因也承寡君之命以請承奉也若得所請吾子之賜多矣又何求。范文子謂欒武子曰季孫於魯相二君矣二君宣成相息亮反○妾不衣帛馬不食粟可不謂忠乎信讒慝而棄忠良若諸侯何子叔嬰齊奉君命無私不受郤犫請邑○衣於既反食舊如字對上句應作嗣音謀國家不貳謂四日不食以堅事晉圖其身不忘其君辭邑不食皆先君而後身若虛其請是棄善人也子其圖之乃許魯平赦季孫。冬十月出叔孫僑如而盟之僑如奔齊諸大夫共盟以僑如爲戒十二月季孫及郤犫盟于扈歸刺公子偃偃與鉏俱爲姜所指而獨殺偃偃與謀○偃與音預召叔孫豹于齊而立之逆此七月聲伯使豹請逆於晉聞魯人將討僑如豹乃辟其難先奔齊生二子而魯乃召之故襄二年豹始見經傳於此因言其終○難乃旦反見賢遍反○齊聲孟子通僑如聲孟子齊靈公母宋女使立於高國之閒位比二卿僑如曰不可以再罪奔衛亦閒於卿傳亦終言僑如之佞○閒徐音閒廁之閒讀者或如字○晉侯使郤至獻楚捷于周與單襄公語驟稱其伐伐功【疏】晉侯至其伐○正義曰周語稱郤至見召桓公與之語召桓公與告單襄公非郤至自與襄公語也襄公論郤至將死荅召桓公語耳非語諸大夫也其文與此小異其意與此大同周語詳而此傳略先賢或以爲國語非丘明所作爲其或有與傳不同故也驟稱其伐謂數數自伐其功周語說郤至自伐之言多矣其辭不可具載單子語諸大夫曰溫季其亡乎溫季郤至○語魚據反【疏】溫季其亡乎○正義曰周語單襄公荅召桓公云人有言曰兵在頸者其郤至之謂乎卽具論郤至之失乃曰以吾觀之兵在其頸不可久也位於七人之下佐新軍位在八【疏】位於七人之下○正義曰此時欒書將中軍士燮佐之郤錡將上軍荀偃佐之韓厥將下軍荀罃佐之郤犨將新軍郤至佐之是位在七人之下○而求掩其上稱己之伐掩上功○【疏】注稱己至上功○正義曰周語曰郤至自稱己有大功欲求晉國之政召桓公謂之曰吾子則賢矣晉國之舉不失其次吾懼政之未及子也至謂召桓公曰何次之有先大夫荀伯下軍之佐以爲政趙宣子未有軍行而以爲政今變伯自下軍往是三子也吾又過之無不及也若佐新軍而以之爲政不亦可乎將必求之是掩上功○怨之所聚亂之本也多怨而階亂何以在位怨爲亂階夏書曰怨豈在明不見是圖逸書也不見細微也○見賢遍反又如字注同【疏】夏書至可乎○正義曰夏書五子之歌第一章也其爲人所怨者豈必在明白之處乎其於人所不見當於是圖謀之此書之言將謂愼其細小之事者也今乃明明言之道己欲掩其上此事甚明其可乎言必不可也杜不見古文故云逸書將愼其細也今

而明之其可乎言郤至顯稱己功所以明怨咎

經十有七年春衛北宮括帥師侵鄭括成公曾孫○括古活反○夏公會尹子單子晉侯齊侯宋公衛侯曹伯邾人伐鄭晉未能服鄭故假天子威周使二卿會之晉爲兵主而猶先尹單尊王命也單伯稱子蓋降爵○六月乙酉同盟于柯陵柯陵鄭西地○柯古河反○秋公至自會無傳○齊高無咎出奔莒○九月辛丑用郊無傳九月郊祭非禮明矣書用郊從史文【疏】注九月至史文○正義曰傳例啓蟄而郊今九月郊祀是非禮明矣公羊傳曰用者何用者不宜用也九月非所用郊也穀梁傳曰夏之始可以承春以秋之末承春之始蓋不可矣九月用郊用者不宜用也賈逵以二傳爲說諸書用者不宜用也釋例曰辛丑用郊文異而丘明不發傳因時史之辭非聖賢意也劉賈以爲諸言用皆不宜用反於禮者也施之用郊似若有義至於用幣用鄫子諸若此此皆當須書用以別所用者也若不言用則事敘不明所謂辭窮非聖人故造此用以示義也且諸過祀三望之類奚獨皆不書用邪案左氏傳用幣于社傳曰得禮再有用矛於齊師孔子以爲義無不宜用之例也丘明云我師豈欺我哉○晉侯使荀罃來乞師無傳將伐鄭○冬公會單子晉侯宋公衛侯曹伯齊人邾人伐鄭鄭猶未服故也○十有一月公至自伐鄭無傳○壬申公孫嬰卒于貍脤十一月無壬申日誤也貍脤闕○貍力之反脤市軫反○【疏】注十一至脤闕○正義曰杜長曆推十一月丁亥朔六日壬辰十六日壬寅二十六日壬子十日丙申二十二日戊申不知壬申二字何者爲誤長曆云公羊穀梁傳及諸儒皆以爲十二月十五日也十月庚午。圍鄭十三日也推至壬申誠在十五日然據傳曰十一月諸侯還自鄭壬申至于貍脤而卒此非十月分明誤在日也又杜於土地之一篇凡有地名二十六所不知所在之國貍脤即。是其一不知是何國之地故直云闕也杜又稱舊說曰壬申十月十五日貍脤魯地也傳曰十月庚午圍鄭則二日未得及魯竟也釋例又曰魯大夫卒其竟內則不書地傳稱季平子行東野卒于房是也以此益明貍脤非魯地矣以下有十二月丁巳朔逆而推之故諸舊說皆以壬申為十月十五日也公羊穀梁傳以為待公至然後卒大夫故十月之日書在十一月之下於左傳則不通故杜以為日誤○十有二月丁巳朔日有食之無傳○邾子貜且卒無傳五同盟○貜俱縛反徐居碧反且子餘反疏注五同盟○正義曰貜且以文十四年即位宣十七年盟于斷道成二年于蜀五年于蟲牢七年于馬陵九年于蒲十五年于戚此年于柯陵凡七同盟而云五者沈以杜數同盟之例但有君盟者不數大夫之盟此二年盟蜀十七年盟柯陵皆邾之大夫故不數之劉炫并數二盟而規其過非也○晉殺其大夫郤錡郤犨郤至○楚人滅舒庸

傳十七年春王正月鄭子駟侵晉虛滑虛滑晉二邑滑故滑國為秦所滅時屬晉後屬周○虛起居反疏注虛滑至屬周○正義曰僖三十三年秦人滅滑經書入則是滅而不有不知滅後屬何國也此言侵晉知此時屬晉耳襄十八年傳楚公子格侵費滑胥靡注云胥靡鄭邑不言費滑杜意當以費滑為周邑也然則若是周邑當言侵周以別之定六年傳稱鄭伐周馮滑胥靡爾時胥靡亦為周邑蓋費滑胥靡周鄭之間襄時屬鄭定時屬周衛北宮括救晉侵鄭至于高氏不書救以侵告高氏在陽翟縣西南夏五月鄭大子髡頑侯獳為質於楚侯獳鄭大夫○髡苦門反獳乃侯反質音致楚公子成公子寅戍鄭○公會尹武公單襄公及諸侯伐鄭自戲童至于曲洧今新汲縣治曲洧城臨洧水○戲許宜反洧于軌反治直吏反疏注洧水○

正義曰釋例云洧水出滎陽密縣西北陽城山東南至潁川長平縣入潁○晉范文子反自鄢陵前年鄢陵戰還使其祝宗祈死祝宗主祭祀祈禱者曰君驕侈而克敵是天益其疾也難將作矣愛我者唯祝我使我速死無及於難范氏之福也六月戊辰士燮卒傳言厲公無道故賢臣憂懼因禱自裁○侈尺氏反又尸氏反難乃旦反下同祝之又反疏注傳言至自裁○正義曰劉炫以爲士燮及昭子之卒適與死會非自殺今知非者以傳云使祝宗祈死又云祝我使我速死無及於難是其欲死之意叔孫昭子心懷憂懼亦與此同身皆並卒故知自裁若其二人之死適與死會春秋之內唯有兩人願死何得身死皆與相當故杜斟酌傳文以爲自殺劉以爲偶然而死以規杜失非也何休膏肓以爲人生有三命有壽命以保度有隨命以督行有遭命以摘暴未聞死可祈也故杜以爲因禱自裁也傳記此事者欲見厲公無道賢臣憂懼○乙酉同盟于柯陵尋戚之盟也戚盟在十五年○楚子重救鄭師于首止諸侯還長楚強○齊慶克通于聲孟子與婦人蒙衣乘輦而入于閎慶克慶封父蒙衣亦爲婦人服與婦人相冒閎巷門○與如字徐音預閎音宏冒亡報反疏于閎○正義曰釋宮云宮中衖謂之壼衖門謂之閎孫炎曰衖舍閒道也李巡曰閎衖頭門也鮑牽見之以告國武子鮑牽鮑叔牙曾孫○武子召慶克而謂之慶克久不出慙臥於家夫人所以怪之而告夫人曰國子讁我讁讉責也○讁直革反讉遣戰反○夫人怒國子相靈公以會會伐鄭○相息亮反下相施氏同高鮑處守高無咎鮑牽○守手又反及還將至閉門而索客蒐索備姦人○索所白反注同孟子訴之曰高鮑將不納君而立公子角國子知之角頃公子○頃音傾

秋七月壬寅刖鮑牽而逐高無咎無咎奔莒高弱以盧叛○弱無咎子盧高氏邑刖音月又五刮反齊人來召鮑國而立之國牽之弟文子初鮑國去鮑氏而來爲施孝叔臣施氏卜宰匡句須吉卜立家宰句其俱反○施氏之宰有百室之邑與匡句須邑使爲宰以讓鮑國而致邑焉施孝叔曰子實吉對曰能與忠良吉孰大焉鮑國相施氏忠故齊人取以爲鮑氏後仲尼曰鮑莊子之知不如葵葵猶能衛其足葵傾葉向日以蔽其根言鮑牽居亂不能危行言孫○知音智向許亮反本又作嚮行下孟反○冬諸侯伐鄭前夏未得志故十月庚午圍鄭楚公子申救鄭師于汝上十一月諸侯還不書圍畏楚救不成圍而還疏汝上○正義曰釋例云汝水出南陽魯縣大盂山東北至河南梁縣東南經襄城潁川汝南至汝陰褒信縣入淮○初聲伯夢涉洹洹水出汲郡林慮縣東北至魏郡長樂縣入清水○洹音桓一音恒今土俗音袁慮力於反樂音洛下樂平同或與己瓊瑰食之瓊玉瑰珠也食珠玉含象○瓊求營反瑰古回反含戶暗反本亦作唅疏注瓊玉至含象○正義曰瓊是玉之美者廣雅云玟瑰珠也呂靖韻集云玫瑰火齊珠也含者或用玉或用珠故夢食珠玉爲含象也詩毛傳云瓊瑰石而次玉禮緯天子含用珠諸侯用玉大夫用碧此聲伯得有瓊瑰者案周禮天子含用玉則禮緯之文未可全依或可珠玉兼有故釋例云珠玉曰含泣而爲瓊瑰盈其懷淚下化爲珠玉滿其懷從而歌之曰濟洹之水贈我以瓊瑰歸乎歸乎瓊瑰盈吾懷乎從就也夢中爲此歌懼不敢占也還自鄭壬申至于貍脤而占之曰余恐死

故不敢占也今衆繁而從余三年矣無傷也言之之。莫而卒繁猶多也傳戒數占夢○莫音暮數所角反疏今衆至傷也○正義曰聲伯之意以初得此夢謂凶在己懼不敢占今衆既繁多而從余三年余之此夢凶災散在衆人不在己也故云無傷

○齊侯使崔杼爲大夫使慶克佐之帥師圍盧討高弱。○杼直呂反國佐從諸侯圍鄭以難請而歸請於諸侯○難乃旦反下及注同遂如盧師殺慶克以穀叛疾克淫亂故殺之齊侯與之盟于徐關而復之十二月盧降使國勝告難于晉待命于清勝國佐子使以高氏難告晉齊欲討國佐故留其子於外清陽平樂縣是爲明年殺國佐傳○降下江反疏待命于清○正義曰欲遣國勝告難故令待進止之命在于清地非是使還待命

○晉厲公侈多外嬖○外嬖愛幸大夫○嬖必計反。自鄢陵欲盡去羣大夫而立其左右終如士燮言○反自鄢陵本作自鄢陵去起呂反胥童以胥克之廢也怨郤氏童胥克之子宣八年郤缺廢胥克而嬖於厲公郤錡奪夷陽五田五亦嬖於厲公郤犫與長魚矯爭田執而梏之梏械也○矯居表反梏古毒反械戶戒反與其父母妻子同一轅繫之車轅既矯亦嬖於厲公欒書怨郤至以其不從己而敗楚師也欲廢之鄢陵戰欒書欲固壘郤至言楚有六間以取勝也使楚公子茷告公曰此戰也郤至實召寡君鄢陵戰晉因公子茷以歸以東師之未至也齊魯衛之師與軍帥之不具也曰此必敗荀罃佐下軍居守郤犫將新軍乞師故言不具○帥所類反守手又反吾因奉孫周以事君孫周晉襄公曾孫悼公

楚王也 疏注孫周至悼公○正義曰晉世家云悼公周者其先祖父捷晉襄公少子也不得立號爲桓叔桓叔生惠伯談談生悼公周是周爲襄公曾孫

也○公告欒書書曰其有焉不然豈其死之不恤而受敵使乎謂鄢陵戰時楚子使問郤至以弓○使

所吏反君盍嘗使諸周而察之嘗試也○盍戶臘反使所吏反又如字郤至聘于周欒書使孫周見

之公使覘之信覘伺也○覘勑廉反伺音司又絲嗣反遂怨郤至厲公田與婦人先殺而飲酒後

使大夫殺傳言厲公無道先婦人而後卿佐郤至奉豕進之於公寺人孟張奪之寺人奄士郤至射而殺

之公曰季子欺余季子郤至公反以爲郤至奪孟張豕○射食亦反厲公將作難胥童曰必先三郤族

大多怨去大族不偪不偪公室○偪彼力反下同敵多怨有庸討多怨者易有功○易以豉反公曰然郤氏

聞之郤錡欲攻公曰雖死君必危郤至曰人所以立信知勇也信不叛君知不

害民勇不作亂失茲三者其誰與我死而多怨將安用之言俱死無用多其怨咎○知音智下同

君實有臣而殺之其謂君何我之有罪吾死後矣若殺不辜將失其民欲安得

乎言不得安君位待命而已受君之祿是以聚黨有黨而爭命爭死命。也罪孰大焉傳言郤至無反

心壬午胥童夷羊五帥甲八百將攻郤氏八百人。也長魚矯請無用衆公使清沸魋

助之沸魋亦嬖人○沸甫味反魋徒回反抽戈結衽衽裳際○衽而甚反徐音而鴆反而僞訟者僞與清沸魋訟三郤將

謀於榭榭講武堂疏注榭講武堂○正義曰楚語云榭不過講軍實焉是榭爲講武堂傳言將謀於榭似仍未至榭猶在塗也下云殺駒伯苦成叔於其位位所坐之處則已至榭矣三郤慮公殺己謀欲自安未及謀而已死故云將耳非謂未至榭也或可將謀於榭是未至榭故杜云位所坐處也謂當時隨便所坐之處故長魚矯得僞訟而殺之若已至榭不應就榭僞訟矯以戈殺駒伯苦成叔於其位位所坐處也駒伯郤錡苦成叔郤犨○處昌慮反溫季曰逃威也遂趨郤至本意欲稟君命而死今矯等不以君命而來故欲逃凶賊爲害故曰威言可畏也或曰畏當爲藏矯及諸其車以戈殺之皆尸諸朝陳其尸於朝胥童以甲劫欒書中行偃於朝。矯曰不殺二子憂必及君。公曰一朝而尸三卿。余不忍益。也。對曰人將忍君人謂書與偃○一朝如字疏一朝而尸三卿○正義曰一朝謂一旦也晉語說此事一旦而尸三卿不可益也臣聞亂在外爲姦在內爲軌。御姦以德德綏遠○軌本又作宄音同御魚呂反下同御軌以刑。刑治近。也不施而殺不可謂德臣偪而不討不可謂刑德刑不立姦軌並至臣請行遂出奔狄行去也○施如字或式豉反公使辭於二子辭謝書與偃。也曰寡人有討於郤氏郤氏既伏其辜矣大夫無辱其復職位胥童劫而執之故云辱也皆再拜稽首曰君討有罪而免臣於死君之惠也二臣雖死敢忘君德乃皆歸公使胥童爲卿公遊于匠麗氏。匠麗嬖大夫家欒書中行偃遂執公焉召士匄士匄辭辭不往也召韓厥韓厥辭曰昔吾畜於趙氏孟姬之讒。吾能違兵畜養也違去也韓厥少爲趙盾所待養及孟姬之亂晉將討趙氏而厥去其兵示不與黨言此者明己無所偏助孟姬亂在八年○去起呂反下同少詩照反

古人有言曰殺老牛莫之敢尸而況君乎二三子不能事君焉用厥也尸主也○焉於虔反

○舒庸人以楚師之敗也敗於鄢陵舒庸東夷國。道吳人圍巢伐駕圍釐虺巢駕釐虺楚四邑○道音導下及注同駕如字音加釐力之反虺許鬼反遂恃吳而不設備楚公子橐師襲舒庸滅之○閏月乙卯晦欒書中行偃殺胥童以其劫己故○橐他洛反民不與郤氏胥童道君爲亂故皆書曰晉殺其大夫厲公以私欲殺三郤而三郤死不以無罪書偃以家怨害胥童而胥童受國討文明郤氏失民民胥童道亂宜其爲國戮

疏注厲公至國戮○正義曰厲公以私欲殺三郤則三郤無罪經應直云晉殺其大夫不應稱名也又胥童爲欒書中行偃所殺乃直是兩下相殺今經書二者並爲國討之文故傳解之言民不與郤氏郤氏有罪也胥童道君爲亂胥童有罪也故皆書曰晉殺其大夫以二者據其死狀皆非國討故傳正其二者之罪解其並爲國討之意劉炫云杜言三郤不以無罪書正謂不書盜書盜郎無罪也胥童之死本非國家所殺故特言胥童受國討文其實傳意并論郤氏受國討故云皆書曰晉殺其大夫也杜又云郤氏失民胥童道亂乃總釋傳並言二者皆爲國討之意也

經十有八年春王正月晉殺其大夫胥童傳在前年經在今春從告○庚申晉弑其君州蒲。不稱臣君無道○齊殺其大夫國佐國武子也○公如晉○夏楚子鄭伯伐宋宋魚石復入于彭城傳例曰以惡入也彭城宋邑今彭城縣○復扶又反○公至自晉○晉侯使士匄來聘○秋杞伯

來朝○八月邾子來朝○築鹿囿（築牆爲鹿苑○囿音又）○己丑公薨于路寢○冬楚人鄭人侵宋（子重先遣輕軍侵宋故稱人而不言伐○輕遣政反）○晉侯使士魴來乞師（○魴音房）○十有二月仲孫蔑會晉侯宋公衛侯邾子齊崔杼同盟于虛朾（虛朾地闕○虛起居反朾他丁反）○丁未葬我君成公

傳十八年春王正月庚申晉欒書中行偃使程滑弒厲公（程滑晉大夫）葬之于翼東門之外以車一乘（言不以君禮葬諸侯葬車七乘○乘繩證反注同也）

疏注言不至七乘○正義曰周禮大行人上公貳車九乘侯伯七乘子男五乘謂生時副貳之車也其送葬亦當如之今唯一乘是不以君禮葬也以晉是侯爵故指言侯禮七乘耳諸侯各依命數不是皆七乘也襄二十五年傳齊人葬莊公下車七乘杜以特言七乘明七非舊制故彼注云齊舊依上公禮九乘以齊嘗爲侯伯因而用九九非侯之正法故此以正言之

使荀罃士魴逆周子于京師而立之（悼公周也）生十四年矣大夫逆于清原周子曰孤始願不及此雖及此豈非天乎（言有命也）抑人之求君使出命也立而不從將安用君二三子用我今日否亦今日共而從君神之所福也（傳言其少有才所以能自固○少詩照反）對曰羣臣之願也敢不唯命是聽庚午盟而入（與諸大夫盟）館于伯子同氏（晉大夫家館舍也）辛巳朝于武宮（武宮曲沃始命君）

疏辛巳朝于武宮○正義曰服虔本作辛未晉語亦作辛巳孔晁云以辛未盟入國辛巳朝祖廟取其新也

案晉語稱庚午大夫逆于清原傳云庚午盟而入逆日即盟非辛未也傳與晉語皆言辛巳朝于武宮服本自誤耳孔晁強欲合之非也逐不臣者七人夷羊五之屬也周子有兄而無慧。不能辨菽麥，故不可立。菽大豆也豆麥殊形易別故以為癡者之候不慧蓋世所謂白癡○菽音叔易以豉反別彼列反癡勑疑反○齊為慶氏之難前年國佐殺慶克○為于偽反難乃旦反故甲申晦，齊侯使士華免以戈殺國佐于內宮之朝。華免齊大夫內宮夫人宮疏注華免齊大夫至人宮○正義曰杜世族譜於齊國雜人之中有華免而無士字此注以華免為大夫則士者為士官也。官掌刑。故使殺國佐也於夫人之宮有朝羣妾之處故云內宮之朝蓋齊侯召入與語而殺之師逃于夫人之宮。伏兵內宮恐不勝書曰：齊殺其大夫國佐，棄命專殺以穀叛故也。國佐本疾淫亂殺慶克齊以是討之嫌其罪不及死故傳明言其三罪使清人殺國勝。勝國佐子前年待命于清者國弱來奔。弱勝之弟王湫奔萊。湫國佐黨○湫子小反徐子鳥反萊音來慶封為大夫，慶佐為司寇。封佐皆慶克子既，齊侯反國弱，使嗣國氏，禮也。佐之罪不及不祀○二月乙酉朔，晉侯悼公即位于朝。朝廟五日而即位也厲公殺絕故悼公不以嗣子居喪○殺音試疏注朝廟至居喪○正義曰辛巳距乙酉五日先定所脩之政待朔旦而後施之故五日也晉語云正月乙酉公即位孔晁云二月即位言正月者記者誤也厲公被殺而嗣絕故悼公自外而入即位之日即命百官施布政教與居喪即位其禮不同釋例曰厲公見殺悼公自外紹立本非君臣無喪制也若然禮喪服小記云與諸侯為兄弟者服斬鄭玄云謂卿大夫以下也與尊者為親不敢以輕服服之言諸侯者明雖在異國猶來為三年也計厲是文公之曾孫悼文公之玄孫有緦麻之親法當服斬而云無喪制者悼之父祖去晉適周與本親隔絶無往來恩義厲既見殺悼卽被迎迎之以爲晉君卽與厲公體敵且葬厲公以車一乘國內尙不以爲君不可責悼公服斬也縱使當爲之斬絶而別立亦非嗣矣始命百官始爲政施舍已責施恩惠舍勞役止逋責○施舍如字一音始豉反逋布吳反逮鰥寡惠及微○鰥石
頑反振廢滯起舊德匡乏困救災患匡亦救也禁淫慝薄賦斂宥罪戾宥寬也○慝他得反斂力驗反宥音
又戾力計反節器用節省也○省所景反下同時用民使民以時欲無犯時不縱私欲○縱本亦作從子用反使魏相
士魴魏頡趙武爲卿相魏錡子魴士會子頡魏顆子武趙朔子此四人其父祖皆有勞於晉國○相息亮反頡戶結反顆苦果反

疏注相魏至晉國○正義曰晉語云使呂宣子佐下軍曰邲之役呂錡佐知莊子於下軍獲楚公子穀臣與連尹襄老以免其子鄢陵之役親射楚王而敗楚師以定晉國而無後其子不可不崇也使彘共子將新軍曰武子之季文子之母弟也武子宣法以定晉國文子勤身以定諸侯二子之德其可忘乎故以彘季屏其宗使令狐文子佐之曰昔克潞之役秦來圖敗晉功魏顆以身退秦于輔氏親止杜回其勳銘于景鐘至于今不忘其子不可不興也彼言呂宣子魏相也彘共子士魴也令狐文子魏頡也又曰呂宣子卒公以趙文子能恤大事使佐下軍趙武父祖功名顯著故不復序之是四人父祖皆有勞於晉國荀家

荀會欒黶韓無忌爲公族大夫使訓卿之子弟共儉孝弟無忌韓厥子○孝弟音悌本亦作悌

疏荀家至孝弟○正義曰晉語云欒伯請公族大夫公曰荀家惇惠荀會文敏黶也果敢無忌鎭靖膏粱之性難正也故使惇惠者教之文敏者道之果敢者諗之鎭靖者修之使兹四人者爲公族大夫也公族大夫職掌教誨故使訓卿之子弟令之共儉孝悌也晉語云韓獻子老使公族穆子受事子朝辭曰厲公之亂無忌備公族弗能死孔晁云備公族大夫則韓無忌先爲公族大夫今言使爲之者悼公始命百官更改新授之使士渥濁爲大傅使

脩范武子之法渥濁士貞子武子爲景公大傅○渥於角反【疏】使士渥至時使○正義曰晉語云君知士貞子之帥志博聞而宣惠於教也使爲大傅知右行辛之能以數宣物定功也使爲司空知欒糾之能御以和於政也使爲戎御知荀賓之有力而不暴也使爲戎右是四人者皆公知其能而使之耳范武子爲大傅孤也士蔿爲司空卿也皆前世能者其法可遵故使二大夫居其官而脩其法也二人皆是大夫非孤卿也右行辛爲司空使脩士蔿之法辛將右行因以爲氏士蔿獻公司空也○行戶郎反蔿于委反將子匠反下軍將同【疏】注辛將至爲氏○正義曰僖二十八年晉作三行三十一年卽罷之以爲五軍其置三行無多年歲彼云屠擊將右行未知此人卽屠擊之子孫也爲是其祖代屠擊也正以荀林父將中行遂以中行爲氏故謂此人之先將右行因以爲氏耳弁糾御戎校正屬焉弁糾欒糾也校正主馬官○弁皮彥反本又作卞同糾居黝反校戶孝反注同【疏】注弁糾至馬官○正義曰以晉語知是欒糾也周禮大御御官之長別有戎僕掌御戎車春秋征伐之世以御戎爲重此御戎當是御之尊者校正當周禮校人校人掌王馬之政襄九年傳曰命校正出馬知是主馬之官也周禮校人不屬大御此蓋諸侯兼官或是悼公新法此傳所言諸官皆不得與周禮同也使訓諸御知義戎士尚節義也【疏】注戎士尚節義○正義曰此訓諸御謂諸是御車之人設令國有千乘乘有一御皆令此官教之戎士尚節義故訓之使知義如羊斟之徒是不知義也周禮校人主養馬耳不知御車此言校正屬焉乃云訓御蓋令校正助御戎訓御荀賓爲右司士屬焉司士車右之官【疏】注司士車右之官○正義曰周禮司士掌羣臣之版以詔王治其職非車右之類不得屬車右也周禮有司右上士也掌羣右之政凡國之勇力之士能用五兵者屬焉其下更有戎右中大夫齊右下大夫道右上士此三右或官尊於司右而司右掌其政令春秋之世車右爲尊此司士蓋周禮司右之類爲車右屬官服虔以爲司士主右之官謂司右也使訓勇力之士時使勇力皆車

右也勇力多不順命故訓之以共時之使○共音恭本亦作供下文同【疏】注勇力至之使○正義曰所訓勇力之士皆謂爲車右者也設令國有千乘乘有一右總使此官訓之勇力之士失於彊暴如魏轝之一徒不順上命故訓之使共時之使不犯法也卿無共御立軍尉以攝之省卿戎御令軍尉攝御而已○省所景反令力呈反【疏】卿無至攝之○正義曰卿謂軍之諸將也若梁餘子養御罕夷解張御郤克之類往前恒有定員掌共卿御今始省其常員唯立軍尉之官臨有軍事使兼攝之令軍尉兼卿御也祁奚爲中軍尉羊舌職佐之魏絳爲司馬魏犨子也張老爲候奄鐸遏寇爲上軍尉籍偃爲之司馬偃籍談父爲上軍司馬○鐸待洛反遏於葛反徐音謁使訓卒乘親以聽命相親以聽上命○卒子忽乘繩證反下及注皆同程鄭爲乘馬御六騶屬焉使訓羣騶知禮程鄭荀氏別族乘馬御乘車之僕也六騶六閑之騶周禮諸侯有六閑馬乘車尚禮容故訓羣騶使知禮○騶側留反【疏】祁奚至知禮○正義曰晉語云公知祁奚之果而不淫也使爲元尉知羊舌職之聰敏肅給也使佐之知魏絳之勇而不亂也使爲元司馬知張老之知而不詐也使爲元候知鐸遏寇之共敬而信彊也使爲輿尉知籍偃之惇帥舊職而共儉也使爲輿司馬知程鄭之端而不淫且好諫而不隱也使爲贊僕晉語皆稱其才而用之善公之知人也言元尉元司馬元候者此皆中軍之官元大也中軍尊故稱大也輿尉輿司馬者皆上軍官也輿衆也官與諸軍同故稱衆也從車者爲卒在車者爲乘使此中軍與上軍軍尉司馬各教其軍之士卒使相親以聽在上之命○注程鄭至知禮○正義曰荀氏別族世本有文周禮齊僕下大夫掌馭金路以賓朝覲宗遇饗食皆乘金路杜言乘馬御乘車之僕則當彼齊僕也晉語謂之贊僕當時之官名耳周禮掌馬之官無名騶者襄二十三年傳稱豐點爲孟氏之御騶則騶亦御之類月令季秋天子乃教田獵命僕夫七騶咸駕載旌旗則騶是主駕之官也鄭玄云七騶謂趣馬主爲諸官駕說者也周

禮趣馬下士掌駕說之頒是騶爲主駕之官駕車以共御者程鄭爲乘馬御下士御之貴者故令掌駕之官亦屬之校人職云良馬三乘爲皁皁一趣馬趣馬下士三皁爲繫繫一馭夫馭夫中士六繫爲廄廄一僕夫僕夫上士天子十有二閑邦國六閑鄭玄云每廄爲一閑閑有二百一十六匹如彼計之每廄有趣馬十八人六閑之騶有一百八人皆屬程鄭而使總領之也戎車貴彊力乘車尚禮容故訓羣騶使知禮令教馬進退使合禮法也校人乘馬一師四圉三乘爲皁皁一趣馬三皁爲繫繫一馭夫六繫爲廄廄一僕夫六廄成校校有左右天子十二閑馬六種邦國六閑馬四種家四閑馬二種鄭玄云每廄爲一閑二百二十六匹易乾爲馬此應乾之策也校有左右則天子良馬五種各有四百三十二匹合二千一百六十匹駑馬三之四百三十二匹則千二百九十六匹合三千四百五十六匹詩云騋牝三千舉大數也玉路駕種馬戎路駕戎馬金路駕齊馬象路駕道馬田路駕田馬駑馬給宮中之役邦國六閑四種去戎種其齊道田各一閑駑馬三之則千二百九十六匹大夫四閑二種去齊道田馬一閑駑馬三之則八百六十四匹四匹一師也十二匹一趣馬也三十六匹一馭夫也二百一十六匹一僕夫也

凡六官之長皆民譽也

大國三卿晉時置六卿爲軍帥故總舉六官則知羣官無非其人○長丁丈反帥所類反下之帥爲帥皆同也

疏凡六至譽也○正義曰上已歷言諸官特爲公所知者更復總言所任皆得其人於時晉立六卿卿各下名有統領羣官非一凡六官之在民上爲長者皆是有德有能之人是民所褒譽者也使魏相以下至程鄭爲乘馬御以上凡有八條之官魏相等爲卿一也荀家等爲公族大夫二也士渥濁爲大傅三也右行辛爲司空四也弁糾爲御戎五也荀賓爲右六也祁奚爲中軍尉至籍偃爲司馬七也程鄭爲乘馬御八也自公族大夫以下七條各云使爲某事而卿下不云使者以卿總攝羣職非偏主一事故也公族大傅司空不云某官屬焉者以其當官自主更無餘官來屬其祁奚爲中軍尉及羊舌職張老魏絳鐸遏寇籍偃雖是數官總爲一條使訓卒乘親以聽命此唯有中軍上軍無下軍之官者蓋時下軍無闕不別立其官故也其卿無

其御立軍尉以攝之一句爲下祁奚爲中軍尉亂緒也大略所敘皆尊官在前卑官在後○注大國至其人○正義曰大國三卿是正法當時晉置六卿爲三軍之將佐皆是帥也於是晉又更置新軍凡有四軍八卿但新軍或置或廢故傳不數之耳六官之長非獨卿身乃謂其下凡爲人之長者皆有民之美譽故總舉六官則知羣官無非其人者也

舉不失職官不易方官守其業無相踰易疏舉不至易方○正義曰所舉用者皆堪其官不有失職者也文任文官武任武官其用爲官各守其業不踰易方也若文人爲武武人爲文則違方易務不能守其業矣爵不踰德量德授爵師不陵正旅不偪師正軍將命卿也師二千五百人之帥也旅五百人之帥也言上下有禮不相陵偪疏注正軍至陵偪正義曰傳言不偪陵不偪者皆謂下不陵偪其上旅卑於師師卑於正知正是軍將命卿也唯舉師旅不相陵偪言上下有禮皆不相陵偪也民無謗言所以復霸也此以上通言悼公所行未必皆在即位之年○復扶又反下及注復入皆同上時掌反疏所以復霸○正義曰霸者把也把持王政鄭玄云天子衰諸侯興故曰霸夏有昆吾商有豕韋大彭周有齊桓晉文此最彊者也故書傳通謂彼五人爲五霸耳但霸是彊國爲之天子既衰諸侯無主若有彊者即營霸業其數無定限也而何休以霸不過五不許悼公爲霸以鄉曲之學足以忿人傳稱文襄之霸襄承文後紹繼其業以後漸弱至悼乃彊故云復霸

○公如晉朝嗣君也○夏六月鄭伯侵宋及曹門外曹門宋城門也遂會楚子伐宋取朝郟楚子辛鄭皇辰侵城郜取幽丘同伐彭城朝郟城郜幽丘皆宋邑○取朝如字郟古洽反郜古報反納宋魚石向爲人鱗朱向帶魚府焉五子以十五年出奔楚獨書魚石爲師告以三百乘戍之而還書曰復入惡其依阻大國以兵威還故書復入○乘繩證反惡烏路反凡去其國國逆而立之曰入謂本無位紹繼

而立復其位曰復歸亦國逆○復歸音服一音扶又反諸侯納之曰歸謂諸侯以言語告請而納之有位無位皆曰歸以
惡曰復入謂身爲戎首稱兵入伐害國殄民者也此四條所以明外內之援辨逆順之辭通君臣取國有家之大例○以惡本或作以惡入曰復入
疏凡去至復入○正義曰釋例曰凡去其國者通謂君臣及公子母弟也國逆而立之本無位則稱入本有位則稱復歸齊小白入于齊無位也衛侯鄭復
歸于衛復其位也諸侯納之有位無位皆曰歸衛孫林父蔡季是也身爲戎首則曰復入晉欒盈是也此所以明外內之援辨逆順之辭故經正魚石衛衎以
表舊制傳稱凡例總而明之也衛人逆公子晉于邢宜稱入善其得衆公子友忠於社稷國人所思焉故閔公爲落姑之盟以復之夫衛公子晉絕位而在邢
魯之季子勢弱而出奔感得民望享國有家是以聖人賞之殊其文也莊六年五國諸侯犯逆王命以納衛朔大其事故字王人謂之子突朔懼有違衆之犯
而以國逆告華元實國逆欲挾晉以自助故以外納赴春秋從而書之以示二子之情也韓魏有耦國之彊陳蔡有復國之端故晉趙鞅楚公子比皆稱歸從
諸侯納之例言非晉楚之所能制也侯獳愛君以請故曹伯有國逆之辭許始復國故許叔有國逆之文此皆時史因周典以起時事之情也傳例稱諸侯納
之曰歸今檢經諸稱納者皆有興師見納之事不須例而自明故但言納而不復言歸也衛侯鄭曹伯負芻皆見執在周晉魯請而復之鄭書歸于衛負芻稱
歸自京師所發事同而文異者例意本在於歸不以他文爲義也賈氏又以爲諸歸國稱所自之國所自之國有力也案楚公子比去晉而不送是無援於外
而經書自晉陳侯吳蔡侯廬皆平王所封可謂有力而不言自楚此既明證又春秋稱入其例有二施於師旅則曰不地在於歸復則曰國逆又以立爲例逆
而不立則皆非例所入鄭之良霄以寇而入入即見殺而復例之例稱凡去其國明非夫子之制也周敬王王子猛不書出而書入襄王書出而不書入凡自
周無出故非春秋舊例也諸在例外稱入直是自外入內記事者常辭義無所取而賈氏雖夫人姜氏之入皆以爲例如此甚多又依放穀梁云稱納者內難

之辭因附會諸納爲義至于納北燕伯于陽傳稱因其衆窮不能通乃云時陽守之距難故稱納此又無證經書楚人圍陳納頓子于頓則頓國之所欲也北燕伯傳有因衆之文不可言內難也又書納公孫寧儀行父于陳陳縣而見復上下交讙二人雖有淫縱之闕今道楚臣陳賊討君葬戚權方盛傳稱有禮理無有難此皆先說之不安也沈氏云國逆而立之曰入唯謂國君知不兼臣者以臣而無位本賤不書故知臣無國逆之例也其復入唯謂臣知者以君雖不君臣不可不臣君若入國臣無違拒之法且杜云身爲戎首稱兵入伐是戎首指臣爲文故知不得兼君也杜所以云四條者通君臣取國有家之大例即是事通君臣者此據大略而言不復曲細爲別也

宋人患之西鉏吾曰何也西鉏吾宋大夫○鉏仕居反徐在居反吾音魚西鉏吾人名也若楚人與吾同惡以德於我吾固事之也不敢貳矣惡謂魚石大國無厭。鄙我猶憾。言己事之則以我爲鄙邑猶恨不足此吾患也○厭於鹽反憾戶暗反不然而收吾憎使贊其政謂不同惡魚石而用之使佐政以間吾釁亦吾患也今將崇諸侯之姦而披其地崇長也謂楚今取彭城以封魚石披猶分也○間如字又閒廁之閒釁許靳反披普彼反注同長丁丈反疏不然至吾患○正義曰不然謂不與吾同惡也而收取吾之所憎謂魚石是也使佐其楚國之政以伺間吾之釁隙而侵伐我如此則亦是吾之所患若晉用楚材皆爲楚國之患焉是也以塞夷庚夷庚吳晉往來之要道楚封魚石於彭城欲以絕吳晉之道疏注夷庚至之道○正義曰夷平也詩序云由庚萬物得由其道是以庚爲道也此云以塞夷庚下云而懼吳晉知謂塞吳晉往來之要道也吳晉往來路由彭城楚取彭城以封魚石欲以斷絕吳晉往來之道使其不得往來故吳晉所以懼耳若其不然何其獨云懼吳晉也夷庚止謂吳晉往來之平道耳非山川險難之名故杜。土地名不得指其所在逞姦而攜服毒諸侯而懼吳晉隔吳晉之道故懼攜離也疏逞姦而攜服○正義曰提快也封魚石爲快姦人也攜離也諸侯見楚助賊服從者其心皆離是離其服從者之心吾庸多矣非吾憂也且事晉何爲晉必恤之言宋常事晉何爲顧有此患難○難乃旦反○公至自晉晉范宣子來聘且拜朝也拜謝公朝君子謂晉於是乎有禮有卑讓之禮。也○秋杞桓公來朝勞公且問晉故公以晉君語之語其德。政○勞力報反語魚據反注同杞伯於是驟朝于晉而請爲昏爲平公不徹樂張本疏驟朝于晉○正義曰詩云載驟駸駸驟是疾行之名從魯卽疾朝于晉也○七月宋老佐華喜圍彭城老佐卒焉言所以不克彭城八月邾宣公來朝卽位而來見也見賢遍反○築鹿囿書不時也非土。功時○己丑公薨于路寢言道也在路寢得君薨之道疏言道也○正義曰喪大記云君夫人卒於路寢是在路寢得君薨之道也○冬十一月楚子重救彭城伐宋使偏師與鄭人侵宋子重爲後鎮宋華元如晉告急韓獻子爲政於是欒書卒韓厥代將中軍曰欲求得人必先勤之勤恤其急成霸安彊。自宋始矣晉侯師于台谷以救宋台谷地闕○台勑才反一音臺疏成霸安彊○正義曰謂文公成霸安彊自宋爲始言今宋有患不可不救也遇楚師于靡角之谷楚師還畏晉彊也靡角宋地晉士魴來乞師將救宋。也季文子問師數於臧武仲武仲宣叔之子對曰伐鄭之役知伯實來下軍之佐也知伯荀罃今彘季亦佐下軍彘季士魴○彘直例反如伐鄭可也伐鄭在十七年事大國無失班爵而加敬焉禮也從之從武仲言○十二

月孟獻子會于虛朾謀救宋也宋人辭諸侯而請師以圍彭城不敢煩諸侯故但請其師爲襄

元年圍彭城傳　孟獻子請于諸侯而先歸會葬○丁未葬我君成公書順也薨于路寢五月而葬

國家安靜世適承嗣故書順也○正義曰自此以前莊宣薨于路寢桓莊僖

曰書順也○適丁歷反【疏】文宣皆書葬矣今於此公薨之下言道也於葬之下

言書順也獨發傳者隱桓閔皆爲人所殺僖公薨于小寢文公薨于臺下皆其

薨不得道也莊宣雖薨于路寢莊則子般見殺宣則歸父出奔家國不安非是

得。道。順。禮唯成公耳故傳於此發之釋例曰魯君薨葬多不順制唯成公薨于

路寢五月而葬國家安靜世適承嗣故傳見莊公之緩舉成書順以包之是也

附釋音春秋左傳注疏卷第二十八

春秋左傳注疏卷二十八校勘記　阮元撰盧宣旬摘錄

附釋音春秋左傳注疏卷第二十八　成十六年盡十八年

〔經十六年〕

雨木冰　淳熙本木誤大

喜穆公子子罕也　淳熙本穆誤穆

故曰楚子敗績　纂圖本子作師非也

若君將被殺獲者爲重　宋本爲字上有復以殺獲者五字是也

無傳義例　宋本淳熙本天放菴翻岳本足利本作傳無義例是也

於時行父從公伐鄭　毛本時誤是

與行父俱歸　監本俱誤伹

叔孫僑如出奔齊　漢書五行志引作喬如

刺公子偃　釋文刺作刾云依字作刺案刾俗刺字

〔傳十六年〕

敗諸汮陂石經宋本岳本汮作㧑釋文同

至于鳴鴈毛本于作於鴈作雁注同

晉侯將伐鄭毛本伐誤代

郤錡將上軍纂圖本毛本郤作卻誤下同

死亡不復存宋本存作補

有勝矣有字上石經旁增晉字此後人妄加也

時順而物成淳熙本物誤物

求無不具淳熙本具誤吴

注烝衆至中正以下正義五節在對曰至子矣正義之後宋本總入子其勉之節注下

昔我先王世后稷浦鏜云先下誤衍王字據俗本國語云也

敦厚也宋本無也字與孔疏摘注合

瀆齊盟惠棟云崔憬易注云瀆古黷字傳皆以瀆爲黷

食話言爲義毛本話作語宋本義作並皆非也

人恤所厎宋本岳本厎作底與石經合注及正義並同

動竫恣意閩本監本毛本竫作情非也

有奸邪者盧文弨云奸當作姦

詳則祥也閩本監本毛本則作者是也

財用有科㕘閩本財作則亦非宋本監本毛本科作利是也〇今改作利

和睦相親宋本睦下有而字

以補其空闕之處毛本補作備非

外絶其鄰國之好毛本鄰作隣俗字

民知所適毛本知作之誤

人既不知在上之信宋本閩本監本毛本作上此本誤七今訂正

我若羣臣輯睦以事君多矣石經若字下旁增退字多矣下旁增又何求三字皆非唐刻惠棟云當是晁公武據蜀石經㕘之案惠說未確釋文輯作集云又作輯案輯與集同

荀林父奔走淳熙本奔走誤作三反

范匄趨進釋文云匄本又作丐史記晉世家注作范丐

注晦月至忌宋本至下有爲字是也

晦是月終陰之盡也監本毛本盡作盡非也

在陳而踦纂圖本監本毛本踦作嚻下同

踦喧嘩也岳本嘩作譁釋文作諠譁云本又作喧嘩

楚子登巢車以望晉軍說文引傳作轈車

伯州犂以公卒告王淳熙本王誤玉

必大敗矣石經宋本淳熙本岳本纂圖本監本毛本矣作之是也

服虔云復反也監本服虔云誤作虔云云

爲飛矢之象毛本矢誤失

是非無以可明毛本可字空缺

潘黨爲右石首御鄭成公淳熙本右石二字誤倒

陷於淖石經陷字上旁有公字乃後人妄增非唐刻也

與養由基漢書班固東都賦作游基

申鮮虞之傳摯宋本毛本傳作傅是也

鄭玄詩注云浦鏜云注當作箋是也○今訂正

蘇聲也段玉裁校本蘇字上增茅蒐二字是也謂齊人急疾呼茅蒐成蘇也

謂要脚連耳毛本謂作爲非也

識見不穀而趨案惠棟云識當爲適外傳作屬訓爲適

爲其拜而蔆拜監本毛本其誤共

又先無被傷之狀閩本被誤彼

三肅使者而退淳熙本三作二非也

其右茀翰胡曰按韋昭國語周語注引作右弗宋庠云古字通

周禮全羽爲旞閩本監本毛本旞作襚非宋本作旞○今從宋本

但九旗竿首監本毛本九作凡誤也

故旌爲之總名毛本爲作謂非

已當死戰宋本岳本已作己是也纂圖本死戰二字誤倒

好以暇石經初刻無以字後重刊入故此行十一字

造于子重纂圖本毛本于作於非

曰寡君乏使閩本乏誤之

注夷亦傷也宋本無也字

苗賁皇徇曰閩本監本徇誤狥

蓐食申禱岳本禱作幬非也

申重也監本重誤童

穀陽豎史記晉楚世家呂氏春秋權勳篇淮南子人間訓作陽穀與今本異

晉入楚軍三日穀監本三誤二石經日字下後人旁加館字釋文云本或作三日館穀誤國語晉語韋注引作晉師三日館穀卽釋文所謂或作之本而館從舍作舘尤爲俗劣

不常於一人也重修監本一誤明

亦所以責子反閩本監本毛本反下有也字非

聞子玉自殺 毛本玉作二非

申宮儆備 李善注陸士衡豪士賦序引儆作警說文儆下引傳儆宮文異

申勑宮備 毛本勑作勅纂圖本作敕

是大泯曹也 淳熙本亦作泯仍石經避諱而改宋本岳本纂圖本閩本監本毛本作泜是也注同○今訂正

臣人得殺之 閩本殺誤投宋本人下有不字

乃是彊鄰 閩本監本毛本彊作疆非也

君唯不遺德刑 毛本遺作以誤

注爲曹至告傳 閩本脫注字

子叔聲伯 纂圖本毛本聲作申非也

聲伯戒叔孫 監本戒誤臧

歸必叛矣 顏師古漢書朱博傳注引作畔矣

待于鄆 惠棟云京相璠曰公羊作運字今東郡廩邱縣東八十里有故運城即此城也

使子叔聲伯請季孫于晉 淳熙本孫誤叔

又何求石經求字改刊求字下後人旁增焉字

赦季孫石經赦字上後人旁增而字

使立於高國之閒毛本於作于國作固並非

奔衞亦閒於鄉石經奔字上有遂字乃後人所增惠棟云今本皆脫遂字非確論也

夏書至可乎宋本此節正義在將愼其細也節注下

〔經十七年〕

曹伯邾人伐鄭補各本曹師作曹伯此本誤師今訂正

十一月無壬申日誤也淳熙本誤作許非也

六日壬辰毛本辰誤申

十月庚午圍鄭毛本午下重午字非也

貍脤卽是其一毛本是誤知

〔傳十七年〕

君驕後而克敵李善注干寶晉紀總論引作君無禮而克敵非

是天益其疾也纂圖本天作大誤

惟祝我宋本淳熙本岳本惟作唯與石經合

因禱自裁纂圖本裁誤言

若其二人之死閩本監本毛本死作卒

與婦人相冒毛本冒作眘閩本監本作冐並非

慭臥於家岳本慭作憖

國牽之弟文子纂圖本文誤父

卜立冢宰宋本足利本冢作家是也顧炎武云此施氏之家臣也如論語仲弓爲季氏宰之宰解冢宰非炎武未見舊本故也纂圖本卜作下誤○家今改作家

葵傾葉向日釋文向作嚮云本亦作向皆俗鄉字

食珠玉含象釋文云含本亦作唅纂圖本玉誤王

廣雅云政瑰珠也毛本政作玫亦誤宋本監本作玫是也下同○政今改玫

瓊瑰石而次玉毛本石誤食

濟洹之水各本作濟毛本誤齊

言之之莫而卒詩秦風渭陽正義引作言之至莫而卒毛本莫誤萛

討高若宋本淳熙本岳本纂圖本監本毛本若作弱

反自鄢陵石經反字一行十一字疑初刻無反字釋文云一本又作自鄢陵

爭死命也宋本淳熙本岳本纂圖本足利本無也字

八百人也宋本淳熙本岳本纂圖本足利本無也字

或曰畏當爲藏宋本畏作威是也

一朝而尸三卿惠棟云韓子載厲公語曰吾一朝而夷三卿鄭注周禮凌人云夷之言尸也是夷與尸古字通又古夷字作𡰥與尸相近故或從尸或從𡰥也

余不忍益也韓子益作盡

在內爲軌釋文云軌本又作宄書盤庚正義引作宄漢書元帝紀注軌與宄同也按宄者正字也軌者假借字也

刑治近也宋本岳本纂圖本足利本無也字淳熙本作刑治也非

辭謝書與偃也宋本淳熙本岳本纂圖本足利本無也字下故云辱也辭不往也同

公遊于匠麗氏盧文弨校本云大戴禮記保傅篇作匠黎史記作匠驪則麗當讀平聲案國語周語韋注引作鄺

孟姬之讒閩本讒誤纔

舒庸東夷國人宋本淳熙本岳本纂圖本足利本無人字是也

楚公子橐師襲舒庸纂圖本閩本監本毛本橐誤櫜顧炎武云石經橐誤作櫜非也案橐師乃楚公子名石經橐字下旁有師字乃後人妄增淳熙本子誤于

（經十八年）

晉弒其君州蒲案蒲字當作滿石刻及諸本作蒲

己丑公薨于路寢纂圖本閩本監本毛本己誤巳

（傳十八年）

使程滑弒厲公李善注劉孝標辨命論引弒作殺

悼公周也宋本淳熙本岳本纂圖本無也字下言有命也注同

辛巳朝于武宮正義曰服虔本作辛未晉語亦作辛巳孔晁云以辛未盟入國辛巳朝祖廟取其新也案晉語稱庚午大夫逆于清原傳云庚午盟而入逆日即盟非辛未也傳與晉語皆云辛巳朝于武宮服本自誤耳孔晁強欲合之非也案臧琳云庚午既盟而入故明日辛未即朝於始祖廟服本

是也若作辛巳則與盟而入之日相去十有二日久入而不朝何也故知國語作巳字誤而杜本左傳同之何邪據孔注國語知孔氏所見左傳與服本同作辛未特孔氏不知國語巳字爲誤而強欲通之爲非耳正義謂逆日卽盟此說是也至以服本爲誤則偏袒之失

夷羊五之屬也 宋本淳熙本岳本纂圖本無也字

周子有兄而無慧 諸本作慧李善注劉孝標辨命論引作惠古字通

齊爲慶氏之難前年國佐殺慶克故甲申晦 陳樹華云注當入故字之下案宋本淳熙本岳本皆以難字爲句非也

官掌刑故 閩本監本毛本故作政亦非宋本官上有士字無故字是也

悼文公之玄孫 宋本文上有是字

薄賦斂 宋本岳本斂作歛與石經合

武子季 宋本子下有之字與晉語合

魏顆以身退秦于輔氏 宋本身上有其字浦鏜校本于上增師字並與晉語合也

至于今不忘 監本忘作育是也按韋注云育遂也

使佐下軍 宋本監本毛本下作新與國語合

公曰荀家惇惠　宋本閩本監本毛本荀作苟是也

無忌愼靖　監本毛本愼作鎭下同按明道本國語作鎭靜韋注云鎭重也靜安也

膏粱之性難正也　浦鏜校粱作梁是也

使脩范武子之法　石經此處脩作偱非

使士渥至時使　宋本以下正義六節總入使訓勇力之士時使注下

知荀賓之有功力而不暴也　宋本閩本有功字監本初刻亦有後剜去毛本無按明道本國語無功字

以晉語知是欒糾也　重脩監本欒誤樂

掌王馬之政　閩本監本王誤主非也

設令國有千乘　閩本監本毛本千作十

爲車右屬官　宋本爲上有故字

失於彊暴　宋本彊作強閩本監本作疆非也

魏絳爲司馬　監本絳作綘非也

程鄭荀氏別族　淳熙本作苟氏非

知程鄭爲端而不淫宋本閩本監本毛本作端此本誤瑞今訂正浦鏜正誤云爲字衍文是也

輿司馬者重修監本輿誤與

掌焉之官閩本監本毛本焉作駕宋本作馬是也○今從宋本

命僕夫七騶咸駕案夫當作及乃與月令合

載旌旗宋本旗作旐與月令合

六繫爲廄毛本爲作馬非也

天子十有二閑毛本閑作閉非下六閑同

校人乘馬此本校誤枚據宋本閩本訂正監本作教亦誤

二百二十六匹宋本二十作一十與鄭注校人合

各有四百三十二匹毛本二誤三

十二匹一趣馬也重修監本趣誤起

晉時置六卿爲軍師重修監本置誤蓋

更復總言所任宋本閩本監本毛本作任此本誤住今訂正

卿各下名有統領宋本無各字名作各是也閩本監本毛本卿下衍名字

不能守其業矣監本毛本業作職非也

量德授爵纂圖本毛本授作受非也

曹門宋城門也宋本淳熙本岳本纂圖本足利本無也字

爲師告宋本淳熙本岳本纂圖本足利本師作帥

朔懼有違衆之犯閩本監本毛本違作逆非

華元實國迎監本毛本迎作逆

侯獳愛君以請監本毛本獳作孺非也

案楚公子比去晉而不送閩本監本毛本送作返非也

又以立爲例宋本又上重國逆二字與襄廿五年昭廿一年正義合

則皆非例所入宋本入作及是也監本誤作人下文而入郎入並誤作人

明非夫子之制也監本毛本夫作天

大國無厭釋文厭作猒字按古書猒字淺人多改爲厭不知其義不同也如此條正當作猒

郿我猶憾石經凡憾字皆作感後人加小此處正作憾疑轉寫之譌

不然至吾患宋本此節正義在亦吾患也句下

故杜土地名監本土誤上

有卑讓之禮也宋本淳熙本岳本纂圖本足利本無也字

且問晉故淳熙本問誤間

語其德政足利本政作也非

非土功時淳熙本土作此誤

成霸安彊宋本淳熙本纂圖本閩本監本毛本彊作疆與石經合

成霸安疆宋本此節正義在自宋始矣句下

靡角宋地重脩監本宋誤朱

將救宋也宋本淳熙本岳本纂圖本足利本無也字

唯成公耳宋本唯字上有得道順禮四字是也

春秋左傳注疏卷二十八校勘記

附釋音春秋左傳注疏卷第二十九 襄元年盡四年

杜氏注　　孔穎達疏

襄公○陸曰襄公名午成公子母定姒諡法因事有功曰襄辟土有德曰襄疏正義曰魯世家云襄公名午成公之子定姒所生以簡王十四年即位諡法因事有功曰襄是歲歲在壽星

經元年春王正月公即位無傳於是公年四歲疏注於是公年四歲○正義曰九年傳曰會于沙隨之歲寡君以生晉侯曰十二年矣知於是公年四歲○仲孫蔑會晉欒黶宋華元衛甯殖曹人莒人邾人滕人薛人圍宋彭城魯與謀於虛朾而書會者稟命霸主非匹敵故○魯與音預○夏晉韓厥帥師伐鄭○仲孫蔑會齊崔杼曹人邾人杞人次于鄫鄫鄭地在陳留襄邑縣東南書次兵不加鄭次鄫以待晉師○鄫才陵反疏注鄫鄭至晉師○正義曰釋例曰兵未有所加所次則書之以示遲速既書兵所加則不書其所次此書次于鄫者為此魯齊曹邾杞其兵皆不加鄭故書次也傳曰於是東諸侯之師次于鄫以待晉師是韓厥伐鄭此次以待之○秋楚公子壬夫帥師侵宋○九月辛酉天王崩無傳辛酉九月十五日疏注辛酉九月十五日○正義曰顯言此日者欲明下冬聘是十月之初為王崩日近赴人未至故也○邾子來朝○冬衛侯使公孫剽來聘剽子叔黑背子○剽匹妙反字林匹召反○晉侯使荀罃來聘冬者十月初也王崩赴未至皆未聞喪故各得行朝聘之禮而傳善之疏注冬者至善之○正義曰禮記曾子問曰諸侯相見揖讓入門不得終禮廢者幾孔子曰六天子崩大廟

火日食后夫人之喪雨霑服失容則廢是王崩當廢禮也今傳釋此朝聘皆云善禮也知此冬者是十月之初崩赴未至由其俱未聞喪故得以吉行禮而傳善之

傳元年春己亥圍宋彭城下有二月則此己亥爲正月正月無己亥日誤疏注下有至日誤○正義曰長曆推此年正月庚戌朔其月無己亥圍宋彭城經在正月之下傳文下有二月則己亥必是正月月不容誤知是日誤非宋地追書也成十八年楚取彭城以封魚石故曰非宋地夫子治春秋追書繫之宋疏注成十至之宋○正義曰公羊傳曰宋華元曷爲與諸侯圍宋彭城爲宋誅也其爲宋誅奈何魚石走之楚楚爲之伐宋取彭城以封魚石成十八年傳曰楚伐彭城納魚石焉以三百乘戍之而還西鉏吾曰崇諸侯之姦而披其地不言取爲楚邑而云披地長奸是左氏之意亦爲楚以彭城封魚石爲國故注言封魚石也既列爲國非復宋地傳言追書是仲尼新意故云夫子治春秋追書繫之宋也言追書者其地已非宋有追來使屬宋耳非謂夫子在後追。書前事若以追爲在後追前則仲尼新意皆是追書前事非獨此爲追書也於是爲宋討魚石故稱宋且不登叛人也登成也不與其專邑叛君故使彭城還繫宋○爲于僞反疏注登成至繫宋○正義曰登成釋詁文不與其專邑叛君不與楚得取邑封人故使彭城還繫於宋也釋例曰楚人棄君助臣取宋彭城以封叛者削正興僞雖非復宋地故追書繫宋不與楚之所得是其義也言不登叛人則叛罪重矣不書魚石以彭城叛者孫林父將戚而出故得書云孫林父入于戚以叛此則因楚之力取彭城與宋交爭非欲出附他國故言復入也若總而言之俱是背叛於君故云不登叛人也謂之宋志稱宋亦以成宋志疏於是至宋志○正義曰魚石舊是宋人今還取宋地以自封若其不繫於宋則成此魚石爲一國之君夫子追繫於宋乃有。二意於是爲宋討魚石宜繫於宋且又不成此爲叛人使得取君之邑以爲一國之主有此二意故繫之於宋謂之宋志者言宋人志在攻取彭城故以魚石繫之於宋成此宋人之志○注稱宋至宋志○正義曰此與隱元年謂之鄭志義勢同也鄭
伯實不獲段而經書克謂之鄭志言鄭伯志。於殺雖實不克段而書之爲克見鄭伯之志也此彭城實非宋地而經書爲宋謂之宋志言宋人志在取之雖實
非宋地而繫之於宋成宋人之志也夫子脩春秋而傳於此二條特言謂之宋志謂之鄭志者夫子所脩春秋或褒或貶皆是夫子之志非取國人之心。此宋
志鄭志者以其雖是夫子所脩還取二國本志故也案下十年戍鄭虎牢傳云非鄭地也言將歸焉杜云繫之于鄭以見晉志卽此類也於此三事傳例已明
故彼不云謂之晉志也

彭城降晉晉人以宋五大夫在彭城者歸寘諸瓠丘彭城降不書賤略之瓠丘

晉。地河東。東垣縣東南有。壺丘五大夫魚石向爲人鱗朱向帶魚府○降戶江反注同寘之豉反瓠徐侯吳反一音戶故反垣音袁疏注彭城至略之○正

義曰案莊八年郕降于齊師既書於經則知彭城之降亦合書也今不書者但以其賤故略之也晉欒盈復入于晉下云晉人殺欒盈而書於經此彭城降所

以賤略不書者彼以殺之爲重來告故書此以降事爲輕故爲賤略

齊人不會彭城晉人以爲討二月齊大子光爲質於晉光齊靈公太子○質音致

○夏五月晉韓厥荀偃帥諸侯之師伐鄭入其郛荀偃不書非元帥○郛芳夫反元帥所類反疏韓厥至其郛○正義曰傳唯言諸侯之師不見諸侯之國未知諸侯之師是何國師也於是東諸侯之師次于鄫以

待晉師則次鄫之師皆不與伐鄭此諸侯之師其中必無齊魯曹邾也案上圍彭城除此則五國以外猶有宋衛莒滕薛下云晉侯衛侯次于戚以爲之援則衛

師從伐明矣明年戚之會知武子云滕薛小邾之不至皆齊故。於戚之會始怪滕薛不來明此時伐鄭滕薛在矣東諸侯皆次于鄫莒在齊魯之東若其在此

當與東人同次前圍彭城亦無小邾此時或無莒與小邾耳諸侯之師當是宋衛滕薛也賈逵云韓厥荀偃帥諸侯之師謂帥宋衛滕薛伐鄭齊魯曹邾杞次

于鄫故諸侯之師不序也入郛不書者晉人先以鄭罪令於諸侯故書伐鄭入郛既敗鄭不復告故不書○注荀偃不書非元帥○正義曰魯師出征並舉諸將他國之師唯書元帥詳內略外春秋之常故杜為注復時一言之耳敗其徒兵於洧上徒兵步。兵洧水出密縣東南至長平入。潁○洧于軌反疏注徒兵步兵○正義曰論語云以吾從大夫之後不可徒行徒猶空也謂無車空行也步行謂之徒行故步兵謂之徒。兵也隱四年傳云敗鄭徒兵注云時鄭不車戰則此亦然也於是東諸侯之師次于鄫以待晉師齊魯曹邾杞晉師自鄭以鄫之師侵楚焦夷及陳於是孟獻子自鄫先歸不與侵陳楚故不書○焦如字徐在堯反不與音預疏注於是至不書○正義曰獻子先歸傳無其事正以不書侵楚侵陳知其必先歸矣若獻子從師則書不待告以獻子先歸晉不告魯故侵陳楚皆不書也然不知獻子何以先歸傳既不言未測其故也今贊云則先歸者以前年虛朾會獻子先歸會葬今。公雖即位年又幼小君既新立故獻子先歸晉侯衛侯次于戚以為之援為韓厥援○秋楚子辛救鄭侵宋呂留呂留二縣今屬彭城郡鄭子然侵宋取犬丘譙國酇縣東北有犬丘城迂迴疑○酇才汙反又子旦反迂音于○九月邾子來朝禮也邾宣公○冬衛子叔晉知武子來聘禮也凡諸侯即位小國朝之。小事大大字小大國聘焉以繼好結信謀事補闕禮之大者也闕猶過也禮以安國家利民人為大○好呼報反

經二年春王正月葬簡王無傳五月而葬速○鄭師伐宋書伐從告○夏五月庚寅夫人姜氏薨○六月庚辰鄭伯睔卒未與襄同盟而赴以名庚辰七月九日書六月經誤○睔古困反徐又胡忖反疏注未與至經誤

○正義曰睔以成六年即位九年盟于蒲十五年于戚。又七年楚子重伐鄭諸侯救鄭而楚退同盟于馬陵諸侯雖不重序明亦與鄭同盟則是與成三同盟矣與其父盟於法得以名赴其子此云未與襄同盟而赴以名者言其嘗與成同盟於法得以名赴襄也此類多矣注皆云與其父同盟而已此注特言未與襄同盟者以此時鄭既從楚嫌其已背前盟不合更以名赴故明之也此經云六月庚辰鄭伯睔卒傳言七月庚辰鄭伯睔卒經傳必有誤者杜以長曆校之此年六月壬寅朔其月無庚辰七月壬申朔九日得庚辰則傳與曆合知傳是而此經誤也此經六月七日其文皆具所言誤者非徒字誤而已乃是書經爲誤七月之事錯書以爲六月故長曆云書於六月經誤言元本書之誤非字誤也○晉師宋師衛甯殖侵鄭宋雖非卿師重故敘衛上○殖市力反疏注宋雖至衛上○正義曰於例將卑師衆稱師將尊師少稱將此晉宋稱師不書將非卿也衛甯殖書將不稱師師少也晉爲兵主故當先書宋雖非卿以師爲重故序甯殖之上○秋七月仲孫蔑會晉荀罃宋華元衛孫林父曹人邾人于戚己丑葬我小君齊姜齊謚也三月而葬速○齊如字謚法執心克莊曰齊或音側皆反非疏注齊謚至葬速○正義曰謚法執心克莊曰齊是齊爲謚也葬而舉謚禮之常也此特云齊謚者以謚齊者少且齊齊同字夫人齊女嫌齊非謚晉大子申生之母稱齊姜者齊女姓姜氏彼齊非謚故此須明之○叔孫豹如宋豹於此始自齊還爲卿○冬仲孫蔑會晉荀罃齊崔杼宋華元衛孫林父曹人邾人滕人薛人小邾人于戚遂城虎牢以。富鄭疏遂城虎牢○正義曰虎牢是鄭舊邑此時屬晉而不繫晉者莊三十二年注云大都以名通者則不繫國此以名通故不繫晉也十年戍鄭虎牢繫於鄭者傳曰非鄭地也言將歸焉彼爲將歸鄭而繫之鄭也或當虎牢雖已屬晉晉人新得不爲己有故不繫晉也○楚殺其大夫公子申傳二年春鄭師。侵宋楚令也以彭城故○齊侯伐萊萊人使正輿子。賂夙沙衛以索馬牛皆百匹夙沙衛齊寺人索簡擇好者○萊音來輿音餘本亦作與索所白反疏馬牛皆百匹○正義曰司馬法丘出馬一匹牛三頭則牛當稱頭而亦云匹者因馬而名牛曰匹并言之耳經傳之文此類多矣易繫辭云潤之以風雨論語云沽酒市脯不食玉藻云大夫不得造車馬皆從一而省文也齊師乃還君子是以知齊靈公之為靈也謚法亂而不損曰靈言謚應其行○應應對之應年末同行下孟反

○夏齊姜薨初穆姜使擇美檟。檟梓之屬○檟古雅反木名疏注檟梓之屬○正義曰釋木云槐小葉曰檟郭璞曰槐當為楸楸細葉者為檟又云大而皵楸小而皵檟樊光云大老也皵皮也老而。麤措者為楸小少也少而麤措者為檟又云椅梓郭璞曰即楸也如彼所云楸梓皆檟之小別故云梓之屬也以自為櫬與頌琴櫬棺也頌琴琴名猶言雅琴皆欲以送終○櫬初覲反疏注櫬棺至送終○正義曰以論死者言櫬知櫬是棺也四年注云櫬。親身棺也以親近其身故以櫬為名焉禮記檀弓曰天子之棺四重水兕革棺一杝棺一梓棺二鄭玄云杝椵也所謂。椵棺也梓棺二所謂屬與大棺也記文從內向外水兕革棺最近尸也次椑以椵為之次屬與大棺乃以梓為之檀弓又云君即位而為椑鄭玄云椑謂杝棺親尸者椑堅著之言也天子椑內又有水兕革棺喪大記云君大棺八寸屬六寸椑四寸如彼記文諸侯之棺三重親身之棺名之為椑椑即櫬是也其椑用椵為之屬與大棺乃用梓耳此以梓為櫬者名之曰櫬其內必無棺也擇檟為櫬其櫬必用梓也記唯言即位為椑不言椑所用木鄭玄據天子之棺其椑用杝即云椑謂杝棺也天子之椑自用杝則諸侯不必然據此傳文諸侯之椑必用梓也頌。琴者詩為樂章琴瑟必以歌詩詩有雅頌故以頌為琴名猶如言雅琴也櫬琴同文知皆欲以送終也季文子取以葬君子曰。非禮也禮無所逆婦養姑者也虧

姑以成婦逆莫大焉穆姜成公母齊姜成公婦○養徐余亮反詩曰其惟哲人告之話言順德之行詩大雅哲知也話善也言知者行事無不順○話戶快反知音致下同季孫於是爲不哲矣言逆德○爲不哲矣一本作不爲哲矣【疏】詩曰至哲矣○正義曰詩大雅抑之篇也其惟有知之人告之以善言則順從之爲美德之行矣言之者行事無有不順從者今季孫逆之於是爲不知矣哲知釋言文也且姜氏君之姒也襄公適母故曰君之姒○姒必履反適丁歷反本又作嫡【疏】注襄公至之姒○正義曰曲禮曰生曰父曰母死曰考曰妣襄公是成公之妾定姒所生齊姜是其適母故曰君之姒也詩曰爲酒爲醴烝畀祖妣以洽百禮降福孔偕詩周頌烝進也畀與也偕徧也言敬事祖妣則鬼神降福季孫葬姜氏不以禮是不敬祖妣○烝之承反畀必利反注同洽戶夾反偕音皆徧音遍【疏】詩曰至孔偕○正義曰詩周頌豐年之篇也豐有之年多稻多黍醸之爲酒爲醴以進與祖妣以洽百種之禮爲烝嘗之祭鬼神享之則下與福祐甚周徧言今事姒失禮神將不福祐之也烝進畀與皆釋詁文偕訓爲俱俱亦徧之義也釋言云孔甚也○齊侯使諸姜宗婦來送葬宗婦同姓大夫之婦婦人越疆送葬非禮○疆居良反【疏】注宗婦至非禮○正義曰諸姜同姓之女也宗婦同姓之婦也夫人齊姜是齊國之女故使其宗親之婦女來會葬也齊爲姜姓歷世多矣不可姜姓之女姜姓之婦今其皆來魯國莊二十四年大夫宗婦覿用幣者宗婦是同姓大夫之婦知此宗婦亦是同姓大夫之婦然則諸姜是齊同姓之女嫁與齊大夫之爲妻者也禮記檀弓云婦人不越疆而弔人是越疆送葬非禮也召萊子萊子不會故晏弱城東陽以偪之爲六年滅萊傳東陽齊竟上邑○竟音境【疏】召萊子萊子不會○正義曰世族譜不知萊國之姓齊侯召萊子者不爲其姓姜也以其比鄰小國意陵蔑之故召之欲使從送諸姜宗婦來向魯耳萊子以其輕侮故不肯會○鄭成公疾

子駟請息肩於晉欲辟楚役以負擔喻○擔都暫反公曰楚君以鄭故親集矢於其目謂鄢陵戰晉射楚王目○射食亦反非異人任寡人也言楚子在此患不為他人蓋在己○非異人任絕句任音壬一讀至人字絕句為于偽反若背之是棄力與言其誰暱。我言盟誓之言○背音佩棄力服本作棄功暱本又作昵女乙反徐乃吉反免寡人唯二三子疏集矢至三子○正義曰說文云鳥之短尾者總名為隹隹在木上為集集是鳥止之名矢有羽似鳥故亦稱集也楚君被射目者非是為異人也任此患者為寡人也今若背之棄其助鄭之力與盟誓之言他人其誰肯親我乎免寡人此棄。力背。言之責唯二三子耳○秋七月庚辰鄭伯睔卒於是子罕當國攝君事疏子罕當國○正義曰禮君薨聽於冢宰不須攝行君事此令子罕當國者鄭國閒於晉楚國家多難喪代之際或致傾危蓋成公顧命使之當國非常法也子駟為政已是正卿知當國者為攝君事矣沈氏云魯襄四歲國家無虞今僖公年雖長大為偪於晉楚故令子罕當國也子駟為政為政卿子國為司馬晉師侵鄭晉伐喪非禮諸大夫欲從晉子駟曰官命未改成公。未葬嗣君未免喪故言未改不欲違先君意疏官命未改○正義曰先君既葬嗣君正位乃得建官命臣十六年晉侯改服脩官是其事也先君未葬皆因舊事不得建官命臣故云官命未改庶事悉皆未改不可即違先君言此者不用從晉之意故也會于戚謀鄭故也鄭。久叛晉謀討之孟獻子曰請城虎牢以偪鄭虎牢舊鄭邑今屬晉知武子曰善鄫之會吾子聞崔子之言今不來矣元年孟獻子與齊崔杼次于鄫有不服晉之言獻子以告知武子疏注元年至武子○正義曰元年伐鄭次于鄫唯有韓厥荀偃於時武子未必在軍當是此會始告之耳滕薛小邾之不至皆齊故也三國齊之屬寡君之憂不唯鄭言復憂齊叛○復扶又反下文將復復會同罃將復於寡君而請於齊以城事白晉君而請齊會之欲以觀齊志得請而告吾子之功也得請謂齊人應命告諸侯會築虎牢若不得請事將在齊將伐齊吾子之請諸侯之福也城虎牢足以服鄭息征伐豈唯寡君賴之傳言荀罃能用善謀○穆叔聘于宋通嗣君也○冬復會于戚齊崔武子及滕薛小邾之大夫皆會知武子之言故也武子言事將在齊齊人懼帥小國而會之遂城虎牢鄭人乃成如孟獻子之謀○楚公子申爲右司馬多受小國之賂以偪子重子辛偪奪其權勢楚人殺之故書曰楚殺其大夫公子申言所以致國討之文

經三年春楚公子嬰齊帥師伐吳公如晉○夏四月壬戌公及晉侯盟于長樗晉侯出其國都與公盟于外○樗勑居反疏注晉侯至于外○正義曰文三年公如晉公及晉侯盟盟不書地在晉都也此時晉侯出其國都與公盟于長樗蓋近城之地盟訖還入於晉故公歸書曰公至自晉也文三年盟于晉都此盟出城外者出與不出皆由晉侯意耳此或是悼公謙以待人不敢使國君就已出盟于外若似相就然故出城也公至自晉無傳不以長樗至本非會疏注不以至非會○正義曰假令公朝於晉更與晉侯餘處別會即從會所而歸亦得書曰公至自晉何則一行而有二事者或以始致或以終致出自當時之意書其所告之事而已所告先後無定例也但此盟于長樗晉侯爲盟之故暫出城耳本非刻期聚會之處唯得以自晉告廟不得以長樗告也注言本非會解其必不得以長樗致之意也○六月公會單子

晉侯宋公衞侯鄭伯莒子邾子齊世子光己未同盟于雞澤雞澤在廣平曲梁縣西南周靈王新即位使王官伯出與諸侯盟以安王室故無譏○單音善 疏 注雞澤至無譏○正義曰諸侯不得盟天子之臣天子之臣不得與諸侯聚盟盟則加以貶責僖二十九年翟泉之盟貶王子虎稱人是其事也僖八年洮之盟王人在列傳曰謀王室也諸侯共謀王室不譏王人在盟是由襄王新立命遣與盟故耳此盟單子在列於經亦無譏文靈王以往年新立明是王新即位使王官之伯出與諸侯結盟以安王室故無所譏與洮之盟同也釋例曰未有臣而盟君臣而盟君是子可盟父故春秋王世子以下會諸侯者皆同會而不同盟洮之盟王室有子帶之難襄王懼不得立告難于齊遣王人與諸侯盟故傳釋之曰謀王室以明王勑其來盟非諸侯所敢與也踐土之盟王子虎臨諸侯而不與同歃故經但列諸侯而傳具載其實此實聖賢之垂意以爲將來之永法也一年之間諸侯輯睦翼戴天子而翟泉之盟子虎在列君子以爲非天子之命虧上下常節故不存魯侯而人子虎以示篤戒也今雞澤之會單子與盟亦王所命也杜言王使盟者傳無其文正以經無貶責知是命使盟也陳侯使袁僑如會陳疾楚政而來屬晉本非召會而自來故言如會○僑其驕反 疏 注陳疾至如會○正義曰凡盟主召其同好之國刻期而與結盟來不及期則加貶責他國後期則沒其國而不序於列魯君後期則總稱諸侯不復國別歷序文七年公會諸侯晉大夫盟于扈是也僖二十八年踐土之盟陳侯如會此袁僑如會皆本非同好慕義而來喜其來而不責其晚故言陳疾楚政而來屬晉本非召會而袁僑自來故言如會解其後至特書而不貶之意也七年鄭治髡頑如會自是被召而來其人未見諸侯在道而卒故書如會爲卒張本與此異也戊寅叔孫豹及諸侯之大夫及陳袁僑盟諸侯既盟袁僑乃至故使大夫別與之盟言諸侯之大夫則在雞澤之諸侯也殊袁僑者明諸侯大夫所以盟盟袁僑也據傳盟在秋長曆推戊寅七月十三日經誤 疏 注諸侯至經誤○正義曰諸侯盟會歷序國君

其下云某人某人皆是大夫也若卿來則書卿名氏文十四年公會宋公陳侯衛侯鄭伯許男曹伯晉趙盾于新城如此之類其事多矣此袁僑來若及盟即序於列當在世子光下今諸侯既盟袁僑乃至不可特爲袁僑更復重盟若其不與之盟則又逆陳來意以袁僑是大夫故使大夫盟之若其陳侯自來諸侯雖則盟訖亦當更與之盟不得使大夫也凡諸侯盟會皆先目後凡上文雞澤之會既以具序諸侯此總言諸侯大夫則雞澤諸侯足以明矣故不復具序諸國從省文耳諸侯大夫既以總書而獨見叔孫豹者經據魯史魯史所記詳內略外僖十五年牡丘之盟下公孫敖帥師及諸侯之大夫救徐獨書魯臣亦此類也言諸侯之大夫其內可以兼袁僑而殊袁僑言及陳袁僑盟者明此諸侯之大夫所以爲此盟者止爲盟陳袁僑耳且上文雞澤之會其內未有陳侯直言諸侯之大夫則不得包陳袁僑故殊之也

○秋公至自會無傳○冬晉荀罃帥師伐許

傳三年春楚子重伐吳爲簡之師簡選練克鳩茲至于衡山鳩茲吳邑在丹陽蕪湖縣東今皐夷也衡山在吳興烏程縣南使鄧廖帥組甲三百被練三千組甲被練皆戰備也組甲漆甲成組文被練練袍○廖力彫反組音祖下組皆同被皮義反徐扶僞反注及下同【疏】注組甲至練袍○正義曰賈逵云組甲以組綴甲車士服之被練帛也以帛綴甲步卒服之凡甲所以爲固者以盈竅也帛盈竅而任力者半卑者所服組盈竅而盡任力尊者所服馬融云組甲以組爲甲裏公族所服被練以練爲甲裏卑者所服然則甲貴牢固組練俱用絲也練若不固宜皆用組何當造不牢之甲而令步卒服之豈欲其被傷故使甲不牢也若練以綴甲何以謂之被也又組是絛繩不可以爲衣服安得以爲甲裏杜言組甲漆甲成組文今時漆甲有爲文者被練文不言甲必非甲名以被是被覆衣著之名故以爲練袍被於身上雖並無明證而杜要愜人情侵吳吳人要而擊之獲鄧廖其能免者組甲八十被練三百而已子重歸既飲

至三日吳人伐楚取駕駕包邑也鄧廖亦楚之良也君子謂子重於是役也所獲不如所亡當時君子要於遙反○疏注當時君子○正義曰傳言君子多矣獨此言當時君子者諸言君子論議往事多是丘明自言許之君子。此。傳。君。子謂子重亡多於獲楚人以君子之言咎責子重不得爲後世君子故云當時君于楚人以是咎子重子重病之遂遇心病而卒憂恚故成心疾○咎其九反恚一端反○公如晉始朝也公卽位而朝○夏盟于長樗孟獻子相公稽首相儀也稽首首至地○相息亮反注同疏注稽首首至地○正義曰周禮九拜一曰稽首諸侯事天子之禮也知武子曰天子在而君辱稽首寡君懼矣稽首事天子之禮孟獻子曰以敝邑介在東表密邇仇讎仇讎謂齊楚與晉爭介音界爭爭鬬之爭○寡君將君是望敢不稽首傳言獻子能固事盟主○晉爲鄭服故且欲脩吳好鄭服在前年○爲于僞反好呼報反將合諸侯使士匄告于齊曰寡君使匄以歲之不易不虞之不戒寡君願與一二兄弟相見不易多難也虞度也戒備也列國之君相謂兄弟○易以豉反注同難乃旦反年內同度待洛反以謀不協請君臨之使匄乞盟齊侯欲勿許而難爲不協乃盟於。耏外與士匄盟耏水名○耏音而疏注盟於耏外○正義曰此是士匄適齊齊侯與盟其盟不離城之左右若是地名山名不得有外內之異爾雅云厓內爲隩外爲隈李巡曰厓內近水爲隩外爲隈孫炎曰內曲裏也外曲表也是水有內外之異知此耏爲水名其水蓋曲而近城故稱耏外。讎也○正義曰讎者相負挾怨之名奚負狐狐負奚皆謂之讎此是奚負狐也不是舉之以解怨故下云稱其讎不爲諂也○祁奚請老老致仕晉侯問嗣焉嗣續其職者稱解狐其讎也將立之而卒解狐卒解音蟹○又問焉對曰午也可午祁奚子於是羊舌職死矣晉侯曰孰可以代之對曰赤也可赤職之子伯華於是使祁午為中軍尉羊舌赤佐之各代其父君子謂祁奚於是能舉善矣稱其讎不為諂立其子不為比舉其偏不為黨諂媚也偏屬也○諂他檢反比毗志反疏稱其至為黨○正義曰設令他人稱其讎則諂以求媚也立其子則心在親比也舉其偏則情相阿黨也今祁奚以其人實善故舉薦之人見彼善知奚不諂不比不黨也諂者阿順曲從以求彼意故以諂為媚媚愛也言為諂以求愛也偏者半廂之名故傳多云東偏西偏軍師屬己分之別行謂之偏師傳云彘子以偏師陷是偏為廂屬之名也祁奚為中軍尉羊舌職佐之職屬祁奚復舉其子是舉其偏屬也商書曰無偏無黨王道蕩蕩商書洪範也蕩蕩平正無私其祁奚之謂矣解狐得舉未得位故曰得舉祁午得位伯華得官建一官而三物成一官軍尉物事也疏建一官而三物成○正義曰尉佐同掌一事故為建一官也三事成者成其得舉得位得官也官位一也變文相辟耳服虔云所舉三賢各能成其職事案解狐得舉而死身未居職何成事之有能舉善也夫唯善故能舉其類詩云惟其有之是以似之祁奚有焉詩小雅言唯有德之人能舉似己者○也夫音扶絕句一讀以夫為下句首疏詩云至似之○正義曰此小雅裳裳者華之篇也其卒章云左之左之君子有之維其有之是以似之○六月公會單頃公及諸侯己未同盟于雞澤單頃公王卿士○頃音傾晉侯使荀會逆吳子于淮上吳子不至道遠多難○楚子辛為令尹侵

欲於小國陳成公使袁僑如會求成患楚侵欲袁僑濤塗四世孫疏侵欲欲於小國○正義曰多有所欲求索无厭侵害小國故小國怨也晉侯使和組父告于諸侯告陳服秋叔孫豹及諸侯之大夫及陳袁僑盟陳請服也其君不來使大夫盟之匹敵之宜○晉侯之弟揚干亂行於曲梁行陳次○行戶郎反注同陳直覲反魏絳戮其僕僕御也疏魏絳戮其僕○正義曰以車亂行是御者之罪故戮其僕也周禮司寇之屬有掌戮之官鄭玄云戮猶辱也既斬殺又辱之其職云掌斬殺賊諜而膊之凡殺其親者焚之殺王之親者辜之殺人者踣諸市肆之三日鄭玄云膊謂去衣磔之焚燒也辜謂磔之踣僵尸也肆猶申也陳也彼膊焚辜肆皆謂陳以示人然則此言戮者非徒殺之而已乃殺之以徇諸軍昭四年楚戮慶封負之斧鉞以徇於諸侯先徇乃殺之也成二年韓獻子既斬人郤子使速以徇是殺之而後徇也此戮即彼徇之謂也文十年楚申舟抶宋公之僕以徇或曰國君不可戮也彼抶以徇亦稱為戮下云至於用鉞當是殺之乃以徇也晉侯怒謂羊舌赤曰合諸侯以為榮也揚干為戮何辱如之必殺魏絳無失也對曰絳無貳志事君不辟難有罪不逃刑其將來辭何辱命焉言終魏絳至授僕人書僕人晉侯御僕疏事君至不逃刑○正義曰此言絳之宿心舊行耳非獨為此事而言也服虔云謂敢斬揚干之僕是不辟死之雖然則斬僕信依法也豈是絳之罪而得謂之罪不逃刑乎不逃不辟此事自亦是矣要本其宿心非是事為此事也有將伏劍士魴張老止之公讀其書曰日君乏使使臣斯司馬斯此也疏對伏劍○正義曰謂仰劍刃身伏其上而取死也臣聞師衆以順為武順莫敢違軍事有死無犯為敬守官行法雖死不敢有違君合諸

侯臣敢不敬君師不武執事不敬罪莫大焉臣懼其死以及揚干無所逃罪懼自犯不武不敬之罪不能致訓至於用鉞用鉞斬揚干之僕○鉞音越疏臣聞至用鉞○正義曰臣聞師旅兵衆順從上命莫敢違逆是爲威武此據在軍之衆也軍旅之事守官行法欲討罪人雖有死難不敢辟死犯違法令而從舍罪人是爲共敬也君命既合諸侯臣豈敢畏懼死罪放舍罪人不爲共敬也今君之師衆違命亂行既已不武謂揚干也執事之臣畏懼其死罪不戮罪人是爲不敬魏絳自謂也不武不敬罪莫大焉是揚干與己皆有大罪臣若不討非直臣有死罪揚干亦合有死罪臣懼身之死罪連及揚干是臣罪更重無所逃辟重罪也不能以禮漸致教訓至於用鉞以斬其僕是臣之罪重也臣之罪重敢有不從以怒君心言不敢不從戮請歸死於司寇致尸於司寇使戮之公跣而出曰寡人之言親愛也吾子之討軍禮也寡人有弟弗能教訓使干大命寡人之過也子無重寡人之過聽絳死爲重過○跣先典反重直用反注同敢以爲請請使無死晉侯以魏絳爲能以刑佐民矣反役與之禮食使佐新軍羣臣旅會今欲顯絳故特爲設禮食○食音嗣注同又如字特爲于僞反疏與之禮食○正義曰與之禮食者若公食大夫禮以大夫爲賓公親爲之特設禮食○使佐新軍○正義曰服虔云於是魏頡卒矣使趙武將新軍代魏頡升魏絳佐新軍代趙武也世族譜魏顆魏絳俱是魏犨之子顆長生頡則絳是頡之叔父顆別爲令狐氏絳爲魏氏蓋顆長而庶絳幼而適故也魏世家武子生悼子悼子生絳則絳是犨孫計其年世世孫應是也先儒悉皆不然未知何故張老爲中軍司馬代魏絳士富爲候奄代張老士富士會別族○楚司馬公子何忌侵陳陳叛故也○許靈公事楚不會于

雜澤冬晉知武子帥師代許

經四年春王三月己酉陳侯午卒前年大夫盟雞澤三日無己酉日誤○夏叔孫豹如晉○秋七月戊子夫人姒氏薨成公妾襄公母姒杞姓公

疏注成公至杞姓○正義曰二年齊姜薨者是成公夫人故此爲成公之妾也據傳匠慶之言知是襄公之母以子既爲君故得稱夫人而言薨也於時諸國杞鄫之徒皆姒姓據大者言之故云姒杞姓疑是杞女而未審故也

葬陳成公無傳八月辛亥葬我小君定姒無傳定謚也赴同祔姑反哭成喪皆以正夫人禮母以子貴踰月而葬速

疏注定謚至葬速○正義曰謚法純行不爽曰定舊說妾子爲君其母不得成爲夫人故杜詳言之於例亦同稱薨也祔姑稱小君也反哭成喪書葬也今定姒三禮皆具薨葬備文皆以正夫人之禮者由母以子貴故也釋例曰凡妾子爲君其母猶爲夫人雖先君不命其母母以子貴其適夫人薨則尊得加於臣子而內外之禮皆如夫人矣故姒氏之喪責以小君不成成風之喪王使來會葬傳曰禮也夫人姒氏薨葬皆以禮備爲文明季子雖議從略賤闕匠慶之言懼而備禮殯葬無闕也禮公子爲其母練冠縓緣既葬除之及其嗣位爲君非復公子適母薨則申其母尊而先儒同之公子亦謬矣是杜言妾母得爲夫人之意也季孫初議欲不成定姒之喪匠慶以君長懼之乃略取季孫之木君子謂之多行無禮必自及也則季孫初議是無禮也既季孫議爲無禮明知於禮得成是知妾母成尊是爲正法但尊無二上適母若在君尙不得盡禮於其母臣民豈得以夫人之禮事之哉適母既薨則君得盡禮君既盡夫人之禮事其母臣民豈得以妾意遇之哉故適母薨則妾母尊也哀姜既薨成風乃正出姜既出敬嬴乃正齊姜既薨定姒乃正襄公一世無娶夫人之文故齊婦得正也鄭玄以爲正夫人有以罪廢妾母得成爲夫人也哀姜雖被齊殺僖公請而葬之案經薨葬備文安得以罪黜也又齊姜非以罪黜定姒薨葬成尊成風定姒並無譏文知其法

得成也○冬公如晉○陳人圍頓

傳四年春楚師爲陳叛故猶在繁陽前年何忌之師侵陳今猶未還繁陽楚地在汝南鮦陽縣南○爲于僞反鮦孟康音紂直又反一音童或音直勇反一非韓獻子患之言於朝曰文王帥殷之叛國以事紂唯知時也知時未可爭今我易之難哉晉力未能服楚受陳爲非時三月陳成公卒楚人將伐陳聞喪乃止軍禮不伐喪疏注軍禮不伐喪○正義曰十九年晉士匄侵齊至穀聞齊侯卒乃還傳曰聞喪而還禮也是軍禮不伐喪陳人不聽命不聽楚命臧武仲聞之曰陳不服於楚必亡大國行禮焉而不服在大猶有咎而況小乎夏楚彭名侵陳陳無禮故也爲下陳圍頓傳咎其九反下同○穆叔如晉報知武子之聘也武子聘在元年晉侯享之金奏肆夏之三不拜肆夏樂曲名周禮以鐘鼓奏九夏其二曰肆夏一名樊三曰韶夏一名遏四曰納夏一名渠蓋擊鐘而奏此三夏曲○肆夏戶雅反注及下同九夏一曰王夏二曰肆夏三曰韶夏四曰納夏五曰章夏六曰齊夏七曰族夏八曰陔夏九曰驁夏肆夏一名樊國語云金奏肆夏樊遏渠杜遂分爲三夏之別名呂叔玉云肆夏時邁也樊遏執競也渠思文也韶上招反遏於葛反納夏本或爲夏納誤渠其居反工歌文王之三又不拜工樂人也文王之三大雅之首文王大明綿歌鹿鳴之三三拜小雅之首鹿鳴四牡皇皇者華疏金奏至三拜○正義曰奏謂作樂也作樂先擊鐘鐘是金也故稱金奏周禮鐘師掌金奏鄭玄云金奏擊金以爲奏樂之節金謂鐘及鎛也又燕禮注云以鐘鎛播之鼓磬應之所謂金奏也此晉人作樂先歌肆夏肆夏是作樂之初故於肆夏先言金奏也次工歌文王樂已先作非復以金

爲始故言工歌也於文王已言工歌鹿鳴又略不言工互見以從省耳其實金奏肆夏亦是工人歌之工歌文王擊金仍亦不息其歌鹿鳴亦是工歌之耳○注肆夏至夏曲○正義曰周禮鍾師凡樂事以鍾鼓奏九夏王夏肆夏昭夏納夏章夏齊夏族夏陔夏鶩夏言以鍾鼓奏之也又以文王類之知是樂曲名也杜子春云王出入奏王夏尸出入奏肆夏牲出入奏昭夏四方賓來奏納夏臣有功奏章夏夫人祭奏齊夏族人侍奏族夏賓醉而出奏陔夏公出入奏鶩夏定本納夏爲夏納此傳直言之三不。朝其三之名魯語同說此事而云金奏肆夏繁遏渠天子所以享元侯也文王大明緜則兩君相見之樂也文王之三。盡文王大明緜以文王爲首弁取其次。二篇以爲三則知肆夏之三亦以肆夏爲首亦弁取其次二夏以爲三也且下云三夏天子所以享元侯也三者皆名爲夏知是其次二夏弁肆夏爲三也周禮謂之肆昭納魯語謂之繁遏渠故杜以爲每夏而有二名肆夏一名樊昭夏一名遏納夏一名渠先儒之所說義多不同周禮注載杜子春云肆夏與文王鹿鳴俱稱三謂其三章也以此知肆夏詩也呂叔。王云肆夏繁遏渠皆周頌也肆夏時邁也繁遏執競也渠思文也肆遂也夏大也言遂於。天位。也故時邁曰肆于時夏允王保之繁多也遏止也言福祿止於周之多也故執競曰降福穰。穰。降福簡簡福祿來反渠大也言以后稷配天王道之大也故思文曰思文后稷克配彼天鄭玄云以文王鹿鳴言之則九夏皆詩篇名頌之族類也此歌之大者載在樂章樂崩亦從而亡是以頌不能具數家之說各以意言經典散亡无以取正劉炫云杜爲此解頗允三夏之名而分字配篇不甚愜當何則文王之三即文王是其一大明緜是其二鹿鳴之三則鹿鳴是其一四牡皇皇者華是其二然則肆夏之三亦當肆夏是其一樊遏渠是其二安得復以樊爲肆夏之別名也若樊即是肆夏何須重舉二名雖恥習前蹤亦未踰先哲今刪定知不然者以此文云肆夏之三是自肆夏以下有三故爲韶夏納夏凡爲三夏但此三夏各有別名故國語謂之繁遏渠是一字以當一夏若國語直云金奏繁遏渠則三夏之名沒而不顯故於繁字之上特以肆夏冠之云肆夏繁。樊。既是肆夏明遏是韶夏渠是納夏也國語舉其難明以會左氏三夏之義劉不曉杜之深意遂欲妄從先儒先儒二說何所馮準先儒以樊過二字共爲執競以渠之一字獨爲思文分字既无定限文句多少任意則杜以樊共肆夏爲句何爲不可劉君與奪恣情不顧曲直妄規杜過於義深非也

乃韓獻子使行人子員問之行人通使之官○員音云徐于貧反使所吏反下注及文皆同【疏】注行人通使之官○正義曰周禮大行人掌大賓之禮大客之儀小行人掌使適四方協賓客之禮諸侯行人當亦通掌此事故爲通使之官也此言韓獻子使行人問魯語云晉侯使行人問者彼孔。晁注云韓獻子。白晉侯使行人問也曰子以君命辱於敝邑先君之禮藉之以樂以辱君子藉薦也○藉在夜反吾子舍其大而重拜其細敢問何禮也對曰三夏天子所以享元侯也使臣弗敢與聞元侯牧伯○舍音捨重直用反下皆同敢與音預下及與同依徐音目【疏】注元侯牧伯○正義曰周禮大宗伯云八命作牧九命作伯鄭玄云牧謂侯伯有功德者加命得專征伐於諸侯也伯謂上公有功德者加命爲。二伯得征五侯九伯者也鄭司農云牧一州之牧也。伯長諸侯爲方伯也然則牧是州長伯是二伯雖命數不同俱是諸侯之長也元長也謂之長侯明是牧伯文王兩君相見之樂也臣不敢及及與也文王之三皆稱文王之德受命作周故諸侯會同以相樂○相樂音洛【疏】注及與。相樂○正義曰及與也釋詁文言不敢與在其間而聞之魯語幷陳兩事乃總云皆昭令德以合好非使臣之所敢聞彼。俱不敢。聞此分之爲等級耳詩序文王言文王受命作周大明言文王有明德故天復命武王伐紂緜言文王之興本由大王是文王之三皆稱文王之德能受天命造立周國故諸侯會同歌此以相燕樂也朝而設享是亦二君聚會故以會同言之肆夏既亡不知其篇之義故唯取詩意以解文王鹿鳴耳詩是樂章樂歌詩篇聖王因其尊卑定其。差。等詩有四始風也小雅也大雅也頌也鄭玄以肆夏爲頌之族類其差與頌同矣天子享元侯歌肆夏則於其餘諸侯不得用肆夏矣當歌文王與兩君相見同也然則兩元侯相見與天子享之禮同亦歌肆夏之類仲尼燕居兩君相見升歌清廟謂元侯也不歌肆夏辟天子也諸侯來朝乃歌文王遣臣來聘必不得同矣當歌鹿鳴也傳言文王兩君相見之樂則其臣來聘不得與其君同亦當歌鹿鳴也燕禮雖以己臣爲主兼燕四方之賓其樂歌鹿鳴是其定差也燕禮升歌訖乃爲笙歌三篇堂下吹笙以播詩也笙歌訖乃爲間歌六篇堂上歌一篇堂下吹一篇相間代也故燕禮云乃間歌魚麗笙由庚歌南有嘉魚笙崇丘歌南山有臺笙由儀是也間歌訖遂合鄉樂周南關雎葛覃卷耳召南鵲巢采蘩采蘋合樂謂堂上堂下合作樂也鄉樂者風詩也燕禮歌小雅而合鄉樂以合早於歌一等則知諸所歌者其合樂用詩皆卑於升歌一等故鄭玄詩譜云天子享元侯歌肆夏合文王於諸侯歌文王合鹿鳴諸侯於鄰國之君與天子於諸侯同天子諸侯燕其羣臣及聘問之賓皆歌鹿鳴合鄉樂笙閒之所用則鄭玄云未聞也燕禮升歌小雅笙歌間歌亦用小雅則笙間用詩與升歌差同而云未聞者升歌合樂其用風雅皆用發首二篇笙用南陔間用魚麗不復更用其首篇者未聞者未知其用何篇也此傳言三夏天子所以享元侯則文王兩君相見之樂亦謂享也雖不言燕燕亦當然此傳晉侯享穆叔爲歌鹿鳴穆叔以己所當得三拜而受燕禮也工歌鹿鳴則是享燕同樂明享之與燕用樂各自同矣若然肆夏之爲樂章樂之最尊者兩君相見尤尚不得用之而燕禮者諸侯燕己羣臣之禮而記云若以樂納賓則賓及庭奏肆夏鄭玄云卿大夫有王事之勞者則奏此樂所以得用之者彼謂納賓之樂郊特牲云賓入大門而奏肆夏示易以敬也鄭玄云賓朝聘者是朝賓聘客俱得用之與此升歌異也

鹿鳴君所以嘉寡君也敢不拜嘉晉以叔孫爲嘉賓故歌鹿鳴之詩取其我有嘉賓叔孫奉君命而來嘉叔孫乃所以嘉魯君

疏注晉以至魯君○正義曰詩序言鹿鳴燕羣臣嘉賓正謂燕己之臣以己臣爲嘉賓耳叔孫以晉歌此篇者以己爲嘉賓故拜受之也燕禮記云若與四方之賓燕則公迎之于大門內鄭玄云四方之賓謂來聘者也是燕聘客唯君迎爲異餘悉與己臣同也

牡君所以勞使臣也敢不重拜詩言使臣乘四牡騑騑然行不止勤勞也晉以叔孫來聘故以此勞之○以勞力報反注勞之同騑芳非反疏注詩言至勞之○正義曰詩序曰四牡勞使臣之來謂遣臣出使來歸乃勞之也叔孫以晉歌此篇勞己來聘故重拜受之也魯語云四牡君之所以章臣之○覲也敢不拜章皇皇者華君教使臣曰必諮於周皇皇者華君遣使臣之詩言忠臣奉使能光○輝君○命如華之皇皇然又當諮于忠信以補己不及忠信為周其詩曰周爰○諮諏周爰諮謀周爰諮度周爰諮詢言必於忠信之人諮此四事○諏子須反度待洛反下文注同詢音荀疏注皇皇至四事○正義曰此詩本意文王教出使之臣使遠而有光華又當諮問善道於忠信之人今晉君歌此以寵穆叔穆叔執謙以為晉侯所教故云君教使臣下云臣獲五善敢不重拜與詩本意異也忠信為周魯語文也爰於也若遇忠信之人於是訪問詢度諏謀等四事也魯語云皇皇者華君教使臣曰每懷靡及云諏謀度詢必○咨於周敢不拜教臣聞之訪問於善為咨問善道咨親為詢問親戚之義咨禮為度問禮宜咨事為諏問政事咨難為謀問患難○難乃旦反注同疏咨親至為謀○正義曰魯語言此四事唯咨親為詢與此文同其餘咨材為諏咨事為謀咨義為度三者與此皆異韋昭改從此傳注云材當為事事○難為難孔晁注云材謂政幹也臣獲五善敢不重拜五善謂諮詢度諏謀疏臣獲五善○正義曰教之咨人即得一善故幷咨為五魯語云君貺使臣以大禮重之以六德孔晁云[illegible]有五善又自謂无及成為六德言自謂知○所○无及懷○靡謙以問知者此亦即是一德故為六德也皆是受君之教乃知如此亦是君之所賜故云臣獲也

○秋定姒薨不殯于廟無櫬不虞櫬親身棺季孫以定姒本賤既无器備議其喪制欲殯不過廟又不反哭○過古禾反疏注櫬親至反哭○正義曰櫬者親身之棺初死即當有之將葬以殯過廟葬訖乃為虞祭今定姒初薨匠慶以君長懼之乃始作櫬知此是季孫以定姒

本賤素无器備議其喪制欲如此耳非是終久遂无之也檀弓曰君即位而爲椑夫人尊與君同亦當生已有櫬今議欲不爲是素无器備故始議之也檀弓又曰喪之朝也順死者之孝心也其哀離其室也故至於祖考之廟而後行殷朝而殯於祖周朝而遂葬士喪禮朝而遂葬與記正同知周法不殯于廟而此及僖八年傳皆云不殯于廟以爲非禮知其將葬之時不以殯過廟耳非是殯尸於廟中也葬訖日中反虞於正寢謂之反哭今故不虞有欲不爲反哭也

匠慶謂季文子匠慶魯大匠。曰子爲正卿而小君之喪不成謂如季孫所議爲夫人禮不成則不終君也慢其母是不終事君之道君長誰受其咎○言襄公長將。責季孫○長丁丈反注同初季孫爲己樹六檟於蒲圃東門之外蒲圃場圃名季文子樹檟欲自爲櫬○爲于僞反下注爲定姒爲言卜爲執事同圃布古反○場直良反疏注蒲圃至爲櫬○正義曰詩云九月築場圃毛傳云春夏爲圃秋冬爲場樹菜蔬爲圃治禾黍爲場場圃同地耳故杜以場明圃圃名蒲也檟是爲櫬之木知季孫樹之欲自爲櫬也匠慶請木爲定姒作櫬季孫曰略不以道取爲略匠慶用蒲圃之檟季孫不御御止也傳。曰遂得成禮故經無異文○御魚呂反注同疏注禦止至異文○正義曰止寇謂之禦御。即禦也故訓爲止季孫本議欲無櫬不虞今傳唯言取木爲櫬而已尚不知得殯廟虞祭以否不虞即是不反哭不反則不得書葬今定姒薨葬備文則因匠慶之言遂得每事成禮是故經無異文君子曰志所謂多行無禮必自及也其是之謂乎疏季孫至謂乎○正義曰不以道取爲略今律略人略賣人是也季孫言略令匠慶略他木也官非無木可用意欲不成其喪。謂木不順其意怒慶此請令略木爲之也匠慶又忿季孫未必無木可用故取季孫之檟其意言遣我略人我。止略女季孫令之爲略匠慶奉命而略雖自被略不得止之季孫此議自是無禮也被匠慶略木是自及也君子言古之志記所謂多行無禮必自及者其季孫

(之謂乎而釋例論此云議從略賤彼自是解正義之語與此不以道取爲略別也)○冬公如晉聽政(受貢賦多少之政)晉侯享公公請屬鄫(鄫小國也欲得使屬魯如須句顓臾之比使助魯出貢賦公時年七歲蓋相者爲之言鄫今瑯邪鄫縣○句其俱反顓音專臾羊朱反比必二反相息亮反)【疏】(注鄫小至鄫縣○正義曰附庸附大國耳鄫乃子爵而欲得屬魯者春秋之世小國不能自通多附於大國二十七年齊人請邾宋人請滕邾滕猶尚附人況鄫又小也故杜譬之如須句顓臾之比須句亦子爵使助魯出貢賦耳時公年七歲未能自謀蓋國內共爲此計使相者代公言之)晉侯不許孟獻子曰以寡君之密邇於仇讎而願固事君無失官命(晉官徵發之命)【疏】(注晉官徵發之命○正義曰二年鄭子駟以君初喪云官命未改此魯以國小賦重恐失官命二者官命雖同而主意有異故杜彼以未葬解之此以徵發解之文爲說)鄫無賦於司馬(晉司馬又掌諸侯之賦)爲執事朝夕之命敝邑敝邑褊小闕而爲罪(闕不共也○朝夕如字褊必淺反共音恭)寡君是以願借助焉(借鄫以自助○借子亦反注同)晉侯許之(爲明年叔孫豹鄫世子巫如晉傳)○楚人使頓閒陳而侵伐之故陳人圍頓(閒伺閒缺○閒陳閒廁之閒伺閒音司閒音閑又閒廁之閒又如字)○無終子嘉父使孟樂如晉(無終山戎國名孟樂其使臣○使臣所吏反)因魏莊子納虎豹之皮以請和諸戎(欲戎與晉和莊子魏絳)晉侯曰戎狄無親而貪不如伐之魏絳曰諸侯新服陳新來和將觀於我我德則睦否則攜貳勞師於戎而楚伐陳必弗能救是棄陳也諸華必叛(諸華中國)戎禽獸也獲戎失華無乃不可乎夏訓有之曰有

窮后羿夏訓夏書有窮國名后君也羿有窮君之號○夏戶雅反下注皆同羿音詣疏注夏訓至之號○正義曰夏書五子之歌云太康尸位以
逸豫于有洛之表十旬弗反有窮后羿因民弗忍距于河厥第五人御其母以從五子咸怨述大禹之戒以作歌其一曰皇祖有訓是大禹立言以訓後故
傳謂此書爲夏訓也羿居窮。石之地故以窮爲國號以有配之猶言有周有夏也后君也窮國之君曰羿羿是有窮君之號公曰后羿何如
怪其言不次故問之對曰昔有夏之方衰也后羿自鉏遷于窮石因夏民以代夏政禹孫太康
淫放失國夏人立其弟仲康仲康亦微弱仲康卒子相立羿遂。代相號曰有窮鉏羿本國名○鉏仕居反大音泰相息亮反下及注同疏注禹孫至國名
○正義曰夏本紀禹生啓啓生太康是禹孫也爲羿所距書序云大康失邦是爲淫放失國也本紀又云大康崩弟仲康立尚書胤征云惟仲康肇位四海孔
安國云羿廢大康而立其弟仲康爲天子則仲康羿之所立但羿握其權仲康不能除去之耳哀元年傳稱有過澆殺斟灌以滅后相相依斟灌故澆滅之是
相立爲天子乃出依斟灌則相之立也蓋亦羿立之矣此傳言羿代夏政云不脩民事寒浞殺羿言取其國家則羿必自立爲天子也當是逐出后相羿乃自
立相依斟灌斟尋夏祚。猶。尚未滅蓋與羿並稱王也及寒浞殺羿因羿室而生澆澆已長大自能用師始滅后相相死之後始生少康少康生杼杼又年長已
堪誘殪方始滅浞而立少康計太康失邦及少康紹國向有百載乃滅有窮據此傳文夏亂甚矣而夏本紀云仲康崩子相立相崩子少康立都不言羿浞之
事是馬遷說之疎也恃其射也羿善射疏注羿善射○正義曰尚書云太康尸位以逸豫有窮后羿因民弗忍距于河孔安國云羿諸侯名。杜
云有窮君之號則與孔不同也羿善射論語文也說文云羿帝嚳射官也賈逵云羿之先祖世爲先王射官故帝嚳賜羿弓矢使司射淮南子云堯時十日並
出堯使羿射九日而落之楚辭天問云羿。彈日烏焉解羽歸藏易亦云羿。彈十日。也言雖不經難以取信要言嚳時有羿堯時。有羿則羿是善射之號非復人

之名字信如彼言則不知此羿名爲何也不脩民事而淫于原獸淫放原野棄武羅伯困熊髡尨圉四子皆羿之賢臣○髡苦門反尨莫邦反圉魚呂反而用寒浞伯明氏之讒子弟也寒國北海平壽縣東有寒亭伯明其君名○浞仕角反徐在角反伯明后寒棄之夷羿收之夷氏信而使之以爲己相浞行媚于內內宮人疏伯明后寒棄之○正義曰寒是國名伯明寒君之名也后君也伯明君此寒國之時而棄不收采也○注夷氏○正義曰此傳再言夷羿故以夷爲氏也而施賂于外愚弄其民欺罔之而虞羿于田樂之以游田○樂音洛下樂安同樹之詐慝以取其國家樹立也○慝他得反後同外內咸服信浞詐羿猶不悛悛改也○悛七全反將歸自田羿獵還家衆殺而亨之以食其子食羿子賁也食音嗣注同○亨普彭反疏家衆殺而亨之○正義曰家衆謂羿之家衆人反羿以從浞爲浞而殺羿也孟子云逢蒙學射於羿盡羿之道思天下唯羿爲愈己於是殺羿則殺羿者逢蒙也其子不忍食諸死于窮門殺之於國門靡奔有鬲氏靡夏遺臣事羿者有鬲國名今平原鬲縣○鬲音革浞因羿室就其妃妾生澆及豷恃其讒慝詐僞而不德于民使澆用師滅斟灌及斟尋氏二國夏同姓諸侯仲康之子后相所依樂安壽光縣東南有灌亭北海平壽縣東南有斟亭○澆五弔反豷許器反斟之林反灌古亂反疏注二國夏同姓諸侯○正義曰世本文也處澆于過處豷于戈過戈皆國名東萊掖縣北有過鄉戈在宋鄭之間○過古禾反注及下同戈古禾反掖音亦漢書作夜孟康音掖疏注戈在宋鄭之間○正義曰哀十二年傳曰宋鄭之間有隙地焉曰嵒戈錫是也靡自有鬲氏收二國之燼燼遺民○燼才刃反疏注燼遺民○正義曰樵燭

既燒之餘名之曰燼二國之燼謂燒之所殺死亡之餘遺脫之民也思報父兄之讎故靡得收而用之以滅浞而立少康少康夏后相之子○少詩照反注及下同少康滅澆于過后杼滅豷于戈后杼少康子○杼直呂反疏注后杼少康子○正義曰夏本紀少康崩子帝杼立是也有窮由是遂亡失人故也浞因羿室故不改有窮之號疏有窮至故也○正義曰有窮遂亡謂浞亡也武羅伯困熊髡龍圉本羿棄之浞亦不用失人是國之大患故言之以規悼公也昔周辛甲之為大史也命百官官箴王闕辛甲周武王太史闕過也使百官各為箴辭戒王過○箴之林反疏注辛甲至王過○正義曰晉。稱文王訪于辛尹賈逵以為辛甲尹佚則辛甲文王之臣而下及武王但文王之時天命未改不得命百官官箴王闕故以為武王時太史也闕謂過失也大史號令百官每官各為箴辭。虞人掌獵故以獵為箴也漢成帝時揚雄愛虞箴遂依放之作十二州二十五官箴後亡失九篇後漢崔駰駰子瑗瑗子實世補其闕及臨邑侯劉騊駼大傅胡廣各有所增凡四十八篇廣乃次而題之署曰百官箴皆放此虞箴為之於虞人之箴虞人掌田獵疏注虞人掌田獵○正義曰周禮山虞大田獵則萊山田之野澤虞大田獵則萊澤野萊謂芟其草萊以為殺圍之處詩毛傳云大。艾草以為防是也曰芒芒禹迹畫為九州芒芒遠貌畫分也○芒莫郎反畫乎麥反疏注芒芒至分也○正義曰畫分者言畫地分之以為竟也禹貢唯冀州帝都不言竟界以餘州所至則冀州可知也八州各言竟界云濟河惟兗州海岱惟青州海岱及淮惟徐州淮海惟。揚州荊及衡陽惟荊州荊河惟豫州華陽黑水惟梁州黑水西河惟雍州是禹所畫分也經啓九道啓開九州之道疏注啓開九州之道○正義曰既分海內以為九州遂皆以九言之禹貢云九州攸同九山刊旅九川滌源九澤既陂故此亦言九道言禹開通九州之道也民有寢廟獸有茂草各有攸處德用不擾人。神各有所歸故德不亂○攸處如

字本或作攸家擾如小反亂也在帝夷羿冒于原獸冒貪也○冒莫報反又音亡北反十疏在帝夷羿○正義曰帝王之號當時所稱

三代稱王自以德劣於前謙而不稱爲帝其統天下實與帝同所謂今之王古之帝也後人之稱先代或以王言帝或以帝言王史記於夏殷諸王皆稱爲帝

此羿篡立爲王故以帝稱焉忘其國恤而思其麀牡言但念獵○麀音憂鹿牡也牡茂后反武不可重重猶數也○重

直用反注同數所角反疏注重猶數也○正義曰杜讀爲重累之重故爲數數也服虔云重猶大也言武事不可大任用不恢于夏家羿以

好武雖有夏家而不能恢大之○恢苦回反獸臣司原敢告僕夫獸臣虞人告僕夫不敢斥尊虞箴如是可不懲

乎於是晉侯好田故魏絳及之及后羿事○好呼報反下文同懲直升反疏於是至及之○正義曰魏絳本意主勸和戎忽

云有窮后羿以開公問遂說羿事以及虞箴乃與初言不相應會故傳爲此二句以解魏絳之意公曰然則莫如和戎乎對曰

和戎有五利焉戎狄荐居貴貨易土荐聚也易猶輕也○荐在薦反又才遜反或云草也易以豉反徐神豉反注同疏

注荐聚也○正義曰釋言云荐再也孫炎曰荐草生之再也卽荐是聚也服虔云荐草也言狄人逐水草而居徙無常處劉炫案莊子云麋鹿食荐卽荐是草

也服言是土可賈焉一也邊鄙不聳民狎其野穡人成功二也聳懼狎習也○賈音古聳息勇反戎

狄事晉四鄰振動諸侯威懷三也以德綏戎師徒不勤甲兵不頓四也頓壞也疏

注頓壞也○正義曰頓謂挫傷所壞今俗語云委頓是也鑒于后羿而用德度以后羿爲鑒戒遠至邇安五也君其

圖之公說使魏絳盟諸戎脩民事田以時傳言晉侯能用善謀○說音悅○冬十月邾人莒人

伐鄫。臧紇救鄫，侵邾，敗于狐駘。臧紇武仲也鄫屬魯故救之狐駘邾也魯國蕃縣東南有目台亭○紇恨發反駘徒來反徐敕才反番本又作蕃應劭音皮一音方袁反白褒魯國記云陳子遊爲魯相番子也國人爲諱改曰皮也台吐才反

疏注番縣○正義曰魯國地理志曰番讀如藩屏之藩言魯國南藩也汝南陳子游爲魯相子游者藩之子也國人辟諱遂改皮音而爲番字因而不改也

國人逆喪者皆髽。魯於是乎始髽。○髽麻髮合結也遭喪者多故不能備凶服髽而已髽側瓜反合結音計本義作髻又作紒音同

疏注髽麻至而已○正義曰髽之形制禮無明文先世儒者各以意說鄭衆以爲枲麻與髮相半結之馬融以爲屈布爲巾高四寸著於顙上鄭玄以爲去纚而紒案檀弓記稱南宮縚之妻孔子之兄女也縚母喪孔子誨之髽曰爾毋從從爾爾毋扈扈爾鄭玄云從從謂大高扈扈謂大廣若布高四寸則有定制何當慮其從從扈扈而誨之哉如鄭玄去纚而空露其紒則髮上本無服矣喪服女子在室爲父髽衰三年空露紒髽安得與衰共文而謂之髽衰也魯人逆喪皆髽豈直露紒迎喪哉凶服以麻表髽字從髟是髮之服也杜以鄭衆爲長故用其說言麻髮合結亦當麻髮半也於時魯師大敗遭喪者多婦人迎子迎夫不能備其凶服唯髽而已同路迎喪以髽相弔傳言魯於是始髽者自此以後遂以髽爲弔服雖有吉者亦髽以弔人檀弓曰魯婦人之髽而弔也自敗於壺終始也鄭玄云時家家有喪髽而相弔知於是始髽者始用髽相弔也髽者依喪服婦人爲斬衰三年者髽故喪服云女子子在室箭筓髽衰三年是也其齊衰期亦髽故檀弓云南宮縚之妻之姑之喪夫子誨之髽是也其婦人弔服則鄭注檀弓云大夫之妻錫衰士之妻則疑衰皆吉筓無首素總也

國人誦之曰：臧之狐裘，敗我於狐駘。臧紇時服狐裘我君小子，朱儒是使。朱儒朱儒，使我敗於邾。襄公幼弱故曰小子臧紇短小故曰朱儒敗不書魯人諱之○朱本或作侏亦音朱

附釋音春秋左傳注疏卷第二十九

春秋左傳注疏卷二十九校勘記

阮元撰盧宣旬摘錄

附釋音春秋左傳注疏卷第二十九 襄元年盡四年宋本春秋正義卷第二十石經春秋經傳集解襄元第十四淳熙本襄下有公字岳本元作一並盡九年

〔襄公〕

〔經元年〕

秋楚公子壬夫帥師侵宋 顏氏匡謬正俗云楚公子王夫字子辛今之學者以其字子辛遂改王夫爲壬夫同是日辰名字相配也案楚有公子午字子庚庚是十榦午是十支法有相配辛壬同在十榦此與庚午不相類固當依本字讀爲王夫不宜穿鑿改爲壬案顏說非也石經以下皆作壬漢書古今人表亦作公子壬夫陸氏穀梁音義壬音而林反

注辛酉九月十五日 監本毛本辛酉誤作無傳

〔傳元年〕

追書前事 閩本監本毛本書作思非也

注登成至繫宋 宋本此節正義在於是至宋志之下

於是至宋志 此節及登城至繫宋節注稱宋至宋志節宋本總入謂之宋志注下

乃有二意毛本二作三非也

言鄭伯志於殺宋本志下有在字

非取國人之心閩本監本毛本心作志

瓠邱晉地纂圖本毛本地誤城

河東東垣縣東南有壺邱宋本壺作瓠水經注河水篇云清水又東南逕陽壺城東即垣縣之壺邱亭郡國志河東郡有壺邱亭注引注云縣東南有壺邱亭宋本作瓠邱非也又按河東有垣縣無東垣縣周禮注說文及此杜注皆衍東字宜刪

於戚之會毛本於作與非也

敗其徒兵於洧上宋本纂圖本閩本監本毛本於作于

徒兵步兵案僖二十八年注云徒兵步卒

至長平入潁案潁字是也毛本足利本誤穎

故步兵謂之徒兵也重脩監本下兵誤與

今公雖卽位監本公作歸非也

小國朝之鄭氏周禮大行人注引作大國朝焉小國聘焉賈疏同王制正義引鄭氏周禮注同孔自引左傳仍作小國朝之儀禮聘禮賈疏凡兩見

俱作小國朝焉

（經二年）

又七年楚子重伐鄭 監本毛本又誤文

以富鄭 纂圖本閩本監本毛本富作逼宋本淳熙本岳本足利本作偪案偪逼古今字

（傳二年）

二年春鄭師侵宋楚令也 纂圖本閩本監本毛本師誤伯

萊人使正輿子 釋文云輿本或作與惠士奇曰荀子云萊不用子馬而齊并楊倞云或曰正輿氏字子馬

穆姜使擇美檟 郭注爾雅釋木引作使擇美榎

皮老而麓楷者爲楸 宋本麓作𪊨是正字浦鏜正誤楷作散與爾雅疏引樊注合下同

櫬親身棺也 宋本親作櫬非也案四年注作親

所謂椴棺也 宋本椴作椑與檀弓注合

頌琴者 重脩監本琴誤奉

言之者行事 宋本之作知

偕偏也纂圖本毛本徧作偏非也釋文亦作徧

則下與福祐甚周徧宋本閩本監本毛本祐作佑

今其皆來魯國宋本今作令是也

婦人不越疆而弔人宋本閩本監本毛本作弔此本誤弟今訂正

是棄力與言其誰暱我釋文云棄力服本又作棄功暱本又作昵案臧林云當從服本作棄功言楚有功于鄭也

此棄力背言之責毛本力言二字誤倒

成公未葬宋本淳熙本岳本纂圖本閩本監本毛本作未此本誤宋今訂正

鄭人叛晉謀討之宋本岳本足利本人作久是也

〔經三年〕

諸侯共謀王室毛本共誤不

不譏王人毛本不誤共

以明王勑其來盟宋本毛本勑作敕

故經但列諸侯案釋例但作唯

止爲盟陳袁僑耳宋本閩本監本毛本作耳此本誤作且今改正

【傳三年】

在丹陽蕪湖縣東淳熙本蕪誤蕪宋本足利本作無此本丹誤月今據各本訂正

今皐吏也宋本淳熙本岳本監本毛本吏作夷是也

託之君子此傳君子閩本監本毛本脫此傳君子四字

乃盟於耏外石經纂圖本毛本於作于釋文亦作于

雞也○正義曰雞者此節正義宋本閩本監本毛本在注文解狐卒句下此本與盟於耏外正義合爲一節非是

於是羊舌職死矣淳熙本羊舌二字誤作舍

商書洪範也纂圖本閩本監本毛本脫也字

能舉似已者○也監本○在也字之下岳本纂圖本毛本並作者也宋本淳熙本作能舉似已者是也

維其有之宋本閩本監本毛本維作惟

單頃公王卿士淳熙本脫王字纂圖本毛本作正亦非

事君不辟難纂圖本毛本不作必非也

事君至不逃刑宋本無不字閩本監本毛本作至不逃非

然則斬僕信依法也宋本信依作依軍不誤閩本監本毛本法作瀍

非是專爲此事也宋本也作耳

軍事有死無犯爲敬纂圖本毛本事誤仕

而從舍罪人毛本從作放

〔經四年〕

注定謚至葬速毛本至誤之

於例亦同稱薨也宋本監本毛本亦作赴是也

明季子雖議從略賤宋本季下有文字是也

殯葬無闕也閩本監本毛本闕作闞亦非宋本作闕是也○今依宋本

豈得以妾意遇之哉閩本監本毛本意作毋非也

〔傳四年〕

鄭玄以爲正夫人有以罪廢閩本監本毛本有以二字誤倒

晉士匄侵齊至穀 宋本無侵字與十九年經合

周禮以鐘鼓奏九夏 淳熙本岳本鐘作鍾

一名樊 閩本監本樊作繁案國語作繁

金謂鍾及鎛也 宋本鎛作鏄下同

昭夏納夏 閩本監本毛本昭作韶下同案周禮鍾師作昭

此傳直言之三不朝其三之名 閩本監本毛本朝作拜亦非宋本作辨

文王之三盡文王大明緜 閩本監本毛本盡作蓋

幷取其次三篇 宋本閩本監本毛本三作二是也

呂叔王云 宋本王作玉不誤

言遂於天位也 宋本天作大位字下有謂王位三字是也

降福穰穰 閩本監本毛本穰穰作禳禳非

云肆夏繁樊既是肆夏 閩本監本毛本樊作繁既作郎非

何所馮準 閩本監本馮作溤非後同者不更出

先儒以樊遏二字共爲執競閩本監本毛本樊作繁非

彼孔晁注云毛本晁誤韶

韓獻子白宋本閩本監本毛本白作曰

加命爲二伯毛本脫二字

伯長諸侯爲方伯也重脩監本伯長誤自長

注及與相樂宋本閩本監本毛本與下有至字是也

彼俱不敢聞閩本監本毛本俱誤懼宋本聞作閉

定其差等閩本監本毛本差等誤倒

堂下吹一篇監本吹誤次

筆由庚閩本監本毛本庚誤賡

不復更用其首篇者宋本無者字

尤尙不得用之宋本尤作猶

所以章臣之覲也宋本覲作勤是也案國語臣上有使字

能光輝君命毛本命誤君案盧文弨校本輝作煇陳樹華云如廿年公賦南山有臺注能爲國光暉宋本作煇字是也按說文有暉煇無輝輝者煇之俗說文煇暉皆解曰光也

周爰諮諏釋文諮作咨與毛詩合

必咨於周閩本監本毛本咨作諮

事難爲難宋本事難作事當是也

言自謂知所無及按所無當作無所乃與詩傳箋合

懷靡謙以問知者宋本無靡字

今故不虞有欲不爲反哭也宋本故作欲有作者是也

匠慶魯大匠纂圖本毛本大匠誤大夫

言襄公長將責季孫淳熙本責誤費重脩監本誤貴

傳曰遂得成禮宋本淳熙本岳本曰作言

注禦止至異文此節正義宋本揔入季孫至謂乎之後

御卽禦也監本毛本卽誤猶

謂朩不順其意　宋本監本毛本謂作請

我止略女　宋本閩本監本毛本止作只非也

小國不能自通　監本毛本能作得

晉司馬又掌諸侯之賦　毛本晉作吾非也

羿居窮石之地　毛本石誤不

羿遂伐相　宋本淳熙本岳本伐作代

惟仲康肇位四海　宋本肇作肈

夏祚猶尚未滅　宋本亦作猶尚閩本監本毛本二字誤倒

杜云有窮君之號　監本毛本杜誤此

羿彈日　段玉裁校本作羿焉彈日與楚辭合

羿彈十日也　段玉裁校本彈作彃是也浦鏜據尚書及論語疏日字下增說文云彃者射六字

堯時有羿　宋本時下有亦字是也

棄武羅伯困　石經宋本淳熙本岳本纂圖本監本毛本作伯因是案漢書古今人表作柏因史記正義作伯姻

北海平壽縣東有寒亭 監本東作有毛本作東並非

伯明后寒棄之 宋本此節正義在注文夷氏之下

樂之以游田 淳熙本岳本足利本游作遊

信浞許是也 纂圖本毛本許作計宋本淳熙本岳本監本作詐山井鼎云當作詐

則殺羿者逢蒙也 宋本閩本毛本作逄此本誤連監本作逄亦非

生澆及豷 案惠棟云澆說文引作敖論語作奡管子云若敖之在堯說文引論語奡湯舟是敖與奡通今傳作澆者敖澆聲相近師讀各異故也陳樹華云古今人表作奡師古曰音五到反楚詞所謂澆者也顏氏不引左傳而引楚詞失之論語疏亦云澆卽奡也

東萊掖縣北有過鄉 釋文云掖漢書作夜孟康音掖

曰𩏂戈錫是也 浦鏜正誤錫作鍚案哀十二年傳作鍚

晉稱文王訪于辛尹 宋本晉下有語字是也

每官各爲箴辭 宋本此下有以戒王若箴之療疾故名箴焉言官箴者各以其官所掌而爲箴辭二十六字各本並脫又閩本監本毛本各爲誤作各以

大艾草以爲防是也 監本毛本艾誤芟

淮海惟揚州 閩本監本揚作楊案郭忠恕佩觿曰楊柳也亦州名

人神各有所歸 沈彤云人神當作人獸

雖有夏家而不能恢大之 此本之誤反宋本淳熙本岳本足利本反作之不誤案太平御覽引同今依訂正纂圖本毛本作也閩本監本作而不能恢也並非

麞鹿食荐 案莊子麞作麋荐作薦翻宋本麋字實缺

四鄰振動 纂圖本監本毛本鄰作隣俗字

魯國蕃縣東南有目台亭 宋本淳熙本纂圖本監本毛本足利本蕃作番釋文亦作番云本又作蕃閩本目誤月

於時魯師大敗 宋本毛本時作是非監本大作夫不誤

自敗於壺終始也 閩本壺誤壼監本毛本作臺依檀弓改也宋本監本毛本終作駘山井鼎云駘作鮐與禮記合閩本亦誤終

敗我於狐駘 石經敗我於狐四字重刻蓋初刻脫我字也

襄公幼弱 纂圖本閩本監本毛本脫襄字

春秋左傳注疏卷二十九校勘記

附釋音春秋左傳注疏卷第三十 襄五年盡九年

杜氏注　　孔穎達疏

經五年春公至自晉○夏鄭伯使公子發來聘發子產父○叔孫豹鄫世子巫如晉比魯大夫故書巫如晉○巫亡扶反○仲孫蔑衛孫林父會吳于善道魯衛俱受命於晉故不言及吳先在善道二大夫往會之故曰會吳善道地闕疏注魯衛至地闕○正義曰諸言及者皆魯君命之使與彼行故稱及彼此傳稱晉將爲吳合諸侯使魯衛先會之魯衛俱受命於晉非是魯君命蔑使與林父會吳故不言及也下文戚之會序吳於列書公會晉侯云云吳人鄫人于戚此不序吳於林父之下而別云會吳者爲吳人先在善道蔑與林父往彼會之故云會吳也十年會吳于柤成十五年會吳于鍾離皆是吳在彼地往彼會之故殊會吳也公羊以爲外吳言春秋內其國而外諸夏內諸夏而外夷狄故殊會以外之左氏無此義杜不從公羊故皆云吳在彼也下戚會不殊吳者來會于戚故與諸國同序列也○秋大雩○楚殺其大夫公子壬夫書名罪其貪○公會晉侯宋公陳侯衛侯鄭伯曹伯莒子邾子滕子薛伯齊世子光吳人鄫人于戚穆叔使鄫人聽命於會故鄫見經不復殊吳者吳來會于戚○見賢遍反復扶又反下同公至自會無傳○冬戍陳諸侯在戚會皆受命戍陳各還國遣戍不復有告命故獨書魯戍疏注諸侯至魯戍○正義曰此戍陳及十年戍鄭虎牢僖二年城楚丘案傳皆諸國同行而經獨書魯者城楚丘傳云不書所會後也彼爲魯人後期諸侯已散故作獨城之文此則於戚之會受命戍陳十年諸侯伐鄭於伐鄭受命戍鄭虎牢還國各自遣戍更無告命故獨書魯戍也○楚公子貞帥師伐陳公

會晉侯宋公衞侯鄭伯曹伯齊世子光救陳十有二月公至自救陳無傳○辛未

季孫行父卒

傳五年春公至自晉公在晉既聽屬鄫聞其見伐遂命臧紇出救故傳稱經公至以明之○王使王叔陳生愬戎于晉王叔周卿士也戎陵虣周室故告愬。於盟主○愬悉路反虣白報反晉人執之士魴如京師言王叔之貳於。戎也王叔反有二心。於戎失奉使之義故晉執之○使所吏反○夏鄭子國來聘通嗣君也鄭僖公初即位○穆叔覿鄫大子于晉以成屬鄫覿見也前年請屬鄫故將鄫大子巫如晉以成之○覿直歷反見賢遍反疏注覿見至成之○正義曰覿見釋詁文也前年魯請屬鄫鄫雖被晉許而鄫人未知故將巫至晉以成之書曰叔孫豹鄫大子巫如晉言比諸魯大夫也豹與巫俱受命於魯故經不書及比之魯大夫疏注豹與至大夫○正義曰巫若。自受鄫命則豹當言及今巫來至魯魯侯命之命與豹同行與豹俱受魯命故經不言及比之魯大夫也魯大夫兩人同行皆不言及文十八年公子遂叔孫得臣如齊定六年季孫斯仲孫何忌如晉其類皆是也○吳子使壽越如晉壽越吳大夫辭不會于雞澤之故三年會雞澤吳不至今來謝之且請聽諸侯之好更請會○好呼報反晉人將爲之合諸侯使魯衞先會吳且告會期以其道遠故使魯衞先告期○將爲于僞反故孟獻子孫文子會吳于善道二子皆受晉命而行○秋大雩旱也雩夏祭所以祈甘雨若旱則又脩其禮故雖秋雩非書過也然經與過雩同文是以傳每釋之曰旱也雩而獲雨故書雩而不書旱疏注雩夏至書旱○正義曰例稱龍見而雩是夏祭常禮所以祈甘雨也過時則書若值歲旱則又脩此雩禮而爲旱祈禱故雖秋雩非書過也此是爲旱而雩非常雩過時也但經書大雩則過雩旱雩無以相别故爲旱而雩傳皆言旱以釋之釋例曰始夏而雩者爲純陽用事防有旱災而祈之也至於四時之旱又因用此禮而求雨故亦曰雩經書雩而傳不以旱釋之者皆過雩也經書過雩則與旱雩不别故傳皆發之是解發傳言旱之意也雩爲旱禱而不書旱者雩而獲雨故書雩而不書旱雩不得雨則書旱以明災成僖二十一年夏大旱是也雩而獲雨則書雩穀梁傳文也○楚人討陳叛故討治也曰由令尹子辛實侵欲焉乃殺之書曰楚殺其大夫公子壬夫貪也君子謂楚共王於是不刑陳之叛楚罪在子辛共王既不能素明法教陳叛之日又不能嚴斷威刑以謝小國而擁其罪人與兵致討加禮於陳而陳恨彌篤乃怨而歸罪子辛子辛之貪雖足以取死然共王用刑爲失其節故言不刑○共音恭斷丁亂反疏注陳之至不刑○正義曰釋例曰陳之叛楚罪在子辛共王既不能明法示教以肅大臣陳叛之日又不能嚴斷威刑以謝小國而擁其罪人以興兵致討暴師經年加禮於陳陳恨彌篤乃悁而歸罪子辛子辛之貪雖足以取死然共王用刑爲失其節故君子論之以爲不刑也加禮於陳者謂四年楚將伐陳聞喪乃止是也不刑者言不得用刑之道也詩曰周道挺挺我心扃扃講事不令集人來定逸詩也挺挺正直也扃扃明察也講謀也言謀事不善當聚致賢人以定之○挺他頂反扃扃工迥反徐孔潁反己則無信而殺人以逞不亦難乎共王伐宋封魚石背盟敗于鄢陵殺子反公子申及壬夫八年之中戮殺三卿欲以屬諸侯故君子以爲不可○背音佩疏注共王至不可○正義曰釋例以君子此言止爲殺公子申與壬夫二人而已此注又兼言殺子反者傳言己則無信尤共王也背盟而敗于鄢陵及殺子反皆是共王無信之事故追言之也此三卿欲令諸侯息忿還來屬己故言欲以屬諸侯以屬諸侯者僖十九年傳文也逞訓

解也共王殺此三人望解己意而諸侯不從意竟不解故云殺人以逞不亦難乎夏書曰成允成功亦逸書也允信也言信成然後有成

功疏注亦逸至成功○正義曰此虞書大禹謨之文禹是夏王故傳稱夏書杜不見古文故稱逸書亦。亦前逸詩也彼舜謂禹能成聲教之信成治水之功爲二事此傳引之言共王無信故無成功杜順傳意言信成然後有成功爲一事也○九月丙午盟于戚會吳且命戍

陳也公及其會而不書盟非公後會蓋不以盟告廟疏注公及至告廟○正義曰凡諸侯會而盟者皆先會而後盟非先盟而後會既及其會知非後盟釋例曰盟于鄧盟於犖盟于戚公既在會而不書其盟者以理推之會在盟前知非後盟也蓋公還告會而不告盟也穆叔以屬鄫爲不

利使鄫大夫聽命于會鄫近魯竟故欲以爲屬國既而與莒有忿魯不能救恐致譴責故復乞還之傳言鄫人所以見於戚會○近附近之近下文陳近同竟音境譴棄戰反復扶又反見賢遍反○楚子囊爲令尹公子貞囊乃郎反○范宣子曰我喪陳

矣楚人討貳而立子囊必改行改子辛所行○喪息浪反行如字徐下孟反而疾討陳疾急也陳近于

楚民朝夕急能無往乎有陳非吾事也無之而後可言晉力不能及陳故七年陳侯逃歸○朝如字

冬諸侯戍陳備楚子囊伐陳十一月甲午會于城棣以救之公及救陳而不及會故不書城棣城棣鄭地陳留酸棗縣西南有棣城○棣力計反一音徒妹反疏注公及至棣城○正義曰桓十五年公會宋公衞侯陳侯于褒伐鄭既會而伐弁會書之計此亦當書會故解之公及救陳而不及其會故不書會○季文子卒大夫入斂公在位在阼階西鄉○斂力豔反鄉許亮反疏注在阼階西鄉○正義曰喪大記云大夫之喪將大斂既鋪絞紟衾衣君至主人迎先入門右巫止于門外君釋菜祝先入升堂君即位于序端士喪禮君若

有賜焉則視斂既布衣君至君升自阼階西鄉以君臨士喪西鄉知臨大夫之喪即位于序端者亦西鄉也鄭玄士冠禮注云阼猶酢也東階所以荅酢賓客也堂東西牆謂之序劉炫又引記云君既即位于序端卿大夫即位于堂廉楹西北面東上主人房外南面主婦尸西東面遷尸卒斂宰告主人降北面于堂下君撫之主人拜稽顙君降升主人馮之命主婦馮之士之喪將大斂君不在其餘禮猶大夫也宰庀家器爲葬備庀具也庀匹婢反○無衣帛之妾無食粟之馬無藏金玉無重器備器備謂珍寶甲兵之物○衣於既反食如字又音嗣重如字又直龍反君子是以知季文子之忠於公室也相三君矣而無私積可不謂忠乎○相息亮反積子賜反疏相三君矣○正義曰季孫行父以文六年見經則爲卿久矣宣公之初襄仲執政宣八年仲遂卒後始文子得政故至今爲相三君也

經六年春王三月壬午杞伯姑容卒○夏宋華弱來奔華椒孫○秋葬杞桓公無傳○滕子來朝○莒人滅鄫○冬叔孫豹如邾○季孫宿如晉行父之子○十有二月齊侯滅萊書十二月從告

傳六年春杞桓公卒始赴以名同盟故也杞入春秋未嘗書名桓公三與成同盟故赴以名疏注杞入至以名○正義曰杞入春秋以來唯僖二十三年杞成公卒用夷禮書杞子卒未嘗書杞君之名也世本杞桓公是成公之弟成公卒而桓公立至此七十一年唯成五年盟于蟲牢七年于馬陵九年于蒲魯杞俱在未嘗與襄同盟嫌其不合以名赴故傳發之釋例曰杞伯姑容未與襄同盟而事逮其父用同盟之禮蓋斷

好之義也嫌於赴非所盟之君故傳曰始赴以名同盟故也宋華弱與樂轡少相狎長相優又相謗也狎親習也優調戲也○少詩照反狎戶甲反長丁丈反調徒弔反狎

疏注狎親至戲也○正義曰論語云雖狎必變曲禮云賢者狎而敬之狎是相褻慢相貫習之名也二十八年傳稱慶氏之徒觀優至於魚里是優爲戲名也晉語有優施史記滑稽傳有優孟優旃皆善爲優遂以優著名是優爲調戲也子蕩怒以弓梏華弱于朝子蕩樂轡也張弓以貫其頸若械之在手故曰梏○梏古毒反貫古亂反

疏注子蕩至曰梏○正義曰貫者穿也張弓以貫其頸穿於弓之中故曰貫其頸周禮掌囚有梏桎在手曰梏在足曰桎頸貫於弓若手在梏故云以弓梏也桎梏俱名爲械釋名云械者戒也戒止人使不得遊行也平公見之曰司武而梏於朝難以勝矣司武司馬言其懦弱不足以勝敵○懦乃亂反又乃臥反遂逐之夏宋華弱來奔司城子罕曰同罪異罰非刑也專戮於朝罪孰大焉亦逐子蕩子蕩射子罕之門曰幾日而不我從言我射女門女亦當以不勝任見逐○射食亦反注同幾居豈反女音汝勝音升子罕善之如初言子罕雖見辱不追忿所以得安

疏司城至如初○正義曰子罕以華弱奔後而發此言蓋以告諸大夫非告君也亦逐子蕩一句亦是子罕之語說子蕩之罪言亦宜逐子蕩也子蕩恐即被逐故射子罕之門宋亦不復逐之子蕩作被逐之意故云幾日而不我從也宋人不復更逐故子罕善之如初不恨其射門也或當實逐子蕩故子云幾日而不我從理亦通也○注言子至得安○正義曰服虔云言子罕不阿同族亦逐樂轡以正國法忠之至也及樂轡射其門畏從華弱之罰復善樂轡如初是爲茹柔吐剛喪其志矣傳故舉之明春秋之義善惡俱見杜以春秋之世君弱臣強莫不蓋失掩罪以相忍爲國向戌欲蓋華臣子罕不怨樂轡皆忍忿求安之事不足以爲大尤知傳載此言是善其得安非尤其從惡故異於服

也

○秋滕成公來朝始朝公也○莒人滅鄫鄫恃賂也鄫有貢賦之賂在魯恃之而慢。莒故滅之○

冬穆叔如邾聘且脩平平四年狐駘戰○晉人以鄫故來討曰何故亡鄫鄫屬魯恃賂而慢莒魯不致力輔助無何以還晉尋便見滅故晉責魯季武子如晉見且聽命始代父為卿見大國且謝亡鄫聽命受罪○見賢遍反注同

疏注始代至受罪○正義曰昭二年晉韓宣子來聘傳曰告為政而來見也大國政卿尚來見小國知此傳言見者是始代父為政卿往見於大國也○

十一月齊侯滅萊萊恃謀也賂夙沙衛之謀也事在二年於鄭子國之來聘也四月晏弱城

東陽而遂圍萊子國聘在五年二年晏弱城東陽至五年四月復託治城因遂圍萊○復扶又反甲寅堙之環城傅於

堞堞女牆也堙土山也周城為土山及女牆○堙音因環戶關反又音患傅音附堞音牒一名俾亦謂之俾倪徐養涉反疏注堞女至女牆○正義曰

兵書攻城有為堙之法宣十五年公羊傳曰子反乘堙而窺宋城是堙為土山也土山使高與城等而攻之也言環城是環遶其城知周市其城為土山也及杞

桓公卒之月此年三月乙未王湫帥師及正輿子棠人軍齊師王湫故齊人成十八年奔萊正輿子萊大

夫棠萊邑也北海即墨縣有棠鄉三人帥別邑兵來解圍○湫子小反徐子鳥反齊師大敗之敗湫等丁未入萊萊共公

浮柔奔棠正輿子王湫奔莒莒人殺之四月陳無宇獻萊宗器于襄宮無宇桓子陳完

玄孫襄宮齊襄公廟○共音恭晏弱圍棠十一月丙辰而滅之遷萊于郳遷萊子于郳國○遷萊于郳五兮反本或

作遷于郳萊衍字疏還萊于郳○正義曰郳即小邾也二年傳曰滕薛小邾之不至皆齊故也小邾附屬於齊故滅萊國而還其君於小邾使之寄居以

終身也高厚崔杼定其田定其疆界高厚高固子○疆居良反

經七年春郯子來朝○夏四月三卜郊不從乃免牲稱牲既卜日也卜郊又非禮也○郯音談【疏】夏四月○至免牲○正義曰周禮大宰職云祀五帝前期十日帥執事而卜日然則將祭十日之前預卜之蓋一旬一卜也例稱啓蟄而郊建寅之月也此四月三卜蓋三月二卜四月又一卜也春分之前猶是啓蟄節內於法仍可以郊據傳獻子之言三三卜在春分之後則初卜即已大晚故三卜而涉於春分也人心欲其吉不吉是不從不從則不郊故免牲而不殺也○注稱牲至禮也○正義曰僖三十一年夏四月四卜郊不從乃免牲傳曰禮不卜常祀而卜其牲日牛卜日曰牲牲成而卜郊上怠慢此經與彼正同唯四卜三卜爲異耳彼言其非則此亦非也牛已稱牲是既卜日矣牲既成矣而又卜郊與僖同譏故云又非禮也○小邾子來朝○城費南遺假事難而城之○費音祕難乃旦反【疏】注南遺至城之○正義曰此傳唯說南遺請城之由不言時與不時則知南遺假託言有事難而請城之○秋季孫宿如衛○八月螽無傳爲災故書○冬十月衛侯使孫林父來聘壬戌及孫林父盟楚公子貞帥師圍陳○十有二月公會晉侯宋公陳侯衛侯曹伯莒子邾子于鄬謀救陳陳侯逃歸不成救故不書救也鄬鄭地○鄬于軌反字林凡吹反【疏】注謀救至鄭地○正義曰楚既圍陳而陳侯亦列於會者當是圍之不密故陳侯得出會求救也陳侯逃歸陳遂屬楚諸侯不與楚戰各自罷歸不成爲救故不書救也鄭伯髡頑如會未見諸侯丙戌卒于鄵實爲子駟所弒以瘧疾赴故不書弒稱名爲書卒同盟故也如會會於鄬也未見諸侯未至會所而死鄵鄭地不欲再稱鄭伯故約文上其名於會上○鄵七報反又采南反字林千消反弒音試下同爲書于僞反上其時掌反【疏】注實爲至

會上○正義曰魯之隱閔實被弑而書薨諱而不言弑則亦不以被弑赴諸侯此鄭伯實爲子駟所弑而以瘧疾赴於諸侯亦如隱閔之類諱而不言弑故魯史不得書弑也穀梁傳曰禮諸侯不生名此其生名何也卒之名也卒之名則何爲加之如會之上見以如會卒也是言書名爲書卒而稱之也三年盟于雞澤五年盟于戚魯鄭俱在同盟故赴以名法當書名故進名於上其名本爲下卒非是生名之也如會者會諸侯於鄬欲往赴其會也公羊傳曰未見諸侯其言如會何致其意也原其意本欲往會故書之也未見諸侯言其未見諸侯至會所而死非至會而不見也書卒于鄵者赴以所卒之地故書之

陳侯逃歸畏楚逃晉而歸

傳七年春郯子來朝始朝公也○夏四月三卜郊不從乃免牲孟獻子曰吾乃今而後知有卜筮夫郊祀后稷以祈農事也郊祀后稷以配天后稷周始祖能播殖者

疏注郊祀至殖者○正義曰言后稷周之始祖能播殖者辨知后稷是何人不爲能播殖故祀以祈農事自謂郊天以祈農耳案孝經云孝莫大於嚴父嚴父莫大於配天則周公其人也昔者周公郊祀后稷以配天宗祀文王於明堂以配上帝止云配天而祀之不言祈農也郊特牲說郊天之義曰萬物本乎天人本乎祖此所以配上帝也郊之祭也大報本反始也宣三年公羊傳曰郊則曷爲必祭稷王者必以其祖配王者則曷爲必以其祖配自內出者無匹不行自外至者無主不止何休云天道闇昧故推人道以接之不以文王配者重本尊始之義也據此諸文則郊祭天者爲物本於天故祭天以報本神必須配故推祖以配天止報生成之恩非求。未來之福此傳專言郊祀。社稷主爲祈農事者斯有吉矣祭祀者爲報已往非求將來之福也但祭爲明神所享神以將來致福將來而獲多福乃由祭以得之禮器稱君子曰祭祀不祈祭者意雖不祈其實福以祭降以祭獲福即祈之義也宗廟之祭緣生事死盡其孝順之心非求耕稼之利少牢饋食者

大夫之祭禮也其祭之末尸嘏主人使女受福于天宜稼于田彼豈為田而祭
哉神以宜田福之耳郊天之義亦由是也神以人為主人以穀為命人以精意
事天天以宜稼祐人以此謂之祈農本意非祈農也詩噫嘻序曰春夏祈穀于
上帝禮孟春之月月令曰是月也天子乃以元日祈穀于上帝郎是郊天之祭
也其下郎云乃擇元辰天子親載耒耜躬耕帝籍是郊而後耕也獻子此言正
與禮合孝經止言尊嚴其父祖述孝子之志本意不說郊天之祭無由得有祈
穀之言何休膏肓執彼難此追而想之亦可以歎息也是故啓蟄而郊郊而後耕今既耕而卜郊宜其不
從也啓蟄夏正建寅之月耕謂春分○蟄直立反夏戶雅反疏注啓蟄至春分○正義曰釋例曰曆法正月節立春啓蟄為中氣二月節雨水春分
為中氣是啓蟄為夏正建寅之月中氣也月令祈穀之後即擇日而耕初耕亦
在正月傳言既耕而卜郊宜其不從是此卜之時已涉春分之節日時過不復可
郊故言耕謂春分指釋獻子言耕是春分之節不謂春分始可耕也釋例又曰
僖公襄公夏四月卜郊但譏其非所宜卜不譏其四月不可郊也孟獻子曰啓
蟄而郊郊而後耕耕謂春分也言得啓蟄即當卜郊不得過春分也是言此卜
在春分之後故獻子譏之據傳獻子此言郊天之禮必用周之三月而雜記云
孟獻子曰正月日至可以有事於上帝七月日至可以有事於祖七月而禘獻
子為獻之也此與禮記俱稱獻子二文不同必有一謬禮記後人所錄左傳當得
其真若七月而禘獻子為之則當獻子之時應有七月禘者烝嘗過則書禘過亦宜書何以獻子之時不書七月禘也足知禮記之言非獻子矣○南
遺為費宰費季氏邑叔仲昭伯為隧正隧正主役徒昭伯叔仲惠伯之孫○隧音遂疏注隧正至役徒○正義曰九年注云
隧正官名五縣為隧則隧正當周禮之遂人也掌諸遂之政令徒役出諸遂之民故為主役徒者欲善季氏而求媚於南遺謂
遺請城費使遺請城吾多與而役故季氏城費傳言祿去公室季氏所以強○小邾穆公來朝亦

始朝公也亦鄭子也○秋季武子如衛報子叔之聘且辭緩報非貳也子叔聘在元年言國家多難故不時報○難乃旦反○冬十月晉韓獻子告老公族穆子有廢疾穆子韓厥長子成十八年爲公族大夫○長丁丈反下師長同將立之代厥爲卿辭曰詩曰豈不夙夜謂行多露詩言雖欲早夜而行懼多露之濡己義取非禮不可妄行疏詩曰至多露○正義曰詩國風召南行露之首章也言人行者豈不欲早夜而行乎謂早夜而行則多露濡己義取非禮不可以妄行穆子引之言非其才不可以妄居官位又曰弗躬弗親庶民弗信詩小雅。言譏在位者不躬親政事則庶民不。奉信其命言己有疾不能躬親政事疏弗躬至弗信○正義曰此詩小雅節南山之篇詩注云言王之政不躬而親之則恩澤不信於衆民矣無忌不才讓其可乎請立起也無忌穆子名起無忌弟宣子也與田蘇游而曰好仁田蘇晉賢人蘇言起好仁○好呼報反注及下同詩曰靖共爾位好是正直神之聽之介爾景福靖安也。介。助。也景。大也詩小雅言君子當思不出其位求正直之人與之並立如是則神明順之致大福也○共音恭下注同介音界下及注同疏注介助也景大也○正義曰定本介景皆爲大也恤民爲德靖共其位所以恤民疏注靖共至恤民○正義曰天生烝民立君以牧之君不獨治爲臣以佐之君之與臣皆爲恤民而設之也能安靖共敬在其職位是其所以憂民也正直爲正正己心正曲爲直正人曲參和爲仁德正直三者備乃爲仁○參七南反或音三如是則神聽之介福降之立之不亦可乎言起有此三德故可立疏詩曰至可乎○正義曰詩小雅小明之篇言人能安靖共敬以居爾之職位愛好正直之人與之共處於朝則神明聽順之當助女以大福也既引詩文又述其意能憂念下民是爲德也正直己心是爲正也能以己正正人之曲是爲直也此德也正也直也。三者和備是爲仁也人能如是則神明聽順之大福降與之田蘇是知人者也田蘇言起好仁起必備有此行立之不亦可乎

庚戌使宣子朝遂老韓厥致仕晉侯謂韓無忌仁使掌公族大夫爲之師長疏注爲之師長○正義曰無忌先爲公族大夫今言使掌是與諸公族大夫爲師長也○衛孫文子來聘且拜武子之言緩報非貳之言而尋孫桓子之盟盟在成三年公登亦登禮登階臣後君一等○後胡豆反下文不後寡君同疏注禮登至一等○正義曰聘禮公迎賓于大門內及廟門公揖入立于中庭納賓賓入三揖至于階三讓公升二等鄭玄云先賓升二等亦欲君行一臣行二言君先升二等然後臣始升一等是禮登階臣當後君一等叔孫穆子相趨進曰諸侯之會寡君未嘗後衛君敵體並登○相息亮反下駟相同嘗後如字徐胡豆反今吾子不後寡君寡君未知所過吾子其少安安徐也孫子無辭亦無悛容悛改也○悛七全反穆叔曰孫子必亡爲臣而君過而不悛亡之本也詩曰退食自公委蛇委蛇委蛇順貌詩召南言人臣自公門入私門無不順禮○委於危反蛇以支反下同召上照反謂從者也從順也衡而委蛇必折衡橫也橫不順道必毀折爲十四年林父逐君起本疏詩曰至必折○正義曰詩國風召南羔羊之篇言大夫賢者退朝而食從公門入私門委蛇委蛇然委蛇順從之貌詩之此意謂順者也今孫子爲臣而君自處是橫不順道以橫道而爲委蛇其人必將毀折不得終其職位○楚子囊圍陳會于鄬以救之晉會諸侯○鄭僖公之爲大子也於成之十六年魯成公○疏注魯成公○正義曰杜必言魯成公者欲明非鄭成公也知非者以鄭成公成七年即位至襄二年卒唯十四年無十六年故也

與子罕適晉不禮焉又與子豐適楚亦不禮焉子豐穆公子及其元年朝于晉鄭僖元年魯襄三年子豐欲愬諸晉而廢之子罕止之及將會于鄬子駟相又不禮焉侍者諫不聽又諫殺之及鄵子駟使賊夜弒僖公而以瘧疾赴于諸侯傳言經所以不書弒簡公生五年奉而立之子僖公○陳人患楚楚圍陳故慶虎慶寅謂楚人曰吾使公子黃往而執之二慶陳執政大夫公子黃哀公弟疏使公子黃往○正義曰於時楚師圍陳使公子黃往入楚軍也楚人從之○爲執黃爲于僞反二慶使告陳侯于會鄬之會曰楚人執公子黃矣君若不來羣臣不忍社稷宗廟懼有二圖背君屬楚○背音佩陳侯逃歸鄬會所以不書救

經八年春王正月公如晉○夏葬鄭僖公無傳○鄭人侵蔡獲蔡公子燮。鄭子國稱人刺其無故侵蔡以生國患燮蔡莊公子○燮息協反疏注鄭子至公子○正義曰此決舍之入陳鄭有宿怨此時與蔡無怨晉復無命使侵無故興師以生國患以其動而無謀故貶之釋例曰陳蔡楚之與國鄭欲求親於晉故伐而入之晉士莊伯詰其侵小且問陳之罪子產荅以東門之役故免於譏及其侵蔡既無晉令又無直辭君死主少興師以求媚於晉不能以德懷親以直報怨故二大夫異於子產也陳之見伐本以助晉晉不逆勞而以法詰之得盟主。遠理故仲尼曰晉爲伯鄭入陳非文辭不爲功善之也○季孫宿會晉侯鄭伯齊人宋人衛人邾人于邢丘時公在晉晉悼難勞諸侯唯使大夫聽命故季孫在會而公先歸○邢徐音刑難乃旦反疏注時公至先歸○正義曰公以正月如晉此會之下始云公至

則晉侯適會公乃歸魯季孫蓋從公朝晉卽從晉赴會故季孫在會而公先歸○公至自晉無傳○莒人伐我東鄙○秋

九月大雩○冬楚公子貞帥師伐鄭○晉侯使士匄來聘

傳八年春公如晉朝且聽朝聘之數晉悼復脩霸業故朝而稟其多少○復扶又反霸本亦作伯音霸又如字疏注晉悼至多少○正義曰昭三年鄭子大叔云文襄之霸也令諸侯三歲而聘五歲而朝自襄以後晉德少衰諸侯朝聘無復定準今晉悼復脩霸業更合諸侯故公朝晉而稟其多少如公朝者蓋亦非一晉侯謙不敢在國約束故出外合之又難煩諸侯使大夫聽命政為邢丘之會以命朝聘之數數之多少傳亦無文據子太叔之言不說悼公之法而遠陳文襄之令則悼公此命還同文襄耳非復別制法也○鄭羣公子以僖公之死也謀子駟子駟先之夏四月庚辰辟殺子狐子熙子侯子丁辟罪也加罪以戮之○先悉薦反又如字辟婢亦反注同熙許其反徐音怡○疏注辟罪至戮之○正義曰辟罪釋詁文也不直言殺而云辟殺明是加誣以罪而殺之子駟知其謀己不以罪殺恐動衆心故加誣以罪言其罪自當死非為己討所以自解說也孫擊孫惡出奔衛二孫子狐之子疏注二孫子狐之子○正義曰賈逵云然未必有文可據相傳為此說也○庚寅鄭子國子耳侵蔡獲蔡司馬公子燮鄭侵蔡欲以求媚於晉子耳子良之子不言敗唯以獲告疏注鄭侵至獲告○正義曰於時鄭無蔡怨又無晉令鄭自發心侵蔡知欲求媚於晉也獲其將必與之戰戰敗乃獲之不言敗者唯以獲告不告敗也鄭人皆喜唯子產不順子產子國子不順衆而喜曰小國無文德而有武功禍莫大焉楚人來討能勿從乎從之晉師必至晉楚伐鄭自今鄭國不四五年弗得

寧矣子國怒之曰爾何知國有大命而有正卿童子。言焉將爲戮矣大命起師行軍之命

○五月甲辰會于邢丘以命朝聘之數使諸侯之大夫聽命季孫宿齊高厚宋向戌衛甯殖邾大夫會之晉難重煩諸侯故使大夫聽命鄭伯獻捷于會故親聽命獻捷也蔡大夫不書尊晉侯也晉悼復文襄之業制朝聘之節儉而有禮德義可尊故退諸侯大夫以崇之

疏注晉悼至崇之○正義曰禮卿不會公侯會則貶之稱人自是常例而云尊晉侯者此有鄭伯在會自與晉侯相敵諸卿不敵晉侯無罪不合貶也但欲尊晉侯無辭以見之故貶大夫以尊之大夫非卿有罪也文二年晉宋陳鄭四國之卿伐秦皆貶稱人尊秦謂之崇德其意與此同也諸侯之卿皆貶而獨不貶季孫宿者文元年公孫敖會晉侯于戚注云禮卿不會公侯而春秋魯大夫皆不貶者體例已舉故據用魯史成文是其義也言儉而有禮德義可尊者難煩諸侯使大夫聽命。亦是有禮之事也

○莒人伐我東鄙以疆鄫田莒既滅鄫魯侵其西界故伐魯東鄙以正其封疆○疆居良反注同○秋九月大雩旱也

○冬楚子囊伐鄭討其侵蔡也子駟子國子耳欲從楚子孔子蟜子展欲待晉待晉來救子孔穆公子子蟜子游子子展子子罕子○蟜居表反子駟曰周詩有之曰俟河之清人壽幾何逸詩也言人壽促而河清遲喻晉之不可待○壽音授或如字注同幾居豈反兆云詢多職競作羅兆卜詢謀也職主也言既卜且謀多則競作羅網之難無成功○難乃旦反

疏兆云詢多○正義曰杜云兆卜詢謀也既卜且謀多如杜此言則云是語辭

謀之多族民之多違族家也事滋無成滋益也民急矣姑從楚以紓吾民晉師至吾又從之敬共幣帛以

待來者小國之道也犧牲玉帛待於二竟二竟晉楚界上○紓音舒共音恭竟音境注同以待彊者而庇民焉寇不爲害民不罷病不亦可乎子展曰小所以事大信也小國無信兵亂日至亡無日矣五會之信謂三年會雞澤五年會戚又會城棣七年會鄬八年會邢丘○庇必利反又音祕下同罷音皮

疏注謂三至邢丘○正義曰鄬之會鄭伯未至而卒亦數之者鄭伯雖身死耳其會與鄭同謀故數之

今將背之雖楚救我將安用之言失信得楚不足貴背音佩至卷末皆同○親我無成晉親鄭鄙我是欲楚欲以鄭爲鄙邑而反欲與成不可從也言子駟不可從不如待晉晉君方明四軍無闕八卿和睦必不棄鄭四軍謂上中下新軍也軍有二卿

疏八卿和睦○正義曰八卿者據九年傳荀罃將中軍士匄佐之荀偃將上軍韓起佐之欒黶將下軍士魴佐之趙武將新軍魏絳佐之

楚師遼遠糧食將盡必將速歸何患焉舍之聞之舍之子展名杖莫如信完守以老楚杖信以待晉不亦可乎子駟曰詩云謀夫孔多是用不集詩小雅孔甚也集就也言人欲爲政是非相亂而不成○杖直亮反下同守手又反或如字下守官并注同發言盈庭誰敢執其咎言謀者多若有不善無適受其咎○咎其九反下同如匪行邁謀是用不得于道匪彼也行邁謀謀於路人也不得于道衆無適從適丁歷反下同

疏○詩云至于道○正義曰詩小雅小旻之三章也言謀事之夫甚多是非相奪無可適從爲是之故其事用此益不成也發言訩訩而盈滿於庭無能決當是非事若不成誰敢執其咎責者如彼道上行人每得人即與之謀意無所從爲是之故用此不得于正道也○注匪彼至適從○正義曰鄭玄以匪爲非如非行邁之謀言止而不行坐圖

遠近也杜以如者如似他物故以匪爲彼言如彼行人逢值岐路問其所從也鄭以行爲道邁爲行言道上行人杜亦當然請從楚騑也受其咎騑子駟名○騑芳非反○乃及楚平使王子伯騈告于晉伯騈鄭大夫○騈扶賢反又扶經反曰君命敝邑脩而車賦儆而師徒以討亂略蔡人不從敝邑之人不敢寧處悉索敝賦。索盡也○儆居領反索悉各反注同一音所百反以討于蔡獲司馬燮獻于邢丘今楚來討曰女何故稱兵于蔡稱舉也○女音汝焚我郊保郭外曰郊保守也馮陵我城郭馮迫也○馮皮冰反注同敝邑之衆夫婦男女不遑。啓處以相救也遑暇也啓跪也○跪其委反【疏】注遑暇也啓跪也○正義曰皆釋言文也舍人曰閑暇無事也李巡曰啓小跪也翦焉傾覆無所控告翦盡也控引也○覆芳服反控苦貢反民死亡者非其父兄卽其子弟夫人愁痛夫人猶人人也○夫音扶注同不知所庇民知窮困而受盟于楚孤也與其二三臣不能禁止孤鄭伯不敢不告知武子使行人子員對之曰君有楚命見討之命亦不使一介。行李告于寡君一介獨使也行李行人也○介古賀反注同獨使所吏反而卽安于楚君之所欲也誰敢違君寡君將帥諸侯以見于城下唯君圖之爲明年晉伐鄭傳見賢遍反或如字○晉范宣子來聘且拜公之辱謝公此春朝告將用師于鄭公享之宣子賦摽有梅摽有梅詩召南季武

摽落也梅盛極則落詩人以興女色盛則有衰衆士求之宜及其時宣子欲魯及時共討鄭取其汲汲相赴○摽徐扶妙反又扶表反興許膺反

子曰誰敢哉言誰敢不從命今譬於草木寡君在君君之臭味也言同類○譬本亦作辟音譬後放此歡
以承命何時之有遲速無時武子賦角弓角弓詩小雅取其兄弟婚姻無相遠也賓將出武子賦彤弓
彤弓天子賜有功諸侯之詩欲使晉君繼文之業復受彤弓於王○彤徒冬反復扶又反宣子曰城濮之役在僖二十八年○濮音卜我
先君文公獻功于衡雍受彤弓于襄王以為子孫藏藏之以示子孫○雍於用反藏如字徐才浪反匄
也先君守官之嗣也敢不承命言己嗣其父祖為先君守官不敢廢命欲匡晉君君子以為知禮彤弓之義
義在晉君故范匄受之所謂知禮疏注彤弓至知禮○正義曰文四年甯俞來聘為賦彤弓甯俞不敢當此賦彤弓而宣子受之故解其意彼以彤弓當
甯俞故甯俞不敢受此賦彤弓其義在於晉君非當范匄故范匄受之而為知禮也
經九年春宋災天火曰災來告故書疏注天火至故書○正義曰得告則書史之常例於此須言告者公羊傳曰外災不書此何以書為王
者之後記災也曷為或言災或言火大者曰災小者曰火然則內何以不言火內不言火者甚之也公羊此言不可通於左氏故杜明為此注以異之○
夏季孫宿如晉○五月辛酉夫人姜氏薨成公母○秋八月癸未葬我小君穆姜
無傳四月而葬速○冬公會晉侯宋公衛侯曹伯莒子邾子滕子薛伯杞伯小邾子齊
世子光伐鄭十有二月己亥同盟于戲伐鄭而書同盟則鄭受盟可知傳言十有二月己亥以長曆推之十二月無己
亥經誤戲鄭地○戲許宜反疏注伐鄭至鄭地○正義曰成十七年夏公會尹子云云伐鄭六月乙酉同盟于柯陵於時鄭實不服諸侯自同盟耳鄭不

與盟也此注云伐鄭而書同盟則鄭受盟可知者此盟鄭與傳文分明不是準約同盟之文始知鄭與盟也杜言此解經於盟不書鄭伯之意耳經若重序諸侯必當鄭伯在列但經已前目諸侯不復重序鄭伯不見故特解之以其伐鄭而書同盟則鄭與盟可知同盟之文足以包鄭故不復見鄭伯耳非謂因伐而同盟者所伐之國必與也柯陵之盟鄭實不服諸侯自相與盟非同鄭也文同事異不可執彼以難此十一年諸侯伐鄭同盟于亳城北其文與此同矣此經書十二月己亥同盟于戲傳言十一月己亥同盟于戲經傳不同必有一誤而傳於戲盟之下更言十二月癸亥門其三門己亥在癸亥之前二十四日。杜以長曆推之十一月庚寅朔十日得己亥十二月己未朔五日得癸亥故長曆參校上下己亥在十一月十日又十二月五日有癸亥則其月不得有己亥經書十二月誤也此誤者唯以一字誤爲二非書經誤也

楚子伐鄭

傳九年春宋災樂喜爲司城以爲政樂喜子罕也爲政卿知將有火災素戒爲備火之政疏注樂喜至之政○正義曰文七年及成十五年二傳言宋六卿之次皆云右師左師司馬司徒司城司寇其右師最貴故華元曰我其右師君臣之訓師所司也然則宋國之法當右師爲政卿今言司城爲政卿者蓋宋以華閱是華元之子以元有大功使閱繼其父耳子罕賢知故特使爲政齊。任管夷吾魯任叔孫婼皆位卑而執國政此亦當然也此傳言以爲政者以爲救火之政耳但從此以後歷檢傳文鄭人。討賊宋人獻玉。扶築臺之謳削向戌之賞皆是政卿之任故言爲政卿也下晉侯云宋災於是乎知有天道是宋人自知天道當有火災故子罕素相戒敕爲備火之政也自伯氏司里以下巷伯儆宮以上皆是子罕素戒之也其享祀之事是。政卿命之非子罕也。使伯氏司里伯氏宋大夫司里里宰疏注伯氏至里宰○正義曰釋言。氏里邑也李巡云里居之邑也是里爲邑居之名也周禮五鄰爲里以五鄰必同居故以里爲名里長謂之宰周禮里宰。每里下士一人謂六遂之內二十五家之長也此言司里謂司城。內。之民若今城內

之坊里也里必有長不知其官之。名周禮有里宰故以宰言之非是郊外之民二十五家之長也使伯氏司此城內諸里之長令各率里內之民表火道以來民皆使此伯氏率里民爲之 火所未至徹小居塗大屋 太屋難徹就塗之 陳畚挶。具綆缶。畚。簣籠挶土轝綆汲索缶汲器○畚音本草器也挶九錄反綆古杏反汲水索缶方九反汲水瓦器簣其位反籠力東反轝音預汲音急索悉各反 疏○注畚簣至汲器 正義曰說文云畚蒲器所以盛糧也宣二年注云畚以草索爲之其器可以盛糧又可以盛土也論語稱爲山用簣是簣爲盛土之器故以畚爲簣籠也說文云挶戟持也戟持者執持此轝其臂如戟形故也其字從手謂以手持物也與畚共文是盛土之器則挶是轝土之物也綆者汲水之索儀禮謂之繘方言云自關而東周洛韓魏之間謂之綆關西謂之繘釋器云盎謂之缶說文云缶瓦器所以盛酒漿亦謂之罌罌可以汲水故云汲器也易井卦亦謂取井水爲汲器也 以備水器 盆。罌之屬○罌戶暫反 疏注盆罌之屬○正義曰周禮凌人春始治鑑鄭玄云鑑如甄大口以盛。冰則鑑是盛水之器知備水器者備盆罌之屬 量輕重○計人力所任 蓄。水潦積土塗巡丈城繕守備 巡行也。丈度也繕治也行度守備之處恐因災有亂○蓄本又作畜敕六反潦音老守手又反注守備同巡行下孟反下同度待洛反下同處昌慮反 疏注巡丈城○正義曰十尺爲丈巡行其城以丈度之故云丈城 表火道 火起則從其所趣標表之○標必遙反 使華臣具正徒 華臣華元子爲司徒正徒役徒也司徒之所主也 疏注華臣至主也○正義曰周禮大司徒掌徒庶之政令小司徒凡用衆庶則掌其政教凡國之大事致民是司徒掌役徒也言具正徒司里所使。遂正所納皆是臨時調民而役之若今之夫役也徒所具正徒者常共官役若今之正丁也 司 令隧正納郊保奔火所 隧正官名也五縣爲隧納聚郊野保守之民使隨火所起往救之○隧音遂 疏注隧正至救之○正義曰此隧正當。天子之遂大夫故遂大夫職云各掌其遂之正令遂人職云五家爲鄰五鄰爲里四里爲酇五酇爲鄙五鄙爲縣五縣爲遂鄭司農云王國百里內爲六鄉外爲六遂鄭玄云郊內比閭族黨州鄉郊外鄰里酇鄙縣遂異其名者示相變耳尙書費誓云魯人三郊三遂然則諸侯之有鄉遂亦以郊內郊外別之也郊內屬鄉者近於國都司徒自率之以入城矣郊外屬遂者是郊郊野保守之民不可全離所守司徒令遂正量其多少納之於國隨火所起而奔往救之華臣直言具正徒不言其事者以是郊內之民共救火百役卽上畜水潦積土塗之類非唯救火而已若郊保之民既遠故使隨火所起奔往救之直救火而已

使華閱討右官官庀其司亦華元子代元爲右師討治也庀具也使具其官屬○閱音悅庀芳婢反注同向戌討左亦如之向戌左師使樂遄庀刑器亦如之樂遄司寇刑器刑書○遄市專反疏注樂遄至刑書○正義曰此人掌具刑器知其爲司寇也恐其爲火所焚當是國之所重必非刑器爲刑書也哀三年魯人救火云出禮書御書書不名器此言刑器必載於器物鄭鑄刑書而叔向責之晉鑄刑鼎而仲尼譏之書彼鑄之於鼎以示下民故譏其使民知之此言刑器必不在鼎當書於器物官府自掌之不知其在何器也或書之於版號此版爲刑器耳

使皇鄖命校正出馬工正出車備甲兵庀武守皇鄖皇父充石之後校正主馬工正主車使各備其官○鄖音云本亦作員音同校戶教反注同出馬如字徐尺遂反下同守手又反下同疏注皇鄖至其官○正義曰服虔云皇鄖皇父充石之後十世宗卿爲人之子大司馬椒也車馬甲兵司馬之職使皇鄖掌此事皇鄖必是司馬也校正主馬於周禮爲校人是司馬之屬官也周禮司馬之屬無主車之官巾車車僕職皆掌車乃爲宗伯之屬昭四年傳云夫子爲司馬與工正書服是諸侯之官司馬之屬有工正主車也國有火災恐致姦寇故使司馬命此二官出車馬備甲兵以防非常也傳言庀武守者甲兵器械藏於府庫若今武庫使具其守守此武庫也

使西鉏吾庀府守鉏吾大宰也府六官之典○鉏吾音魚疏注鉏吾至之典此事輕於車馬故後言之

〇正義曰鉏吾大宰傳無其文賈逵云然相傳說耳不知其本何所出也周禮大宰之職掌建邦之六典以佐王治邦國一曰治典二曰教典三曰禮典四曰政典五曰刑典六曰事典六官之典謂此也杜以府爲六官之典當謂六官之典其事載之於書故使具其守劉炫以爲府守謂府庫守藏今知不然者以百司府藏已屬左右二師上華閱討右官庀其司向戌討左亦如之則是府庫之物二師總令羣官所主案哀三年魯遭火災出禮書御書藏象魏皆以典籍爲重明此府守是六官之典若以爲府庫財物便是不重六典唯貴財物劉以爲府庫而規杜非也令司宮巷伯儆宮司宮奄臣巷伯寺人皆掌宮內之事〇儆音景疏注司宮至之事〇正義曰昭五年傳楚子欲以羊舌肸爲司宮欲加宮刑以此知司宮奄臣謂奄人爲臣主司宮內周禮無司宮巷伯之官唯有內小臣奄上士四人掌王后之命正其服位鄭玄云奄稱士者異其賢也奄人之官此最爲長則司宮當天子之內小臣也周禮又云寺人主之〇正內五人鄭玄云正內路寢也釋宮云宮中巷謂之壼孫炎曰巷舍閒道也王肅云今後宮稱永巷是巷者宮內道名伯長也是宮之內門巷之長也周禮內小臣其次即有寺人故知巷伯是寺人也又以詩篇名巷伯經云寺人孟子作爲此詩故知巷伯寺人一也鄭以巷伯爲內小臣既無明文各以意說二師令四鄉正敬享二師左右師也鄉正鄉大夫享祀也疏注二師至祀也〇正義曰周禮大司徒云五家爲比五比爲閭四閭爲族五族爲黨五黨爲州五州爲鄉鄉大夫每鄉卿一人天子六鄉鄉以卿爲之長此傳云二師命四鄉正則別立鄉正非卿典之但其所職掌當天子之鄉大夫耳周禮鄉大夫各掌其鄉之政教正月之吉受教法于司徒退而頒之于其鄉則鄉正當屬司徒此傳言二師命之者上文右師討右左師討左則宋國之法鄉二師分掌其方左右各掌其二鄉幷言其事故云二師命四鄉正也費誓云魯人三郊三遂則魯立三鄉此云命四鄉正則宋立四鄉也周禮鄉爲一軍大國三軍宋是大國不過三軍而有四鄉者當時所立非正法也於是宋置六卿況四鄉乎周禮祭人鬼曰享故享爲祀也止令敬享不知所享何神周禮大祝國有天

災彌祀社稷禱祠鄭玄云天災疫癘水旱也彌猶徧也徧祀社稷及諸所禱又大司徒以荒政十有二聚萬民其十有一曰索鬼神鄭衆云索鬼神求廢祀而脩之雲漢之詩所謂靡神不舉靡愛斯牲者也彼凶荒之年水旱之災尚索鬼神而祭之此遇天火爲災亦當偏祀羣神其所合祭皆應祭之也蓋火起始命之祭耳

祝宗用馬于四墉祀盤庚于西門之外祝大祝宗宗人墉城也用馬祭于四城以禳火盤庚殷王宋之遠祖城積陰之氣故祀之凡天災有幣無牲用馬祀盤庚皆非禮○墉本又作庸音同盤字亦作般步干反禳如羊反

【疏】注祝大至非禮○正義曰周禮大祝掌六祝之辭以事鬼神祇祈福祥小宗伯掌建國之神位特牲少牢士大夫之祭祀也皆宗人掌其事然則諸是祭神言辭大祝掌之禮儀宗人掌之故所有祭祝皆祝宗同行此事別命祝宗使奉此祭非鄉正所爲也文承二師命下亦是二師命之不復言命者亦從上省文也用馬者以馬爲牲祭於四面之城以禳火也禳卻也卻火使滅也盤庚湯之九世孫殷之第十九王也自盤庚至紂又十二王而殷滅盤庚弟小乙是宋微子之八世祖也盤庚之爲殷王無大功德而祀盤庚者當時之意不知何故特祀之也祀盤庚不別言牲明其祀亦用馬也城以積土爲之土積則爲陰積積陰之氣或能制火故祭城以禳火禮亦無此法也莊二十五年傳例曰凡天災有幣無牲用馬祀盤庚皆非禮言用馬祭城祭盤庚皆非禮也此備火災所使羣官急者在前緩者在後故先伯氏司里次華臣具正徒次到隧正納郊保然後二師揔庀羣官先右後左尊卑之次也以刑器車馬甲兵典法國之所重故特命三官庀具其物先外官備具救火然後及內故次司宮巷伯人事既畢乃祭享鬼神故次敬享祀盤庚之事也

晉侯問於士弱弱士渥濁之子莊子○渥於角反曰吾聞之宋災於是乎知有天道何故問宋何故自知天道將災對曰古之火正或食於心或食於咮以出內火是故咮爲鶉火心爲大火謂火正之官配食於火星建辰之月鶉火星昬在南方則令民放火建戌

之月大火星伏在日下夜不得見則令民內火禁放火○咮竹又反徐丁遵反出如字徐尺遂反內如字徐音納鶉音純見如字又賢遍反

疏 注謂火至放火○正義曰昭二十九年傳五行之官有木正火正金正水正土正立此五官各掌其職封爲上公祀爲貴神謂能其事者後世祀之火正之官居職有功祀火星之時以此火正之神配食也五行之官每歲五時祀之謂之五祀月令云其神句芒祝融后土蓐收玄冥配五帝而食其神矣而火正又配食於火星者以其於火有功祭火星又祭之后稷得配天又配稷火正何故不得配帝又配星也有天下者祭百神天子祭天之時因祭四方之星諸侯祭其分野之星其祭火星皆以○正配食也火正配火星而食有此傳文其金木水土之正不知配何神而食經典散亡不可知也周禮司爟掌行火之政令季春出火民咸從之季秋內火民亦如之鄭玄云火所以用陶冶民隨國而爲之鄭司農云以三月本時昏心星見於辰上使民出火九月本黃昏心星伏在戌上使民內火故春秋傳曰以出內火周禮所言皆據夏正故杜以周禮之意解其心咮爲火之由建辰之月卽月令季春之月日在胃昏七星中南方七星有井鬼柳星張翼軫七者共爲朱鳥之宿星卽七星也咮謂柳也春秋緯文耀鉤云咮謂鳥陽七星爲頸宋均注云陽猶首也柳謂之咮咮鳥首也七星爲朱鳥頸也咮與頸共在於午者鳥之正宿口屈在頸七星與咮體相接連故也鶉火星昏在南方於此之時令民放火咮星爲火之候故於十二次咮爲鶉火也建戌之月卽月令季秋之月日在房東方七宿角亢氐房心尾箕七者共爲蒼龍之宿釋天云大辰房心尾也大火謂之大辰孫炎曰龍星明者以爲時候大火心也在中最明故時候主焉以是故此傳心爲大火九月日體在房房心相近與日俱出俱沒伏在日下不得出見故令民內火禁放火也火宮合配其人蓋多不知誰食於心誰食於咮也此傳鶉火大火共爲出火之候周禮之注不言咮者以咮非內火之候故唯指大火以解出內之文故其言不及咮也

陶唐氏之火正閼伯居商丘陶唐堯有天下號閼伯高辛氏之子傳曰遷閼伯於商丘主辰辰大火也今爲宋星然則商丘在宋地○閼於葛反

疏

注陶唐至宋地○正義曰史記五帝本紀云帝堯爲陶唐氏是堯有天下以陶唐爲代號也氏猶家也古言高辛氏陶唐氏猶言周家夏家也閼伯高辛氏之子遷閼伯于商丘主辰皆昭元年傳文也爾雅以大火爲大辰是辰爲大火也昭十七年傳云宋大辰之虛是大火爲宋星也閼伯已居商丘。祀大火今大火爲宋星則知宋亦居商丘以此明之故云然則商丘在宋地也釋例云宋商商丘三名一地梁國睢陽縣也傳曰陶唐氏之火正閼伯居商丘祀大火又曰宋大辰之虛也然則商丘在宋或以爲漳水之南故殷虛爲商丘非也是由商丘所在不明故釋例與此注俱以閼伯明之

祀大火而火紀時焉謂出內火時相土因之故商主大火相土契孫商之祖也始代閼伯之後居商丘祀大火○相息亮反注同契息列反

【疏】祀大火至大火○正義曰祀大火者閼伯祀此大火之星居商丘而祀火星也相土因之復主大火是商丘之地屬大火也然則在地之土各有上天之分周禮保章氏以星土辯九州之地所封封域皆有分星鄭玄云星土星所主土也封猶界也大界則曰九州州中諸國之封域於星亦有分焉其書亡矣今其存可言者十二次之分也星紀吳越也玄枵齊也。娵訾衛也降婁魯也大梁趙也實沈晉也鶉首秦也鶉火周也鶉尾楚也壽星鄭也大火宋也析木燕也是言地屬於天各有其分之事也鄭唯云其存可言不知存者本是誰說其見於傳記者則此云商主大火昭元年傳云參爲晉星二十八年傳云龍宋鄭之星則蒼龍之方有宋鄭之分也又曰以害鳥帑周楚惡之則朱鳥之方有周楚之分也昭七年四月日食傳稱魯衛惡之去衛地如魯地則春分之日在魯衛之分也又十年傳曰今茲歲在顓頊之虛姜氏任氏實守其地則於時歲星在齊薛之分也又三十二年傳曰越得歲而吳伐之凶則於時歲星在吳越之分也晉語云實沈之虛晉人是居周語云歲在鶉火我有周之分野是有分野之言也天有十二次地有九州以此九州當彼十二次周禮雖云皆有分星不知其分誰分之也何必所分能當天地星紀在於東北吳越實在東南魯衛東方諸侯遂屬戌亥之次又三家分晉方始有趙而韓魏無分趙獨有之漢書地理志分

郡國以配諸次其地分或多或少鶉首極多鶉火甚狹徒以相傳爲說其源不可得而聞之於其分野或有妖祥而爲占者多得其效蓋古之聖哲有以度知非後人所能測也○注相土至大火○正義曰殷本紀契生昭明昭明生相土相土是契孫也本紀云帝舜封契於商鄭玄云商國在大華之陽皇甫謐云今上洛商縣是也如鄭玄意契居上洛之商至相土而還於宋之商及湯有天下遠取契所封商以爲一代大號服虔云相土居商丘故湯以爲天子號王肅書序注云契孫相土居商丘故湯以爲國號案詩述后稷云即有邰家室述契云天命玄鳥降而生商即稷封邰而契封商也若契之居商即是商丘則契已居之不得云相土因閼伯也若别有商地則湯之爲商不是因相土矣且經傳言商之未有稱商丘者。釋例云宋之先契佐唐虞封於商武王封微子啓爲宋公都商丘是同鄭玄説也傳言商主大火商謂宋也宋主大火耳成湯不主火也宋是商後謂宋爲。昭商昭八年傳曰自根牟至于商衞是名宋爲商之驗釋例曰商宋一地謂此商也相土商之祖者是湯之祖亦宋之祖也堯封閼伯於商丘比及相土應歷數世故云代閼伯之後居商丘祀大火也商人閱其禍敗之釁必始於火是以日知其有天道也閱猶數也商人數所更歷恆多火災宋是殷商之後故知天道之多災必火○釁許靳反數所主反下同更音庚【疏】商人至道也○正義曰閱猶數也釁謂間隙也商人謂殷商之人爲王之時數其禍敗之釁隙必始於火言其政教有失將欲致禍既開禍敗之釁必有火災應之也今宋是商後亦如商世欲有禍敗必初始於火是以言日知其有天道也然殷商不居商丘必有火者以商是相土子孫相土居商丘祀火之故故火之爲災連及殷商之世也傳唯言此而已亦不知爾時宋有何失而致此災公曰可必乎對曰在道國亂無象不可知也言國無道則災變亦殊故不可必知【疏】公曰至知也○正義曰公曰此事可必乎但有衍失必致火乎對曰在其君之所行道耳若時政小失天未棄之或下災異冀其覺悟或可常有火災也若國家昏亂無復常象不可知也象謂妖祥有所象似以戒人

也國若無道災變亦殊無所象故不可必知也既○夏季武子如晉報宣子之聘也宣子聘在八年○穆姜薨

於東宮。太子宮也穆姜淫僑如欲廢成公故徙居東宮事在成十六年始往而筮之遇艮之八䷳艮下艮上。周禮大卜

掌三易然則雜用連山歸藏周易二易皆以七八爲占故言遇艮之八○艮古根反疏注艮下至之八○正義曰周禮大卜掌三易之法一曰連山二曰歸藏三曰周易鄭玄云易者揲蓍變易之數可占者也名曰連山似山出內雲氣也歸藏者萬物莫不歸而藏於其中也洪範言卜筮之法三人占則從二人之言孔安國云夏殷周卜筮各異三法並卜從二人之言是筮用三易之事也大卜周官而職掌三易然則周世之卜雜用連山歸藏周易也周易之爻唯有九六此筮乃言遇艮之八二易皆以七八爲占故此筮遇八謂艮之第二爻不變者是八也揲蓍求爻繫辭有法其揲所得有七八九六說者謂七爲少陽八爲少陰其爻不變也九爲老陽六爲老陰其爻皆變也周易以變爲占占九六之爻傳之諸筮皆是占變爻也其連山歸藏以不變爲占占七八之爻二易並亡不知實然以否世有歸藏易者僞妄之書非殷易也假令二易俱占七八亦不知此筮爲用連山爲用歸藏所云遇艮之八不知意何所道以爲先代之易其言亦無所據賈鄭先儒相傳云耳先儒爲此意者此言遇艮之八下文穆姜云是於周易晉語公子重耳筮得貞屯悔豫皆八其下司空季子云是在周易並於遇八之下別言周易知此遇八非周易也史曰是謂艮之隨䷐震下兌上隨史疑古易遇八爲不利故更以周易占變爻得隨卦而論之疏注震下至論之○正義曰震爲雷兌爲澤象曰澤中有雷隨鄭玄云震動也兌說也內動之以德外說之以言則天下之民慕其行而隨從之故謂之隨也史疑古易遇八者爲不利故更以周易占變變其爻乃得隨卦而論之所以說姜意也隨其出也史謂隨非閉固之卦君必

速出。姜曰亡。亡猶無也○亡如字讀者或音無是於周易曰隨元亨利貞无咎。易筮皆以變者占遇一爻變義

異則論象故姜亦以象爲占也史據周易故指言周易以折之○亨許庚反下同象吐亂反折之設反疏注易筮至折之○正義曰易筮皆以變者爲占傳之諸筮皆是也若一爻獨變則得指論此爻遇一爻變以上或二爻三爻皆變則每爻義異不知所從則當總論象辭故姜亦以象爲占此元亨利貞无咎是隨卦之彖辭也史言是謂艮之隨者據周易而言故姜亦指言周易以折之也周易卦下之辭謂之爲彖彖者統論一卦之體明其所由之主隨彖云元亨利貞无咎者元長也長亦大也亨通也貞正也隨卦震下兌上以剛下柔動而適說故物皆隨之而不能大通於事逆於時也相隨而不爲利正共適邪淫則災之道也必有此元亨利貞四德乃得无咎過耳無此四德則不免於咎元體之長也亨嘉之會也利義之和也貞事之幹也體仁足以長人嘉德足以合禮利物足以和義貞固足以幹事然故。不可誣也是以雖隨无咎言不誣四德乃遇隨无咎明無四德者則爲淫而相隨非吉事○長丁丈反下同嘉德易作嘉會疏注言不至吉事○正義曰不誣四德者四德實有於身不可誣罔以無爲有也如是乃遇隨卦可得身无咎耳明其無此四德而遇隨卦者乃是淫而相隨非是善事故得隨必有咎也穆姜自以身無四德遇隨爲惡其意謂隨爲惡卦故云雖隨无咎今我婦人而與於亂固在下位婦人卑於丈夫○與音預而有不仁不可謂元不靖國家不可謂亨作而害身不可謂利弃位而姣姣淫之別名○姣戶交反注同徐又如字服氏同嵇叔夜音效疏注姣淫之別名○正義曰服虔讀姣爲放效之效言效小人爲淫淫自出於心非效人也今時俗語謂淫爲姣故以姣爲淫之別名不可謂貞有四德者隨而無咎我皆無之豈隨也哉我則取惡能無咎乎必死於此弗得出矣傳言穆姜辯而不德疏元體至出矣○正義曰自幹事以上與周易文言正同彼云元者善之長此云體之長彼云嘉會足以合禮此云嘉德唯二字異耳其意亦不異也元者始也長也物得其始爲衆善之長於人則謂首
爲元元是體之長以善爲體知亦善之長也亨通也嘉善也物無不通則爲衆善之會故通者善之會也物得裁成乃名爲義義理和協乃得其利故利者義
之和也貞正也物得其正乃成幹用故正者事之幹也體仁以仁爲體也君子體是仁人堪得與人爲長體仁足以長人也身有美德動與禮合嘉德足以合
禮也以己利物義事和協利物足以和義也正而牢固事得其幹濟貞固足以幹事也此四德者在身必然固不可誣罔也是以雖得隨卦而其身无咎今我婦
人也而與於僑如之亂婦人卑於男子固在下位而有不仁之行不可謂之元也不安靖國家欲除去季孟不可謂之亨也作爲亂事而自害其身使放於東
宮不可謂之利也棄夫人之德位而與僑如淫姣不可謂之貞也有此元亨利貞四德乃得隨而无咎四德我皆無之豈當隨卦也哉我則自取此惡其身能
无咎乎必死於此宮不能出矣○秦景公使士雅乞師于楚將以伐晉楚子許之子囊曰不可
當今吾不能與晉爭晉君類能而使之隨所能○雅苦田反舉不失選得所選○選息戀反注同官不
易方方猶宜也其卿讓於善讓勝己者其大夫不失守各任其職其士競於教奉上命其庶人力
於農穡種曰農收曰穡【疏】注種曰農收曰穡○正義曰農是力田之名詩毛傳云種之曰稼斂之曰穡稼者言如嫁女之有所生也穡愛也言愛惜
而收斂之也此文穡無所對故以農爲種名其實農是營田之名種曰稼也○商工皁隸不知遷業四民不雜【疏】注四民不雜○正義
曰齊語四民者士農工商此傳言其士競於教是說士也庶人力於農穡是說農也士農已訖唯有工商在耳故以皁隸賤官足成其句杜言四民不雜通上
士庶爲四非以皁隸工商爲四也○韓厥老矣知罃稟焉以爲政代將中軍范匄少於中行偃而上之

使佐中軍使匄佐中軍偃將上軍○少詩照反下同中行戶郎反韓起少於欒黶而欒黶士魴上之使佐上軍黶魴讓起起佐上軍黶將下軍魴佐之○黶於斬反魏絳多功以趙武爲賢而爲之佐武新軍將將子匠反君明臣忠上讓下競尊官相讓勞職力競當是時也晉不可敵事之而後可君其圖之王曰吾既許之矣雖不及晉必將出師秋楚子師于武城以爲秦援秦人侵晉晉饑弗能報也爲十年晉伐秦傳○饑音飢又音幾○冬十月諸侯伐鄭鄭從楚也庚午季武子齊崔杼宋皇鄖從荀罃士匄門于鄟門鄭城門也三國從中軍○鄟音專本亦作專衛北宮括曹人邾人從荀偃韓起門于師之梁師之梁亦鄭城門三國從上軍滕人薛人從欒黶士魴門于北門二國從下軍○杞人郳人從趙武魏絳斬行栗二國從新軍行栗表道樹○行栗如字行道也疏斬行栗○正義曰行道也謂之行栗必是道上之栗周語云列樹以表道知此行栗是表道之樹甲戌師于氾衆軍還聚氾氾鄭地東氾○氾音凡令於諸侯曰脩器備兵器戰備盛餱糧餱乾食○盛音成餱音侯歸老幼示將久師居疾于虎牢諸侯已取鄭虎牢故使諸軍疾病息其中肆眚圍鄭肆緩也眚過也不書圍鄭逆服不成圍○眚生領反徐所幸反疏注肆緩至成圍○正義曰肆訓爲緩緩從罪人謂放赦之也將求民力開恩赦罪赦諸侯之軍內犯法者服虔以爲放鄭囚案傳未與鄭戰無因可放設使有因可放鄭人以戰而獲非有所犯不得謂之肆眚也不書圍鄭者此肆眚圍鄭是號令之辭耳鄭聞而逆服不成圍故也鄭人鄭人恐乃行成與晉成也○恐丘勇反○中行獻子曰遂圍之以

待楚人之救也而與之戰不然無成獻子荀偃也恐楚救鄭鄭復屬之○復扶又反知武子曰許之盟

而還師以敝楚人敝罷也罷音皮○吾三分四軍分四軍為三部疏注分四軍為三部○正義曰賈逵以為三分四軍為

十二部鄭衆以為分四軍為三部杜以分為十二則一部人少不足亢敵故從鄭說分四軍為三部晉各一動而楚三來欲罷楚使不能也與諸侯

之鋭以逆來者來者楚也於我未病楚不能矣晉各一動而楚三來故曰不能猶愈於戰勝聚戰暴骨

以逞不可以爭言爭當以謀不可以暴骨○暴蒲卜反注同徐扶沃反爭爭鬬之爭注同又如字大勞未艾君子勞心

小人勞力先王之制也艾息也言當從勞心之勞○艾魚廢反又五蓋反注同○諸侯皆不欲戰乃許鄭成

十一月己亥同盟于戲鄭服也鄭服故言同。盟將盟鄭六卿公子騑子駟公。子發子國公子

嘉子孔公孫輒子耳公孫蠆子蟜○蠆敕邁反公孫舍之子展及其大夫門子皆從鄭伯門子卿之

適子○從才用反適丁歷反疏注門子。卿。之適子○正義曰周禮小宗伯掌三族之別以辨親疏其正室皆謂之門子鄭玄云正室適子也將代父當門

者也是卿之適子為門子也晉士莊子為載書莊子士弱載書盟書曰自今日既盟之後鄭國而不唯

晉命是聽而或有異志者有如此盟如違盟之罰公子騑趨進曰天禍鄭國使介居

二大國之間介猶閒也○介音界注同猶閒音閒廁之閒又如字大國不加德音而亂以要之謂以兵亂之。力強要

鄭○要一遙反注強要下要人要盟皆同強其丈反使其鬼神不獲歆其禋祀其民人不獲享其土利夫

婦辛苦墊隘無所底。告墊隘猶委頓。底至也○歆許今反墊丁念反隘於懈反底音旨自今日既盟之後鄭國而不唯有禮與彊可以庇民者是從而敢有異志者亦如之亦如此盟庇必利反○荀偃曰改載書子駟亦以所言載於策故欲改之公孫舍之曰昭大神要言焉要誓以告神以若可改也大國亦可叛也知武子謂獻子曰我實不德。而要人以盟豈禮也哉非。禮何以主盟姑盟而退脩德息師而來終必獲鄭何必今日我之不德民將棄我豈唯鄭若能休和遠人將至何恃於鄭乃盟而還遂兩用載書○休許虯反○晉人不得志於鄭以諸侯復伐之十二月癸亥門其三門三門鄭門也癸亥月五日晉果三分其軍各攻一門○復扶又反閏月戊寅濟于陰阪侵鄭以長曆參校上下此年不得有閏月戊寅是十二月二十日疑閏月當爲門五日五字上與門合爲閏則後學者自然轉日爲月晉人三番四軍更。攻鄭門門各五日晉各一攻鄭三受敵欲以苦之癸亥去戊寅十六日以癸亥始攻攻輒五日凡十五日鄭故不服而去明日戊寅濟于陰阪侵鄭外邑陰阪。洧津○閏月依注讀爲門五日阪音反又扶板反番芳元反更音庚復扶又反洧于軌反

疏注以長至洧津○正義曰杜以長曆推之此年無閏故知此閏字當爲門五又月當爲日也晉人分四軍爲三番以二番爲待楚之備一番以攻鄭之門一番一門以癸亥初。攻每門五日積十五日欲以苦鄭而來楚也楚不敢來鄭猶不服至明日戊寅濟于陰阪復侵鄭外邑而後歸也鄭都洧水之旁故知陰阪洧津也衛氏難云秦昭二十年朔旦冬至其年云閏月戊辰殺宣姜又二十。二年云閏月取前城並不應有閏而傳稱閏是史之錯失不必皆在應閏之限杜豈得云此年不得

有閏而改爲門五日也若然閏月殺宣姜閏月取前城皆爲門五日乎秦氏釋云以傳云三分四軍又云十二月癸亥門其。三門既言三分則三。番攻門計癸亥至戊寅十六日番別攻門五日三五十五日明日戊寅濟于陰阪上下符合故杜爲此解蘇氏又云案長曆襄十年十一月丁未是二十四日十一年四月己亥是十九日據丁未至己亥一百七十三日計十年十一月之後十一年四月之前除兩箇殘月唯置四箇整月用日不盡尚餘二十九日故杜爲長曆於十年十一月後置閏既十年有閏明九年無閏也

次于陰口而還陰口鄭地名子孔曰晉師可擊也師老而勞且有歸志必大克之子展曰不可傳言子展能守信

○公送晉侯晉侯以公宴于河上問公年季武子對曰會于沙隨之歲寡君以生沙隨在成十六年晉侯曰十二年矣是謂一終一星終也歲星十二歲而一周天疏注歲星至周天○正義曰直言一星終知是歲星者以古今曆書推步五星金水日行一度土三百七十七日行星十二度火七百八十日行星四百一十五度四者皆不得十二年而一終唯木三百九十八日行星三十三度十二年而彊一周天舉其大數十二年而一終故知是歲星

國君十五而生子冠而生子禮也冠成人之服故必冠而後生子○冠古亂反注下皆同君可以冠矣大夫盍爲冠具武子對曰君冠必以祼享之禮行之祼謂灌鬯酒也享祭先君也○盍戶臘反祼古亂反灌古亂反疏注祼謂至祭。先君也○正義曰周禮大宗伯以肆獻祼享先王鬱人凡祭祀之祼事和鬱鬯以實彝而陳之鄭玄云鬱鬱金香草也鬯釀秬爲酒芬香條暢於上下也築鬱金煑之以和鬯酒郊特牲云灌用鬯臭鄭玄云灌謂以圭瓚酌鬯始獻神也然則。祼即灌也故云祼謂灌鬯酒也祼是祭初之禮故舉之以表祭也周禮祭人鬼曰享故云享祭先君也劉炫云冠是大禮當徧。羣廟

以金石之樂節之

以鍾磬爲舉動之節以先君之祧處之諸侯以始祖之廟爲祧○祧他彫反疏君冠至處之○正義曰冠是嘉禮之大者當祭以告神故有祼享之禮以祭祀也國君無故不徹縣故有金石之樂行冠禮之時爲舉動之節也冠必在廟故先君之祧處之也既行祼享祭必有樂所言金石節之謂冠時之樂非祭祀之樂也諸侯之冠禮亡唯有士冠禮在耳其禮亦行事於廟而不爲祭祀士無樂可設而唯處之祧同耳士冠必三加始加緇布冠次加皮弁次加爵弁公則四大戴禮公冠篇於士三冠後更加玄冕是也案此傳文則諸侯十二加冠也文王十三生伯邑考則十二加冠親迎于渭用天子禮則天子十二冠也晉語柯陵會趙武冠見范文子冠時年十六七則大夫十六冠也士庶則二十而冠故曲禮云二十曰弱冠是也○注諸侯至爲祧○正義曰祭法云遠廟爲祧天子有二祧鄭玄云祧之言超也超上去意也諸侯無祧聘禮云不腆先君之祧是謂始祖廟也聘禮注云天子七廟文武爲祧諸侯五廟則祧始祖也是亦廟也言祧者祧尊而廟親待賓客者上尊者然則彼以始祖之尊故特言祧耳昭元年傳云敢愛豐氏之祧大夫之廟亦以祧言之是尊之意也不待至魯而假於衛者及諸侯賓客未散故也今寡君在行未可具也請及兄弟之國而假備焉晉侯曰諾公還及衛冠于成公之廟成公今衛獻公之曾祖從衛所處疏注成公至所處○正義曰成公是獻公曾祖衛世家文也服虔以成公是衛之曾祖即云祧謂曾祖之廟也曾祖之廟何以獨有祧名王制大夫三廟一昭一穆與太祖之廟爲三鄭之豐氏豈得立曾祖之廟乎而亦謂之祧也杜言從衛所處意在排舊說也以晉悼欲速故寄衛廟而假鍾磬其祼享之禮歸魯乃祭耳假鍾磬焉禮也○楚子伐鄭與晉成故子駟將及楚平子孔子蟜曰與大國盟口血未乾而背之可乎子駟子展曰吾盟固云唯彊是從今楚師至晉不我救則楚彊矣盟誓之言豈敢背

之且要盟無質神弗臨也質主也疏注質主也○正義曰質之爲主以意言耳無正訓也晉云唯晉命是聽鄭云唯彊是從二辭俱以告神是其無定主也服虔云質。誠也無忠誠之信故神弗臨也○所臨唯信信者言之瑞也瑞符也○善之主也是故臨之臨之神之明神不蠲要盟蠲。潔也○背之可也乃及楚平公子罷戎入盟同盟于中分中分鄭城中里名罷戎楚大夫○罷音皮徐音彼中分並如字徐音丁仲反○疏注中分鄭城中里名○正義曰言入盟是入城盟也入城而言盟地知是城內里名楚莊夫人卒共王母王未能定鄭而歸○晉侯歸謀所以息民魏絳請施舍施恩惠舍勞役輸積聚以貸輸盡也○積子賜反下同聚才住反貸他代反自公以下苟有積者盡出之國無滯積散在民亦無困人不匱乏○公無禁利與民共○亦無貪民禮讓行○祈以幣更不用牲○賓以特牲務崇省省所景反○器用不作因仍舊○車服從給足給事也行之期年國乃有節三駕而楚不能與爭三駕三興師謂十年師於牛首十一年師於向其秋觀兵於鄭東門自是鄭遂服○期音基本亦作朞向舒亮反

附釋音春秋左傳注疏卷第三十

春秋左傳注疏卷三十校勘記　阮元撰盧宣旬摘錄

附釋音春秋左傳注疏卷第三十　襄五年盡九年

（經五年）

此魯大夫故書巫如晉　宋本淳熙本岳本足利本此作比字按作比是也謂比鄫世子於魯大夫〇今訂正

仲孫蔑衞孫林父會吳于善道　纂圖本毛本仲誤叔

楚殺其大夫公子壬夫　匡謬正俗云壬夫當爲王夫非也說見經元年

（傳五年）

穆叔使鄫人聽命於會　宋本淳熙本岳本足利本於作于

戎陵虢周室　釋文陵作凌

故告愬於盟主　纂圖本毛本於作于宋本淳熙本無於字足利本同

言王叔之貳於戎也　纂圖本毛本於作于非也

王叔反有二心於戎　毛本於作于

巫若自受鄫命　毛本自誤坐

故孟獻子孫文子會吳于善道纂圖本毛本吳于誤吳子

防有旱災而祈之也閩本監本毛本旱災誤災旱

又因用此禮而求雨監本又因作又則非案杜氏釋例作則又

尤共王也毛本共誤工

故追言之也此本言之二字闕今據宋本閩本監本毛本補正

欲令諸侯息忿閩本欲改故非也

亦亦前逸詩也監本毛本亦亦作亦逸非也

（經六年）

季孫宿如晉宿外傳作夙鄭氏檀弓注亦作夙正義引世本云行父生夙案宿乃古文夙字

（傳六年）

蓋斷好之義也毛本作善斷亦非宋本斷作繼

恃之而慢言宋本淳熙本岳本纂圖本監本毛本言作莒是也

告爲政而來見也盧文弨校本見下增禮字據昭二十年傳文也

十一月案經作十二月者杜以爲從告也

甲寅堙之環城傅於堞作案玉篇堙字下引杜注云土山也又堙字注同堙杜注堙傳文可知蓋顧野王所見本作堙也石經堞作堞

避唐太宗諱

知周市其城爲土山也宋本閩本監本市作币毛本亦誤市山誤城

乙未王湫帥師及正輿子棠入軍齊師閩本脫帥字

還萊于郳釋文無萊字云本或作還萊于郳萊衍字案石經萊字下改刊此行十一字蓋初刻時本無萊字也

（經七年）

夏四月至免牲閩本監本毛本至誤乃

則初卜即已大晚毛本已作以案已以古通用

而卜其牲曰宋本監本曰作日是也

如會會於鄬也纂圖本於作干非也

故約文上其名於會上纂圖本閩本監本毛本上誤作書釋文亦作上其名與正義合是也足利本上改作正非

（傳七年）

郊則曷爲必祭稷宋本閩本監本毛本作祭此本誤察今訂正

非求未來之福宋本閩本監本毛本作未此本誤云今訂正

此傳專言郊祀社稷宋本毛本社作后與傳合

詩噫嘻序曰閩本噫誤意

躬耕帝籍案月令籍作藉

孝經止言尊嚴其父閩本監本毛本止誤只

今旣耕而卜郊石經而下有後字疑衍文案正義及曲禮正義應劭風俗通義引傳文皆無後字

二月節驚蟄沈彤驚蟄改作雨水按沈彤改是也與古曆合不然驚蟄卽啓蟄不當重複○今正

故爲主役徒者宋本閩本監本毛本役徒誤倒

公族穆子有廢疾石經宋本岳本廢作癈是也案說文癈固病也與廢興字有別凡經典廢疾字宋後俗本多作廢

言譏在位者宋本無言字

則庶民不奉信其命淳熙本奉誤秦

介助也景大也正義引定本介景皆爲大也

靖共至恤民宋本此節正義在詩曰至可乎正義之下

三者和備毛本三作二非也

公迎賓于大門內宋本監本亦作于下立于至于同毛本並誤作於

賓父三揖監本毛本父作又宋本作入與聘禮合

亦欲君行一臣行一宋本作臣行二是也

委蛇委蛇石經初刻作委委蛇蛇案詩羔羊釋文云沈讀作委委蛇蛇是沈氏所見本作兩重文也下衡而委蛇石經初亦作蛇

從順行宋本淳熙本足利本行作也是也

謂順者也毛本謂作爲非也

〔經八年〕

獲蔡公子燮淳熙本閩本監本燮改燮案穀梁作濕陸氏音義曰濕本又作隰左氏作燮

得盟主遠理閩本監本毛本遠作道

鄬人于邢丘足利本邢誤刑山井鼎云下傳注皆同非也

〔傳八年〕

晉悼復脩霸業足利本霸作伯釋文亦作伯音霸又如字云本亦作霸

使大夫聽命政宋本監本毛本政作故屬下句

以命朝聘之數毛本命作明非也

童子言焉石經子下旁增何字後人據俗刻妄加也

亦是有禮之事也宋本亦上有即字

以待彊者而庇民焉毛本庇作庀非也

無適受其咎淳熙本無作无考文補遺咎下有也字

謀於路人也纂圖本毛本於作于

逢值歧路閩本監本歧作岐字按歧路字即岐山字也後人妄别爲歧字非也

儆而師徒毛本師作司非也

索盡也釋文亦作索陸粲附注云既云悉則不得重言盡矣廣雅釋詁索取也悉索蓋言盡取以行也或疑索當爲率據國語云悉帥敝賦率與索通譌爲索耳陳樹華云索訓爲取固是或說則非

不遑啓處石經宋本岳本遑作皇注皇暇也岳本作遑

亦不使一介行李告于寡君个石經宋本淳熙本足利本介作个注同釋文亦作

今譬於草木釋文作今辟案羣經音辨引傳亦作今辟於艸木云今本作譬

取其兄弟婚姻宋本婚作昏

形弓天子賜有功諸侯之詩重脩監本彤誤形

以爲子孫藏釋文藏作臧案懷藏字古皆作臧

〔經九年〕

傳言十有二月己亥淳熙本無有字宋本翻岳本作十一月不誤足利本同

經以長曆推之宋本經作杜是也

齊任管夷吾宋本毛本任作用

〔傳九年〕

鄭人討賊宋本討作請非也

抶築臺之謳毛本抶作扶非也

是政卿命之宋本政作二

非子罕也閩本監本罕作產非也

釋言氏宋本氏作云是也

每里下士一人毛本每作五非也

謂司城內之民閩本監本內之誤倒

不知其官之名毛本名誤民

陳畚挶挶字石經初刻从才改刊从木惠棟云唐石經作梮正義曰其字从手此臆說也漢書引此傳作輂輂音菊與梮同音史記河渠書云山行則梮韋昭曰梮木器如今輂狀人舉以行也然則輂與梮音義皆同案說文有挶字無梮字正義云其字從手謂以手持物與畚共文畚是盛土之器則挶是輂土之物是孔沖遠所據之本从扌不从木必以爲梮是挶非未可也

畚簣籠正義本亦作簣釋文作蕢

挶土轝釋文轝作輿

盆罋之屬閩本監本毛本罋誤罌正義同

周禮凌人春始治鑑閩本監本毛本鑑作鑒非案周禮作鑑說文鑑大盆也凌閩本監本誤淩

鑑如甄大口以盛冰監本毛本冰誤水

蓄水潦釋文蓄作畜本又作蓄漢書五行志引傳作畜顏師古云蓄讀曰畜

巡丈城各本作丈此本誤文注及正義同今並訂正

使華臣具正徒案漢書五行志引作儲正徒

遂正所納山井鼎云遂恐隧誤

此隧正當天子之遂毛本天作大非也

注樂遄至刑書毛本改作樂遄司寇刑器刑書非也

必非刑器爲刑書也宋本必非下有刑人之器故以六字

使皇鄖命校正出馬釋文鄖本亦作員音同山井鼎云上下諸文崇禎本皆作挍今不悉記當以意求也案毛本作挍避所諱

皇鄖至其官毛本鄖下增皇父二字非舊式也

與工正書服閩本監本書誤義

杜以府爲六官之典閩本監本府誤此

故使具其守監本毛本其作官

謂奄人爲臣毛本爲作謂非也

寺人王之王內五人閩本監本毛本作主之主內亦誤宋本下王字作正是也

二師令四鄉正敬享石經初刻亦作令改刊作命案正義引傳文並作命是孔氏所據本作命也

此傳云二師令四鄉正閩本此處闕宋本令作命是也○今依作命

故云二師命四鄉正也閩本監本毛本命作令非

周禮大祝閩本此處闕監本毛本禮誤神

祀盤庚于西門之外釋文盤作般字亦作盤案洪氏隸釋載蔡邕石經殘碑於盤庚下篇首句作般則知盤本作般也

以出內火漢書五行志引傳作以出入火惠棟云周毛伯鄭敦云毛伯內門立中庭內讀爲入立讀爲位古文春秋經公即位爲公即立出入火爲出內火皆古文也尙書九江納錫大龜史記內作入是古入字皆作內

皆以正配食也宋本以下有火字是也

以三月本時昏監本三作二非也

傳曰遷閼伯於商邱宋本淳熙本岳本纂圖本於作于宋本正義亦作于監本曰誤日

祀大火閩本監本毛本祀作祝非也

相土因之惠棟云汲郡古文曰帝相十五年商侯相土作乘馬鄭氏周禮校人注引世本亦云相土作乘馬古文士土相亂如盄和鍾以土爲士牧

敎以士爲土土又與杜通故荀子云杜作乘馬

娵訾衛也毛本娵作娵非也

分郡國以配諸次閩本監本郡誤羣

多得其効浦鏜正誤効作效

今上洛商縣是也監本上作止非也

釋例云監本釋誤則

謂宋爲昭商宋本無昭字是也

穆姜薨於東宮石經宋本於作于

遇艮之八石經艮上體畫作巽卦非也

艮下艮上宋本淳熙本岳本足利本上字下有艮字是也

周禮大卜宋本大卜作大十謬

連山似山之出內雲氣也監本出誤山

三人占宋本三上有云字

澤中有雷隨 閩本此處缺重脩監本雷誤當

史謂隨非閉固之卦 足利本謂作爲非

姜曰亡是於周易曰 諸本亡字絶句何焯云當以是字絶句言必亡是理也按亡句絶言無速出之事是於周易言此艮之八在周易則

隨也

隨元亨利貞無咎 纂圖本無作无下同案洪氏容齋三筆云今易書无咎无妄多作无失之其實非也

然故不可誣也 石經宋本岳本纂圖本毛本足利本作故監本閩本誤作固

注言不至吉事 此節正義宋本在元體至出矣之下姣淫至别名之上

於人則謂首爲元 閩本監本毛本謂作爲非也

秦景公使士雅乞師于楚 釋文亦作雅監本誤作雅閩本作雅案說文雅字注云春秋時秦有士雅于纂圖本毛本改作於非也

甲戌師于汜 石經宋本岳本纂圖本作甲戌是也閩本監本汜作氾注同石經作氾非也

戚餱糧 葉抄釋文餱作糇案糇本作餱說文云餱乾食也徐鍇傳云今人謂飯乾爲餱詩小雅伐木篇云乾餱以愆大雅公劉篇云乃裹餱糧是也

鄭服故言同盟 宋本無盟字案文章正宗引注亦無盟字

公子發 閩本監本脫公字

注門子卿之適子毛本卿之二字改作至字

謂以兵亂之力強要鄭纂圖本毛本力作功山井鼎云功當作力是也

無所底告石經宋本岳本底作厎注同釋文亦作厎是也說詳宣三年

我實不德而要人以盟豈禮也哉非禮何以主盟案石經德字起非字止爲一行計十一字陳樹華云疑初刻次句無而字或無以字

更改鄭門宋本岳本纂圖本閩本監本毛本改作攻是也

陰阪有津宋本淳熙本岳本纂圖本閩本監本毛本有作洧不誤

以癸亥初攻毛本攻作文誤也

又二十二年閩本監本毛本二年誤三年

門其三門閩本三作二非也

則三番攻門閩本監本番作分非也

火七百八十日行星四百一十五度毛本四一二字誤倒李銳云漢書三統術曰火一見七百八十日千五百

六十八萬九千七百分凡行星四百一十五度八百二十一萬八千五分

春秋左傳注疏卷三十校勘記

蠲潔也　纂圖本閩本監本毛本潔作絜並俗字宋本作絜

質誠也　閩本監本誠作成案王應麟困學紀聞引作誠

假鍾磬焉禮也　石經宋本岳本纂圖本閩本監本毛本鍾作鐘

故寄衛廟而假鍾磬　宋本閩本監本毛本廟作廟案廟古廟字鍾宋本閩本監本毛本作鐘

杜言從衛所處　閩本監本毛本言作意

一昭一穆　監本下一字脫毛本作二非

親迎于渭　毛本于作於

以鍾磬爲舉動之節　宋本淳熙本纂圖本閩本監本毛本鍾作鐘

冠是大禮當徧羣廟　宋本徧下有告字是也

然則祼卽灌也　監本祼誤灌

注祼謂至祭先君也　宋本無祭先二字此節正義在君冠至處之之下諸侯至爲祧之上

國君十五而生子　淳熙本生誤孟

附釋音春秋左傳注疏卷第三十一 襄十年盡十二年

杜氏注　孔穎達疏

經十年春公會晉侯宋公衛侯曹伯莒子邾子滕子薛伯杞伯小邾子齊世子光會吳于柤吳子在柤晉以諸侯往會之故曰會吳吳不稱子從所稱也。柤。楚地○柤莊加反○疏注吳子至楚地正義曰成十五年諸侯大夫會吳于鍾離五年魯衛會吳于善道皆大夫來也此傳云會吳子壽夢則吳子自來也五年戚之會吳字鄶上此殊吳者亦如鍾離善道晉以諸侯往彼會之故曰會吳也哀十三年公會晉侯及吳子于黃池彼稱吳子此不稱子者從其所稱也蘇氏云謂諸侯直稱之曰吳故從諸侯之所稱也至於黃池之會自去其僭號而稱子以告令諸侯故諸侯亦從而稱之也劉炫云從所稱者諸侯盟會會則必自言其爵盟則自言其名故盟得以名告神會得以爵書策吳是東夷之君未閑諸夏之禮於此自稱為吳不知以爵告衆故從所稱書吳也故釋例云吳晚通上國故其君臣朝會不同於例亦猶楚之初始是言吳未知稱爵也○夏五月甲午遂滅偪陽偪陽妘姓國今彭城。傳陽縣也因相會而滅之故曰遂○偪徐甫目反又彼力反本或作逼妘音云疏注偪陽至曰遂○正義曰偪陽妘姓傳文也鄭語云妘姓鄔。鄶路偪陽也遂者因上事生下事之辭此因相會而遂滅偪陽雖復隔以日月文猶繫於會相因會相而始謀滅之故言遂也○公至自會無傳○楚公子貞鄭公孫輒帥師伐宋○晉師伐秦荀罃不書不親兵也疏注荀罃至兵也○正義曰傳稱荀罃伐秦而經不書罃知罃不親兵以師告也○秋莒人伐我東鄙○公會晉侯宋公衛侯曹伯莒子邾子齊世子光滕子薛伯杞伯小邾子伐鄭齊世子光先至於師爲盟主所尊故在滕上○疏注齊世。至滕上○正義曰周禮典命諸侯之適子誓於天子攝其君則下其君之禮一等未誓則以皮帛繼子男鄭玄云誓猶命也言誓者。用天子既命以爲之嗣也十九年傳云光之立也列於諸侯矣則光是未誓者也法當繼於子男之下相之會列於小邾之下是其正也於此伐也傳稱崔杼使大子光先至于師故長於滕晉悼以齊是大國光復先至心善其共遂進其班爲盟。主所尊故在滕上言其非正法也○冬

盜殺鄭公子騑公子發公孫輒非國討當兩稱名氏殺者非卿故稱盜以盜爲文故不得言其大夫疏注非國至大夫○正義曰若國家討而殺之則舉國名言殺其大夫若非國討兩下相殺則兩書名氏王札子殺召伯毛伯是也此非國討亦當兩書名氏但殺之者尉止司臣之徒皆非卿也非卿則名氏不合見經故稱之爲盜凡言其者是其所有也君是臣之君故書弒其君臣是君之臣故書殺其大夫盜者寇賊之名賤之不繫於國被殺者非盜之所有既以盜爲文故不得言其大夫若如他物殺之然哀四年盜殺蔡侯申注云賤者故稱盜不言弒其君賤盜也文十六年公羊傳曰大夫弒君稱名氏賤者窮諸人大夫相殺稱人賤者窮諸盜其義雖不可通於左氏其言賤盜之意則同○戍。鄭虎。牢伐鄭諸侯。各受晉命。戍虎牢不復爲告命故獨書魯。戍而不敘諸侯○復扶又反○楚公子貞帥師救鄭○公至自伐鄭無傳

傳十年春會于柤會吳子壽夢也○壽夢吳子乘壽夢莫公反疏注壽夢吳子乘○正義曰十二年吳子乘卒是也服虔云壽夢發聲吳蠻夷言多發聲數語共成一言壽夢一言也經言乘傳言壽夢欲使學者知之也然壽夢與乘聲小相涉服以經傳之異即欲使同之然則餘祭戴吳豈復同聲也當是名字之異故未言之三月癸丑齊高厚相大子光以先會諸侯于鍾離不敬吳子未至。光從東道與東諸侯會遇○非本期地故不書會高厚高固子也癸丑月二十六日○相息亮反下同疏注吳子至六日○正義曰言先會諸侯則

（是會期未到故知吳子未至而諸侯自會也相與鍾離相近地在宋之東南知光從東道與東方諸侯遇蓋鄫莒滕薛之徒自相會遇也本非期會之地會亦不以告魯故不書也如杜此注則吳子未至亦未赴於相而上注云吳子在相諸侯往會之者吳子元遣告晉言已至相而已非晉侯自期於相召吳子使赴也戚之會則吳子在善道召使赴戚故與諸國同序於列也杜明言癸丑是三月二十六日下四月戊午云月一日五月庚寅云月四日甲午云月八日所以明言日者欲證前九年閏月爲門五日於上下日月相當故杜備言其日也劉炫曰杜言癸丑二十六日者見與下四月一日會相近知非二會也）士莊子。曰高子相大子以會諸侯將社稷是衞而皆不敬（厚與光俱不敬）棄社稷也其將不免乎（爲十九年齊殺高厚十五年弒其君光傳）

二夏四月戊午會于柤（經書春書始行也戊午月一日）【疏】注經書春書始行○正義曰傳言夏會而經書春知經書始行傳言會日也諸赴盟會者初去告行而已盟會必行還乃書何則初去之時未知所會幾國豈得即書會也明其皆是行還告廟乃書之耳但所書者或追記發國之初或即書所會之日此會相以其經傳不同乃知春行夏會其餘傳無會日亦應有如此者如此之類是追記初行也二十年六月庚申公會晉侯云云于澶淵成五年十二月己丑公會晉侯云云于蟲牢如此之類是即書會日也此蓋舊無定法史官不同故立文異耳○晉荀偃士匄請伐偪陽而封宋向戌焉（以宋常事晉而向戌有賢行故欲封之爲附庸○行下孟反）荀罃曰城小而固勝之不武弗勝爲笑固請丙寅圍之弗克（丙寅四月九日）孟氏之臣秦堇父輦重如役（堇父孟獻子家臣步挽重車以從師○堇徐音謹挽音晚）【疏】輦重如役○正義曰重者車名也載物必重謂之重人挽以行謂之輦軍行以載器物止則以爲藩營此人挽此重車以從役也宣十二年解已具之偪陽人啓門諸侯之士門焉（見門開故）

攻之縣門發郰人紇抉之以出門者門者諸侯之士在門內者也紇郰邑大夫仲尼父叔梁紇也郰邑魯縣東南莝城是也言紇多力抉舉縣門出在內者〇縣音玄注及下同郰側留反紇恨發反抉烏穴反徐又古穴反出如字一音屈遂反【疏】縣門至門者〇正義曰縣門者編版廣長如門施關機以縣門上有寇則發機而下之諸侯之士攻偪陽之門已有入者縣門乃發郰人紇抉而舉之以出門者門者謂攻門者也紇為郰邑大夫公邑大夫皆以邑名冠之呼為某人孔子之父名紇字叔梁古人名字並言者皆先字而後名故史記孔子世家稱為叔梁紇也服虔云抉撅也謂以木撅抉縣門使舉令下容人出也門者下屬為句狄虒彌建大車之輪而蒙之以甲以為櫓狄虒彌魯人也蒙覆也櫓大楯〇虒音斯彌徐音彌一音武脾反櫓音魯楯常尹反又音尹左執之右拔戟以成一隊百人為隊〇隊徒對反徐徒猥反【疏】狄虒至一隊〇正義曰鄭玄云大車平地載任之車也考工記車人為車柯長三尺大車轂長半柯輪崇三柯是輪高九尺其車罔圍周二丈七尺建立也立此大車之輪而覆之以甲以為櫓也考工記殳長尋有四尺車戟常崇於殳四尺八尺曰尋倍尋曰常則戟長一丈六尺也隊是行列之名百人為隊相傳為然成一隊者言其當百人也〇孟獻子曰詩所謂有力如虎者也詩邶風也〇邶音佩主人縣布堇父登之及堞而絕之偪陽人縣布以試外勇者〇堞音牒徐養涉反隊則又縣之蘇而復上者三主人辭焉乃退主人嘉其勇故辭謝不復縣布〇隊直類反復扶又反注同上時掌反三息暫反又如字【疏】蘇而復上〇正義曰宣八年傳曰晉人獲秦諜殺諸絳市六日而蘇則蘇者死而更生之名也堇父隊而悶絕似若死然得蘇悟而復緣布上帶其斷以徇於軍三日帶其斷布以示勇〇斷徒亂反徇似俊反諸侯之師久於偪陽荀偃士匄請於荀罃曰水潦將降懼不能歸向夏

恐有久雨從丙寅至庚寅二十五日故曰久○潦音老請班師也班還○知伯怒○知伯荀罃○知音智投之以机出於其間出偃句之間○机本又作几同○曰女成二事而後告余二事伐偪陽封向戌○女音汝下及注皆同○余。恐亂命以不女違既成改之爲亂命女既勤君而與諸侯牽帥。老夫以至于此既無武守無武功可執守而又欲易余罪曰是實班師不然克矣謂偃句將言爾余羸老也可重任乎不任受女此責○羸劣危反重直用反任音壬注同七日不克必爾乎取之言當取女以謝不克之罪五月庚寅五月四日荀偃士匄帥卒攻偪陽親受矢石躬在矢石間○卒子忽反疏注躬在矢石間○正義曰服虔云古者以石爲箭鏑引國語有隼集於陳侯之庭楛矢貫之石砮以證石爲箭鏃若石是箭鏃則猶是矢也何須矢石並言杜言在矢石間則不以石爲矢也周禮職金凡國有大故而用金石則掌其令鄭玄云用金石者作槍雷之屬雷即礌也兵法守城用礌石以擊攻者陳思王征蜀論云下礌成雷榛殘木碎是也○礌甲午滅之月八日書曰遂滅偪陽言自會也。言其因會以滅國非之也疏注言其至之也○正義曰僖四年公會齊侯云云侵蔡蔡潰遂伐楚二十三年齊侯伐衞遂伐晉如此之類一行而有二事者法當言遂遂非善惡之名而此傳特云書曰遂滅偪陽言自會也則知此言遂者有非之之意所以然者彼因伐遂伐本謀。伐行兵容可一舉而伐兩國會非征伐之事荀偃士匄於會始請則偪陽無大罪諸侯無宿謀因會滅人情在可責傳稱言自會也是。尤其從會行也釋例云會以訓上下敘德刑遂滅偪陽言滅生於會非本意也是言因會以滅國非之之事也書曰者是仲尼新意則舊史不然本蓋別書諸侯滅偪陽仲尼改之而言遂耳以與向戌向戌辭曰君若猶辱鎮撫宋國而以偪陽光啓寡君羣臣

安矣其何貺如之言見賜之厚無過此○貺音況賜也疏光啓寡君○正義曰光昭宋國開其疆竟以賜寡君若專賜臣是

臣與諸侯以自封也其何罪大焉敢以死請乃予宋公○宋公享晉侯于楚丘

請以桑林桑林殷天子之樂名疏注桑林至樂名○正義曰若非天子之樂則宋人不當請荀罃不須辭以宋人請而荀罃辭明其非常樂也宋是殷後得用殷樂知桑林是殷天子之樂名也經典言樂殷爲大護而此復云桑林者蓋殷家本有二樂如周之大武象舞也名爲大護則傳記有說湯以寬政治民除其邪虐言能覆護下民使得其所故名其樂爲大護其曰桑林先儒無說唯書傳言湯伐桀之後大旱七年史卜曰當以人爲禱湯乃翦髮斷爪自以爲牲而禱於桑林之社而雨大至方數千里或可禱桑林以得雨遂以桑林名其樂也皇甫謐云殷樂一名桑林以桑林爲大護别名無文可馮未能察也

荀罃辭之辭讓荀偃士匄曰諸侯宋魯於是觀禮宋王者後魯以周公故皆用天子禮樂故可觀魯有禘

樂賓祭用之禘三年大祭則作四代之樂别祭羣公則用諸侯樂○禘大計反疏注禘三年大祭則作四代之樂别至樂侯○正義曰明堂位云季夏六月以禘禮祀周公於大廟朱干玉戚冕而舞大武皮弁素積裼而舞大夏彼禘祭唯用大武大夏而不言韶護以二十九年魯爲季札舞四代之樂知四代之樂魯皆有之明堂位云凡四代之服器魯兼用之禘是三年大祭禮無過者知禘祭於大廟則作四代之樂也禮唯周公之廟得用天子之禮知其别祭羣公則用諸侯之樂諸侯之樂謂時王所制之樂大武是也然則禘是禮之大者羣公不得與同而於賓得同禘者禘者敬鄰國之賓故得用大祭之樂也其天子享諸侯亦同祭樂故大司樂云大祭祀王出入奏王夏尸出入奏肆夏牲出入奏昭夏大饗不入牲其他如祭祀鄭注云不入牲不奏昭夏王出入賓出入亦奏王夏奏肆夏又禮記祭統云大嘗禘升歌清廟下管象仲尼燕居云兩君相見亦升歌清廟下而管象是祭與享賓用樂同也而荀罃云我辭

禮矣沈氏云嘉樂不野合故也魯之禘祭用四代之樂則天子禘用六代樂也鄭康成義以爲禘祫各異祫大禘小天子祫用六代之樂禘用四代之樂魯有禘樂謂有周之禘祭之樂非左氏義也劉炫云禘是大禮賓得與同者享賓用樂禮傳無文但賓禮既輕必異於禘魯以享賓當時之失用之已久遂以爲常荀偃士匄引過謬之事以詔晉侯使聽宋耳魯以禘樂享賓猶以十一牢爲士鞅吳以引徵百牢亦非正也宋以桑林享君不亦可乎言。具天子樂也舞師題以旌夏師。樂。師也旌夏大。旌也題識也以大旌表識其行列○題大兮反夏戶雅反注同識申志反又如字下同行戶郎反舞師題以旌夏○正義曰舞師樂人之。師主陳設樂事者也謂舞初入之時舞師建旌夏以引舞人而入以題識其舞人之首故晉侯卒見懼而退入于房也謂之旌夏蓋形制大而別爲之名也晉侯懼而退入于房旌夏非常卒見之人心偶有所畏○卒寸忽反去旌卒享而還及著雍疾晉侯疾也著雍晉地○去起呂反著徐都慮反一音除慮反雍於用反卜桑林見祟見於卜兆○見賢遍反注同祟息遂反荀偃士匄欲奔請禱焉奔走還宋禱謝○禱丁老反荀罃不可曰我辭禮矣彼則以之以用之猶有鬼神於彼加之言自當加罪於宋晉侯有閒閒疾差也差初賣反○以偪陽子歸獻于。武宮謂之夷俘諱俘中國故謂之夷○俘芳夫反謂之夷俘○正義曰昭十七年晉荀吳滅陸渾之戎獻俘于文宮不言謂之夷俘彼眞是戎也此言謂之夷俘明非夷而謂之夷知其諱俘中國改名之也莊三十一年傳例曰凡諸侯有四夷之功則獻于王中國則否中國之俘既不合獻王故獻廟亦諱知其無罪內愍於心故諱之謂之夷俘偪陽妘姓也使周內史選其族嗣納諸霍人禮也霍晉邑內史掌爵祿廢置者使選偪陽宗族賢者令居霍奉妘姓之祀善不滅姓故曰禮也使周史者示有王命○令力呈反下令在勸令同注霍晉至王命

○正義曰霍是舊國閔元年晉獻公滅之以爲晉邑也內史掌爵祿廢置周禮內史職文也禮天子不滅國諸侯不滅姓其身有罪宜廢者選其親而賢者更紹立之論語所云興滅國繼絕世者謂此也晉侯以偪陽之罪不合絕祀故歸諸天子使周內史選偪陽宗族賢者繼嗣偪陽之後令居晉之霍邑以奉妘姓之祀依鄭語及世本皆云偪陽妘姓是祝融之孫陸終第四子求言之後虞夏以來世祀不絕今復繼之善其不滅姓故曰禮也晉侯不自選其人而使周內史者諸侯不得專封示有王命不自專也言納諸霍人者此霍邑或稱霍人猶如晉邑謂之柏人也必知霍人爲霍邑者班固漢書樊噲傳云攻霍人是霍人邑名也劉炫云霍晉邑人掌。邑大夫猶鄭邑大夫稱鄭人紇蓋使爲晉附庸也

師歸孟獻子以秦堇父爲右嘉其勇力生秦丕。茲。事仲尼言。二父以力相尚子事仲尼以德相。高○秦丕茲一本作秦不茲

○六月楚子囊鄭子耳伐宋師于訾毋宋地○訾子斯反毋音無庚午圍宋門于桐門不成圍而攻其城門

○晉荀罃伐秦報其侵也侵在九年

○衛侯救宋師于襄牛鄭子展曰必伐衛不然是不與楚也得罪於晉又得罪於楚國將若之何子駟曰國病矣師數出疲病也○數所角反疲音皮子展曰得罪於二大國必亡病不猶愈於亡乎諸大夫皆以爲然故鄭皇耳帥師侵衛楚令也亦兼受楚之勑命也皇耳皇成子

孫文子卜追之獻兆於定姜姜氏問繇繇兆辭○繇直救反疏注繇兆辭○正義曰周禮大卜掌三兆之法一曰玉兆二曰瓦兆三曰原兆其經兆之體皆百有二十其頌皆千有二百鄭玄云頌謂繇也是言灼龜得兆其兆各有繇辭卽下三句是也此傳唯言兆有此辭不知卜得何兆但知舊有此辭故卜者得據以荅姜耳其千有二百皆此類也此繇辭皆韻古人讀雄與陵爲韻詩無羊正月皆以雄

韻蒸韻陵是其事也曰兆如山陵有夫出征而喪其雄姜氏曰征者喪雄禦寇之利也大夫圖之衛人追之孫蒯獲鄭皇耳于犬丘蒯孫林父子○喪息浪反下同禦魚呂反蒯苦怪反○秋七月楚子囊鄭子耳伐我西鄙於魯無所恥諱而不書其義未聞疏注於魯至未聞○正義曰服虔云不書諱從晉不能服鄭旋復爲楚鄭所伐恥而諱之也杜以從盟主而不能服叛國於魯未足爲恥被伐無所可諱故云其義未聞還圍蕭八月丙寅克之蕭宋邑九月子耳侵宋北鄙孟獻子曰鄭其有災乎師競已甚競爭競也○爭爭鬬之爭下文有之爭同周猶不堪競況鄭乎周謂天王有災其執政之三士乎鄭簡公幼少子駟子國子耳秉政故知三士任其禍也爲下盜殺三大夫傳少詩照反任音壬○莒人間諸侯之有事也故伐我東鄙諸侯有討鄭之事○間間廁之間○諸侯伐鄭齊崔杼使大子光先至于師故長於滕大。夫宜賓之以上卿而今晉悼以一時之宜令在滕侯上故傳從而釋之○長丁丈反己酉師于牛首鄭地○初子駟與尉止有爭將禦諸侯之師而黜其車禦牛首師也黜減損尉止獲又與之爭獲囚俘子駟抑尉止曰爾車非禮也言女車猶多過制○疏注言女至過制正義曰前已減損其車復云爾車非禮明是仍嫌車多言其過制大夫之制不知車當幾乘從軍之車未必制有定限子駟心憎尉止嫌其豪富本意不爲過禮制也遂弗使獻不使獻所獲初子駟爲田洫司氏堵氏侯氏子師氏皆喪田焉洫田畔溝也子駟爲田洫以正封疆而侵四族田○洫況域反堵音者或丁古反喪息浪反下同疆居良反疏注洫田至族田正義曰考

工記匠人爲溝洫耜廣五寸二耜爲耦一耦之伐廣尺深尺謂之甽田首倍之
廣二尺深二尺謂之遂九夫爲井井間廣四尺深四尺謂之溝方十里爲成成
間廣八尺深八尺謂之洫方百里爲同同間廣二尋深二仞謂之澮然則溝洫
俱是通水之路相對大小爲異耳皆於田畔爲之故云田畔溝也爲田造洫故
稱田洫此四族皆是富家占田過制子駟爲此田洫正其封疆於分有剩則減
給他人故正封疆而侵四族田也小司徒云九夫爲井四井爲邑四邑爲丘四
丘爲甸四甸爲縣四縣爲都注云此謂都鄙采地之制也故五族聚羣不逞之人因公子之徒以作亂八年子駟
所殺公子。⿱巸女等之黨〇⿱巸女許其反本亦作熙又音怡於是子駟當國攝君事也子國爲司馬子耳爲司空子孔
爲司徒冬十月戊辰尉止司臣侯晉堵女父子師僕帥賊以入晨攻執政于西
宮之朝公宮殺子駟子國子耳刼鄭伯以如北宮子孔知之故不死子孔公子嘉也知難不告
利得其處也爲十九年殺公子嘉傳〇難乃旦反處昌慮反書曰盜言無大夫焉尉止等五人皆士也大夫謂卿子西聞盜
不儆而出子西公孫夏子駟子〇儆音景夏戶雅反尸而追盜先臨尸而。追。盜盜入於北宮乃歸授甲臣妾
多逃器用多喪子產聞盜子國子爲門者置守門庀羣司具衆官〇庀匹婢反閉府庫慎閉藏
完守備成列而後出兵車十七乘千二百七十五人〇藏才浪反又如字守手又反乘繩證反尸而攻盜於
北宮子蟜帥國人助之殺尉止子師僕盜衆盡死侯晉奔晉堵女父司臣尉翩
司齊奔宋尉翩尉止子司齊司臣子〇翩音篇子孔當國代子駟爲載書以位序聽政辟自羣卿諸司各守其

職位以受執政之法不得與朝政○辟婢亦反與音預下會不與同疏注自羣至朝政○正義曰於時鄭伯幼弱政在諸卿國事相與議之不得一人獨決子孔性好專權自以身既當國望其一聽於己新經禍亂與大夫設盟爲盟載之書曰自羣卿諸司以下皆以位之次序一聽執政之法悉皆稟受成旨不得干與朝政今其權柄在己也大夫諸司門子不順子產謂之專欲難成謂此也服虔云鄭舊世卿父死子代今子孔欲擅改之使以次先爲士大夫乃至卿也若如服言唯當門子恨耳何由大夫諸司亦不順也子孔若爲此法卽是自害其子子孔之子亦當恨何獨他家門子乎焚書倉門則還依舊法舊法若父死子代子產卽應代父何由十九年始立爲卿大夫諸司門子弗順將誅之子孔欲誅不順者○子產止之請爲之焚書既止子孔又勸令燒除載書○爲于僞反子孔不可曰爲書以定國衆怒而焚之是衆爲政也國不亦難乎難以至治治直吏反○子產曰衆怒難犯專欲難成合二難以安國危之道也不如焚書以安衆子得所欲欲爲政也衆亦得安不亦可乎專欲無成犯衆興禍子必從之乃焚書於倉門之外衆而後定不於朝內燒欲使遠近見所燒○諸侯之師城虎牢而戍之晉師城梧及制欲以偪鄭也不書城魯不與也梧制皆鄭舊地○梧音吾士魴魏絳戍之書曰戍鄭虎牢非鄭地也言將歸焉二年晉城虎牢而居之今鄭復叛故脩其城而置戍鄭服則欲以還鄭故夫子追書繫之于鄭以見晉志○復扶又反見賢遍反下同○疏諸侯至歸焉○正義曰如此傳文諸侯戍虎牢士魴魏絳戍梧與制耳其虎牢之內亦應更有晉戍也二年晉城虎牢則虎牢久已屬晉非復鄭有今繫鄭者晉侯之意鄭人若服將歸之焉晉侯故探其心而繫之鄭也釋例曰虎牢鄭之郊竟晉人既有之矣又城而居之

將以脅鄭鄭畏而強服遇楚而復叛八年之間一南一北至於數四晉悼慮其未已故大城置戍先以示威鄭服之日釋戍而歸之德立刑行故能終有鄭國

春秋探書其本心善之也鄭及晉平○楚子囊救鄭十一月諸侯之師還。鄭而南至於陽陵還繞也陽陵鄭地○還本亦作環戶關反徐音患注同楚師不退知武子欲退曰今我逃楚楚必驕驕則可與戰矣武子荀罃欒黶曰逃楚晉之恥也合諸侯以益恥不如死我將獨進師遂進己亥與楚師夾潁而軍潁水出城陽至下蔡入淮○潁音穎子蟜。曰諸侯既有成行必不戰矣言有成去之志從之將退不從亦退從猶服也退楚必圍我猶將退也不如從楚亦以退之以退楚霄。涉潁與楚人盟夜渡畏晉知之欒黶欲伐鄭師伐涉潁者荀罃不可曰我實不能禦。楚又不能庇。鄭鄭何罪不如致怨焉而還致怨爲後伐之資○禦魚呂反庇必利反今伐其師楚必救之戰而不克爲諸侯笑克不可命勝負難要不可命必克○要一遙反以不如還也丁未諸侯之師還侵鄭北鄙而歸欲以致怨楚人亦還鄭服故也○王叔陳生與伯輿爭政二子王卿士○王輿本又作與音同王右伯輿右助。○右音又注同王叔陳生怒而出奔及河王復之欲奔晉殺史狡以說焉說王叔也○狡古卯反說音悅注同又如字不入遂處之處叔河上晉侯使士匄平王室王叔與伯輿訟焉爭曲直王叔之宰宰家臣與伯輿之大夫瑕禽瑕禽伯輿屬大夫坐獄於王庭獄訟也周禮命夫命婦不躬坐獄訟故使宰與屬大夫對爭曲直士匄聽之王叔之宰曰篳門閨竇之人而皆陵其上其難爲上矣篳門柴門閨竇小戶穿壁爲戶上銳下方狀如圭也伯輿微賤之家○篳音必閨音圭本亦作圭竇音豆言瑕禽曰昔平王東遷吾七姓從王牲用備具王賴之而賜之騂旄之盟平王時大臣從者有七姓伯輿之祖皆在其中主爲王備犧牲共祭祀王恃其用故與之盟使世守其職騂旄赤牛也舉騂旄者言得重盟不以犬雞○從才用反注同又如字騂息營反字林許營反旄音毛爲于僞反共音恭疏注平王至犬雞○正義曰七姓從王從王之大臣有七姓也瑕禽言伯輿之祖是七從之一言其世貴也其祖爲王主備犧牲以共祭祀王家牲用備具王恃賴之言其世有功也平王初遷國家未定故與大臣結盟令使世掌其職也周禮牧人陽祀用騂牲檀弓云周人尚赤牲用騂尚書洛誥云文王騂牛一武王騂牛一諸言騂皆是赤牛則知此騂旄是赤牛也旄謂尾也共旌旗之用故其字從旌旗者旌旗行而從風偃也曰世世無失職若篳門閨竇其能來東厎乎且王何賴焉言我若貧賤何能來東使王恃其用而與之盟邪厎至也○厎音旨今自王叔之相也政以賄成隨財制政而刑放於寵寵臣專不任法疏刑刑放於寵正義曰刑罰放赦之事在於寵臣官之師旅不勝其富師旅之長皆受賂吾能無篳門閨竇乎言王叔之屬富故使吾貧疏不勝其富○正義曰勝訓堪也言財多故不可用盡不能堪此富唯大國圖之圖猶議也下而無直則何謂正矣正者不失下之直○何或作可誤也疏下而至正矣○正義曰凡在上正定在下須明在下曲直瑕禽自云己有直理不被上知則是使下無直在上何謂正矣故云正者不失下之直也劉炫云七年傳云正直爲正正曲爲直晉斷王朝之獄乃以下正上宣子若在下而無直心何以謂之爲

正也勸宣子使心正矣范宣子曰天子所右寡君亦右之所左亦左之。宣子知伯輿直不欲自專故推之於王○右音又下同左音佐下同左右亦並如字疏天子至左之○正義曰人有左右右便而左不便故以所助者為右不助者為左宣子知伯輿直故從王之所助也使王叔氏與伯輿合要合要辭王叔氏不能舉其契要契之辭○契苦計反注同疏使王至其契○正義曰周禮。鄉士職云辯其獄訟異其死刑之罪而要之鄭玄云要之為其罪辭如今劾矣彼謂官人略取其罪狀為其要約之辭如今斷事也漢世名斷獄為劾故云如今劾矣此言要辭亦是辭之要約如今辯答也合要者使其各為要約言語兩相辯答伯輿辭直王叔無以應之故不能舉其要約之辭也王叔奔晉不書不告也單靖公為卿士以相王室代王叔

經十有一年春王正月作三軍增立中軍萬二千五百人為軍疏注增立至為軍○正義曰昭五年云舍中軍明此年作而彼年舍故知舊有二軍今增立中軍也然則正是作中軍耳而云作三軍者傳言三子各毀其乘則舊時屬己之乘毀之以足成三軍是舊軍盡廢而全改作之故云作三軍也杜見其以。三改。二復據彼中軍之文故言增立中軍耳萬二千五百人為軍周禮夏官序文○夏四月四卜郊不從乃不郊無傳疏夏四至不郊○正義曰此四月四。卜與僖三十一年文同蓋亦三月三卜而四月又一卜也止言不郊不言免牲免牛蓋不以其禮免直使歸其本牧而已故不書也○鄭公孫舍之帥師侵宋○公會晉侯宋公衛侯曹伯齊世子光莒子邾子滕子薛伯杞伯小邾子伐鄭世子光至復在莒子之先故晉悼亦進之○復扶又反疏注世子至進之○正義曰劉炫以為序莒上者直是先至非為先莒今知不然者往年傳云齊大子光先至于師故長於滕是前經為先滕至序在滕子之上今經

序在莒子之先明知亦先莒而至也若非先莒而至唯當還序滕子上耳劉炫无所依馮直云先至更長之而規杜氏非也○秋七月己未

同盟于亳。城北亳城鄭地伐鄭而書同盟鄭與盟可知亳薄洛反徐扶各反與音預○公至自伐鄭無傳○楚子鄭

伯伐宋○公會晉侯宋公衛侯曹伯齊世子光莒子邾子滕子薛伯杞伯小邾

子伐鄭晉遂尊光會于蕭魚鄭服而諸侯會蕭魚鄭地公至自會无傳以會至者觀兵而不果侵伐疏注以會至侵伐○正

義曰劉炫云杜釋例自言事勢相接或以始至或以終致是時史異辭何為此注而云不果侵伐今知劉說非者凡云或以始致或以終致皆據實有伐事今

據傳文云觀兵于鄭東門是則實無伐事故云不果侵伐劉不達此意而規杜非也○楚人執鄭行人良霄良霄公孫輒子伯有也○

霄音消○冬秦人伐晉

傳十一年春季武子將作三軍魯本無中軍唯上下二軍皆屬於上有事三卿更帥以征伐季氏欲專其民人故假立中軍因

以改作○更音庚疏注魯本至改作正義曰以昭五年舍中軍知此時作中軍是魯本无中軍也以閔元年晉侯作二軍謂之上軍下軍知魯有二

軍亦名上下軍也此言請為三軍各征其軍知往前二軍皆屬公也明其有事則三卿更互帥之以征伐耳三卿不得專其民也此時襄公幼弱季氏世秉魯

政因公之少欲專其民故假立中軍因以改作也禮明堂位云成王封周公於曲阜地方七百里其時必有三軍也詩魯頌閟宮頌僖公能復周公之宇云公

徒三萬鄭玄云大國三軍合三萬七千五百人言三萬者舉成數也則僖公復古制亦三軍矣蓋自文公以來霸主之令軍多則貢。事自減為二軍耳非是魯

衆不滿三軍也若然昭五年舍中軍書之於經往前若減一軍亦應書之而經不書者作三軍與舍中軍皆是變故改常卑弱公室季氏秉國權專擅改作故

史特書之耳若國家自量彊弱其軍或減或益國史不須書也何則僖公復古始有三萬則以前无三萬矣僖公作亦不書何怪舍不書也蘇氏亦云僖公之時實有三軍自文以後舍其一軍不書者非是故有所舍故不書蘇氏又云鄭注詩公徒三萬以爲三軍鄭荅臨碩之問云公徒三萬爲二軍者鄭隨問而荅當以詩箋爲正蘇氏又云蒐于紅革車千乘所以今不滿三軍者以當時采地衆多公邑民少故不能滿三軍三子各毀其乘以足之與前解異也周禮小司徒云凡起徒役无過家一人是家出一人故鄉爲一軍天子六軍出自六鄉則大國三軍出自三鄉其餘公邑采地之民不在三鄉三軍之數季武子今爲三軍則異於是矣以魯國屬公之民皆分爲三亦謂之三軍其軍之民不啻一萬二千五百家也何則魯國合竟之民屬公者豈唯有三萬七千五百家乎明一其決不然矣由此言之此作三軍與禮之三軍名同而實異也春秋之世兵革遞興出軍多少量敵彊弱劾寇未息卒士盡行士卒之數无復定準成之二年鞌之戰晉車八百乘計有六萬人唯三卿帥之昭十三年平丘之會晉叔向云寡君有甲車四千乘在計四千士卒成二十四軍爾時晉國唯立三軍則甲車四千屬三軍耳其軍豈止一萬二千五百人乎昭八年魯蒐于紅傳稱革車千乘千乘之衆充三軍之數明知此分合竟之民以爲三軍軍之所統其數異於禮也。膏。肓。何休以爲左氏說云尊公室休以爲與舍中軍義同於左氏爲短鄭康成箴云左氏傳云作三軍三分公室各有其一謂三家始專兵甲卑公室云左氏說者尊公室失左氏意遠矣義符杜說也

告叔孫穆子曰請爲三軍各征其軍征賦稅也三家各征其軍之家屬○稅舒銳反

【疏】注征賦至家屬○正義曰周禮大司徒以土均之法制天下之地征王制云市廛而不稅關譏而不征經典之文通謂賦稅爲征故云征賦稅也往前民皆屬公公稅其民以分賜羣臣今武子欲令民即屬己己所應得自稅取之恐穆子不從故先。言之請分國內之民以爲三軍三家各自征稅其軍之家屬冀望穆子亦便於己而從其計也言軍之家屬者丁壯從軍者官無所稅其家屬不入軍者乃稅之耳

穆子曰政將及子子必不

能政者霸國之政令禮大國三軍魯次國而爲大國之制貢賦必重故憂不能堪疏注政者至能堪○正義曰於時天子衰微政在霸主霸主量國大小

責其貢賦若爲三軍則是次國若作三軍則爲大國之制貢賦必重故云霸主重貢之政將及於子子必不能堪之憂其不能堪之言三軍不可爲也魯

爲三軍二軍國之大小同耳但作三軍則自同大國自同大國則霸主必依大國責其貢重也武子固請之穆子曰然則盟諸

穆子知季氏將復變易故盟之○復扶又反乃盟諸僖閎○僖公之門閎音宏疏注僖宮之門○正義曰釋宮云衖門謂之閎孫炎曰巷舍

閒道也李巡曰閎巷頭門也以此知僖閎是僖公之廟門也詛諸五父之衢五父衢道名在魯國東南詛以禍福之言相要○詛側慮反父

音甫衢其俱反要一遙反正月作三軍三分公室而各有其一三分國民衆三子各毀其乘壞其軍乘

分以足成三軍○乘繩證反注及下並同壞音怪足將住反亦如字疏注壞其至三軍○正義曰往前民皆屬公國家自有二軍若非征伐不屬三子故三

子自以采邑之民以爲己之私乘如子產出兵車十七乘之類是其私家車乘也今既三分公室所分得者卽是己有不須更立私乘故三子各自毀壞舊時

車乘部伍分以足成三軍也壞者壞其部伍將領也令使各自屬其軍不復立私乘故也季氏使其乘之人以其役邑入者

無征使軍乘之人率其邑役入季氏者无公征不入者倍征不入季氏者則使公家倍征之設利病欲驅使入己故昭五年傳曰季氏盡征

之民辟倍征故盡屬季氏疏注季氏至倍征○正義曰其乘之人卽所分得者國內三分有一之人也役謂共官力役則今之丁也邑謂賦稅若今之租調也

以其役之與邑皆來入季氏者則無公征也若不以入季氏者則使公家倍征之當輸一而責其二也設利害以懼民毆之使入己耳民畏倍征故盡歸季氏

所分得者無一入公也知邑是賦稅者以言役邑入則役之與邑皆從民而入官也從民入官唯在力役與賦稅耳故知邑是賦稅也賦稅而謂之邑者賦稅

所入若私邑然故以邑言之孟氏使半爲臣若子若弟取其子弟之半也四分其乘之人以三歸公而取其一叔孫氏使盡爲臣盡取子弟以其父兄歸公疏孟氏至爲臣〇正義曰昭五年傳追說此事云季氏盡征之叔孫氏臣其子弟孟氏取其半焉叔孫氏臣其子弟不臣父兄謂取二分而二歸公也孟氏取其半又如叔孫所取其中更取其半又以半歸公謂取一分而三歸公也彼傳順序此文顛倒傳意以叔孫爲主而先說孟氏言孟氏如叔孫所得使其半爲己之臣叔孫所得子與弟也此孟氏若子若弟是子弟中課取其一又分半以歸公也叔孫使子弟盡爲己臣唯以父兄歸公耳不然不舍制軍分民不如是則三家不舍其故而改作也此蓋三家盟詛之本言〇舍音捨疏注制軍至未言〇正義曰如上所分三家所得又各分爲四季氏盡取四分叔孫取二分而二分歸公孟氏取一分而三分歸公分國民以爲十二三家得七公得五也舍謂舍故也制三軍分國民若不如是則三家不肯舍其故法而別改作也使盡爲臣以上是序事之辭不然不舍一句是要契之語故云此蓋三家盟詛之本言盟詛本言必應詳具但史家略取其意而爲之立文不復如本辭耳〇鄭人患晉楚之故諸大夫曰不從晉國幾亡幾近也〇幾音機注同徐音畿楚弱於晉晉不吾疾也疾急也晉疾楚將辟之何爲而使晉師致死於我言當作何計楚弗敢敵而後可固與也固與晉也子展曰與宋爲惡諸侯必至吾從之盟楚師至吾又從之則晉怒甚矣晉能驟來楚將不能吾乃固與晉大夫說之使疆埸之司惡於宋使守疆埸之吏侵犯宋〇說音悅疆居良反注同埸音亦注同宋向戌侵鄭大獲子展曰師而伐宋可矣若我伐宋諸侯之伐我必疾吾乃聽命焉且告於楚楚師至

吾乃與之盟而重賂晉師乃免矣言如此乃免於晉之難○難乃旦反楚夏鄭子展侵宋欲以致諸侯

○四月諸侯伐鄭己亥齊太子光宋向戌先至于鄭門于東門傳釋齊太子光所以序莒上也向戌不書宋公在會故其莫晉荀罃至于西郊東侵舊許許之舊國鄭新邑○莫音暮疏東侵舊許○正義曰昭十二年傳楚子云我伯父昆吾舊許是宅鄭人貪賴其田而不我與是舊許爲鄭邑也謂之舊許明是許之舊國許南遷而鄭得之

其北鄙六月諸侯會于北林師于向向地在潁川長社縣東北○向舒亮反右還次于瑣北行而西爲右還熒陽宛陵縣西有瑣候亭○瑣素果反宛於阮反又於元反圍鄭觀兵于南門觀示也西濟于濟隧濟隧水名○濟隧上子禮反下音遂鄭人懼乃行成秋七月同盟于亳范宣子曰不慎必失諸侯慎敬威儀謹辭令諸侯道敝而無成能無貳乎數伐鄭皆罷於道路○數所角反罷音皮乃盟載書曰凡我同盟毋蘊年蘊積年穀而不分災○毋音無下皆同蘊紆粉反毋壅利專山川之利○壅於勇反毋保姦藏罪人毋留慝速去惡○慝他得反下同去起呂反救災患恤禍亂同好惡獎王室。獎助也○好惡並如字或讀上呼報反下惡路反獎將丈反或間茲命司慎司盟名山名川二司天神○間間廁之間茲命本或作茲盟誤疏注二司天神○正義曰盟告諸神而先稱二司知其是天神也觀禮諸侯觀于天子爲宮方三百步壇十有二尋深四尺加方明于其上方明者木也方四尺設六色青赤白黑玄黃設六玉圭璋琥璜璧琮公侯伯子男皆就其旂而立天子祀方明禮日月四瀆山川丘陵彼。方雖不言盟其所陳設盟之禮也鄭玄云方明者上下四方神明之象也會同而盟明神監之則謂之天之司盟有象者猶宗廟之有主乎天子巡守之盟其神主日諸侯之盟其神主山川王官之伯會諸侯而盟其神主月是言盟之所告天神也鄭云神監之謂之司盟司盟非一神也其司慎亦不知指斥何神但在山川之上知其是天神耳名山山之有名者謂五嶽四鎮也名川謂四瀆也羣神羣祀羣祀在祀典者先王先公先王諸侯之大祖宋祖帝乙鄭祖厲王之比也先公始封君○大音泰凡大祖大廟大官皆放此比必利反七姓十二國之祖七姓晉魯衛鄭曹滕姬姓邾小邾曹姓宋子姓齊姜姓莒己姓杞姒姓薛任姓實十三國言十二誤也○己音紀或音杞任音壬

疏注七姓至誤也○正義曰十三國爲七姓世本世家文也姬即次曹意及則言不以大小爲次也實十三國而言十二服虔云晉主盟不自數知不然者案定四年祝佗稱踐土之盟云晉重魯申於是晉爲盟主自在盟內何因晉今主盟乃不自數故知字誤也劉炫難服虔云案宣子恐失諸侯謹慎辭令告神要人身不自數己不在盟彼叛必速豈有如此理哉

明神殛之殛誅也○殛紀力反注同俾失其民隊命亡氏踣其國家踣斃也○俾本又作卑必爾反隊直類反踣蒲北反徐又敷豆反斃婢世反○楚子囊乞旅于秦乞師旅於秦秦右大夫詹帥師從楚子將以伐鄭鄭伯逆之丙子伐宋鄭逆服故更伐宋也秦師不書不與伐宋而還○詹之廉反與音預○九月諸侯悉師以復伐鄭此夏諸侯皆復來故曰悉師○復扶又反注同鄭人使良霄大宰石㚟如楚告將服于晉曰孤以社稷之故不能懷君君若能以玉帛綏晉不然則武震以攝威之孤之願也楚人執之書曰行人言使人也書行人言非使人之罪古者兵交使在其間所以通命示整或執殺之皆以爲譏也既成而後告故書在蕭魚下石㚟爲介故不書○㚟敕略反攝如字又之涉反使所吏反注同介音界

疏注書行至不書○正義曰釋例曰使以行言言以接事信令之要於是乎在舉不以怒則刑不濫刑不濫則兩國之情得通兵有不交而解者皆行人之勸也是以雖飛矢在上走驛在下及其末節不統大理遷怒肆忿快意於行人譬諸豺狽求食而已傳曰鄭人使伯蠲行成晉人殺之非禮也兵交使在其間可也故夫子特顯行人之文行人有六而傳發其三者因夏霄以顯其稱行人之事因干徵師以示其非罪因叔孫婼以同外內大夫則餘三人皆隨其例而爲義也諸以行人爲名通及外內以卿出使義取於非其罪也若濤塗窜喜之屬罪在其身鄭叔詹魯行父之等以執政受罪本非使出故不稱行人從實而書皆以罪之也鄭祭仲之如宋也非會非聘與於見誘而以行人應命不能死節挾僞以篡其君故經不稱行人以罪之也是言罪之故不稱行人則稱行人。者皆無罪也鄭人先遣告楚乃從諸侯故傳在會先也經在會後既成而後告執故書執在蕭魚會下○諸侯之師觀兵于鄭東門

鄭人使王子伯駢行成甲戌晉趙武入盟鄭伯冬十月丁亥鄭子展出盟晉侯

二盟不書不告十二月戊寅會于蕭魚經書秋史失之疏注經書秋史失之○正義曰會于蕭魚經雖無月但會下有冬故以爲會在秋也傳言日月次第分明是經。繆史官失之也庚辰赦鄭囚皆禮而歸之納斥候不相備也○斥徐音尺一音昌夜反

禁侵掠晉侯使叔肸告于諸侯叔肸叔向也告諸侯亦使赦鄭○掠音亮肸許乙反向許丈反囚公使臧孫紇

對曰凡我同盟小國有罪大國致討苟有以藉手鮮不赦宥寡君聞命矣言晉討小國有藉手之功則赦其罪人德義如是不敢不承命○藉在夜反注同鮮息淺反宥音又○鄭人賂晉侯以師悝師觸師蠲

悝觸蠲皆樂師名○悝苦回反蠲古玄反又音圭疏注悝觸蠲皆樂師名○正義曰樂師稱師下稱路以樂知此三人皆樂師悝觸蠲是其名也服虔見

下有鐘鎛。師磬郎云三師鐘師鎛。磬師謂悝能鐘觸能鎛躅能磬也然則鄭人以師。茂師慧賂宋者又能鐘乎能鎛乎三師必是能鐘能磬者要不可即以名次配之言

廣車軘車淳十五乘甲兵備。徒廣車軘車皆兵車名淳耦也〇廣古曠反軘溫反淳述倫反徐又之倫反〇乘繩證反下軘及注同

疏注廣車至耦也〇正義曰皆是兵車而別爲之名蓋其形制殊異也鄭玄云廣車橫陳之車也服虔云軘車屯守之車也或可因所用遂異爲名及其用之亦無常也射禮數射筭。二。筭爲純一。筭爲奇是淳爲耦也

凡兵車百乘他兵車及廣軘共百乘

疏注他兵至百乘〇正義曰偏見服本皆云淳十五乘則凡兵車百乘者更合言軘廣或軘廣之外別有百乘杜本。軘十五乘更以他兵車七十乘增軘廣共爲百乘耳知非軘廣之外更有百乘而云兼軘廣者以上既言廣車軘車下云凡兵車百乘言凡是總攝之辭故知總上軘廣也若然直言兵車百乘於理自足上別云廣車軘車者以廣車軘車甲兵備足自外之車甲兵不備又別有車名非軘廣也

歌鐘二肆肆列也縣。鐘十六爲一肆二肆三十二枚〇肆音四縣音玄

疏注肆列至二枚〇正義曰以肆爲列者鐘磬皆編縣之在簨虡而各有行列也周禮小胥云凡縣鐘磬半爲堵全爲肆鄭玄云鐘磬者編縣之二八十六枚而在一虡謂之堵鐘一堵磬一堵謂之肆半之者謂諸侯之卿大夫士也諸侯之卿大夫半天子之卿大夫西縣鐘東縣磬士亦半天子之士縣磬而已如鄭彼言鐘與磬全乃成爲肆此傳於鐘即言肆者十六枚而在一虡古今皆同其虡不可分也虡全不可分而云有全有半明如鄭言鐘磬相對肆爲全單爲半。此傳言歌鐘二肆則兼有磬矣若其無磬不得成肆杜以傳唯云歌鐘故但解鐘。數云三十二枚其磬數亦同矣此二肆皆爲編縣也下云及其鎛磬者鎛是大鐘磬是大磬皆特縣之非編縣也據鄭玄禮圖如此也言歌鐘者歌必先金奏故鐘以歌名之晉語孔晁注云歌鐘鐘以節歌也劉炫云傳言歌鐘二肆及其鎛磬則鎛磬亦二肆肆之爲名實由鐘磬相對但傳於磬下不復更言其數於鐘則言二肆明鎛磬數與之同乃成肆若磬無二肆則半賜魏絳無磬矣安得有金石

也知色別。各三十二枚也。歌必先云云同及其鎛磬鎛磬皆樂器。〇鎛音博女樂二八十六人晉侯以樂之半賜

魏絳曰子教寡人和諸戎狄以正諸華在四年八年之中九合諸侯如樂之和疏八年至之和〇正義曰服虔云八年從四年以來至十一年也九合諸侯者五年會于戚一也其年又會于城棣救陳二也七年會于鄬三也八年會于邢丘四也九年。會于戲五也十年會于相六也又戍鄭虎牢七也十一年同盟于亳城北八也又會于蕭魚九也晉語說此事云於今八年七合諸侯孔晁云不數救陳與戍鄭虎牢餘爲七也如樂之和謂諸侯和同如樂之相應和也無所不諧諧亦和也。〇九合諸侯謂五年會戚又會城棣救陳七年會鄬八年會邢丘九年盟于戲十年會柤又伐鄭戍虎牢十一年同盟亳城北又會蕭魚請與子樂之共此樂〇樂音洛一音岳注同辭曰夫和戎狄國之福也八年之中九合諸侯諸侯無慝君之靈也二三子之勞也臣何力之有焉抑臣願君安其樂而思其終也詩曰樂只。君子殿天子之邦詩小雅也謂諸侯有樂美之德可以鎮撫天子之邦殿鎮也〇殿都遍反注及下同樂只君子福祿攸同攸所也便蕃左右亦是帥從便蕃數也言遠人相帥來服從便蕃然在左右〇蕃音煩注同數所角反疏詩曰至帥從〇正義曰詩小雅采菽之篇也旨美也言樂美之德君子以有樂美之德可以鎮撫天子之邦國也以有樂美之德政故爲福祿之所同歸也既能鎮邦國受福祿雖復疏遠之人便蕃然數來在其左右亦於是相帥而來從之也夫樂以安德和其心也義以處之處位以義禮以行之行教令信以守之守所行仁以厲之厲風俗而後可以殿邦國同福祿來遠人所謂樂也言五德皆備乃爲樂非但金石書曰居。

安思危逸書 思則有備有備無患敢以此規規正公 公曰子之教敢不承命抑微子寡人無以待戎待遇接納 不能濟河渡河南服鄭 夫賞國之典也藏在盟府司盟之府有賞功之制 有

疏 注司盟至之制○正義曰周禮司盟會同則掌其盟約之載既盟則貳之貳之者寫兩本盟書一埋盟處一藏盟府也唯言會同之盟不掌功勳之事而得有賞功之制者僖五年傳曰虢仲虢叔為文王卿士勳在王室藏於盟府是司盟之府掌藏功勳典策故有賞功之制也

不可廢也子其受之魏絳於是乎始有金石之樂禮也禮大夫有功則賜樂

疏 注禮大至賜樂○正義曰以魏絳蒙賜始有金石之樂知未賜不得有也賜之而云禮也知禮法得賜之也周禮小胥云大夫判縣士特縣鄉飲酒禮云笙入堂下磬南北面鄉射禮云縣于洗東北西面喪大記云疾病君大夫徹縣是大夫得有鍾磬之樂有功乃賜之正禮也唯言魏絳有金石之樂不言女樂女樂房中私宴之樂或不以賜之

○秦庶長鮑庶長武帥師伐晉以救鄭庶長秦爵也不書救鄭已屬晉無所救○長丁丈反下及注同鮑步卯反 鮑先入晉地士魴御之。少秦師而弗設備壬午武濟自輔氏從輔氏渡河○御魚呂反後放此 與鮑交伐晉師己丑秦晉戰于櫟晉師敗績易秦故也不書敗績晉恥易秦而敗故不告也櫟晉地○櫟力的反徐失灼反易以豉反

經十有二年春王二月莒人伐我東鄙圍台琅邪費縣南有台亭○台勑才反又音臺一音翼之反 季孫宿帥師救台遂入鄆鄆莒邑鄆音運 ○夏晉侯使士魴來聘○秋九月吳子乘卒五年

會於戚公不與盟而赴以名○公與音預【疏】注五年至以名○正義曰劉炫云杜於五年注以為公及其盟還而不以盟告廟也今注云會於戚公不與盟而赴以名何為兩注自相矛楯今知劉難非者以戚盟經既不書公之與否又傳無其事杜弘通其義故為兩解劉不尋杜旨而規其過非也○冬楚

公子貞帥師侵宋○公如晉

傳十二年春莒人伐我東鄙圍台季武子救台遂入鄆乘勝入鄆報見伐○取其鐘以為公盤○夏晉士魴來聘且拜師謝前年伐鄭師○秋吳子壽夢卒壽夢吳子之號臨於周廟禮也周廟文王廟也周公出文王故魯立其廟吳始通故曰禮○臨力蔭反下同【疏】注周廟至曰禮○正義曰杜以下文周廟尊於周公之廟知是文王廟也以鄭祖厲王立所出王廟知為周公出文王故魯立其廟也哀二年蒯聵禱云敢昭告皇祖文王衛亦立文王廟也郊特牲曰諸侯不敢祖天子大夫不敢祖諸侯而公廟之設於私家非禮也而諸侯得立王廟者彼謂無功德非王命而輒自立之則為非禮魯衛有大功德王命立之是其正也鄭祖厲王亦然此是常禮特於吳子而傳發例者以吳始通公能依禮故於此言禮也○以凡諸侯之喪異姓臨於外於城外向其國○向或作嚮許亮反【疏】注於城外向其國○正義曰禮奔喪之記云哭父之黨於廟母妻之黨於寢師於廟門外朋友於寢門外所識於野張帷此傳言於外與彼於野同於城外向其國張。帷而哭之耳同姓於宗廟所出王之廟【疏】同姓於宗廟○正義曰此即周廟也但發大例意通古今故不復斥言周耳其實於周之世亦周廟也異姓之國無所出王之廟者其哭同姓必不得同諸異姓亦當於祖廟同宗於祖廟始封君之廟○同族於禰廟父廟也同族謂高祖以下○禰乃禮反○是故魯為諸姬臨於周廟諸姬同姓國○為于僞反下皆同○為邢。凡蔣。

茅胙祭臨於周公之廟即祖廟也六國皆周公之支子別封爲國共祖周公○邢音刑蔣將丈反案富辰所稱邢在蔣下今傳在凡上未知何者爲是茅亡交反胙才故反祭側界反徐又如字○冬楚子囊秦庶長無地伐宋師于楊梁以報晉之取鄭也取鄭在前年梁國睢陽縣東有地名楊梁○長丁丈反下同○靈王求后于齊齊侯問對於晏桓子桓子對曰先王之禮辭有之天子求后於諸侯諸侯對曰夫婦所生若而人不敢譽亦不敢毀故曰若如人○譽音餘又如字○妾婦之子若而人言非適世也適丁歷反無女而有姊妹及姑姊妹疏及姑姊妹○正義曰釋親云父之姊妹曰姑樊光曰春秋傳云姑姊妹然則古人謂姑爲姑姊妹若父之姊爲姑姊父之妹爲姑妹列女傳梁有節姑妹入火而救兄子是謂父妹爲姑妹也後人從省故單稱爲姑也古人稱祖父近世單稱祖亦此類也則曰先守某公之遺女若而人齊侯許昏王使陰里逆之陰里周大夫結成也爲十五年劉夏逆王后傳○守手又反夏戶雅反○公如晉朝且拜士魴之辱禮也士魴聘在此年夏嫌君臣不敵故曰禮也○秦嬴歸于楚秦景公妹爲楚共王夫人○嬴音盈楚司馬子庚聘于秦爲夫人寧禮也子庚莊王子午也諸侯夫人父母既沒歸寧使卿故曰禮也疏秦嬴至禮也○正義曰此事不見於經而傳自廣記備言以明禮之事耳楚共王以成元年即位秦嬴歸楚蓋應多年傳因子庚之聘發其歸楚非此年歸而即使歸寧案昭元年秦鍼奔晉傳云其母曰弗去懼選鍼則景公之弟昭元年其母猶在此注云父母既沒歸寧使卿者父母並在則身自歸寧若父沒母存身不自歸則亦使卿寧也杜云父母既沒連言之耳

附釋音春秋左傳注疏卷第三十一

春秋左傳注疏卷三十一校勘記　阮元撰盧宣旬摘錄

附釋音春秋左傳注疏卷第三十一　襄十年盡十二年石經春秋經傳集解襄二第十五岳本襄字下增公字並盡十五年

〔經十年〕

相楚地　淳熙本相誤相惠棟云相是宋地非楚地也晉楚方爭而與諸侯會於其地必無是理也案京相璠云相宋地今彭城偪陽縣西北有相水溝去偪陽八十里東南流逕偪陽縣故城東北又南亂於沂而注於沐謂之相口城此云楚地乃轉寫之誤或以昭六年注相鄭地當之其說更非

遂滅偪陽　釋文云偪徐仙民音甫目反本或作逼惠棟云徐音是也漢書古今人表有偪陽子案注云妘姓師古曰即偪陽也穀梁作傅陽郡國志云傅陽有相水引經文亦作偪並音之轉耳石經及諸刻本皆作偪

今彭城傅陽縣也　宋本岳本纂圖本監本毛本傳作傅不誤閩本作偪

鄅鄶路偪陽也　毛本鄶誤鄫

齊世至滕上　閩本監本毛本世下增子字

用天子既命以爲之嗣也　宋本用作明與鄭注合

爲盟主所尊　監本主作王非也

戍鄭虎牢監本戍誤戊石經虎作虍避所諱

各受晉命戍虎牢淳熙本各誤名監本戍作戊亦非下同

〔傳十年〕

光從東道與東諸侯會遇纂圖本監本毛本光作先非也

士莊子曰惠棟云服虔本作士莊伯見太平御覽石經及宋刊本皆作子

郰人紇抉之惠棟云鄹元引作鄹人論語同案郰字古或省文从取說文曰郰魯下邑孔子鄉从邑取聲

百人爲隊文選東都賦注引作百人爲一隊案各本無一字李注以意增也

庫人爲車宋本監本毛本庫作車

隊則又縣之石經隊作墜案碑土字後加

余恐亂命淳熙本余誤命

牽帥老夫文選李注謝宣遠荅靈運詩引帥作率案帥率字通

言其因會以滅國監本滅作烕誤

本謀氏行兵閩本氏作戍監本作戊毛本作戍並形相近而誤宋本作伐是也○今從宋本

是九其從會行也監本毛本九作究亦非宋本作九不誤○今從宋本

經典言樂殷爲大護盧文弨校本樂殷作殷樂

或可禱桑林以得雨儀禮經傳通解引亦作可閩本監本毛本作曰非是

注禘三年大祭則作四代之樂別至樂侯宋本無年大祭則作四代之樂別十字樂侯監本毛本作侯樂與注文合宋本同

禘者敬鄰國之賓宋本無禘者二字齊召南亦以二字爲衍文是也

下管象閩本監本毛本管上有而字與祭統合

言具天子樂也宋本淳熙本岳本監本足利本具作俱是也

師樂師也宋本淳熙本作師帥也與釋文正義皆合案鄭注周禮地官云師之言帥也是也

旌夏大旌也案後漢書馬融傳廣成頌注引大旌作大旗

舞師樂人之帥閩本監本毛本帥作師非也

以偪陽子歸獻于武宮淳熙本于作於

謂之柏人也閩本監本柏作栢

掌邑大夫宋本掌下有瞿字

生秦丕茲釋文云一本作秦不茲家語秦商字不慈案丕不經典中每多互用

言二父以力相尚宋本纂圖本監本毛本二作董段玉裁曰作二者是也下文秦丕茲仲尼爲二子則秦董父郰人紇爲二父二父以力相尚事見上文韓文公書張中丞傳後云兩家子弟才智下不能通知二父志亦爲妄人改作二賢

以德相高纂圖本閩本監本毛本高誤尚

楚子囊鄭子耳伐我西鄙石經宋本淳熙本岳本伐作侵不誤

大夫宜賓之以上卿宋本淳熙本岳本纂圖本監本毛本夫作子是也

己酉師于牛首宋本纂圖本閩本監本毛本于作於石經淳熙本作于

爾車非禮也石經車下旁增多字惠棟云案注當有多字也按云非禮故注以猶多釋之非傳文本有多字也凡石經旁增之字皆淺人惑於俗本所爲

公子媐釋文云媐本亦作熙宋本淳熙本足利本作熙字按媐字見說文女部說樂也

先臨尸而追盜淳熙本作追賊宋本作逐賊案陳樹華云上傳云帥賊以入盜即賊也傳言追盜故注以逐賊釋之宋本是也

還鄭而南釋文曰還本又作環惠棟云案鄭注士喪禮云古文環作還哀三年傳道還公宮同公羊傳云以地還之也又云師還齊侯按還環古今

字

子蟜曰 案石經此處刓缺顧炎武云蟜誤蟜所據乃王堯惠謬刻也諸本前後皆作蟜是也

胥涉頳 石經宋本岳本纂圖本監本毛本胥作胥案張猛龍碑胥作胥蓋字形之小誤後遂因胥而譌作胥岳氏之九經三傳沿革例嘗辨胥字之譌而未詳其致誤之由

我實不能禦楚 釋文作能御淳熙本重我字非也

又不能庀鄭 〔補〕各本庀作庇

今伐其師 顧炎武云石經今誤令案石經此處缺所據乃謬刻也

右助 宋本淳熙本岳本足利本助下有也字

篳門閨竇之人 釋文閨本亦作圭案文選李注謝玄暉拜中軍記室辭隨王牋引作篳門圭竇玉篇云篳亦作篳惠棟云說文引作篳門圭窬康成禮記注篳門荊竹織門也圭窬門旁窬也穿墻爲之如圭矣玉篇亦引作窬窬竇古音同部字

使世守其職 淳熙本脫守字

是七從之一 宋本從作姓不誤

故其字從旌旗者 宋本旌旗作㫃㫃是也

其能來東厎乎石經宋本岳本作厎乎釋文同

不勝其富此節正義宋本在注文師旅之長皆受賂句下

則何謂正矣石經何字殘缺釋文云何或作可誤也陳樹華云古文可爲何字之省文按古人語急可謂猶言何可謂也

正者不失下之直閩本監本此七字誤作正義正上脫注字

所左亦左之石經上左字殘缺淳熙本作右非也

周禮鄉士職云宋本鄉作鄕是也

（經十一年）

杜見其以三改二閩本監本毛本改作以二改三按以三改二謂以今之三改昔之二亦通

此四月四卜宋本閩本監本毛本並作卜此本誤十今訂正

己未同盟于亳城北石經宋本岳本已作己是也公羊穀梁亳作京公羊疏云穀梁與此同左傳經作亳城北服氏之經亦作京城北乃云與此傳同之也惠棟云案亳城當依服氏作京京鄭地在熒陽隱元年傳謂之京城是也

（傳十一年）

軍多則貢事監本毛本事下衍多字閩本初刻亦無後擠增宋本事作重不誤

膏肓何休以爲左氏說云監本毛本肓作盲非案膏肓何休當作何休膏肓各本誤倒

故先言之宋本言作告是也

若爲三軍閩本毛本若下衍不字三字宋本作二是也

是僖公之廟門也宋本之廟作廟之是也

壞其軍乘纂圖本閩本監本毛本軍誤車

欲駈使入己岳本纂圖本足利本駈作驅按駈俗驅字古文作敺

唯在力役宋本在作有是也

吾乃與之盟補各本乃作又

毋蘊年釋文亦作蘊石經蘊字改刊初刻作藴非也

獎王室岳本纂圖本毛本獎作奬注同

名山名川石經初刻作大川改刻名

彼方雖不言盟宋本方作文不誤

鄭云神監之宋本云下有明字是也

於是晉爲盟主盧文弨校本是作時

乃不自數毛本自誤目

俾失其民釋文云俾本又作卑陳樹華云釋文前以卑爲正以俾爲一作之字此又以卑爲一作之字疑傳寫之誤

隊命亡氏石經隊作墜

則稱行人者宋本者作若

是經繆監本毛本繆改謬

服虔見下有鐘鎛師磬宋本監本毛本無師字是也

鐘師鎛磬師宋本鎛下有師字不誤

然則鄭人以師茂師慧賂宋者宋本茂作茷是也

數射筭毛本筭作算下並同按說文作筭者今之筭籌也作算者數也用字之例當於具數字作算筭籌字作筭而唐石宋槧多用筭少用算者音同而義近之故也近刻則多用算

杜本軘十五乘臧禮堂云杜訓淳爲耦耦爲十五則三十乘故下云更以他兵車七十乘共爲百乘是杜本當作淳不作軘也

歌鐘二肆岳本鐘作鍾注同注內懸鐘鐘字釋文作鍾陳樹華云今傳文依石經注依宋本俱作鐘字前後一例也

單爲半此宋本此作也是也

故但解鐘數監本毛本數作磬非也

各三十二枚也閩本監本各作名非也

鎛磬皆樂器纂圖本毛本器作名非也

八年至之和宋本此節正義在無所不諧注下

九年會于戲五也浦鏜正誤會作盟是也

諧亦和也此句下閩本監本有○毛本無○而九合諸侯至會蕭魚五十二字皆以釋文誤作注

樂只君子淳熙本閩本足利本亦作只與詩合下同石經宋本岳本纂圖本監本毛本作旨

書曰居安思危惠棟云周書程典作於安思危楚策虞卿謂春申君曰臣聞之春秋於安思危所謂春秋即左傳也虞卿傳左氏春秋於鐸椒轉授荀卿然則傳文居安當作於安案居於音相近

公曰子之教敢不承命抑微子石經子之子字起微子微字止此行只九字初刻似尚多一字

禮大夫有功則賜樂監本此節注下脫疏字

士魴禦之淳熙本岳本禦作御釋文亦作御

（經十二年）

春王二月石經宋本淳熙本岳本足利本二作三不誤

夏晉侯使士魴來聘公羊魴作彭何休解云考諸正本皆作士魴作彭者誤矣

秋九月吳子乘卒案傳作吳子壽夢卒十年正義引服虔云壽夢發聲吳蠻夷言多發聲數語共成一言壽夢一言也經言乘傳言壽夢欲使學者知之也錢大昕云乘壽皆齒音當讀如疇與乘爲雙聲夢古音莫登切與乘爲疊韻併兩字爲一言孫炎制反切蓋萌芽於此

（傳十二年）

公能休禮閩本監本毛本休作體亦誤宋本作依是也○今訂從宋本

張帷而哭之耳監本帷誤帳

同族於禰廟淳熙本本廟作朝誤也

爲邢凡蔣茅胙祭釋文云案富辰所稱邢在蔣下今傳在凡上未知何者爲是

師于楊梁石經宋本淳熙本楊作揚注同郡國志梁國下有陽梁聚引傳文作楊案廣雅云楊揚也詩王風揚之水釋文云或作楊二字古多通用

故曰若如人齊召南云而訛作如案而如也注正以如釋而

言非適世也宋本淳熙本岳本纂圖本監本毛本無世字是也

及姑姊妹此節正義宋本在先守某公之遺女若而人下

父之姊妹曰姑姊妹曰三字模糊依閩本監本毛本補宋本曰作爲與釋親合

然則古人謂姑爲姑姊妹若父之姊爲姑姊妹若父三字模糊依閩本監本毛本補宋本若作蓋是也

梁有節姑妹案下文取其兄子則姑妹是矣而列女傳妹作姊疑今列女傳誤釋隸載武梁祠堂畫像亦作姑姊

王使陰里逆之補毛本逆作結是也案十行本初刻是結字後改誤逆

春秋左傳注疏卷三十一校勘記

附釋音春秋左傳注疏卷第三十二 襄十三年盡十五年

杜氏注 孔穎達疏

經十有三年春公至自晉○夏取邿邿小國也任城亢父縣有邿亭傳例曰書取言易也○邿音詩任音壬亢苦浪反又音剛父音甫易以豉反傳同○秋九月庚辰楚子審卒共王也成二年大夫盟于蜀○冬城防

傳十三年春公至自晉孟獻子書勞于廟禮也書勳勞於策也。桓二年傳曰公至自唐告於廟也凡公行告於宗廟反行飲至舍爵策勳焉禮也桓十六年傳又曰公至自伐鄭以飲至之禮也然則還告廟及飲至及書勞三事偏行一禮則亦書至悉闕乃不書至傳因獻子之事以發明凡例釋例詳之○舍如字又音捨[疏]注書勳至詳之○正義曰其書勞與策勳一也周禮王功曰勳事功曰勞對則勳大而勞小故傳變文以包之注云書勳勞於策明其不異也桓二年傳發凡例有告廟也飲至也策勳也桓十六年傳言飲至此年傳言書勞二者各舉其一所以反覆凡例以此知三事偏行一禮則亦書至悉闕乃不書至耳所云偏行一禮謂偏行告至其飲至策勳則不可偏行也何則告廟因行飲至舍爵而即策勳策勳飲至並行之於廟豈得不告至而在廟聚飲乎不告至而入廟書勞乎明其決不然矣但告至已後或飲至而不書勞或書勞而不飲至二事或有闕其一者傳因獻子書勞復言禮也所以發明凡例釋例曰公行或朝或會或盟或伐得禮失禮其事非一故傳隨而釋之於盟釋告廟嫌他例不通故復總云凡公行告于宗廟反行飲至舍爵策勞焉禮也此以明公之出竟當無不告及其反也則必飲至有功。成策勳故公至自伐鄭傳重言以飲至之禮孟獻子書勞于廟傳復云禮所以反覆凡例也公朝於晉而獻子書勞知策勳非唯討伐之功雖或常行有以定國安民亦書功於廟也然則凡反行飲至必以嘉會昭告祖禰有功則

舍爵策勳無勞告事而已○夏邿亂分為三國分為三部志力各異師救邿遂取之魯師也經不稱師不滿二千五百人

傳通言之[疏]注魯師至言之○正義曰莊八年師及齊師圍郕彼是大夫將滿師故稱師此亦大夫將所將不滿二千五百人故直言取邿而不得言師也

傳言師者師是眾人總名雖少亦通言之○凡書取言易也不用師徒及用師徒而不勞雖國亦曰取[疏]注不用至曰取○正義曰宣九年取根牟傳曰言易也成六年取鄟傳曰言易也昭四年取鄫傳曰言易也莒亂著丘公立而不撫鄫鄫叛而來故曰取凡克邑不用師徒曰取與此四發取例傳皆云言易也取鄫之下又發凡例云克邑不用師徒曰取者不用師徒即是易得之狀所以覆明凡例也若用而不勞則與不用相似故杜云用而不勞亦曰取也凡例克邑邿乃是國知雖國亦曰取釋例曰取者乘其衰亂或受其潰叛或用。小師而不頓兵勞力則直言取如取如攜言其易也傳四發取例者邿以師徒鄫叛而來根牟東夷鄟附庸國各各不同故也邿為小國非邑非夷故以凡例附之用大師焉曰滅敵人距戰斬獲俘馘用力難重雖邑亦曰滅○馘古獲反[疏]注敵人至曰滅○正義曰國大邑小嫌邑易國難滅取止見難易不由國邑大小故注辯之上云易則雖國亦曰取此取邿邿是國也此言用力難重則雖邑亦曰滅僖二年虞師晉師滅下陽昭十三年吳滅州來皆滅邑而言滅是也弗地曰入謂勝其國邑不有其地[疏]謂勝至其地○正義曰入謂入其都邑制其民人當入之日與滅亦同但尋即去之不為己有故云勝其國邑不即有其土地如此之類謂之為入國邑雙舉者國邑皆稱入也文十五年晉郤缺入蔡是入國也成七年吳入州來九年楚人入鄆是入邑也若然閔二年狄入衛哀八年宋公入曹二者傳皆言滅而經書入者釋例曰狄滅衛而書入者狄無文告衛之君臣死盡齊桓存之以告諸侯言狄已去不能有其土地也曹背晉而奸宋是以致討宋公既還而不忍諸師之詬怒而反兵一舉滅曹滅非本志故以入告也

○荀罃士魴卒晉侯蒐于緜上以治兵為將命軍帥也必蒐而命之所

以與衆共○爲于偽反帥所類反使士匄將中軍辭曰伯游長伯游荀偃長丁丈反○昔臣習於知伯是以佐之非能賢也七年韓厥老知罃代將中軍士匄佐之匄今將讓故謂爾時之舉不以己賢事見九年○見賢遍反請從伯游荀偃將中軍代荀罃士匄佐之位如故使韓起將上軍辭以趙武又使欒黶以武位卑故不聽更命黶辭曰臣不如韓起韓起願上趙武君其聽之使趙武將上軍武自新軍超四等代荀偃韓起佐之位如故欒黶將下軍魏絳佐之黶亦如故絳自新軍佐超一等代士魴○新軍無帥將佐皆遷○將子匠反晉侯難其人使其什吏率其卒乘官屬以從於下軍禮也得慎舉之禮○難乃旦反或如字什音十卒子忽反乘繩證反

疏○晉侯至禮也○正義曰什吏謂十人長也從車曰卒在車曰乘新軍將佐皆遷晉侯選賢未得難用其人使其軍內十人之長率其步卒車士與其新軍官屬軍尉司馬之類以從於下軍令下軍將佐兼領之得慎舉之禮也周禮夏官序云凡制軍萬有二千五百人爲軍軍將皆命卿二千有五百人爲師師帥皆中大夫五百人爲旅旅帥皆下大夫百人爲卒卒長皆上士二十五人爲兩兩司馬皆中士五人爲伍伍皆有長不言十人有長而此傳云什吏者夏官所云周禮之正法耳其量時制事未必盡然尚書牧誓有千夫長百夫長齊語管子設法五人爲伍五十人爲小戎二百人爲卒二千人爲旅萬人爲軍吳語王孫雄設法百人爲行十行一旌十旌一將軍引司馬法云十人之帥執鈴百人之帥執鐸千人之帥執鼓萬人之將執大鼓三者數人置帥皆以什計之異於周禮則晉人爲軍或十人置吏也○

晉國之民是以大和諸侯遂睦君子曰讓禮之主也范宣子讓其下皆讓欒黶爲汰。弗敢違也晉國以平數世賴之刑善也夫刑法也○汰音泰數所主反夫音扶一人刑善百姓休和可不務乎書曰一人有慶兆民賴之其寧惟永其是之謂乎周書呂刑也一人天子也寧安也永長也義取上有好善之慶則下賴其福○休許虯反好呼報反周之興也其詩曰儀刑文王萬邦作孚詩大雅言文王善用法能為萬國所信孚信也故言興善也疏詩曰至善也○正義曰此大雅文王之篇儀善也刑法也孚信也善用法者文王也言文王善用法故能為萬國所信言文王之法善也及其衰也其詩曰大夫不均我從事獨賢詩小雅刺幽王役使不均故從事者怨恨稱己之勞以為獨賢無讓心○言不讓也疏詩曰至讓也○正義曰詩小雅北山之篇刺幽王役使不均平被使之人自稱己之功勞我所以特從王事者在上獨以我為賢自云己賢是不讓也○世之治也君子尚能而讓其下能者在下位則貴尚而讓之○下治直吏反小人農力以事其上是以上下有禮而讒慝黜遠由不爭也謂之懿德及其亂也君子稱其功以加小人加陵也君子在位者○慝他得反遠于萬反又如字爭爭鬬之爭○小人伐其技以馮君子馮亦陵也自稱其能為伐○技其綺反馮皮冰反是以上下無禮亂虐並生由爭善也爭自善也謂之昏德國家之敝恆必由之傳言晉之所以興○楚子疾告大夫曰不穀不德少主社稷生十年而喪先君未及習師保之教訓而應受多福多福謂為君○少詩照反喪息浪反是以不德而亡師于鄢鄢在成十六年○鄢音偃以辱社稷為大夫憂其弘多矣弘大也若以大夫之靈獲保首領以歿於地唯是春

秋窀穸之事窀厚也穸夜也厚夜猶長夜春秋謂祭祀長夜謂葬埋○殁音沒窀張倫反一音徒門反穸音夕[疏]注窀厚至葬埋○正義曰晉語云窀厚也說文云夕暮也從月半見夜字從夕知是以夕爲夜也厚長意同故厚夜猶長夜也孝經云春秋祭祀以時思之故春秋謂祭祀也長夜者言夜不復明死不復生故長夜謂葬埋也以其事施於葬故今字皆從穴王意自貶祭之與葬皆不敢從先君之禮所以從先君於禰廟者從先君代爲禰廟[疏]注從先至禰廟○正義曰祭法云諸侯立五廟曰考廟王考廟皇考廟顯考廟祖考廟此云禰廟卽彼考廟也曲禮云生曰父死曰考考成也言有成德也禰近也於諸廟父最爲近也禮三年之喪畢則以遷新主入廟是從先君代爲禰廟也計昭穆之次昭次入昭廟穆次入穆廟皆代爲祖廟而言代爲禰廟者是從先君之近也○請爲靈若厲欲受惡謚以歸先君也亂而不損曰靈戮殺不辜曰厲大夫擇焉莫對及五命乃許秋楚共王卒子囊謀謚大夫曰君有命矣子囊曰君命以共若之何毀之赫赫楚國而君臨之撫有蠻夷奄征南海以屬諸夏而知其過可不謂共乎請謚之共大夫從之傳言子囊之善○共音恭下同夏戶雅反○吳侵楚養由基奔命子庚以師繼之子庚楚司馬○養叔曰吳乘我喪謂我不能師也養叔養由基也必易我而不戒戒備也○易以豉反子爲三覆以待我覆伏兵○覆扶又反我請誘之子庚從之戰于庸浦庸浦楚地○浦判五反大敗吳師獲公子黨君子以吳爲不弔不用天道相弔恤詩曰不弔昊天亂靡有定言不爲昊天所恤則致罪也爲明年會向傳○昊胡老反[疏]不弔至有定○正義曰詩小雅南山之篇○冬城防書事時也土功

雖有常節通以事間爲時疏注土功至爲時○正義曰莊二十九年傳例曰凡土功龍見而畢務戒事也火見而致用水昏正而栽是土功之常節也本設此節以爲農事既間故以此時與土功今此冬城防經傳皆不言月當在火見致用之前此歲農收差早雖天象未至而民事已間故云土功雖有常節通以事間爲時言時節未是時而事以得時故言書事時也釋例曰冬城防臧武仲請畢農事故傳曰書事時也言興作出火見致用之前亦得兼以事時而禮之

於是將早城臧武仲請俟畢農事禮也○鄭良霄大宰石㚟猶在楚十一年楚人執之至

今石㚟言於子囊曰先王卜征五年先征五年而卜吉凶也征謂巡守征行○先征悉薦反守手又反注同○注先征至征行○正義曰先征五年而卜其吉凶也者以謂征前五年而預卜之也征訓行也先王之行謹慎而卜必是禮之大者大禮遠行莫過巡守故知征謂巡守也征行釋言文也傳言卜征五年未知何代之禮案尚書舜典云五載一巡守孔安國云堯舜同道舜攝則然堯又可知周禮大行人云十有二歲王巡守殷國王制云天子五年一巡守鄭玄云天子以海內爲家時一巡省之五年者虞夏之制也周則十二歲一巡守如孔鄭之言唐虞及夏皆五年一巡守然則卜征五年虞夏法也在周之世而遠陳虞夏法者蓋重古而言之或周之巡守不必十二年也周十二年一巡守法歲星行天一周也虞夏五年一巡守取五行遞王而偏也

而歲習其祥祥習則行五年五卜皆同吉乃巡狩疏而歲至則行○正義曰禮記云卜筮不相襲鄭玄云襲因也釋詁云祥善也歲因其善謂去年吉今年又吉也善因則行謂五年五吉善善相因襲則先王然後行巡守也傳稱卜不習吉而得五年五卜者卜不習吉謂不可一時再卜耳此則每年一卜非相習也

不習則增脩德而改卜不習謂卜不吉○不習則增絶句一本無增字則連下總爲句疏注不習謂卜不吉○正義曰其善不因往年是謂不習吉也脩德改卜更以卜吉爲始又得五吉乃行也

今楚實不競行人何罪不能

脩德。晉競。與止鄭一卿以除其偪一卿謂良霄使睦而疾楚以固於晉焉用之位不偪則大臣睦怨疾楚則事晉固〇焉用之本或作何用之於虔反【疏】止鄭至用之〇正義曰貴者多則勢相偪今止鄭一卿於楚以除其國內相偪之患位不偪則大臣和睦使鄭在家之人和睦而疾楚以牢固事於晉焉用之何須用此良霄留之於楚使歸而廢其使行而見執於楚鄭又遂堅事晉是鄭廢本見使之意〇其使所吏反注同怨其君以疾其大夫而相牽引也不猶愈乎楚人歸之【疏】使歸至愈乎〇正義曰往者鄭使良霄向楚其意欲得楚執良霄鄭得堅事晉國是鄭本遣良霄其意如此今若放良霄使歸於鄭則鄭不得堅事晉國是廢其本使之意蘇氏之說亦然也良霄被執久留在楚今若歸之則怨恨其君以憎疾其大夫而相牽引令鄭國大臣不和則事晉之心不固不猶少差乎方言云病差謂之愈後年注以愈爲差此亦當爲差也服虔云愈猶病愈是愈爲差之義也鄭玄論語注云愈猶勝也

經十有四年春王正月季孫宿叔老會晉士匄齊人宋人衞人鄭公孫蠆曹人莒人邾人滕人薛人杞人小邾人會吳于向叔老聲伯子也魯使二卿會晉敬事霸國晉人自是輕魯幣而益敬其使故叔老雖介亦列於會也齊崔杼宋華閱衞北宮括在會惰慢不攝故貶稱人蓋欲以督率諸侯奬成霸功也吳來在向諸侯會之故曰會吳向鄭地〇其使所吏反介音界惰徒臥反【疏】十四年注叔老至鄭地〇正義曰叔老聲伯子叔肸孫故以叔爲氏也卿出聘使及盟會皆以大夫爲介禮之常也此會魯使季孫宿與叔老二卿會晉敬事霸國故以卿爲介於例唯征戰重兵詳內略外魯師出征伐則諸將並書其聘與會唯書使主其介不合書也晉人自是輕魯幣而益敬其使叔老雖則爲介而晉爲盟主亦列之於會魯人以其並列於會故並書之也傳稱宋華閱仲江會伐秦向之會亦如之則此會宋亦二卿

華閱猶尚被貶仲江固不在列若二卿並敬其事俱得列會亦當並書於策何
則盟主列之於會晉史無容略之也故傳言崔杼華閱會伐秦不書惰也向之
會亦如之北宮括不書於向書於伐秦攝也是齊宋衞三國之卿於此會也惰
慢不自整攝故貶稱人罪其身故去名氏猶序鄭卿之上從其大小舊次也在
會惰慢未是大尤即加貶責者此是仲尼新意蓋欲督率諸侯獎成晉悼霸功
故也以吳來在向諸侯就向會之故不序吳於列而云會吳于向與鍾離善道
同也

〇二月乙未朔日有食之無傳〇夏四月叔孫豹會晉荀偃齊人宋人衞北宮括鄭公孫蠆曹人莒人邾人滕人薛人杞人小邾人伐秦齊宋大夫不書義與向同〇己未衞侯出奔齊諸侯之策書孫甯逐衞侯春秋以其自取奔亡之禍故諸侯失國者皆不書逐君之賊也不書名從告

疏注諸侯至告〇正義曰二十年甯子疾召悼子曰諸侯之策云云甯殖自為此言明知諸國策書皆云孫林父甯殖逐衞侯不言衞侯自出奔也仲尼脩春秋以其自取奔亡之禍故諸。失國者皆是被臣逐之悉非其君自出仲尼尤其不能自安皆不書逐君之賊所以責其君也北燕伯款出奔齊蔡侯朱出奔楚並書名此不書名從告也釋例曰諸侯奔亡皆迫逐而苟免非自出也傳稱孫林父甯殖出其君名在諸侯之策此以臣名赴告之文也仲尼之經更沒逐者之名主以自奔為文責其君不能自安自固所犯非徒所逐之臣也衞赴不以名而燕赴以名名隨赴而書之義在於彼不在此也杜言在彼不在此者義在自出為罪不在名與不名以其失國已足罪賤不假復以名責故史記隨赴而書仲尼依舊為定也曲禮云諸侯失地名滅同姓名記之所言當據春秋為義滅同姓名春秋既依用之則失地書名亦是大例而杜云名與不名無義例者案經書衞侯燬滅邢傳云同姓也故名其言與記符同左氏本有此例也失地書名則傳無其事且記言失地者謂國被人奪非棄位出奔者也州公如曹紀侯大去皆是失地之君經不書名亦不發傳知失地之君不以名為貶也穀伯綏鄧侯吾離來朝公羊傳皆云何以名失地之君也則禮記之文或據公羊之義不可通於左氏故杜不爲此說○莒人侵我東鄙無傳報入鄆○秋楚公子貞帥師伐吳○冬季孫宿會晉士匄宋華閱衛孫林父鄭公孫蠆莒人邾人于戚

傳十四年春吳告敗于晉前年爲楚所敗會于向爲吳謀楚故也謀爲吳伐楚○爲于僞反注爲吳卒不爲同范宣子數吳之不德也以退吳人吳伐楚喪故以爲不德數而遣之卒不爲伐楚執莒公子務婁在會不書非卿○務徐莫侯反又音如字婁力侯反或力俱反以其通楚使也莒貳於楚故比年伐魯○使所吏反將執戎子駒支駒支戎子名范宣子親數諸朝行之所在亦設朝位曰來姜戎氏昔秦人迫逐乃祖吾離于瓜州四嶽之後皆姓姜又別爲允姓瓜州地在今燉煌○迫音百瓜古華反燉徒門反煌音皇疏傳注四嶽至燉煌○正義曰周語稱堯遭洪水使禹治之共之從孫四嶽佐之胙四嶽國命爲侯伯賜姓曰姜賈逵云共共工也從孫同姓末嗣之孫四嶽官名大嶽也主四嶽之祭焉姜炎帝之姓其後變易至於四嶽帝復賜之祖姓以紹炎帝之後是四嶽爲姜姓也下傳云謂我諸戎四嶽之裔冑是姜戎爲四嶽之後姜姓故稱姜戎也昭九年傳云先王居檮杌于四裔故允姓之姦居于瓜州伯父惠公歸自秦而誘以來同說此事而云允姓知姜姓之後又別爲允姓也其姜姓是帝堯所賜允姓不知誰賜之也周語云胙四嶽國爲侯伯謂爲諸侯之長下注云四嶽堯時方伯據彼文而知之乃祖吾離被苫蓋蓋苫之別名○被普支反苫式占反蓋戶臘反爾雅曰白蓋謂之苫蒙荊棘以來歸我先君蒙冒也○冒莫報反疏注蓋苫之別名○正義曰釋器云白蓋謂之苫孫炎曰白蓋茅苫也

郭璞曰白茅苫也今江東呼爲蓋○被苫蓋蒙荆棘○正義曰被苫蓋言無布帛可衣唯衣草也蒙荆棘言無道路可從冒榛藪也說其窮困之極耳我

先君惠公有不腆之田腆厚也○腆他典反與女剖分而食之中分爲剖○女音汝下同剖普口反中丁仲反又如字

今諸侯之事我寡君不如昔者蓋言語漏洩。則職女之由職主也○洩息列反徐音以世反

詰朝之事爾無與焉詰朝明旦不使復得與會事○詰起吉反朝如字注同與音預注及下同復扶又反與將執女對曰

昔秦人負恃其衆貪于土地逐我諸戎惠公蠲其大德蠲明也○疏昔秦至諸戎○正義曰僖二十二年傳云秦晉遷陸渾之戎于伊川則秦晉共遷之也昭九年傳云惠公歸自秦而誘以來又似晉侯獨誘之也此云秦人逐之惠公與田乃是被秦逐而自歸晉也三文不同者此戎本處瓜州明遠在秦之西北秦貪其土晉貪其人二國共誘而使遷僖傳是其實也昭傳王事責晉故指言晉耳此傳宣子施恩於戎故言被逐歸晉駒支順宣子之言故云秦貪土地逐我諸戎秦本。貪其土地而遷。也

謂我諸戎是四嶽之裔胄也四嶽堯時方伯姜姓也裔遠。也胄後也○裔以制反胄直又反毋是翦棄翦削也毋音無○賜我南鄙之田狐貍。所居豺狼所嗥我諸戎除翦其荆棘驅其狐貍豺狼以爲先君不侵不叛之臣至于今不貳不內侵亦不外叛○貍力之反又作狸同豺仕皆反嗥戶羔反

昔文公與秦伐鄭秦人竊與鄭盟而舍戍焉在僖三十年於是乎有殽之師在僖三十三年○殽戶交反晉禦其上戎亢其下亢猶當也○秦亢苦浪反師不復我諸戎實然譬如捕鹿晉人角之諸戎掎之掎其足也○捕音步徐又音賦掎居綺反與晉

踣之踣僵也○踣蒲北反又蒲豆反僵居良反疏譬如至踣之○正義曰角之謂執其角也掎之言戾其足也前覆謂之踣言與晉共倒之戎何

以不免自是以來晉之百役與我諸戎相繼于時言給晉役不曠時以從執政猶殽志

也意常如殽無。中二也豈敢離逷今官之師旅無乃實有所闕以攜諸侯而罪我諸戎我

諸戎飲食衣服不與華同贄幣不通言語不達何惡之能爲不與於會亦無瞢

焉瞢悶也○逷他歷反贄音至不與音預瞢莫贈反徐又武登反一音武忠反○賦青蠅而退青蠅詩小雅取其。愷悌君子無信讒言○蠅似

仍反愷開在反悌徒禮反下文及注同宣子辭焉謝使即事於會成愷悌也成愷悌不信讒也不書者戎爲晉屬不得

特達於是子叔齊子爲季武子介以會自是晉人輕魯幣而益敬其使。齊子叔老字也言晉

敬魯使經所以並書二卿○介音界使所吏反注同○吳子諸樊既除喪諸樊吳子乘之長子也乘卒至此春十七月既葬而除喪○長

丁丈反將立季札札諸樊少弟○札則八反少詩照反季札辭曰曹宣公之卒也諸侯與曹人不義

曹君曹。君公子負芻也殺太子而自立事在成十三年將立子臧子臧去之遂弗爲也以成曹君君子

曰能守節君義嗣也諸樊適子故曰義嗣○適丁歷反誰敢奸君有國非吾節也札雖不才願

附於子臧以無失節固立之棄其室而耕乃舍之傳言季札之讓且明吳兄弟相傳○奸音干傳直專反

○夏諸侯之大夫從晉侯伐秦以報櫟之役也櫟役在十一年晉侯待于竟使六卿帥

諸侯之師以進言經所以不稱晉侯○竟音境及涇不濟諸侯之師不肯渡也涇水出安定朝那縣至京兆高陸縣入渭○朝如字那乃多反如淳音株叔向見叔孫穆子穆子賦匏有苦葉詩邶風也義取於深則厲淺則揭言己志在於必濟○匏白交反揭起例反疏。注詩邶至必濟○正義曰此詩本文云匏有苦葉濟有深涉深則厲淺則揭釋水全引○下三句而釋之云揭者揭衣也以衣涉水爲厲繇膝以下爲揭繇膝以上爲涉繇帶以。上爲厲李巡云濟渡也水深則厲水淺則揭衣渡也不解衣而渡水曰厲孫炎曰揭褰衣裳也以衣涉水濡褌也詩意言遇水深淺期之必渡穆子賦此詩言己志在於必濟也魯語云叔向見叔孫穆子穆子曰豹之業在匏有苦葉矣叔向退召舟虞與司馬曰夫苦匏不材於人共濟而已魯叔孫賦匏有苦葉必將涉矣彼叔向之意取匏有苦葉爲義此注取深厲淺揭爲義者穆子止賦此詩不言所取之意未必叔向曲得其情杜以厲揭爲義切於取匏有苦葉故不從國語而別爲此解叔向退而具舟魯人莒人先濟鄭子蟜見衛北宮懿子曰與人而不固取惡莫甚焉若社稷何懿子說二子見諸侯之師而勸之濟濟涇而次傳言北宮括所以書於伐秦○說音悅秦人毒涇上流師人多死飲毒水故鄭司馬子蟜帥鄭師以進師皆從之至于棫林棫林秦地○棫位遇反徐于目反一音於鞠反不獲成焉秦不服疏不獲成焉○正義曰此役止爲報櫟之敗非欲求與秦成而云不獲成者凡與師伐國彼若服罪謝過即當相與和平故注解其意不獲成焉者止謂秦不服也服虔云不得成戰陳之事案傳諸伐國者皆服之而已不是皆成戰陳之事此何以獨云不獲成戰也荀偃令曰雞鳴而駕塞井夷竈示不反唯余馬首是瞻言進退從己欒黶曰晉國之命未是有也余馬首欲東乃歸欒黶惡偃自專故棄之歸○惡烏路反下軍從之左史謂魏莊子曰不待中行伯乎中行伯荀偃也莊子魏絳也左史晉大夫。莊子曰夫子命從帥夫子謂荀偃○帥所類反下及注皆同欒伯吾帥也吾將從之從帥所

以待夫子也以從命爲待也欒黶下軍帥莊子爲佐故曰吾帥。伯游曰吾今實過悔之何及多遺秦禽

軍師不和恐多爲秦所禽獲○遺唯季反乃命大還晉人謂之遷延之役遷延却退欒鍼曰此役也報櫟

之敗也役又無功晉之恥也吾有二位於戎路欒鍼欒黶弟也二位謂黶將下軍鍼爲戎右敢不恥

乎與士鞅馳秦師死焉士鞅反。鞅士匄子欒黶謂士匄曰余弟不欲往而子召之余

弟死而子來是而子殺余之弟也弗逐余亦將殺之士鞅奔秦欒黶。汰侈誣逐士鞅也而女也

○侈昌氏反本或作姿又尺氏反女音汝【疏】注欒黶至女也○正義曰欒鍼自以家有二位恥其無功與士鞅共馳秦師非鞅召之是誣逐士鞅也於

是齊崔杼宋華閱仲江會伐秦不書惰也臨事惰慢不脩也仲江宋公孫師之子向之會亦如之

衛北宮括不書於向亦惰書於伐秦攝也能自攝整從鄭子蟜俱濟涇秦伯問。於士鞅曰晉大

夫其誰先亡對曰其欒氏乎秦伯曰以其汰乎對曰然欒黶汰虐已甚猶可以

免其在盈乎盈黶之子秦伯曰何故對曰武子之德在民如周人之思召公焉愛其

甘棠況其子乎武子欒書黶之父也召公奭聽訟。於。甘棠之下周人思之不害其樹而作勿伐之詩在召南○召上照反注同奭詩亦反欒

黶死盈之善未能及人武子所施沒矣而黶之怨實章將於是乎在秦伯以爲知言爲之請於晉而復之爲傳二十一年晉滅欒氏張本○施如字又始豉反爲之于僞反○衛獻公戒孫文子甯惠子食勑戒二子欲共宴食疏注勑戒至宴食○正義曰君之於臣有禮食宴食儀禮公食大夫禮者主國之君食聘賓之禮也其食己之大夫亦當放之而迎送荅拜之儀有差降耳曲禮云凡進食之禮左殽右胾鄭玄云此大夫士與賓客燕食之禮其禮食則宜放公食大夫禮也如鄭之言大夫與客禮食尚放公食大夫禮明知國君與臣禮食亦當放之公食大夫之禮其禮甚大衛侯雖則無道不應與臣禮食而得棄之射鴻知是公自勑戒二子欲共爲宴食宴食者閑燕無事召臣與之共食耳皆服而朝服朝服待命於朝疏注服朝服○正義曰言服而朝明朝服也諸侯每日視朝其君與臣皆服玄冠緇布衣素積以爲裳禮通謂此服爲朝服宴食雖非大禮要是以禮見君故服朝服公食大夫之禮賓朝服則臣於君雖非禮食亦當服朝服也日旰不召旰晏也旰古旦反○而射鴻於囿二子從之從公於囿○射食亦反囿音又不釋皮冠而與之言皮冠田獵之冠也既不釋冠又不與食疏注皮冠至與食○正義曰此公射鴻於囿而冠皮冠明皮冠是田獵之冠也且虞人掌獵昭二十年傳曰皮冠以招虞人又十二年傳言雨雪楚子皮冠以出田獵也是諸侯之禮皮冠以田獵周禮司服云凡甸冠弁服鄭玄云甸田獵也冠弁委貌也其服緇布衣素積以爲裳是服也彼天子之禮故以諸侯朝服而田畢於此也昭十二年傳又云右尹子革夕王見之去皮冠杜云敬大臣是君敬大臣宜釋皮冠既不釋皮冠又不與食二子所以怒也二子怒孫文子如戚戚孫文子邑孫蒯入使孫蒯孫文子之子○使所吏反又如字公飲之酒使大師歌巧言之卒章巧言詩小雅其卒章曰彼何人斯居河之麋無拳無勇職爲亂

階戚衞河上邑公欲以喻文子居河上而爲亂大師掌樂大夫○飲於引反釁亡悲反本或作湄拳音權大師辭師曹請爲之辭以爲不可師曹樂人初公有嬖妾使師曹誨之琴誨教也○嬖必計反師曹鞭之公怒鞭師曹三百故師曹欲歌之以怒孫子以報公公使歌之遂誦之恐孫蒯不解故○解音蟹蒯懼告文子文子曰君忌我矣弗先必死欲先公作亂欲先息薦反○并帑於戚帑子也○并必政反帑音奴疏并帑於戚○正義曰孫子衞朝大臣食邑於戚其子先分兩處將欲作亂慮禍及其子故令并帑處於戚而入見蘧伯玉曰君之暴虐子所知也大懼社稷之傾覆將若之何伯玉蘧瑗○蘧其居反覆芳服反瑗于眷反對曰君制其國臣敢奸之奸猶犯也雖奸之庸知愈乎言逐君更立未知當差否○愈羊主反愈差也差初賣反遂行從近關出懼難作欲速出竟○難乃旦反竟音境下文皆同疏從近關出○正義曰聘禮及竟謁關人鄭玄云古者竟上爲關以譏異服識異言又周禮司關注云關界上之門也衞都不當竟中其界有遠有近欲速出竟故從近關出也公使子蟜子伯子皮與孫子盟于丘宮孫子皆殺之三子衞羣公子疑孫子故盟之丘宮近戚地○蟜古表反近附近之近四月己未子展奔齊子展衞獻公弟公如鄄鄄衞地鄄音絹○使子行於孫子孫子又殺之使往請和也子行羣公子公出奔齊孫氏追之敗公徒于河澤濟北東阿縣西南有大澤鄄人執之公徒因敗散還故爲公執之○爲于僞反下爲孫氏同疏注公徒至執之○正義曰服虔云執追公徒者公如鄄故鄄人爲公執之計孫氏追公徒衆必戚鄄人爲公可言與之戰耳不得言執之也且文承敗公徒下豈敗公徒之後乃執之乎

下文方說二子追公豈復是郪人執二子也故杜以為公徒因敗而散亡郪人為公執散走者初尹公佗學射於庚公差庚公差學射於公孫丁二子追公二子佗與差為孫氏逐公○佗徒何反差初佳反徐初宜反公孫丁御公為公御也子魚曰射為背師不射為戮射為禮乎子魚庚公差禮射不求中○射食亦反下及注除禮射一字皆同或一讀射而禮乎食夜反背音佩中丁仲反射兩軥而還軥車軛卷者○軥其俱反徐又古豆反軛於革反卷音權又起權反尹公佗曰子為師我則遠矣乃反之佗不從丁學故言遠始與公差俱退悔而獨還射丁公孫丁授公轡而射之貫臂貫佗臂○貫古亂反一音官注同疏初尹至貫臂○正義曰孟子云鄭人使子濯孺子侵衛衛使庾公之斯追之子濯孺子疾作庾公之斯至曰夫子何為不執弓曰今日我疾作不可以執弓庾公之斯曰小子學射於尹公之佗尹公之佗學射於夫子我不忍以夫子之道反害夫子雖然今日之事君事也我不敢廢抽矢叩輪去其金發乘矢而後反其姓名與此略同行義與此正反不應一人之身有此二行孟子辯士之說或當假為之辭此傳應是實也○注軥車軛○正義曰說文云軥車軛下曲者服虔云車軛兩邊叉馬頸者子鮮從公子鮮公母弟及竟公使祝宗告亡且告無罪告宗廟。定姜曰無神何告若有不可誣也誣欺也定姜公適母○適丁歷反有罪若何告無舍大臣而與小臣謀一罪也先君有冢卿以為師保而蔑之二罪也謂不釋皮冠之比○舍音捨比必二反也余以巾櫛事先君而暴妾使余三罪也告亡而已無告無罪時姜在國故不使得告無罪○櫛側乙反疏暴妾使余○正義曰言暴虐使余如妾公使厚成叔弔于衛曰寡君使瘠聞君不撫社稷而越在他竟［越遠也瘠厚成叔名○厚本或作郈音同弔于衛本或作弔于衛侯侯衍字也瘠在亦反］若之何不弔以同盟之故使瘠敢私於執事［執事衛諸大夫］曰有君不弔［弔恤也］有臣不敏［敏達也］疏［有臣不敏○正義曰不敏不達於禮也］君不赦宥臣亦不帥職增淫發洩其若之何衛人使大叔儀對［大叔儀衛大夫○洩息列反大音泰］曰羣臣不佞得罪於寡君寡君不以即刑而悼棄之以爲君憂君不忘先君之好辱弔羣臣又重恤之［重恤謂愍其不達也○好呼報反重直用反注及下同］敢拜君命之辱重拜大貺［謝重恤之賜］厚孫歸復命語臧武仲曰衛君其必歸乎有大叔儀以守［守於國○語魚據反守手又反］有母弟鱄以出或撫其內或營其外能無歸乎齊人以郲寄衛侯［郲齊所滅郲國○鱄徐市轉反又音專郲音來］及其復也以郲糧歸［言其貪］右宰穀從而逃歸衛人將殺之［穀衛大夫也以其從君故欲殺之○從才用反又如字注同］辭曰余不說初矣［言初從君非說之不獲已耳○說音悅注及下同］疏［余不說初矣○正義曰言余之不說於君初即然矣不得已而從之出耳非是愛君而從在道始悔而反也］余。狐裘而羔袖［言一身盡善唯少有惡喻己雖從君出其罪不多○袖本又作褎在又反］疏［狐裘而羔袖○正義曰玉藻云君衣狐白裘錦衣以裼之又曰錦衣狐裘諸侯之服也是裘之用皮狐貴於羔也］乃赦之衛人立公孫剽［剽穆公孫○剽匹妙反一音甫遙反字林父召反］孫林父甯殖相之以聽命於諸侯［聽盟會之命○相息亮反］衛侯在郲臧紇如齊唁。衛侯與之言虐退而告其人曰衛侯其不得入矣其言糞土也亡而不變何以復國（武仲不書未爲卿○唁魚變反徐作咺音唁弔失國曰唁糞方問反）子展子鮮聞之見臧紇與之言道（順道理）臧孫說謂其人曰衛君必入夫二子者或輓之或推之欲無入得乎（爲二十六年衛侯歸傳○輓音晚推如字又他回反）

○師歸自伐秦晉侯舍新軍禮也成國不過半天子之軍（成國大國○舍音捨下及注同）【疏】注成國大國○正義曰周禮大宗伯以九儀之命正邦國之位五命賜則七命賜國鄭玄云則地未成國之名王之下大夫四命出封加一等五命賜之以方百里二百里三百里之地者方四百里以上爲成國如鄭之言成國者唯公與侯耳伯雖與侯同命地方三百里未得爲成國也成國乃得半天子之軍未成則不得也夏官序云大國三軍次國二軍小國一軍當以公侯爲大國伯爲次國子男爲小國也諸侯五等唯有三等之命伯之命數可以同於侯其軍則計地大小故伯國之軍不得同於侯也此據禮正法耳春秋之世鄭置六卿未必不爲三軍 周爲六軍諸侯之大者三軍可也於是知朔生盈而死（朔知罃之長子盈朔弟也盈生而朔死○知音智長丁丈反）盈生六年而武子卒彘裘亦幼皆未可立也新軍無帥故舍之（彘裘士魴子也十三年荀罃士魴卒其子皆幼未任爲卿故新軍無帥遂舍之○彘直例反帥所類反注同任音壬）

師曠侍於晉侯（師曠晉樂大師子野）晉侯曰衛人出其君不亦甚乎對曰或者其君實甚良君將賞善而刑淫養民如子蓋之如天容之如地民奉其君愛之如父母仰之如日月敬之如神明畏之如雷霆其可出乎夫君神之主也民

之望也若困民之主。匱神乏祀百姓絕望社稷無主將安用之弗去何爲天生民而立之君使司牧之勿使失性有君而爲之貳音挺本又作匱匱其位反乏祀本或作之祀誤也去起呂反使師保之勿使過度是故天子有公諸侯有卿貳卿佐○出如字徐音黜仰本亦作卬音仰霆徒丁反又卿置側室側室支子之官大夫有貳宗貳宗宗子之副貳者士有朋友庶人工商皂隸牧圉皆有親暱以相輔佐也善則賞之賞謂宣揚暱女乙反○疏注賞謂宣揚○正義曰賞者善善之名也但上之善下則賜之以財故遂以賞爲賜財之號此言天子以下皆有臣僕以輔佐其上而下之賞上不得奉以貨財唯當延其譽耳故知賞謂宣揚也過則匡之匡正也患則救之救其難也難乃旦反○失則革之革更也自王以下各有父兄子弟以補察其政補其愆過察其得失史爲書謂大史君舉則書疏注謂大至則書○正義曰周禮有大史小史內史外史御史史官有五名知此史謂大史者以傳稱齊崔杼弒其君云大史書之知君舉則書皆大史書也瞽爲詩瞽盲者爲詩以風刺○瞽音古盲莫庚反風芳鳳反疏注瞽盲至風刺○正義曰周禮樂官大師之屬有瞽矇之職鄭玄云凡樂之歌必使瞽矇爲焉命其賢知者以爲大師小師鄭衆云無目眹謂之瞽有目眹而無見謂之矇無目是盲者也詩者民之所作采得民詩乃使瞽人爲歌以風刺非瞽人自爲詩也周語云天子聽政公卿至於列士獻詩瞽陳曲韋昭云公以下至上士各獻諷諫之詩瞽陳樂曲獻之於王是言瞽爲歌詩之事。工誦箴諫工樂人也誦箴諫之辭○箴之林反疏注工樂至之辭○正義曰儀禮通謂樂人爲工工亦瞽也詩辭自是箴諫而箴諫之辭或有非詩者如虞箴之類其文似詩而別且諫者萬端非獨詩箴而已詩必播之於樂餘或直誦其言。與歌誦小

別故使工瞽異文也周語云師箴瞍賦矇誦亦是因事而異文耳大夫規誨規正諫誨其君疏注規正諫誨其君○正義曰規正亦諫也鄭玄詩
箋云規者正圓之器以恩親正君曰規然則物有不圓者規之使圓行有不周者正之使備猶規正物然故云規正諫誨其君也○士傳言士卑不得
徑達聞君過失傳告大夫○傳直專反注同庶人謗庶人不與政聞君過則誹謗○與音預非如字本或作誹音亦同又甫味反疏注庶人至
誹謗○正義曰庶人卑賤不與政教聞君過失不得諫爭得在外誹謗之謗謂言其過失使在上聞之而自改亦是諫之類也○昭四年傳鄭人謗子產周語
云厲王虐國人謗王皆是言其實事謂之為謗但傳聞之事有實有虛或有妄謗人者今世遂以謗為誣類是俗易而意異也周語云庶人傳語是庶人亦得傳
言以諫上也此有士傳言故別云庶人謗為等差耳商旅于市旅陳也陳其貨物以示時所貴尚疏注旅陳至貴尚○正義曰旅陳釋詁文也
商旅于市謂商人見君政惡陳其不正之物以諫君也易云商旅不行旅亦是商此云陳者彼云商旅不行故以旅為商此文連于市若以旅為商且云商旅
于市則文不成義故以旅為陳也劉炫云王制言巡守之事云命市納賈以觀民之所好惡志淫好辟鄭玄云市典市者賈謂物貴賤厚薄也質則用物貴淫
則侈物貴此亦彼類彼上觀民此民觀上商陳此物自為求利非欲諫君但觀所陳則貴尚可見在上審而察之其過足以自改故亦為諫類則齊鬻踊之比
是也百工獻藝獻其技藝以喻政事○技其綺反疏百工獻藝○正義曰周禮考工記云審曲面勢以飭五材以辨民器謂之百工鄭玄云五
材各有工言百衆言之也則工是巧人能用五材金木水火土者也此百事之工各自獻其藝能以其所能譬喻政事因獻所造之器取喻以諫上即夏書所
云工執藝事以諫是也故夏書曰遒人以木鐸徇于路逸書遒人行人之官也木鐸木舌金鈴徇於路求歌謠之言○遒在
由反徐又在幽反又子由反鐸待洛反徇似俊反鈴力丁反疏注逸書至之言○正義曰此在胤征之篇其本文云每歲孟春遒人以木鐸徇于路官師

相規工執藝事以諫其或不共邦有常刑此傳引彼略去每歲孟春直引遒人以下乃以正月孟春結之殷勤以示歲首恆必然也孔安國云遒人宣令之官木鐸金鈴木舌所以振文教也周禮無遒人之官彼云其或不共邦有常刑是號令羣臣百工使之諫也木鐸徇路是號令之事孔言宣令之官杜必以爲行人之官者以其云徇於道路故以爲行人之官采訪謌謠者與孔宣令之官其事不異劉炫以爲杜不見古文以遒人爲宣令之官徇路求諫而規杜氏不見古文誠如劉說然杜之所解於義自通苟生異見其義非也官師相規官師大夫自相規正疏注官師至規正〇正義曰杜意謂師爲長故以官師爲大夫言大夫是羣官之長大夫自相規正案孔安國云官衆衆官也更相規闕其意以師爲衆杜必知官師是大夫者此云官師相規上云大夫規誨規文既同故以爲大夫尚書文無所對故孔云官衆衆官也工執藝事以諫所謂獻藝正月孟春於是乎有之諫失常也有遒人徇路之事天之愛民甚矣豈其使一人肆於民上也肆放以從其淫而棄天地之性必不然矣〇傳善師曠能因問盡言〇從子用反本或作縱〇秋楚子爲庸浦之役故在前年〇爲于僞反子囊師于棠以伐吳吳不出而還子囊殿殿軍後〇殿多練反以吳爲不能而弗儆吳人自皋舟之隘要而擊之皋舟吳險阨之道〇儆音景隘於懈反要一遙反阨於賣反楚人不能相救吳人敗之獲楚公子宜穀傳言不備不可以師〇王使劉定公賜齊侯命將昏於齊故也定公劉夏位賤以能而使之傳稱謚舉其終〇曰昔伯舅大公右我先王股肱周室師保萬民世胙大師以表東海胙報也表顯也謂顯封東海以報大師之功〇右音又胙才故反〇疏師保萬民〇正義曰師法也保安也言大公與民爲法而民得以安也尚書泰誓武

王數紂之罪云放黜師保孔安國云可法以安者反放退之是謂良臣爲民之師保也〇王室之不壞。繄伯舅是賴繄發聲〇壞如

字服本作懷繄爲兮反〇疏王室至是賴〇正義曰服虔本壞作懷解云懷柔也繄蒙也賴特也王室之不懷柔諸侯特蒙齊桓之匡正也孫毓云案舊本

及賈氏皆作壞杜雖不注當謂王室之不傾壞者唯伯舅大公是賴也上文不言桓公不得爲賴桓公也今余命女環環齊靈公名〇女音汝環

戶關反茲率舅氏之典纂乃祖考無忝乃舊。敬之哉無廢朕命纂繼也因昏而加褒顯傳言王室不

能命有功〇晉侯問衛故於中行獻子問衛逐君當討否獻子荀偃〇對曰不如因而定之衛有君

矣謂劉已立伐之未可以得志而勤諸侯史佚有言曰因重而撫之重不可移就撫安之〇佚音逸

仲虺有言曰亡者侮之亂者取之推亡固存國之道也仲虺湯左相〇虺許鬼反侮亡浦反相息亮反

疏仲虺。至道也〇正義曰尚書仲虺之誥云兼弱攻昧取亂侮亡推亡固存邦乃其昌孔安國云弱則兼之闇則攻之亂則取之有亡。形則侮之有亡道則

推而亡之有存道則輔而固之王者如此國乃昌盛此傳取彼之意而攻爲之辭其言非本文也〇君其定衛以待時乎待其昏亂之時

乃伐之〇冬會于戚謀定衛也定立劉〇〇范宣子假羽毛於齊而弗歸齊人始貳析羽爲旌

王者。游車之所建齊私有之因謂之羽。毛宣子聞而借觀之〇析星歷反疏注析羽至觀之〇正義曰周禮司常掌九旗之物名全羽爲旞析羽爲旌道車

載旞。游車載旌鄭玄云全羽析羽皆五采繫之於旞旌之上所謂注。旄於干首也凡九旗之帛皆用絳道車象路也王以朝夕燕出入游車木路也王以田以

鄙是其析羽爲旌王者游車之所建也鄭玄唯言全羽析羽有五采耳猶不辯羽是何羽周禮有夏采之官鄭玄云夏采夏翟羽色禹貢徐州貢夏翟之羽有

虞氏以爲綏後世或無故染鳥羽象而用之謂之夏采其職云掌大喪以乘車建綏復于四郊鄭玄云明堂位曰有虞氏之旂夏后氏之綏則旌旗有是綏者或以旄牛尾爲之綴於橦上所謂注旄於干首者釋天云注旄首曰旌李巡曰以旄牛尾著旌首者也孫炎曰析五采羽注旌上也下亦有旄綏據彼諸文言之則羽旄者有五色鳥羽又有旄牛尾也言全羽析羽者蓋有全取其翄或析取其翮故有全析二名也繫此鳥羽牛尾而於干首猶自別有絳爲旄綏縣之於干今之旗竊尚然也此傳直言羽耳注不引全羽而以析羽解之者以全羽尊於析羽齊人建以赴會當是羽之賤者故以爲析羽不然則無以知之計羽毛所用其費無多晉人自應有之而此年范宣子假羽毛於齊定四年晉人假羽旄於鄭皆假之他國者或當制作巧異故聞而借觀之○楚子囊還自伐吳卒將死遺言謂子庚必城郢楚徙都郢未有城郭公子燮公子儀因築城爲亂事未得訖子囊欲訖而未暇故遺言見意○見賢遍反君子謂子囊忠君薨不忘增其名謂前年諡君爲共○將死不忘衛社稷可不謂忠乎忠民之望也詩曰行歸于周萬民所望忠也詩小雅忠信爲周言德行歸於忠信即爲萬民所瞻望○行下孟反注同疏行歸于周○正義曰此詩小雅都人士之篇也○注云城郭之域曰都言都人之士所行要歸於忠信其徐萬民寡識者咸瞻望而法傚之

經十有五年春宋公使向戌來聘二月己亥及向戌盟于劉疏十五年及向戌盟于劉○正義曰荀庚孫良夫郤犨等來聘且尋盟皆直云及某盟不言地者由在國與之盟也此言盟于劉者出國與盟故書其盟地猶如晉侯與公出盟于長樗也釋例劉地闕蓋魯城外之近地也○劉夏逆王后于齊劉采地夏名也天子卿書字劉夏非卿故書名天子無外所命則成故不言逆女

疏注劉采至逆女○正義曰宣十年天王使王季子來聘傳稱劉康公來聘是王季子食采於劉遂爲劉氏此劉夏當是康公之子卽前年傳稱劉定公是也釋例曰天子公卿書爵此言天子卿書字又云劉夏非卿其實非大夫而云非卿者以名相配以劉夏非卿稱名故云天子卿書字以決之傳稱卿不行故云劉夏非卿以劉之皆望經傳爲義也或以爲無爵卿書字杜何意於此獨舉無爵之卿也諸侯之娶言逆女此與桓八年皆言逆王后者天子無外所命則已成后矣故不言逆女也劉炫云例云天子公卿書爵此言卿書字者以其有爵則書爵無則書字傳稱官師卽此劉夏釋例以夏爲士則夏此時似未有爵若夏是卿當書字傳言卿不行非禮則此禮本當使卿故以卿決之卿當書字夏非卿故書名例稱天子大夫書字但此禮不使大夫故不以大夫決之○

夏齊侯伐我北鄙圍成公救成至遇無傳遇魯地書至遇公畏齊不敢至成○季孫宿叔孫豹帥師城成郛備齊故夏城非例所譏○秋八月丁巳日有食之無傳八月無丁巳丁巳七月一日也日月必有誤○邾人伐我南鄙○冬十有一月癸亥晉侯周卒四同盟

疏注四同盟○正義曰周以成十八年卽位其年盟于虛朾襄三年于雞澤五年于戚九年于戲十一年于亳城北凡五同盟言四者唯數襄公盟也

傳十五年春宋向戌來聘且尋盟報二年豹之聘尋十一年亳之盟見孟獻子尤其室尤。責過也曰子有令聞而美其室非所望也對曰我在晉吾兄爲之毀之重勞且不敢閒傳言獻子友于兄且不隱其實○閒音閒重直用反閒閒廁之閒

疏傳注傳言至其實○正義曰閒非也不敢非兄是友于兄也不隱其實者謂恕情實言無所隱諱。也故云不隱其實也

○官師從單靖公逆王后于齊卿不行非禮也官師劉夏也天子官師非卿也

劉夏獨過魯告昏故不書單靖公天子不親昏使上卿逆而公監之故曰卿不行非禮○過古禾反監工銜反【疏】注官師至非禮○正義曰祭法云官師一
廟鄭玄云官師中士下士也釋例云元士中士稱名劉夏右尙是也下士稱人公會王人于洮是也是天子之官師非卿故劉夏從單靖公而譏卿不行也桓
八年祭公來遂逆王后于紀經書祭公此云官師從單靖公唯書劉夏知劉夏獨過魯告昏靖公不至魯也祭公言來遂逆此劉夏不言來遂逆者彼祭公命
魯主昏則是因來遂逆此不命魯主昏直過魯告耳故不言來遂也公羊穀梁亦皆直云過我也此公。既行矣唯譏卿之不行不譏王不親逆是知於禮天子
不親昏使上卿逆而公臨之故唯言卿不行非禮也釋例據此傳知天子當使公卿天子不親逆也○楚公子午爲令尹代子囊○公
子罷戎爲右尹蔿子馮爲大司馬子馮叔敖從子○罷音皮又戶買反蔿于委反馮皮水反從才用反【疏】注子馮叔敖從
子○正義曰案世本蔿艾獵是孫叔敖之兄馮是艾獵之子則馮是叔敖兄之子也杜集。解及釋例皆以蔿艾獵叔敖爲一人馮是叔敖之子世本轉寫多誤
杜當考得其眞公子櫜師爲右司馬公子成爲左司馬屈到爲莫敖屈到屈蕩子○櫜音託成音城屈居
勿反公子追舒爲箴尹追舒莊王子子南○箴之林反屈蕩爲連尹養由基爲宮廄尹以靖國人
君子謂楚於是乎能官人官人國之急也能官人則民無覦心無覬覦以求幸○廄徐音救覦
羊朱反徐音喻覬音冀○【疏】屈蕩爲連尹○正義曰服虔云連尹射官言射相連屬也若是主射當使養由基爲之何以使由基爲宮廄尹棄能不用豈得
爲能官人也官名臨時所作莫敖之徒並不可解故杜皆不解之詩云嗟我懷人寘彼周行能官人也詩周南也寘置
也行列也周徧也詩人嗟。歎言我思得賢人置之徧於列位是后妃之志以官人爲急○寘之豉反下同行戶郎反注及下同徧音遍下同【疏】注詩周至

爲急○正義曰周南卷耳之篇也序云后妃之志又當輔佐君子求賢審官故詩人述其意后妃嗟嘆言我思得賢人置之使偏於列位是后妃之志以官人爲急故嗟嘆思之王及公侯伯子男甸采衛大夫各居其列所謂周行也言自王以下諸侯大夫各任其職則是詩人周行之志也甸采衛五服之名也天子所居千里曰圻其外曰侯服次曰甸服次曰男服次曰采服次曰衛服五百里爲一服不言侯男略舉也○任音壬圻音祈疏王及至行也○正義曰后妃之志在輔王求賢置之於公卿以下之位耳非欲更別求賢置之於王位也但公卿以下尚欲使之皆賢豈欲王之不賢乎雖不欲他賢代王而欲使王行益賢也以周訓爲偏言偏在列位故自王以下及六服之內大夫以上皆言之各以賢能居其列位是詩人所謂周行者也計后妃之意亦下及士但傳以士卑故指言大夫耳詩傳以周行謂周之列位此注云周偏者斷章爲義與詩說不同也此云能官人者謂能官用賢人爲公侯以下王則天之所命非人所用兼言王者王居天位脩行善政則是爲能官人故杜云自王以下各任其職○鄭尉氏司氏之亂其餘盜在宋亂在十年鄭人以子西伯有子産之故納賂于宋三子之父皆爲尉氏所殺故以馬四十乘百六十四○乘繩證反下千乘同與師茷師慧樂師也茷慧其名茷扶廢反徐音伐○三月公孫黑爲質焉公孫黑子晳○質音致晳星歷反司城子罕以堵女父尉翩司齊與之良司臣而逸之賢而放之○女音汝託諸季武子武子寘諸卞子罕以司臣託季氏○卞皮彥反鄭人醢之三人也三人堵女父尉翩司齊○疏鄭人醢之三人○正義曰以文承司臣之下嫌其亦醢司臣故言之三人師慧過宋朝將私焉私小便其相曰朝也相師者○相息亮反注及下同慧曰無人焉相曰朝也何故無人慧曰必無人焉

若猶有人豈其以千乘之相易淫樂之矇必無人焉故也千乘相謂子產等也言不爲子產殺三盜○得賂而歸之是重淫樂而輕國○相易以豉反輕也矇音蒙爲于僞反下文爲之攻之同子罕聞之固請而歸之言子罕能改過○夏齊侯圍成貳於晉故也不畏霸主故敢伐魯於是乎城成郛郛郭也○秋邾人伐我南鄙亦貳於晉故使告于晉晉將爲會以討邾莒十二年十四年莒人伐魯未之討也晉侯有疾乃止冬晉悼公卒遂不克會爲明年會溴梁傳○溴古歷反○鄭公孫夏如晉奔喪子蟜送葬夏子西也言諸侯畏晉故卿共葬○共音恭○宋人或得玉獻諸子罕子罕弗受獻玉者曰以示玉人玉人能治玉者玉人以爲寶也故敢獻之子罕曰我以不貪爲寶爾以玉爲寶若以與我皆喪寶也不若人有其寶【疏】不若有其寶○正義曰我得不貪女得其玉是我女二人各有其寶稽首而告曰小人懷璧不可以越鄉言必爲盜所害○喪息浪反納此以請死也請免死子罕寘諸其里使玉人爲之攻之攻治也富而後使復其所賣玉得富○十二月鄭人奪堵狗之妻而歸諸范氏堵狗堵女父之族狗娶於晉范氏鄭人既誅女父畏狗因范氏而作亂故奪其妻歸范氏先絕之傳言鄭之有謀○堵音者狗本或作苟娶七住反

附釋音春秋左傳注疏卷第三十二

春秋左傳注疏卷三十二校勘記　　阮元撰盧宣旬摘錄

附釋音春秋左傳注疏卷第三十二　襄十三年盡十五年春秋正義卷第二十二

（經十三年）

（傳十三年）

桓二年傳曰　淳熙本桓作相避所諱

有功成策勳　宋本成作則纂僕禮經傳通解引亦作則

注魯師至言之　宋本以下正義四節總入弗地曰入注下

師是衆人摠名　宋本人下有之字是也

或用小師　閩本監本毛本小作少

與滅亦同　毛本同作名非也

昔臣習於知伯　纂圖本毛本知作智非

以從於下軍　石經以從於下四字是改刻疑初刻脫一字

晉侯至禮也　宋本以下正義三節摠入恆必由之注下

欒黶爲汏 石經宋本汏作汰是也與葉抄釋文合

言文王之法善也 毛本之作用

小人農力以事其上 石經初刻作展力後改農陳樹華云魏了翁讀書雜抄曰農力乃農用八政之農厚是也按古文鴻範農用八政鄭云農讀曰醲

獲保首領以歿於地 釋文亦作歿音沒石經宋本岳本足利本作沒案傳文前後多作沒

注窀厚至葬埋 宋本以下正義二節總入大夫從之注下

窀厚也 宋本窀作屯與晉語合

從月半見 宋本見作是非也

夜字從夕 宋本夜作㚈是也

禮三年之喪畢 宋本無之字

則以還新主入廟 宋本則以二字作遠祖遞三字各本作主此本誤士今訂正

是從先君之近也 宋本作謂與見在生者爲禰廟

赫赫楚國 石經楚字改刊

則致罪也陸粲附注云罪字誤當作亂字

詩小雅南山之篇宋本雅下有節字

注土功至爲時宋本此節正義在禮也句下

水昏正而栽水昏正而四字此本實缺據宋本補閩本監本毛本栽作裁非也

故以此時與土功以此時與四字此本實缺據宋本補閩本監本毛本以此時與作得用力於非也

當在火見致用之前此歲農收差早之前此歲四字此本實缺據宋本補閩本監本毛本此歲誤作當時此本農作震亦非

故云土功雖有常節通以事閑爲時有常節通四字此本實缺據宋本閩本監本毛本補

言時節未是時此本是字實缺據宋本閩本監本毛本補

故言書事時也釋例曰事時也釋四字此本實缺據宋本閩本監本毛本補閩監毛釋誤經

書事時也言與作出火時也言與四字此本實缺據宋本補閩本監本毛本言與作此字非也

於是將早城諸本作早此本誤旱今訂正

征謂巡守征行各本作守釋文云下同本又作狩

注先征至征行下此本注上脫疏字宋本以下正義五節揔入楚人歸之句

而卜其吉凶也者以謂征前五年而預卜之也也者以三字宋本無此本作墨釘之也上卜字誤小依宋本閩本監本毛本改正

先王之行謹慎而卜必是禮之大者慎而卜必是五字此本實缺據宋本補閩本監本毛本慎而卜必作敬之至況非也

征謂巡守也征行釋言文也也征行釋言五字此本實缺據宋本補閩本監本毛本脫上也字釋言誤作之禮

案尚書舜典云五載一巡守典云五載一五字此本實缺據宋本補閩本監本毛本典誤時脫云字

堯又可知周禮大行人云周禮大行人五字此本實缺據宋本補閩本監本毛本知下衍矣字禮大行人誤作官又

天子五年一巡守鄭玄云巡守鄭玄四字此本實缺據宋本補閩本監本毛本鄭玄二字誤傳字

虞夏之制也周則十二歲一巡守制也周則十五字此本實缺據宋本補閩本監本毛本脫也字

一巡守然則卜征五年巡守然則卜五字此本實缺據宋本補閩本監本毛本然則作是字非也

蓋重古而言之蓋重古而言五字此本及閩本實缺依宋本監本毛本補

周十二年一巡守法歲星行天一周也守法歲星行五字此本實缺據宋本補閩本監本毛本法誤者脫行

字

虞夏五年一巡守取五行遞王而徧也年一巡守取五字此本實缺據宋本補閩本監本毛本守誤者王誤主脫取字

而歲習其祥祥習則行鄭注禮記表記周禮大卜正義引傳習作襲案習古文襲字

五年五卜此本下五年實缺據宋本岳本足利本補淳熙本作王纂圖本閩本監本毛本作習亦非

祥善也歲因其善謂去年吉也歲因其善五字此本實缺據宋本補閩本監本毛本脫因字歲作習善作祥並非

謂五年五吉善善相因善善相因四字此本實缺據宋本補閩本監本毛本善善相因作歲歲因襲非也

而得五年五卜者卜不習吉年五卜者卜五字此本實缺據宋本補閩本監本毛本五卜誤吉字下卜字誤彼

謂不可一時再卜耳此則每年一卜再卜耳此則五字此本實缺據宋本補閩本監本毛本再卜誤重吉脫耳字

不習則增修德而改卜石經脩字下後人旁增其字非唐刻也毛本脩作修

不習謂卜不吉習字此本空闕據各本補

其善不因往年善不因往年五字此本實缺據宋本補閩本監本毛本善作曰因往作習者並誤年字亦脫

脩德改卜更以卜吉爲始　卜更以卜吉五字此本實缺據宋本補閩本監本毛本上卜字誤行脫更字卜吉誤六年

不能脩德與晉競　不字與字此本實缺能誤龍據宋本淳熙本岳本閩本監本補正纂圖本毛本脩作修

貴者多則勢相偪　毛本貴誤責

位不偪則大臣和睦　位不偪則四字此本實缺據宋本補閩本監本毛本脫位字

以牢固事於晉　以牢固事四字此本實缺據宋本補閩本監本毛本牢固二字誤作堅

使歸至愈乎　使字此本實缺據各本補

其意欲得楚執戾霄　得字此本實缺據宋本補閩本監本毛本作使

（經十四年）

十四年注叔老至鄭地　宋本無十四年三字

故諸失國者　閩本監本毛本諸下有侯字宋本同脫失字

（傳十四年）

故比年伐魯　宋本比作此字按此字非是十年秋莒人伐我東鄙十二年春莒人伐我東鄙圍台十四年夏莒人侵我東鄙故曰比年伐魯

四嶽之後皆姓姜　宋本淳熙本岳本足利本姓姜作姜姓是也

傳注四嶽至燉煌　宋本無傳字以下正義五節揔入而益敬其使注下

被苫蓋蒙荊棘　宋本此節正義在蓋苫之别名條前

蓋言語漏洩　淳熙本洩作泄是也李善注文選贈文叔良詩任彥昇奏彈曹景宗引作漏渫

秦本實其土地而遷也　宋本實下有貪字也上有之字閩本監本毛本脫實字

裔遠也　岳本脫也字

狐貍所居　岳本依釋文作狸案說文無狸字陸氏云本又作貍

無中二也　纂圖本毛本中作有非也

取其愷悌君子　釋文愷作凱下及注同案下文石經及各本並作愷淳熙本作愷謬

齊子叔老字也　顧炎武云齊子叔老謚也注作字蓋傳寫之誤

曹君公子負芻也　毛本君誤召

詩邶至必濟　宋本以下正義三節揔入爲之請於晉而復之注下

繇帶以上爲厲　閩本監本上作止非也

左史晉大夫　宋本岳本足利本夫作史

故曰吾帥淳熙本帥作師非也

吾今實過宋本岳本監本足利本今作令與石經合

士鞅反顧炎武云石經反誤及案石經此處剜缺所據乃王堯惠刻也

欒黶汰侈宋本汰作汏淳熙本作去

秦伯問於士鞅曰淳熙本問誤門

召公奭聽訟於甘棠之下宋本足利本訟下有舍字淳熙本甘誤廿

勑戒至宴食宋本以下正義十二節揔入欲無入得乎注下

明皮冠是田獵之冠也毛本明作昭非也

王見之去皮冠案昭十二年傳作去冠被

所以怒也毛本怒誤忘

公如鄆閩本監本如作于非也

使子行於孫子石經子行二字改刊此行只九字初刻尚有一字山井鼎云足利本後人記云子行下異本有請字然則石經刊去之字即請字也

敗公徒于河澤 石經宋本淳熙本岳本纂圖本監本毛本河作阿不誤案水經河水注引傳作柯澤

射爲禮乎也 石經爲字改刊釋文云或一讀射而禮乎疑石經爲字初刻乃而字

孟子辯士之說 閩本監本毛本辯作辨

軥車軛下曲者 宋本無車字與今說文同

告宗廟 宋本淳熙本岳本足利本廟下有也字

公使厚成叔弔于衛 釋文厚本或作郈弔于衛本或作弔于衛侯侯衍字也案李注文選嵇康哀憤詩引作郈成叔惠棟云呂氏春秋有郈成子與右宰穀同時以傳考之卽厚成叔也厚與郈通世本作厚外傳作郈禮記作后左氏或作厚或作郈字異而實同

余狐裘而羔袖 石經余下後人旁增猶字非也

臧紇如齊唁衛侯 釋文云唁徐作⿰歹言字按⿰歹言字古書少有

與之言 淳熙本岳本與之上有衛侯二字與石經合

注成國大國 宋本此節正義在故舍之注下

賜之以方百里二百里三百里之地者方四百里以上爲成國 按此與今周禮注不同而不可據改

敬之如神明 石經初刻作明神改刻神明

夫君神之主也民之望也 宋本淳熙本岳本上也字作而與石經合

若困民之主匱神乏祀 釋文亦作乏云本或作之祀誤也沈彤云主當作生乏當作之按國語亦有此文

注賞謂宣揚 宋本以下正義十節總入必不然矣注下

各有父兄子弟 淳熙本兄子二字誤倒

無目朕謂之瞽 宋本朕作联下文同按朕乃俗字說文有朕無联朕之言縫也

是言瞽爲歌詩之事 宋本事下有也字

以歌誦小別 閩本監本毛本以作與

以恩親正君曰規 此本恩字模糊依宋本正德本閩本改正監本毛本恩親作愚見非也

聞君過則誹謗 宋本足利本則作得陳樹華云玩正義中聞君過失不得諫爭得在外誹謗之之文則諸本作則者非也釋文誹作非云本或作誹

昭四年 閩本監本毛本昭上誤增○

遒人以木鐸徇于路 淳熙本于作於與石經合釋文亦作於注內徇於路於字纂圖本監本毛本作于非閩本監本毛本徇作狥亦誤正

義及下注同

木舌金鈴釋文鈴下有也字

天之愛民甚矣淳熙本天誤夫

殿軍後纂圖本監本毛本軍後互倒

右我先王詩伐木正義引作佐我先王

師保萬民宋本以下正義二節摠入無廢朕命注下

王室之不壞釋文云服本壞作懷

無忝乃舊纂圖本監本毛本舊作舅非也

仲虺至道也宋本以下正義二節摠入齊人始貳注下

有亡形則侮之案作形與譌孔傳合毛本形作刑非也

假羽毛於齊而弗歸案毛乃旄之誤當改正注同經典旄誤爲毛者不止此一處也

王者游車之所建案孟子梁惠王疏引注文作斿車

游車載旌案周禮游作斿

所謂注旄於干首也 閩本監本旄作毛非也

則旄旗有是緌者 毛本緌作綏非也段玉裁周禮漢讀考云是緌乃徒緌之誤

綴於幢上 宋本幢作橦是也

所謂注旄於干首者 閩本監本旄作旌非毛本干誤于

釋天云 閩本監本毛本天誤文

子囊欲訖而未暇 淳熙本暇作假非也

言德行歸於忠信 纂圖本監本毛本於作于

○注云城郭之域曰都 宋本毛本無○是也浦鏜正誤云注當作箋是也

（經十五年）

十五年及向戌盟于劉 宋本無十五年三字以下正義二節揔入夏逆王后于齊注下

皆望經傳爲義也 閩本監本毛本傳下衍以字

（傳十五年）

尢責過也 纂圖本毛本責誤貴

無所隱諱也　宋本無也字

劉夏右尙是也　宋本閩本監本毛本右作石

此公旣行矣　閩本監本旣作就非

子馮叔敖從子　宋本以下正義四節揔入所謂周行也注下

杜集解及釋例　毛本解作云非也

詩人嗟嘆　宋本淳熙本岳本嘆作歎

甸采衞五服之名也　纂圖本閩本監本毛本脫也字

詩注以周行　浦鏜云注當作傳是也

三月公孫黑爲質焉　宋本三作二

公孫黑子晳　纂圖本閩本監本毛本晳誤晳後同

三人堵女父尉翩司齊　毛本堵誤者山井鼎云當作堵

鄭人醢之三人　宋本此節正義在子罕聞之節注下

故言之三人　宋本無之字

豈其以千乘之相 宋本作豈以其誤

是重淫樂而輕相國 宋本足利本相國作國相是也

爲明年會溴梁傳 宋本淳熙本岳本纂圖本溴作湨

不若有其寶 宋本若下有人字是也此節正義在富而後使復其所注下

是我女二人各有其寶 宋本女上有與字

鄭人既誅女父 淳熙本誅誤詵

春秋左傳注疏卷三十二校勘記

附釋音春秋左傳注疏卷第三十三 襄十六年盡十八年

杜氏注　孔穎達疏

經十有六年春王正月葬晉悼公踰月而葬速也疏十六年注踰月而葬速○正義曰四年七月夫人姒氏薨八月葬我小君定姒纔別月耳杜云踰月而葬速也今晉悼往年十一月卒此年正月葬三月也杜亦云踰月而葬者踰越也所越有多有少俱是踰越之義故杜弘通兩解之○三月公會晉侯宋公衛侯鄭伯曹伯莒子邾子薛伯杞伯小邾子于溴梁不書高厚逃歸故也溴水出河內軹縣東南至溫入河○溴古闃反徐公壁反軹之氏反韋昭音枳疏注不書至故也○正義曰傳於會溴梁之下晉侯與諸侯宴乃言高厚逃歸則高厚會訖乃逃也於會不書齊者以高厚逃歸晉人怒之諸侯即有伐齊之志不與高厚得爲來會公歸告廟歷告所會不告高厚故不書也戊寅大夫盟諸大夫本欲盟高厚高厚逃歸故遂自共盟雞澤會重序諸侯今此閒無異事即上諸侯大夫可知○重直用反疏注諸大至可知○正義曰公羊以爲溴梁之盟君若贅旒然穀梁云不曰諸侯之大夫大夫不臣也皆以爲此時諸侯微弱權在大夫諸侯皆在而大夫自盟政教約信在於大夫其事不由君也不曰諸侯之大夫者刺大夫不臣也賈服取以爲說言惡大夫專而君失權也案傳荀偃怒使諸侯大夫盟高厚以君臣不敵故使大夫盟之君使之盟非自專也以齊人既有二心高厚歌詩不類知小國必有從齊者也諸侯大夫本意欲盟高厚高厚雖已逃歸仍恐餘國有二故大夫遂自共盟使同會之國皆一其志也雞澤之會。又隔袁僑如會故重言諸侯之大夫今此閒無異事直言大夫即是上會諸侯之大夫不言諸侯以可知故也○晉人執莒子邾子以歸邾莒二國數侵魯又無道於其民故稱人以執不以歸京師非禮也○數所角反疏注邾莒至禮也○正義曰十二年莒人伐我東鄙十四年莒人侵我東鄙十五年邾人伐我南鄙是邾莒二國數侵伐魯也凡例云君不道於其民則稱人以執知此二國君又皆無道於民故稱人以執之也諸侯不得相治故成十五年晉侯執曹伯僖二十八年晉人執衛侯皆書歸于京師此言以歸乃是自歸晉國故非禮也○齊侯伐我北鄙無傳齊貳晉故○夏公至自會無傳○五月甲子地震無傳○叔老會鄭伯晉荀偃衛甯殖宋人伐許荀偃主兵當序鄭上方示叔老可以會鄭伯故荀偃在下疏注荀偃至在下○正義曰春秋之例征伐則主兵者爲先雖大夫爲將諸侯從之亦以主兵爲先僖二十七年楚人陳侯蔡侯鄭伯許男圍宋。取其事也但禮卿不會公侯會伯子男可也方示叔老可以會鄭伯故退荀偃於下所以特見此義故發傳云爲夷故也宋大於衛稱人而在衛下宋使大夫爲將故也○秋齊侯伐我北鄙圍郕。郕音成○大雩無傳書過○冬叔孫豹如晉

傳十六年春葬晉悼公平公即位○平公悼公子彪。彪彼蚪反○羊舌肸爲傅肸叔向也代士渥濁○肸許乙反向許丈反疏傳羊舌肸爲傅○正義曰成十八年傳士渥濁爲大傅此代士渥濁亦當爲大傅也。○○宣十六年士會將中軍且爲大傅注云大傅孤卿彼以中軍之將兼之故知是孤卿也士渥濁以大夫居之今此復代渥濁亦是大夫也昭五年傳楚子稱叔向爲上大夫明此以上大夫爲傅也諸侯之有孤卿猶天子之有三公無人則闕故隨其本官高下而兼攝之也而衛冀隆不達此意以士渥濁叔向等皆爲卿故爲大傅若是大夫何得居孤卿之任妄以難杜於義非也○張君臣爲中軍司馬張老子代其父祁奚韓襄欒盈士鞅爲公族大夫祁奚去中軍尉爲公族大夫去劇職就閒官韓襄無忌子也○閒音閑也虞丘書爲乘馬御代程鄭○乘繩證反改服脩官烝于曲沃

既葬改喪服脩官選賢能曲沃晉祖廟烝冬祭也諸侯五月而葬既葬卒哭作主然後烝嘗於廟今晉踰月葬作主而烝祭傳言晉將有溴梁之會故速葬○作烝之承反警守而下會于溴梁順河東行故曰下○警居領反守手又反命歸侵田諸侯相侵取之田○以我故執邾宣公莒犂比公犂比莒子號也十二年十四年莒人侵魯前年邾人伐魯晉將爲魯討之悼公卒不克會故平公終其事○犂徐力私反一音力兮反比音毗注同爲于僞反下文爲夷同且曰通齊楚之使邾莒在齊楚往來道中故幷以此責之經書執在大夫盟下既盟而後告○使所吏反○晉侯與諸侯宴于溫使諸大夫舞曰歌詩必類歌古詩當使各從義類○齊高厚之詩不類齊有二心故○疏注齊有二心故○正義曰歌古詩各從其恩好之義類高厚所歌之詩獨不取恩好之義類故云齊有二心劉炫云歌詩不類知有二心者不服晉故違其令違其令是有二心也荀偃怒且曰諸侯有異志矣使諸大夫盟高厚高厚逃歸齊爲大國高厚若此知小國必當有從者疏注齊爲至從者○正義曰荀偃不言齊有異志而云諸侯有異志故解之以高厚若此故知小國必當有從者總疑諸侯有異志不獨疑齊故高厚雖逃猶自諸國共盟也於是叔孫豹晉荀偃宋向戌衛甯殖鄭公孫蠆小邾之大夫盟曰同討不庭自曹以下大夫不書故傳舉小邾以包之○向舒亮反戌音恤蠆勑邁反○許男請遷于晉許欲叛楚諸侯遂遷許許大夫不可晉人。歸諸侯唯以其師討許之不肯遷鄭子蟜聞將伐許遂相鄭伯以從諸侯之師鄭與許有宿怨故其君親行○蟜居表反相息亮反穆叔從公從公歸○從才用反又如字注同齊子帥師會晉荀偃書曰會鄭伯爲夷故也夷平也春秋於魯事所記不與外事同者客主之言所以為文固當異也魯卿每會公侯春秋無譏故於此示例不先書主兵之荀偃而書後至之鄭伯時皆諸侯大夫義取皆平。故得會鄭伯〇

疏注夷平至鄭伯〇正義曰春秋於魯事所記不與外事同者於外則依實而言於魯則言不以實不實者魯國大小是宋衛之匹其常會序列當在宋下衛上及其書策皆云公會某侯雖會霸主亦魯在其上大夫出會魯亦在先如此者客主之言所以為文其言固當有異耳以主客之故先魯而後他國魯非實在先也傳稱在禮卿不會公侯而魯卿每會公侯春秋無譏文元年公孫敖會晉侯于戚是也杜云體例已舉據用魯史成文是春秋無譏既常不譏無以示可否之義故於此變文以示例特言書曰是仲尼新意舊史當書荀偃在前今仲尼改之不先書主兵之荀偃而書後至之鄭伯以當時共伐許者皆是諸侯之大夫義取與鄭伯尊卑皆平得會鄭伯故也言後至之鄭伯者三月會于溴梁夏公至自會則鄭伯亦已歸矣五月之下始書伐許鄭伯聞將伐許乃從諸侯之師是諸侯謀伐已定鄭伯始來從之故杜言後至也

夏六月次于棫林庚寅伐許次于函氏棫林函氏皆許地〇棫為逼反徐于日反函音咸

〇晉荀偃欒黶帥師伐楚以報宋揚梁之役晉師獨進。揚梁役在十二年〇黶其斬反

楚公子格帥師及晉師戰于湛阪襄城昆陽縣北有湛水東入汝〇格古核反湛而林反徐又丈林反一音直斬反阪音反徐或扶板反

楚師敗績晉師遂侵方城之外不書不告

復伐許而還許未還故〇復扶又反

〇秋齊侯圍郕。郕魯孟氏邑貳晉故伐魯

孟孺子速徼之孟獻子之子莊子速也徼要也〇孺本作孺如住反速本亦作邀音同徼古堯反要一遙反

齊侯曰是好勇去之以為之名速遂塞海陘而還海陘魯隘道〇好呼報反陘音刑徐古定反隘於懈反

〇冬穆叔如晉聘且言齊故言齊再伐魯

晉人曰以寡君之未禘祀禘祀三年

喪畢之吉祭○禘大計反[疏]注禘祀至吉祭○正義曰傳三十三年傳云凡君薨卒哭而祔祔而作主特祀於主烝嘗禘於廟如彼傳文則既祔之後可以爲烝嘗也閔二年五月吉禘于莊公以其時未可吉書吉以譏之此年正月晉已烝于曲沃仍云未得禘祀知其禘祀是三年喪畢之吉祭也與民之未息新伐許及楚不然不敢忘穆叔曰以齊人之朝夕釋憾於敝邑之地是以大請敝邑之急朝不及夕引領西望曰庶幾乎庶幾晉來救○朝夕如字下同憾本亦作感戶暗反比執事之間恐無及也見中行獻子賦圻父圻父詩小雅周司馬掌封畿之兵甲故謂之圻父詩人責圻父爲王爪牙不脩其職使百姓受困苦之憂而無所止居○比必利反間音閑行戶郎反圻其依反父音甫注同[疏]圻父○正義曰此詩小雅篇刺宣王也云圻父予王之爪牙胡轉予于恤靡所止居注云宣王之末司馬職廢此勇力之士責司馬云我乃王之爪牙之士當爲王閑守之衛女何移我於憂使我無所止居乎謂見使從軍與姜戎戰于千畝而敗之時也獻子曰偃知罪矣敢不從執事以同恤社稷而使魯及此及此見憂范宣子賦鴻鴈之卒章鴻鴈詩小雅卒章曰鴻鴈于飛哀鳴嗸嗸唯此哲人謂我劬勞言魯憂困嗸嗸然若鴻鴈之失所大曰鴻小曰鴈○嗸五刀反劬求于反宣子曰匄在此敢使魯無鳩乎鳩集也○匄古害反鳩居牛反[疏]注鳩集也○正義曰釋詁云鳩聚也聚亦集之義國有兵寇則民人不得集聚也

經十有七年春王二月庚午邾子牼卒無傳宣公也四同盟牼苦耕反又戶耕反○[疏]十七年注宣公也四同盟○正義曰經不書葬故詳言其謚牼以成十八年即位其年盟于虛朾襄三年于雞澤五年于戚九年于戲十一年于亳城北十六年于湨梁皆魯邾俱在凡

六同盟沈氏云去虛打之盟又不數湨梁故爲四劉炫以爲杜氏誤非也○宋人伐陳○夏衛石買帥師伐曹買石稷子○秋齊侯伐我北鄙圍桃○高厚帥師伐我北鄙圍防弁縣東南有桃虛○虛起居反○九月

大雩無傳書過○宋華臣出奔陳暴亂宗室懼而出奔實以冬出書秋者以始作亂時來告○華戶化反疏注暴亂至來告○正義曰傳說此事文在冬不知其實以冬出經書在秋故知追以秋告實冬出而告以秋明以華臣始作亂時來告也但傳因華臣之出本其懼罪之由故於冬之下追言華閱卒耳其實華閱之卒或在九月之前華臣弱其室殺其宰不在九月內耳○冬邾人伐我南鄙

傳十七年春宋莊朝伐陳獲司徒卬卑宋也司徒卬陳大夫卑宋不設備○朝如字凡人名字皆放此卬五郎反注同○衛孫蒯田于曹隧越竟而獵孫蒯林父之子蒯苦怪反隧音遂竟音境○飲馬于重丘重丘曹邑○飲於鴆反重直龍反○毀其瓶重丘人閉門而詢之詢罵也○瓶步經反詢呼豆反罵馬嫁反曰親逐而君爾父爲厲厲惡鬼林父逐君在十四年○疏傳親逐至爲厲○正義曰蒯與其父共逐其君則是身親爲惡故言親逐而君爾父爲厲者父爲惡首故以惡鬼厲之○是之不憂而何以田爲夏衛石買孫蒯伐曹取重丘孫蒯不書非卿疏注孫蒯不書非卿○正義曰經書他國征伐例書元帥而已此經已書石買縱蒯是卿亦不書杜爲此注者蘇氏云孫氏世爲上卿蒯若是上卿應書蒯不書石買故云非卿也或可事由孫蒯故決之曹人愬于晉爲明年晉人執石買傳○愬悉路反齊人以其未得志于我故前年圍成辟孟孺子秋齊侯伐我北鄙圍桃高厚圍臧紇于防防臧紇邑○紇恨發反師自陽關逆臧孫至于旅松

陽關在泰山鉅平縣東旅松近防地也魯師畏齊不敢至防○近附近之近下居近同○郰叔紇臧疇臧賈帥甲三百宵犯

齊師送之而復郰叔紇叔梁紇臧疇臧賈臧紇之昆弟也三子與臧紇共在防故夜送臧紇於旅松而復還守防○郰側留反復還扶又反○防

齊師去之失臧紇故齊人獲臧堅堅臧紇之族○齊侯使夙沙衛唁之且曰無死使無自殺○唁音彥

堅稽首曰拜命之辱抑君賜。不。終。姑。又使其刑臣禮於士以杙扶其傷而死言使

賤人來唁己是惠賜不終也夙沙衛奄人故謂之刑臣○杙羊職反扶為穴反徐又古穴反傷如字一本作瘍音羊疏君賜不終正義曰來唁是君之恩賜

使賤者唁是為惠不終也服虔云言君義己故來唁之是惠賜也謂己無死不以義望己是不終也○冬邾人伐我南鄙為齊故

齊未得志於魯故邾也助之○為于偽反○宋華閱卒華臣弱臯比之室臣閱之弟臯比閱之子弱侵易之○臯比音毗易

以豉反使賊殺其宰華吳賊六人以鈹殺諸盧門合左師之後盧門宋城門合向戌邑後屋後○鈹

普皮反左師懼曰老夫無罪賊曰臯比私有討於吳遂幽其妻幽吳妻也曰畀余而大

璧。畀與也○畀必利反注同宋公聞之曰臣也不唯其宗室是暴大亂宋國之政必逐之左

師曰臣也亦卿也大臣不順國之恥也不如蓋之乃舍之左師為己短策苟過

華臣之門必騁。惡之○騁敕領反惡為路反年末注同疏不如蓋之○正義曰服虔云蓋覆蓋之言左師。無。鷹鸇之志而蓋不義之人故

尤之此未必然正是左師諱國惡恥聞於外故蓋之耳非是畏華臣也○為己短策○正義曰服虔云策馬捶也自為短策過華臣之門助御者擊馬而馳惡

之甚也必爲短策者私助御者不欲使人知也十一月甲午國人逐瘈狗瘈狗入於華臣氏國人從之

華臣懼遂奔陳華臣心不自安見逐狗而驚走○瘈徐居世反一音制字林作狾九世反云狂犬也○宋皇國父爲大宰

爲平公築臺妨於農功周十一月今九月收斂時○大音泰後放此爲平于僞反妨音芳收如字又手又反子罕請俟農

功之畢公弗許築者謳曰澤門之晳實興我役澤門宋東城南門也皇國父白晳而居近澤門○謳烏侯反澤

門本或作皐門者誤也晳星歷反徐思益反邑中之黔實慰我心子罕黑色而居邑中○黔徐音琴一音其廉反子罕聞之

親執扑扑杖○扑普卜反以行築者而抶其不勉者曰吾儕小人皆有闔廬以辟燥濕

寒暑闔謂門戶閉塞○行下孟反抶音恥乙反儕仕皆反闔戶臘反廬力居反疏注闔謂門戶閉塞○正義曰月令仲春脩闔扇鄭玄云用木曰闔用

竹葦曰扇是闔爲門扇所以閉塞廬舍之門戶也今君爲一臺而不速成何以爲役役事也謳者乃止或

問其故子罕曰宋國區區而有詛有祝禍之本也傳善子罕分謗○區丘于反詛莊慮反祝之又反○

齊晏桓子卒晏嬰父也晏嬰麤縗斬斬不緝之也縗在胸前麤三升布○麤本又作麤縗本又作衰七雷反注同緝七入反○疏

注斬不至升布○正義曰喪服斬衰裳傳曰斬者何不緝也馬融云不緝不緶也謂斬布用之不緶其端也衰用布爲之廣四寸長六寸當心故云在胸前也

喪服傳曰衰三升鄭玄云布八十縷爲升然則傳以三升之布布之最麤故謂之麤也以麤布爲衰而斬之故以麤縗斬爲文之次苴絰帶杖菅

屨苴麻之有子者取甚麤也杖竹杖菅屨草屨○苴七徐反絰直結反以苴麻爲絰及帶杖禮記云苴杖竹也菅古顏反屨九具反疏苴絰帶杖菅屨

○正義曰喪服云苴絰杖絞帶此傳帶不言絞亦當爲絞帶也若要帶則謂之絰故喪服注云麻在首在要皆曰絰喪服傳曰苴絰者麻之有蕡者也杖竹也絞帶者繩帶也馬融云蕡者枲實枲麻之有子者其色麤惡故用之苴者三麻之色鄭玄士喪禮注云苴麻者其貌苴服重者尚麤惡喪服及此傳絰帶杖三者皆在苴也鄭玄云其色皆苴也絰帶用麻杖用竹麻竹雖異而其苴則同故三者共蒙苴在首在要皆曰絰此言絰者謂首絰也凡喪服冠纓帶屨皆象吉時常服但變之使麤惡耳其衰與絰是新造以明義故特爲立其名衰之言摧也絰之言實也明孝子之心實摧痛故制此服立此名也衰當心絰在首獨立名於心首者心是發哀之主首是四體所先故制服以表之要絰之下又有絞帶絰殺首絰五分之一絞帶殺要絰亦然雖大小有三等而同用苴麻喪服杖在帶上此傳杖在帶下者喪服具明其服故杖在上然後言絞帶冠纓此傳略言其禮欲明帶與絰俱用麻故杖在帶下喪服傳云菅屨者菅菲也菲者屨之別名故杜注云草屨也

食鬻居倚廬寢苫枕草此禮與士喪禮略同其異唯枕草耳然枕凷亦非喪服正文○鬻之六反一音羊六反謂朝一溢米暮一溢米倚廬於綺反廬倚東牆而爲之故一曰倚廬苫傷廉反編草也枕之鴆反注同王儉云夏枕凷冬枕草凷音苦對反一音苦怪反

疏注此禮與士喪禮至正文○正義曰喪服傳文及士喪禮記皆云居倚廬寢苫枕凷歠粥朝一溢米夕一溢米是此禮與士喪禮略同其異者唯彼言枕凷此言枕草耳然枕凷者乃是禮記及喪服傳耳亦非喪服正文杜意言古禮未必無枕草之法也居倚廬寢苫者鄭玄云倚木爲廬在中門外東方北戶苫編稾也此初喪爲然其既虞之後則每事有變具於禮文鄭玄云二十兩曰溢爲米一升二十四分升之一知者古者一斛百二十斤一斗十二斤十二斤百九十二兩一升十九兩二分少八分未充二十兩更取一升分作百九十二分二十四分取一得八分添前十九兩二分是爲二十兩也

其老曰非大夫之禮也時之所行士及大夫縗服各有不同晏子爲大夫而行士禮其家臣不解故譏之○解音蟹也

疏注時之至譏之○正義曰

雜記云大夫爲其父母兄弟之未爲大夫者之喪服如士服士爲其父母兄弟之爲大夫者之喪服如士服如彼記文則大夫與士喪服不同記是後人所記記當時之事今此晏子之老亦譏晏子所爲非大夫之禮是時之所行士及大夫喪服各有不同也晏子實爲大夫而行當時之士禮晏子反時以從正其家老不解謂晏子爲失故據時所行而譏之也晏子其父始卒則晏子未爲大夫言晏子爲大夫者禮喪服大夫之子。行從大夫之法晏曰唯卿爲大夫晏子惡直己以斥時失禮故孫辭略荅家老○【疏】注晏子至家老○正義曰檀弓云魯穆公之母卒使人問於曾申曾申對曰哭泣之哀齊斬之情饘粥之食自天子達然則天子以下其服父母尊卑皆同無大夫士之異晏子所行是正禮也言唯卿得服大夫服我是大夫得服士服又言己位卑不得從大夫之法者是惡其直己以斥時之失禮故孫辭略荅家老也家語曾子問此事孔子云晏平仲可謂能辟害也不以己是而駮人之非孫辭以辟咎義也夫家語雖未必是孔子之言要其辭合理故王肅與杜皆爲此說鄭玄注雜記引此傳言晏子云唯卿爲大夫此平仲之謙也言喪服布麤衰斬衰三升義服斬衰三升半爲母服齊衰四升正服齊衰五升義。服齊衰六升降服大功七升正服大功八升義服大功九升降服小功十升正服小功十一升義服小功十二升緦麻十五升去其半鄭注雜記云士爲父斬衰縷如三升半而三升不緝縷之精麤如三升半成布而縷三升故云麤衰在齊斬之間鄭又云士爲母衰五升縷而四升爲兄弟衰六升縷而五升鄭玄以雜記之文士爲父母兄弟之服不得與大夫同皆縷細降一等其縷數與大夫同但雜記之文記當時之制以當時大夫與士有異故爲此解非杜義也

經十有八年春白狄來不言朝不能行朝禮○夏晉人執衛行人石買石買卽是伐曹者宜卽懲治本罪而晉因其爲行人之使執之故書行人以罪晉○使所吏反○秋齊師伐我北鄙不書齊侯不入竟○竟音境○冬十月

公會晉侯宋公衞侯鄭伯曹伯莒子邾子滕子薛伯杞伯小邾子同圍齊齊數行不義諸侯同心俱圍之○數所角反曹伯負芻卒于師無傳禮當與許男同三同盟○芻初俱反疏十八年注禮當至同盟○正義曰傳四年許男新臣卒傳曰葬之以侯禮也凡諸侯薨于朝會加一等諸侯命有三等男加一等葬之以侯禮此曹是伯爵與許男同當葬以公禮也彼許男之卒不書于師此言卒于師者釋例曰若卒于朝會或書師或書地者史之成文非義例所存也負芻以成十四年即位十五年盟于戚十七年于阿陵襄五年于戚九年于戲十一年于亳城北十六年于湨梁凡六同盟不數成公之盟湨梁是大夫去之是爲三劉炫以杜爲誤非也○楚公子午帥師伐鄭

傳十八年春白狄始來白狄狄之別名未嘗與魯接故曰始○夏晉人執衞行人石買于長子執孫蒯于純留長子純留二縣今皆屬上黨郡孫蒯不書父在位蒯非卿○長丁丈反或如字純徒溫反或如字地理志作屯爲曹故也前年衞伐曹○爲于僞反○秋齊侯伐我北鄙中行獻子將伐齊夢與厲公訟弗勝厲公獻子所弒者○弒申志反公以戈擊之首隊於前跪而戴之奉之以走見梗陽之巫皐梗陽晉邑在太原晉陽縣南皐巫名也夢弁見之○隊直位反跪其委反奉芳勇反梗古杏反皐古刀反他日見諸道與之言同巫亦夢見獻子與厲公訟巫曰今茲主必死若有事於東方則可以逞巫知獻子有死徵故勸使快意伐齊獻子許諾晉侯伐齊將濟河獻子以朱絲係玉二瑴。雙玉曰瑴瑴古學反○而禱曰齊環怙恃其險負其衆庶環齊靈公名負依也○禱丁老反一音丁報反怙音戶棄好背盟陵虐神主神主民也謂數伐魯殘民人○好呼報反背音佩數所角反曾臣彪將率諸侯以討焉彪晉平公名稱臣者明上有天子以謙告神曾臣猶末臣【疏】傳。注彪晉至末臣○正義曰王制云五嶽視三公四瀆視諸侯則諸侯於河神其辭不得稱臣故解其意稱臣者以明上有天子言己是天子之臣以謙告神也曾祖曾孫者曾爲重義諸侯之於天子無所可重曾臣猶末臣謙卑之意耳其官臣偃實先後之守官之臣偃獻子名○先悉薦反後戶豆反守手又反又如字苟捷有功無作神羞羞恥也官臣偃無敢復濟偃信巫言故以死自誓復扶又反下注復與同○唯爾有神裁之沈玉而濟○冬十月會于魯濟尋溴梁之言同伐齊溴梁在十六年盟曰同討不庭○沈音鴆或如字濟子禮反齊侯禦諸平陰塹防門而守之廣里平陰城在濟北盧縣。東北其城南有防防有門於門外作塹橫行廣一里故經書圍○禦魚呂反塹七豔反廣古曠反注同【疏】。注平陰至書圍○正義曰平陰城南有防者。形猶在杜觀其跡而知之也言塹防門而守之明是齊人自於門外作塹以固守也此平陰齊邑而言圍齊者沈氏云君在故稱圍劉炫云案下傳范鞅門于雍門又門于揚門州綽門于東閭既門其三門卽是圍事杜何知不以門于三門爲圍必以禦諸平陰爲圍乎今刪定知不然者案上九年諸侯伐鄭傳稱門其三門而經不稱圍則攻門非圍也此傳云塹防門而守之則是被圍之道劉以門其三門爲圍而規杜氏非也夙沙衛曰不能戰莫如守險謂防門不足爲險弗聽諸侯之士門焉齊人多死范宣子告析文子析文子齊大夫子家○析星歷反曰吾知子敢匿情乎魯人莒人皆請以車千乘自其鄉入既許之矣若入君必失國子盍圖

之子家以告公公恐晏嬰聞之曰君固無勇而又聞是弗能久矣不能久敵晉○匿女力反
乘繩證反壺戶臘反恐曲勇反齊侯登巫山以望晉師巫山在盧縣東北晉人使司馬斥山澤之險雖
所不至必旆而疏陳之斥候也疏建旗以爲陳示衆也○斥音尺一音昌夜反旆步蓋反陳直覲反注同使乘車者左
實右僞以旆先僞以衣。服爲人形也建旆以先驅輿曳柴而從之以。揚塵齊侯見之畏其衆也乃
脫歸脫不張旗幟○脫勅括反注同音他外反幟申志反一音赤志反丙寅晦齊師夜遁師曠告晉侯曰鳥烏
之聲樂齊師其遁。烏得空營故樂也○遁徒困反樂音洛注同邢伯告中行伯邢伯晉大夫邢侯也中行伯獻子曰
有班。馬之聲夜遁馬不相見故鳴班別也○別彼列反齊師其遁叔向告晉侯曰城上有烏齊師其
遁十一月丁卯朔入平陰遂從齊師夙沙衞連大車以塞隧而殿此衞所欲守險○連大並
如字隧者遂道也都練反下及注同殿殖綽郭最曰子殿國師齊之辱也奄人殿師故以爲辱○最徐子會反子姑
先乎乃代之。殿衞殺馬於隘以塞道恨二子故塞其道欲使晉得之。心隘於懈反晉州綽及之射殖
綽中肩兩矢夾脰脰頸也○射食亦反下注同中丁仲反夾古洽反或古協反脰音豆疏注脰頸也○正義曰說文云脰項也考工記云
以脰鳴者又曰大體短脰數目。頭脰公羊傳稱宋萬。搏閔公絕其脰鄭玄何休皆以脰爲頸頸之與項亦一物也曰止將爲三軍獲不
止將取其衷不止復欲射兩矢中央○衷音忠顧曰爲私誓州綽曰有如日言必不殺女明如日○女音汝乃

弛。弓而自後縛。之反縛。之○弛式氏反本又作施音同其右具丙州綽之右亦舍兵而縛。郭最皆衿甲

而縛。衿甲不解甲○舍音捦衿其鳩反疏乃弛弓○正義曰下云其右具丙亦舍兵則此是州綽弛弓也坐于中軍之鼓下晉

人欲逐歸者魯衛請攻險險固城守者○守手又反己卯荀偃士匄以中軍克京茲在平陰城東南

乙酉魏絳欒盈以下軍克邿欒黶死其子盈佐下軍平陰西有邿。山○邿音詩趙武韓起以上軍圍盧

弗克十二月戊戌及秦周。伐雍門之萩秦周魯大夫趙武及之共伐萩也雍門齊城門○雍於用反萩音秋本又作秋

范鞅門于雍門其御追喜以戈殺犬于門中殺犬示間暇○間音閑孟莊子斬其櫄以爲

公琴。莊子孺子速也櫄木名○櫄勑倫反又相倫反己亥焚雍門及西郭南郭劉難士弱率諸侯之師

焚申池之竹木二子晉大夫○難乃多反又如字壬寅焚東郭北郭范鞅門于揚。門齊西門州綽

門于東閭齊東門左驂迫還于東。門中以枚數闔枚馬檛也闔門扇也數其。枚示不恐○驂七南反迫音百還音

旋一音患枚每回反數所主反注同闔戶臘反檛陟瓜反恐曲勇反齊侯駕將走郵棠郵棠齊邑○郵音尤大子與郭榮扣

馬大子光也榮齊大夫○扣音口曰師速而疾略也言欲略行其地無久攻意○行下孟反將退矣君何懼焉且

社稷之主不可以輕輕則失衆君必待之將犯之大子抽劍斷鞅乃止甲辰東

侵及濰。南及沂濰水在東莞東北至北海都昌縣入海沂水出東莞蓋縣至下邳入泗○輕遣政反下同斷音短濰本又作維音同沂魚依反

莞音官蓋古害反邳蒲悲反泗音四○鄭子孔欲去諸大夫欲專權○去起呂反下同將叛晉而起楚師以去之使告子庚子庚弗許子庚楚令尹公子午楚子聞之使楊豚尹宜告子庚曰國人謂不穀主社稷而不出師死不從禮不能承先君之業死將不能。先君之禮○豚徒門反不穀即位於今五年師徒不出人其以不穀爲自逸而忘先君之業矣謂己未嘗統師自出大夫圖之其若之何子庚歎曰君王其謂午懷安乎吾以利社稷也見使者稽首而對曰諸侯方睦於晉臣請嘗之嘗試其難易也○使所吏反易以豉反若可君而繼之不可收師而退可以無害君亦無辱子庚帥師治兵於汾襄城縣東北有汾丘城○汾扶云反於是子蟜伯有子張從鄭伯伐齊子張公孫黑肱子孔子展子西守二子知子孔之謀二子子展子西○守手又反下完守同完守入保完城郭內保守子孔不敢會楚師楚師伐鄭次於魚陵魚陵魚齒山也在南陽犫縣北鄭地○犫尺由反右師城上棘遂涉潁次于旃然將涉潁故於水邊權築小城以爲進退之備旃然水出滎陽城皋縣東入汴○旃之然反汴皮彥反蔿。子馮公子格率銳師侵費滑胥靡獻于雍梁胥靡獻于雍梁皆鄭邑河南陽翟縣東北有雍氏城○蔿本又作薳于委反馮皮冰反費扶味反滑于八反雍於用反右回梅山在滎陽密縣。東北○回如字徐胡猥反侵鄭東北至于蟲牢而反子庚門于純門信于城下而還信再宿也○牢方刀反純如字一音市荀反涉於魚齒之

下魚齒山之下有湛水故言涉○湛音雉。甚雨及之楚師多凍。役徒幾盡晉人聞有楚師師曠曰

不害吾驟歌北風又歌南風南風不競歌者吹律以詠八風南風音微故曰不競也。師。也師曠唯歌南北風者聽晉楚

之強弱○凍丁弄反幾音祈驟仕救反 疏 甚雨及之○正義曰楚師南行有大雨從北而南。逐及楚師○注歌者至彊弱○正義曰律呂雖有十二其風

有八八風者乾風不周坎風廣莫艮風調震風明庶巽風清明離風景坤風涼兌風閶闔八方之風風別先有音曲總吹律呂以詠八方音曲今師曠以律呂

歌南風音曲南風音微不與律聲相應故云不競服虔以爲卯西以北律呂爲北風以南爲南風與杜八風義違非杜義也多死聲楚必無

功董叔曰天道多在西北歲在豕韋月又建亥故曰多在西北南師不時必無功不時謂觸歲月叔向曰

在其君之德也言天時地利不如人和 疏 多死聲○正義曰服虔云南風律氣不至故聲多死○注歲在至西北○正義曰歲。君右行於

天大率一歲行一次二十八年歲在星紀距此十一年卻而數之此年在豕韋豕韋一名娵訾當亥之次也周十二月夏之十月其月又建亥故曰多在西北

○注言天至人和○正義曰孟子云天時不如地利地利不如人和

附釋音春秋左傳注疏卷第三十三

春秋左傳注疏卷三十三校勘記　阮元撰盧宣旬摘録

附釋音春秋左傳注疏卷第三十三　襄十六年盡十八年石經春秋經傳集解襄三第十六岳本襄字下增公字並盡二十二年

（經十六年）

十六年注踰月而葬速　宋本無十六年三字

故杜宏通兩解之　宋本之作也

三月公會晉侯至溴梁　石經宋本岳本溴作湨下同釋文同案臭聲與臭聲迥别陸氏公羊音義云臭本又作湨今公羊亦作湨

不書至故也　宋本以下正義二節總入大夫盟注之下

又隔袁僑如會　宋本又作文

十五年邾人伐我南鄙　毛本邾作莒非也

乃是自歸晉國　毛本晉作于非也

取其事也　宋本取作是不誤

圍郕　宋本岳本郕作成與石經合傳同案公羊穀梁皆作成

（傳十六年）

悼公子彪 釋文彪下有也字諸本脫

傳羊舌肸爲傳 監本傳作注非也宋本毛本脫傳字宋本以下正義四節總入速遂塞海陘而還注下

士渥濁爲大傳 閩本亦誤作傳下同宋本監本毛本作傅是也今改正

○宣十六年 宋本○無浦鏜正誤云宣上當脫注代士渥濁五字

無忌子也 宋本足利本無也字

晉人歸諸侯 淳熙本人作候非也

故得會鄭伯 宋本足利本脫故字

以報宋揚梁之役 足利本揚作楊注同石經初刻從木後改从才說詳十二年

秋齊侯圍郕 監本郕作成是也注同

貳晉故伐魯 淳熙本貳作二非

注禘祀至吉祭 宋本以下正義三節總入宣子曰節注下

知其禘祀 宋本其作此與續儀禮經傳通解引合

以齊人之朝夕釋憾於敝邑之地釋文憾作感云本亦作憾案羣經音辨云感恨也動也戶暗切春秋傳朝夕釋感於敝邑

哀鳴嗸嗸此本下嗸字作嗷今改正

謂我劬勞淳熙本謂作爲非是

（經十七年）

弁縣東南有桃虛閩本監本毛本此注入圍桃下

不知其實以冬出宋本不作下屬上句讀

不在九月內耳宋本不作當

（傳十七年）

傳十七年石經宋本淳熙本岳本纂圖本足利本作七此本誤一今正

飲馬于重丘釋文飲上有遂字

重丘人閉門而詢之宋本閉誤閑

親逐至爲厲宋本以下正義二節總入注文晉人執石買傳下

或可事由孫蒯故決之閩本監本毛本可作曰

齊人以其未得志于我故 淳熙本纂圖本于作於非也

前年圍成辟孟孺子 毛本成改郕

郰叔紇 岳本郰作鄹釋文同

抑君賜不終姑又使其刑臣禮於士 石經此行君字起刑字止此行只九字非初刻也

以杙抉其傷而死 釋文云傷一本作瘍○[補]案此本瘍誤瘍今正

曰畀余而大璧 閩本監本璧誤壁

苟過華臣之門必騁 顧炎武云石經騁誤聘案石經此處不誤炎武非也

不如蓋之 宋本以下正義二節總入遂奔陳注之下

左師經鷹鸇之志 宋本毛本經作無是也今正監本無字改刊

國人逐瘈狗瘈狗入於華臣氏 釋文云瘈字林作狾案說文狾字下引春秋傳曰狾犬入華臣氏之門漢書五行志引亦作狾是左傳古文本作狾也諸本無之門字惟論衡感類篇引與說文同

妨於農功 石經宋本淳熙本岳本纂圖本足利本功作收釋文同

澤門之皙 纂圖本閩本監本毛本皙作晢注同案晢乃明晢之晢从日折聲與此从白析聲異也石經及各本作澤門釋文云本或作皐者誤案詩

大明緜正義引作皋門之皙惠棟云古皋澤字相同孫叔敖碑云收九睪之利壹壽以爲澤字但皋字白下本羍爲四下夲本一字漢碑从四下羊者誤上林賦云亭皋千里服虔注云皋澤也詩鶴鳴于九皋王仲任薛夫子皆以爲九折之澤諸侯本有皋門何獨宋不然也

親執扑 釋文亦作扑足利本作朴石經初作朴後唐元度校正從扌是也

注閭謂門戶閉塞 宋本此節正義在注文傳晉子罕分謗之下

晏嬰麤縗斬 釋文麤作麄云本又作麤縗作衰云本又作縗案說文無麄字鄭注禮記雜記後漢書東海恭王傳注李善注文選解嘲注齊竟陵文宣王行狀引傳文並作麤斬衰陸氏以縗爲又作之字按縗見說文乃喪服正字而經典多假衰爲之

注斬不至升布 宋本以下正義五節總入曰唯卿爲大夫節注下

故云有胷前也 宋本毛本有作在有字誤也今正

布之最麤 宋本麄作麤下同

取甚麤也 宋本淳熙本岳本纂圖本足利本甚作其不誤

杖竹杖也 宋本杖上有苴字按喪服傳作苴杖竹也

絞帶兮繩帶也 監本毛本兮作弓亦非宋本作者與喪服傳合

首是四體所先 閩本監本毛本所作之

又有絞帶宋本帶下有要字

食鬻案鄭注禮記雜記漢書東海恭王傳引作食粥

注此禮與士喪禮至正文宋本無與士喪禮四字

同木爲廬閩本監本毛本同作用亦非宋本作倚是也今依改

詩之所行宋本淳熙本岳本纂圖本監本毛本詩作時不誤今依改

行從大夫之法宋本行作得是也

義服齊服六升宋本下服字作衰是也今依改

〔經十八年〕

十七年于阿陵補諸本阿作柯

〔傳十八年〕

厲公獻子所弑者釋文弑作殺淳熙本脫者字

首隊於前石經隊作墜俗字

獻子以朱絲係玉二瑴岳本瑴作㲉與釋文合

齊環怙恃其險石經齊下後人旁增侯字

注彪晉至末臣　宋本此節正義在南及沂注下

平陰城在濟北盧縣東北　陳樹華云案酈道元水經注八引注文縣下有故城二字

平陰至書圍　宋本以下正義三節總入注文彪晉至末臣節之後

形猶在　宋本形上有地字是也

又門于揚門　宋本揚作揚是也

僞以衣服爲人形也　宋本足利本服作物淳熙本作旆非

以揚塵　淳熙本揚作楊非

齊師其遁　淳熙本其誤之

曰有班馬之聲　郭注爾雅釋言引作般馬之聲案班般古字通

乃代之殿　淳熙本代誤伐

欲使晉得之心　宋本淳熙本岳本足利本無心字纂圖本作也亦非此本心下有隘於嶰反四字乃釋文而誤入者○補案心字當改○

數目頭脰　宋本頭作顚不誤

稱宋萬博閔公　宋本毛本博作搏不誤閩本監本作搏非也

乃弛弓而自後縛之　釋文云弛本又作施音同閩本監本縛作縛非也下同

反縛之　岳本之作也

平陰西有郝山　淳熙本山誤出此本山下有郝音詩三字乃釋文而誤入者○今加○

及秦周伐雍門之萩　惠士奇云呂氏春秋慎大篇曰齊達子率其餘卒以軍於秦周高誘注曰秦周齊城門名也案秦周當是齊地名杜注以爲魯大夫失之閩本萩誤荻釋文云本又作秋按萩者楸之假借字如史漢貨殖傳千樹萩即千樹楸也

孟莊子斬其橁以爲公琴　淳熙本橁誤橁注同監本琴誤雍惠棟云公琴頌琴也頌與公古字通按惠棟語非

范鞅門于揚門　石經初刻揚字木旁後改扌

左驂迫還于東門中　石經宋本淳熙本岳本足利本無東字是也傳之門即上文之東閭

數其枚示不恐　宋本淳熙本岳本枚作板是也

東侵及濰　各本作濰葉抄釋文作維云本亦作濰

使楊豚尹宜　石經宋本淳熙本岳本足利本楊作揚釋文同

死將不能先君之禮　宋本淳熙本岳本足利本作死將不得從先君之禮

旃然水出滎陽城皐縣宋本纂圖本監本城皐作成皐按水經注引同

蔿子馮釋文蔿作薳云本又作蔿案二字同張參五經文字序例云蔿薳同姓春秋互出是也

在滎陽密縣東北案劉昭郡國志引東北作西北

甚雨及之案惠棟云甚古文湛字見詛楚文莊子天下篇云沐甚雨節疾風崔譔本甚作湛音淫湛雨猶久雨也或云檀弓云雨甚至甚當讀如字亦通也按後說是

楚師多凍石經淳熙本凍作涷案毛氏六經正誤云作涷誤涷音東夏月暴雨曰涷非凍沍之凍凍從冫冫與冰同

故曰不競也師也宋本淳熙本岳本足利本無師也二字

甚雨及之宋本以下正義五節總入叔向曰節注下

逐及楚師閩本監本毛本逐作遂

歲君右行於天宋本監本毛本君作星是也

春秋左傳注疏卷三十三校勘記

珍倣宋版印

附釋音春秋左傳注疏卷第三十四（襄十九年盡二十一年）

杜氏注　孔穎達疏

經十有九年春王正月諸侯盟于祝柯（前年圍齊之諸侯也祝柯縣今屬濟南郡○柯古多反）晉人執邾子（稱人以執惡及民也）公至自伐齊（傳無）【疏】（十。九。年公至自伐齊○正義曰往年圍齊今以伐致傳既不說杜亦不解公羊傳曰此同圍齊也何以致伐未圍齊也未圍齊則其言圍齊何抑齊也曷爲抑齊爲其亟伐。其意言往年同圍齊者實非圍齊故以伐致案傳攻平陰齊侯塹防門而守之則是兵實圍齊不得如公羊說一也賈逵云圍齊而致伐以策伐勳也伐者加兵之名圍則伐內之別圍伐終是一事不得各有其勳何言策伐勳也但圍是伐內之別此言至自伐齊僖二十九年言至自圍許史異辭無義例）取邾田自漷水（取邾田以漷水爲界也漷水出東海合鄉縣西南經魯國至高平湖陸縣入泗○漷好號反徐音郭又虎伯反字林口郭口獲二反）○季孫宿如晉葬曹成公（傳無）○夏衞孫林父帥師伐齊○秋七月辛卯齊侯環卒（世子光三與魯同盟）【疏】（注世子至同盟○正義曰環以成十年即位十五年國佐盟于戚十七年自盟于柯陵十八年崔杼于虛朾襄三年世子光于雞澤五年世子光于戚九年世子光于戲十一年世子光于亳城北不數成公之世世子光猶四同盟言三者襄五年戚盟不書經故杜不數劉炫以爲杜誤非也）○晉士匄帥師侵齊至穀聞齊侯卒乃還（詳錄所至及還者善得禮）○八月丙辰仲孫蔑卒（傳無）○齊殺其大夫高厚○鄭殺其大夫公子嘉○冬葬齊靈公（傳無）○城西郛（魯西郭郛芳夫反）○叔孫豹會晉士匄于柯（魏郡內黃縣東）

北有柯城○城武城。泰山南武城縣

傳十九年春諸侯還自沂上盟于督揚曰大毋侵小督。揚即祝柯也○督丁毒反毋音無執邾悼

公以其伐我故伐魯在十七年○遂次于泗上疆我田正邾魯之界也泗水名○疆居良反取邾田自漷

水歸之于我邾田在漷水北今更以漷為界故曰取邾田疏。傳。注邾田至邾田○正義曰邾在魯南田在漷水北今更以漷水為界取邾漷水北之田歸于魯也十六年命歸侵田此年正邾魯之界則此田舊是魯界邾人取以為己有今日使之歸魯故曰取邾田也公羊傳曰其言自漷水何以漷為竟也何言乎以漷為竟漷移也其意言邾魯以漷水為竟漷水移入邾界魯隨而有之賈服取以為說言刺晉偏而魯貪案傳晉命歸侵田此田邾先侵魯追今反本何晉偏而魯貪公羊之說不可通也

晉侯先歸公享晉六卿于蒲圃六卿過魯○圃布古反過古禾反賜之

三命之服軍尉司馬司空輿尉候奄皆受一命之服如鞌戰還之賜唯無。先輅○鞌音安賄荀偃

束錦加璧乘馬先吳壽夢之鼎荀偃中軍元帥故特賄之五匹為束四馬為乘壽夢吳子乘也獻鼎於魯因以為名古之獻物必有以先今以璧馬為鼎之先○賄呼罪反乘繩證反注四馬為乘同先吳悉薦反又如字夢莫公反帥所類反疏注荀偃至之先○正義曰雜記云納幣一束束五兩兩五尋鄭玄云納幣謂昏禮納徵也十箇為束貴成數兩兩者合其卷是謂五兩八尺曰尋一兩五尋則每卷二丈也合之則四十尺今謂之匹猶匹偶之云彼雖主說昏幣但經傳所言束帛束錦者其束多少皆與彼同故云五匹為束也吳子乘以十二年卒乘獻此鼎於魯魯人因以其人名之謂之吳壽夢之鼎今以此鼎賄荀偃也古之獻物必有以先之老子云雖有拱抱之璧以先駟馬謂以璧為馬先也僖三十三年鄭商人弦高以乘韋先牛十二

犒師謂以韋爲牛先也二十六年鄭伯賜子展先路三命之服先八邑謂以車服爲邑之先也皆以輕物先重物此錦璧可執馬可牽行皆輕於鼎故以璧馬

爲鼎之先以輕先重非以賤先貴鼎之價未必貴於璧馬也荀偃癉疽生瘍於頭癉疽惡創○癉丁但反徐音旦疽七徐反瘍音羊創初良

反○疏癉疽生瘍於頭○正義曰說文云癉勞病也疽癰也癰腫也瘍頭創也然則傳言荀偃病此疽腫腫潰遂生創於頭杜云癉疽惡創略言其病創耳

濟河及著雍病目出大夫先歸者皆反士匄請見弗內請後曰鄭甥可士匄中軍佐故

問後也鄭甥荀吳其母鄭女○著張慮反又直慮反雍於用反見賢遍反二月甲寅卒而視不可含。目開口噤○視如字徐市至反

下同含戶暗反本亦作唅下同噤其蔭反宣子盥而撫之曰事吳敢不如事主猶視大夫稱主○盥音管欒懷

子曰其爲未卒事於齊故也。乎懷子欒盈○爲于僞反下注爲懷子同乃復撫之曰主苟終所不

嗣事。于齊者有如河乃瞑受含嗣續也○復扶又反瞑亡丁反一音亡平反桓譚以爲荀偃病而目出初死其目未合尸冷乃

合非其有所知也傳因其異而記之耳宣子出曰吾淺之爲丈夫也自恨以私待人○晉欒魴帥師從衛

孫文子伐齊爲懷子之言故也欒魴欒氏族不書兵并林父不別告也經書夏從告○并如字又必政反○季武子如晉拜

師謝討齊晉侯享之范宣子爲政代荀偃將中軍○將子匠反後放此○賦黍苗黍苗詩小雅美召伯勞來諸侯如陰雨之

長黍苗也喻晉君憂勞魯國猶召伯○召上照反下同勞力報反來力代反長丁丈反季武子興再拜稽首曰小國之仰

大國也如百穀之仰膏雨焉若常膏之其天下輯。睦豈唯敝邑賦六月六月尹吉甫佐

天子征伐之詩以晉侯比吉甫出征以匡王國○仰如字徐五亮反下同膏雨如字徐古報反常膏古報反又如字輯音集本又作集季武子以

所得於齊之兵作林鍾而銘魯功焉林。鍾律名鑄。鍾聲應林。鍾因以為名○鑄之樹反應應對之應疏注林。鍾律。名。鑄。鍾。聲。應。林。鍾。因。以為名○正義曰月令季夏律中林。鍾是林。鍾六月之律名也周語云景王將鑄無射問律於泠州鳩對曰律所以立均出度也古之神瞽考中聲而量之以制度律均鍾百官軌儀賈逵云律謂六律六呂以均鍾大小清濁也考成也成平也平中和之聲度律呂之長短以立均鍾以成和平之聲而百官之道得象而儀之是言度律呂長短然後鑄鍾鍾聲應律遂以律名鍾此鍾聲應林鍾故以林鍾為名臧武仲謂季孫曰非禮

也夫銘天子令德天子銘德不銘功諸侯言時計功舉得時動有功則可銘也大夫稱伐銘其功伐之勞今稱伐則下等也從大夫故疏今稱伐則下等也○正義曰諸侯之銘當言時既功時計功魯之伐齊也借人之力功非己有妨民農務不可謂時二者既無可稱唯有從行征伐可得稱伐勞耳伐雖可稱若稱伐則從大夫之例於三者為下等不足為功矣也計功則借人也借晉力也○借如字一音情亦反言時則妨民多矣何以為銘且夫大伐小取其所得以作彝器彝常也謂鍾鼎為宗廟之常器○夫音扶彝以之反銘其功烈以示子孫昭明德而懲無禮也今將借人之力以救其死若之何銘之小國幸於大國以勝大國為幸○懲直升反而昭所獲焉以怒

之亡之道也為城西郛武城傳○齊侯娶于魯曰顏懿姬無子其姪鬷聲姬生光以為大子兄子曰姪顏鬷皆二姬母姓因以為號懿聲皆謚○娶子住反姪直結反鬷子公反諸子仲子戎子戎子嬖諸子諸妾姓子

者二子皆宋女○仲本亦作中音仲下皆放此嬖必計反仲子生牙屬諸戎子屬託之○屬音之蜀反注同戎子請以為大子許之齊侯許之仲子曰不可廢常不祥廢立嫡之常○嫡本或作適丁歷反間諸侯難事難成也○間間廁之間光之立也列於諸侯矣列諸侯之會今無故而廢之是專黜諸侯謂光已有諸侯之尊而以難犯不祥也君必悔之公曰在我而已遂東。大子光廢而。徙之東鄙使高厚傅牙以為大子夙沙衛為少傅齊侯疾崔杼微逆光疾病而立之光殺戎子終言之○少詩照反下注公猶少同○杼直呂反疏。注終言之○正義曰知終言之者以云尸諸朝非禮下始云五月齊靈公卒莊公即位若非即位之後豈得尸戎子於朝故。傳終言之尸諸朝非禮也婦人無刑無黥刖之刑○黥其京反刖音月又五刮反疏注無黥刖之刑○正義曰婦人淫則閉之於宮犯死不得不殺而云婦人無刑知其於五刑之中無三等刑耳三等墨劓刖也三等之刑墨輕刖重故舉其輕重而略其劓也周禮謂之墨尚書謂之黥黥墨為一故依尚書言黥也服虔云婦人從人者也故不為制刑及犯惡從男子之刑也若與男子俱受黥刖劓亦是婦人刑矣何獨主男子而婦人從之也劓難服云犯淫則男子割勢婦人閉宮豈得從男子乎雖有刑不在朝市謂犯死刑者猶不暴尸○暴蒲卜反夏五月壬辰晦齊靈公卒經書七月辛卯光定位而後赴莊公即位太子光也執公子牙於句瀆之丘以夙沙衛易己衛奔高唐以叛光謂衛教公易己高唐在祝柯縣西北○句古侯反瀆音豆○晉士匄侵齊及穀聞喪而還禮也禮之常不必待君命疏注禮之至君命○正義曰傳言禮也則兵不伐喪必有常禮禮有此法故聞喪即還公羊傳曰還者何善辭也何善爾大其不伐喪也此受命乎君而伐齊則何大乎其不伐喪大夫以君命出進退在大夫也何休云禮兵不從中御外臨事制宜唯義所在故善之是與左氏同也穀梁傳曰還者事未畢之辭也不伐喪善之則何為未畢也君不尸小事臣不專大名善則稱君過則稱己則民作讓矣士匄外專君命故非之也然則為士匄者宜奈何宜墠帷而歸命乎介其意言待命乃還故杜言不必待君命所以排穀梁也

○於四月丁未於此年鄭四月

公孫蠆卒赴於晉大夫范宣子言於晉侯以其善於伐秦也十四年晉伐秦子蟜見諸侯師而勸之。濟涇

六月晉侯請於王王追賜之大路使以行禮也大路天子所賜車之總名以行葬禮傳言大夫有功則賜服路

疏注大路至服路○正義曰二十四年穆叔如周王嘉其有禮賜之大路與。此並賜諸侯之卿其文皆云大路知大路天子所賜車之總名也周禮巾車王之五路有玉路金路象路革路木路又有服車五乘孤乘夏篆卿乘夏縵大夫乘墨車士乘棧車庶人乘役車又曰凡良車散車不在等者其用無常周禮有此文耳其封諸侯賜之以車則同姓以金路異姓以象路四衛以革路蕃國以木路其賜諸侯之卿則無文釋例曰周官王之五路以及卿大夫士服車各有名又有良車散車不在等者其用無常謂此上五路之良散當以出賜故言其用。無常也傳通稱玉路金路為大路及賜魯穆叔鄭子蟜嘗是革路若木路所以封四衛及蕃國之君也而亦曰大路者據受王之殊錫皆舉其總名或云先或云次當各自以就數為差也杜言當是革路若木路者雖疑不敢質謂當是此二路也必疑然者以服車稱車不稱路王若賜之夏篆夏縵不應謂之為大路名之曰大路必在五路之中矣金路象路乃賜同姓異姓之國君不可以賜其臣而傳稱列國之卿當小國之君固周制也位當小國之君則車亦可以同之故疑是革路若木路也革路木路路之卑者亦稱大路者以受王殊賜皆舉其總名也若受之於君或稱先或稱次杜云以就數為差者三命之卿就數三再命之卿就數二故鄭賜子展先路三命之服子產次路再命之服是

也若其不然王賜叔孫穆子其車若是夏篆夏縵郎與常車無異何故生弗敢乘及死乃請以葬也鄉飲酒禮者大夫之禮也工人卒歌主人獻工大師則爲之洗鄭玄云大夫若君賜之樂謂之大師爲之洗尊之也彼尊君賜樂謂工師爲太師此尊王賜車謂王車爲大路其意類於彼也。膏。肓。何。休以天子車稱大路諸侯車稱路車大夫稱車今鄭子蟜諸侯之大夫耳當與天子士同賜其車而名之曰大路非正也孔子曰唯器與名不可以假人名不正則言不順於義左氏爲短案周禮天子衮冕上公亦稱衮冕天子析羽爲旌諸侯及大夫亦稱旌又天子樂官稱大師鄉飲酒禮君賜樂亦稱大師此皆名同於上則卿大夫大路何獨不可同之於天子大路之名乎何休之難非也○秋八月齊崔杼殺高厚於灑藍而兼其室灑藍齊地○灑色買反徐所綺反藍力甘反書曰齊殺其大夫從君於昬也傳解經不言崔杼殺而爲國討文○鄭子孔之爲政也專專權國人患之乃討西宮之難十年尉止等作難西宮子孔知而不言○難乃旦反注及下同與純門之師前年子孔召楚師至純門子孔當罪以其甲及子革子良氏之甲守以自守也○守手反下守備同甲辰子展子西率國人伐之殺子孔而分其室書曰鄭殺其大夫專也亦以國討爲文子然子孔宋子之子也子然子革父士子孔圭嬀之子也宋子圭嬀皆鄭穆公妾士子孔子良父○嬀居危反圭嬀之班亞宋子而相親也亞次也○亞於嫁反士子孔亦相親也僖之四年子然卒鄭僖四年魯襄六年簡之元年士子孔卒魯襄八年司徒孔實相子革子良之室司徒孔與二父相親故相助其子○相息亮反注同三室如一言同心故及於難故二子幷及難子革子良出奔楚子革爲右尹子革卽鄭丹鄭人使子展當國子西聽政立子產爲卿簡公猶幼故大夫當國○齊慶封圍高唐弗克夙沙衞以叛故圍之冬十一月齊侯圍之見衞在城上號之乃下衞下與齊侯語○號徐胡報反召也一音戶刀反問守備焉以無備告揖之乃登齊侯以衞告誠揖而禮之欲生之也衞志於戰死故不順齊侯之揖而還登城疏見衞至乃登○正義曰杜於此注皆用賈逵之說服虔引彭仲博云齊欲誅衞呼而下與之言固可取之無爲揖之復令登城仲博以爲齊侯號衞衞而下云問守備焉問衞之守高唐者衞無恩信故令守者以無備告齊侯善其言故揖之乃命士卒登城服虔謂此說近之案傳之次第衞在城上號之乃下是衞下也問守備焉問衞也若其別問餘人當云問其守者不得云問守備也若齊侯揖之而命士卒登城則士於此時已登矣何故下文方曰殖綽工僂會夜縋納師也衞已下城齊侯不卽執取者或有所隔礙不得取之漢末曹操聞與馬超對語徐晃與關羽對語皆讎敵交言而不能相取亦何怪古之人乎師將傅食高唐人殖綽工僂會夜縋納師因其會食二子齊大夫○傅音附食音嗣僂力侯反縋直僞反疏夜縋納師○正義曰二子因其無備先往城上乃從城上縣繩納師醢衞于軍○醢音海○城西郛懼齊也前年與晉伐齊又鑄其器爲鐘故懼○齊及晉平盟于大隧大隧地闕○隧音遂故穆叔會范宣子于柯齊晉平魯懼齊故爲柯會以自固穆叔見叔向賦載馳之四章四章曰控于大邦誰因誰極控引也取其欲引大國以自救助○控苦貢反疏注四章至救助○正義曰控于大邦乃是載馳五章而云四章者文十三年鄭子家賦載馳之四章義取控于大邦意在五章而幷賦四章彼注已云四章以下故於此略之詩注云極至也今衞侯欲求援引之力助於大國之諸侯亦誰因乎由誰至乎閔之故欲歸問之叔向曰肸敢不承命叔向度齊

未肯以盟服故許救魯○度待洛反穆叔。曰齊猶未也不可以不懼乃城武城○衞石共子卒石買○共音恭悼子不哀買之子石惡孔成子曰是謂蹶其本蹶猶拔也○蹶求月反一音居月反又居衞反疏。注蹶猶拔也○正義曰蹶者倒也樹倒必拔根故云蹶猶拔也父是親之極孝爲德之本於父尙猶不哀必是不能愛人也已不愛人人亦不愛已。已人皆不愛必將喪家知其不能保有宗嗣也必不有其宗爲二十八年石惡出奔傳

經二十年春王正月辛亥仲孫速會莒人盟于向向莒邑○向舒亮反○夏六月庚申公會晉侯齊侯宋公衞侯鄭伯曹伯莒子邾子滕子薛伯杞伯小邾子盟于澶淵澶淵在頓丘縣南今名繁。汙此衞地又近戚田○澶市然反汙音紆近附近之近秋公至自會無傳○仲孫速帥師伐邾○蔡殺其大夫公子燮莊公子○燮息協反○蔡公子履出奔楚燮母弟也○陳侯之弟黃出奔楚稱弟明無罪也疏。二。十。年注稱弟明無罪也○正義曰傳言非其罪也則無罪之文明矣而云稱弟明無罪者賈逵以爲稱名罪其偪杜以鄭段有罪去弟以罪段今此存弟非是罪黃之文也言此以排賈氏也叔老。如齊○冬十月丙辰朔日有食之無傳季孫宿如宋

傳二十年春及莒平孟莊子會莒人盟于向督揚之盟故也莒數伐魯前年諸侯盟督揚以和解之故二國自復共盟結其好○數所角反下同解古買反又戶買反復扶又反下始復同好呼報反下皆同疏。傳盟于至故也○正義曰於經服異則稱

同盟此齊成而盟不言同者往年齊與晉平盟于大隧是齊已服於晉矣非於此始服故不言同也晉以齊既平和而召諸侯以為此會傳解其為盟之意故云齊成也○夏盟于澶淵齊成故也齊與晉平○邾人驟至以諸侯之事弗能報也驟數也謂十五年十七年伐魯秋孟莊子伐邾以報之既盟而又伐之非○蔡公子燮欲以蔡之晉背楚背音佩○蔡人殺之公子履其母弟也故出奔楚與兄同謀故○陳慶虎慶寅畏公子黃之偪二慶陳卿恐黃偪。奪其政○偪彼力反愬諸楚曰與蔡司馬同謀同欲之晉楚人以為討討責陳公子黃出奔楚奔楚自理初蔡文侯欲事晉曰先。君與於踐土之盟先君文侯父莊侯甲午也踐土盟在僖二十八年○與音預晉不可棄且兄弟也畏楚不能行而卒宣十七年文侯卒楚人使蔡無常徵發無。準公子燮求從先君以利蔡不能而死書曰蔡殺其大夫公子燮言不與民同欲也罪其違眾陳侯之弟黃出奔楚言非其罪也稱弟罪陳侯及二慶【疏】。注稱弟至二慶○正義曰稱弟者止為罪陳侯但陳侯之罪罪在信二慶故杜兼言二慶耳稱弟不為罪二慶也釋例曰兄而害弟者稱弟以章兄罪弟又害兄則去弟以罪弟身推此以觀其餘秦伯之弟鍼陳侯之弟黃皆是兄害其弟者也秦伯有千乘之國而不能容其母弟傳曰罪秦伯也歸罪秦伯則鍼罪輕也陳侯不能制禦臣下使逐其弟傳曰言非其罪也非黃之罪則罪在陳侯示互舉之文也公子黃將出奔呼於國曰慶氏無道求專陳國暴蔑其君而去其親五年不滅是無天也為二十三年陳殺二慶傳○呼好故反去起呂反○齊子初聘于。齊

禮也齊魯有怨朝聘禮絕今始復通故曰初繼好息民故曰禮○冬季武子如宋報向戌之聘也向戌聘在十五年

褚師段逆之以受享段共公子子石也逆以入國受享禮褚張呂反段徒亂反共音恭賦常棣之七章以卒武子賦也七章以卒盡八章取其妻子好合如鼓瑟琴宜爾室家。樂爾妻。帑言二國好合宜其室家相親如兄弟○棣大計反樂音洛帑音奴宋人重

賄之歸復命公享之賦魚麗之卒章魚麗詩小雅卒章曰物其有矣維其時矣喻聘宋得其時○麗力馳反疏賦魚麗之卒章○正義曰魚麗詩小雅物其有矣者謂言魚有鱨鯊魴鯉幷有旨酒也維其時矣者注云太平而後微物衆多取之有時用之有道則萬物莫不多也

公賦南山有臺南山有臺詩小雅取其樂只君子邦家之基邦家之光喻武子奉使能為國光。輝○只之氏反本亦作旨使所吏反

子去所曰臣不堪也去所辟席○衛甯惠子疾召悼子悼子甯喜曰吾得罪於君悔而無

及也名藏在諸侯之策曰孫林父甯殖出其君君入則掩之掩惡名○策初革反出如字徐音黜

若能掩之則吾子也若不能。猶有鬼神吾有餒而已不來食矣。餒餓也○餒奴罪反悼子

許諾惠子遂卒為二十六年衛侯歸傳

經二十有一年春王正月公如晉○邾庶其以漆閭丘來奔二邑在高平南平陽縣東北有漆鄉西北有顯閭亭以邑出為叛適魯而言來奔內外之辭○漆本或作漆徐音七閭力於反疏二邑。在。高。平。南。陽。至之辭○正義曰杜解地邑自為其例言在者指知其處言有者以。示不審此言二邑在高平者知其在高平郡界耳又言有者並不審其處也釋例曰漆高平南平陽縣東北有漆鄉閭丘高平南平陽

縣西北有顯閭亭是二邑知在高平而不審其地故言有也諸侯之臣入其私邑而以之出奔者皆書爲叛衞孫林父宋華亥宋公之弟辰趙鞅荀寅等皆書爲叛叛者背其本國之大辭也此及莒牟夷邾黑肱亦以邑叛本國但叛來歸魯據其至魯爲。奔而言來奔內外之辭言俱是叛而辭異耳且傳謂庶其等爲三叛人明其來。是叛也○夏公至自晉無傳○秋晉欒盈出奔楚盈不能防閑其母以取奔亡稱名罪之疏注盈不至罪之○正義曰宣十年齊崔氏出奔衞書其族也。文八年宋司城來奔舉其官也又十四年宋子哀來奔稱其字也皆爲無罪不書其名則書名爲罪之文據傳盈無大罪故辨之不能防閑其母以取奔亡稱其名罪之也不能防閑其母詩序文也周禮虎賁氏舍則守王閑又校人謂馬廏爲閑則閑是欄衞禁防之名也禮之防失若彼閑然論語云大德不踰閑閑謂禮法言不能以禮法禁防母也○九月庚戌朔日有食之無傳○冬十月庚辰朔日有食之無傳○曹伯來朝○公會晉侯齊侯宋公衞侯鄭伯曹伯莒子邾子于商任商任地闕○任音壬

傳二十一年春公如晉拜師及取邾田也謝十八年伐齊之師漷水之田○邾庶其以漆閭丘來奔庶其邾大夫季武子以公姑姊妻之計公年不得有未嫁姑姊蓋寡者二人○公姑姊杜以公之姑及姊是二人也或曰列女傳稱梁有節姑妹謂父之妹也此云姑姊是父之姊也一人耳以杜氏爲誤案成二年楚侵及陽橋孟孫往賂以公衡以公衡爲質杜云衡成公子也楚師及宋公衡逃歸臧宣叔云衡父不忍數年之不晏以棄魯國則公衡之年下計猶十七八成公是其父固當三十有餘矣成二年至此。三十八歲姑又成公之姊則年近七十矣假令公衡非成公之子猶是成公之弟成。九年伯姬歸于宋伯者長稱九年始嫁則爲成公之妹成公不得有姊矣若成公別有庶長之

姊以成公公衡之年推之亦不復堪嫁故知二人也唯公羊以成公即位年幼據左氏成四年傳云公如晉晉侯見公不敬公歸欲求成于楚得季文子諫而止此非年幼也反覆推之杜氏不誤妻之七計反下同疏傳。註計公。至二人。○正義曰杜以姑爲父之女昆弟姊是己之女昆故計公之年以爲寡者二人劉炫云案十二年傳云無女而有姊妹及姑姊妹則古人謂姑爲姑姊妹也而知此姑姊是襄公父之姊止一人耳不得云寡者二人今知不然者以襄公成公之子成公即位二年已令大子公衡爲質於楚及宋逃歸則公衡年十五六矣成公即位之初已三十有餘計至於今七十許歲其姊雖存年極老矣安可以。妻庶。期劉以爲成公之姊而規杜氏非也皆有賜於其從者於是魯多盜季孫謂臧武仲曰子盍詰盜詰治也○從才用反下同盍朝臘反下盍反同詰起吉反疏子盍○正義曰鄭玄服虔皆以盍爲何不也武仲曰不可詰也紇又不能季孫曰我有四封而詰其盜何故不可子爲司寇將盜是務去若之何不能武仲曰子召外盜而大禮焉何以止吾盜吾謂。國中○去起呂反下皆同子爲正卿而來外盜使紇去之將何以能庶其竊邑於邾以來子以姬氏妻之而與之邑使食漆閭丘其從者皆有賜焉若大盜禮焉以君之姑姊與其大邑其次皁牧輿馬給其賤役從皁至牧凡八等之人○皁在早反疏注給其至之人○正義曰昭七年凡八等之人謂皁輿隸僚僕臺圉牧也傳曰皁臣輿輿臣隸隸臣僚僚臣僕僕臣臺馬有圉牛有牧自皁至牧有八等也其次謂庶其從者魯給之以八等之人其小者衣裳劒帶是賞盜也賞而去之其或難焉紇也聞之在上位者洒濯其心壹以待人軌度其信可明徵也徵驗也○洒西禮反濯直角反度待洛反【疏】以軌度至徵也○正義曰謂使其臣信有軌則法度可明以為徵驗也劉炫云軌法也行依法度而言有信也

而後可以治人夫上之所爲民之歸也上所不爲而民或爲之是以加刑罰焉

而莫敢不懲若上之所爲而民亦爲之乃其所也又可禁乎夏書曰念茲在茲逸書也茲此也謂行此事當念使可施之於此○不懲直升反釋茲在茲釋除也謂欲有所治除於人亦當顧己得無亦有之名言茲在茲名此事言此事亦皆當令可施於此○令力呈反允出茲在茲允信也信出於此則善亦在此惟帝念功言帝念。功則功成也

將謂由己壹也信由己壹而後功可念也言非但意念而已當須信己誠至【疏】夏書至念也○正義曰念茲在茲謂念此所行之事欲施於他得可施之在於此身然後行之釋茲在茲釋除也謂有所除治於此前人之上亦當在此身無有罪過然後除之名言茲在茲謂名此事言此事亦皆當令可施於此猶若名此除盜言此除盜己能除盜是除盜之事可施於此若己不能除盜遣人除盜是不可施於此也允出茲在茲允信也謂誠信之心出於此身則善亦誠在此身也信由己壹謂信實由己專壹然後善功可念此斷章爲義故與尚書本文稍殊。也

庶其非卿也以地來雖賤必書重地也重地故書其人其人書則惡名。彰以懲不義【疏】庶其非卿也○正義曰公羊穀梁皆以邾莒之徒小國不合有卿釋例曰公侯。伯子男及其卿大夫士命數周官。具有等差當春秋時漸已變改是以仲尼丘明據時之宜仍其行事從而然之不復與周官同而先儒考合周官禮記各致異端今詳推經傳國之大小皆據當時土地人民不復依爵故書秦楚之卿而略於滕薛也諸侯大。國之卿皆必有命固無所疑其總名亦曰大夫也故經傳卿大夫之文相涉晉殺三卿而經書大夫邢丘之會傳稱大夫亦皆卿也蜀之盟齊國之大夫溴梁之盟小邾之大夫此不命

一命之大夫故不書也命者謂其君正爵命之於朝其宮室車旗衣服禮儀各如其命數則皆以卿禮書之於經衛之於晉不得比次國則邾莒杞鄫之屬固以微矣此等諸國當時附隨大國不得列於會者甚衆及其得列上不能自通於天子下無暇於備禮成制故與於會盟戰伐甚多唯曹之公子首得見於經其餘或命而禮儀不備或未加命數故皆不書之也邾卑我之等其奔亡亦多所書唯數人而已知其合制者少也又邾庶其等傳皆言非卿以地來雖賤必書紀裂繻來逆女傳曰卿爲君逆知此等微國亦應有卿有卿則應書於經徒以卑陋制不合禮失禮之例杞降爲夷華耦具官君子貴之至於此等卿而不備禮亦所以見其略賤也諸儒以爲邾莒無命卿既自違傳劉賈又云春秋之序三命以上乃書於經頻氏以爲再命稱人傳曰叔孫昭子三命踰父兄昭公十年昭子始加三命而先此叔孫皆自見經知所書皆再命也是杜大明春秋書卿名氏之例以邾莒自當有卿若有再命則書名氏其不書於經皆爲禮不備故庶其非卿謂非再命之卿也

○齊侯使慶佐爲大夫慶佐崔杼黨復討公子牙之黨執公子買于句瀆之丘公子鉏來奔叔孫還奔燕三子齊公族言莊公斥逐親戚以成崔慶之勢終有弒。殺之禍○復扶又反鉏仕居反還音旋殺之申志反又如字○夏楚子庚卒楚子使薳子馮爲令尹訪於申叔豫叔豫叔時孫叔豫曰國多寵而王弱弱政教微而貴臣強國不可爲也遂以疾辭方暑闕地下冰而牀焉重繭衣裘鮮食而寢繭。緜衣○闕求月反繭古典反禮記云纊爲繭衣裘於既反鮮息淺反少也下鮮過并注同

疏注繭緜衣謂。○正義曰玉藻曰纊爲繭緼爲袍鄭玄云衣有著之異名也纊。謂今之新緜緼謂今纊及舊絮也然則繭是袍之別名謂新綿著袍故云緜衣也置冰牀下使有寒氣其上加緜衣暑月多衣所以示疾

楚子使醫視之復曰瘠則甚矣瘠瘦也○瘠在亦反瘦所又反而血氣未

動言無疾乃使子南爲令尹子南公子追舒也爲二十二年殺追舒傳○欒桓子娶於范宣子生懷子桓子欒黶懷子盈也范鞅以其亡也怨欒氏十四年欒黶彊逐范鞅使奔秦○彊其丈反故與欒盈爲公族大夫而不相能桓子卒欒祁與其老州賓通欒祁桓子妻范宣子女盈之母也范氏堯後祁姓○相能如字徐乃代反幾亡室矣言亂甚○幾其依反懷子患之祁懼其討也愬諸宣子曰盈將爲亂以范氏爲死桓主而專政矣桓主欒黶。疏以范至政矣○正義曰桓是黶之謚大夫稱主誣欒盈言盈以范氏爲死桓主道范氏之意以桓主已死其家。裘弱故陵侮欒氏而專晉國之政矣曰吾父逐鞅也不怒而以寵報之謂宣子不爲黶責怒鞅而反與鞅寵位○爲于僞反下文吾爲同又與吾同官而專之同爲公族大夫而鞅專其權勢吾父死而益富死吾父而專於國有死而已吾蔑從之矣言宣子專政盈欲以死作難○難乃旦反其謀如是懼害於主吾不敢不言范鞅爲之徵證其有此懷子好施士多歸之宣子畏其多士也信之懷子爲下卿下軍佐○好呼報反施式豉反宣子使城著而遂逐之著晉邑在外易逐○著直豫反又張慮反易以豉反秋欒盈出奔楚宣子殺箕遺黃淵嘉父司空靖邴豫董叔邴師申書羊舌虎叔羆。十子皆晉大夫欒盈之黨也羊舌虎叔向弟○邴音丙羆彼皮反疏秋欒至叔羆○正義曰如此傳文則欒盈出奔之後宣子始殺十子也晉語云平公六年箕遺及黃淵嘉父作亂不克而死公乃問陽畢陽畢對曰。論逞志而虧君以亂國者之後而去之是遂威而遠權也欒氏之誣晉國久矣欒書實覆宗殺厲公以厚其家若滅欒氏則民威矣公許諾盡逐羣賊而使。祁午及陽畢適曲沃逐欒盈如國語則先殺十子後逐欒盈與此異者賈逵云十子皆欒盈之黨知范氏將害欒氏故先爲之作難討范氏不克而死然則欒盈城著十子在國謀殺宣子不克宣子先殺之乃使適著逐欒盈此傳先言欒盈後言其黨耳非是欒盈既奔之後殺十子也此傳言城著而遂逐之則是就著逐欒盈國語言適曲沃逐欒盈者曲沃是欒氏之采邑蓋就著逐其身適曲沃逐其家也因伯華叔向籍偃籍偃上軍司馬人謂叔向曰子離於罪其爲不知乎○譏其受因而不能去知音智下及注同叔向曰與其死亡若何言雖因何若於死亡詩曰優哉游哉聊以卒歲知也詩小雅言君子優游於衰世所以辟害卒其壽是亦知也○詩小雅案今小雅無此全句唯采菽詩云優哉游哉亦是戾矣

疏優哉游哉○正義曰此小雅采菽之篇案彼詩云優哉游哉亦是戾矣與此不同者蓋師讀有異

樂王鮒見叔向曰吾爲子請叔向弗應出不拜樂王鮒晉大夫樂桓子○鮒音附應應對之應下注同一本作不應其人皆咎叔向叔向曰必祁大夫祁大夫祁奚也食邑於祁因以爲氏祁縣今屬太原○咎其九反室老聞之曰樂王鮒言於君無不行其言皆得行求赦吾子吾子不許謂不應出不拜祁大夫所不能也不能動君而曰必由之何也叔向曰樂王鮒從君者也何能行祁大夫外舉不棄讎內舉不失親其獨遺我乎詩曰有覺德行四國順之詩大雅言德行直則天下順之○行下孟反注同夫子覺者也覺較然正直○覺較音角晉侯問叔向之罪於樂王鮒對曰不棄其親其有焉言叔向篤親親必與叔虎同謀於是祁奚老矣老去公族大夫聞之乘馹而見宣

子曰詩曰惠我無疆子孫保之詩周頌也言文武有惠訓之德加於百姓故子孫保賴之○馹人實反傳也疆居良反下注同

書曰聖有謨勳明徵定保逸書謨謀也勳功也言聖哲有謀功者當明定安之○謨莫胡反勳如字書作訓疏有覺至順之○正義曰此詩大雅抑之篇○惠我至保之○正義曰此詩周頌烈文之篇○注逸書至安之○正義曰此引書曰夏書胤征之文也彼作聖有謨訓此云惠訓不倦。行本當作訓但杜以傳作聖有謨勳故順傳文解之劉背傳文而規杜氏非也

夫謀而鮮過惠訓不倦者叔向有焉謀鮮過有謨勳也惠訓不倦惠我無疆也社稷之固也猶將十世宥之以勸能者今壹不免其身壹以弟故○宥音又以棄社稷不亦惑乎鯀殛而禹興言不以父罪廢其子○鯀古本反殛紀力反疏鯀殛而禹興○正義曰尚書稱堯使鯀治水九載績用不成乃求得舜而徵用之歷試三年乃禪以位舜典美舜之功象以典刑之下始云流共工于幽。州放驩兜于崇山竄三苗于三危殛鯀于羽山四罪而天下咸服孔安國云作者。敘典刑而連引四罪明皆徵用所行於此總見之是言舜初被徵用先誅鯀而後舉禹故言鯀殛而禹興僖三十三年傳曰舜之罪也殛鯀其舉也興禹洪範云鯀則殛死禹乃嗣興皆言誅鯀。乃舉禹而鄭玄注尚書以爲禹治水既畢乃流四凶言其先舉禹而後誅鯀既違經傳之文且復於理不當故王肅。難云禹治水而後以鯀爲無功而殛之是爲用人子之功而流放其父則爲禹之勤勞適使父殛舜失五典克從之義禹陷三千莫大之罪進退無據妄亦甚哉

伊尹放大甲而相之卒無怨色太甲湯孫也荒淫失度伊尹放之桐宮三年改。悔而復之而無恨心言不以一怨妨大德○大音泰相息亮反疏注太甲至大德○正義曰太甲湯世本紀文也書序云太甲既立不明伊尹放諸桐宮三年復歸于亳思庸伊尹作太甲三篇是太甲能自改悔伊尹復之之事也

管蔡爲戮周公右王言兄弟罪不相及○右王音又

若之何其以虎也棄社稷子爲善誰敢不勉多殺何爲宣子說與之乘以言諸公而免之共載入見公○說音悅乘繩證反見公賢遍反下文始見并注同不見叔向而歸也言爲國非私叔向○爲于僞反下不爲己亦爲子皆同叔向亦不告免焉而朝不告謝之明不爲己初叔向之母妬。叔虎之母美而不使。不使見叔向父○妬丁故反其子皆諫其母其母曰深山大澤實生龍蛇。言非常之地多生非常之物彼美余懼其生龍蛇。以禍女女敝族也敝衰壞也龍蛇喻奇怪○女音汝下同國多大寵六卿專權不。仁人閒之不亦難乎余何愛焉使往視寢生叔虎美而有勇力欒懷子嬖之故羊舌氏之族及於難欒盈過於周周西鄙掠之劫掠財物○閒閒廁之閒於難乃旦反掠音亮辭於行人王行人也曰天子陪臣盈諸侯之臣稱於天子曰陪臣得罪於王之守臣范宣子爲王所命故曰守臣○守手又反注同將逃罪罪重於郊甸重得罪於郊甸謂爲郊甸所侵掠也郭外曰郊郊外曰甸○罪重直用反注同甸徒練反無所伏竄敢布其死布陳也○竄七亂反昔陪臣書能輸力於王室王施惠焉輸力謂輔相晉國以翼戴天子○相息亮反其子黶不能保任其父之勞大君若不棄書之力亡臣猶有所逃大君謂天王○任音壬

疏注大君謂天王○正義曰進言於王而稱大君知大君謂天王也大君君之。大者故以爲天子易云大君有命亦謂天子也

若棄書之力而思黶之罪臣戮餘也罪戮之餘將歸死於尉氏尉氏討姦之官不敢還矣敢布四體唯

大君命焉布四體言無所隱疏注尉氏討姦之官○正義曰歸死尉氏猶言歸死於司敗明尉氏主刑人故爲討姦之官周禮司寇之屬無尉氏之官蓋周室既衰官名改易於時有此官耳其司敗亦非周禮之官名也王曰尤而效之其又甚焉尤晉逐盈而自掠之是效尤○效或作傚戶教反使司徒禁掠欒氏者歸所取焉使候出諸轘轅候送迎賓客之官也轘轅關在緱氏縣東南○轘音患轅音袁疏注使司至氏者○正義曰周官司寇掌詰姦慝刑暴亂當使司寇而此云司徒者以司徒掌會萬民之卒伍以起徒役以比追胥以此追寇盜是其所掌獲得罪人乃使司寇刑之耳○冬曹武公來朝始見也即位三年始來見公○會於商任錮欒氏也禁錮欒盈使諸侯不得受○錮音固齊侯衛侯不敬叔向曰二君者必不免會朝禮之經也禮政之輿也政須禮而行政身之守也政存則身安怠禮失政失政不立是以亂也爲二十五年齊弒光二十六年衛弒剽傳○弒申志反下同剽匹妙反疏會朝至亂也○正義曰經訓常也法也會以訓上下之則朝以正班爵之義是會朝爲禮之常法也政待禮而行猶人須車以載禮是政之車輿也禮運云政者君之所以藏身也言政行於外身藏其中政是身之所守也怠慢於禮則政無車無車則政不行是失政也君既失政則身無所守失政則身不立是其所以亂也○知起中行喜州綽邢蒯出奔齊四子晉大夫○知音智行戶郎反蒯苦怪反疏注四子晉大夫○正義曰國語陽畢對公公許諾盡逐群賊此謂也皆欒氏之黨也樂王鮒謂范宣子曰盍反州綽邢蒯勇士也宣子曰彼欒氏之勇也余何獲焉言不爲己用王鮒曰子爲彼欒氏乃亦子之勇也言子待之如欒氏亦爲子用也疏子爲至勇也○正義曰子斥宣子也子能爲彼

欒氏待遇其人如欒氏彼荷子之恩乃亦爲子之勇矣○齊莊公朝指殖綽郭最曰是寡人之雄也州綽曰君以爲雄誰敢不雄然臣不敏平陰之役先二子鳴十八年晉伐齊。及平陰州綽獲殖綽郭最故自比於雞鬭勝而先鳴○先二悉薦反莊公爲勇爵設爵位以命勇士殖綽郭最欲與焉自以爲勇○欲與音預下同州綽曰東閭之役臣左驂迫還於門中識其枚數門版數亦在十八年○枚本亦作板【疏】識其枚數○正義曰十八年傳云以板數闔枚謂馬撾以馬枚數門扇之板。此云識其。枚。數其枚。謂。門。扇。之。板彼時數得其數則二枚不同今人數物猶云一枚二枚也可以與於此乎公曰子爲晉君也對曰臣爲隸新言但爲僕隸尙新耳○子爲于僞反然二子者譬於禽獸臣食其肉而寢處其皮矣言嘗射得之○射食亦反

附釋音春秋左傳注疏卷第三十四

春秋左傳注疏卷三十四校勘記

阮元撰盧宣旬摘錄

附釋音春秋左傳注疏卷第三十四 襄十九年盡二十一年

〔經十九年〕

十九年公至自伐齊 宋本無十九年三字

爲其亟伐 宋本伐下有也字

以郭水爲界也 宋本淳熙本岳本纂圖本閩本監本毛本郭作漷是也

漷水出東海合鄉縣 各本作海宋本誤作北

十七年自盟于柯陵 閩本監本毛本自作同是也

泰山南武城縣 錢大昕云續漢志宋齊隨志皆作南城晉書列傳中亦無武字唯志有之係誤衍杜注哀十四年傳作南城劉昭注續漢志引注文亦是南城此武字必後人誤加也

〔傳十九年〕

督揚卽祝柯也 淳熙本揚作楊非也

傳注邾田至邾田 宋本無傳字以下正義三節總入賦六月注下

唯無完轄宋本淳熙本岳本纂圖本毛本完作先

荀偃癉疽案玉篇疽字下引左氏傳云荀偃疽疽生瘍於頭疽疽惡創也亦作癉

不可含顧炎武云石經含誤作舍案石經此處刓缺所據乃王堯惠刻也釋文云含本亦作唅下同論衡死僞篇李注文選潘安仁馬汧督誄引並作唅字案唅乃俗字含乃古字許氏說文則作琀

其爲未卒事於齊故也乎石經也字起一行計十二字惜碑刓缺不可考矣

所不嗣事于齊者顧炎武云石經事誤是案石經事字上半尚存炎武誤

其天下輯睦釋文云輯本又作集李注文選王元長永明十一年策秀才文引傳作集睦案集輯古字通○按此節注下有百穀○正義曰穀之種類極多言百舉成數也疏文一段宋本誤在上節正義略言其病創耳之下各本皆脫

作林鍾而銘魯功焉石經宋本淳熙本岳本纂圖本閩本監本毛本鍾作鐘注同

注林鍾律名鑄鍾聲應林鍾因以爲名各本鍾作鐘下同宋本律名鑄鐘聲應林鐘因以十字作至字以下

正義二節總入亡之道也注下

古之神聲宋本聲作瞽與國語合

天子令德顧炎武云石經天誤夫案石經此處刓缺所據乃謬刻也

當言時既功時計功案時既功三字衍文宋本監本毛本無

士之道也石經之字下後人旁增之字非也

鬷聲姬纂圖本監本毛本鬷作鬉非也

遂專大子光〔補〕諸本專作東專字誤也今改正

廢而徙之東鄙淳熙本徙誤徒

注終言之宋本以下正義三節總入禮也注下

故傳終言之宋本故下有知字

還若事未畢之辭也浦鏜正誤若作者考文同與穀梁合

宜槫帷而歸命乎宋本閩本監本毛本樿作墠是也

范宣子言於晉侯各本作於詩周頌臣工正義引作言諸晉侯

而勸之濟涇宋本濟字空缺

與比並賜諸侯之卿閩本亦作比宋本監本毛本作此是也今正

故言其用無常也宋本無作非

膏肓何休以天子車稱大路 案一本改作何休膏肓是也

守手反〔補〕諸本手下有又字

士子孔亦相親也 石經宋本士作二不誤

司徒孔實相子革子良之室 石經徒字下後人旁增子字非也

司徒孔與三父相親 宋本淳熙本岳本纂圖本毛本三作二是也監本二字模糊今依改

見衞至乃登 宋本以下正義二節總入醢衞于軍句下

服虔引彭仲博云 閩本監本毛本博云作傳文非也

仲博以爲齊侯號衞 閩本監本毛本博誤傳

徐晃與關羽對語 毛本晃作冕非也

又鑄其器爲鍾 宋本淳熙本岳本纂圖本閩本監本毛本鍾作鐘

注四章至救助 宋本此節正義在乃城武城句下

文一十三年 宋本無一字是也

穆叔曰 石經宋本淳熙本岳本纂圖本足利本叔下有歸字是也

注蹶猶拔也　宋本此節正義在必不有其宗注下

己人皆不愛　宋本無己字是也

（經二十年）

今名繁汙　水經注五引注文作繁淵云澶淵卽繁淵也

二十年注稱弟明無罪也　宋本無二十年三字

叔孫如齊〔補〕明監本毛本叔孫作叔老孫字誤也今改正

（傳二十年）

傳盟于至故也　宋本無傳字毛本于下有向字此節正義宋本在齊成故也注下

恐黄偪奪其政　淳熙本奪作達非也

先君與於踐土之盟　石經先字上後人旁加吾字非也

徵發無準　宋本準作准非也

注稱弟至二慶　宋本此節正義在是無天也注下

齊子初聘于齊禮也　淳熙本于作於非也

賦常棣之七章以卒 釋文亦作常石經此處刓缺淳熙本作棠非

樂爾妻帑 岳本帑作孥淳熙本樂上衍故字

賦魚麗之卒章 宋本此節正義在臣不堪也注下

喻武子奉使能爲國光煇 岳本煇作暉淳熙本纂圖本閩本監本毛本煇作輝

若不能 石經能字下後人旁加掩字非也

不來食矣 足利本閩本監本矣誤也

（經二十一年）

邾庶其以漆閭丘來奔 釋文云漆本或作淶○〔補〕釋文校勘記盧文弨本淶作涑攷證云舊作淶梁仲子云韓勑禮器碑涑不水解涑亦漆字知作淶爲誤案引韓勑碑非也陸氏因桼來字相混已久正謂或從來作淶也○案盧本涑作涑上從亡不從土是也

二邑在高平南陽至之辭 毛本作二邑在高至內外之辭宋本無在高平高陽五字

以並不審 宋本監本毛本並作示是也○〔補〕案此因下行並不審其處相涉而誤也今依改正

趙鞅 浦鏜正誤趙上增晉字是也

據其至魯爲奔 宋本奔作文是也

明其來是叛也宋本來作亦不誤

文八年監本毛本文誤又

庚辰朔日有食之此本脫日字據石經宋本淳熙本岳本纂圖本閩本監本毛本補

（傳二十一年）

成二年至此二十八歲〔補〕案二十當作三十諸本皆不誤今依改

成九年監本毛本九作元非也

傳注計公至二人毛本無傳字公下有年字宋本作注計公至二人以下正義六節總入重地也注下

安可以妻庶期宋本閩本監本毛本期作其案漢書地理志作郱庶期

吾謂國中纂圖本監本毛本國中誤倒

衣裳劒帶纂圖本毛本劒作劍

民之歸也足利本記云歸上異本有所字非也

言帝念也宋本淳熙本岳本纂圖本毛本也作功是也今依正

故與尚書本文稍殊也宋本無也字

其人書則惡名彰 足利本彰作章

公侯伯子男 宋本閩本監本毛本作伯此本誤侯今訂正

周官具有等差 毛本具誤其

諸侯大國之卿 閩本監本國誤夫

則邾莒杞鄫之屬 宋本鄫作鄶

邾卑我之等 閩本監本卑作畀

終有弒殺之禍 盧文弨云弒殺不成文當本是見殺而後人注弒字於殺字旁傳寫者誤以改見爲弒也釋文殺音申志反陳樹華以釋文爲或有誤非也

重繭衣裘 按爾雅釋言袍襺也郭注引作重襺衣裘說文襺字注春秋傳曰盛夏重襺

繭緜衣 淳熙本緜作綿俗字此本作錦尤誤今正

注繭緜衣 宋本此節正義在乃使子南爲令尹注下

纊謂今之新緜縕謂今纊及舊絮也 毛本謂並作爲非也閩本監本下謂字亦作爲

十四年欒黶彊逐范鞅使奔秦 宋本足利本彊作強淳熙本閩本監本作疆非也

以范至政矣宋本以下正義十一節揔入使候出諸轘轅注下

其家衰弱閩本監本毛本衰作喪宋本作衰

秋欒盈出奔楚閩本監本亦脫秋字據石經宋本淳熙本岳本纂圖本毛本補

叔羆石經及諸本作羆監本作罷釋文同

論逞志而虧君以亂國者之後而去之浦鏜正誤論作掄案晉語作掄

而使祁午宋本閩本監本毛本祁作祈非也

有覺德行禮記緇衣引詩作有梏德行鄭注云梏大也

聖有謩勳釋文云勳書作訓

當明定安之宋本淳熙本岳本足利本明下有信字是也

行本當作訓宋本行作則是也

流共工于幽州宋本州作洲非案文十八年正義及孟子萬章篇禮記射義注引書皆作州段玉裁云今尚書作洲者衞包以俗字改也

孔安國云作者敘典刑宋本者下有先字

皆言誅鯀乃舉禹 閩本監本毛本乃作而

故王肅難云 宋本難作難是也

改梅而復之 宋本淳熙本岳本纂圖本閩本監本毛本梅作悔不誤

世本紀文也 閩本監本毛本紀作記

叔向之母妬叔虎之母美而不使 毛本妬作妒案說文妒字注婦妒夫也干祿字書以妒爲正非也今石經及諸本並作妬石經使字下旁增視寢二字按視寢二字依王充論衡言毒篇所引增入不足爲據也

實生龍蛇 石經初刻虵後改蛇下同

不仁人閒之 石經不字上後人旁加而字

欒盈過於周 石經過字上有奔楚二字盈字下旁有出字案周禮侯人正義引作晉欒盈出奔楚過周此出字似非後人所加也

周西鄙掠之 石經鄙字下後人旁加人字非也

大君君之大者 毛本下大字誤太

官名改易 閩本監本改易誤倒

以此追胥 宋本此作比是也

政侍禮而行宋本侍作待不誤閩本監本毛本作恃

身藏其忠宋本監本毛本忠作中是也

注四子晉大夫宋本以下正義三節揔入寢處其皮矣注下

此謂也宋本作謂此也

晉伐齊及平陰宋本淳熙本岳本纂圖本監本毛本並作及此本及閩本作反今訂正

識門版數淳熙本岳本版作板

以馬枚數門扇之板此云識其枚數枚謂門扇之板閩本監本毛本脫此云識其枚數枚謂門扇之板十二字

春秋左傳注疏卷三十四校勘記

附釋音春秋左傳注疏卷第三十五 襄二十二年盡二十四年

杜氏注　孔穎達疏

經二十有二年春王正月公至自會無傳○夏四月○秋七月辛酉叔老卒無傳子叔齊子○冬公會晉侯齊侯宋公衛侯鄭伯曹伯莒子邾子薛伯杞伯小邾子于沙隨公至自會無傳○楚殺其大夫公子追舒書名者寵近小人貪而多馬爲國所患○近附近之近

傳二十二年春臧武仲如晉公頻與晉侯外會今各將罷還魯之守卿遣武仲爲公謝不敏故不書○守手又反爲公于僞反疏注頻與晉侯外會至故不書○正義曰經書正月公至自會則武仲初發公仍未至傳言武仲如晉正爲御叔傲使不論聘晉之意故杜原公之未歸而遣使使又不書於經知是會之守臣使適晉也二十六年鄭伯朝晉而歸使公孫夏謝不敏知此亦是爲公謝不敏非公命故不書也服虔云武仲非卿故不書前年傳武仲爲司寇後年出奔書於經此年不得云非卿也雨過御叔。御叔在其邑將飲酒御叔魯御邑大夫○過古禾反御叔魚呂反又魚據反曰焉用聖人武仲多知時人謂之聖○焉於虔反知音智又如字疏注武仲至之聖○正義曰周禮大司徒以鄉三物教萬民一曰六德知仁聖義忠和鄭玄云聖通而先識也尚書洪範云睿作聖。者通識之名時人見其多知故以聖人言之非爲武仲實是大聖也尚書稱惟狂克念作聖惟聖罔念作狂詩稱人之齊聖皇父孔聖母氏聖善皆非大聖也我將飲酒而已雨行何以聖爲穆叔聞之曰不可使也而傲使人言御叔不任使四方○傲三報反使人所吏反注同任音壬國之蠹也令倍其賦古者家有國邑故以重賦爲罰傳言穆叔能用教○蠹丁故反疏注古者至用教○正義曰周禮大司徒云凡建邦國諸公之地方五百里其食者半諸侯之地方四百里諸伯之地方三百里其食者三之一諸子之地方二百里諸男之地方百里其食四之一鄭玄云其食者半三之一四之一者土均邦國地貢輕重之等必足其國禮俗喪紀祭祀之用乃貢其餘大國貢重正之也小國貢輕字之也此是諸侯之國貢王之差也司勳職云凡頒賞地三之一食鄭玄云賞地之稅三分計稅王食其一二全入於臣此采邑貢王之數也然則諸侯之臣受其采邑者亦當三分之一而歸於公故云古者家其國邑言以國邑爲己之家有貢於公者是減己而貢之故以重賦爲罰言重倍其賦當以三分而二入公也○夏晉人徵朝于鄭召鄭使朝鄭人使少正公孫僑對少正鄭卿官也公孫僑子產○少詩照反注及下少年同僑其驕反疏注少正鄭卿官也○正義曰十九年傳云立子產爲卿知少正是鄭之卿官名也春秋之時官名變改周禮無此名也曰在晉先君悼公九年我寡君於是即位魯襄八年即位八月即位年之八月而我先大夫子駟從寡君以朝于執事執事不禮於寡君言朝執事謙不敢斥晉侯寡君懼因是行也我二年六月朝于楚因朝晉不見禮生朝楚心晉是以有戲之役在九年○戲許宜反○楚人猶競而申禮於敝邑敝邑欲從執事而懼爲大尤曰晉其謂我不共有禮是以不敢攜貳於楚我四年三月先大夫子蟜又從寡君以觀釁於楚實朝言觀釁飾辭也言欲往視楚知可去否○共音恭下共祀同釁許勤反晉於是乎有蕭魚之役在十一年謂我敝邑邇在晉國譬諸草木吾臭味也晉鄭同姓故而何敢差池差池不齊一○差初宜反又初

（佳反一音七河反注同池徐本作沱直知反一音徒何反注同）楚亦不競寡君盡其土實（土地所有）重之以宗器（宗廟禮樂之器。鍾磬之屬○重直用反）以受齊盟也（齊同）遂帥羣臣隨于執事以會歲終（朝正）疏（注朝正○正義曰言以會歲終則歲事終以至正月朝正也朝正二十九年傳文也）貳於楚者子侯石盂歸而討之（○石盂石臭盂音于臭勑略反）溴梁之明年（溴梁在十六年）子蟜老矣公孫夏從寡君以朝于君見於嘗酎（酒之新熟重者為酎嘗酎○夏戶雅反下同見賢遍反又如字酎直又反）疏（注酒之至嘗酎○正義曰月令孟夏天子飲酎用禮樂鄭玄云酎之言醇也謂重釀之酒也春酒至此始成與羣臣以禮樂飲之於朝正尊卑也彼言飲酎當是夏祭之後此言嘗酎謂見於夏祭故云與執膰焉謂祭。未受胙肉也）與執膰焉（助祭○與音預膰又作膰音煩祭肉也）閒二年聞君將靖東夏（謂二十年澶淵盟○閒閒廁之閒又如字）四月又朝以聽事期（先澶淵二月往朝以聽會期○先悉薦反）不朝之閒無歲不聘無役不從以大國政令之無常國家罷病不虞荐至（荐仍也○罷音皮荐在薦反）無日不惕豈敢忘職（惕懼也○惕他歷反）大國若安定之其朝夕在庭何辱命焉（言自將往不須來召○朝如字）若不恤其患而以為口實（口實但有其言而已）疏（注口實至而已○正義曰但有徵責之言實出於口也服虔云。實謂譴讓也）其無乃不堪任命而翦為仇讎（翦削也謂見剝削不堪命則成仇讎）敝邑是懼其敢忘君命委諸執事執事實重圖之（傳言子產有辭所以免大國之討）○秋欒盈自楚適齊晏平仲言於齊侯曰商任之會受命於晉受錮欒氏之命今納欒氏將安用之小所以事大信也失信不立君其圖之弗聽退告陳文子曰君人執信臣人執共忠信篤敬上下同之天之道也君自棄也弗能久矣爲二十五年齊弑其君光傳○九月鄭公孫黑肱有疾歸邑于公黑肱子張肱古宏反召室老宗人立段段子石黑肱子而使黜官薄祭黜官無多受職祭以特羊殷以少牢四時祀以一羊三年盛祭以羊豕殷盛也疏注四時至盛也○正義曰少牢饋食禮者諸侯之大夫時祭之禮也是時祭用少牢今公孫黑肱使黜官薄祭故時祭用特羊殷祭乃少牢諸侯之大夫止用少牢而禮器云君子大牢而祭謂之禮四士大牢而祭謂之攘鄭玄云君子謂大夫以上是大夫之祭有用大牢時也又雜記云上大夫之虞也少牢卒哭成事祔皆大牢據此二文大夫得用大牢者禮器之文據天子大夫故也雜記據喪祭故進用。等士喪禮士遣奠用少牢是也大夫無禘祫。而而云殷三年祭者禮記言大夫有善於君祫及五世是大夫有功或得禘祫也劉炫云禮器云君子大牢而祭謂之禮四士大牢而祭謂之攘鄭玄云君子謂大夫以上是大夫祭有用大牢時也雜記云大夫之虞也皆少牢卒哭與祔皆大牢喪祭有大牢明吉祭亦有也此言特羊必是時祭殷以少牢明是三年一爲大祭猶天子諸侯禘也禮大夫時祭少牢大祭大牢今黑肱全減之。盛也足以共祀盡歸其餘邑曰吾聞之生於亂世貴而能貧民無求焉可以後亡敬共事君與二三子生在敬戒不在富也己巳伯張卒君子曰善戒詩曰慎爾侯度用戒不虞鄭子張其有焉詩大雅侯維也義取慎法度戒未然○盡歸津忍反凡此例可求故特音之疏詩曰至有焉○正義曰詩大雅抑之篇侯維也言謹慎爾身唯在依法度用此以戒不億度之事鄭

是子張其有此詩之義焉言生在敬戒是愼法度也貴而能貧是戒不虞也○冬會于沙隨復錮欒氏也晉知欒盈在齊故復錮也
○復扶又反注同下復使下注復生不復行皆同欒盈猶在齊晏子曰禍將作矣齊將伐晉不可以不
懼爲明年齊伐晉傳○楚觀起有寵於令尹子南未益祿而有馬數十乘言子南偏寵觀起令富○
數所主反乘繩證反令力呈反楚人患之王將討焉子南之子棄疾爲王御士御王車者王每見之
必泣棄疾曰君三泣臣矣敢問誰之罪也王曰令尹之不能爾所知也國將討
焉爾其居乎問能止事我否對曰父戮子居君焉用之洩命重刑臣亦不爲洩漏君命罪之重○
焉於虔反下焉入同洩息列反又以制反王遂殺子南於朝轘觀起於四竟轘車裂以徇○轘音患竟音境下同子南
之臣謂棄疾請徙子尸於朝欲犯命取殯○殯必刃反曰君臣有禮唯二三子不欲犯命移尸三日
棄疾請尸王許之既葬其徒曰行乎行去也曰吾與殺吾父行將焉入曰然則臣
王乎曰棄父事讎吾弗忍也於事是讎於實是君故雖謂讎而不敢報○與音預殺如字一音試遂縊而死傳譏康王
與人子謀其父失君臣之義○縊一賜反復使薳子馮爲令尹公子齮爲司馬屈建爲莫敖屈建子木也○
齮五綺反屈居忽反有寵於薳子者八人皆無祿而多馬他日朝與申叔豫言弗應而退
從之入於人中申叔辟薳子不欲與語○應應對之應又從之遂歸退朝見之薳子就申叔家見之曰子三

困我於朝吾懼不敢不見吾過子姑告我何疾我也對曰吾不免是懼何敢告

子言恐與子弃罪故不敢與子語○不見賢遍反曰何故對曰昔觀起有寵於子南子南得罪觀起車

裂何故不懼自御而歸不能當道蘧子惶懼意不在御至謂八人者曰吾見申叔夫子所

謂生死而肉骨也已死復生白骨更肉知我者如夫子則可夫子謂申叔也如夫子謂以義匡己不然請止

止不相知辭八人者而後王安之辭遣之○十二月鄭游販將歸晉○游販公孫蠆子○販普板反未

出竟遭逆妻者奪之以館于邑。舍止其邑不復行丁巳其夫攻子明殺之以其妻行十二

月無丁巳丁巳十一月十四日也子展廢良而立大叔良游販子大叔販弟○大音泰曰國卿君之貳也民之

主也不可以苟請舍子明之類子明有罪而良不賢故○舍音捨又求亡妻者使復其所使游氏

勿怨鄭國不討專殺之人所以抑強扶弱臨時之宜曰無昭惡也交怨則父之不脩益明也疏注交怨至明也○正義曰若游氏報殺此

人則人知其父被殺其父所以見殺為奪人妻故也報殺則人知其父。是父之行不脩益明也

經。二十有三年春王二月癸酉朔日有食之傳無○三月己巳杞伯匄卒五同盟○匄古

害反疏。二。十。三。年注五同盟○正義曰匄以十年即位九年盟于戲十一年于亳城北十六年于湨梁十九年于祝柯二十年于澶淵皆魯杞俱在是五同

盟○夏邾畀我來奔無傳畀我是庶其之黨同其竊邑叛君之罪來奔故書○畀必利反疏注畀我至故書○正義曰杜從賈說以為

庶其之黨同有竊邑叛君之罪劉炫規過云杜此注云庶其之黨庶其奔魯三年若是其黨邾人即應討之何因至今始奔庶其以邑奔魯魯人還以賜之畀我不得彼邑竊邑之狀復何在焉釋例又曰小國之卿或命而禮儀不備或未加命數故不書之邾畀我之等其奔亡亦多所書唯數人而已知其合制者少也如彼所說又以畀我是卿何為兩說自相矛楯乎炫以為釋例是集解非今刪定知不然者原杜之意以二十一年邾庶其竊邑來奔去此既近邾更無事今畀我來奔必是庶其之黨同有竊邑叛君之罪春秋之例命卿有罪出奔皆書名畀我書名罪其與庶其同黨非謂畀我非命卿與釋例不違劉不曉杜旨妄為規非。也

○葬杞孝公無傳○陳殺其大夫慶虎及慶寅書名皆罪其專國叛君言及使異辭無義例

【疏】注書名至義例○正義曰被殺書名是罪之文故以專國叛君為二慶罪狀成十七年晉殺其大夫郤錡郤犨郤至哀四年蔡殺其大夫公孫姓公孫霍皆不言及文九年晉殺其大夫士穀及箕鄭父與此並言及傳無其說知是史異辭無義例也

○陳侯之弟黃自楚歸于陳諸侯納之曰歸黃至楚自理得直欲為楚所納

○晉欒盈復入于晉以惡入曰復入復扶又反注同○入于曲沃兵敗奔曲沃據曲沃衆還與君爭非欲出附他國故不言叛○還戶關反爭爭鬭之爭

【疏】注兵敗至言叛○正義曰案傳欒盈潛入曲沃。之甲以入晉都及敗又入于曲沃潛入之時晉人不覺及敗後更入晉人以其狀告故先書復入于晉後言入于曲沃謂其。後入故云兵敗奔曲沃也不言叛者叛謂以邑叛屬他國欒盈既入曲沃據曲沃之衆與君戰爭兵敗而死終亦不附他國故不言叛也然則昭二十一年宋華亥入于宋南里以叛定十一年宋公之弟辰入于蕭以叛十三年晉趙鞅入于晉陽以叛荀寅入于朝歌以叛皆非叛屬他國而並書叛者彼皆與國相距不勝而即出奔得歸乃言復國以叛皆有叛屬他國之意故本國皆以叛告此欒盈與君爭勝不勝即死未有叛屬他國之意故晉人不以叛告也

○秋齊侯伐衞遂伐晉兩事故言遂

【疏】。注兩事故言遂

○正義曰遂者因上事上下事之辭是兩事故曰遂僖二十八年晉侯侵曹晉侯伐衛亦是一舉而爲兩事不言遂者於彼注云再舉晉侯者曹衛兩來告然則此言遂者齊人來告以齊告爲文故乃言遂也○八月叔孫豹帥師救晉次于雍榆豹救晉待命于雍榆故書次雍榆晉地汲郡朝歌縣東有雍城○雍於用反朝如字○己卯仲孫速卒孟莊子也○冬十月乙亥臧孫紇出奔邾書名者阿順季氏爲之廢長立少以取奔亡罪之○爲于僞反長丁丈反少詩照反[疏]注書名至罪之○正義曰書名是罪之文案傳紇爲孟氏所譖其奔非紇之罪故杜以阿順季氏廢長立少爲紇之罪狀也○晉人殺欒盈○齊侯襲莒輕行掩其不備曰襲因伐晉還襲莒不言遂者間有事○輕遣政反[疏]注輕行掩其不備曰襲因伐晉還至有事○正義曰莊二十九年傳例曰凡師有鐘鼓曰伐無曰侵輕曰襲是輕者舍其輜重倍道輕行掩其不備曰襲傳言齊侯還自晉不入遂襲莒經不言遂者間有他事故也若然僖六年夏公會齊侯云云伐鄭秋楚人圍許諸侯遂救許二十八年公會晉侯云云于溫天王狩于河陽云云諸侯遂圍許彼亦間有他事而言遂者兩事言遂取其省文彼二者公皆親在事不待告故遠承上事總言諸侯遂行此書齊事雖告稱遂行襲莒亦不可書遂爲間有數事與前文隔絶故也

傳二十三年春杞孝公卒晉悼夫人喪之悼夫人晉平公母杞孝公姊妹○喪如字徐息浪反平公不徹樂非禮也徹去也○去起呂反禮爲鄰國闕禮諸侯絶期故以鄰國責之○爲于僞反下注爲召下而爲注同期居其反[疏]傳注禮諸侯至責之○正義曰杞孝公晉平公之舅也尊同則相爲不降平公於禮爲舅當服緦麻三月但緦服既輕其恩不過鄰國故傳言禮爲鄰國闕也杜言諸侯絶期者據禮之正法言諸侯尊降其親雖有本服賜者亦當爲之闕故以鄰國責之禮父在爲母服期喪絶旁期非母也○陳侯如楚朝也

公子黃愬二慶於楚楚人召之二慶虎及寅也二十年二慶譖黃黃奔楚自理今陳侯往楚乃信黃爲召二慶○愬息路反使慶樂往殺之慶樂二慶之族二慶畏誅故不敢自往○使慶樂往絶句慶氏以陳叛因陳侯在楚而叛之不書叛不以告夏屈建從陳侯圍陳陳人城治城以距君屈建楚莫敖○從才用反又如字板隊。而殺人役人相命各殺其長慶氏怒其板隊遂殺築人故役人怒而作亂○隊直類反注同長丁丈反遂殺慶虎慶寅楚人納公子黃君子謂慶氏不義不可肆也肆放也故書曰惟命不于常周書康誥言有義則存無義則亡疏君子至于常○正義曰杜言慶氏以陳叛不書不以告則傳載君子之言其意不爲經也君子自論慶氏之罪所爲不義不可放肆以爲宜其誅滅故引尙書康誥言天命之不于常有義則存無義則亡慶氏族有二卿爲不義之故而並喪亡故君子論其事傷之也服虔以爲傳發此言爲不書慶氏以陳叛爲楚所圍稱國以殺不成惡人肆其志也服意見元年圍宋彭城追書繫宋不登叛人謂此亦宜然故爲此解然叛是大罪若書爲叛其惡益明何當諱其罪名謂之不可肆也若慶氏不可放肆故不書其叛則林父華亥趙鞅荀寅之徒豈皆可使放肆而書其叛乎且傳文不言書經之意知之不爲經也故杜以爲叛不告故不書耳

○晉將嫁女于吳齊侯使析歸父媵之以藩載欒盈及其士藩車之有障蔽者使若媵妾在其中○析星歷反媵以證反又繩證反藩方元反注同障之亮反又音章疏晉將至媵之○正義曰晉將嫁女爲吳之夫人齊以女爲媵使析歸父送媵女於晉令與適俱行也禮媵同姓適異姓今晉嫁女於同姓齊以異姓爲媵皆非禮也而不言非禮者但傳本主說欒盈不言事之可否納諸曲沃欒盈邑也欒盈夜見胥午而告之胥午守曲沃大夫對曰不可天之所廢誰能興之子必不免

吾非愛死也知不集也集成也○知音智又如字盈曰雖然因子而死吾無悔矣我實不天子無咎焉言我雖不為天所祐子無大咎故可因○咎其九反祐音又許諾伏之而觴曲沃人胥午匿盈而飲其衆○觴式羊反匿女力反飲於鴆反樂作午言曰今也得欒孺子何如孺子欒盈對曰得主而為之死猶不死也皆歎有泣者爵行又言皆曰得主何貳之有盈出徧拜之謝衆之忠己四月欒盈帥曲沃之甲因魏獻子以晝入絳獻子魏舒絳晉國都初欒盈佐魏莊子於下軍莊子魏絳獻子之父獻子私焉故因之私相親愛趙氏以原屏之難怨欒氏成八年莊姬譖之欒郤為徵○屏薄輕反難乃旦反韓趙方睦韓起讓趙武故和睦中行氏以伐秦之役怨欒氏十四年晉伐秦欒黶違荀偃命曰余馬首欲東而固與范氏和親范宣子佐中行偃於中軍知悼子少而聽於中行氏悼子知罃之子荀盈也少年十七知氏中行氏同祖故相聽從○知音智少詩照反注同疏注悼子至聽從○正義曰十三年傳云荀罃卒十四年傳言盈生六年而武子卒是其少也知悼子荀首之孫中行吳荀林父之曾孫首是林父之弟首為知氏林父為中行氏是同祖也悼子是荀吳二從叔父故相聽從計悼子年十六不得為十七是故沈氏云後人傳寫誤劉炫此而規杜氏非也以程鄭嬖於公鄭亦荀氏宗○嬖必計反疏程鄭嬖於公○正義曰鄭雖非卿亦是彊族言嬖於公見其不助欒氏唯魏氏及七輿大夫與之七輿官名○輿音餘疏注七輿官名○正義曰僖十年傳言七輿大夫杜云侯伯七命副車七乘謂副車每車有一大夫主之則此七輿大夫杜亦為主副車之官也劉炫云若是主公車則當情親於公不應曲附欒氏服虔云下軍輿帥七人炫

謂服言是欒王鮒侍坐於范宣子或告曰欒氏至矣宣子懼桓子曰奉君以走固宮必無害也桓子樂王鮒○鮒音附坐如字一音十臥反走如字一音奏且欒氏多怨子為政欒氏自外子在位其利多矣既有利權又執民柄賞罰為民柄○柄彼命反疏且欒至民柄○正義曰欒氏多怨言易克既有為利之權又執民之八柄。也○注賞罰為民柄○正義曰周禮大宰以八柄詔王馭羣臣一曰爵二曰祿三曰予四曰置五曰生六曰奪七曰廢八曰誅此八者爵祿予置生是賞也奪廢誅是罰也賞罰二事分為八名此時臨與敵戰唯賞罰而已故以賞罰言之鄭玄云柄所秉執以起事者也然則柄以器物為喻若用斧之執其柄也將何懼焉欒氏所得其唯魏氏乎而可強取也夫克亂在權子無懈矣公有姻喪夫人有杞喪○強其丈反下注強取同懈佳賣反疏注夫人有杞喪○正義曰隱元年傳說葬之節云士踰月外姻至則姻是外親之總名杞孝公卒夫人有兄弟之服是有杞喪也傳言公有姻喪注言夫人有杞喪者下文欒王鮒使宣子墨縗冒絰詐為夫人故也案經葬杞孝公之下始書欒盈復入于晉則欒盈之入在孝公葬後杜解諸侯既葬除服而夫人猶有服者葬杞孝公書魯使去之日欒盈入晉當在葬杞孝公之前故夫人猶有服故得詐為之也王鮒使宣子墨縗冒絰。晉自殺戰還遂常墨縗○縗七雷反本又作衰同冒莫報反絰直結反冒絰以絰冒其首也一云縗冒絰三者皆墨之疏墨縗冒絰○正義曰夫人為其兄弟當大功喪服大功布衰裳牡麻絰冒絰者言以絰冒其首也樂王鮒使宣子詐為夫人孝服也二婦人輦以如公恐欒氏有內應距之故為婦人服而入。奉公以如固宮固。宮宮之有臺觀備守者○觀古喚反守手又反疏奉公以如固宮○正義曰晉語云范宣子以公入于襄公之宮蓋襄公有別宮牢固故謂之固宮范鞅逆魏舒用王鮒計欲強取之則成列既乘將逆欒氏矣趨進曰欒氏帥賊以入鞅之父與二三子在君所矣（二三子諸大夫○乘繩證反下驂乘超乘弁注同）使鞅逆吾子鞅請驂乘持帶（驂乘必持帶備隋隊○隋徒果反隊直類反）遂超乘（跳上獻子車○跳他彫反上時掌反）右撫劍左援帶（劫之○援音袁）命驅之出僕請（請所至）鞅曰之公宣子逆諸階（逆獻子也）執其手賂之以曲沃（恐不與己同心）初斐豹隷也著於丹書（蓋犯罪沒爲官奴以丹書其罪○斐音非一音芳匪反）【疏】注蓋犯至其罪正義曰周禮司厲職云其奴男子入于罪隷女子入于舂槀鄭玄云奴從坐而沒入縣官者男。女同名杜用鄭說以無正文故云蓋以斐豹請焚丹書知以丹書其籍近世魏律緣坐配沒爲工樂雜戶者皆用赤紙爲籍其卷以鉛爲軸此亦古人丹書之遺法欒氏之力臣曰督戎國人懼之斐豹謂宣子曰苟焚丹書我殺督戎宣子喜曰而殺之所不請於君焚丹書者有如日（言不負要盟如日○督丁毒反）乃出豹而閉之（閉著門外○著陟略反）督戎從之踰隱而待之（隱短牆也）督戎踰入豹自後擊而殺之范氏之徒在臺後（公臺之後）欒氏乘公門（乘登也）宣子謂鞅曰矢及君屋死之鞅用劍以帥卒（用短劍○兵接敵欲致死○卒子忽反）欒氏退攝車從之（鞅攝宣子戎車）遇欒樂（樂盈之族）曰樂免之死將訟女於天（言雖死猶不舍女罪○女音汝注同）樂射之不中又注（注屬矢於弦也○射食亦反中丁仲反注之住反注同屬之玉反）則乘槐本而覆（欒樂車。轢槐而覆○槐音懷覆芳服反注同轢音歷）或以戟鉤之斷肘而死欒魴傷欒盈奔曲沃晉人圍之（魴欒氏族○斷音短肘張九反）疏（注魴欒氏族○正義曰服虔云魴盈之子俱無文也計欒盈宣子之外孫胥午謂爲孺子未得有子已堪戰十九年欒魴已帥師伐齊必非欒盈子故杜以爲欒氏族世族譜欒魴爲欒氏族以欒樂爲雜人不知杜意何故也）○秋齊侯伐衛先驅穀榮御王孫揮召揚爲右（先驅前鋒軍○揮許韋反召上照反）申驅成秩御莒恆申鮮虞之傳摯爲右（申驅次前軍傳摯申鮮虞之子○鮮音仙之傳摯音至本或作申鮮虞之子傳摯）疏（申鮮虞之傳摯爲右○正義曰俗本多云申鮮虞之子今案注云傳摯申鮮虞之子若傳先有子字無煩此注故今定本皆無）曹開御戎晏父戎爲右（公御右也○晏父音甫）貳廣上之登御邢公盧蒲癸爲右（貳廣公副車○廣古曠反注同邢音刑）啓牢成御襄罷師狼蘧疏爲右（左翼曰啓○牢魯刀反一本作罕成罷音皮徐音彼一音皮買反狼音即蘧其居反）疏（注左翼曰啓○正義曰以左翼曰啓右翼曰胠賈逵以爲此言或當有成文也且此傳上下先驅申驅是前軍也大殿是後軍也明啓胠是在旁之軍說文云胠掖下也胠是在旁明矣凡言左右以左爲先知啓是左也名之曰啓或使之先行詩云以先啓行服虔引司馬法謀帥篇曰大前驅啓乘車大晨倅車屬焉大晨大殿也音相似如服言古人有名軍爲啓者）胠商子車御侯朝桓跳爲右（右翼曰胠○胠起居反徐又音脅或起業反朝如字一音直遙反跳徒彫反）大殿商子游御夏之御寇崔如爲右（大殿後軍○殿都練反注同夏戶雅反御魚呂反）燭庸之越駟乘（四人共乘殿車也傳具載此言莊公廢舊臣任武力○駟乘繩證反）自衛將遂伐晉晏平仲曰君恃勇力以伐盟主若不濟國之福也不德而有功憂必及君崔杼諫曰不可臣聞之小國閒大國之敗而毀

焉必受其咎君其圖之弗聽陳文子見崔武子文子陳完之孫須無武子崔杼也○間間廁之間又如字咎其
九反曰將如君何武子曰吾言於君君弗聽也以爲盟主而利其難羣臣若急君
於何有言有急不能顧君欲弑之以說晉○難乃旦反弑申志反下同說音悅一音如字子姑止之文子退告其人曰
崔子將死乎謂君甚而又過之弑君之惡過於背盟主○背音佩不得其死過君以義猶自抑
也況以惡乎自抑損齊侯遂伐晉取朝歌朝歌今屬汲郡爲二隊入孟門登大行二隊分兵爲二
部孟門晉隘道大行山在河內郡北○隊徒對反徐徒很反大音泰行徐戶郎反一音如字隘於解反張武軍於熒庭張武軍謂築壘熒
庭晉地○熒戶扃反庭音庭本亦作廷壘力軌反壁亦作辟音壁【疏】注張武至壘壁○正義曰宣十二年傳稱楚既戰勝潘黨請築武軍昭十三年傳子
干帥陳蔡之師入楚陳蔡請爲武軍蔡公曰欲速且役病矣請藩而已乃藩爲軍以此知武軍謂築壘壁也張謂張設築作之具服虔云張設旗鼓也戍
郫邵取晉邑而守之○郫婢支反封少水封晉尸於少水以爲京觀○少詩照反地名下注孟氏之少立少同觀官喚反以報平陰
之役乃還平陰役在十八年趙勝帥東陽之師以追之獲晏氂趙勝趙旃之子東陽晉之山東魏郡廣平以北
晏氂齊大夫○勝音升一音申證反氂力之反徐音來【疏】注趙勝至大夫○正義曰昭二十二年傳曰荀吳略東陽遂襲鼓滅之鼓在鉅鹿居山之東山
東曰朝陽知東陽是寬大之語總謂晉之山東故爲魏郡廣平以北二年齊晏弱城東陽以偪萊哀八年吳伐魯克東陽而晉齊魯皆有東陽名同而實異服
虔以東陽爲魯邑繆之甚矣東陽之師謂下文叔孫豹所帥者也八月叔孫豹帥師救晉次于雍榆禮也救盟主故

曰禮【疏】注救盟主故曰禮○正義曰公羊傳曰曷爲先言救而後言次先通君命也傳元年齊師宋師曹師次于聶北救邢公羊傳曰曷爲先言次而後言救君也其意言君則進止自由故先次後救臣則先通君命故先救後次賈氏取以爲說謂此傳云禮者言其先救後次爲得禮也釋例曰所記或次在事前次以成事也或次在事後事成而次也皆隨事實無義例也叔孫豹次于雍榆傳曰禮者善其宗助盟主非以次爲禮也齊桓次于聶北救邢亦。存邢具其器用師人無私見善不在次也杜以此故言救盟主故曰禮所以明異舊說也○季武子無適子公彌長而愛悼子欲立之公彌公鉏悼子紇也○適丁歷反長丁丈反下皆同鉏仕居反紇恨發反訪於申豐曰彌與紇吾皆愛之欲擇才焉而立之申豐趨退歸盡室將行申豐季氏屬大夫○他日又訪焉對曰其然將具敝車而行其然猶必爾○敝婢世反徐扶滅反乃止止不立紇訪於臧紇臧紇曰飲我酒吾爲子立之季氏飲大夫酒臧紇爲客爲上賓○飲於鴆反下皆同吾爲于僞反下注爲定爲公鉏同既獻已獻酒臧孫命北面重席新樽。絜之酒樽既新復絜澡之○重直恭反樽音尊本亦作尊復扶又反下非復下文復戰同澡音早召悼子降逆之大夫皆起臧孫下迎悼子及旅而召公鉏。獻酬禮畢通行爲旅【疏】注獻酬至爲旅○正義曰案鄉飲酒禮主人席於阼階上西面賓席於堂戶西南面介席於西階上東面衆賓席於上賓之西南面初賓介及衆賓至立於門外東面主人出迎于門外西面主人延賓入及介衆賓等立於西階下主人揖賓升主人酌酒於阼階上拜獻賓賓西階上拜受飲卒爵酌酒以酢主人主人阼階上飲卒爵又酌酒先自飲以酬賓賓拜受酬酒奠于薦東賓降主人又酌酒於西階上獻介介於西階上受爵飲卒爵酌以酢主人於西階上受爵飲卒爵介降主人又酌酒於西階上獻衆賓衆賓飲訖降引樂工入歌詩主人獻樂工又引笙入立於堂下主人獻笙師訖主人及賓介衆賓等皆升就席乃立相者爲司正使弟子一人舉觶於賓賓酬主人主人酬介介酬衆賓是爲旅也杜言獻酬禮畢者謂獻酬賓介及衆賓禮畢也言通行爲旅者謂一人舉觶於賓旅衆相酬通至於下案鄉飲酒禮未旅以前賓介皆立此傳云大夫皆起則季氏飲大夫酒未必純如鄉飲酒禮則獻酬事訖大夫皆坐然則既獻召悼子者謂獻臧紇及大夫訖而召悼子至旅酬之時而召公鉏使與之齒使從庶子之禮列在悼子之下季孫失色恐公鉏不從季氏以公鉏爲馬正馬正家司馬慍而不出閔子馬見之閔子馬閔馬父○慍紆運反怨也怒也曰子無然禍福無門唯人所召爲人子者患不孝不患無所所位處○處昌慮反敬共父命何常之有言廢置在父無常位也若能孝敬富倍季氏可也父寵之則可富【疏】若能至氏可也○正義曰悼子既爲適子將承季氏之後故謂悼子爲季氏下言爲孟孫其意亦然富倍季氏言可過悼子也姦回不軌更獲罪戾非徒貧賤而已是爲倍下民故杜云禍甚於貧賤也姦回不軌禍倍下民可也禍甚於貧賤公鉏然之敬共朝夕恪居官次次舍也○朝如字恪苦各反季孫喜使飲己酒而以具往盡舍旃具。饗。燕之具○舍音捨故公鉏氏富又出爲公左宰出季氏家臣仕於公孟孫惡臧孫不相善○惡烏路反下之惡子之惡我君所惡皆同季孫愛之愛其成己志孟氏之御騶豐點好羯也羯孟莊子之庶子孺子秩之弟孝伯也○騶側留反點都簟反又之廉反好呼報反羯居竭反曰從余言必爲孟孫爲孟孫後【疏】孟氏之御騶○正義曰成十八年傳曰程鄭爲乘馬御六騶屬焉使訓羣騶知禮注云六騶六閑之騶則騶是掌馬之官蓋兼掌御事謂之御騶再三云羯從之孟莊子

疾豐點謂公鉏苟立羯請讎臧氏使孟氏與公鉏共憎臧孫公鉏謂季孫曰孺子秩固其所

也固自當立若羯立則季氏信有力於臧氏矣臧氏因季孫之欲而爲定之猶有力今若專立孟氏之少則季氏有力過於臧氏疏信有力於臧氏矣○正義曰不應得而得之則彼荷其恩故功力多也弗應己卯孟孫卒公鉏奉羯立于

戶側戶側喪。主○應應對之應疏立于戶側○正義曰喪大記云大夫之喪主人坐于東方此立于戶側則在室戶之東西面立也禮記云坐此云立者以季孫來故立耳季孫至入哭而出曰秩焉在公鉏曰羯在此矣季孫曰孺子長公鉏

曰何長之有唯其才也季孫廢鉏立紇云欲擇才故以此荅之○焉於虔反且夫子之命也遂誣孟孫遂立

羯秩奔邾臧孫入哭甚哀多涕出其御曰孟孫之惡子也而哀如是季孫若死

其若之何臧孫曰季孫之愛我疾疢也常志相順從身之害○疢恥刃反孟孫之惡我藥石也

常志相違戾猶藥石之療疾疏孟孫至石也○正義曰治病藥分用石本草所云鍾乳礬磁石之類多矣美疢不如惡石夫石猶

生我愈己疾也疏夫石猶生我○正義曰服虔云夫謂孟孫也桓十三年傳夫固謂君夫豈不知服虔云夫謂鬬伯比也二十六年傳夫不惡女乎服杜並云夫謂大子也其年又曰夫獨無族姻乎杜云夫謂晉也三十一年傳夫亦愈知治矣杜云夫謂尹何皆謂所斥前人爲夫此言之類也疢之美

其毒滋多孟孫死吾亡無日矣。孟氏閉門告於季孫曰臧氏將爲亂不使我葬

欲爲公鉏讎臧氏季孫不信臧孫聞之戒戒。爲備也冬十月孟氏將辟藉除於臧氏辟穿藏也於臧

氏借人除葬道○辟婢亦反徐甫亦反注同籍徐音借又如字籍亦借也藏才浪反臧孫使正夫助之正夫。隧正○隧音遂下文之隧同【疏】注正夫。遂正○正義曰七年傳稱叔仲昭伯爲隧正請南遺請城費吾多與而役是役夫。遂正所主知此正夫是。遂正也遂正當屬司徒臧氏爲司寇而借之於臧氏者蓋當時臧氏兼主掌之除於東門甲從己而視之畏孟氏故從甲士視作者○從才用反注同一音如字孟氏又告季孫季孫怒命攻臧氏見其甲故有乙亥臧紇斬鹿門之關以出奔邾魯南城東門【疏】注魯南城東門○正義曰蓋舊名猶在相傳如此也且邾在魯之東南奔邾出此門。以爲便○初臧宣叔娶于鑄生賈及爲而死鑄國濟北蛇丘縣所治○娶七住鑄之樹反蛇音移治直吏反繼室以其姪女子謂兄弟之子爲姪○姪大結反又丈一反穆姜之姨子也姪穆姜姨母之子與穆姜爲姨。昆弟【疏】注姪穆至昆弟○正義曰釋親云妻之姊妹同出爲姨孫炎曰同出俱已嫁也然則據父言之謂之姨據子言之當謂之從母但子效父語亦呼爲姨姨子昆弟即喪服從母昆弟是也故曰姨昆弟生紇長於公宮姜氏愛之故立之立爲宣叔嗣臧賈臧爲出在鑄還舅氏也臧武仲自邾使告臧賈且致大蔡焉大蔡大龜○大蔡龜名也一云龜出蔡地因以爲名【疏】注大蔡大龜○正義曰漢書食貨志云元龜爲蔡論語云臧文仲居蔡家語稱漆彫平對孔子云臧氏有守龜其名曰蔡文仲三年而爲一兆武仲三年而爲二兆是大蔡爲大龜蔡是龜之名耳鄭玄云出蔡地因以爲名焉非也曰紇不佞失守宗祧遠祖廟爲祧○祧他彫反敢告不弔不爲天所弔恤紇之罪不及不祀言應有後【疏】注言應有後○正義曰禮天子封諸侯以國諸侯賜大夫以族天子不滅國諸侯不滅族有小罪則廢其身擇立次賢使紹其先祀論語云興滅國繼絕世謂此也必有大罪乃得滅之周禮大司馬云外內亂鳥獸行則滅之是也武仲自言罪輕不及於不祀言其應有後也子以大蔡納請其可請為先人立後○請為于偽反下為己請自為請為其先人下文遂自為也皆同賈曰是家之禍也非子之過也賈聞命矣再拜受龜使為以納請賈使為為己請遂自為也為自為請臧孫如防防臧孫邑使來告曰紇非能害也知不足也言使甲從己但慮事淺耳○知音智非敢私請為其先人請也苟守先祀無廢二勳二勳文仲宣叔

疏注二勳文仲宣叔○正義曰哀二十四年傳曰晉侯將伐齊使來乞師曰昔臧文仲以楚師伐齊取穀臧宣叔以晉師伐齊取汶陽寡君欲徼福於周公願乞靈於臧氏是二勳謂文仲宣叔也

敢不辟邑據邑請後故孔子以為要君○要一遙反下同乃立臧為臧紇致防而奔齊其人曰其盟我乎謂陳其罪惡盟諸大夫以為戒臧孫曰無辭廢長立少季孫所忌故謂無辭以罪己將盟臧氏季孫召外史掌惡臣而問盟首焉惡臣謂奔亡者盟首載書之章首

疏季孫召外史○正義曰周禮外史掌書外令掌四方之志今季孫召外史蓋魯亦立此官也

對曰盟東門氏也曰毋或如東門遂不聽公命殺適立庶文公命立子惡公子遂殺之立宣公○毋音無聽吐定反適丁歷反盟叔孫氏也曰毋或如叔孫僑如欲廢國常蕩覆公室謂譖公與季孟於晉○覆芳服反季孫曰臧孫之罪皆不及此孟椒曰盍以其犯門斬關季孫用之乃盟臧氏曰無或如臧孫紇干國之紀犯門斬關干亦犯也○盍戶臘反臧孫聞之曰國有人焉誰居其孟椒乎孟椒孟獻子之孫子服惠伯○居猶與也○居音基與音餘

晉人克欒盈于曲沃盡殺欒氏之族黨欒魴出奔宋書曰晉人殺欒盈不言大夫言自外也自外犯君而入非復晉大夫○齊侯還自晉不入不入國遂襲莒門于且于且于莒邑○于子餘反傷股而退齊侯傷明日將復戰期于壽舒壽舒莒地杞殖華還載甲夜入且于之隧宿於莒郊二子齊大夫且于隧狹路○殖市力反華胡化反還音旋狹戶夾反疏。夜入且于之隧○正義曰既入而又得出宿知所入非城邑也故杜以爲狹道檀弓說此事云齊莊公襲莒于奪杞梁死焉言于奪則當爲地名鄭玄引此傳云隧奪聲相近言其與此一事則。此亦爲地名若是地名不得云且于之隧即如記文蓋當且于之旁別有奪地非此且于之隧也明日先遇莒子於蒲侯氏蒲侯氏近莒之邑○近附近之近莒子重賂之使無死曰請有盟欲以盟要二子無致死戰華周對曰貪貨棄命亦君所惡也華周即華還昏而受命日未中而棄之何以事君莒子親鼓。之從而伐之獲杞梁杞梁即杞殖莒人行成勝大國益懼故行成齊侯歸遇杞梁之妻於郊梁戰死妻行迎喪使弔之辭曰殖之有罪何辱命焉言若有罪不足弔若免於罪猶有先人之敝廬在下妾不得與郊弔婦人無外事故下猶賤也○盧力居反與音預疏注婦人至賤也○正義曰檀弓云哀公使人弔蕢尚遇諸道辟於路畫宮而受弔焉曾子曰蕢尚不如杞梁之妻之知禮也鄭玄云行弔禮於野非也然則男子亦不得受野弔而言婦人無外事者檀弓云君遇柩於路必使人弔之鄭玄云君於民臣有父母之恩是男子從柩在野則得野受弔婦人無外事雖從柩亦不得野受弔耳若男子得受野弔而曾子非蕢尚者以蕢尚在朝顯著故宜弔於其家若君遇柩於路使人弔之者謂庶人及微小之臣也檀弓因蕢尚而說此事云杞梁死其妻迎其柩於路而哭之哀則杞梁之妻於時從杞梁柩雖從柩而辭不受弔是由異於男子故也服虔以下從上讀言敝廬在下禮記無下知下猶賤謙言賤妾也齊侯。弔諸其室傳善婦人有禮○齊侯將爲臧紇。與之田邑臧孫聞之見齊侯與之言伐晉齊侯自道伐晉之功○臧孫聞之見賢遍反齊侯絕句一讀以見字絕句齊侯向下讀對曰多則多矣抑君似。鼠夫鼠晝伏夜動不穴於寢廟畏人故也

今君聞晉之亂而後作焉作起兵也疏不穴於寢廟正義曰一解鼠不敢穿寢廟墉以爲穴者。卽畏人故也但寢則近人廟則幽靜鼠不穿廟豈是畏人故知寢廟間雅鼠不卽以爲穴必須穿壁始敢安處止爲畏人故也計燕巢鼠穴自是其常假喻言之不可執此爲難也寧將事之非鼠如。何。乃弗與田臧孫知齊侯將敗不欲受其邑故以比鼠欲使怒而止仲尼曰知之難也有臧武仲之知謂能辟齊禍○知之音智而不容於魯國抑有由也作不順而施不恕也夏書曰念茲在茲逸書也念此事在此身言行事當常念如在己身也疏作不至恕也○正義曰服虔云不順謂阿季氏廢長立少也不恕謂惡孟氏立庶也然則作而不順當如服言傳無惡孟氏之事故不取當謂知其不可而爲之是不恕也順事恕施也

經二十有四年春叔孫豹如晉賀克。欒氏○仲孫羯帥師侵齊○夏楚子伐吳○秋七月甲子朔日有食之既無傳疏秋七至之既○正義曰漢書律曆志載劉歆三統之術以爲五月二十。二分月之二十乃爲一交以爲交在望前朔則日食望則月食交在望後望則月食後月朔則日食交正在朔則日食既前後望不食交正在望則月食既前後朔不食而二十一年

九月十月頻月日食此年七月八月。日食凡交前十五度交後十五度並是食竟去交遠則日食漸少去交近則日食漸多正當交則日食既若前月在交初一度日食則至後月之朔日猶在交之末度未出食竟月行天既。帀來及於日或可更食若前月日在交初二度以後則後月復食無理今七月日食既而八月又食於推步之術必無此理蓋古書磨滅致有錯誤劉炫云漢末以來八百餘載考其注記莫不皆爾都無頻月日食之事計天道轉運古今一也後世既無其事前世理亦當然而今有頻食於術不得有交之所在日月必食日食在朔月食在望日月共盡一體日食少則月食多日食多則月食少日食盡則前後望月不食月食盡則前後朔日不食以其交道既不復。其相揜故也此與二十一年頻月日食理必不然但其字則變古爲篆改篆爲隸書則縑以代簡紙以代縑多歷世代年數遥遠喪亂或轉寫誤失其本真先儒因循莫敢改易執文求義理必不通後之學者宜知此意。也○齊崔杼帥師伐莒○大水傳無○八月癸巳朔日有食之傳無○公會晉侯宋公衛侯鄭伯曹伯莒子邾子滕子薛伯杞伯小邾子于夷儀○冬楚子蔡侯陳侯許男伐鄭公至自會傳無○陳鍼宜咎出奔楚陳鍼子八世孫慶氏之黨書名惡之也○鍼其兼反咎其九反惡烏路反疏注陳鍼子八世孫正義曰世本文也○叔孫豹如京師○大饑傳無

傳二十四年春穆叔如晉范宣子逆之問焉曰古人有言曰死而不朽何謂也穆叔未對宣子曰昔匄之祖自虞以上爲陶唐氏陶唐堯所治地大原晉陽縣也終虞之世以爲號故曰自虞以上○上時掌反注同治直吏反疏。注陶唐至以上正義曰如杜此注陶唐共爲一名即是晉陽縣也釋例云晉大鹵大原大夏參虛晉陽六名大原晉

陽縣也唯載六名而言不及唐釋例又別記小國一所都唐大原晉陽縣也亦云唐是晉陽而言不及陶則以陶與唐別不是共爲一名也唐史記云帝堯爲陶唐氏韋昭云陶唐皆國名猶湯稱殷商也案經傳契居商故湯以商爲國號后盤庚遷殷故殷商雙舉歷檢書傳未聞帝堯居陶而以陶冠唐蓋地以二字爲名所稱或單或複也張晏云堯爲唐侯國於中山唐縣然則唐是中山縣名非晉陽也堯自唐侯而升爲天子既爲天子乃治於晉陽故杜於晉陽六名言不及唐記其諸國之都乃云唐是晉陽言堯爲天子號曰陶唐其治在晉陽耳唐非晉陽縣內之地名也舜受堯禪封堯子丹朱爲王者之后猶稱爲唐其名不易終虞之世以陶唐爲號故曰自虞以上也**在夏爲御龍氏**謂劉累也事見昭二十九年○見賢遍反【疏】注謂劉至九年○正義曰昭二十九年傳曰陶唐氏既衰其後有劉累學擾龍于豢龍氏以事孔甲夏后嘉之賜氏曰御龍**在商爲豕韋氏**豕韋國名東郡白馬縣東南有韋城【疏】注豕韋至韋城○正義曰鄭語云祝融之後八姓大彭豕韋爲商伯矣又曰彭姓彭祖豕韋則商滅之矣賈逵云大彭豕韋爲商伯其後世失道殷德復興而滅之然則商之初豕韋國君爲彭姓也其後乃以劉累之後代之亦不知殷之何王滅彭姓而封累後也昭二十九年傳稱夏王孔甲嘉劉累賜氏曰御龍以更豕韋之後則賜劉累身封豕韋而此云在商爲豕韋氏者杜於彼注云劉累代彭姓之豕韋累尋遷魯縣豕韋復國至商而滅累之後世復承其國爲豕韋氏是杜解劉累之事及其後世再封豕韋之事**在周爲唐杜氏**唐杜二國名殷末豕韋國於唐周成王滅唐遷之於杜爲杜伯杜伯之子隰叔奔晉四世及士會食邑於范氏杜今京兆杜縣○隰除入反復扶又反下同【疏】注唐杜至杜縣○正義曰以國語杜伯文不連唐知唐杜二國名又以豕韋爲一嫌唐杜亦一故辨之也昭元年傳稱堯還實沈于大夏唐人是因以服事夏商其季世曰唐叔虞及成王滅唐而封大叔是言周成王滅唐也周語曰周之衰也杜伯射宣王於鎬是周有杜國故杜以爲成王滅唐遷之於杜爲杜伯也晉語訾祏對范宣子云昔隰叔子違周難奔於晉生子輿爲司空世及武

子佐文襄爲卿以輔成景後之人可則是以受隨范賈逵云宣王殺杜伯其子逃而奔晉子輿士蔿字武子士會也會士蔿之孫是隰叔四世及士會食邑於范爲范氏也劉炫云案杜於昭元年注云唐人若劉累之等累遷魯縣此在大夏卽如彼言則居唐之人非累之裔此注何云豕韋國於唐也又據何文知初封於唐後封於杜乎今知劉說非者彼注雖似有異其義與此不殊後傳云唐人是因杜以唐人非一人之稱故云劉累之等謂累之子孫故云之等也累遷魯縣傳云唐人是因因居大夏則累之子孫還居大夏也杜知殷末封之於唐者以周成王滅唐故也知後封於杜者以宣王時有杜伯故也是成王之時有唐無杜宣王之時有杜無唐故杜爲此解劉炫又規云唐非豕韋之胤杜亦未必是後安知滅唐遷於杜也賈逵注國語云武王封堯後爲唐杜二國以爲並時爲國非滅唐封杜劉以爲唐非劉累之後又取賈逵注國語武王封堯後爲唐杜二國以爲二國並封而規杜氏非也炫謂宣子歷言己之宗族於上世有國有家未必繼體相承炫於處秦爲劉謂非丘明之筆豕韋唐杜不信元。惜之言己之遠祖數自譏訐或聞此義必將見嗤但傳言於人懼誤後學意之所見不敢有隱唯賢者裁之晉主夏盟爲范氏晉爲諸夏盟主范氏復爲之佐言己世爲與家○夏戶雅反注同其是之謂乎

穆叔曰以豹所聞此之謂世祿非不朽也魯有先大夫曰臧文仲既沒其言立。立謂不廢絕○既沒其言立今俗本皆作其言立於世世檢元熙以前本則無於世二字其是之謂乎豹聞之大上有立德黃帝堯舜○大音泰其次有立功禹稷其次有立言史佚周任臧文仲○佚音逸任音壬疏大上至立言○正義曰大上其次以人之才知淺深爲上次也大上謂人之最上者上聖之人也其次次聖者謂大賢之人也其次又次大賢者也立德謂創制垂法博施濟衆聖德立於上代惠澤被於無窮故服以伏羲神農杜以黃帝堯舜當之言如此之類乃是立德也禮運稱禹湯文武成王周公後代人主之選計成王非聖但欲言周公不得不

言成王耳禹湯文武周公與孔子皆可謂立德者也立功謂拯厄除難功濟於時故服杜皆以禹稷當之言如此之類乃是立功也祭法云聖王之制祭祀也法施於民則祀之以死勤事則祀之以勞定國則祀之能禦大菑則祀之能捍大患則祀之法施於民乃謂上聖當是立德之人其餘勤民定國禦災捍患皆是立功者也立言謂言得其要理足可傳記傳稱史逸有言論語稱周任有言及此臧文仲既沒其言存立於世皆其身既沒其言尙存故服杜皆以史佚周任臧文仲當之言如此之類乃是立言也老莊荀孟管晏楊墨孫吳之徒制作子書屈原宋玉賈逵楊雄馬遷班固以後撰集史傳及制作文章使後世學習皆是立言者也此三者雖經世代當不朽腐故穆子歷言之雖久不廢此之謂不朽若夫保姓受氏以守宗祊祊廟門○祊布彭反注同疏注祊廟門○正義曰釋宮云祊謂之門李巡曰祊故廟門名也孫炎曰詩云祝祭於祊謂廟門也世不絕祀無國無之祿之大者不可謂不朽傳善穆叔之知言○范宣子爲政諸侯之幣重鄭人病之二月鄭伯如晉子產寓書於子西以告宣子寓寄也○寓音遇○曰子爲晉國四鄰諸侯不聞令德而聞重幣僑也惑之僑聞君子長國家者非無賄之患而無令名之難夫諸侯之賄聚於公室則諸侯貳貳離也○長丁丈反離如字又乃旦反賄呼罪反若吾子賴之則晉國貳賴特用之諸侯貳則晉國壞晉國貳則子之家壞何沒沒也沒沒沈滅之言○沒沒如字一音妹沈溺也將焉用賄夫令名德之輿也德須令名以遠聞○焉於虔反聞音問又如字德國家之基也有基無壞無亦是務乎有德則樂樂則能久詩云樂只君子邦家之基有令

德也夫詩小雅言君子樂美其道爲邦家之基所濟令德○樂樂並音洛夫音扶下也夫同以上帝臨女無貳爾心有令

名也夫詩大雅言武王爲天所臨不敢懷貳心所以濟令名○女音汝疏。詩云至名也夫○正義曰詩小雅南山有臺之篇旨美也言有樂美之德

君子以有樂美之德故爲邦家之基本也此詩所言言此君子有令德也夫又引詩大雅大明之篇詩人謂武王云上天之意臨視女武王矣言武王爲天所

臨不敢懷貳於女之心此詩所言言武王有令名也夫樂美君子者言君子有可樂可美之德也劉炫云詩人謂武王云上天之意臨視女武王故在下臣民

無懷貳於女之心也恕思以明德則令名載而行之是以遠至邇安毋寧使人謂子子實

生我○無寧寧也毋音無而謂子浚我以生乎浚取也言取我財以自生○浚思俊反疏毋寧至生乎○正義曰無寧寧也言

人等作二事爲不取人財寧使人謂子實能生養我民也爲多取人財使人言子不能自活而須我民財以生活乎此二者孰勝也象有齒以焚

其身賄也焚斃也○焚扶云反服云焚讀曰僨僨僵也斃婢世反疏注焚斃也○正義曰焚是燒也象不燒死故訓爲斃服虔云焚讀曰僨僨

僵也爲生齒牙僵仆其身宣子說乃輕幣是行也鄭伯朝晉爲重幣故且請伐陳也鄭伯稽

首宣子辭子西相曰以陳國之介恃大國而陵虐於敝邑介因也大國楚也○說音悅爲于僞反下

注魯爲同相息亮反介音戒注及下同寡君是以請。罪。焉。請得罪施陳也○是以請罪焉一本作是以請請罪焉請並七井反徐上請字

音情敢不稽首爲明年鄭入陳傳○孟孝伯侵齊晉故也前年齊伐晉魯爲晉報侵○夏楚子爲舟師

以伐吳舟師水軍不爲軍政不設賞罰之差無功而還爲下吳召舒鳩起本○齊侯既伐晉而懼將欲

見楚子楚子使薳啓彊如齊聘且請期（請會期○彊其良反又居良反）齊社蒐軍實使客觀之（祭社因閱數軍器以示薳啓彊○蒐所求反閱音決數所主反）陳文子曰齊將有寇吾聞之兵不戢必取其族（戢藏也族類也取其族還自害也○戢側立反）○秋齊侯聞將有晉師使陳無宇從薳啓彊如楚辭且乞師（辭有晉師未得相見）崔杼帥師送之遂伐莒侵介根（介根莒邑今城陽黔陬縣東北計。基城是也齊既與莒平因兵出侵之言無信也○黔其廉反又其令反如淳音耿弇反陬側留反又子侯反韋昭音諏基本又作其音基又如字漢書作斤如淳斤音基）會于夷儀將以伐齊水不克（晉合諸侯以報前年見伐）○冬楚子伐鄭以救齊門于東門次于棘澤（以齊無宇乞師故也）諸侯還救。鄭。（夷儀諸侯）晉侯使張骼輔躒。致楚師求御于鄭（欲得鄭人自御知其地利故也○骼庚百反音古洛反躒力狄反徐音洛）一鄭人卜宛射犬吉（射犬鄭公孫○宛於元反射食亦反徐神石反）子大叔戒之曰大國之人不可與也（言不可與等也欲使卑下之。大叔游吉○大叔音泰下遐嫁反）對曰無有衆寡其上一也（言在己上者有常分無大小國之異○分扶問反）

疏。無有至一也○正義曰射犬之意言成與彼俱是大夫無有國士大小人民衆寡之異其在我上彼此一也其意言我下鄭卿亦下晉卿彼若是卿我當下之彼是大夫我不下之大叔曰不然部。婁。無松柏。（部婁小阜松柏大木喻小國異於大國○部蒲口反徐扶苟反婁本或作樓路口反徐力侯反阜扶有反）

疏注部婁至大國○正義曰釋地云大陸曰阜大阜曰陵李巡曰大陸謂土地高大名曰阜阜最大爲陵小則阜地之高者是丘陵之類也部婁小阜相傳爲然大山有松柏小阜無松柏小阜異於大山喻小國異於

大國不得與大國之人等也服虔云喻小國無賢材知勇之人而與大國等也二子在幄坐射犬于外二子張骼輔躒幄帳也○幄於角反既食而後食之使御。廣車而行廣車兵車○後食音嗣廣古曠反注同已皆乘乘車乘車安車○下乘字繩證反注及下皆同將及楚師而後從之乘皆踞。轉。而鼓琴轉衣。裝○踞居慮反轉張戀反注及下同一音張彎反裝側亘反一本作囊【疏】注轉衣裝○正義曰踞謂坐其上也戰車所有可坐其上明是衣囊耳當是盛衣甲之囊也下云取胄於囊當別有小囊盛胄定本作衣裝近不告而馳之射犬恨故近敵不告而馳皆取胄於橐而胄入壘皆下搏人以投收禽挾囚禽獲也○胄直救反橐古毛反壘力軌反搏音博徐甫各反挾音協弗待而出射犬又不待二子皆超乘抽弓而射既免復踞轉而鼓琴曰公孫同乘兄弟也言同乘義如兄弟○復扶又反下復討同故。再不謀謂不告而馳不待而出對曰曩者志入而已今則怯也皆笑曰公孫之亟也亟急也言其性急不能受屈○曩奴黨反鄉也怯去業反亟居力反注同【疏】曩者至怯也○正義曰曩猶向也向者志入前敵而馳馳入遇怯而出非是故不告也○楚子自棘澤還使薳啓彊帥師送陳無宇傳言齊楚固相結也○吳人爲楚舟師之役故在此年夏○爲于僞反下注同召舒鳩人舒鳩人叛楚舒鳩楚屬國欲與共伐楚召楚子師于荒浦荒浦舒鳩地○浦叛五反使沈尹壽與師祁犂讓之二子楚大夫○犂力兮反又利之反舒鳩子敬逆二子而告無之且請受盟二子復命王欲伐之薳子曰不可令尹薳子馮彼告不叛且請受盟而又伐之伐無罪也姑歸息民以待其卒[卒終也]卒而不貳吾又何求若猶叛我無辭有庸乃還[彼無辭我有功爲明年楚滅舒鳩傳]○陳人復討慶氏之黨鍼宜咎出奔楚[言宜咎所以稱名]○齊人城郟[郟王城也於是轂雒鬬毀王宮齊叛晉欲求媚於天子故爲王城之○郟古洽反][疏]注郟王至城之○正義曰傳稱成王定鼎于郟鄏周公就而營之謂之洛邑亦名王城其地舊名爲郟故以郟爲城名周語云靈王二十二年轂洛鬬毀王宮計靈王以二年即位往年爲二十二年往年毀壞其城故齊人今歲爲王城之也穆叔如周聘且賀城王嘉其有禮也賜之大路[大路天子所賜車之總名爲昭四年叔孫以所賜路葬張本]○晉侯使程鄭佐下軍[代欒盈也]鄭行人公孫揮如晉聘[揮子羽也○揮許韋反]程鄭問焉曰敢問降階何由[問自降下之道○下遐嫁反又如字][疏]注問自降下之道○正義曰下注階猶道也知問降階者問自降下之道程鄭既得爲卿以卿是高位欲降意下人故問自降下之道子羽不能對歸以語然明[然明鬷蔑○語魚據反鬷子公反]然明曰是將死矣不然將亡貴而知懼懼而思降乃得其階[階猶道也]下人而已又何問焉[言易知○下戶嫁反易以豉反]且夫既登而求降階者知人也不在程鄭其有亡釁乎不然其有惑疾將死而憂也[言鄭本小人爲明年程鄭卒張本○夫音扶知音智釁許覲反][疏]其有至憂也○正義曰程鄭忽問降階然明議其將死故云此程鄭身有罪禍懼奔亡之釁而輒問降階也若不然則有迷惑之疾將死而憂乎何休難此云善言者君子所尚有小人道之輒爲死徵是善言不可出口此末得傳之意也然明者鄭之知人知程鄭以佞媚嬖幸得升卿位非有謙退止足之心今忽問降階是改其常度以

其改常知其將死故疑其知將有亡釁惑疾而憂故能出此語耳善言非其常所以知其死非謂口出善言卽當死也趙文子賢人也將死其語偷程鄭小人也將死其言善俱是失常無所怪惑也

附釋音春秋左傳注疏卷第三十五

春秋左傳注疏卷三十五校勘記　　阮元撰盧宣旬摘錄

附釋音春秋左傳注疏卷第三十五　襄二十二年盡二十四年

（經二十二年）

（傳二十二年）

注頻與晉侯外會至故不書　毛本作注公頻與至不書宋本作公頻至不書無與字以下正義三節宋本總入令倍其

賦注下

兩過御叔御叔在其邑　閩本監本御叔字不重非也

知仁聖義忠和　監本毛本忠作中

者通識之名　宋本者上有是聖二字

非爲武仲實是大聖也　宋本也上有人字浦鏜云爲當謂字誤

古者家有國邑　宋本足利有作其案正義作其

注少正鄭卿官也　宋本以下正義四節總入執事實重圖之注下

鍾磬之屬　宋本纂圖本監本毛本鍾作鐘

注朝正也宋本無也字

天子飲酎監本子字模糊

謂祭未受胙肉也浦鏜正誤未作末是也○今依作末

與執燔焉釋文云燔本又作膰案惠棟云僖廿四年傳及成十三年傳皆作膰說文曰鐇宗廟火孰肉从炙番聲春秋傳曰天子有事鐇焉以饋同姓諸侯此傳燔字當作鐇轉寫誤爲燔耳

實謂謹讓也宋本實上有口字是也

歸邑于公淳熙本于作於非

注四時至戚也宋本以下正義二節總入鄭子張其有焉注下

故進用等宋本用下有一字

大夫無禘祫而而云殷三年祭者案上而字衍文宋本所無監本毛本誤作一閩本墨釘

今黑肱全滅之戚也宋本無戚字

用此以戒不億度之事閩本監本億作憶誤

洩命重刑釋文洩作泄陳樹華云注內漏泄君命泄字唯宋本作洩此外諸本皆作泄與釋文合此刻本本字之僅存者

十二月鄭游眅將歸晉纂圖本監本毛本眅作眅亦非宋本淳熙本岳本作眅从目爲是說文眅多白眼也从目反聲春秋傳曰鄭游眅字子明普班反石經合案北宋刊本釋文亦作眅山井鼎云

以館于邑淳熙本于誤子

舍止其邑不復行纂圖本監本毛本舍誤令

是父之行不脩益明也宋本是上有非字

〔經二十三年〕宋本春秋正義卷第二十三石經春秋經傳集解襄四第十七岳本襄下增公字淳熙本無集解二字襄下亦增公字並畫廿五年

二十三年注五同盟宋本無二十三年四字

夏邾畀我來奔宋本畀我作卑我石經亦作卑我按釋文凡畀字皆云必利反以音理言之卑在五支畀在六脂卑字不可代畀音必利反石經始譌而宋本仍之非也

妄爲規非也宋本非上有過字是也

注書名至義例宋本此節正義在注文故爲楚所納句下

之甲以入晉宋本之上有乃率曲沃四字

謂其後入宋本其下有敗而二字

注兩事故言遂宋本此節正義在注文東有雍城之下

故乃言遂也宋本無乃字

以取奔亡罪之閩本監本毛本取作此非也

注輕行掩其不備曰襲因伐晉還至有事宋本無掩其至晉還十字

倍道輕行宋本倍作信非

（傳二十三年）

杞孝公姊妹姊本淳熙本岳本纂圖本閩本監本毛本姝作妹是也淳熙本姊誤姝○今改正

傳注禮諸侯至責之宋本毛本無傳字宋本作注禮諸至責之

雖有本服賜者宋本賜作期

慶樂二慶之族淳熙本誤作之裓

板隊而殺人石經隊作墜

知之不爲經也宋本之作其

藩車之有障蔽者釋文障作鄣按說文障隔也从𨸏章聲

晉將至滕之宋本以下正義十一節總入晉人圍之注下

又執民之八柄也宋本無也字

子無懈矣石經宋本懈作解與釋文合

王鮒使宣子墨縗冒至石經宋本淳熙本岳本纂圖本閩本監本毛本至作絰是也釋文云縗本又作衰

故爲婦人服而入淳熙本入下有之字

固宮宮之有臺觀備守者宋本上宮字誤言

劫之纂圖本閩本監本毛本劫作刼非也

逆獻子也岳本脫也字

斐豹廣韻斐字注姓左傳晉有裴豹是斐本又作裴也

蓋犯罪沒爲官奴漢書張衡傳注引注文犯上有豹字

男女同名宋本女作子非也

踰隱而待之毛本踰誤隃

用短劍兵接敵 宋本淳熙本岳本纂圖本毛本足利本短劍作劍短

欒樂車櫟槐而覆 閩本櫟作𣘈亦非宋本淳熙本作轢與釋文合

申鮮虞之傅摯爲右 釋文云本或作申鮮虞之子傅摯即正義所謂俗本是也定本亦無子字

申鮮虞之傅摯爲右 宋本以下正義二節總入注文自抑損之下

若傳先有子字 監本傳作傅非也

大殿後軍 纂圖本後軍誤從車

燭庸之越駟乘 淳熙本庸誤戎

謂築壘壁 釋文作辟也音壁各本脫也字

注張武至壘壁 宋本至字作軍謂築三字正義三節總入八月節注下

子干帥陳蔡之師入楚 重脩監本毛本干作于非也

張設旗鼓也 宋本鼓作此非

獲晏氂 石經氂作犛岳本作犛釋文同云徐音來案惠棟云外傳作萊古字通徐音是也毛本誤作鸄注同

趙勝趙旃之子 淳熙本旃作同非也

亦存邢宋本亦下有以字是也

新樽絜之釋文云樽本或作尊是也案五經文字有尊無樽左氏凡作樽者皆為後人所加唯昭九年請佐公使尊不誤惠棟云案曹憲文字指歸云檢字無此從缶從木者說文曰字从酋寸酒官法度也今之尊卑從此得名故尊亦為君父之稱

獻酬禮畢通行為旅宋本淳熙本岳本足利本通上有而字

注獻酬至為旅宋本以下正義十四節總入其孟椒乎注下

富倍季氏可也淳熙本可誤何

具饗燕之具纂圖本監本毛本饗燕誤倒

孺子秩淳熙本秩誤疾

戶側喪主淳熙本主作之非也

吾亡無日矣淳熙本日誤自

孟氏閉門淳熙本氏作天誤也

戒為備也淳熙本為作僞非是

藉除於臧氏石經藉初刻从竹改从卄

正夫隧正宋本淳熙本隧作遂

注正夫遂正閩本監本毛本遂作隧

是役夫遂正所主宋本閩本監本毛本遂作隧下同山井鼎云此疏有四遂正但最上隧正同今本也

奔邾出此門以爲便宋本無以字

與穆姜爲姨昆弟淳熙本昆作兄非也

惡臣謂奔亡者淳熙本足利本謂作諸

盟首載書之章首淳熙本章誤卓

譖公與季孟於晉淳熙本季作香誤也

無或如臧孫紇石經此處刓缺釋文無作毋音無下同案上文作毋此則不應獨異釋文是也

杞殖華還作旋案李注文選洞簫賦引作芭梁殖云芭與杞同孟子告子正義引還

夜入且于之隧宋本以下正義二節總入弔諸其室注下

則此亦爲地名宋本此上有謂字

莒子親鼓之淳熙本鼓作豉誤

齊侯弔諸其室齊侯將爲臧紇田 石經侯字起紇字止計十一字刓缺無考

抑君似鼠 淳熙本似作以非也

不穴於寢廟 宋本以下正義二節總入順事恕施也之下

卽畏人故也 重脩監本卽作自非也

非鼠何如 石經宋本岳本作如何是也如何卽而何○此本誤作何如今訂正

（經二十四年）

注賀克欒氏 此叔孫豹如晉注監本脫

以爲五月二十二分月之二十 宋本二分作三分與律曆志合

此年七月八月日食 宋本日字上有頻月二字

月行天既帀 毛本帀作而非也

既不復其相揜故也 宋本無其字是也

宜知此意也 宋本無也字

（傳二十四年）

自虞以上爲陶唐氏李注文選謝玄暉齊敬皇后哀策文引作巳上

注陶唐至以上宋本以下正義六節總入不可謂不朽注下

其后有劉累考文云后作後

至商而滅監本滅字模糊重脩監本誤作成

遷之於杜爲杜伯杜伯之子閩本監本脫下杜伯二字

食邑於范氏宋本淳熙本岳本纂圖本足利本氏上有復爲范三字

故辯之也宋本辯作辨

呰祏對范宣子云監本作祏毛本作祐並非

昔隰叔子違周雖宋本雖作難與晉語合

不信元愷之言宋本愷作凱

既沒其言立案禮記禮器正義引作其言立於後世釋文云今俗本皆作其言立於世檢元熙以前本則無於世二字禮疏所引疑卽陸氏所謂俗本而增損之

立功謂拯厄除難閩本監本毛本厄作危

故服杜皆以史佚周任臧文仲當之毛本任作佚非也

賈逵段玉裁校本逵作誼

祊故廟門名也浦鏜正誤云故字衍

則子之家壞惠棟云石經改刻則子家壞無之字

沒沒沈滅之言淳熙本沈作滅

樂只君子石經宋本岳本只作旨案十一年傳昭十三年傳引詩並作旨

詩云至名也夫宋本以下正義三節總入敢不稽首注下

寡君是以請罪焉釋文作是以請請罪焉請並七井反徐上請字音情案石經罪焉二字刓缺不重請字脫文也而各本仍其誤

請得罪於陳也宋本於作施是也施陳猶言加兵於陳○今從宋本

計基城是也釋文基作其音基又如字云漢書作斤如淳斤音基段玉裁云斤當作亓音基作斤是誤字

諸侯還救鄭此本救鄭二字實缺脩板無救字閩本同據石經及各本補正

輔躒諸本作躒說文引春秋傳作輔䟐

大叔游吉淳熙本脫大字

無有至一也宋本以下正義四節總入公孫之亟也注下

部婁無松柏閩本監本柏作栢案說文附字注云附婁小土山也引傳作附婁無松柏部與附蓋古字通北宋刻釋文婁本或作塿應劭風俗通義李注文選魏都賦引並作培塿周伯琦六書正譌云俗用培塿非也

喻小國異於大國重脩監本下國字誤山

張骼輔躒淳熙本躒作樂非也

使御廣車而行纂圖本御作衙非

皆踞轉而鼓琴惠棟云踞當作居傳氏辨誤云轉字從車與衣裝何與此必軫字之譌詩小戎俴收注云收軫也謂車前後兩端橫木踞之可以鼓琴且下文云取冑於橐而冑則橐固爲衣裝矣又何衣裝之有也按惠棟語當更詳之杜意謂轉即縳之假借字也二十五年傳申鮮虞以帷縛其妻縳直轉反即衣裝之義也

轉衣裝正義本作衣囊即釋文以爲一作之本也

故再不謀石經宋本淳熙本岳本纂圖本監本毛本故作胡是也

求媚於天子淳熙本於誤旋

郟王至城之宋本此節正義在賜之大路注下

故齊人今歲爲王城之也重脩監本王城誤正成

注問自降下之道宋本以下正義二節總入篇末

春秋左傳注疏卷三十五校勘記

杜氏注　孔穎達疏

經二十有五年春齊崔杼帥師伐我北鄙○夏五月乙亥齊崔杼弒其君光。齊侯雖背盟主未有無道於民故書臣罪崔杼也○背音佩○公會晉侯宋公衛侯鄭伯曹伯莒子邾子滕子薛伯杞伯小邾子于夷儀○六月壬子鄭公孫舍之帥師入陳子產之言陳以不義見入故舍之無譏釋例詳之疏注子產至詳之○正義曰釋例曰陳蔡楚之與國鄭欲求親於晉故伐而入之晉士莊伯詰其侵小。問陳之罪子產荅以東門之役故免於譏及其侵蔡既無晉命又無直辭君死主少與師以求媚於晉義取亂略不能以德懷親又不能以直報怨故二大夫異於子產也陳之見伐本以助晉晉不逆勞而以法詰之得盟主道理故仲尼曰晉為伯鄭入陳非文辭不為功善之也○秋八月己巳諸侯同盟于重丘夷儀之諸侯也重丘齊地己巳七月十。二日經誤○重直龍反疏注夷儀至經誤○正義曰僖五年公及齊侯云云會王世子于首止秋八月諸侯盟于首止公羊傳曰諸侯何以不序一事而再見者前目而後凡也是言前序後總取省文之義故此直言諸侯猶是上夷儀之諸侯也劉炫云定四年公會劉子云云于召陵五月公及諸侯盟于皋鼬杜云復稱公者會盟異處故此亦異處而不言公者炫謂史異辭於彼有規傳云七月經言八月杜以長曆校之七月十二日有己巳知是經誤也公至自會無傳○衛侯入于夷儀夷儀本邢地衛滅邢而為衛邑晉愍衛衎失國使衛分之一邑書入者自外而入之辭非國逆之例○衎苦旦反疏注夷儀至之例○正義曰僖元年邢遷于夷儀是夷儀本是邢地僖二十五年衛滅邢而有之還名其地爲夷儀故爲衞之邑也釋例曰春秋稱入其例有二施於師旅則曰不地在於歸復則曰國逆國逆又以立爲例逆而不立則皆非例所及諸在例外稱入直是自外入內記事者常辭義無所取而賈氏雖夫人姜氏之入皆以爲例如此甚多是杜以先儒妄以入例故顯言非國逆也於時剽爲衞君非國逆又不得位而稱侯者晉人稱爲衞侯以告魯故書侯也桓十五年鄭伯突入于櫟與此同也○楚屈建帥師滅舒鳩傳在衞侯入夷儀上經在下從告○冬鄭公孫夏帥師伐陳陳猶未服○十有二月吳子遏伐楚門于巢卒遏諸樊也爲巢牛臣所殺不書滅者楚。人不獲其尸吳以卒告未同盟而赴以名○遏於葛反徐音謁【疏】吳子至巢卒○正義曰諸侯不生名此吳子名在伐楚上者爲卒書名上之以省文猶鄭伯髡頑如會丙戌卒于鄵也

傳二十五年春齊崔杼帥師伐我北鄙以報孝伯之師也前年魯使孟孝伯爲晉伐齊○爲于僞反下爲己娶同公患之使告于晉孟公綽。曰崔子將有大志志在弒君孟公綽魯大夫○綽昌若反徐本作卓音同不在病我必速歸何患焉其來也不寇不爲寇害使民不嚴欲得民心異於他日齊師徒歸也徒空也○齊棠公之妻東郭偃之姊也棠公齊棠邑大夫【疏】注棠公至大夫○正義曰楚僭號稱王故縣尹稱公齊不僭號亦邑長稱公者蓋其家臣僕呼之曰公傳郎因而言之猶伯有之臣云吾公在壑谷也東郭偃臣崔武子棠公死偃御武子以弔焉見棠姜而美之美其色也使偃取之。爲己取也○取如字又七住反注同注或作娶字偃曰男女辨姓辨別也○別彼列反今君出自丁齊丁公崔杼之祖【疏】注丁公○正義曰謚法遠義不克曰丁臣出自

桓不可齊桓公小白東郭偃之祖同姜姓故不可。昏之武子筮之遇困䷮坎下兌上困○坎苦敢反兌徒外反之大過

䷛巽下兌上大過困六三變爲大過○巽音孫疏遇困之大過○正義曰坎下兌上爲困兌爲澤坎爲水水在澤下則澤中無水也易困象曰澤無水困澤以。鐘水潤生萬物今澤無水則萬物困病故名其卦爲困也巽下兌上爲大過象曰大過大者過也陽大陰小二陰而夾四陽大者過也史皆

曰吉阿崔子疏史皆曰吉○正義曰史者筮人也史有多人皆言爲吉阿崔子之意也服虔云皆二卦妄也示陳文子文子曰

夫從風坎爲中男故曰夫變而爲巽故曰從風○中丁仲反風隕妻不可娶也風能隕落物者變而隕落故曰妻不可娶○隕于敏反娶亦作取七住反注同且其繇曰困于石據于蒺棃入于其宮不見其妻凶困六三爻辭○繇直又反蒺音疾棃力利反困于石往不濟也坎爲險爲水水之險者石不可以動。也疏注坎爲至以動○正義曰坎象云習坎重險也說卦坎爲水水之險者爲石也石不可動往而遇石是往不濟也據于蒺棃。所恃傷也坎爲險兌爲澤澤之生物而險者蒺。棃恃之則傷○

疏注坎爲至則傷○正義曰兌爲澤說卦文也釋。草云茨蒺。棃郭璞曰布地蔓生細葉子有三角刺人蒺。棃有刺是。草之險者踐之則被刺故恃之則傷也入于其宮不見其妻凶無所歸也易曰非所困而困名必辱非所據而據身必危既辱且危死。期將至妻其可得見邪今卜昬而遇此卦六三失位無應則喪其妻失其所歸也○應應對之應喪息浪反疏注易曰至所歸○正義曰所引易曰易下繫辭文也孔子引此爻之辭而以此言述之非所困而困者謂六三是坎坎爲水水之險者爲石遇石當須辟之非合所困而。困之故名必辱也非所據而據謂六三在坎之上澤之下於蒺藜之間應當辟之非合所據而乃據之故身必危也石未即害身之物所以云名必辱蒺藜害體之物故云身必危既有困辱且復傾危此死時其將至矣妻

其可得見乎孔子述此爻之義如是今卜昏而遇此卦是不吉之象也六三以陰居陽位是失位也三應在上上亦陰爻是無應也動而無應是喪失所歸故不見其妻也劉炫云困卦六三上承九四四非三應而三欲附之附之不入自取其困不應爲此困而爲之名必辱也六三失位而下乘九二以柔乘剛非安身之道不應據而據之身必危也崔子曰嫠也何害先夫當之矣。寡婦曰嫠言棠公已當此凶○嫠本又作釐力之反遂取之莊公通焉驟如崔氏以崔子之冠賜人侍者曰不可公曰不爲崔子其無冠乎言雖不爲崔子猶自應有冠○驟愁又反徐在遘反

疏不爲至冠乎○正義曰公意言冠易得不足惜縱使餘人不爲崔子者其可無冠乎況崔子富貴其當自有冠也劉炫云冠是首服之大名周禮司服卿玄冕此崔子之冠蓋玄冕也今知非者以禮運云冕弁兵革藏於私家非禮也崔子冕在公府非助君祭不得用之將以賜人人非是卿何處施用案傳云驟如崔氏以崔子之冠賜人當謂就崔子家以崔子冠賜人當是玄冠也或冠。模制作有異故以賜人。

崔子因是因是怒公又以其間伐晉也間晉之難而伐之○間廁之間注同難乃旦反曰晉必將報欲弑公以說于晉而不獲間公鞭侍人賈舉而又近之乃爲崔子間公。伺公間隙○弑申志反說音悅又如字近附近之近下近於公宮幷注同爲于僞反下莒爲下注爲崔子同夏五月莒爲且于之役故莒子朝于齊且于役在二十三年○且子餘反甲戌饗諸北郭崔子稱疾不視事欲使公來乙亥公問崔子問疾遂從姜氏姜。入于室與崔子自側戶出公拊楹而歌歌以命姜○拊芳甫反拍也楹音盈侍人賈舉止衆從者而入閉門爲崔子閉公也重言侍人者別下賈舉○從才用反重直用反別彼列反甲與公登臺而

請弗許請免請盟弗許請自刃於廟勿許求還廟自殺也皆曰君之臣杼疾病不能聽命不能親聽公命近於公宮言崔子宮近公宮或淫者詐稱公陪臣干掫。有淫者不知二命干掫行夜。言行夜得淫人受崔子命討之不知宅命○陪臣干徐云讀曰犴胡旦反注同服音如字掫側柳反徐又子俱反一音作侯反說文云掫夜戒有所擊也從手取聲字林同掫音子侯反服本作諏子須反謀也今傳本或作諏猶依掫音行夜音下孟反下同【疏】注干掫至他命○正義曰昭二十年傳說齊公孫青聘衛之事云賓將掫主人辭賓曰若不獲扞外役是不有寡君也乃親執鐸終夕與於燎燎即是掫之事人扞外役即是干之義也故先儒相傳皆以干掫爲行夜說文云掫夜戒守有所擊。從手取。夜扞寇盜手有所擊故以干掫爲行夜官名也服虔云一曰干扞也。諏謀也言受崔子命扞禦謀淫之人有此謬說故掫字或誤從言也今定本作干掫受崔子之命又受公命是爲二命故云受崔子命討之不知他命也公踰牆。又射之中股反隊。遂弑之賈舉州綽邴師公孫敖封具鐸父襄伊僂堙皆死八子皆齊勇力之臣爲公所嬖者與公共死於崔子之宮○射食亦反中丁仲反股音古隊直類反具求付反鐸待洛反僂力侯反堙音因【疏】又射之中股○正義曰上未有射公之文而云又射之者以公未踰牆必已射公但射公不中傳文不載以踰牆射之中股故傳言其事而云又也祝佗父祭於高唐高唐有齊別廟也○佗徒河反至復命不說弁而死於崔氏爵弁祭服○說他活反弁皮彥反申蒯侍漁者侍漁監取魚之官○蒯若怪反監古銜反退謂其宰曰爾以帑免帑宰之妻子○帑音奴我將死其宰曰免是反子之義也與之皆死反死君之義崔氏殺鬷蔑于平陰鬷蔑平陰大夫公外嬖傳言莊公所養非國士故其死難皆嬖寵之人○鬷子公反難乃旦反下皆同晏子立於崔氏之門外聞難而來其人曰死乎曰獨吾君也乎哉吾死也言己與衆臣無異曰行乎曰吾罪也乎哉吾亡也自謂無罪曰歸乎曰君死安歸言安可以歸君民者豈以陵民社稷是主臣君者豈爲其口實社稷是養言君不徒居民上臣不徒求祿皆爲社稷○爲于僞反注皆爲及下文同故君爲社稷死則死之爲社稷亡則亡之謂以公義死亡若爲己死而爲己亡非其私暱誰敢任之私暱所親愛也非所親愛無爲當其禍○暱女乙反任音壬當也且人有君而弑之吾焉得死之而焉得亡之言己非正卿見待無異於衆臣故不得死其難也○弑申志反焉於虔反下同將庸何歸將用死亡之義何所歸趣門啓而入枕尸股而哭以公尸枕己股○枕之鴆反注同興三踊而出人謂崔子必殺之崔子曰民之望也舍之得民舍置也○踊羊寵反盧蒲癸奔晉王何奔莒二子莊公黨爲三十八年殺慶舍張本叔孫宣伯之在齊也宣伯魯叔孫僑如成十六年奔齊叔孫還納其女於靈公嬖生景公還齊羣公子納宣伯女於靈公○還音旋下同大音泰注同丁丑崔杼立而相之慶封爲左相盟國人於大宮大宮大公廟○相息亮反曰所不與崔慶者晏子仰天歎曰嬰所不唯忠於君利社稷者是與有如上帝乃歃盟書云所不與崔慶者有如上帝讀書未終晏子抄荅易其辭因自歃○曰所不與崔慶者本或此下有有如此盟四字者後人妄加歃所洽反又所甲反辛巳公與大夫及莒子盟莒子朝齊遇崔杼作亂未去故復與景公盟○復扶又反大史書

曰崔杼弑其君崔子殺之其弟嗣書而死者二人嗣續也并前有三人死其弟又書乃舍之南史氏聞大史盡死執簡以往聞既書矣乃還傳言齊有直史崔杼之罪所以聞閭丘嬰以帷縳其妻而載之與申鮮虞乘而出二子莊公近臣○帷位悲反縳直轉反乘繩證反鮮虞推而下之下嬰妻也○推如字又他回反曰君昏不能匡危不能救死不能死而知匿其暱匿藏也暱親也○匿女力反暱女乙反其誰納之行及弇中將舍弇中狹道○弇於檢反又於廉反狹音洽嬰曰崔慶其追我鮮虞曰一與一誰能懼我言道狹雖衆無所用遂舍枕轡而寢恐失馬也枕之鴆反○食馬而食駕而行出弇中。謂嬰曰速驅之崔慶之衆不可當也遂來奔道廣衆得用故不可當○食馬音嗣崔氏側莊公于北郭側瘞。埋之不殯於廟○瘞於滯反埋無皆反丁亥葬諸士孫之里士孫人姓因名里死十三日便葬不待五月四翣。喪車之飾諸侯六翣○翣所甲反疏注喪車至六翣○正義曰周禮縫人掌衣翣柳之材鄭玄云必先纏衣其木乃以爲飾也喪大記云飾棺君黼翣二黻翣二畫翣二鄭玄云漢禮翣以木爲筐廣三尺。高四寸方兩角衣以白布畫者畫雲氣其餘各如其象柄長五尺車行使人持之而從既窆樹於壙中檀弓曰周人牆置翣是也是說翣之制也方言云自關而東謂扇爲翣則翣是扇之類也禮器云天子八翣諸侯六翣大夫四翣鄭玄云八翣者加龍翣二不蹕蹕止行人○蹕音必下車七乘不以兵甲下車送葬之車齊舊依上公禮九乘又有甲兵今皆降損○乘繩證反注及下七百乘同疏不蹕○正義曰禮喪車乘人專道而行無貴賤一也蹕者止行人也此不止行人略賤之○注下車至降損○正義曰服虔云下車遣車也雜記云遣車視牢具鄭玄云言車多少各如所包遣奠牲體之數也然則遣車載所包遣奠而藏之者與遣奠天子大牢包九个諸侯亦大牢包七个大夫亦大牢包五个士少牢包三个大夫以上乃有遣車如鄭之所言遣車者乃是明器塗車芻靈載所包遣奠藏之於壙中下車若是明器則甲兵亦是明器當云無甲兵不得云不以甲兵也杜言送葬之車則謂此爲貳車非遣車也言下車者蓋謂麤惡之車非良車也周禮大行人云上公貳車九乘侯伯貳車七乘子男貳車五乘則齊是侯爵法當車七乘耳今傳舉七乘言其不依舊法知齊舊依上公之禮貳車九乘其送葬又有甲兵今皆降損也用甲兵者葬是送終大禮法當備列軍陳若漢葬霍光發材官輕車比軍伍校士軍陳至茂陵以送其葬所以榮之也○晉侯濟自泮泮闕○泮普半反會于夷儀伐齊以報朝歌之役朝歌役在二十三年不書伐齊齊人逆服兵不加齊人以莊公說以弒莊公說晉也○說如字又音悅注同【疏】注以弒莊公說晉也○正義曰劉炫云杜意晉謀伐齊齊人乃弒莊公以說晉也炫謂莊公死後晉始謀伐齊齊人以莊公伐晉晉欲報伐莊公既以此說晉言晉讎既死今新君服從晉也使隰鉏請成慶封如師慶封獨使於晉不通諸侯故不書鉏隰朋之會孫○鉏仕居反使所吏反男女以班賂晉侯以宗器樂器宗器祭祀之器樂器鐘磬之屬【疏】男女以班○正義曰劉炫云哀元年蔡人男女以辨與此同杜意男女分別將以賂晉也炫謂男女分別示晉以恐懼服罪非以爲賂也自六正三軍之六卿五吏三十帥五吏文職三十帥武職皆軍卿之屬官○帥所類反注及下注將帥同【疏】注五吏至屬官○正義曰此齊以晉將來伐就會賂之則五吏三十帥皆軍內之官也三軍將佐有六與六正數同故以六正爲六卿也其五吏三十帥皆是軍內之官以三軍與六正數同必是在軍之官但軍官不復可知下句言三軍之大夫百官之正長則軍內羣官足包之矣於大夫之上言五吏三十帥此吏帥未必貴於大夫當以有所掌故先言之耳以吏者治也故爲文職帥者

有所率領故爲武職杜氏以意而解不能審悉故云皆軍卿之屬官略言之耳既以帥爲武職則帥是大帥下句復云師旅明當小於此帥故杜以下師旅爲

小將帥董遇云五吏謂一正有五吏爲三十帥之長亦以意言之耳俗本三十帥爲三十師非也三軍之大夫百官之正長師

旅百官正長羣有司也師旅小將帥○長丁丈反注同及處守者皆有賂皆以男女爲賂處守守國者○處守手反注處守同守國如字○

或手又反【疏】注皆以男女爲賂○正義曰杜以上句男女以班與賂連文故云皆以男女爲賂劉炫以爲男女以班示降服於晉有賂者皆有貨財賂之非

以男女爲賂與杜異也晉侯許之晉侯受賂還不譏者齊有喪師自宜退【疏】注晉侯至宜退○正義曰案傳會于夷儀伐齊以報朝歌之役

齊人以莊公說則晉初伐齊之日未知莊公已死齊人以說方始知之齊既有喪師自須退縱令受賂未合致譏故杜爲此解而劉以爲齊弑君之後晉始來

伐而規杜氏非也使叔向告於諸侯告齊服公使子服惠伯對曰君舍有罪以靖小國君

之惠也寡君聞命矣○晉侯使魏舒宛沒逆衛侯衛獻公以十四年奔齊○宛於元反將使衛與

之夷儀崔子止其帑以求五鹿崔杼欲得衛之五鹿故留衛侯妻子於齊以質之【疏】崔子至五鹿○正義曰衛侯本以妻

子奔齊今衛侯將入夷儀崔子止其帑於齊所以止之以求五鹿故也衛侯若得衛國望以五鹿與齊故止其妻子以質之也○初陳侯會楚

子伐鄭在前年當陳隧者井堙木刊隧徑也堙塞也刊除也○隧音遂徐又徒猥反下同堙音因刊苦干反徑古定反鄭

人怨之六月鄭子展子產帥車七百乘伐陳宵突陳城突穿也遂入之陳侯扶其

大子偃師奔墓欲逃冢間遇司馬桓子曰載余陳之司馬曰將巡城不欲載公以巡城辭遇賈獲賈獲

陳大夫戴其母妻下之而授公車公曰舍而母辭曰不祥雖急猶不欲男女无別○別彼列反下文同與其妻扶其母以奔墓亦免子展命師無入公宮與子產親御諸門欲服之而已故禁侵掠○御魚呂反掠音亮陳侯使司馬桓子賂以宗器陳侯免擁社免喪服擁社抱社主示服○免音問注同徐音万喪冠也擁於勇反使其衆男女別而纍以待於朝纍自囚係以待命○纍類悲反一音呂執反疏注纍自至待命○正義曰宣十二年楚子入鄭鄭伯肉袒牽羊所以不別以男女因繫以待命者此雖降服猶望國存故以囚繫男女擬爲鄭之僕隸彼則恐其遂滅請俘江南國已亡滅男女非己之有故與此不同子展執縶而見見陳侯○縶陟立反見賢遍反再拜稽首承飲而進獻承飲奉觴示不失臣敬子美入數俘而出子美子產也但數其所獲人數不將以歸○數俘所主反注但數同下方夫反祝祓社司徒致民司馬致節司空致地乃還祓除也節兵符陳亂故正其衆官脩其所職以安定之乃還也○祓方弗反徐音沸疏注祓除至還也○正義曰周禮女巫掌歲時祓除釁浴鄭玄云歲時祓除如今三月上巳如水上之類釁浴謂以香薰草藥沐浴彼言祓除知此祓社是祓除也其祓除之事當如鄭之言也周禮有掌節之官節爲兵符若今之銅虎符竹使也陳國既亂致使官司廢闕民人分散符節失亡故令陳之司徒招致民人司馬集致符節司空檢致土地使各依其舊乃迴還也劉炫云陳國既亂民節與地非復陳有子展子產心不滅陳各使己之官屬各依其職事致之於陳使民依職領受具其衆官備其所職以安定之乃還也諸官皆鄭人在軍有此官者蓋權使攝爲之未必是正官服虔以爲祝與司徒等皆是陳人人各致其所主於子產案傳陳侯擁社自抱以逆又何須祝祓之子美數俘獲尚不取何當取其民地使陳致之既致乃還則是滅矣何以云入陳也○秋七月

己巳同盟于重丘齊成故也伐齊而稱同盟以明齊亦同盟疏注伐齊至同盟○正義曰杜以經言同盟傳言伐齊直書諸侯

同盟齊人不序於列故據同盟之言以明齊亦與盟劉炫以爲齊直遣慶封如師齊侯不與盟今知非者以五月齊弒莊公之後即立景公及七月始盟傳言

齊。成故也明齊侯在魯莊十六年同盟于幽傳云鄭成也。二。十。七。年。同。盟。于。幽。傳。云。鄭。成。也二十七年同盟于幽傳云陳鄭服也並與此文同又傳稱重丘之

盟未可忘也故知齊亦同盟劉以爲齊侯不與盟而規杜氏非也○趙文子爲政趙武代范匄令薄諸侯之幣而重

其禮以重禮待諸侯穆叔見之謂穆叔曰自今以往兵其少弭矣弭止也弭亡氏反○齊崔慶新

得政將求善於諸侯武也知楚令尹令尹屈建疏注令尹屈建○正義曰趙文子初始爲政與令尹相知望其在後兵

息知是新令尹也下文始言屈建爲令尹者因伐舒鳩而追序之其實蔿子馮卒在此盟前故服杜皆以令尹爲屈建也若敬行其禮道之

以文辭以靖諸侯兵可以弭爲二十七年晉楚盟于宋傳○道音導○楚薳子馮卒屈建爲令尹

屈建子木屈蕩爲莫敖代屈建宣十二年邲之役楚有屈蕩爲左廣之右世本屈蕩屈建之祖父今此屈蕩與之同姓名○邲扶必反廣古曠反

舒鳩人卒叛前年辭不叛楚令尹子木伐之及離城離城舒鳩城吳人救之子木遽以右

師先先至舒鳩遽其據反○子彊息桓子捷子騈子孟帥左師以退五人不及子木與吳相遇而退○捷在接

反騈蒲賢反又蒲丁反孟音于吳人居其間七日居楚兩軍之間子彊曰久將墊隘隘乃禽也不如速

戰墊隘虞水雨○墊丁念反方言云下也隘於懈反疏注墊隘虞水雨○正義曰成六年注云墊隘羸困也方言云墊下也吳地下溼久駐於此虞水

兩大至民將困病恐爲人所禽制也故請以其私卒誘之簡師陳以待我簡閱精兵。駐後爲陳○卒子忽反下同陳直覲

反注同駐張住反我克則進奔則亦視之視其形勢而救助之乃可以免不然必爲吳禽從之五

人以其私卒先擊吳師吳師奔登山以望見楚師不繼復逐之傅諸其軍吳還逐五

子至其本軍○復扶又反下復伐陳同傅音附簡師會之吳師大敗遂圍舒鳩舒鳩潰八月楚滅舒鳩

五子既敗吳師遂前及子木共圍滅舒鳩○潰戶內反○衛獻公入于夷儀爲下自夷儀與甯喜言張本○鄭子產獻

捷于晉獻入陳之功而不獻其俘疏注獻入至其俘○正義曰上云數俘而出不將以歸知其空獻功不獻俘也戎服將事戎服軍旅

之衣異於朝服疏注戎服至朝服○正義曰周禮司服云凡兵事韋弁服鄭玄云韋弁以韎韋爲弁又以爲衣裳也諸侯之朝服玄冠緇布衣素積以爲裳

是戎服異於朝服也晉人問陳之罪對曰昔虞閼父爲周陶正以服事我先王閼父舜之後當周之

興。閼父爲武王陶正○閼於葛反我先王賴其利器用也與其神明之後也舜聖故謂之神明庸以元

女大姬配。胡公庸用也元女武王之長女胡公閼父之子滿也○大音泰配亦作妃音配長丁丈反疏注庸用至滿也○正義曰庸聲近用

故爲用也史記陳世家云陳胡公滿者虞帝舜之後也舜傳禹而舜子商均爲封國夏后之時或失。續周武王克殷求舜後得嬀滿封之於陳以奉帝舜祀是

爲胡公而封諸陳以備三恪。周得天下封夏殷二王後又封舜後謂之恪幷二王後爲三國其禮轉降示敬而已故曰三恪○恪若洛

反疏注周得至三恪○正義曰樂記云武王克殷未及下車。而封黃帝之後於薊封帝堯之後於祝封帝舜之後於陳下車而封夏后氏之後於杞。投殷

之後於宋郊特牲云天子存二代之後猶尊賢也尊賢不過二代鄭玄以此謂杞宋為二王之後薊祝陳為三恪杜今以周封夏殷之後為二王後又封陳幷二王後爲三恪杜意以此傳言以備三恪則以陳備三恪而已若遠取薊祝則陳近矣何以言備以其稱備知其通二代而備其數耳二代之後則各自行其正朔用其禮樂王者尊之深也舜在二代之前其禮轉降恪敬也封其後示敬而已故曰恪雖通二代爲三其二代不假稱恪唯陳爲恪耳則我周之自出至于今是賴言陳周之甥至今賴周德桓公之亂蔡人欲立其出陳桓公鮑卒於是陳亂事在魯桓五年蔡出桓公之子厲公也我先君莊公奉五父而立之五父佗桓公弟殺大子免而代之鄭莊公因就定其位○佗徒何反蔡人殺之欲立其出故我又與蔡人奉戴厲公奉戴猶奉事至於莊宣皆我之自立。陳莊公宣公皆厲公子夏氏之亂成公播蕩又我之自入君所知也播蕩流移失所宣十一年。陳夏徵舒弒靈公靈公之子成公奔晉自晉因鄭而入也○夏戶雅反播補賀反今陳忘周之大德蔑我大惠棄我姻親介恃楚衆以憑。陵我敝邑不可億逞億度也逞盡也○介音戒憑皮冰反億於力反逞勑景反度待洛反我是以有往年之告謂鄭伯稽首告晉請伐陳未獲成命未得伐陳命則有我東門之役前年陳從楚伐鄭東門當陳隧者井堙。木刊敝邑大懼不競而恥大姬上辱大姬之靈天誘其衷啓敝邑之心啓開也開道其心故得勝○衷音忠陳知其罪授手于我。用敢獻功晉人曰何故侵小對曰先王之命唯罪所在各致其辟辟。誅也○辟婢亦反注同【疏】何故侵小○正義曰陳大於鄭而謂之侵小者言陳對晉爲小不言小於鄭也子展伐陳此言侵謂侵陵之非用兵之侵也且昔。天子之地一圻。方千里。圻音祈列國一同方百里疏列國一同○正義曰此周法大國五百里此爲一同者引夏殷時國小以譏晉國之寬大權以拒晉耳自是以衰衰差降○衰初危反注同疏衰差降○正義曰中國七十小國五十是降差今大國多數圻矣若無侵小何以至焉。晉人曰何故戎服對曰我先君武莊爲平桓卿士鄭武公莊公爲周平王桓王卿士○數色主反下數甲兵數疆潦各弁注同城濮之役文公布命曰各復舊職晉文公濮音卜○命我文公戎服輔王以授楚捷不敢廢王命故也城濮在僖二十八年士莊伯不能詰士莊伯士弱也○詰起吉反復於趙文子文子曰其辭順犯順不祥乃受之冬十月子展相鄭伯如晉拜陳之功謝晉受其功○相息亮反子西復伐陳陳及鄭平前雖入陳服之而已故更伐以結成仲尼曰志有之志古書言以足志文以足言足猶成也○足將住反又如字下及注同不言誰知其志言之無文行而不遠雖得行猶不能及遠晉爲伯鄭入陳非文辭不爲功愼辭也樞機之發榮辱之主疏注樞機至之主○正義曰易繫辭文也鄭玄云樞戶樞也機弩牙也戶樞之發或明或闇弩牙之發或中或否以譬言語之發有榮有辱傳言子產善爲文辭於鄭有榮也○楚蔿掩爲司馬蔿子馮之子子木使庀賦庀治○庀匹婢反疏注庀治○正義曰庀訓爲具而言治者以下說治賦之事治之使具故以庀爲治也數甲兵閱數之甲午蔿掩書土田書土地之所宜度山林度量山林之材以共國用○度待洛反注及下注同共音恭鳩藪澤鳩聚也聚成藪澤使民不得焚燎。壞之欲以備田獵之處○數素口反燎力召反處昌慮反疏注鳩聚至之處○正義曰鳩聚釋詁文也釋地有十數李巡曰數澤之別名也周禮澤虞有大澤大數小澤小數鄭玄云澤水所鍾也水希曰數其職云若大田獵則萊澤野是數爲田獵之處或焚其草則散失澤數之用故聚成使不得焚燎之也

辨京陵辨別也絕高曰京大阜曰陵別之以爲冢墓之地○別彼列反下同疏注辨別至之地○正義曰釋丘云絕高爲之京非人爲之丘李巡曰丘高大者爲京也孫炎曰爲之人所作也則京爲丘類人力所作也釋地云大陸曰阜大阜曰陵李巡曰大陸謂土地高大名曰阜阜最大爲陵也檀弓稱趙文子與叔譽觀于九原觀晉諸大夫之墓也僖三十二年傳云殽有二陵焉其南陵夏后皋之墓也故知別丘陵以爲葬墓之地

表淳鹵淳鹵埆薄之地表異輕其賦稅○淳音純鹵音魯說文鹵西方鹹也埆音學云疏注淳鹵至賦稅○正義曰賈逵云淳鹹也說文云鹵西方鹹地也從西省象鹽形安定有鹵縣東方謂之斥西方謂之鹵呂氏春秋稱魏文侯時吳起爲鄴令引漳水以灌田民歌之曰決漳水以灌鄴旁終古斥鹵生稻粱是鹹薄之地名爲斥鹵禹貢云海濱廣斥是也淳鹵地薄收穫常少故表之輕其賦稅

數疆潦疆界有流潦者計數減其租入○疆居良反注同賈又其兩反潦音老疏注疆界至租入○正義曰賈逵以疆爲疆檗境埆之地鄭衆以爲疆界內有水潦者案周禮草人凡糞種疆檗用蕡鄭玄云疆檗彊堅者則疆地猶堪種植非水潦之類故從鄭衆之說數其疆界有水潦者計數減其租稅也孫毓讀爲疆潦注云砂礫之田也

規偃豬偃豬下濕之地規度其受水多少○偃於建反又一音如字豬陟魚反尚書傳云停水曰豬疏注偃豬至多少○正義曰禹貢徐州大野既豬孔安國云水所停曰豬檀弓云有弑其父者洿其宮而豬焉是豬者停水之名偃豬謂偃水爲豬故爲下濕之地規度其地受水多少得使田中之水注之

町原防廣平曰原防隄也隄防間地不得方正如井田別爲小頃町○町徒頂反隄丁兮反頃苦穎反疏注廣平至頃町○正義曰廣平曰原釋地文李巡曰謂土地寬博而平正名曰原釋丘云墳大防孫炎曰謂隄也隄防之

間或有平地不得平正以為井田取其可耕之處別為小頃町也說文云町田踐處曰町史遊急就篇云頃町界畝是町亦頃類故連言之也謂廣平為原者
因爾雅之文其實此原謂隄防之間也劉炫云廣平曰原土地寬平當與。隰相配非是不得為井田也釋地於陸阜陵阿之下云可食者曰原孫炎曰可食謂
有井田也。陸阿山田可種穀者亦曰原也謂彼陵阿之間可食之地非廣平也牧隰皐隰皐水岸下濕為芻牧之地○牧州牧之牧疏注隰皐至
之地○正義曰釋地云下溼曰隰李巡曰下溼謂土地窊下名為隰也詩云鸛鳴于九皐毛鄭皆以皐為澤之坎是皐為水岸也下溼與水岸不任耕作故使
牧牛馬於中以為芻牧之地井衍沃衍沃平美之地則如周禮制以為井井田六尺為步步百為畝畝百為夫九夫為井○衍以善反賈云下平曰衍
有溉曰沃疏注衍沃至為井○正義曰周禮大司徒以土會之法辨五地之物生四曰墳衍衍五曰原隰衍地高於原。傳稱郇瑕氏之地沃饒魯語云沃土之
民逸則衍沃俱是平美之地衍是高平而美者沃是下平而美者二者並是良田故如周禮之法制之以為井田賈逵云下平曰衍有溉曰沃所指雖異俱謂良
良美之田也六尺為步以下皆司馬法之文自度山林以下至此有九事賈逵以為賦稅差品其注云山林之地九夫為度九度而當一井也藪澤之地九夫
為鳩八鳩而當一井也京陵之地九夫為辨七辨而當一井也淳鹵之地九夫為表六表而當一井也疆潦之地九夫為數五數而當一井也偃豬之地九夫
為規四規而當一井也原防之地九夫為町三町而當一井也隰皐之地九夫為牧二牧而當一井也衍沃之地畝百為夫九夫為井周禮小司徒云乃經土
地而井牧其田野鄭玄云隰皐之地九夫為牧二牧而當一井今造都鄙授民田有不易有一易有再易通率二而當一是之謂井牧是鄭賈同此說也案周
禮所授民田不過再易唯有三當一耳不得有九當一也山林藪澤京陵偃豬本非可食之地不在授民之限雖九倍與之何以充稅而使之當一井也且以
度鳩之等皆為九夫之名經傳未有此目故杜不用其說量入脩賦量九土之所入而治理其賦稅○九量音良又音亮注同疏注量入脩賦○正

義曰量其九土所宜觀其收入多少乃準其所入脩其賦稅其九土之內偃豬京陵無物可入而言九土之所入者總言之賦車籍馬籍疏其毛色歲齒以備軍用疏賦車籍馬○正義曰賦與籍俱是稅也稅民之財使備車馬因車馬之異故別爲其文賦車兵車兵甲士徒卒。步卒○卒子忽反疏賦車兵徒。卒○正義曰車兵者甲士也徒。兵者步卒也知非兵器者上云數甲兵下云甲楯之數故知此兵謂人也劉炫云兵者戰器車上甲士與步卒所執兵各異也司兵掌五兵鄭衆云五兵者戈殳戟酋矛夷又曰軍事建車之五兵鄭玄云車之五兵鄭司農所云者是也步卒之五兵無夷矛而有弓矢事或當然甲楯之數使器。杖有常數○楯食準反又音尹杖直亮反既成以授子木禮也得治國之禮傳言楚之所以興○十二月吳子諸樊伐楚以報舟師之役舟師在二十四年也門于巢攻巢門巢牛臣曰吳王勇而輕若啓之將親門啓開門也○輕遣政反我獲射之必殪殪死也○射食亦反殪下同殪於計反是君也死彊。其少安從之吳子門焉牛臣隱於短牆以射之卒○彊居良反○楚子以滅舒鳩賞子木辭曰先大夫蔿子之功也以與蔿掩往年楚子將伐舒鳩蔿子馮請退師以須其叛楚子從之卒獲舒鳩故子木辭賞以與其子○晉程鄭卒子產始知然明前年然明謂程鄭將死今如其言故知之問爲政焉對曰視民如子見不仁者誅之如鷹鸇之逐鳥雀也子產喜以語子大叔且曰他日吾見蔑之面而已蔑然明名○鷹於陵反鸇之然反徐又居延反語魚據反今吾見其心矣。子大叔問政於子產子產曰政如農功日夜思之思其始而成其終朝夕而行之行無越思思而後行○朝如字如農之有畔言有次其過鮮矣○衛獻公自夷儀使與甯喜言求復國也甯喜許之大叔文子聞之大叔儀也曰烏呼詩所謂我躬不說皇恤我後者甯子可謂不恤其後矣皇暇也詩小雅言今我不能自容說何暇念其後乎謂甯子必身受禍不得恤其後也○說音悅注同詩作閱容也疏我躬至我後○正義曰詩小雅小弁之篇將可乎哉殆必不可君子之行思其終也思使終可成思其復也思其可復行書曰慎始而敬終終以不困逸書疏書曰至不困○正義曰尙書蔡仲之命云愼厥初惟厥終終以不困此所引者蓋是彼文學者各傳所聞而字有改易或引其意而不全其文故不同也詩曰夙夜匪解以事一人一人以喻君○解佳賣反今甯子視君不如弈棋弈圍棋也○弈音亦棋音其疏注弈圍棋○正義曰方言云圍棋謂之弈自關東齊魯之間皆謂之弈蓋此戲名之曰弈故說文弈從廾言竦兩手而執之孟子稱弈秋善弈秋人自以善弈而著名也棋者所執之子故云弈者舉棋不定不勝其耦謂舉子下之不定則不勝其耦是棋爲子也以子圍而相殺故謂之圍棋沈氏云圍棋稱弈者取其落弈之義也其何以免乎弈者舉棋不定不勝其耦而況置君而弗定乎必不免矣九世之卿族一舉而滅之可哀也哉甯氏出自衛武公及喜九世也

傳會于夷儀之歲齊人城郟在二十四年不直言會夷儀者別二十五年夷儀會○此傳本爲後年修成當續前卷二十五年之傳後簡編爛脫後人傳寫因以在此耳郟音古洽反別彼列反疏注在二至儀會○正義曰凡傳却言前事者皆舉時事爲驗二十四年二十五年頻年會

于夷儀恐其事無以相别故復言齊人城郟以明秦晉爲成在二十四年也不直言齊人城郟者以其非經故也此已連經舉之故下文烏餘奔晉直舉城郟之歲不言會于夷儀其五月秦晉爲成晉韓起如秦涖盟秦伯車如晉涖盟伯車秦伯之弟鍼也○涖音利又音類車音居鍼其廉反成而不結不結固也傳爲後年脩成起本當繼前年之末而特跳此者傳寫失之○年爲于僞反跳直彫反傳寫直專反一本作轉疏注不結至失之○正義曰漢書藝文志云左氏傳三十卷則丘明自分爲三十也丘明作傳使文勢相接爲後年之事而年前發端者多矣文十年傳云厥貉之會麇子逃歸十一年云楚子伐麇宣十一年傳云厲之役鄭伯逃歸十二年而云楚子圍鄭皆傳在前卷之末豫爲後卷之始此爲後年修成發其前成不結其事與彼相類不宜獨載卷首知其當繼前年之末也而特跳出在於此卷之首者是傳寫失之也學者以此語字多欲令與下相接故輒斷彼末寫於此首後人因循不敢改易故失之言失其本真也說文云跳躍也謂足絶地而高舉也魏晉儀注寫章表别起行頭者謂之跳出故杜以跳言之

附釋音春秋左傳注疏卷第三十六

春秋左傳注疏卷三十六校勘記　阮元撰盧宣旬摘錄

附釋音春秋左傳注疏卷第三十六　襄二十五年盡二十五年

（經二十五年）

齊侯雖背盟主　淳熙本侯誤俠

問陳之罪　浦鏜正誤云問上脫且字

己巳七月十二日經誤　岳本二作一非也

楚人不獲其尸　淳熙本人作不誤也

（傳二十五年）

孟公綽曰　釋文云綽徐本作卓案漢成陽令唐扶頌曰朝有公卓家有參騫洪适曰公卓即孟公綽也

注棠公至大夫　宋本以下正義十三節總入不以甲兵注下

使偃取之　淳熙本取誤作敢

故不可昏　淳熙本昏作婚

澤以鐘水　浦鏜正誤云鐘當作鍾

不可以動也宋本淳熙本岳本足利本無也字

據于蒺藜石經纂圖本閩本亦作棃下及注同岳本監本毛本作藜與釋文合宋本作蔾從易本文也淳熙本誤黎

釋草云毛本草作艸下同

茨蒺藜監本毛本作蒺藜下正義同

死其將至浦鏜正誤其作期是也

非合所困而困之宋本而下有乃字

身必危也毛本危作安非也

或冠模制作有異毛本模誤摸

嫠也何害先夫當之矣顧炎武云石經夫誤天案石經此處模糊唯夫字尚可辨炎武非也

故以賜人宋本人下有也字

欲弑公以說于晉釋文弑作殺云申志反按杼但知欲殺公耳豈自知爲弑哉弑者定其罪之辭也凡若此等可以意求之

伺公閒隙淳熙本伺作間非也

姜入于室石經初刻作姜氏入于室改刊去氏字故此行九字

陪臣干掫有淫者正義引定本亦作掫案史記作陪臣爭趣有淫者徐廣曰爭一作扞索隱曰左傳作扞趣陳樹華云干扞本字也掫趣古字通

扞諏行夜釋文夜下有也字諸本脫

說文曰掫夜戒守有所擊從手取宋本取下有聲字段玉裁云此有守字從上無也字與徐鉉本合

掫謀也宋本掫作諏不誤服本作諏見釋文

公踰牆岳本牆作墻非也

中股反隊石經隊作墜

豈以陵民淳熙本豈作可非也

且人有君而弒之石經此處刓缺式字上半可辨

枕尸股而哭淳熙本哭下衍之字

殺慶舍張本淳熙本舍作莒

曰所不與崔慶者石經崔慶者下多有如上帝四字陳樹華云石經涉下文而誤衍也按晏子春秋作所不與崔慶者晏子晏子仰天歎曰此淺人妄增晏子字耳語未終而晏子攙越說之必無是也

閭丘嬰以帷縳其妻而載之石經宋本岳本閩本監本縳作縛不誤○今訂正

出弇中石經此行十一字中字覆校時補刊案上文注云弇中狹道哀十四年失道於弇中即此是也

側瘞埋之淳熙本埋誤理

四翣案周禮縫人鄭司農注羣經音辨引並作四翣不誤翣爲翣之假借字也

必先纏衣其木浦鏜正誤木作材按宋板周禮注作木

廣三尺四寸宋本四上有高二尺三字與鄭注喪大記合

又有甲兵岳本作兵甲案正義當作甲兵岳氏誤倒

注以弒莊公說晉也宋本以下正義五節總入寡君聞命矣句下

樂器鍾磬之屬宋本淳熙本纂圖本閩本監本毛本鍾作鐘

三十帥石經三十作卅正義云俗本三十帥爲三十師非也按唐人書帥爲師帥乃帥之俗字或遂譌爲師見五經文字及干祿字書

注爨自至待命宋本以下正義二節總入乃還注下

二十七年同盟于幽傳云鄭成也補案此十三字誤衍各本並無

注令尹屈建宋本此節正義在兵可以弭注下

子彊閩本監本毛本彊作疆非也下同

注塾隘虞水兩宋本此節正義在楚滅舒鳩注下

駐後爲陳釋文作後駐

注獻入至其俘宋本此節以下正義八節總入愼辭哉注下

閼父爲武王陶正淳熙本閼誤於

舜聖故謂之神明閩本監本聖作賢非也

庸以元女大姬配胡公釋文配作妃云本亦作配

或失續宋本失下有或字是也

以備三恪說文引作以陳備三愙徐鉉等曰今俗作恪按惠棟云義雲章亦以愙爲恪

而封黄帝之後於薊監本毛本而作乃誤也

投殷之後於宋宋本投作封與樂記合

至於莊宣石經宋本於作于

宣十一年陳夏徵舒弒靈公諸本並衍一字山井鼎云宋板十字下闕後人補入二字非也徵舒弒靈公在宣十年諸本作

十一年誤也

以憑陵我敝邑　宋本淳熙本岳本憑作馮與釋文合

當陳隧者井堙木刊　顧炎武云石經堙誤煙案炎武所據乃謬刻家語洪範正義引並作井堙周禮稲人正義作井闉

授手于我　案家語作授首于我惠棟云手古首字儀禮大射儀士喪禮並以手爲古文首字沈彤云手當爲首聲同而誤非也

辟誅也　淳熙本誅誤除

且昔天子之地一圻　纂圖本監本毛本昔誤夫案周禮鄭司農注引傳圻作畿古字同

方千里圻音祈　下三字乃釋文閩本監本誤入注

何以至焉　足利本後人記云至下異本有大字非也

注庀治　宋本以下正義十二節總入禮也注下

使民不得焚燎壞之　浦鏜正誤云壞衍字以續通解校案正義無壞字

淳鹹也　浦鏜正誤也作地

吳起爲鄴令　案高誘注呂氏春秋樂成篇云西門豹文侯用爲鄴令史起亞之吳乃史字之誤

賈逵以疆爲彊緊墝埆之地　宋本爲疆作爲彊閩本監本毛本緊作驟亦非下同宋本作檕是也

彊槩彊堅者　閩本監本毛本彊作疆非宋本下彊字作強
偃豬下濕之地　纂圖本監本毛本濕作溼
寬平當與隰相配　毛本隰作溼非
陸阿山田　宋本陸作陵是也
衍地高於原　宋本原下有也字
賦車兵徒卒　石經宋本岳本監本卒作兵顧炎武云石經卒誤作兵非也梁履繩云杜於徒兵下注云步卒釋文卒子忽反若傳文爲徒卒則杜不須注陸氏何不舉傳文而標注字邪
賦車兵徒卒　宋本監本卒作兵
徒兵者　毛本兵誤卒
使器杖有常數　宋本作仗是正字陳樹華云作仗非誤也
彊其少安　宋本淳熙本岳本纂圖本閩本監本毛本彊作疆釋文同居良反石經本作彊後加土
子大叔問政於子產　淳熙本子誤乎
言有次　纂圖本監本毛本有誤其

曰烏乎石經宋本淳熙本乎作呼是也

詩所謂我躬不說石經初刻作閱後改說釋文云詩作閱

我躬至我後宋本以下正義二節總入篇末

不如弈棊纂圖本監本毛本弈作奕按說文作弈云圍棊也从亦廾聲

弈圍棊也纂圖本監本毛本弈誤奕正義同

故說文弈從其宋本其作廾是也

秋人自以善弈而著名也浦鏜正誤云人疑蓋字誤

〔傳〕春秋正義卷第二十四石經春秋經傳集解襄五第十八岳本五上增公字並盡二十八年按宋殘本此卷起

會于夷儀之歲閩本監本毛本亦在卅六卷之末皆仍十行本之誤

此傳本爲後年至以在此耳案此三十二字乃釋文淳熙本誤作注

注在二至儀會宋本以下正義二節總入篇末

傳寫失之諸本作傳釋文云一本作轉

麇子逃歸毛本麇誤麋下伐麇同

欲今與下相接 宋本今作令是也監本毛本作合並非

涖音利至廉反 案此十三字及釋文淳熙本誤入注

春秋左傳注疏卷三十六校勘記

附釋音春秋左傳注疏卷第三十七 襄二十六年盡二十六年

杜氏注 孔穎達疏

經二十有六年春王二月辛卯衛甯喜弒其君剽剽匹妙反○衛孫林父入于戚以叛衍雖未居位林父專邑背國猶爲叛也○背音佩疏注衍雖至叛也○正義曰叛者背君之名嫌無君不得爲叛故注明之林父畏衍入殺己以邑先叛故衍今雖未居位林父以背國之故猶爲叛也甲午衛侯衎復歸于衛復其位曰復歸名與不名傳無義例疏注復其至義例○正義曰復其位曰復歸成十八年傳例也僖二十八年衛侯鄭復歸于衛曹伯襄復歸于曹與此衛侯衎皆書其名成十六年曹伯歸自京師不書名俱是歸國立文不同傳無義例史異辭也○夏晉侯使荀吳來聘吳荀偃子○公會晉人鄭良霄宋人曹人于澶淵卿會公侯皆應貶方責宋向戌後期故書良霄以駮之若皆稱人則嫌向戌直以會公貶之○澶市延反駮邦角反疏注卿會至貶之○正義曰僖二十九年傳曰在禮卿不會公侯會伯子男可也是卿會公侯皆含貶良霄亦當貶也但向戌會公已自當貶而又有後期之責仲尼書經方責向戌後期故書良霄以駮之書良霄所以責向戌非是舍霄罪也若良霄與晉宋皆貶稱人則嫌向戌直以會公被貶其後期之責不見故書良霄名退宋班明向戌有二罪也案春秋諸國之會後至者多唯退班在下不褒進先至之人此直退宋人在鄭人之下於文自足必特書良霄以駮向戌者以向戌宋之執政卿魯公親自在會後期而至惰慢之甚故特書良霄深責向戌異於他例也○秋宋公殺其世子痤稱君以殺惡其父子相殘害○痤才何反惡烏路反○晉人執衛甯喜○八月壬午許男甯卒于楚未同盟而赴以名疏注未同盟而赴

以名○正義曰宣十七年許男錫我卒甯即錫我之子嗣立以來未與魯會盟而赴以名也○冬楚子蔡侯陳侯伐鄭○葬

許靈公

傳二十六年春秦伯之弟鍼如晉脩成脩會夷儀歲之成叔向命召行人子員欲使荅秦命○員音云行人子朱曰朱也當御御進也言次當行【疏】注御進至當行○正義曰言當進侍君受君命也行人非一遞進御此日次朱當御次而不使是黜之也三云叔向不應子朱怒曰班爵同同為大夫○應應對之應何以黜朱於朝黜退也撫劍從之從叔向也叔向曰秦晉不和久矣今日之事幸而集集成晉國賴之不集三軍暴骨子員道二國之言無私子常易之姦以事君者吾所能御也拂衣從之拂衣。褰裳也○暴蒲卜反徐扶沃反道音導御魚呂反拂芳弗反褰起虔反本或作騫音雖同義非也說文云褰袴也【疏】注拂衣褰裳也○正義曰拂。者。披迅之義以其將鬬知拂衣卽褰裳也對則上衣下裳散則可以相通故以褰裳解拂衣人救之平公曰晉其庶乎庶幾於治○治直吏反吾臣之所爭者大師曠曰公室懼卑臣不心競而力爭謂二子不心競為忠而撫劍拂衣○爭爭鬬之爭不務德而爭善爭謂所行為善私欲已侈能無卑乎私欲侈則公義廢○侈昌氏反又尺氏反

【疏】平公至卑乎○正義曰平公見其臣鬬而言其庶乎者以其臣爭為國國事必與故庶幾於治也劉炫云不心競而力爭不務德而爭善皆道子朱之心非叔向之罪杜言二子不心競似亦并責叔向者以鬬雖一曲一直乃是兩人爭理故以二子言之據其鬬而言力爭則叔向亦爭爭善則叔向无之叔向以

子員無私欲令應客。亦非。叔向无可爭杜云爭謂所行爲善。唯。言。子朱之心也○衞獻公使子鮮爲復使爲己求反國○鮮音仙爲于僞反注同辭辭不能敬姒強命之敬姒獻公及子鮮之母○似音似強其丈反對曰君無信臣懼不免敬姒曰雖然以吾故也許諾初獻公使與甯喜言言復國甯喜曰必子鮮在不然必敗子鮮賢國人信之必欲使在其間故公使子鮮子鮮不獲命於敬姒不得止命以公命與甯喜言曰苟反。政由甯氏祭則寡人甯喜告蘧伯玉伯玉曰瑗不得聞君之出敢聞其入十四年孫氏欲逐獻公瑗走從近關出○蘧居其反瑗于眷反又于萬反遂行從近關出告右宰穀衞大夫右宰穀曰不可獲罪於兩君前出獻公今弒剽○弒申志反天下誰畜之畜猶容也○畜許六反注同一音勑六反悼子曰吾。受命於先人不可以貳悼子甯喜也受命在二十年穀曰我請使焉而觀之觀知可。還否○使所吏反還音環遂見公於夷儀反曰君淹恤在外十二年矣淹久也○見賢遍反一音如字淹於廉反徐於嚴反而無憂色亦無寬言猶夫人也言其爲人猶如故○夫人音扶若不已死無日矣已止也悼子曰子鮮在右宰穀曰子鮮在何益多而能亡於我何爲言子鮮爲義多不過亡出悼子曰雖然不可以已孫文子在戚孫嘉聘於齊孫襄居守二子孫文子之子○守手又反二月庚寅甯喜右宰穀伐孫氏不克伯國傷伯國孫襄也父兄不在故乘弱攻之甯子出舍於郊欲奔伯國死孫氏夜

哭國人召甯子甯子復攻孫氏克之辛卯殺子叔及大子角子叔衞侯剽言子叔剽無謚故〇復扶又反下復怨同

疏。辛。卯。角殺子叔及。大子角〇正義曰服虔云殺大子角不書舉重者案晉侯宋公殺其世子及陳侯之弟招殺陳世子皆書經則世子不輕於大夫也孔父荀息之徒弒君之下并亦言大夫大夫既書於經則弒君并殺世子世子亦當書不得爲舉重也杜既不解當以不告故耳〇注子叔至謚故〇正義曰此剽是穆公之孫黑背之子於獻公爲從父昆弟成十年衞侯之弟黑背帥師侵鄭傳云衞子叔黑背侵鄭是黑背字子叔卽以子叔爲族也元年衞侯使公孫剽來聘傳云衞子叔來聘是舉族而稱之也今云殺子叔亦是舉其族爲剽無謚故稱族也

書曰甯喜弒其君剽言罪之在甯氏也嫌受父命納舊君無罪故發之孫林父以戚如晉以邑屬晉書曰入于戚以叛罪孫氏也臣之祿君實有之義則進否則奉身而退專祿以周旋戮也林父事剽而衎入義可以退。唯以專邑自隨爲罪故傳發之

疏書曰至戮也〇正義曰春秋書叛者有此孫林父與宋華亥宋公之弟辰晉趙鞅晉荀寅五者經皆書叛邾庶其莒牟夷邾黑肱皆以地來奔雖文不稱叛傳謂此三人爲三叛人則三者亦是叛也所言叛者或據邑而拒其君或竊地他國皆爲有地隨己故稱爲叛昭二十二年宋華亥向寧華定自宋南里出奔楚定十四年宋公之弟辰自蕭來奔地不隨己則不稱叛是叛雖反背之辭皆由地以生名也叛者判也欲分君之地以從他國故以叛爲名焉叛無凡例傳言書曰其是仲尼書爲叛也人君賜臣以邑以爲祿祿食臣之祿謂所食邑也君實有之言其不得專以爲己有也君臣以義而合義則進以事君受此祿食否則奉身而退當身奔他國而以祿歸君專君之祿以周旋從己於法爲罪戮之人故書入於戚以叛罪孫氏也釋例曰古之大夫或錫之田邑或分之都城故有千室之邑百乘之家君之祿義則進否則奉身而退若專祿以周旋雖無危國害主之實皆書曰叛叛者反背之

辭也庶賤之人不齒於列故雖有善惡不章顯名氏若乃披邑害國則以地重
○必書其名且終顯其惡也適魯則書地曰來奔來奔則叛可知蓋記事外內之
辭也劉賈說三叛人以地來奔不書叛謂不能專也此直外內之辭既以地來
妻公之姑姊還其大邑不得復言不能專也是杜以庶其之等皆爲叛也專祿
者謂專君之祿以爲己有東西隨己謂之爲專服虔云專祿謂以戚叛也既叛
衛亦不臣於晉自謂若小國是爲專祿其意言專獨有之不屬人也若不屬晉
何爲被衛侵而愬於晉地若不入晉晉復何以戍之傳言。言以戚如晉服言不臣於晉是反丘明以解傳也甲午衛侯入書曰復歸
國納之也本晉納之夷儀今從夷儀入國嫌若晉所納故發國納之例言國之所納而復其位大夫逆於竟者執其手而
與之言道逆者自車揖之逆於門者頷之而已頷搖其頭言衎驕心易生○竟音境頷戶感反本又作頷易以
豉反公至使讓大叔文子曰寡人淹恤在外二三子皆使寡人朝夕聞衛國之言
二三子諸大夫大音泰朝如字○吾子獨不在寡人在存問之公聞文子荅甯喜之言故忿之疏注公聞至之言○正義曰沈氏云大
叔文子聞甯喜許公之言而發歎本非面荅甯喜之言而云荅者時聞甯喜之言遂自。評論不許於甯子與對面相荅無異故言荅也古人有言
曰非所怨勿怨寡人怨矣所怨在親親對曰臣知罪矣臣不佞不能負羈紲以從扞
牧圉臣之罪一也有出者有居者出謂衎居謂剽也○羈居宜反紲息列反扞戶幹反圉魚呂反下同臣不能貳
通外內之言以事君臣之罪二也有二罪敢忘其死乃行從近關出公使止之
傳言衛侯不能安和大臣○衛人侵戚東鄙以林父叛故孫氏愬于晉晉戍茅氏茅氏戚東鄙○愬悉路反下同

殖綽伐茅氏殺晉戍三百人殖綽齊人今來在衛孫蒯追之弗敢擊文子曰厲之不如厲惡鬼也遂從衛師敗之圉蒯感。父言更還逐殖綽圉衛地雍鉏獲殖綽雍鉏孫氏臣。復愬于晉爲下晉討衛張本

○鄭伯賞入陳之功入陳在前年三月甲寅朔享子展賜之先路三命之服先路次路皆王所賜車之總名蓋請之於王○路本亦作輅音路疏注先路至於王○正義曰周禮巾車云服車五乘孤乘夏篆卿乘夏縵大夫乘墨車則禮於卿大夫所當乘者名車不名路也而傳稱王賜叔孫豹鄭子蟜者皆云大路知此先路次路皆王所賜車之總名也賜車稱路從王賜之名必是稟王之命故云蓋請之於王也宣十六年傳云晉侯請于王以黻冕命士會知諸侯命臣有請王之法故云蓋也先八邑以路及命服爲邑先八邑三十二井○先悉薦反下同或如字疏注以路至二井○正義曰禮遺人以物皆以輕先重後故以路及命服爲邑之先也周禮小司徒四井爲邑故杜以八邑爲三十二井劉炫云案論語有十室之邑又杜注免餘邑爲一乘之邑又宋鄭之間六邑戈錫等杜何以知此邑非彼等之邑必以爲四井之邑今知不然者邑之爲名大小無定子展子產爲卿日久先有采邑今以入陳有功加賜一田土不應以八。个大邑而又與之至於免餘辭邑云唯卿備百邑故杜以爲一乘之邑合更論語百乘之家其實一乘稱邑文無所出周禮稱四井爲邑杜以正邑解之故云三十二井得爲漸賜土田之義又八邑六邑爲節級之差劉以爲大邑而規杜氏非也賜子產次路再命之服先六邑子產辭邑曰自上以下隆殺以兩禮也臣之位在四上卿子展次卿子西十一年良霄見經十九年乃立子產爲卿故位在四○殺所界反見賢遍反疏注上卿至在四○正義曰十五年傳云鄭人以子西伯有子產之故納賂于宋是伯有在子西之下也十九年傳云子展當國子西聽政當國謂攝君事聽政謂爲上卿是子西次子展故此

注以子西爲二十七年鄭伯享趙孟于垂隴子展伯有子西子產子大叔二子石從如彼文次伯有在子西之上二十九年禆諶論子產位次云天又除之奪伯有魄子西即世政焉辟之先言伯有後言子西又是子西在伯有之下者據十九年傳子西必在伯有之上蓋其後更有進退杜據傳上文以次之。且子展之功也臣不敢及賞禮請辭邑賞禮以禮見賞謂六邑也公固予之乃受三邑位次當受二邑以公固與之故受三邑公孫揮曰子產其將知政矣知國政讓不失禮○晉人爲孫氏故召諸侯將以討衛也夏中行穆子來聘召公也召公爲澶淵會○爲于僞反○楚子秦人侵吳及雩婁聞吳有備而還雩婁今屬安豐郡○雩音于徐況于反如淳同韋昭音虛或一呼反婁如字徐力俱反如淳音樓遂侵鄭五月至于城麇鄭皇頡戍之皇頡鄭大夫守城麇之邑○麇九倫反頡戶結反出與楚師戰敗穿封戌囚皇頡公子圍與之爭之公子圍共王子靈王也○戌音恤正於伯州犁正曲直也伯州犁曰請問於囚乃立囚伯州犁曰所爭君子也其何不知言王子圍及穿封戌皆非細人易別識也○易以豉反別彼列反上其手曰夫子爲王子。圍寡君之貴介弟也介大也○上時掌反下注同介音界下其手曰此子爲穿封戌方城外之縣尹也誰獲子上下手以道囚意○道音導囚曰頡遇王子弱焉弱敗也言爲王子所得戌怒抽戈逐王子圍弗及楚人以皇頡歸印堇父與皇頡戍城麇印堇父鄭大夫○抽勑留反印一刃反堇音謹楚人囚之以獻於秦鄭人取貨於印氏以請之子

大叔爲令正主作辭令之。正以爲請子產曰不獲謂大叔辭以貨請董父必不得〇爲于僞反又如字受楚之功

而取貨於鄭不可謂國秦不其然受楚獻功大名也以貨免之小利故謂秦不爾疏。秦。其。不然〇正義曰秦不肯其如是

也若曰拜君之勤鄭國微君之惠楚師其猶在敝邑之城下其可辭如此董父可得弗

從遂行秦人不予更幣從子產而後獲之更遣使執幣用子產辭乃得董父傳。稱子產之善〇使所吏反〇六

月公會晉趙武宋向戌鄭良霄曹人于澶淵以討衛疆戚田正戚之封疆疆居良反注同〇取

衛西鄙懿氏六十以與孫氏戚城西北五十里有懿。城因姓以名城取田六十井也疏。注戚城至井也〇正義曰傳言西鄙懿氏則西鄙之地以懿氏爲名也謂之懿氏則以懿爲氏族之名蓋上世有大夫姓懿氏食邑於此地因以其姓名其城也杜以懿氏既爲邑名而云取其六十故以爲取田六十井服虔云六十邑劉炫以服言爲是今知非者此六十之文總屬懿氏。懿。氏不見經傳則卑細可知既非卿大夫何得廣有土地分六十之邑而與孫氏且直言六十本無邑文故杜以爲六十井劉從服說以規杜氏非也趙武不書尊公也罪武會公侯向戌不書

後也後會期鄭先宋不失所也如期至疏趙武至所也〇正義曰僖二十九年諸侯之卿會公于翟泉皆貶之稱人傳曰卿不書罪之也八年諸侯之卿會晉侯于邢丘亦貶稱人傳曰大夫不書尊晉侯也然則尊公侯罪大夫其義一也傳文互相見耳此言趙武不書尊公也亦是罪武也故杜云罪武會公侯也其會公侯之罪向戌良霄與趙武亦同但爲別有見義不貶良霄不得總云卿不書罪之故特言趙武不書尊公明良霄向戌亦爲尊公不應書也向戌不書後也言既爲會諸侯復爲後會期故不得如良霄書名氏也會之班次以國大小爲序諸會鄭在宋後此會鄭先於宋爲鄭依期

而至不失所也如不失其所自是常事非有善可褒而得進其班者鄭班常在衛下此會齊衛不至無常班宋自當次晉此直退宋耳非進鄭也言其不失所直是不失常亦非褒文也計良霄會公亦應合貶所以得書名者方責向戌後期故書良霄以駁向戌非爲舍霄罪也釋例曰澶淵之會趙武向戌良霄以大夫而會魯侯違在禮之制其罪一也戌加後會之尤霄有不失所之進文不得並言卿不書罪之故特言尊公明一公尊非三人之所敵三人之罪既正而二人獨以他義別敘也以是杜言良霄會公亦合貶也言霄有不失所之進者正謂不使與宋俱退得進復其本班耳非有升進異於常也宋以後至退班不在曹人下者宋是大國退居鄭下足以爲責故令仍在曹上此會曹國最小其班正當居末曹人非後至也案翟泉之盟諸卿敵公則沒公此亦諸卿敵公不沒公者翟泉之盟杜注云魯侯諱盟天子大夫是以沒公然則此大夫敵公非公有罪是以不沒公也

於是衛侯會之晉將執之不得與會故不書○與會音預疏注晉將至不書○正義曰下云衛侯如晉晉人執而囚之是於此會爲將執之不得與會也不得與會而傳云衛侯會之言其至會所耳

晉人執甯喜北宮遺使。女齊以先歸討其弒君伐孫氏也遺北宮括之子女齊司馬侯歸晉而後告諸侯故經書在秋○女音汝

衛侯如晉晉。人執而囚之於士弱氏士弱晉主獄大夫

秋七月齊侯鄭伯爲衛侯故如晉欲共請之○爲于僞反下爲臣注爲林父爲臣皆同

晉侯兼享之晉侯賦嘉樂嘉樂詩大雅取其嘉樂君子顯顯令德宜民宜人受祿。于天○嘉戶嫁反注同疏注嘉樂至。于天○正義曰嘉樂君子以下皆詩之文也晉侯賦此言己嘉樂二君也二君以晉侯樂己之故故齊賦蓼蕭言澤及於己鄭賦緇衣言不敢遠晉所以荅嘉樂也服虔云晉侯自嘉樂愚之甚也

國景子相齊侯景子國弱○賦相息亮反蓼蕭蓼蕭詩小雅言太平澤及遠若露之在蕭以喻晉君恩澤及諸侯○蓼音六大音泰

子展相鄭伯賦緇衣緇衣詩鄭風義取適

子之館兮還予授子之粲兮言不敢違遠於晉○緇側其反粲七旦反遠于萬反叔向命晉侯拜二君曰寡君敢拜齊君之安我先君之宗祧也敢拜鄭君之不貳也蓼蕭緇衣二詩所趣各不同故拜二君辭異○祧他彫反

疏叔向至貳也○正義曰沈氏云賦蓼蕭喻晉侯德澤及諸侯言晉侯有德是安我宗廟也其言與注合緇衣首章云緇衣之宜兮敝予又改爲兮適子之館兮還予授子之粲兮欲常進衣服獻飲食是其不二心也劉炫云蓼蕭首章云既見君子燕笑語兮是以有譽處兮言晉侯有聲譽常處位是得宗廟安也國子使晏平仲私於叔向私爲叔向語曰晉君宣其明德於諸侯恤其患而補其闕正其違而治其煩所以爲盟主也今爲臣執君若之何謂晉爲林父執衛侯叔向告趙文子文子以告晉侯晉侯言衛侯之罪使叔向告二君言自以殺晉戍三百人爲罪不以林父故國子。賦轡之柔矣逸詩見周書義取寬政以安諸侯若柔轡之御剛馬○見賢遍反

疏注逸詩至剛馬○正義曰漢書藝文志有周書篇目其書今在或云是孔子刪尚書之餘案其文非尚書之類彼引詩云馬之剛矣轡之柔矣馬亦不剛轡亦不柔志氣麃麃取與不疑此詩餘無所見故謂彼文是也子展賦將仲子兮將仲子詩鄭風義取衆言可畏。衛侯雖別有罪而衆。人猶。謂晉爲臣執君○將仲子兮將七羊反注同本亦無兮字此依詩序晉侯乃許歸衛侯叔向曰鄭七穆罕氏其後亡者也子展儉而壹子展鄭子罕之子居身儉而用心壹鄭穆公十一子子然。二子孔三族已亡子羽不爲卿故唯言七穆○鄭七穆謂子展公孫舍之罕氏也子西公孫夏駟氏也子產公孫僑國氏也伯有良霄良氏也子大叔游吉游氏也子石公孫段豐氏也伯石印段印氏也穆公十一子謂子良公子去疾也子罕公子喜也子駟公子騑也國公子發也子

孔公子嘉也子游公子偃也子豐也子印也子羽也子然也士子孔也子然二子孔已亡子羽不為卿故止七也疏注子展至七穆〇正義曰居身儉而用心壹叔向自以察貌觀言而知之其知不由賦詩也子然二子孔三族已亡十九年傳文也子羽不為卿者案成十三年鄭公子班自訾求入于大宮不能殺子印子羽不書於經故知不為卿也杜注彼云皆穆公子也又世族譜云子羽穆公子其後為羽氏即羽師頡是其孫此非行人子羽公孫揮也世族譜以公孫揮為雜人自外唯有罕駟豐游印國良七族見於經傳皆出穆公故稱七穆也〇初宋芮司徒生女子芮司徒宋大夫〇芮如銳反赤而毛棄諸堤下共姬之妾取以入共姬宋伯姬也〇堤亦作隄徐丁兮反沈直兮反共音恭名之曰棄長而美平公入夕平公共姬子也〇長丁丈反共姬與之食公見棄也而視之尤尤甚也姬納諸御嬖生佐佐元公惡而婉佐貌惡而心順〇婉於阮反大子痤美而很貌美而心很戾〇很胡懇反合左師畏而惡之合左師向戌〇惡烏路反下皆同寺人惠牆伊戾為大子內師而無寵惠牆氏伊戾名〇廧或作牆音檣戾力計反疏注惠牆氏伊戾名〇正義曰服虔云惠伊皆發聲寶為牆戾杜以下文單稱伊戾是舍族稱名故以惠牆為氏伊戾為名也內師者身為寺人之官公使之監知大子內事為在內人之長也秋楚客聘於晉過宋上已有秋復發傳者中間有初不言秋則嫌楚客過在他年〇復扶又反大子知之請野享之公使往伊戾請從之公曰夫不惡女乎夫謂大子也〇夫音扶注同女音汝疏大子知之〇正義曰知之謂與楚客舊相知故請野享之對曰小人之事君子也惡之不敢遠好之不敢近敬以待命敢有貳心乎縱有共其外莫共其內伊戾為大子內師不行恐內侍廢闕

○遠于萬反好呼報反近附近之近共音恭本又作供下同臣請往也遣之至則欿用牲加書徵之詐作盟處爲大子反徵驗也○欿古感反處昌慮反而騁告公騁馳也○騁勑景反曰大子將爲亂既與楚客盟矣公曰爲我子又何求對曰欲速言欲速得公位公使視之則信有焉有盟徵。焉問諸夫人與左師夫人佐母棄也則皆曰固聞之公因大子大子曰唯佐也能免我以其婉也召而使請曰日中不來吾知死矣左師聞之聒而與之語聒。讙也欲使佐失期○聒古活反下同讙呼端反【疏】注聒讙也○正義曰聲亂。耳謂之聒多爲言語讙譁亂其耳故聒爲讙也過期乃縊而死佐爲大子公徐聞其無罪也乃亨伊戾左師見夫人之步馬者步馬習馬○縊一賜反亨普彭反問之對曰君夫人氏也左師曰誰爲君夫人余胡弗知圉人歸以告夫人夫人使饋之錦與馬先之以玉以玉爲錦馬之先○饋其位反先悉薦反又如字曰君之妾棄使某獻左師改命曰君夫人而後再拜稽首受之左師。令使。者改命也傳言宋公闇左師諛大子所以無罪而死○令力呈反使所吏反下文通使同諛羊朱反【疏】左師至受之○正義曰夫人氏者氏猶家也言夫人家之馬也座死佐爲大子棄即正爲夫人步馬之時夫人名已定矣故對云君夫人氏也但棄本是妾左師欲令夫人重己故佯不知之夫人聞之懼己不得爲夫人故自稱爲妾饋之錦馬也左師喜得其賜故令使者改命曰君夫人而後拜受之使棄成爲夫人傳言左師之諛也○鄭伯歸自晉請衞侯歸使子西如晉聘辭曰寡君來煩執事懼不免於戾言自懼失敬大國而得罪於使夏謝不敏。[夏子西名夏戶雅反]○君子曰善事大國。[將求於人必先下之言鄭所以能自安○下遐嫁反]○初楚伍參與蔡太師子朝友其子伍舉與聲子相善也[聲子子朝之子伍舉子胥祖父椒舉也○朝如字]疏[注聲子至舉也○正義曰聲子則經傳所云蔡公孫歸生是也傳言其子伍舉足明舉爲參之子聲子文不繫朝故云子朝之子以辨明之]伍舉娶於王子牟王子牟爲申公而亡[獲罪出奔○娶七住反牟亡侯反爲申如字舊于僞反]楚人曰伍舉實送。之伍舉奔鄭將遂奔晉聲子將如晉遇之於鄭郊班荆相與食而言復故[班布也荆坐地共議歸楚事朋友世親]疏[伍舉至復故○正義曰楚語云椒舉將奔晉蔡聲子遇之於鄭郊饗之以璧。賄曰子尚良食尚能事晉君以爲諸侯主辭曰非所願也若得歸骨於楚死且不朽聲子曰子尚良食吾歸子。故椒舉降三拜納其乘馬聲子受之是杜所云共議歸楚之事傳云言復故謂此也]聲子曰子行也吾必復子及宋向戌將平晉楚[平在明年]疏[注平在明年○正義曰明年聲子始說子木傳於此言之者蓋伍舉以此年去楚故傳記之於此年也]聲子通使於晉[爲國通平事○爲于僞反]還如楚令尹子木與之語問晉故焉[故事]且曰晉大夫與楚孰賢對曰晉卿不如楚其大夫則賢皆卿材也如杞梓皮革自楚往也[杞梓皆木名○杞梓徐上音起下音子]雖楚有材晉實用之[言楚亡臣多在晉]子木曰夫獨無族姻乎[夫謂晉]對曰雖有而用楚材實多歸生聞之[歸生聲子名]善爲國者賞不僭而刑不濫賞僭則懼及淫人刑濫則懼及善人若不幸而過寧僭無濫與其失善寧其利淫無善人則國從之從之亡也○僭子念反下皆同濫力暫反疏賞不僭而刑不濫○正義曰僭謂僭差濫謂濫佚賞不僭所賞必有功不僭差也刑不濫所刑必得罪不濫佚也詩曰人之云亡邦國殄瘁無善人之謂也詩大雅殄盡也瘁病也○殄徒典反瘁在醉反疏詩曰至謂也○正義曰詩大雅瞻卬之篇也言國內賢人之既云已喪亡矣則邦國盡皆困病此詩之意言無善人之謂也故夏書曰與其殺不辜寧失不經懼失善也逸書也不經不用常法疏故夏至善也○正義曰此在大禹謨之篇皋陶論用刑之法也經常也言若用刑錯失等與其殺不罪之人寧失於不常之罪謂實有罪而失於妄免也此書之意懼失善也商頌有之曰不僭不濫不敢怠皇命于下國封建厥福詩商頌言殷湯賞不僭差刑不濫溢不敢怠解自寬暇。故能爲下國所命謂爲天子○解佳賣反疏注爲下至天子○正義曰此商頌殷武之篇詩注謂天命湯於在下之國此云爲下國所命謂下國諸侯推命湯爲天子則商書云東征西夷怨南征北狄怨又云室家相慶曰后來其蘇是也此湯所以獲天福也古之治民者。勸賞而畏刑樂行賞憚用刑而恤民不倦。賞以春夏刑以秋冬順天時是以將賞爲之加膳加膳則飫賜飫。饜也酒食賜下無不饜足所謂加膳也○爲之于僞反下爲之不舉同飫於據反饜本亦作厭於豔反下同此以知其勸賞也將刑爲之不舉不舉則徹樂不舉盛饌饌士眷反○疏將刑至徹樂○正義曰周禮膳夫職云王日一舉鼎十有二物皆有俎以樂侑食鄭玄云殺牲盛饌曰舉又曰大喪則不舉大荒則不舉大札則不舉天地有災則不舉邦有大故則不舉鄭衆云大故刑殺也莊二十年傳曰司寇行戮君爲之不舉是禮法將刑爲之不舉也舉則以樂勸食不舉故徹去樂縣大司樂云大札大凶大災大臣死國之大憂令弛縣鄭玄云弛釋下之釋下卸是徹縣也大司樂弛縣之內不言刑殺大故文不具耳此以知其畏刑也夙與夜寐朝夕臨政此以知其恤民也三者禮之大節也有禮無敗今楚多淫刑其大夫逃死於四方而為之謀主以害楚國不可救療所謂不能也療治也所謂楚人不能用其材也○朝如字療力召反子儀之亂析公奔晉在文十四年○析星歷反晉人寘諸戎車之殿以為謀主殿後軍○寘之豉反殿多練反注同繞角之役晉將遁矣析公曰楚師輕窕易震蕩也若多鼓鈞聲以夜軍之鈞同其聲○遁徒困反窕徐敕堯反又通弔反易以豉反鈞音均徐居旬反楚師必遁晉人從之楚師宵潰晉遂侵蔡襲沈獲其君敗申息之師於桑隧獲申麗而還成六年晉欒書救鄭與楚師遇於繞角楚師還晉侵沈獲沈子八年復侵楚敗申息獲申麗○潰戶內反隧音遂麗力馳反復扶又反鄭於是不敢南面楚失華夏則析公之為也雍子之父兄譖雍子君與大夫不善是也不是其曲直雍子奔○夏戶雅反晉晉人與之鄐鄐晉邑○鄐許六反徐又超六反以為謀主彭城之役晉楚遇於靡角之谷在成十八年晉將遁矣雍子發命於軍曰歸老幼反孤疾二人役歸一人簡兵蒐乘簡擇蒐閱○蒐所留反乘繩證反閱音悅秣馬蓐食師陳焚次次舍也焚舍示必死○秣音末蓐音辱陳直覲反明日將戰行歸者而逸楚囚欲使楚知之楚師宵潰晉降彭城而歸諸宋以魚石歸在元年○楚降戶江反

失東夷子辛死之則雍子之爲也楚東小國及陳見楚不能救彭城皆叛五年楚人討陳叛故殺令尹子辛子反與
子靈爭夏姬子靈巫臣而雍害其事子反亦雍害巫臣不使得取夏姬○雍於勇反注同子靈奔晉晉人與之
邢邢晉邑○邢音刑以爲謀主扞禦北狄通吳於晉教吳叛楚教之乘車射御驅侵使
其子狐庸爲吳行人焉吳於是伐巢取駕克棘入州來駕棘皆楚邑譙國酇縣東北有棘亭○譙在遙
反酇才多反又子旦反或作贊疏射御驅侵○正義曰教之驅車侵伐人也楚罷於奔命至今爲患則子靈之爲也
事見成七年○罷音皮見賢遍反若敖之亂伯賁之子賁皇奔晉晉人與之苗若敖亂在宣四年苗晉邑○賁
扶云反下同以爲謀主鄢陵之役在成十六年○鄢音偃楚晨壓晉軍而陳晉將遁矣苗賁皇
曰楚師之良在其中軍王族而已言楚之精卒唯在中軍○壓本又作厭於甲反徐於輒反而陳直覲反下成陳并注同卒
子忽反若塞井夷竈成陳以當之塞井夷竈以爲陳疏注塞井至爲陳○正義曰成十六年傳說此事云范匄趨進曰塞井
夷竈陳於軍中則此謀范匄所爲今以爲苗賁皇之計者鄭衆云此范匄所言苗賁皇亦言之故聲子引以爲喻欒范易行以誘之欒書
時將中軍范燮佐之易行謂簡易兵備欲令楚貪己不復顧二穆之兵○易以鼓反注及下易成同賈音亦行戶郎反注及下同賈音衡令力呈反下同復扶
又反下復注同疏欒范易行以誘之○正義曰賈逵鄭衆皆讀易爲變易之易賈以行爲道也欒爲將范爲佐二人分中軍別將之欲使欒與范易道令范
先誘楚欒以良卒從而擊之鄭謂易行中軍與下軍易卒伍也計設謀之時軍既未動道未定分何以言改道也將卒相附繫屬久矣无容臨戰而改易將卒

且言易行行非卒伍之名安得爲易卒伍也二者之說皆不可通。以傳言誘之則謂羸師毀軍示弱以誘敵故讀易爲簡易之易謂簡易行陳少其兵備令楚貪己不復顧二穆之兵使中行二郤得克二穆也楚語說此事云雍子謂欒書曰楚師可料也在中軍王族而已若易中下楚必歆之韋昭云中下中軍之上下也歆猶貪也簡易欒范之行示之弱以誑楚也是韋昭已讀爲簡易之易故杜從之也此與楚語俱述聲子之言傳言鄢陵之敗苗賁皇之爲楚語亦論鄢陵之役而云雍子之爲二文不同或丘明傳聞兩說兩記之也劉炫以爲國語非丘明所作爲有此類往往與左傳不同故也中行二郤。必克二穆郤錡時將上軍中行偃佐之郤至佐新軍令此三人分良以攻二穆之兵楚子重子辛皆出穆王故曰二穆○錡魚綺反吾乃四萃於其王族必大敗之四萃四面集攻之○萃在醉反疏注四萃至攻之○正義曰楚語云三萃以攻其王族必大敗之韋昭云時晉有四軍言三集者中軍。見入而上下及新軍乃三集以致攻之韋昭見彼爲三字故說之使通耳蓋二文不同必有一誤晉人從之楚師大敗王夷師熸夷傷也吳楚之間謂火滅爲熸○熸子潛反疏注夷傷至爲熸○正義曰月令云。瞻。夷察傷知夷亦傷也於時呂錡射王中目是王傷也吳楚之間謂火滅爲熸相傳有此語也言軍師之敗若火滅然子反死之鄭叛吳興楚失諸侯則苗賁皇之爲也子木曰是皆然矣聲子曰今又有甚於此。椒舉娶。於申公子牟子牟得戾而亡君大夫謂椒舉女實遣之懼而奔鄭引領南望曰庶幾赦余亦弗圖也言楚亦不以爲意○娶本又作取七住反女音汝今在晉矣晉人將與之縣以比叔向以舉材能比叔向彼若謀害楚國豈不爲患子木懼言諸王益其祿爵而復之聲子使椒鳴逆之椒鳴伍舉子言聲子有辭伍舉所以得反子孫復仕於楚疏子木至逆之○正義曰楚語說此事云子木愀然曰夫子何如召之其來乎對曰亡人得復何爲不來子木曰不來則若之何對曰資東陽之盜殺之其可乎子木曰不可我爲楚卿而賂盜以賊一夫於晉非義也子爲我召之吾倍其室乃使椒鳴召其父而復之

○許靈公如楚請伐鄭十六年晉伐許他國皆大夫獨鄭伯自行故許恚欲報之○恚一睡反曰師不與孤不歸矣八月卒于楚楚子曰不伐鄭何以求諸侯冬十月楚子伐鄭爲許○爲于僞反下爲國同鄭人將禦之子產曰晉楚將平諸侯將和在明年楚王是故昧於一來昧猶貪冒○昧音妹冒亡報反又亡北反不如使逞而歸乃易成也逞快也夫小人之性釁於勇嗇於禍以足其性而求名焉者非國家之利也若何從之釁動也嗇貪也言鄭之欲與楚戰者皆釁勇貪名之人非能爲國計慮久利不可從也○釁許覲反足子住反又如字疏夫小至從之○正義曰於時鄭國勇夫皆貪欲禦寇敗楚以成己名故子產爲此言以破之夫此鄭國欲得戰者小人之性奮動於禍亂冀得戰鬭以足滿其性而自求成武勇之名焉欲得禦寇者皆自爲其身非國家之利也若何得從之言禦寇之計不可從也○注釁動至從也○正義曰賈鄭先儒皆以釁爲動也王肅云釁謂自矜奮以夸人王延壽魯靈光殿賦云佹奮釁以軒翥是釁爲奮動之意也嗇是吝惜之名故爲貪也詩云民之貪亂寧爲荼毒是小人之性貪禍亂也言鄭人欲得與楚戰者皆是奮動於勇貪求名譽之人欲望因有禍亂以成己名非能爲國家計慮希長久之利不可從也定本云嗇養也非也子展說不禦寇十二月乙酉入南里墮其城南里鄭邑○說音悅下注同禦魚呂反墮許規反涉於樂氏樂氏津名門于師之梁鄭城門縣門發獲九人焉涉于

氾而歸於氾城下涉汝水南歸〇縣音玄氾音凡徐扶嚴反疏注於氾至南歸〇正義曰杜檢氾是地名非水名而云涉于氾是於氾地涉水耳釋例土地名云楚伐鄭師于氾襄城縣南氾城是也汝水出南陽魯縣東南經襄城是知於氾城下涉汝水而南歸也而後葬許靈公卒靈公之志而後葬之〇衛人歸衛姬于晉乃釋衛侯衛侯以女說晉而後得免君子是以知平公之失政也傳言晉之衰〇晉韓宣子聘于周王使請事問何事來聘對。曰晉士起將歸時事於宰旅無他事矣起宣子名禮諸侯大夫入天子國稱士時事四時貢職宰旅冢宰之下士言獻職貢於宰旅不敢斥尊疏注起宣至斥尊〇正義曰周禮大國之卿三命天子上士亦三命曲禮云列國之大夫入天子之國曰某士是諸侯大夫入天子之國禮法當稱士也以其人官卑故下士獨得旅稱周禮大宰之屬官有旅下士三十有二人是知宰旅為冢宰之下士也劉炫云知時事四時貢職者小行人云春入貢秋獻功王親受之鄭玄云貢謂六服所貢功謂考績之功是諸侯大夫貢時事之義也王聞之曰韓氏其昌阜於晉乎辭不失舊阜大也傳言周衰諸侯莫能如禮唯韓起不失舊〇齊人城郟之歲在二十四年其夏齊烏餘以廩丘奔晉烏餘齊大夫廩丘今東郡廩丘縣故城是〇廩力甚反疏注烏餘至城是〇正義曰釋例土地名以廩丘為齊地案廩丘地在東郡則是衛之邦域齊竟不至此也羊角高魚皆在東郡廩丘與之相近齊不得別有廩丘為餘齊之大夫得以廩丘奔晉者蓋齊人往前取得衛邑以賜烏餘如鄭公孫段之得州宋樂大心之有原也宋鄭大夫得以晉地為采邑是知齊大夫得以衛地為采邑杜見齊人以之奔晉故釋例以為齊地明年討烏餘皆取其邑而歸諸侯蓋以廩丘歸齊也襲衛羊角取之今廩丘縣所治羊角城是〇治直吏反遂襲我高魚高魚城在廩丘縣東北有大雨自其竇入

雨故水竇開○竇音豆介于其庫入高魚庫而介其甲○介音界以登其城克而取之取。魯高魚无所諱而不書其義未聞

疏注取魯至未聞○正義曰服虔云取魯高魚及反之皆不書蓋諱之杜以被人取邑无所可諱故云其義未聞莊十八年公追戎于濟西傳云不言其來諱之也戎來不覺國以爲諱盜竊魯邑而云無可諱者所言諱者諱國惡禮也侯不在疆戎來不覺是國無政令故諱之此守高魚者不覺介於其庫直是守者罪耳非國之恥故諸被伐取魯邑皆不諱也昭二十五年齊侯取鄆書而不諱知失邑無可諱也此亦戰于麻隧之類蓋經文脫漏耳又取邑于宋於是范宣子卒宣子范匄諸侯弗能治也及趙文子爲政乃卒治之文子言於晉侯曰晉爲盟主諸侯或相侵也則討而使歸其地今烏餘之邑皆討類也言於比類宜見討○比必利反疏於是至治之○正義曰烏餘以二十四年奔晉二十五年范宣子卒趙文子代之爲政至明年始討烏餘故云乃卒治之傳先言治之下乃述其治之事也其而貪之是無以爲盟主也請歸之公曰諾孰可使也對曰胥梁帶能無用師晉侯使往胥梁帶晉大夫能無用師言有權謀

附釋音春秋左傳注疏卷第三十七

春秋左傳注疏卷三十七校勘記　　阮元撰盧宣旬摘錄

附釋音春秋左傳注疏卷第三十七襄二十六年盡二十六年

〔經二十六年〕

經二十有六年石經二十作廿岳本脫有字

注衎雖至叛也宋本以下正義二節揔入復歸于衞注下

公會晉侯宋本宋殘本淳熙本岳本足利本侯作人不誤石經此處刓缺○今依宋訂正

〔傳二十六年〕

注御進至當行宋本以下正義三節揔入能無卑乎注下

遞進御宋本遞上有更字是也

集成淳熙本二字誤作傳文

拂衣褰裳也釋文作騫裳云本或作褰音雖同義非也按依說文攓摳衣也此爲正字騫褰皆假借字褰絝也

拂衣披迅之義宋本衣作者不誤監本毛本披作振宋本亦作振重修監本作張非也

叔向以子員無私欲令應客亦非叔向無可爭宋本毛本應客下有縱子員應客五字亦非下有叔

向爭𠷔四字監本此九字刓擠

唯言子朱之心也閩本監本毛本唯作惟言子二字監本模糊

敬姒強命之宋殘本敬字缺末筆下同

荀反李𠷔注文選豪士賦引作荀反國非也

吾受命於先人纂圖本吾作𠷔非也

觀知可還否淳熙本脫還字

辛卯角殺子叔及太子角閩本亦誤衍上角字宋本監本毛本太作大是也宋本標起止無上三字以下正義四節宋本

揔入復揔于晉注下

唯以專邑自隨爲罪纂圖本監本毛本唯誤徒

必書其名監本毛本必作以非

傳言以戚如晉此本以上衍言字據宋本閩本監本毛本删

頷之而已毛本頷作頷誤葉抄釋文作頷云本又作頷案惠棟云說文引作頷云低頭也玉篇引杜氏注亦作頷又音欽曲頭也列子云巧夫頷其頤而歌合律張湛注云頷猶搖頭也以頷爲頷此古文假借耳

遂自評論　考文云評作討

蒯感父言　淳熙本父作之非也

雍鉏孫氏臣　閩本監本毛本臣下衍也字

賜之先路三命之服　釋文作輅云本亦作路案輅俗路字經傳多作路釋名云路亦車也儀禮注君所乘車曰路是也

注先路至於王　宋本以下正義三節揔入讓不失禮句下

不應更以八个大邑而又與之　宋本个作箇

隆殺以兩　石經宋殘本宋本纂圖本監本毛本隆作降案漢書韋玄成傳引傳作降殺

子西即世政焉辟之　諸本作政按傳作將

杜據傳上文以次之　案宋本之下有耳字

雩婁今屬安豐郡　閩本空闕安字宋本宋殘本淳熙本足利本今上有縣字是也

夫子爲王子圍　淳熙本脫下子字

主作辭令之正　監本毛本正作止誤也

秦不其然　纂圖本閩本監本毛本不其誤倒

秦其不然 宋本作秦不其然此節正義在而後獲之注下

傳稱子產之善 宋本宋殘本稱作積非也

有懿城 淳熙本城作成誤也

注戚城至井也 宋本以下正義七節揔入子展儉而壹注下

懿氏不見經傳 閩本監本毛本脫懿氏二字

使女齊以先歸 淳熙本使誤傳

衞侯如晉晉人執而因之於士弱氏 宋殘本不重晉字非也

受祿于天 宋殘本宋本于作於

注嘉樂至于天 宋本于作於

言自以殺晉戍三百人爲罪 監本毛本戍誤成

國子賦轡之柔矣 毛本子誤之

衞侯雖別有罪 宋本宋殘本淳熙本足利本衞上有言字

而衆人猶謂晉爲臣執君 足利本無人字重脩監本謂誤請

子然二子孔三族已亡閩本二誤七

故稱七穆也監本毛本穆作族非也

芮司徒宋大夫淳熙本司作同誤

棄諸堤下釋文堤作隄漢書五行志引作棄之隄下

佐元公宋本宋殘本淳熙本岳本纂圖本監本毛本作佐元公此本誤作佐公元佐下空缺一字今據各本訂正閩本作佐元公名

大子痤美而很痤淳熙本誤座

寺人惠牆伊戾諸本作牆葉抄釋文作廧云或作牆石經牆字改刊疑初刻亦作廧

注惠牆氏伊戾名宋本以下正義四節揔入而後再拜稽首受之注下

則嫌楚客過在他年纂圖本則誤別

伊戾請從之石經宋本宋殘本岳本閩本監本毛本尹作伊是也

伊戾爲大子內師纂圖本監本毛本大作太非淳熙本師誤帥

有盟徵焉纂圖本監本毛本盟作明非宋本宋殘本淳熙本岳本足利本焉作也是也

聒讙也李注文選嵇叔夜絕交書引作聒諠也

聲亂耳謂之聒此本耳字模糊依宋本補閩本監本毛本誤作叫

左師令使者改命也閩本令誤合淳熙本者誤首

初楚伍參與蔡太師子朝友石經初刻伍作五後加亻下同宋本宋殘本淳熙本岳本太作大與石經合

其子伍舉與聲子相善也毛本下子字誤予

注聲子至舉也宋本以下正義十四節揔入彼若謀害節注下

伍舉實送之臧琳云下文聲子曰子牟得戾而亡君大夫謂椒舉女實遣之又國語楚語上子牟有罪而亡康王以湫舉爲遣之又子牟得罪而亡執政弗是謂湫舉曰女實遣之則伍舉實送之送乃遣字之譌楚之君臣以子牟出奔爲伍舉遣之行將罪及於起謀者故伍舉亦懼禍出奔若伹送子牟之行則伍舉罪輕當不至於出奔也

饗之以璧賄曰宋本賄作侑與楚語合

故椒舉降三拜浦鏜云故衍字按明道本國語無故字

明年聲子始說子木宋本木作氏

詩大雅瞻卭之篇也毛本卭作仰非

故能爲下國所命爲天子此本故字實缺據宋本宋殘本淳熙本岳本纂圖本足利本補正閩本監本毛本故作則非也

古之治民者淳熙本者誤也

恤民不倦纂圖本倦誤僭

飫饜也釋文云饜本亦作厭案李注文選王仲宣從軍詩引作厭依說文則當作猒

國之大憂宋本國上有凡字與周禮合

若多鼓鈞聲毛本作多鼔是也宋殘本作多皷

君與夫人不善是也宋本宋殘本岳本夫人作大夫與石經合

晉楚遇於靡角之谷閩本監本毛本楚遇二字誤倒

譙國酇縣諸本作鄼釋文或作贊

注塞井至爲陳宋本至字作夷竈以三字

以傳言誘之宋本以上有杜字是也

苗賁皇之爲監本毛本賁作奔非也

中行二郤石經宋本宋殘本淳熙本岳本纂圖本閩本毛本郤作郤下同是也

中軍見入監本毛本見作先按韋注作先

瞻夷察傷閩本監本瞻作贍按月令作瞻傷察創依說文夷當作痍傷也

今又有甚於此石經此下旁增者字非唐刻也

椒舉娶於申公子牟釋文云娶本又作取石經及諸本作娶

逞快也宋殘本快誤怏

釁於勇嗇於禍以足其性而求名焉者石經此行勇字起而字止止九字初刻似多一字此重刊也

夫小至從之宋本以下正義三節揔入而後葬許靈公注下

仡奮釁以軒鬐案文選釁作舋李善引杜注亦作舋俗字

對曰晉士起禮記曲禮正義引作擯者曰晉士起與今本異

注起宣至斥尊宋本此節正義在辭不失舊注下

注烏餘至城是宋本以下正義三節揔入而貪之節注下

如鄭公孫段之得用〇正德本閩本用字空缺監本誤川宋本毛本作州是今訂作州

取魯高魚淳熙本魯作會非也

宣子范匄諸本作宣淳熙本誤入

春秋左傳注疏卷三十七校勘記

附釋音春秋左傳注疏卷第三十八 起二十七年盡二十八年

杜氏注　孔穎達疏

經二十有七年春齊侯使慶封來聘景公即位通嗣君也○夏叔孫豹會晉趙武楚屈建蔡公孫歸生衛石惡陳孔奐鄭良霄許人曹人于宋案傳會者十四國齊秦不交相見邾滕爲私屬皆不與盟宋爲主人地於宋則與盟可知故經唯序九國大夫楚先晉歃而書先晉貴信也陳于晉會常在衛上孔奐非上卿故在石惡下○奐呼亂反與音預下同先悉薦反又如字歃所洽反【疏】注案傳至惡下○正義曰案傳諸國大夫及諸侯之身至宋者有晉楚齊秦魯衛陳蔡鄭許曹邾滕幷宋爲主人凡十四國也齊秦不交相見邾滕爲人私屬皆不與於盟爲盟而爲此會故不盟者會亦不序也宋爲地主法當不序於列故經唯序九國大夫也案傳楚先晉歃則當先書楚傳言書先晉晉有信也是仲尼貴晉有信故先書趙武也釋例班序譜晉合諸侯二十國起僖二十八年盡哀十四年大率皆陳後次蔡蔡後次衛是陳于晉會常在衛上也今孔奐乃降於蔡衛在石惡之下故知奐非上卿故也成三年傳曰次國之上卿當大國之中中當其下是計卿位爲班也知非奐後至者以傳稱與蔡公孫歸生同至故也案傳七月之下乃云庚辰子木等至自陳陳孔奐蔡公孫歸生至則諸侯大夫七月始集於宋而此會書在夏者事雖在秋行還乃告追以叔孫豹發時書之十年夏會于相而經書在春注云經書春書始行此亦彼之類也○衛殺其大夫甯喜甯喜弑剽立衎衎今雖不以弑剽致討於大義宜追討之故經以國討爲文書名也書在宋會下從赴【疏】注甯喜至從赴○正義曰大夫見殺書名者皆是罪之文案此殺喜之傳乃爲專而殺之喜之於衎未爲罪當死也故杜跡其應死之狀弑君之賊於。當誅衎雖不以弑剽致討其於大義宜追討之故雖非國人

討賊因其被殺亦以國討為文書其名以罪喜也不以弑君之罪討之故言追也

○衛侯之弟鱄出奔晉

衛侯始者云政由甯氏祭則寡人而今復患其專緩荅免餘既負其前信且不能友于賢弟使至出奔故書弟以罪兄○鱄市轉反又音專復扶又反

疏 注衛侯至罪兄○正義曰釋例曰仲尼因母弟之例以興義鄭伯懷害弟之心天王縱羣臣以殺其弟夫子探書其志故顯書二兄以首惡佞夫稱弟不聞反謀也鄭段去弟以身為謀首也然則兄而害弟者稱弟以章兄罪弟又害兄則去弟以罪弟身也推此以觀其餘秦伯之弟鍼陳侯之弟黃衛侯之弟鱄皆是兄害其弟者也統論其義兄弟二人交相殺害各有曲直書弟則示兄曲也是杜以鱄之出奔非鱄之罪故跡其事以為衛侯罪狀也衛侯始者使鱄與甯喜言云苟得反國政由甯氏祭則寡人如是則甯喜專權未為負約而今公患其專政故免餘請殺公復緩荅免餘任令殺喜既負其言信又不能友于賢弟使至出奔故書其弟以罪兄也昭元年秦伯之弟鍼出奔晉傳曰罪秦伯知此亦罪衛侯也

○秋七月辛巳豹及諸侯之大夫盟于宋

夏會之大夫也豹不倚順以顯弱命之君而辨小是以自從故以違命貶之釋例論之備矣○倚於綺反

疏 注夏會至備矣○正義曰杜云夏會之大夫者因經書在夏故云夏會其實會在秋耳諸國朝會而因有他事者皆前目而後凡故此不復序而總云諸侯之大夫還是夏會之大夫也豹去叔孫者傳言季孫以公命命豹使視邾滕而叔孫不從不書其族言違公命故貶之也從公之命於理也不視邾滕其是小也順君之命其禮大不視邾滕為是小豹不倚此順道以順顯弱命之君而辨小是以自從故以違命貶之也於時魯國君弱臣彊政令出於季氏魯君不得有命臣之理臣之小者季氏以己意命之皆不敢不從也叔孫豹秉心彊直季氏所懼恐不從己意故假以公命命之諸傳言以公命者實非公命而假稱公耳其時魯君未嘗有命此稱公命是假可知豹雖心知是假若其即以為真共敬從命則國內義士皆將生心必相告云豹是國之大賢我等仰以取法聞是公命雖非亦從則知公之所命悉不可違豈不使季氏懼而

公室尊也從公之命是爲順也如此雖實非公命豹但倚此順道以從公命則弱命之君命得顯矣尊君卑臣在此一舉比視邾滕未爲大失豹乃辨其小命是以從己心違君之命故貶之釋例曰季氏專魯祿之去公室三世矣制命出於私門非國所知也叔孫豹魯之賢臣欲匡離以矯時故季孫憚之不敢以己意假公命以敦叔孫也邾滕之班不列於會豹不登朝固請受命而行邾滕降次事非機危既不馳請又不辭會而率意改命失命之甚其君。眠食於深宮今一出命共命之使所宜崇長雖有小失遂而伸之國內固知我君之命不可以違則季氏有懼而義士生心君子以豹不倚順以顯弱命之君而辨小是以自從故以違命貶之也杜言辨小是者豹云宋衛吾匹不。視邾滕於理是也但比於申弱君之命使臣卑而君尊此爲小耳○冬十有二月乙卯。朔日有食之今長曆推十一月朔非十二月傳曰辰在申再失閏若是十二月則爲三失閏故知經誤疏○注今長至經誤○正義曰此經言十二月而傳言十一月今杜以長曆推之乙亥是十一月朔非。十二月也傳曰辰在申再失閏矣若是十二月當爲辰在亥以申爲亥則是三失閏非再失也推曆與傳合知傳是而經誤也

傳二十七年春胥梁帶使諸喪邑者具車徒以受地必周諸喪邑謂齊魯宋也周密也必密來勿以受地爲名○喪息浪反注同使烏餘具車徒以受封烏餘以地來故詐許封之疏○傳使烏餘具車徒○正義曰必使烏餘具車徒者以三國皆具車徒若不使亦具車徒恐其驚而覺也且烏餘竊邑諸侯不能治之則烏餘之衆彊也慮其迸散欲聚以執之下云盡獲之是也烏餘以。衆出出受封也使諸侯僞效烏餘之封者效致也使齊魯宋僞若致邑封烏餘者而遂執之盡獲之皆獲其徒衆皆取其邑而歸諸侯諸。侯。是以睦於晉傳言趙文子賢故平公雖失政而諸侯猶睦疏皆取至於

晉○正義曰古本亦有不重言諸侯今定之本重有諸侯若重言諸侯則天下諸侯以此事故皆睦於晉也劉炫云晉宋古本皆不重言諸侯則唯謂齊魯宋三國睦耳不重是也○齊慶封來聘其車美孟孫謂叔孫曰慶季之車不亦美乎慶季封字叔孫曰豹聞之服美不稱必以惡終美車何爲叔孫與慶封食不敬爲賦相鼠亦不知也相鼠詩鄘風曰相鼠有皮人而無儀人而無儀不死何爲慶封不知此詩爲己言其闇甚爲明年慶封來奔傳○稱尺證反爲賦于僞反注同相息亮反注同鄘音容○衛甯喜專公患之公孫免餘請殺之免餘衛大夫公曰微甯子不及此及此反國也吾與之言矣言政由甯氏事未可知恐伐之未必勝祇成惡名止也祇適也○祇音支注同對曰臣殺之君勿與知乃與公孫無地公孫臣謀二公孫衛大夫○勿與音預使攻甯氏弗克皆死無地及臣皆死公曰臣也無罪父子死余矣獻公出時公孫臣之父爲孫氏所殺疏○注獻公。所殺○正義曰十四年傳曰公使子蟜子伯子皮與孫子盟于丘宮孫子皆殺之彼所殺者皆是公子而此臣是公孫公言臣也無罪父子死余知是爾時死耳亦不知彼所殺者誰是臣之父也夏免餘復攻甯氏殺甯喜及右宰穀尸諸朝○穀不書非卿也復扶又反石惡將會宋之盟受命而出衣其尸枕之股而哭之欲斂以亡懼不免且曰受命矣乃行行會于宋爲明年石惡奔傳○衣於既反枕之鴆反斂力驗反子鮮曰逐我者出謂孫林父納我者死謂甯喜○納本又作內音納賞罰無章何以沮勸君失其信而國無刑不亦難乎難以治國○沮在呂反疏子鮮至難乎○正義曰逐我者應死而得生出納我者有功而更身死章明也沮止也罰有罪所以止人爲惡賞有功所以勸人爲善今賞罰既無章明何以得爲止勸
乎刑法也君失其信違信而殺甯喜而國無法賞罰無所章明以此爲國不亦難乎言治國難也且鱄實使之使甯喜納君遂出奔
晉公使止之不可不肯留及河又使止之止使者而盟於河誓不還○使者所吏反託於木
門木門晉邑不鄉衞國而坐怨之深也○鄉許亮反本亦作嚮木門大夫勸之仕不可曰仕而廢其
事罪也從之昭吾所以出也將誰愬乎從之謂治其事也事治則明己出欲仕無所自愬○愬息路反吾不可
以立於人之朝矣終身不仕自誓不仕終身疏注自誓不仕終身○正義曰終身不仕敘事辭也言自誓不仕以終其身故傳
言終身不仕也此終身者子鮮之身終也下云公喪之終身者獻公之身終也獻公以二十九年夏卒其子鮮之卒蓋差在獻公之前耳故公喪服以終身也
公喪之如稅服終身稅即繐也喪服繐縗裳縷細而希非五服之常本無月數痛愍子鮮故特爲此服此服無月數而獻公尋薨故言終
身○喪息郎反又息浪反稅徐云讀繐音歲注同服音吐外反縗本亦作衰音七雷反疏注稅即至。言終身○正義曰傳云公喪之者言公爲之服喪服
也禮無稅服之名如稅服者不知何服也服虔云衰麻已除日月已過乃聞喪而服是爲稅服。服之輕者案禮記過而追服實名爲稅以聞凶之日爲服喪之
始其服追過而服之衰麻不爲有異何云服之輕者公若依彼稅服法其兄弟之服則還是齊衰期耳何以得云如也杜以。其義不通故云稅即繐也當是聲
相近而字改易耳喪服有繐衰裳牡麻絰既葬除之其章唯有諸侯大夫爲天子以外無人服此服也喪服傳曰繐衰者小功之繐也鄭玄云治縷如小功而
成布四升半細其縷者以恩輕升數少者以服至尊凡布細而疏者謂之繐是繐者縷細而希疏也喪服之文在大功之下小功之上是非五服之常也既葬

除之是本無月數也禮天子諸侯絕旁期計公於子鮮不應爲之服獻公痛愍子鮮特爲服此服也此服既無月數獻公服之不自云幾月當止獻公尋自身薨至死未釋此服故云終身也兄弟之服本服期耳獻公驕淫之君不應過其常月杜言獻公尋薨謂此子鮮之卒差在獻公前耳公與免餘邑六十辭曰唯卿備百邑臣六十矣下有上祿亂也此一乘之邑非四井之邑論語稱十室又云千室明通稱○乘繩證反通稱尺證反疏注此一至通稱○正義曰司馬法成方十里出革車一乘此一乘之邑每邑方十里也論語云百乘之家大夫。稱家邑有百乘是百乘爲采邑之極此云唯卿備百邑知所言邑者皆是一乘之邑非四井之邑也杜以一乘名邑書傳無文故引論語千室十室明其大小通稱邑也臣弗敢聞且甯子唯多邑故死臣懼死之速及也公固與之受其半以爲少師公使爲卿辭曰大叔儀不貳能贊大事贊佐也○少詩照反君其命之乃使文子爲卿文子大叔儀

○宋向戌善於趙文子又善於令尹子木欲弭諸侯之兵以爲名欲獲息民之名○弭徐武婢反如晉告趙孟趙孟謀於諸大夫韓宣子曰兵民之殘也財用之蠹。蠹害物之蟲○蠹本又作蠧丁故反疏。注蠹害物之蟲○正義曰釋蟲云蝎桑蠹李巡云蝎木。蟲也穆天子傳云天子蠹書於羽陵攦去書內簡中之蟲是蟲在木中謂之爲蠹昭三年傳云公聚朽蠹則在諸物之中皆名爲蠹故云害物之蟲也害物之蟲既名爲蠹故害於物者皆以蠹言之孫子兵書云興師十萬日費千金是兵爲財用之蠹也小國之大菑也將或弭之雖曰不可必將許之言雖知兵不得久弭今不可不許○菑音災弗許楚將許之以召諸侯則我失爲盟主矣晉人許之如楚楚。亦許之如齊

齊人難之陳文子曰晉楚許之我焉得已且人曰弭兵而我弗許則固攜吾民矣將焉用之齊人許之告於秦秦亦許之皆告於小國爲會於宋五月甲辰晉趙武至於宋丙午鄭良霄至六月丁未朔宋人享趙文子叔向爲介司馬置折俎禮也折俎體解節折升之於俎合卿享宴之禮故曰禮也周禮司馬掌會同之事○難之乃旦反下攔難同焉於虔反下將焉用焉能皆同介音界後注同折之設反注同徐又音制俎莊呂反【疏】注折俎至之事○正義曰折俎謂體解節折升之於俎周語文也宣十六年傳曰王享有體薦宴有折俎公當享卿當宴王室之禮也彼傳之意言享公當依享法有體薦也享卿當如宴法有折俎也彼王自言之故云王室禮耳其諸侯之待公卿禮法亦當然也故此享趙孟而置折俎合卿享宴之禮故曰禮也周禮大司馬云大會同則帥士庶子而掌其政令大祭祀饗食羞牲魚是司馬掌會同薦羞之事故宋人此享令司馬置折俎也仲尼使舉是禮也以爲多文辭宋向戌自美弭兵之意敬逆趙武趙武叔向因享宴之會展賓主之辭故仲尼以爲多文辭○使舉是禮也沈云舉謂記錄之也【疏】仲尼至文辭○正義曰此文甚略本意難知蓋於此享也賓主多有言辭時人跡而記之仲尼見其事善其言使弟子舉是宋享趙孟之禮以爲後人之法丘明述其意仲尼所以特舉此禮者以爲此享多文辭以文辭可爲法故特舉而施用之○注宋向至文辭○正義曰杜以賓主之辭禮有定式於此享也何以獨多故解其多辭之意服虔云以其多文辭故特舉而用之後世謂之孔氏聘辭以孔氏有其辭故傳不復載也所言孔氏聘辭不知事何所出實享禮而謂之爲聘舉舊辭而目曰孔氏事亦不必然也戊申叔孫豹齊慶封陳須無衞石惡至須無陳文子甲寅晉荀盈從趙武至趙武命盈追己故言從【疏】注趙武後武遣盈如楚趙武命

盈追己○正義曰沈氏曰知非晉侯命者若是晉侯應云甲寅荀盈至今云從武至故知趙武命也杜云後武遣盈如楚見此意耳丙辰邾悼公
至小國故君自來壬戌楚公子黑肱先至成言於晉時令尹子木止陳遣黑肱就晉大夫成盟載之言兩相然可○肱古
弘反丁卯宋戌如陳從子木成言於楚就於陳成楚之要言戊辰滕成公至亦小國君自來子木謂
向戌請晉楚之從交相見也使諸侯從晉楚者更相朝見○更音庚見賢遍反庚午向戌復於趙孟趙
孟曰晉楚齊秦匹也晉之不能於齊猶楚之不能於秦也不能○服而使之楚君若能使
秦君辱於敝邑寡君敢不固請於齊請齊使朝楚壬申左師復言於子木子木使馹
謁諸王○馹傳也謁告也○馹人實反傳涉戀反王曰釋齊秦他國請相見也經所以不書齊秦秋七月戊
寅左○師至從陳還是夜也趙孟及子皙盟以齊言子皙公子黑肱素要齊其辭至盟時不得復訟爭○皙星曆反
復扶又反庚辰子木至自陳陳孔奐○蔡公孫歸生至二國大夫與子木俱至曹許之大夫皆至
以藩爲軍示不相忌○藩方元反疏以藩爲軍○正義曰古人行兵止則築爲壘塹以備不虞此藩籬爲軍者方欲弭兵以示不相忌也晉
楚各處其偏晉處北楚處南伯夙謂趙孟伯夙荀盈疏注伯夙荀盈○正義曰伯夙即是荀盈於傳亦無明據未測何以知之服
虔云伯夙晉大夫其意以爲別有伯夙非荀盈也曰楚氛甚惡懼難氛氣也言楚有襲晉之氣○氛芳云反徐扶云反趙孟曰
吾左還入於宋若我何營在宋北東頭爲上故晉營在東有急可左迴入宋東門辛巳將盟於宋西門之外

楚人衷甲甲在衣中欲因會擊晉○衷音忠徐丁仲反伯州犂曰合諸侯之師以爲不信無乃不可乎夫諸侯望信於楚是以來服若不信是棄其所。以服諸侯也固請釋甲子木曰晉楚無信久矣事利而已苟得志焉焉用有信大宰退大宰伯州犂告人曰令尹將死矣不及三年求逞志而棄信志將逞乎志以發言言以出信信以立志參以定之志言信三者具而後身安存信亡何以及三爲明年子木死起本疏志將至及三○正義曰志將逞乎言其不得逞也在心爲志出口爲言志有所之言乃出口故志以發言也與人爲信必言以告之故言以出信也於人有信志乃得立故信以立志也人之處身於世常恐不得安定參即三也言也信也志也三者俱備然後身得安定欲安其身用此三者以定之信亡則志不立失志必死不久何以得及三年趙孟患楚衷甲以告叔向叔向曰何害也匹夫一爲不信猶不可單斃其死單盡也斃踣也○單音丹注同斃婢世反踣蒲北反疏匹夫至其死○正義曰匹夫謂賤人也賤人一爲不信猶尚不可況國卿也不信之人盡踣其死言無得生者前覆曰踣謂倒地死也若合諸侯之卿以爲不信必不捷矣食言者不病不病者單斃於死疏食言者不病○正義曰不病者不唯病害而已必至於死也言之不用若食之消散故謂無信爲食言也非子之患也楚食言當死晉不食言故無患夫以信召人而以僭濟之濟成也○僭子念反不信也必莫之與也安能害我且吾因宋以守病爲楚所病則欲入宋城則夫能致死。與宋致死。雖倍楚可也宋爲地主致死助我則力可倍楚○夫如字或音扶子何

懼焉又不及是曰弭兵以召諸侯而稱兵以害我也稱舉疏夫能至及是○正義曰夫謂宋也宋能致
死助我今晉師與宋致死不但唯敵於楚雖更力倍於楚可也子何須懼焉又想楚人之情不應及是之惡吾庸多矣非所患也晉獨
取信故其功多季武子使謂叔孫以公命曰視邾滕兩事晉楚則貢賦重故欲比小國武子恐叔孫不從其言故假公命
以敦之疏注兩事至敦之○正義曰案傳上文六月戊申叔孫豹至丁卯向戌如陳從子木成言於楚子木乃請晉楚之從交相見則叔孫發魯之時未
有此交相見之議也子木既有此請季孫在國聞之季孫使謂叔孫者使人就宋謂之也於時季氏專魯國之利害季孫所量自慮兩屬貢賦必重疑邾滕將
爲人之私故令豹比視小國此直季孫意耳非公意也若是餘人爲使季孫以己意命之無敢違者但叔孫。彊直季孫所憚告以己意恐不見從故假稱公命
以敦勸之望其敬公命而遂己志也長曆丁卯是六月二十一日也辛巳是七月五日也丁卯已有此議辛巳。方始結盟則叔孫既得公命其去盟日猶遠反
魯。覆請足得往來但叔孫知非公命不復更請臨盟則率己之意自從所欲故釋例云豹不登朝固請受命而行邾滕降次事非機危既不馳請又不辭會率
意改命失命之甚是言其間足得反請而叔孫不請故責之也既而齊人請邾宋人請滕皆不與盟私屬二國故○與音
預叔孫曰邾滕人之私也我列國也何故視之宋衛吾匹也乃盟故不書其族
言違命也季孫專政於國魯君非得有命今君唯以此命告豹豹宜崇大順以顯弱命之君而遂其小是故貶之疏注季孫至貶之○正義曰
季孫專政於國魯君非得有命此以公命非公可知叔孫亦知非公命故不肯從之其實叔孫違命止違季孫意耳但季孫假以公命謂之叔孫雖內知非公
而其辭稱公即須從命叔孫既得此命宜應內自思省我君由來無命今君唯以此命命我事雖非理亦宜聽從如是則敬君之情深矣豹宜崇此大順之道

以顯弱命之君而乃。校計公言是非不肯同於小國遂其小是以忘大順故貶之此義至妙唯杜始得之矣賈逵云叔孫義也魯疾之非也服虔云叔孫欲尊魯國不爲人私雖以違命見貶其於尊國之義得之案經去其族是文貶也傳言違命是實惡也賈服違經反傳背左氏異孔子孔子貶之賈逵賞之丘明言其違命服虔善其尊國是不以丘明之言解左傳不以孔子之意說春秋也

晉楚爭先。爭先歃血晉人曰晉固爲諸侯盟主於有先晉者也楚人曰子言晉楚匹也若晉常先是楚弱也且晉楚狎主諸侯之盟也久矣。狎更也○先晉悉薦反或如字狎戶甲反更音庚 疏 且晉至久矣○正義曰陳蔡鄭許作南作北成二年楚公子嬰齊爲蜀之盟諸夏之國大夫皆在是晉楚更代主諸侯之盟實久也豈專在晉叔向謂趙孟曰諸侯歸晉之德只只辭○只之氏反非歸其尸盟也尸主也子務德無爭先且諸侯盟小國固必有尸盟者小國主辦具○辦皮莧反 疏 注小國主辦具○正義曰盟實大國爲主而此云小國主盟知其主辦具也哀十七年公會齊侯盟于蒙孟武伯問於高柴曰諸侯盟誰執牛耳季羔曰鄫衍之役吳公子姑曹發陽之役衛石魋武伯曰然則彘也所言主辦具者如彼執牛耳之類皆小國主備之法當小國執牛耳鄫衍吳公子執之者於時吳爲盟主夷不知禮故自使其人執之也盟法大國制其言小國尸其事此盟爭先歃不爭主備叔向以小國主盟爲言者叔向以久爭不決或將戰鬬因盟時小國有所主欲令趙孟下楚假此以勸之耳楚爲。晉細不亦可乎。欲推使楚主盟乃先楚人書先晉晉有信也蓋孔子追正之

壬午宋公兼享晉楚之大夫趙孟爲客客一坐所尊故季孫飲大夫酒臧紇爲客○坐才臥反飲於鴆反 疏 注客一至爲客○正義曰享宴之禮賓旅雖多特以一人爲客燕禮者諸侯燕臣之禮也經云小臣納卿大夫卿大夫皆

入門右北面東上乃云射人請賓公曰命某爲賓賓出立于門外更使射人納賓公降一等揖之賓卽客也是客一坐所尊也季孫飲大夫酒臧紇爲客二十

三年傳也魯語云公父文伯飲南宮敬叔酒。路堵父爲客羞鼈小堵父怒相延食鼈辭曰將使鼈長而食之遂出文伯母聞之怒曰吾聞之先子曰祭養上尸

享養上賓鼈於何有而使夫人怒也是一坐所尊敬之事也案燕禮記曰公與。燕則大夫爲賓與大夫燕亦大夫爲賓是又一聘禮燕聘賓則以上介爲賓此宋公

享大夫以趙孟爲客者燕禮謂與己之臣子燕嫌卿敵公故以大夫爲賓聘禮據特來聘者敬其使人故使介爲賓此則兼享晉楚大夫異於常禮以尊敬霸

主之國故令趙孟爲客服虔云楚君恆以大夫爲賓者大夫卑雖尊之猶遠君也楚先歃爲盟主故尊趙孟爲客案此享宋爲主非楚爲主服之妄也劉炫云

兼享晉楚之大夫不以屈建爲賓者賓唯一人出自當時意耳子木與之言弗能對使叔向侍言焉子木亦不

能對也乙酉宋公及諸侯之大夫盟于蒙門之外前盟諸大夫不敢敵公禮也今宋公以近在其國故謙而

重盟重盟故不書蒙門宋城門○重直用反下二字同疏子木至對也○正義曰上云晉卿不如楚其大夫則賢是也子木問於趙孟

曰范武子之德何如士會賢聞於諸侯故問之○聞音問又如字對曰夫子之家事治言於晉國無

隱情其祝史陳信於鬼神無愧。辭祝陳馨香德足副之故不愧○治直吏反愧九位反子木歸以語王王

曰尚矣哉尚上也○語魚據反下同能歆神人歆享也使神享其祭人懷其德○歆所金反宜其光輔五君以爲

盟主也五君謂文襄靈成景疏注。五君謂文襄靈成景○正義曰晉語訾。祏對范宣子曰武子佐文襄諸侯無二心爲卿以輔成景軍無敗政及爲

元。師居大傅國無姦民是以受隨范是其光輔五君也服虔云文公爲戎右襄靈爲大夫成公爲卿景公爲大傅也子木又語王曰宜晉

之伯也有叔向以佐其卿楚無以當之不可與爭晉荀寅。遂如楚涖盟重結晉楚之好

○好呼報反○鄭伯享趙孟于垂隴自宋還過鄭○壠力勇反子展伯有子西子產子大叔二子

石從二子石印段公孫段○從才用反趙孟曰七子從君以寵武也請皆賦以卒君貺武亦以

觀七子之志詩以言志子展賦草蟲草蟲詩召南曰未見君子憂心忡忡亦既見止亦既覯止我心則降以趙孟為君子○蟲直忠反召上照反下同忡勑忠反覯古豆反降戶江反又如字下注同趙孟曰善哉民之主也在上不忘降故可以主民抑武也

不足以當之辭君子伯有賦鶉之賁賁鶉之賁賁詩鄘風衛人刺其君淫亂鶉鵲之不若義取人之無良我以為兄我以為君也○鶉順倫反賁音奔疏注鶉之至君也○正義曰伯有賦此詩者義取人之無善行者我以此為君是有嫌君之意於時鄭簡公是穆公之玄孫良霄是穆公之曾孫君非良霄之兄杜言并取人之無良我以為兄者因詩成文故連言之劉君以為非兄而規杜非也趙孟曰牀第之言不

踰閾況在野乎非使人之所得聞也第簀也此詩刺淫亂故云牀第之言閾門限使人趙孟自謂○第側里反閾音域徐況逼反使所吏反注同簀音責疏注第簀也○正義曰釋器云簀謂之第孫炎曰牀也郭璞曰牀版也然則牀是大名簀是牀版檀弓云大夫之簀與簀名亦得統牀故孫炎以為牀也子西賦黍苗之四章黍苗詩小雅四章曰肅肅謝功召伯營之列列征師召伯成之比趙孟於召伯趙

孟曰寡君在武何能焉推善於其君子產賦隰桑隰桑詩小雅義取思見君子盡心以事之。曰既見君子其樂如何○盡津忍反樂音洛下注及文至樂以安民並同趙孟曰武請受其卒章卒章曰心乎愛矣遐不謂矣中心藏之何日忘之趙武欲子產

之見規誨子大叔賦野有蔓草野有蔓草詩鄭風取其邂逅相遇適我願兮○蔓音萬邂戸賣反逅戸豆反趙孟曰吾子

之惠也大叔喜於相遇故趙孟受其惠印段賦蟋蟀蟋蟀詩唐風曰無以大康職思其居好樂無荒良士瞿瞿言瞿瞿然顧禮儀○印一

刃反蟋所律反大康音泰居音據好呼報反下同瞿瞿居什反趙孟曰善哉保家之主也吾有望矣能戒懼不荒所以保

家【疏】保家之主也○正義曰大夫稱主言是守家之主不亡族也下云數世之主亦然公孫段賦桑扈桑扈詩小雅義取君子有禮文

故能受天之祜○祜音戸趙孟曰匪交匪敖福將焉往此桑扈詩卒章趙孟因以取義○敖五報反焉於虔反下政其焉往同

若保是言也欲辭福祿得乎卒享文子告叔向曰伯有將為戮矣詩以言志志

誣其上而公怨之以為賓榮言誣則鄭伯未有其實趙孟倡賦詩以自寵故言公怨之以為賓榮○倡昌亮反【疏】詩以至賓

榮○正義曰在心為志發言為詩是詩所以言人之志意也鄭君實未有罪伯有稱人之無良是誣其上也但伯有不臣被公之所怒以公怨怒當自須掩蓋

而賦詩道公無良反將公之所怨以為賓之榮寵劉炫云而公顯然將比來之怨以為對賓之榮樂也其能久乎幸而後亡言必先亡

叔向曰然已侈所謂不及五稔者夫子之謂矣稔年也為三十年鄭殺良霄傳○侈昌氏反又戸氏反字林充

豉反稔而甚反熟也穀一熟故為一年文子曰其餘皆數世之主也子展其後亡者也在上不忘

降謂賦草蟲曰我心則降○數所主反印氏其次也樂而不荒謂賦蟋蟀好樂無荒曰樂以安民不淫以使

之後亡不亦可乎○宋左師請賞曰請免死之邑欲宋君稱功加厚賞故謙言免死之邑也【疏】樂以至可

乎○正義曰印段賦蟋蟀義取好樂無荒。卽不淫也好樂則用樂以安民也其使民也又不淫以使之民。皆愛之守位必固在人後亡不亦可乎。○注欲宋君稱功。無之邑也○正義曰服虔云向戌自以止兵民不戰鬭自矜其功故求免死之賞也如服此言免死謂止兵不鬭民免死也杜以爲謙則向戌自以爲。已免死也若使計謀不當則罪合死自矜其功言。已得免死故請賞邑也 公與之邑六十以示子罕子罕曰凡諸侯小國晉楚所以兵威之畏而後上下慈和慈和而後能安靖其國家以事大國所以存也無威則驕驕則亂生亂生必滅所以亡也天生五材金木水火土也民並用之廢一不可誰能去兵兵之設久矣所以威不軌而昭文德也聖人以興謂湯武○去起呂反下皆同 亂人以廢謂桀紂 廢興存亡昬明之術皆兵之由也而子求。之不亦誣乎以誣道蔽。諸侯罪莫大焉縱無大討而又求賞無厭之甚也削而投之削賞左師之書○敝必世反徐亡世反服虔王肅董遇並作弊婢世反云踣也厭於鹽反徐於廉反 疏 廢興至諸侯○正義曰言之術者謂德刑禮義是與存滅明之法術也驕淫殘虐是廢亡昬闇之法術也皆兵之由者謂皆畏懼此兵行善不行惡畏之則興不畏則亡故云皆兵之由也言不亦誣乎者謂廢興存亡悉皆由兵向戌之意一以廢興存亡不須用兵是實須而誣罔云不須故云不亦誣乎服虔曰。斃踣也一曰罷也則知服本作斃王肅董遇本皆作蔽謂以誣人之道掩諸侯也杜本作蔽當如王董爲蔽掩之也○削而投之○正義曰宋公賞邑書之於札向戌執之以示子罕子罕削其字而又投之於地也向戌初謀此事子罕不卽止之而至此始怒者蓋初謀子罕不知或子罕初亦不覺久思乃知其非也 左師辭邑向氏欲攻司城司城子罕 左師曰我將亡夫子存我德莫大焉又可攻乎君子曰彼己之子邦之司直詩鄭風司主也○己音記樂喜之謂乎樂喜子罕也其不阿向戌善何以恤我我其收之逸詩恤憂也收取也向戌之謂乎善向戌能知其過○齊崔杼生成及彊而寡偏喪曰寡寡特也○喪息浪反娶東郭姜生明東郭姜以孤入曰棠無咎無咎棠公之子○娶七住反無咎音無本亦作无咎其九反與東郭偃相崔氏東郭偃姜之弟○相息亮反崔成有病而廢之有惡疾也疏注有惡疾也○正義曰若非惡疾猶堪為後以疾而廢明是惡疾疾之惡者也不知其何疾也論語稱伯牛有疾不欲見人淮南子云伯牛癩此崔成猶能作亂未必是癩也彊無病亦不得立者愛後妻欲立明故也而立明成請老于崔濟南東朝陽縣西北有崔氏城成欲居崔邑以終老○朝如字一音直遙反崔子許之偃與无咎弗予曰崔宗邑也必在宗主宗邑宗廟所在宗主謂崔明成與彊怒將殺之告慶封曰夫子之身亦子所知也唯无咎與偃是從父兄莫得進矣大恐害夫子敢以告夫子謂崔杼疏父兄莫得進矣○正義曰成彊是崔杼之子而云父兄者成彊之意以崔杼任无咎與偃棄遠宗族不可自斥於己故舉宗族父兄也慶封曰子姑退吾圖之告盧蒲嫳嫳慶封屬大夫封以成彊之言告嫳○嫳普結反徐敷結反盧蒲嫳曰彼君之讎也天或者將棄彼矣彼實家亂子何病焉君謂齊莊公為崔杼所弑崔之薄慶之厚也崔敗則慶專權他日又告成彊復告復扶又反○慶封曰苟利夫子必去之難吾助女九月庚辰崔成崔彊殺東郭

偃棠无咎於崔氏之朝崔子怒而出其衆皆逃求人使駕不得使圉人駕寺人御而出圉人養馬者寺人奄士○難乃旦反女音汝圉魚呂反且曰崔氏有福止余猶可恐滅家禍不止其身遂見慶封慶封曰崔慶一也言如一家是何敢然請爲子討之使盧蒲嫳帥甲以攻崔氏崔氏堞其宮而守之堞短垣使其衆居短垣內以守○請爲于僞反下注嫳爲爲齊莊同堞音牒徐養涉反【疏】崔氏堞其宮○正義曰謂新築女牆而守之弗克使國人助之遂滅崔氏殺成與彊而盡俘其家其妻縊妻東郭姜嫳復命於崔子且御而歸之嫳爲崔子御至則無歸矣乃縊終入於其。宮不見其妻凶崔明夜辟諸大墓。辟先人之。冢以藏之○辟婢亦反徐出亦反○辛巳崔明來奔慶封當國當國秉政○楚薳罷如晉涖盟罷令尹子蕩報荀盈也○罷音皮晉侯享之將出賦既醉既醉詩大雅曰既醉以酒既飽以德君子萬年介爾景福以美晉侯比之太平君子也叔向曰薳氏之有後於楚國也宜哉承君命不忘敏子蕩將知政矣敏以事君必能養民政其焉往言政必歸之○崔氏之亂在二十五年申鮮虞來奔僕賃於野以喪莊公爲齊莊公服喪○賃女鴆反以喪如字又息浪反冬楚人召之遂如楚爲右尹傳言楚能用賢○十一月乙亥朔日有食之辰在申司曆過也再失閏矣謂斗建指申周十一月今之九月斗當建戌而在申故知再失閏也文十一年三月甲子至今年七十一歲應有二十六閏今長曆推得二十四閏通計少再閏釋例言之詳矣【疏】注謂斗至詳矣○正義曰斗建從甲至癸十者謂之日從子至亥十二者謂之辰傳言辰在申者謂其日昏時斗柄所指於十二辰爲在申也九月當建戌而建申故爲再失閏也文十一年三月至今七十一歲應有二十六閏者曆法十九年爲一章章有七閏從文十年至襄十三年凡五十七年已成三章當有二十一閏又從襄十四年至今爲十四年又當有五閏故爲應有二十六閏也長曆推得二十四閏者杜以長曆實於其間分置二十四閏釋例云閏者會集數年餘日因宜以安之故閏月無中氣斗建斜指兩辰之間也魯之司曆漸失其閏至此年日食之月以儀審望知斗建之在申斗建在申乃是周家九月也而其時曆稱十一月故知再失閏也於是始覺其謬遂頓置兩閏以應天正以敘事期然則前閏月爲建酉後閏月爲建戌十二月爲建亥而歲終焉是故明年經書春無冰傳以爲時災也若不復頓置二閏則明年春是今之九月十月十一月也今之九月十月十一月無冰非天時之異無緣總書春也尋案今世所謂魯曆者不與春秋相符殆來世好事者爲之非真也今俱不知其法術具依春秋經傳反覆其終始以求之近得其實矣杜言以儀審望者大史鑄銅作渾天儀列二十八宿之度設機關候望以測七曜所在故於彼鑄銅儀而審望之知此月斗建申也長曆稱大凡經傳有七百七十九日漢末宋仲子集七曆以考春秋魯曆得五百二十九日失二百五十日是其不與春秋相符也劉炫云遠取文十一年三月甲子者以三十年絳縣老人云臣生之歲正月甲子朔以全日故又云言通計者若據前閏以來短計不得有再失之理今遠從文十一年以來計之是爲通計也

經二十有八年春無冰前年知其再失閏頓置兩閏以應天正故此年正月建子得以無冰爲災而書○應應對之應○夏衛石惡出奔晉甯喜之黨書名惡之○惡烏路反○邾子來朝○秋八月大雩○仲孫羯如晉告將朝楚○羯居謁反○冬齊慶封來奔崔杼之黨耆酒荒淫而出書名罪之自魯奔吳不書以絕位不爲卿○耆市志反○十有

一月公如楚爲宋之盟故朝楚○爲于僞反○十有二月甲寅天王崩靈王也○乙未楚子昭卒康王也十二月無乙未日誤疏注十二至日誤○正義曰甲寅之後四十二日始得乙未則甲寅乙未不得同月長曆推此年十二月戊戌朔甲寅是十七日其月無乙未也經有十一月十二月不容誤知日誤也

傳二十八年春無冰梓慎曰今茲宋鄭其饑乎梓慎魯大夫今年鄭游吉宋向戌言之明年饑甚傳乃詳其事○梓音子疏注梓慎至其事○正義曰此年傳鄭游吉云歲之不易宋向戌云。飢寒之不恤是今年言之也明年傳云鄭饑子皮餼國人粟於是宋亦饑子罕請於平公出公粟以貸是詳其事也歲在星紀而淫於玄枵歲歲星也星紀在丑斗牛之次玄枵在子虛危之次十八年晉董叔曰天道多在西北是歲歲星在亥至此年十一歲故在星紀明言乃當在玄枵今已在玄枵淫行失次○枵許驕反疏注歲歲至失次○正義曰左傳及國語所云歲在者皆謂歲星所在故云歲歲星也五星者五行之精也曆書稱木精曰歲星火精曰熒惑土精曰鎮星金精曰大白水精曰辰星此五者皆右行於天二十八宿則著天不動故謂二十八宿爲經五星爲緯言若織之經緯然也天有十二次地有十二辰丑子亥北方之辰也次之與辰上下相值故云星紀在丑玄枵在子釋天云星紀斗牽牛也玄枵虛也孫炎曰星紀日月五星之所終始也故謂之星紀虛在正北北方色玄故曰玄枵枵之言耗。耗虛之意也漢書律曆志云星紀初斗十二度終於婺女七度玄枵初婺女八度終於危十五度是星紀爲斗牛之次玄枵爲虛危之次也九年傳稱晉侯問公生歲乃曰十二年矣是謂一終一星終也言歲星大率十二年而一周天也十八年晉董叔曰天道多在西北是言其年歲星在亥也歲星右行於天至此年十一年耳行未及周故此年歲星常法當在星紀明年乃當在玄枵今年已在玄枵是其淫行失次也漢書律曆志載劉歆三統曆歆以爲歲星一百四十四年行天一百四十五次。一千七百二十八年爲歲星歲數言數滿此年剩得行天一周也三統之曆以庚戌爲上元此年距上元積十四萬二千六百八十六歲置此歲數以歲星歲數一千七百二十八除之得積終八十二去之歲餘九百九十以一百四十五乘歲餘得十四萬三千五百五十以一百四十四除之得九百九十六爲積次不盡一百二十六爲次餘以十。二除之得八十三去之盡是爲此年更發初在星紀也欲知入次度者以次餘一百二十六乘一次三十度以百四十四除之得二十六度餘是歲星本平行此年之初已入星紀之次二十六度餘當在婺女四度於法未入於玄枵也傳言淫於玄枵未知已在玄枵幾度此舉其大率耳而五星之次行有遲有疾有留伏逆順於曆法更自別有推步之術此不可詳也

以有時菑陰不堪陽

時菑無冰也盛陰用事而温無。冰是陰不勝陽地氣發洩○菑音災注同洩息列反下同

【疏】注時菑至發洩○正義曰傳先言無冰乃載梓慎之語則梓慎之語爲無冰而發知時菑謂春無冰也言以有時菑者以此歲星淫行之年而有天時温燠。之菑四時之序冬月當寒故温則爲菑害也冬月盛陰用事陰寒在地當過陽使不出時應寒而温無冰是陰陽相競陰氣不能勝陽故陽氣出地地氣發洩而使時温無冰也歲星自淫。行。天時自温暖其温不由歲星梓慎以其年有二事而總言其占耳服虔云歲爲陽玄枵爲陰歲乘陰進至玄枵陰不勝陽故温無冰按下云蛇乘龍乃謂玄枵乘歲星非歲星乘玄枵也若必以此無冰謂歲乘玄枵所致則成元年春無冰者豈謂歲星乘玄枵乎成十六年兩木冰者復是玄枵乘歲星也

蛇。乘龍

蛇玄武之宿虛危之星龍歲星歲星木也木爲青龍失次出虛危下爲蛇所乘○宿音秀下同

【疏】注蛇玄至所乘○正義曰蟲獸在地而有象在天二十八宿分在四方方有七宿共成一象東方爲青龍之象西方爲白虎之象皆南首北尾也南方爲朱鳥之象北方爲玄武之象皆西首東尾也曲禮說軍陳象物云行前朱鳥後玄武左青龍右白虎是玄武在北方也龜蛇二蟲共爲玄武故蛇是玄武之宿虛危之星也七星共爲玄武但歲星淫行在虛危之分故特指虛危言之耳傳言蛇乘龍龍卽歲星也歲星木

精。木位在東方東方之宿爲青龍之象故歲星亦以龍爲名焉龍行疾而失次出於虛危宿下龍在下而蛇在上是龍爲蛇所乘也歲星天之貴神福德之星今被乘勢屈是不能祐其本國之象故知宋鄭饑也龍宋鄭之星也歲星本位在東方東方房心爲宋角亢爲鄭故以龍爲宋鄭之星○亢音剛又若浪反疏注歲星至之星○正義曰歲星屬木。木位在東方東方之次皆是龍分天之分野卯爲大火辰爲壽星大火房心爲宋分壽星角亢爲鄭分故龍爲宋鄭之星也然則寅爲析木之津析木燕之分野梓慎言不及燕別當有以知之非吾徒所能測也宋鄭必饑玄枵虛中也玄枵三宿虛星在其中枵秏。名也土虛而民秏不饑何爲歲爲宋鄭之星今失常淫入虛秏之次時復無冰地氣發洩故曰土虛民秏○秏呼報反復扶又反疏注枵秏至何爲○正義曰枵聲近秏故枵是秏之名也次有三宿虛。爲其中土虛不實而人民秏損不饑何爲也地氣發洩而使時溫無冰即是土虛之事也於時魯國無冰是魯亦地氣發洩下子服惠伯云。飢寒之不恤是魯亦饑矣經不書饑饑當差於宋鄭故梓慎唯言宋鄭耳饑○夏齊侯陳。侯。蔡侯北燕伯。杞伯胡子沈子白狄朝于晉宋之盟故也陳侯蔡侯胡子沈子楚。屬也宋盟曰晉楚之從交相見故朝晉燕國今。薊縣○燕烏賢反薊音計疏注陳侯至薊縣○正義曰傳言宋之盟故雖文在諸國之下止爲楚屬發傳故杜明之陳蔡胡沈爲宋盟朝晉其齊燕杞狄先非楚屬其朝不爲宋之盟也譜云北燕姬姓召公奭之後也周武王封之於燕居漁陽薊縣其國辟小不通諸夏自召公至簡公款二十九世始見經簡公子獻公十二年獲麟之歲也獻公子孝公七年春秋之傳終矣孝公立十五年卒孝公以下六世始大稱王十二世二百二十五年秦滅之齊侯將行慶封曰我不與盟何爲於晉○以宋盟釋齊秦與音預下同陳文子曰先事後賄禮也事大國當先從其政事而後薦賄以副己心○賄呼罪反小事大未獲事焉從之如志禮也言當從大國請事以順其志疏小事至禮也○正義曰言小國之事大國也當每事順從若未獲大國所命之事但如其志之所欲即不待彼命逆即從之如其志意禮也禮者自卑而尊人故先承意志是事大之禮也雖不與盟敢叛晉乎重丘之盟未可忘也子其勸行重丘盟在二十五年○重直龍反○衛人討甯氏之黨故石惡出奔晉衛人立其從子圃以守石氏之祀禮也石惡之先石碏有大功於衛國惡之罪不及不祀故曰禮○從子才用反圃布古反碏七略反○邾悼公來朝時事也傳言來朝非宋盟盟唯施於朝晉楚○秋八月大雩旱也○蔡侯歸自晉入于鄭鄭伯享之不敬子產曰蔡侯其不免乎不免禍日其過此也往日至晉時○日人實反過古禾古臥二反君使子展廷勞於東門之外而傲廷往也○廷于況反後同勞力報反吾曰猶將更之今還受享而惰乃其心也君小國事大國而惰傲以爲己心將得死乎若不免必由其子其爲君也淫而不父通大子班之妻○傲五報反下同惰徒臥反君小國事大國古本无小字疏君小國事大國○正義曰晉宋古本及王肅注其文皆如此君國謂爲國君言其爲君之難也今定本作小國僑聞之如是者恆有子禍爲○三十年蔡世子班弑其君傳○孟孝伯如晉告將爲宋之盟故如楚也魯屬晉故告晉而行○將爲于僞反蔡侯之如晉也鄭伯使游吉如楚及漢楚人還之曰宋之盟君實親辱君謂鄭伯○還音環今吾子來寡君謂吾子姑還吾將使馹奔問諸晉而以告問鄭君應來朝否○馹人實反子大

叔曰宋之盟君命將利小國而亦使安定其社稷鎮撫其民人以禮承天之休休福祿也○休許糾反注同此君之憲令而小國之望也憲法也寡君是故使吉奉其皮幣聘用乘皮束帛○乘繩證反以歲之不易聘於下執事言歲有饑荒之難故鄭伯不得自朝楚○易以豉反難乃旦反今執事有命曰女何與政令之有必使而君棄而封守跋涉山川蒙犯霜露以逞君心小國將君是望敢不唯命是聽無乃非盟載之言以闕君德而執事有不利焉小國是懼不然其何勞之敢憚疏今執至敢憚○正義曰執事謂楚也楚人詰大叔唯有止還之語耳令游吉還使鄭伯來故游吉原其意爲此辭作甚之言耳而執事有不利焉違盟言闕君德是於楚爲不利也小國是懼懼楚不利耳不敢自憚勞也子大叔歸復命告子展曰楚子將死矣不脩其政德而貪昧於諸侯以逞其願欲久得乎周易有之在復☷☳震下坤上復○女音汝何與音預跋涉白末反草行爲跋水行爲涉憚徒旦反之頤☶☳震下艮上頤復上六變得頤○頤以之反曰迷復凶復上六爻辭也復反也極陰反陽之卦上處極位迷而復反失道已遠遠而無應故凶○應應對之應疏注復上至故凶○正義曰卦從下起從下而畫陰爻至上六爲純坤又將從下變之本故復爲極陰反陽之卦也上處極位位極更无所往故爲迷也既迷而後反從下積而至迷是爲失道已遠上應在三三亦陰爻遠而無應故凶也復易注云復反也還也陰氣侵陽陽失其位至此始還反起於初故謂之復陽君象君失國而還反道德更興也頤養也易注云頤者口車輔之名震動於下艮止於上口車動而上因輔○嚼物以養人故謂頤爲養也其楚子之謂

乎欲復其願謂欲得鄭朝以復其願疏注謂欲至其願○正義曰楚子本意願鄭伯來朝全不顧道理唯欲復其本願而棄其本

不脩德復歸無所是謂迷復失道已遠又无所歸能無凶乎君其往也送葬而歸以快楚心

言楚子必死君往當送其葬楚不幾十年未能恤諸侯也幾近也言失道遠者復之亦難○幾居依反又音祈疏注幾近至亦難○正義曰幾近釋詁文也十者數之小成言失道遠者復之亦難故舉成數以言之周易復卦上六爻云迷復凶有災眚用行師終有大敗以其國君凶至于十年不克征是易有十年之語故游吉期之以十年服虔云此行也楚康王卒至昭四年楚靈王合諸侯于申距今八年故曰不幾十年是謂十年不克征也吾乃休吾民矣。休息也言楚不能復爲害○復扶又反下復顧同裨竈曰今茲周王及楚子皆將死裨竈鄭大夫○裨避支反歲棄其次而旅於明年之次以害鳥帑周楚惡之旅客處也歲星棄星紀之次客在玄枵歲星所在其國有福失次於此禍衝在南南爲朱鳥鳥尾曰帑鶉火鶉尾周楚之分故周王楚子受其咎俱論歲星過次梓慎則曰宋鄭饑裨竈則曰周楚王死傳故備舉以示卜占惟人所在○帑音奴惡如字一音烏路反衝尺容反分扶問反疏注旅客至所在○正義曰易有旅卦傳言羇旅旅皆是客故爲客處也歲星常行之度此年當在星紀星紀是其所居之次也今歲星棄其所居星紀之次乃客處在於明年所居之次言其未應往而往向彼玄枵之次爲客寄也昭三十二年傳云越得歲而吳伐之必受其凶是歲星所在其國有福當福之衝其國有禍今失次於北故禍衝在南子午之位南北相衝淫於玄枵衝當鶉火南方爲朱鳥之宿帑者細弱之名於人則妻子爲帑於鳥則鳥尾曰帑妻子爲人之後鳥尾亦鳥之後故俱以帑爲言也天之分野鶉火周分鶉尾楚分歲星之衝當此周楚之分故周王楚子受其咎也歲星客在玄枵惟衝鶉火而鶉尾亦有咎者蓋以歲星漸西衝則漸東尾之於鳥猶是一身故衝其身而及其尾此則裨竈能知亦非吾徒所測也此與上文俱論歲星過次所占不同其事俱驗而丘明兩載之是傳故備舉以示卜占效驗惟人所在言其知之在於人各自有意見也○九月鄭游吉如晉告將朝于楚以從宋之盟子產相鄭伯以如楚舍。不爲壇。至敝國郊除地封土爲壇以受郊勞○注至敝至郊勞○正相鄭息亮反下同壇徒丹反勞力報反疏義曰聘禮賓至于近郊君使卿用束帛勞无設壇之法下云先君適四國未嘗不爲壇蓋以朝禮君親行事重故有之也禮有壇墠者先儒以爲除地曰墠封土曰壇此幷言除地封土者尚書金縢云三壇同墠是作壇在除地之內故除地封土幷言之服虔本作壇解云除地爲墠王肅本作壇而解云除地坦坦者則讀爲墠也按下云作壇以昭其功。昭其禍若是除地草穢尋生不足以昭示後人杜言壇是也下言草舍者不爲壇則不除地故爲草舍耳外僕言曰昔先大夫相先君適四國未嘗不爲壇外僕掌次舍者自是至今亦皆循之今子草舍無乃不可乎子產曰大適小則爲壇小適大苟舍而已焉用壇僑聞之大適小有五美宥其罪戾赦其過失救其菑患賞其德刑刑法也○焉用於虔反下焉用作壇焉辟之又焉用盟皆同宥音又菑音災疏亦皆循之○正義曰因循不廢也教其不及小國不困懷服如歸是故作壇以昭其功宣告後人無怠於德怠解也○解佳賣反小適大有五惡說其罪戾自解說也請其不足行其政事奉行大國之政共其職貢從其時命從朝會之命○共音恭不然則重其幣帛以賀其福而弔其凶皆小國之禍也焉用作壇以昭其禍所以告子孫無昭禍焉可也無昭禍以告子孫○齊慶封好田而耆酒與慶舍政舍慶封子○慶封當國不自爲政以付舍○好呼報反者市志反則以其內實遷于盧蒲嫳氏易內而飲酒內實寶物妻妾也移而居嫳家數日國遷朝焉就於盧蒲氏朝見封○數所主反見賢遍反疏國遷朝焉○正義曰慶封雖與舍政使舍知政事耳封猶有當國之重故國之卿大夫皆遷就嫳家朝焉使諸亡人得賊者以告而反之亡人辟崔氏難出奔者○難乃旦反疏使諸至反之○正義曰崔氏之亂但是莊公之黨崔氏以之爲賊當時辟難並悉出奔崔氏既亡慶封召令還國故言使諸逃亡之人得賊名而出者以己情告而悉反之故反盧蒲癸癸臣子之子之慶舍有寵妻之子之以其女妻癸○妻七計反注及下注皆同慶舍之士謂盧蒲癸曰男女辨姓子不辟宗何也辨別也別姓而後可相取慶氏盧蒲氏皆姜姓○別彼列反下同相取七住反本亦作娶曰宗不余辟言舍欲妻己疏宗不余辟○正義曰男女辨姓則妻亦辟宗癸謂慶舍爲宗言彼宗不於處相辟也余獨焉辟之賦詩斷章余取所求焉惡識宗言己苟欲有求於慶氏不能復顧禮譬如賦詩者取其一章而已○斷音短惡音烏安也注同癸言王何而反之二人皆嬖二子皆莊公黨二十五年崔氏弑莊公癸何出奔今還求寵於慶氏欲爲莊公報讎○嬖必計反下同欲爲于僞反使執寢戈而先後之寢戈親近兵杖○先悉薦反後戶豆反近附近之近杖直亮反公膳日雙雞卿大夫之膳食○膳市戰反謂公家供卿大夫之常膳疏公膳日雙雞○正義曰按禮記玉藻云天子日食少牢朔月大牢諸侯日食特牲朔月少牢其大夫則日食特豚朔月特牲今膳日雙雞者齊國臨時之事不如禮也饔人竊更之以鶩御者知之則去其肉而以其洎饋御進食者饔人御者欲使諸大夫怨慶氏減其膳蓋盧蒲

癸王何之謀〇鶩徐音木鴨也去起呂反藏也洎其反肉汁也說文云洎灌釜也字林已涖反饋其位反器疏更之以鶩〇正義曰釋鳥云舒鳧鶩舍人曰

曰鳧野名也鶩家名也李巡曰野曰鳧家曰鶩郭璞曰鴨也然則謂之舒者舒遲也家養馴不畏人故飛行遲以遲別野名耳其爲鴨一也〇。而以其洎饋〇

正義曰說文云洎灌釜也周禮士師職云祀五帝則洎鑊水鄭玄云洎謂增其沃汁也然則洎者添釜之名添水以爲肉汁遂名肉汁爲洎去肉而空以汁饋

欲其怨之深也子雅。子尾怒二子皆惠公孫疏注二子皆惠公孫〇正義曰昭三年傳云二惠競爽猶可又十年傳曰齊惠欒高氏皆耆酒是

知皆惠公孫也慶封告盧蒲嫳以二子怒告嫳盧蒲嫳曰譬之如禽獸吾寢處之矣言能殺而席其皮

使析歸父告晏。平仲欲與共謀子雅子尾平仲曰嬰之衆不足用也知無能謀也言弗敢

出不敢。洩謀知無音智〇有盟可也子家曰子之言云子家析歸父又焉用盟告北郭子車子車

齊大夫子車曰人各有以事君非佐之所能也佐子車名陳文子謂桓子桓子文子之子無宇曰

禍將作矣吾其何得對曰得慶氏之木百車於莊慶封時有此木積於六軌之道疏注慶封至之道〇正

義曰釋宮云六達謂之莊注爾雅者皆以爲六道旁出杜以九達並九軌故亦以莊爲六軌也文子曰可慎守也已善其不志於貨財

盧蒲癸王何卜攻慶氏示子之兆龜兆曰或卜攻讎敢獻其兆子之曰克見血冬

十月慶封田于萊陳無宇從丙辰文子使召。之請曰無宇之母疾病請歸慶季

卜之季慶封〇萊音來從才用反示之兆曰死奉龜而泣無宇泣〇奉芳勇反乃使歸慶嗣聞之嗣慶封之

族○慶嗣繼嗣之嗣本或作慶嗣誤曰禍將作矣謂子家速歸子家慶封字禍作必於嘗嘗秋祭歸猶可
及也子家弗聽亦無悛志悛改寤也○悛七全反寤五故反子息曰亡矣幸而獲在吳越子息慶嗣
陳無宇濟水而戕舟發梁戕殘壞也不欲慶封得救難○戕在羊反難乃旦反下外難同盧蒲姜謂癸曰有事
而不告我必不捷矣姜癸妻慶舍女癸告之告欲殺慶舍姜曰夫子愎莫之止將不出我請
止之○夫子謂慶舍愎皮逼反癸曰諾十一月乙亥嘗于大公之廟慶舍涖事臨祭事○大音泰○盧
蒲姜告之且止之弗聽曰誰敢者遂如公至公所麻嬰爲尸尸爲祭慶奊爲上獻上獻
先獻者○奊戶結反疏慶奊爲上獻○正義曰祭祀之禮主人先獻下文慶舍死公懼而歸則於時公親在矣又此祭慶舍涖事公與慶舍不爲上獻而奊
爲上獻者慶舍使爲之不可以禮責也奊卽繩也爲下殺慶繩張本盧蒲癸王何執寢戈慶氏以其甲環公宮在廟
宮內○環如字徐音患陳氏鮑氏之圉人爲優優俳○優於求反俳皮皆反○疏注優俳○正義曰優者戲名也晉語有優施史
記滑稽傳有優孟優旃皆善爲優戲而以優著名史游急就篇云倡優俳笑是優俳一物而二名也今之散樂戲爲可笑之語而令人之笑是也宋大尉袁淑
取古之文章令人笑者次而題之名曰俳諧集慶氏之馬善驚士皆釋甲束馬束絆之也○絆音半疏慶氏之馬善驚○正
義曰善驚謂數驚古人有此語今人謂數驚爲好驚好亦善之意也而飲酒且觀優至於魚里魚里里名優在魚里就觀之疏
注魚里至觀之正義曰杜以優在魚里士往觀之劉炫以爲國人從旁爲優引行以至魚里以規杜氏但傳文不顯古事難知劉輒以爲規一何煩碎欒

高陳鮑之徒介慶氏之甲欒子雅高子尾陳須無鮑國○介音界子尾抽桷擊扉三桷椽也扉門闔也以桷擊扉爲期○桷音角扉音非門扇也椽直專反闔戶榼反盧蒲癸自後刺子之王何以戈擊之解其左肩猶援廟桷動於甍甍屋棟○刺七亦反援音爰甍亡耕反字林亡成反疏注甍屋棟○正義曰先儒相傳爲然也張衡西京賦曰甍宇齊平言諸屋棟簷高下等也說文云甍棟梁也是又名爲梁此是屋上之長。材椽所以馮依者也今俗謂之屋脊以俎壺投殺人而後死言其多力遂殺慶繩麻嬰慶繩慶嬰公懼鮑國曰羣臣爲君故也。言欲尊公。室非爲亂○爲君于僞反下爲之誦同陳須無以公歸稅服而如內宮言公懼一於外難○稅吐活反一音如字慶封歸遇告亂者丁亥伐西門弗克還伐北門克之入伐內宮陳鮑在公所故弗克反陳于嶽嶽里名○陳直覲反嶽五角反請戰弗許遂來奔獻車於季武子美澤可以鑑光鑑形也鑑古暫反○展莊叔見之魯大夫曰車甚澤人必瘁。宜其亡也叔孫穆子食慶封慶封氾祭。禮食有祭示有所先也氾祭遠散所祭不共○瘁在醉反本或作萃同食慶音嗣氾芳劍反疏注禮食至不共○正義曰禮法食必先祭祭古之先食以示有所先也公食大夫禮云賓升席坐取韭菹以。偏。擩于醢上豆之間祭又言祭鉶羹於上鉶之間祭飲。酒於上豆之間是祭食之禮各有其處論語云汎愛衆汎是寬博之語故知汎祭爲遠散所祭言其不共也穆子不說。使工爲之誦茅鴟工樂師茅鴟逸詩刺不敬○說音悅茅亡交反鴟尺之反刺七賜反亦不知既而齊人來讓讓魯受慶封奔吳吳句。餘予。之朱方句餘吳子夷末也朱方吳邑○句古侯反下句瀆同疏注句餘至吳邑○正義曰此時吳君是餘祭也明年餘祭死乃夷末代立昭十五年吳子夷末卒是也服虔以句餘爲餘祭杜以爲夷末者以慶封此年之末始來奔魯齊人來讓方更奔吳明年五月而閽弒餘祭計其閒未得賜慶封以邑故以句餘爲夷末也聚其族焉而居之富於其舊子服惠伯謂叔孫曰天殆富淫人慶封又富矣穆子曰善人富謂之賞淫人富謂之殃天其殃之也其將聚而殲旃殲盡也旃之也爲昭四年殺慶封傳○殲子潛反○癸巳天王崩未來赴亦未書禮也嫌時已聞喪當書故發例○崔氏之亂喪羣公子故鉏在魯叔孫還在燕賈在句瀆之丘在襄二十一年○喪息浪反故鉏仕居反公子鉏也本或作故公鉏者非瀆音豆及慶氏亡皆召之具其器用而反其邑焉反還也與晏子邶殿其鄙六十邶殿齊別都以邶殿邊鄙六十邑與晏嬰○邶蒲對反殿多薦反又如字注及下同**疏**注六十邑○正義曰傳直言六十杜知六十邑者下云與北郭佐邑六十則此亦是六十邑也弗受子尾曰富人之所欲也何獨弗欲對曰慶氏之邑足欲故亡吾邑不足欲也益之以邶殿乃足欲足欲亡無日矣在外不得宰吾一邑不受邶殿非惡富也恐失富也且夫富如布帛之有幅焉爲之制度使無遷也遷移也○惡烏路反且夫音扶幅音福**疏**外不得宰○正義曰外猶以外宰猶益也以邶殿爲外也言吾先有邑更不得益邶殿耳夫民生厚而用利於是乎正德以幅之言厚利皆人之所欲唯正德可以爲之幅**疏**夫民至幅之○正義曰人皆欲生計重厚而多財用利益心既無厭於是乎用正德以幅之言用正德以爲邊幅使

有度也使無黜嫚黜猶放也○黜勑律反嫚徐音慢謂之幅利利過則為敗吾不敢貪多所謂幅

也與北郭佐邑六十受之與子雅邑辭多受少與子尾邑受而稍。致之致還公

以為忠故有寵釋盧蒲嫳于北竟釋放也竟音境求崔杼之尸將戮之不得叔孫穆子

曰必得之武王有亂臣十人。亂治也○治直吏反疏武王有亂臣十人○正義曰尚書泰誓文也亂治也以武王自言我有治理政事者十人鄭玄論語注云十人謂文母周公大公召公畢公榮公大顛閎夭散宜生南宮适崔杼其有乎不十人不足以

葬葬必須十人崔氏不能令十人同心故必得○令力呈反疏不十人不足以葬正義曰案武王有亂臣十人而得天下崔子若有十人唯得葬者武王聖人十人皆大德故有天下崔子是罪人又有十人是凡人故唯可以葬也所引武王十人者唯取同心之義既崔氏之臣曰與我其

拱璧崔氏。大璧○拱居勇反徐音恭疏與我其拱璧○正義曰其者其崔杼也故云崔氏大璧拱謂合兩手也此璧兩手拱抱之故為大璧吾獻

其柩於是得之十二月乙亥朔齊人遷莊公殯于大寢更殯之於路寢也十二月戊戌朔乙亥誤○柩其救反以其棺尸崔杼於市崔氏弒莊公又葬不如禮故以莊公棺著崔杼尸邊以章其罪○著丁略反國人猶知之

皆曰崔子也始求崔杼之尸不得故傳云國人皆知之疏注始求至知之○正義曰始求崔杼尸不得嫌以他尸代之傳言國人猶知之皆曰崔子言猶尚識其形知是真崔子也○為宋之盟故公及宋公陳侯鄭伯許男如楚公過鄭鄭伯

不在已在楚○為于偽反過古禾反伯有廷勞於黃崖。不敬滎陽宛陵縣西有黃水西南至新鄭城西入洧○勞力報反崖本又

作涯魚佳反穆叔曰伯有無戾於鄭鄭必有大咎伯有不受戮還爲鄭國害必敬民之主也而棄之何以承守言無以承先祖守其家鄭人不討必受其辜濟澤之阿言薄土濟子禮反○行潦之蘋藻言賤菜○潦音老蘋音頻藻音早寘諸宗室薦宗廟寘之豉反○季蘭尸之敬也言取蘋藻之菜於阿澤之中使服蘭之女而爲之主神猶享之以其敬也疏濟澤至之敬也○正義曰此意取采蘋之詩也詩云于以采蘋南澗之濱于以采藻于彼行潦于以奠之宗室牖下誰其尸之有齊季女彼詩采蘋於澗采藻於潦此幷言行潦之蘋藻又別言濟澤之阿者以其亦是出菜之處故先言之也獨言濟者以濟在魯國故穆叔獨舉所見而言也女將行嫁就宗子之家教之以四德三月教成設祭於宗子之廟此詩述教成之祭實諸宗室謂薦於宗子之家廟也詩言季女而此言季蘭謂季女服蘭草也案宣三年傳曰蘭有國香人服媚之如是女之服蘭也敬可棄乎爲三十年鄭殺良霄傳及漢楚康王卒公欲反叔仲昭伯曰我楚國之爲豈爲一人行也昭伯叔仲帶○爲于僞反下除而爲之備一字並反子服惠伯曰君子有遠慮小人從邇邇近也飢寒之不恤誰遑其後遑暇也不如姑歸也叔孫穆子曰叔仲子專之矣言足專任子服子始學者也言未識遠榮成伯曰遠圖者忠也成伯榮駕鵝○駕音加鵝五河反公遂行從昭伯謀宋向戌曰我一人之爲非爲楚也飢寒之不恤誰能恤楚姑歸而息民待其立君而爲之備宋公遂反疏向戌至楚也○正義曰魯宋俱是朝楚向戌與叔仲昭伯言不同者二者並爲楚是大國故朝其君昭伯欲令公行故以國大勸公言大國可畏也向戌欲令公還故以君身規公言君死宜反也

意異故言異耳○楚屈建卒趙文子喪之如同盟禮也宋盟有衷甲之隙不以此廢好故曰禮○喪如字又息浪反隙去逆反本或作郤好呼報反○王人來告喪問崩日以甲寅告故書之以徵過也徵審也此緩告非有事宜直臣子怠慢故以此發例○徵張陵反本或作懲誤【疏】注徵審至發例○正義曰昭三十年傳云非公且徵過杜云徵明也則此徵之訓亦為明明審此緩告者非有事故宜緩直是臣子怠慢耳杜序以故書為新意故於此發新例以明諸無事故而緩來告者皆是譏其怠慢也

附釋音春秋左傳注疏卷第三十八

春秋左傳注疏卷三十八校勘記　阮元撰盧宣旬摘錄

附釋音春秋左傳注疏卷第三十八　起二十七年盡二十八年

〔經二十七年〕

宋爲主人　淳熙本人作故非也

故經唯序九國大夫　淳熙本唯誤進

陳于晉會常在衞上　足利本後人記云晉會異本作盟會

甯喜至從赴　宋本以下正義二節總入衞侯之弟節注下

於當誅　宋本於下有法字是也

不以弒君之罪討之故言追也　浦鏜正誤云罪當時字誤

書弟則示兄曲也　閩本監本毛本示作是

其君民食於深宮　補案民當作眠

宋衞吾匹不視邾滕　閩本監本視作是非也

冬十有二月乙卯朔　石經宋本宋殘本淳熙本岳本足利本卯作亥不誤

非十二月也　毛本十作一非也

（傳二十七年）

傳使烏餘具車徒　宋本毛本無傳字以下正義二節宋本總入諸侯是以睦於晉注下

烏餘以衆出　石經宋本宋殘本淳熙本岳本纂圖本監本毛本足利本以下有其字是也

皆取其邑而歸諸侯是以睦於晉　案劉炫云晉宋古文皆不重言諸侯正義曰定本重有諸侯今石經及諸本皆重諸侯二字細玩傳文當以使諸侯至皆取其邑而歸爲句下文諸侯是以睦於晉爲句若此處重諸侯字則文理有礙然則晉宋古本是定本非也

祇成惡名止也　宋殘本祇作衹纂圖本監本毛本作衹亦非宋本作祇與石經及宋刻釋文合

祇適也　淳熙本誤入上注恐伐之未必勝之句下按唐人祇適也其字衣旁廣韻玉篇皆然

父子死余矣　顧炎武云石經余誤餘按石經不誤

注獻公所殺　宋本監本毛本公下有至字以下正義五節宋本總入乃使文子爲卿注下

夏免餘復攻甯氏　顧炎武云石經餘誤余案石經此處刓缺所據乃謬刻也

納我者死　釋文納作內云本又作納

注稅卽至言終身　宋本監本毛本無言字

服之輕者　宋本服上重稅服二字

杜以言義不通　宋本言作其是也

大夫稼家　閩本監本毛本稼作之亦非宋本作稱是也

財用之蠹　葉抄釋文蠹作蠧云本亦作蠹注及正義同

蠹害物之虫　宋本宋殘本淳熙本岳本虫作蟲不誤正義放此

注蠹害物之虫　宋本以下正義十七節總入盟于蒙門之外注下

蝎木蟲也　宋本木下有中字

楚亦許之如齊齊人難之陳文子曰晉楚許之　石經楚字起之字止分作二行行九字初刻似齊下多一字晉楚二字之間亦多一字

則固攜吾民矣　石經宋殘本岳本攜作擕

以爲此享多文辭　宋本閩本監本毛本作文此本誤人今訂正

禮有定式　監本毛本定作足誤也

丁卯宋戌如陳　宋本宋殘本淳熙本岳本纂圖本監本毛本宋下有向字是也石經初刻向上有宋字後刊去故向字一行九字案錢大昕云

上文已書向戌此不當更言宋石經刊去是也

不能服而使之 纂圖本服作復非也

子木使馹謁諸王 石經此處刓缺閩本監本毛本馹作驛非也注文同

戊寅左師至 淳熙本左誤反

陳孔奐蔡公孫歸生至 石經及諸本作奐毛本誤渙

此藩籬爲軍者 宋本此下有以字是也

是棄其所以服諸侯也 石經及諸刻本作所淳熙本誤信

與宋致死 岳本無此四字沈彤云此疑因疏文誤增舊本無之

晉獨取信 淳熙本取作旺誤

則貢賦重 淳熙本貢作真非是

但叔孫彊直 閩本監本彊作疆非也

辛巳兮始結盟 閩本監本毛本兮作乃亦非宋本作方是也○今從宋本

反魯復請 宋本復作覆

而乃校計公言是非　毛本校作較

楚爲晉細　淳熙本纂圖本監本毛本爲作謂非也

欲推使楚主盟　淳熙本纂圖本欲作故非也

路堵父爲客　浦鏜正誤路作露與國語合

公與燕　宋本與下有卿字是也

無愧辭　釋文愧作媿按依說文則當作媿

注五君謂文襄靈成景　宋本此節正義在不可與爭句下

晉語訾祏對范宣子曰　閩本監本祏作祐非也

諸侯無二心　監本二字脫上畫考文云二作貳按明道本國語作二

及爲元師　宋本閩本監本毛本師作帥按作師是也國語作及爲成師唐固注云爲成公君師此元字亦當爲成字之誤

晉荀寅遂如楚涖盟　閩本監本毛本亦誤作寅宋本宋殘本淳熙本岳本纂圖本足利本作盈與石經合

鄭伯享趙孟于垂隴　淳熙本于作子非也

請皆賦以卒君貺　李善注荅東阿王書賦下有詩字似以意增也

注鶉之至君也宋本以下正義五節總入不亦可乎句下

𣃘第之言淳熙本第作第並非下同

曰既見君子山井鼎云足利本後人曰上補又字非也

中心藏之山井鼎云二本後人改藏作臧案作臧是也

不亡族也閩本監本毛本亡作忘非也

故能受天之祜宋殘本閩本祜作祐按釋文作祜

匪交匪敖山井鼎云後人改匪交作彼交不知據何本案王念孫云匪卽彼也說詳廣雅疏證五下

謂賦蟋蟀曰纂圖本曰上衍詩字

卽不淫也宋本卽不上重無荒二字

民皆愛之皆字此本空闕據宋本閩本監本毛本補

宋左師請賞宋本閩本監本毛本此節經文及注在正義不亦可乎之後

注欲宋君稱功無之邑也閩本無作至宋本監本毛本作欲宋至邑也以下正義三節宋本總入向戌之謂乎注下

自以爲已免死也宋本已作己下同

而子求之 石經宋本宋殘本淳熙本岳本纂圖本監本毛本求下有去字閩本初刻無後刓擠

以誣道蔽諸侯 石經及諸本作蔽釋文云服虔王肅董遇並作弊案正義云董遇王肅本皆作蔽謂以誣人之道掩諸侯也與陸氏異惠棟云敝與弊通昭十四年傳云叔魚蔽罪邢侯周禮大司寇職云以邦成弊之鄭衆曰弊之斷其獄訟也服虔又作斃字異而音義實同也

左師辭邑 淳熙本師作帥

服虔曰斃踣也一曰罷也則知服本作斃 閩本監本毛本上斃字改敝下改弊案斃踣也本爾雅釋詁文

何以恤我我其收之 石經初刻收誤牧後改刊惠棟云頌云假以溢我說文及廣韻引詩云誐以謐我誐與何音相近伏生尚書云惟刑之謐哉古文作恤恤慎也故毛傳亦訓溢爲慎今傳作恤與毛傳義合或古謐溢字通鄭氏訓爲盈溢失之杜氏訓恤爲憂尤誤說文云誐嘉善也毛傳訓假爲嘉義亦同案段玉裁云莊子書以言其老洫也陸德明云洫本亦作溢同音逸然則恤與謐洫皆同部相假借

收取也 岳本也誤之

東郭姜以孤入 纂圖本監本毛本姜作彊誤也

曰棠無咎 石經宋本宋殘本無作无與釋文合惠棟云无見衛宏古文奇字今易无咎字皆從此

注有惡疾也 宋本以下正義三節總入慶封當國注下

疾之惡者也 宋本疾字上重惡疾二字

苟利夫子必去之考文云宋板之作也非是
使盧蒲嫳帥甲以攻崔氏足利本帥作率
終入於其宮宋本宮誤言
閭先人之冢以藏之閭諸本作開此本誤宋本宋殘本岳本冢作冢是也淳熙本誤家
必能養民毛本必誤以
申鮮虞來奔纂圖本申作中
以應大止宋本閩本監本毛本大止作天正是也
具依春秋經傳監本閩本毛本具作俱
大凡經傳有七百七十九日監本毛本七十作九十李銳云晉書志作七十宋本是也
（經二十八年）
以絕位不爲卿淳熙本卿作罪非也
楚子昭卒案史記論衡吉驗篇昭作招
（傳二十八年）

注梓慎至其事　宋本以下正義六節總入不饑何爲注下

飢寒之不恤　監本飢作饑非也

枵之言耗耗虚之意也　宋本秏作耗是也○今從宋本

一千七百二十八年　浦鏜正誤云一上脫計字從昭卅二年疏校

以十一除之　宋本一作二是也李銳云漢書三統術日積次盈十二除去之之○今改作二

而温無冰　淳熙本冰誤淭

而有天時温煖之菑　宋本煖作暖

歲星自淫行天時自温暖　監本行天二字誤倒

木位在東方　宋本木誤末

蛇乘龍　石經初刻虵後改蛇

枵耗名也　石經宋本宋殘本淳熙本閩本耗作秏與釋文合注及正義並同○今訂作秏

虚爲其中　監本毛本爲作危非也

飢寒之不恤　監本毛本飢作饑非

夏齊侯陳侯蔡侯北燕伯 淳熙本脫陳侯二字伯誤地

楚屬也 淳熙本屬誤子

今蓟縣 淳熙本蓟誤蘇

注陳侯至蓟縣 宋本以下正義二節總入子其勸行注下

從之如志 此本如志二字誤作注今訂正

未可忘也 顧炎武云石經忘誤志案石經此處刓缺所據乃補刻也

入于鄭鄭伯享之 石經此處刓缺淳熙本不重鄭字非也

君使子展廷勞於東門之外而傲 案漢書五行志引廷勞作往勞傲作敖下隋敖同釋文於作于

君小國事大國 案漢書五行志引傳亦作君小國釋文云古本無小字正義曰晉宋古本及王肅注其文皆如此君國謂爲國君言其爲君之難也今定本作小國案臧琳云案正義知孔本作君國事大國晉宋古本及王肅本並同蓋君國猶言君人正義云君國謂爲國君是也唐定本因君國字古因改君字爲小陸氏更參合古今古作君小國事大國則愈改而愈失其真猶幸有古本無小字一言考之正義爲合而陸氏參合之迹亦不求而自見矣正義標起止君小國小字亦因釋文誤衍也

君小國事大國 宋本此節正義在恆有子禍注下

爲三十年蔡世子班弒其君傳　淳熙本纂圖本三作二非案班經文作般

吾將使馹奔問諸晉而以告　閩本監本毛本馹作驛非也

跋涉山川　案儀禮聘禮注云詩傳曰軷道祭也謂祭道路之神春秋傳曰軷涉山川○宋殘本自必使而君君字起至知無能謀也謀字止缺兩葉

今執至敢憚　宋本以下正義五節總入周楚惡之注下

輔爵物以養人　宋本毛本爵作嚼

吾乃休吾民矣　淳熙本足利本矣作也

禆竈曰　石經宋本岳本禆作裨是也

舍不爲壇　石經舍上有草字乃重刊增入也正義曰服虔本作墠惠士奇云墠壇二字俱從土而單亶爲聲似古通用案三家詩今文作東門之墠毛詩古文作東門之壇左氏亦古文當作壇爲正

注至敵至郊勞　宋本以下正義二節總入無昭禍焉可也注下

昭其禍　宋本昭上有以字是也

因循不廢也　宋本因上有言字

宣告後人無怠於德　石經後字起一行計十一字人無怠三字改刊

奉行大國之政 淳熙本行作其非也

國遷朝焉 宋本以下正義十五節總入其將聚而殲旃注下

則女亦辟宗 閩本監本毛本女作妻非

言彼宗不於處相辟也 宋本於下有我字

寢戈親近兵杖 淳熙本近作迫

而以其洎饋 宋本無而字

子雅子尾怒 案惠棟云韓非子云子夏子尾者景公之二弟也夏與雅古字通

使析歸父告晏平仲 顧炎武云石經晏誤宴案石經曰字上半猶存炎武非也

不敢洩謀 淳熙本洩作淺誤也

文子使召之 顧炎武云石經召誤君案石經此處刓缺炎武所據謬刻也

子家慶封字 岳本字誤子

幸而獲在吳越 毛本在作其誤也

十一月乙亥嘗于大公之廟慶舍涖事盧蒲姜告之且止之 石經一字起一行舍字起一行每行

計十一字

慶䫌宋本宋殘本䫌作䫌是也案說文云頭䫌䫌䫌態也從矢圭聲

又此祭慶舍涖事宋本閩本監本毛本作涖此本誤位今訂正

慶氏之馬善驚顧炎武云石經馬誤焉案馬字石經尚存一半炎武所據補刊本也

士皆釋甲束馬監本馬誤焉

國人從旁爲優毛本旁作傍非也

劉輒以爲規閩本監本毛本無劉字

桷椽也宋殘本作椓也非也

盧蒲癸自後刺子之宋本宋殘本岳本刺作刺是也

猶援廟桷動於甍閩本監本甍誤薨淳熙本作甍尤非注同石經初刻亦誤作甍後改正

此是屋上之長林宋本林作材是也

以俎壺投殺人而後死石經初刻人誤之後改正

羣臣爲君故也石經初刻脫也後旁增入是也

言欲尊公室宋本宋殘本淳熙本纂圖本閩本監本毛本作室此本誤宝今訂正

人必瘁石經作瘁誤也

慶封氾祭岳本作氾釋文同芳劍反案周禮大僕注𡨋讀如慶封氾祭之氾

取韭菹以偏擩于醢宋本偏作徧按儀禮作辯段玉裁校本擩作擩云古音耎聲在十四部需聲在四部其音畫然分別後人乃或淆亂其偏旁本从耎者譌而爲需而音由是亂矣說詳說文注

祭飲酒於上豆之間宋本酒作食

穆子不說石經宋本作弗說與釋文合

吳句餘予之朱方淳熙本句作勾宋殘本予作子並非

子服惠伯謂叔孫曰石經叔孫誤倒

善人富謂之賞後漢書方術傳注引作善人富謂之幸

賈在句瀆之丘案二十一年傳云公執子賈于句瀆之邱此作賈未知孰是

在襄二十一年宋本宋殘本淳熙本足利本無襄字宋殘本宋本岳本足利本一誤五

與晏子邶殿石經宋本宋殘本淳熙本岳本纂圖本毛本邶作邶不誤下同○今並訂正

注六十邑 宋本以下正義七節總入皆曰崔子也注下

下云與北郭佐邑六十 諸本作云此本誤文今訂正

受而稍致之 淳熙本稍誤梢

武王有亂臣十人 宋本宋殘本淳熙本岳本足利本無臣字與石經合案石經此行止九字蓋初刻有臣字後改正也惠棟云石經論語亦然又昭卅四年傳引大誓亦無臣字後人皆據晉時所出古文大誓以益之非也顧炎武云石經脫臣字失之

崔氏大璧 宋殘本大作之

注始求而知之 閩本亦誤作而宋本監本毛本作至是也

伯有廷勞於黄崖 釋文云崖本又作涯石經及諸本皆作崖

伯有無戾於鄭 諸本作伯纂圖本誤苟

濟澤至尸之敬也 宋本無尸之二字以下正義二節總入宋公遂反句下

南閭之濱 宋本閩本監本毛本閭作澗是也

如是女之服蘭也 閩本監本毛本如誤知宋本重是字之作子

飢寒之不恤 監本飢作饑非下同

成伯榮駕鶖 宋本駕作駕北宋刻釋文同說詳定元年

不以此廢好 纂圖本此廢誤比發

非有事宜 纂圖本宜誤且

故以此廢例 纂圖本亦作以例誤列諸本廢作發淳熙本亦誤廢○案毛本以作於義長

春秋左傳注疏卷三十八校勘記

附釋音春秋左傳注疏卷第三十九 起二十九年盡二十九年

杜氏注　孔穎達疏

經二十有九年春王正月公在楚公在外闕朝正之禮甚多而唯書此一年者魯公如楚既非常此公又踰年故發此一事以明常　疏注公在至明常○正義曰僖十六年冬公會諸侯于淮十七年九月公至自會宣七年冬公會諸侯于黑壤八年春公至自會成十年秋公如晉十。一年春公至自晉十二年冬公如晉十三年春公至自晉此等正月公皆不在其類多矣是公在外闕朝正之禮甚多而皆不書唯書此一年者魯公如楚云云釋例曰襄二十九年春正月公在楚凡公之行始則書所如還則書公至今云中復書公在楚者明國之守臣每月亦以公不朝之故告於廟也每月必告而特於正月釋之者蓋歲之正也月之正也日之正也三始之正嘉禮所重人理所以自新故特顯以通他月也公之在外所以闕朝正之禮甚多唯書此一年釋此一事者斯禮有常非義例所急故因公遠出踰年存此一事以示法也○夏五月公至自楚○庚午衛侯衎卒無傳四同盟○衎苦旦反　疏注四同盟○正義曰衎以成十五年即位其年盟于戚十七年于柯陵十八年于虛朾襄三年于雞澤五年于戚七年及孫林父盟九年于戲十一年于亳城北二十七年于宋衎自前即位及後復歸凡與魯九同盟劉炫以為杜云四同盟者誤今知不然者以其與成公三盟不數五年盟戚經不書不數七年林父是大夫又特共魯盟亦不數故為四同盟也劉不尋此理而規杜過非也○閽弒吳子餘祭閽守門者下賤非士故不言盜○閽音昏弒申志反祭側界反　疏注閽守至言盜○正義曰周禮閽人王宮每門四人鄭玄云閽人司昏晨以啓閉者刑人墨者使守門既服墨刑使之守門是下賤人也哀四年盜殺蔡侯申此為下賤非士故不言盜也穀梁傳曰不稱名姓閽不得齊於人不稱其君閽不得君其君也○

仲孫羯會晉荀盈齊高止宋華定衛世叔儀鄭公孫段曹人莒人滕人薛人小邾人城杞公孫段伯石也三十年伯有死乃命爲卿。今蓋以攝卿行○羯居謁反

疏注公孫至卿行○正義曰公孫段卽伯石也據三十年傳伯有死始命伯石爲卿則此時未爲卿矣未爲卿而得書其名故疑之云蓋以攝卿行也以雍公攝位爲君而國人君之諸侯與之知攝位爲卿者諸侯亦卽以爲卿序之於列故史得以卿書也文七年傳稱晉使先蔑如秦逆公子雍荀林父謂蔑曰攝卿以往可也何必子是知有使大夫攝卿之法也

○晉侯使士鞅來聘○杞子來盟杞復稱子用夷禮也○復扶又反

疏注杞復至禮也○正義曰杞入春秋書爵至稱侯又稱伯僖二十三年二十七年稱子傳曰用夷禮故曰子自爾以來常稱爲伯今復稱子傳云書曰子賤之也明爲用夷禮故賤之知杞復稱子用夷禮也

○吳子使札來聘吳子餘祭既遣札聘上國而後死札以六月到魯未聞喪也不稱公子其禮未同於上國○札側八反

疏注吳子至上國○正義曰上云闇弒吳子此言吳子使聘傳曰其出聘也通嗣君也不知通嗣君誰嗣也賈逵服虔皆以爲夷末新卽位使來通聘案隱三年武氏子來求賻文九年毛伯來求金並不言王使傳皆云王未葬也是知先君未葬嗣君不得命臣此與闇弒吳子文不隔月吳魯相去經塗至遠豈以君死之月卽命臣乎而得書吳子使也且傳稱季札至魯偏觀周樂至戚聞鐘聲譏孫文子云君又在殯而可以樂乎自請觀樂譏人聽樂曠世大賢豈當若是故杜以爲通嗣君通餘祭嗣也二十五年遏爲巢牛臣所殺餘祭嗣立至此始使札通上國吳子未死之前命札出使既遣札聘而後身死札以六月到魯未及聞喪故每事皆行吉禮也經傳皆無札至之月知以六月到者以城杞在五月之下城杞既訖乃有士鞅來聘杞子來盟若共在月中則不容此事下文有秋知札以六月至也札去之後吳始告喪告以五月被弒故追書在聘上耳札實公子不書公子者吳是東夷其禮未同於上國故史不書氏以札是卿故書其名耳釋例曰吳晚通上

國故其君臣朝會不同於例亦猶楚之初始也昭二十七年傳稱延州來季子聘于上國是吳謂諸夏為上國也○秋九月葬衛獻公

無傳○齊高止出奔北燕止高厚之子○燕音烟○冬仲孫羯如晉

傳二十九年春王正月公在楚釋不朝正于廟也釋解也告廟在楚解公所以不朝正疏。注釋至朝正。○正義曰公本在國每月之朔常以朝享之禮親自祭廟今以在外之故闕於此禮國之守臣於此朔日告廟云公在楚史官因書於策傳解其告廟之意告云公在楚者解釋公所以不得親自朝正也楚人。使公親襚諸侯有遺使賵襚之禮。今楚欲。遣使之。比○襚音遂說文云衣死人衣遺使所吏反下同賵芳鳳反一本作贈比必利反疏楚人使公親襚正義曰檀弓云襄公朝于荊康王卒荊人曰必請襲魯人曰非禮也荊人強之巫先拂柩荊人悔之記之所言卽是此事所異者此言請襚彼言請襲此言祓殯彼言拂柩雖俱說此事先後不同禮死而沐浴卽襲襲後始小斂大斂乃殯案往年傳公及漢聞康王卒公欲反則康王之卒公未至楚楚人使公親襚傳在此年言之則此年始令公親襚襚不得為襲也卒已踰月不得柩仍在地足知殯是而柩非記虛而傳寶也然則襚衣所以衣尸既殯而使公襚者致襚所以結恩好其衣不必充用雜記記致襚之禮云委衣于殯東是既殯猶致襚也文九年秦人來歸僖公成風之襚僖十年猶致之況既殯也○注諸侯至之。比○正義曰雜記云弔者含襚賵臨是諸侯之臣使於鄰國之禮也楚人以諸侯相。於有遺使賵襚之禮今以公身既在意在輕魯欲以公依遣使之比使公親行之也公患之穆叔曰祓。殯而襚則布幣也先使巫祓。除殯之凶邪而行襚禮與朝而布幣無異○祓音拂徐音廢邪似嗟反疏祓殯至幣也○正義曰案雜記諸侯使臣致襚之禮云委衣於殯東今楚人以公身在意欲輕魯。公依遣使之比公以楚人輕己所以患之故穆叔云若使巫人先往祓殯則是君臨臣喪之禮祓除既了而行襚禮布陳衣物與行朝之時布陳幣帛無異有何可患劉炫云朝禮兩君相見先授玉然後致享乃布陳幣帛於庭也祓殯者君臨臣喪之禮先使祓殯行臨喪之禮然後致襚則全是布幣之禮言與朝而布幣無異也君臨臣喪者由先見臣故以祓殯比行朝禮自然致襚。似布幣楚以親襚屈魯魯以祓殯自尊。令贊曰疏云以祓殯有凶邪畏惡患之不肯親襚穆叔云先使巫人祓除殯之凶邪。既無而行襚禮布陳衣物與行朝之時布陳幣帛無異言俱無咎有何可患乃使巫以桃茢先祓殯茢黍穰〇茢音列徐音例穰如羊反鄭注周禮云茢苕帚疏乃使至祓殯〇正義曰巫者接神之官周禮男巫王弔則與祝前檀弓云君臨臣喪以巫祝桃茢執戈惡之也鄭玄云為有凶邪之氣在側桃鬼所惡茢萑苕可掃不祥君臨臣喪禮有此法故使巫以桃茢先祓殯若以楚子為臣然所以屈楚也茢是。帚蓋桃為棒也毛詩傳曰薍為萑萑苕謂薍穗也杜云茢黍穰者今世所謂苕。帚者或用薍穗或用黍穰是二者皆得為之也楚人弗禁既而悔之禮君臨臣喪乃祓殯故楚悔之〇二月癸卯齊人葬莊公於北郭兵死不入北域故葬北郭疏注兵死至北郭〇正義曰周禮冢人掌公墓之地。辨其兆域凡死於兵者不入兆域〇夏四月葬楚康王公及陳侯鄭伯許男送葬至於西門之外諸侯之大夫皆至于墓楚郟敖即位郟敖康王子熊麇也王子圍為令尹圍康王弟鄭行人子羽曰是謂不宜必代之昌松柏之下其草不殖。言楚君弱令尹強物不兩盛為昭元年圍弒郟敖起本公還及方城季武子取卞取卞邑以自益使公冶問問公起居公冶季氏屬大夫璽書追而與之璽印也疏注璽印也〇正義曰蔡邕獨斷云璽印也。信也天子璽白玉螭虎紐古者尊卑共之月令曰。周封璽季武子使公冶問璽書此諸侯大夫印稱璽也衛宏云秦以前民皆以金玉為印唯其所好自秦以來唯天子之印獨稱璽又。以玉羣臣莫敢用也案周禮掌節貨賄用璽節鄭玄云今之印章也則周時印已名璽但上下通用曰聞守卞者將叛臣帥徒以討之既得之矣敢告公冶致使而退致季氏使命及舍而後聞取卞發書乃聞之公曰欲之而言叛。祇見疏。也言季氏欲得卞而欺我言叛益疏我【疏】公曰至疏也○正義曰武子書云聞卞將叛則是叛形未著故公猜之言武子自欲得之而誣言其叛多見疏外我也多見疏猶論語云多見其不知量也服虔本作祇見疏解云祇適也晉宋杜本皆作多古人多祇同音張衡西京賦云炙炮夥清酤多皇恩溥洪德施施與多爲韻此類衆矣公謂公冶曰吾可以入乎以季氏疏己故不敢入對曰君實有國誰敢違君公與公冶冕服以卿服玄冕賞之【疏】注以卿至賞之○正義曰公冶先爲大夫今以恩加賜知以卿服玄冕賞之也周禮司服云卿大夫之服自玄冕而下是卿與大夫同服玄冕也其旒當以命數爲異耳固辭。強之而後受公欲無入榮成伯賦式微乃歸式微詩邶風曰式微式微胡不歸式用也義取寄寓之微陋勸公歸也五月公至自楚公冶致其邑於季氏本從季氏得邑故還之而終不入焉不入季孫家曰欺其君何必使余季孫見之則言季氏如他日不見則終不言季氏及疾聚其臣大夫家臣曰我死必無以冕服斂非德賞也言公畏季氏而賞其使非以我有德○斂力驗反且無使季氏葬我○葬靈王不書魯不會鄭上卿有事子展使印段往伯有曰弱不可印段年少官卑○少詩照反【疏】葬靈至段往○正義曰鄭之上卿卽子展也有事謂君適楚而代守國也計於時鄭卿在國猶有子西伯有不使彼行而使印段者蓋別有所掌。共子展守國故不得行也子展曰與其莫往弱不猶愈乎詩云王事靡盬不遑。啓處詩小雅盬不堅固也啓跪也言王事無不堅固故不暇跪處○盬音古跪其委反疏注詩小至跪處○正義曰小雅四牡之章盬亦蠱也昭元年傳曰於文皿蟲爲蠱穀之飛亦爲蠱蠱是蟲之害物故爲不牢固也釋言云。皇暇也啓跪也李巡曰皇閒暇也啓小跪也言王事無有不牢固己當牢固之故不得閒暇而跪處也東西南北誰敢寧處謂上卿堅事晉楚以蓄王室也言我固事晉楚乃所以蕃屏王室○蕃芳元反王事無曠何常之有遂使印段如周傳言周衰卑於晉楚○吳人伐楚獲俘焉以爲閽使守舟吳子餘祭觀舟閽以刀弒之言以刀明近刑人○近附近之近○鄭子展卒子皮即位子皮代父爲上卿於是鄭饑而未及麥民病子皮以子展之命餼國人粟戶一鍾在喪故以父命也六斛四斗曰鍾○餼許氣反疏。以子展之命○正義曰蓋死日近死時民已饑故假其生時之遺命也是以得鄭國之民故罕氏常掌國政以爲上卿宋司城子罕聞之曰鄰於善民之望也民亦望君爲善疏鄰於善民之望也○正義曰鄰近也近於善民亦望君爲善也宋亦饑請於平公出公粟以貸使大夫皆貸司城氏貸而不書施而不德○貸他代反下同施始豉反下文同爲大夫之無者貸宋無飢人叔向聞之曰鄭之罕宋之樂其後亡者也二者其皆得國乎得掌國政向許丈反○民之歸也施而不德樂氏加焉其以宋升降乎升降隨宋盛衰○晉平公杞出也故治杞治理其地脩其城疏。注治理至其城○正義曰經書城杞謂築杞城耳下使女叔侯來治杞田知治。杞之地非獨脩其城也六月知悼子合諸侯之大夫以城杞孟孝伯會之鄭子大叔與伯石往大叔不書不親事○知音智大叔音泰下同子大叔見大叔文子文子衛大叔儀與之語文子曰甚乎其城杞也子大叔曰若之何哉晉國不恤周宗之闕而夏肄是屏周宗。諸姬也夏肄杞也肄餘也屏城也○夏戶雅反注下皆倣此肄以二反詩傳云斬而復生曰肄方言云枿餘也秦晉之間曰肄【疏】夏肄是屏○正義曰方言云肄枿餘也秦晉之間曰肄。鄭玄云斬而復生曰肄杞是夏後滅而復存猶木之枿生小栽也其弃諸姬亦可知也已諸姬是弃其誰歸之吉也聞之弃同即異是謂離德詩曰協比其鄰昬姻孔云詩小雅言王者和協近親則昬姻甚歸附也。○比毗志反晉不鄰矣其誰云之云猶旋旋歸之○齊。高子。容。與宋司徒見知伯女齊相禮子容高止也司徒華定也知伯荀盈也女齊司馬侯也相禮。侍威儀也○女音汝相息亮反賓出司馬侯言於知伯曰二子皆將不免子容專專自是也司徒侈皆亡家之主也知伯曰何如對曰專則速及速及禍也○侈昌氏反又尸氏反侈將以其力斃。力盡而自斃○斃婢世反專則人實斃。之將。及。矣為此秋高。止出奔燕昭二十年華定出奔陳傳○專則人實斃之絕句將及矣本或作侈將及矣者非○范獻子來聘拜城杞也謝魯為杞城○為于偽反下文為之歌皆同公享之展莊叔執幣公將酬賓以射者三耦二人為耦五口反○【疏】射者三耦正義曰燕禮云若射則大射正為司射如鄉射之禮是燕有為射之時也此云公享之則享法亦有射也周禮射人云諸侯之射以四耦此三耦者彼是畿內諸侯故四耦此及儀禮大射儀外諸侯三耦或當臣與君異也故公臣不足取於家臣家臣展瑕展玉父為一耦公臣公巫召伯仲。顏莊叔為一耦鄫鼓父黨叔為一耦言公室卑微公臣不能備於三耦○召上照反鄫才陵反黨音掌○晉侯使司馬女叔侯來治杞田使魯歸前侵杞田所歸少故不書弗盡歸也晉悼夫人慍曰齊也取貨夫人平公母杞女也謂叔侯取貨於魯故不盡歸杞田○慍紆運反怒也怨也先君若有知也不尚取之不尚叔侯之取貨【疏】注不尚至取貨○正義曰服虔云不尚尚也尚當取女叔侯殺之下。叔侯云先君而有知也毋寧夫人而焉用老臣服虔云毋寧寧也寧自取夫人將焉用老臣乎杜以其言大。悖。無復君臣之禮故改之以為夫人云不尚取之者先君不高。尚。此叔侯之取貨也毋寧夫人謂先君當怪夫人之所為也劉炫以夫人慍而出辭則其言當悖直言不尚此事所譏大輕淺非是慍之意昭八年穿封戌云若知君之及此追。恨不殺靈王其意乃悖於此蓋古者不諱之言服虔之說未必非也公告叔侯叔侯曰虞虢焦滑霍揚韓魏皆姬姓也八國皆晉所滅焦在。陝縣揚屬平陽郡○虢瓜百反焦子消反滑乎八反晉是以大若非侵小將何所取武獻以下兼國多矣武公獻公晉始盛之君誰得治之杞夏餘也而即東夷行夷禮魯周公之後也而睦於晉以杞封魯猶可而何有焉何。有盡歸之魯之於晉也職貢不乏玩好時至公卿大夫相繼於朝史不絕書書魯。之朝聘○好呼報反下好魯同府無虛月無月不受魯貢如是可矣可必瘠魯以肥杞且先君而有知也毋寧夫人而焉用老臣言先。君毋寧怪夫人之所為無用責我○瘠在亦反毋音無焉用於虔反○杞文公來盟魯歸其田故來盟書曰子賤之也賤其用夷禮○吳公子札來聘見叔孫穆子說之謂穆子曰子其不得死乎不得以壽終○說音悅壽音授好善而不能擇人吾聞君子務在擇人吾子爲魯宗卿而任其大政不愼舉何以堪之禍必及子爲昭四年豎牛作亂起本疏好善而不能擇人○正義曰昔有當塗貴邳國公蘇威嘗問曰知人是善然後好之何以言其不能擇人有曰好善仁擇人鑒雖有仁心鑒不周物故好而不能擇也劉炫以此言亦有所切於彼請觀於周樂魯以周公故有天子禮樂疏注魯以至禮樂○正義曰明堂位云成王以周公爲有勳勞於天下是以封周公於曲阜命魯公世世祀周公以天子之禮樂又曰凡四代之服器魯兼用之是魯以周公故有天子之禮樂也使工爲之歌周南召南此皆各依其本國歌所常用聲曲○召上照反本或作邵疏歌周南召南○正義曰歌周南召南之詩而以樂音爲之節也周南召南皆文王之詩也周召者岐山之陽地名周之先公曰大王者自豳始遷焉而脩德建王業大王生王季王季生文王於時雍梁荊豫徐揚之民皆歸文王文王三分天下有其二以服事殷文王改都於豐乃分岐邦周召之地賜周公旦召公奭以爲采邑使此二公施教於己所職之國爲文王行先公賢化與己聖化使二公雜而施行之但南土感化有深有淺其作詩也或感聖化或感賢化及武王伐紂定天子巡狩述職陳諸國之詩以觀民風俗其六州所作詩其得聖人之化者謂之周南其得仁賢之化者謂之召南其實皆是文王之化而分繫周召二公耳必分繫者文王以諸侯之身行王者之化詩人述其本志爲作聖賢之風此詩體實是風不可以雅名之文王身有王號不可以風繫之名無所繫詩不可棄因二公爲王行化是故繫之二公周公聖以聖化繫之召公賢以賢化繫之周南十一篇召南十四篇季札此時徧觀周樂詩篇三百不可歌盡或每詩歌一篇兩篇以示意耳未必盡歌之也劉炫

云不直言周召者以其實非二公身化也言南者詩序云言化自北而南也謂從岐周南被江漢也○注此皆至聲曲○正義曰詩人觀時政善惡而發憤作詩其所作文辭皆準其樂音令宮商相和使成歌曲樂人采其詩辭以爲樂章述其詩之本音以爲樂之定聲其聲既定其法可傳雖多歷年世而其音不改今此爲季札歌者各依其本國歌所常用聲曲也由其各有聲曲故季札聽而識之言本國者變風諸國之音各異也曰美哉美其聲疏注美其聲○正義曰先儒以爲季札所言觀其詩辭而知故杜顯而異之季札所云美哉者皆美其聲也詩序稱詩者志之所之也在心爲志發言爲詩情動於中而形於言言之不足故嗟嘆之長歌以申意也及其八音俱作取詩爲章則人之情意更復發見於樂之音聲出言爲詩各述己情聲能寫情情皆可見聽音而知治亂觀樂而曉盛衰神瞽大賢師曠季札之徒其當有以知其趣也始基之矣周南召南王化之基猶未也猶有商紂未盡善也盡津忍反然勤而不怨矣未能安樂然其音不怨怒○樂音洛下和樂聲下文樂而不荒同疏注未能至怨怒○正義曰詩序云治世之音安以樂亂世之音怨以怒此作周召之詩其時猶有紂存音雖未能安樂已得不怨怒矣爲之歌邶鄘衛武王伐紂分其地爲三監三監叛周公滅之更封康叔幷三監之地故三國盡被康叔之化○鄘音容被皮義反疏注武王伐紂分其地三監○正義曰邶鄘衛者商紂畿內之地名也漢書地理志云周既滅殷分其畿內爲三國詩風邶鄘衛國是也邶以封紂子武庚鄘管叔尹之衛蔡叔尹之以監殷民謂之三監故書序曰武王崩三監叛周公誅之盡以其地封弟康叔故邶鄘衛三國之詩相與同風此注取漢志爲說也漢世大儒孔安國賈逵馬融之徒皆以爲然故杜亦同之鄭玄詩譜云武王伐紂以其京師封紂子武庚爲殷後庶殷頑民被紂化日久未可以建諸侯乃三分其地置三監管叔蔡叔霍叔使尹而監教之自紂城而北謂之邶南謂之鄘東謂之衛武王崩後五年周公居攝三監道武庚叛成王既黜殷命殺武庚復伐三監更於此三國建諸侯以殷餘民封康叔於衛使爲之長後世子孫稍彊

兼幷彼。二國混其地而名之先儒唯鄭言然康叔以後七世至頃侯仁人不遇
邶人作柏舟之詩以刺之以後繼作十九篇爲邶風十篇爲鄘風十篇爲衞風
皆美刺衞君而分爲三耳此三國之風實同是衞詩而必。爲三者鄭玄云作者
各有所傷從其本國分而異之故爲邶鄘衞之詩焉其意以爲邶鄘衞各是大
國土風不同作者雖俱有美刺而各
述土風故大師各從其本分而異之

曰美哉淵乎憂而不困者也

淵深也亡國之音哀以思

其民困衞康叔武公德化深遠雖遭宣公淫亂懿公
滅亡民猶秉義不至於困○思息嗣反下憂思反

吾聞衞康叔武公之德如是是其衞風乎

康叔周公弟武公康叔九世孫皆衞之令德
君也聽聲以爲別故有疑言○別彼列反

疏○注康叔至疑言
正義曰康叔周公弟武公康叔九世孫世本世家文也魯爲季札作樂爲之歌聲曲耳不告
季札以所歌之樂名也札言吾聞康叔武公之德如是是先聞其善今聲合其
意雖不知其名而疑是衞風也言是其衞風乎疑之
辭也直聽聲以爲別不因名而後知故有疑言焉

爲之歌王

王黍離也幽王
遇西戎之禍平
王東遷王政不行於天下風
俗下與諸侯同故不爲雅

疏注王黍。離至爲雅○正義曰王詩黍離爲首王
非國名故舉首篇以表之王者周東都王城畿
內方六百里之地也始武王作邑于鎬是爲西都周公攝政營洛邑謂之王城
是爲東都成王既居洛邑復還歸西都十一世至幽王遇西戎之禍平王東遷
王城於時王政不行於天下其風俗下同諸侯王畿內之人怨刺者以其政同
諸侯皆作風詩不復爲雅其音既是風體故大師別之謂之王國之變風也謂
之王者以王當國猶春秋之王
天命未改尚尊之故不言周也

人曰美哉思而不懼其周之東乎

宗周隕滅故
憂思猶有先
王之遺風
故不懼

爲之歌鄭

詩第
七

疏爲之歌鄭○正義曰周宣王封母弟友於西都畿
內是爲鄭桓公於漢則京兆。郡鄭縣是其都也幽
王之時桓公爲大司徒見幽王政荒問於史伯曰王室多故余懼及焉其何所
可以逃死史伯教之濟洛河潁之間有虢鄶之國取而守之唯是可以少固及

幽王爲犬戎所殺桓公死之其子武公與晉文侯定平王於東都王城卒取史伯所云虢鄶之地而居之於漢則河南新鄭縣是其都也武公入作卿士國人作緇衣之篇以美之以後凡二十一篇皆鄭風也曰美哉其細已甚民弗堪也是其先亡乎美其有治政之音譏其煩碎知不能久疏曰美至亡乎○正義曰樂歌詩篇情見於聲美哉者美其政治之音有所善也鄭君政教煩碎情見於詩以樂播詩見於聲內言其細碎已甚矣下民不能堪也民不堪命國不可久是國其將在先亡乎居上者寬則得衆爲政細密庶事煩碎故民不能堪也爲之歌齊詩第八疏爲之歌齊○正義曰齊者古少皞之世爽鳩氏之虛也武王伐紂封大師呂望於齊是爲齊大公其封域在禹貢青州岱山之陰濰淄之野於漢則齊郡臨淄縣是其都也大公後五世哀公荒淫怠慢國人作雞鳴之詩以刺之○後凡十一篇皆齊風也曰美哉泱泱乎大風也哉泱泱弘大之聲○泱於良反章昭於康反表東海者其大公乎大公封齊爲東海之表式○大音泰國未可量也言其或將復興○復扶又反下不復譏同爲之歌豳詩第十五豳周之舊國在新平漆縣東北○豳彼貧反疏爲之歌豳○正義曰豳者禹貢雍州岐山之北原隰之野其地西近戎北近狄豳是彼土之地名於漢則扶風郡栒邑縣是其都也周室之先后稷之曾孫曰公劉者自部而遷彼焉由能脩后稷之業教民以農桑民咸歸之而成國積九世至大王乃入處於岐山世世脩德卒成王業武王崩成王幼周公攝政管叔流言云公將不利於孺子周公於是舉兵東伐之乃陳后稷先公風化之所由致王業之艱難作七月之詩以表志大師以其主意於先公在豳時之事故別其詩以爲豳國之變風凡七篇皆是周公之事也曰美哉蕩乎樂而不淫其周公之東乎蕩乎蕩蕩然也樂而不淫言有節周公遭管蔡之變東征三年爲成王陳后稷先公不敢荒淫以成王業故言其周公之東乎○樂而不淫音岳又音洛注同下而又何樂而可以樂倣此爲成于僞反王業如字又于況反疏曰美

至東乎○正義曰美哉。亦美其聲也蕩蕩寬大之意好樂不已則近於荒淫故美其樂而不淫也先聞周公之德此聲同於所聞故疑之云其周公之在東乎言在東之時為此聲也

為之歌秦詩第十一後仲尼刪定故不同○刪所姦反

疏為之歌秦○正義曰秦者隴西山谷之名於漢則隴西郡秦亭秦谷是也堯時有伯益者佐禹治水有功帝舜賜之姓曰嬴氏其後世之孫曰非子事周孝王孝王使之養馬於汧渭之間封之為附庸邑之於秦谷非子曾孫秦仲宣王又命以為大夫始有車馬禮樂射御之好國人作車鄰之詩以美之秦仲之孫襄公平王之初興兵討西戎以救周王既東遷乃以岐豐之地賜之始列為諸侯更有駟驖以下凡十篇皆秦風也○注詩第至不同○正義曰此為季札歌詩風有十五國其名皆與詩同唯其次第異耳則仲尼以前篇目先具其所刪削蓋亦無多記傳引詩亡逸甚少知本先不多也史記孔子世家云古者詩三千餘篇孔子去其重取三百五篇蓋馬遷之謬耳

曰此之謂夏聲夫能夏則大大之至也其周之舊乎秦本在西戎汧隴之西秦仲始有車馬禮樂去戎狄之音而有諸夏之聲故謂之夏聲及襄公佐周平王東遷而受其。地故曰周之舊○汧苦賢反去起呂反又如字

為之歌魏詩第九魏姬姓國閔元年晉獻公滅之

疏為之歌魏○正義曰魏者虞舜夏禹所都之地在禹貢冀州雷首之北析城之西於漢則河東郡河北縣是其都也周以封同姓世本無魏君名諡不知始封之君何所名也鄭玄以為周王平桓之世魏君儉嗇且。褊急不務施德國人作葛屨之詩以刺之後凡七篇皆魏風也

曰美哉渢渢乎大而婉險。而易行以德輔此則明主也渢渢中庸之聲婉約也險當為儉字之誤也大而約則。儉節易行惜其國小無明君也○渢扶弓反徐敷劍反韋昭音凡婉紆阮反險依注音儉易以豉反注同

為之歌唐唐詩第十唐晉詩

疏為之歌唐○正義曰唐者帝堯舊都之地於漢則大原郡晉陽縣是也周成王封母弟叔虞於堯之故。虛曰唐侯其地南有晉水虞子燮父改為晉侯燮父後六世至僖侯甚嗇愛

物儉不中禮國人閔之作蟋蟀之詩以刺之以後凡十二篇皆唐風也詩序云此晉也而謂之唐本其風俗憂深思遠有堯之遺風又叔虞初國亦以唐爲名故名其詩爲唐風曰思深哉其有陶唐氏之遺民乎不然何憂之遠也晉本唐國故有堯之遺風憂深思遠情發於聲○思思息嗣反非令德之後誰能若是爲之歌陳詩第十二疏曰思深哉至能若是○正義曰陶唐之化遺法猶在作歌之民與唐世民同故察此歌曰思慮深遠哉見其思深故疑之云其有陶唐氏之遺民乎若其不是唐民何其憂思之遠也非承令德之後誰能如此深慮也令德謂唐堯也○爲之歌陳○正義曰陳者大皥伏羲氏之虛也於漢則淮陽郡陳縣是其都也帝舜之冑有虞遏父者爲周武王陶正武王賴其利器用又以其人是聖舜神明之後乃封其子滿於陳使奉虞舜之祀賜姓曰嬀是爲陳胡公後五世至幽公荒淫無度國人作宛丘之詩以刺之以後凡十篇皆陳風也曰國無主其能久乎淫聲放蕩無所畏忌故曰國無主自鄶以下無譏焉鄶第十三曹第十四言季子聞此二國歌不復譏論之以其微也○鄶古外反疏注鄶第至微也○正義曰言以下知兼有曹也鄶者古高辛氏火正祝融之虛也國在禹貢豫州外方之北滎波之南居溱洧之間於漢則河南郡密縣竟內有其都也祝融之後分爲八姓唯有妘姓爲鄶國者處祝融之故地焉鄶是小國世本無其號謚不知其君何所名也鄭玄以爲周王夷厲之時鄶公不務政事而好衣服大夫作羔裘之詩以刺之凡四篇皆鄶風也其後鄭武公滅其國而處之曹者禹貢兗州陶丘之地名於漢則濟陰郡定陶縣是其都也周武王封其弟叔振鐸於曹後十一世當周惠王時昭公好奢而任小人國人作蜉蝣之詩以刺之以後凡四篇皆曹風也鄶曹二國皆國小政狹季子不復譏之以其微細故也爲之歌小雅小雅小正亦樂歌之常疏爲之歌小雅○正義曰詩序云言天下之事形四方之風謂之雅雅者正也政有小大故有小雅焉有大雅焉然則小雅大雅皆天子之詩也立政所以正下故詩序訓雅爲正又

以政解之天子以政教齊正天下故民述天子之政還以齊正而爲名故謂之雅也王者政教有大有小詩人述之亦有大小故有小雅大雅焉據詩以小雅之
所陳有飲食賓客賞勞羣臣燕賜以懷諸侯征伐以彊中國樂得賢者長育人材於天子之政皆小事也大雅所陳有受命作周代殷繼伐受先王之福祿尊
祖考以配天醉酒飽德官人用士澤被昆蟲仁及草木於天子之政皆大事也詩人歌其大事制爲大體述其小事制爲小體體有大小故分爲二焉詩體既
異樂音亦殊其音既定其法可傳後之作者各從其舊二雅正經述小政爲小雅述大政爲大雅既有小雅之體亦有小雅大雅之音王道既衰變雅並作取
小雅之音歌其政事之變者謂之變小雅取大雅之音歌其政事之變者謂之變大雅故變雅之美刺皆由音制有大小不復由政事之大小也風述諸侯之
政非無大小但化止一國不足分別頌則功成乃作歸美報神皆是大事無復小體故風頌不分唯雅一分爲二也周自文王受命發跡肇基武王伐紂功成業
就及成王周公而治致升平頌聲乃作此功成之頌本由此風雅而來故錄周南召南之風鹿鳴文王之雅以爲詩之正經計周南召南之風鹿鳴文王之雅
所述文王之事亦有同時者也但文王實是諸侯而有天子之政詩人所作立意不同述諸侯之政則爲之作風述天子之政則爲之作雅就雅之內又爲大
小二體是由體制異非時節異也詩見積漸之義小二雅先於大雅故魯爲季札亦先歌小雅 曰美哉思而不貳 思文武之德無貳叛之心
怨而不言 有哀音 其周德之衰乎 衰也 猶有先王之遺民焉 謂有殷王餘俗故未大衰 疏曰美至民
焉○正義曰杜以此言皆歎正小雅也言其時之民思文武之德不有二心也雖怨時政而能忍而不言其是周德衰小之時乎猶有殷先王之遺民故使周
德未得大也服虔以爲此歎變小雅也其意言思上世之明聖而不貳於當時之王怨當時之政而不有背叛之志也其周德之衰微乎疑其幽厲之政也劉
炫以服言爲是而謂杜解錯謬今知不然者以小雅大雅二詩相對今歌大雅云其文王之德乎是歌其善者以大雅準之明知歌小雅亦歌其善者也若其

不然何意大雅歌善小雅歌不善且魯為季札歌詩不應揚先王之惡以示遠夷劉不達此旨以服意而規杜非也○注衰小也○正義曰衰者差也九章筭

術謂差分為衰分言從大漸差而小故杜以為小也服虔讀為衰微之衰謂幽厲之時也衰為之歌大雅大雅陳文王之德以正天下疏

注大雅至天下○正義曰大雅亦有武王成王詩杜唯言文王者以下云其文王之德乎故也之曰廣哉熙熙乎熙熙和樂聲曲而

有直體論聲其其文王之德乎雅頌所以詠盛德形容故但歌其美者不皆歌變雅為之歌頌頌者以其成功告於神明

疏注頌者至神明○正義曰鄭玄云頌之言容也天子之德光被四表格于上下無不覆燾無不持載此謂之容也詩序云頌者美盛德之形容以其成功

告於神明。可也言天子盛德有形容可美可美之形容謂道教周備也成功者營造之功畢也天之所營在於命聖聖之所營在於任賢賢之所營在於養民

民安而財豐衆和而事濟如是則司牧之功畢矣故告於神明也劉炫又云干戈既戢夷狄來賓嘉瑞悉臻遠近咸服羣生遂其性萬物得其所即功成之驗

也萬物本於天人本於祖天之所命者牧人祖之所本者成業人安業就告神明使知雖社稷山川四嶽河海皆以民為主欲民安樂故作詩歌其成功徧告

神明所以報神明恩也王者政有興廢未嘗不祭羣神。祖。廟政未大平則神無恩力故大平德洽始報神功也頌詩止。法祭祀之狀不言德神之力者美其祭

祀是報德可知言其降福是荷恩可知幽王小雅云先祖匪人胡寧忍予則於時之意豈復美其祭乎故美其祭則報情顯以成功告神明之意如此止謂周

頌也其商頌則異雖是祭祀之歌祭先祖王廟述其生時之功乃是死後頌德非以成功告神意同大雅與周頌異魯則止頌僖公纔。如變風之美者文體類

小雅又與商頌異也此當是歌周頌杜解盛德所同兼殷魯三頌皆歌也曰至矣哉言道備○至矣哉一本無矣字直而不倨倨傲○倨

音據徐音居傲五報反曲而不屈。屈橈○橈乃孝反邇而不偪謙退○偪彼力反遠而不攜攜貳遷而不淫

淫過蕩復而不厭常日新○厭於豔反徐於贍反哀而不愁知命樂而不荒以禮節之用而不匱○德弘大匱其位反廣而不宣不自顯施而不費因民所利而利之○施始豉反費芳味反取而不貪義然後取處而不底。守之以道○底丁禮反行而不流制之以義五聲和宮商角徵羽謂之五聲○徵張里反八風平八方之氣謂之八風節有度守有序八音克諧節有度也無相奪倫守有序也盛德之所同也頌有殷魯故曰盛德之所同○疏曰至同也○正義曰至矣哉言其美之至也以王道周備故為至美也自直而不倨至行而不流凡十四事皆音有此意明王者之德季札或取於人或取於物以形見此德每句皆下字破上字而美其能不然也人性直者失於倨傲此直而能不倨也謂王者體性質直雖富有四海而不倨傲慢易在下物有曲者失於屈橈此曲而能不屈也謂王者曲降情意以尊接下恆守尊嚴不有屈橈相去近者失於相偪此邇而能不偪也謂王者雖為在下與之親近能執謙退不陵偪在下相去遠者失於乖離此遠而能不攜也謂王者雖為在下與之疏遠而能不有攜離。倩疑在下數遷徙者失於淫佚此遷而能不淫也謂王者雖有遷動流去能以德自守不至淫蕩去而覆反則為人所厭此復而能使不厭也謂王者政教日新雖反覆而行不為下之厭薄哀者近於憂愁此哀而能不愁也謂王者雖遇凶災知運命如此不有憂愁樂者失於荒廢此樂而能不荒廢也用之不已物將匱乏此用而不可匱也志寬大者多自宣揚此雖廣而不自宣揚也好施與者皆費財物此能施而不費損也取人之物失於貪多此雖取而不為貪多也處而不動則失於留滯也雖久處而能不底滯也謂王者相時而動時未可行雖復止處意不底滯行而不已則失於流放此雖常行而能不流放也謂王者量時可行施布政教能制之以義不妄流移五等之聲皆和八方之風皆平八音之作有節其節皆有常度音之所守有分其守各有次序周魯與商皆有盛德此上諸事盛德之所同也○注八音至序也○正義曰八音克諧無相奪倫舜典文也倫理也言八音能和諧是其音有節度也八音不相奪道理是音各守其分有次序也○注頌有至所同○正義曰杜以爲之歌頌言其亦歌商魯故以盛德之所同謂商魯與周其德俱盛也劉炫以爲魯頌只美僖公之德本非德洽之歌何知不直據周頌而云頌有商魯乎今知不然者但頌之大體皆述其大平之祭祀告神之事魯頌雖非大平經稱皇皇后帝皇祖后稷又云周公皇祖亦其福女美其祭神獲福與周頌相似且季文子請周作頌取其美名又季札至魯欲襃崇魯德取其一善故云盛德所同若直歌周頌宜加周字不得唯云歌頌故杜爲此解劉以爲魯頌不得與周頌同而規杜氏非也

見舞象箾南籥者象箾舞。所執南籥以籥舞也皆文王之樂○箾音朔籥羊略反

疏見舞象箾南籥者○正義曰樂之爲樂有歌歌有舞歌則詠其辭而以聲播之舞則動其容而以曲隨之歌者樂器同而辭不一聲隨辭變曲盡更歌故云爲之歌風爲之歌雅及其舞則每樂別舞其舞不同季札請觀周樂魯人以次而舞每見一舞各有所歎故以見舞爲文不言爲之舞也且歌則聽其聲舞則觀其容歌以主人爲文故言爲歌也舞以季札爲文故言見舞也樂有音聲唯言舞者樂以舞爲主周禮大司樂云以樂舞教國子舞雲門大卷大咸大磬大夏大濩大武又云乃分樂而序之以祭以享以祀舞雲門以祀天神舞咸池以祭地祇舞大韶以祀四望舞大夏以祭山川舞大濩以享先妣舞大武以享先祖凡六樂者文之以五聲播之以八音鄭玄云播之言被也是其以舞爲主而被以音聲故魯作諸樂於季札皆云見舞也禮法歌在堂而舞在庭故郊特牲云歌者在上匏竹在下貴人聲也以貴人聲樂必先歌後舞故魯爲季札先歌諸詩而後舞諸樂其實舞時當上歌其舞曲也○注象箾至之樂○正義曰賈逵云箾舞曲名言天下樂箾去無道杜云箾舞者所執二者俱無所據各以意言之耳詩述碩人之善舞云左手執籥右手秉翟籥是舞者所執則箾亦舞者所執杜說當得其實但不知箾是何等器耳杜云皆文王之樂則象箾與南籥各是一舞南籥既是文舞則象箾當是武舞也詩云維清奏象舞則此象箾之舞故鄭玄注詩云象用兵時刺伐之舞是武舞可知其名之曰南其義未聞也

知是武王制者以爲人子者貴其成父之事文王既有大功武王無容不述於周公之時已象伐紂之功作大武之樂不。應復象文王之伐制爲別樂故知此舞是武王制焉王者之作禮樂必太平乃得爲之武王未及大平而得作此樂者一代大典須待大平此象文王之功非爲易代大法故雖未制禮亦得爲之周公大平雖作大武尊重文王之功留播之以爲別樂故六代之樂不數此象也周禮分樂而序之象舞不以祭祀或當祈告所用故魯今亦有之劉炫云此知是文王樂者詩云維清緝熙文王之典此象樂之所舞故知是文王樂也鄭玄注象又云此樂名象而已以其象事有舞音故詩序謂之象舞舞非此樂名故此直言。舞也其箾箾是可執之物司馬相如上林賦曰拂翳鳥捎鳳。凰則捎亦拂之類今人謂拂爲拂捎此必傳於古其箾。捎字同也杜不解南劉炫謂南如周南之意南在箾箾之閒蓋二者共有南義曰美哉猶有憾義哉美其容也文王恨不及己致大平平○憾本亦作感胡暗反大音泰疏注美哉至大平○正義曰歌聽聲而舞觀形故知美者美其容也歌詩由口而出樂音以詩爲章人歌君德情見於音聽聲知政容或可爾計聖人之德非舞容可象而季札觀舞皆知其德者聖人之作樂也各象當時之事時事見於舞故觀之可以知也樂記稱賓牟賈問大武之樂云敢問遲之遲而又久何也子曰夫樂者象成者也揔干而山立武王之事也發揚蹈厲大公之志也武亂皆坐周召之治也且夫武始而北出再成而滅商三成而南四成而南國是疆五成而分周公左召公右六成復綴以崇天子夾振之而四代威盛於中國也分夾而進事早濟也久立於綴以待諸侯之至也彼言大武之舞是象武王之事則知諸樂之舞皆象時王功德也聖王功德見於舉動之容故觀其舞容各知其德也見舞大武者武王樂疏見舞大舞者正義曰鄭玄周禮注云大武武王樂也武王伐紂以除其害言其德能成武功。也此舞四代之樂從後代而稍前也象是文王之樂事在大武之先先舞象而後舞武者。以象非一代大樂故先舞之曰美哉周之盛也其若此乎見舞韶濩者殷湯樂○韶上昭反本或作招濩音護又戸郭反疏見舞韶濩者○正義曰周禮謂之大濩鄭玄云大濩湯樂也湯以寬治民而除其邪言其德能使天下得其所也然則以其防濩下民故稱濩也此言韶濩不解韶之義韶亦紹也言其能紹繼大禹也曰聖人之弘也而猶有慚德聖人之難也慚於始伐見舞大夏者禹之樂疏見舞大夏者○正義曰樂記解此樂名。夏大也鄭玄云言禹能大堯舜之德又周禮注云禹治水敷土言其德能大中國也季札見此舞歎禹勤苦為民而不以為恩德則鄭周禮注是也曰美哉勤而不德非禹其誰能脩之盡力溝洫勤也○洫況域反見舞韶箾者舜樂○韶箾音簫疏見舞韶箾者○正義曰樂記解此樂名云韶繼也鄭玄云韶之言紹也言舜能繼紹堯之德杜不解箾義箾即簫也尚書曰簫韶九成鳳皇來儀此云韶箾即彼簫韶是也孔安國云言簫見細器之備。也蓋韶樂兼簫為名簫字或上或下耳曰德至矣哉大矣如天之無不幬。也幬覆也○幬徒報反如地之無不載也雖甚盛德其蔑以加於此矣觀止矣若有他樂吾不敢請已魯用四代之樂故及韶箾而季子知其終也季札賢明才博在吳雖已。涉見此樂歌之文然未聞中國雅聲故請作周樂欲聽其聲然後依聲以參時政知其興衰也聞秦詩謂之夏聲聞頌曰五聲和八風平皆論聲以參政也舞畢知其樂終是素知其篇數疏注魯用至篇數○正義曰明堂位云四代之服器官魯兼用之是魯之所用四代而已唯用四代之樂不得用雲門大咸故舞及韶箾而季札知其終也先儒以為季札在吳未嘗經見此樂歌為歌諸詩其所歎美皆以詩辭之內求所歎之意故杜辨之在吳雖已見此樂歌之文但未聞中國雅聲其所言者皆聽聲而知非察其文辭故取傳文證之明是素知其篇數也其出聘也通嗣君也吳子餘祭嗣立故遂聘于齊說晏平仲謂之曰子速納邑與政納歸之公○說音悅下皆同無邑無政乃免於難齊國之政將有所歸未獲所歸難未歇也歇盡也○難乃旦反下皆同歇許謁反故晏子因陳桓子以納政與邑是以免於欒高之難難在昭八年聘於鄭見子產如舊相識與之縞帶子產獻紵衣焉大帶也吳地貴縞鄭地貴紵故各獻己所貴示損己而不為彼貨利○縞古老反徐古到反繒也紵直呂反疏注大帶至貨利○正義曰玉藻說大帶之制大夫以素為帶裨其垂三尺者外以玄內以華居士錦帶弟子縞帶季札吳卿也而以縞帶與子產者是其當時之所有耳吳始通上國未必服章依禮也杜以縞是中國所有紵是南邊之物非土所有各是其貴知其示損己耳不為彼貨利也若其不然傳不須載明其有此意也孔安國云縞白繒也鄭玄禮記注云白經赤緯曰縞黑經白緯曰纖謂子產曰鄭之執政侈難將至矣政必及子子為政慎之以禮不然鄭國將敗侈謂伯有疏注侈謂伯有○正義曰據二十七年傳伯有次子展之下此年子展卒故伯有執政也上文云子展卒子皮為政者蓋鄭人以子展有大功使子皮代父為上卿耳其父始卒國政猶在伯有下云伯有使公孫黑如楚是伯有執政之事也適衛說蘧瑗蘧伯玉○蘧其居反瑗于眷反史狗史朝之子文子○史朝如字下文公子朝同史鰌史魚○鰌音秋公子荊公叔發。公叔文子公子朝曰衛多君子未有患也自衛如晉將宿於戚戚孫文子之邑聞鍾聲焉曰異哉吾聞之也辯而不德必加於戮辯猶爭也○爭爭鬭之爭夫子獲罪於君以在此孫文子以戚叛懼猶不足而又何樂夫子之在此也猶燕之巢於幕上言至危○幕音莫君又在殯而可以樂乎獻公卒未葬遂去之不止宿文子聞之終身不聽琴瑟聞義能改適晉說趙文子韓宣子魏獻子曰晉國其萃於三族乎言晉國之政將集於三家○萃在醉反集也說叔向將行謂叔向曰吾子勉之君侈而多良大夫皆富政將在家富必厚施故政在家○施式豉反疏君侈而多良○正義曰謂多以惡人爲良而善之吾子好直必思自免於難○秋九月齊公孫蠆公孫竈放其大夫高止於北燕蠆子尾竈子雅放者宥之以遠○蠆敕邁反宥音又乙未出書曰出奔罪高止也實放書奔所以示罪疏注實放至示罪正義曰釋例云奔者迫窘而去逃死四鄰不以禮出也放者受罪黜免宥之以遠也迫窘而奔及以禮見放俱去其國故傳通以爲文仲尼脩春秋又以所稱爲優劣也夫立功立事者國之厚益而身之表的也表高的明雖婦人猶欲彎弓而況當塗之士是以君子慎之道家貴善行者無轍迹功遂而身退高止既犯其始又專以終之免死爲幸斯乃聖賢之篤戒故變放言奔又致其罪以示過胥甲之放命陳招之首惡矯厲以篤教也杜以高止之罪輕於陳招胥甲而變放言奔以止爲重故原聖意欲以申之高止好以事自爲功且專故難及之○好呼報反○冬孟孝伯如晉報范叔也范叔士鞅也此年夏來聘爲高氏之難故高豎以盧叛豎高止子○爲于僞反下注爲子產同豎上主反十月庚寅閭丘嬰帥師圍盧高豎曰苟請高氏有後請致邑還邑於君齊人立敬仲之曾孫酀敬仲高傒○酀於顯反傒音兮良敬仲也良猶賢也疏齊人至仲也○正義曰依世本敬仲生莊子莊子生傾子傾子生宣子宣子生厚厚生止止是敬仲玄孫之子也世本又云敬仲生莊子莊子生傾子傾子之孫武子偃據世本則偃爲敬仲玄孫今傳云玄孫必有一誤也此酀卽後所云高偃是也世族譜以高武子爲酀偃爲一人蓋酀偃聲相近而字爲

二耳董遇注此亦作偃劉炫云據世本高止敬仲玄孫之子不立止近親遠取敬仲曾孫者齊人賢敬仲故繫之言敬仲曾孫則此人祖父皆非正適今別立之遠繼敬仲後高止祖父皆絕其祀也　十一月乙卯高豎致盧而出奔晉晉人城緜而寘旃晉人善其致邑○緜音緜寘之豉反旃之然反○鄭伯有使公孫黑如楚黑子皙○皙星曆反辭曰楚鄭方惡而使余往是殺余也伯有曰世行也言女世為行人○女音汝子皙曰可則往難則已何世之有伯有將強使之子皙怒將伐伯有氏大夫和之十二月己巳鄭大夫盟於伯有氏裨。諶。曰是盟也其與幾何言不能久也裨諶鄭大夫○強其丈反裨婢之反諶本亦作湛其與如字或音預幾居豈反詩曰君子屢盟亂是用長今是長亂之道也禍未歇也必三年而後能紓紓解也屢力住反○長丁丈反下同紓直呂反徐音舒解音蟹然明曰政將焉往裨諶曰善之代不善天命也其焉辟子產言政必歸子產○將焉於虔反下同舉不踰等則位班也子產位班次應知政擇善而舉則世隆也世所高也天又除之奪伯有魄喪其精神為子產驅除○喪息浪反除並如字驅一讀上音丘具反下直據反子西即世將焉辟之天禍鄭久矣其必使子產息之乃猶可以戾戾定也不然將亡。矣【疏】裨諶曰善之代不善云云○正義曰案傳伯有死後子皮授子產政云虎帥以聽命則子皮於時位在子產上也此裨諶論鄭卿位次其言不及子皮者蓋以子皮非舊卿雖繼父而居高位民望政次未之許也及伯有既死子西亦卒子皮位為上卿故鄭人使知政耳

附釋音春秋左傳注疏卷第三十九

春秋左傳注疏卷三十九校勘記　阮元撰盧宣旬摘錄

附釋音春秋左傳注疏卷第三十九 起二十九年盡二十九年宋本春秋正義卷第二十五石經春秋經傳集解襄第十九翻刻岳本襄下增公字並盡三十一年〇案岳本此卷缺今以明翻本校

（經二十九年）

十一年春 毛本一作二非也

閽弒吳子餘祭 釋文弒作殺申志反禮記曲禮刑人不在君側正義引同

令蓋以攝卿行 宋本纂圖本翻岳本閩本毛本令作今是也監本今字模糊

賈逵服虔皆以爲夷未新卽位 宋本閩本毛本未作末是也

（傳二十九年）

注釋至朝正 宋本釋下有解字以下正義五節揔入既而悔之注下

楚人使公親襚 案說文引傳作楚使公親襚

令楚欲遺使之此 諸本令作今此作比宋本淳熙本岳本纂圖本足利本欲下有依字是也

諸侯至之此 宋本閩本監本毛本此作比不誤

楚人以諸侯相於閩本監本毛本於作好非也

祓殯而襚岳本閩本監本祓誤被注及正義同

先使巫祓除殯之凶邪閩本監本毛本脱除字

公依遣使之比宋本公上有令字

然後致享宋本閩本監本毛本享作享

自然致襚似布幣毛本似作以

令贊曰疏云宋本令作令

既無而行襚禮宋本既無上有凶邪二字

刻是籌宋本籌作帚是也

今世所謂苕帚者閩本監本毛本帚作籌非

周禮家人宋本閩本監本毛本家作冢不誤

卞其兆域閩本監本毛本卞作下宋本作辨是也

言楚君弱淳熙本弱作郭誤也

璽書追而與之石經宋本與作予案外傳亦作予

注璽印也宋本以下正義三節揔入且無使季氏葬我句下

璽印也信也浦鏜正誤云信上脫印字是也

周封璽段玉裁校本周作固按今月令作固封疆

又以玉今本獨斷以上有獨字

欲之而言叛石經初刊脫叛字即增言字下

祇見疏也宋本祇作衹正義引服虔本亦作衹釋文同石經作衹是也凡唐石經廣韻皆作衹从衣从氏適也毛居正六經正誤云衹祇作祇誤祇音低衹裯短衣案衹裯之衹見方言從氏不從氐釋文云本又作多正義云晉宋杜本皆作多古人多衹同音惠棟云疏當爲詎字之誤也呂覽知接篇云無由接而言見詎高誘曰詎讀誣妄之誣下云欺其君何必使余明疏爲誣欲之而言叛非誣乎陳樹華云杜氏好改古文故古文古義存者少矣詎呼光切見說文

公謂公冶曰翻岳本謂誤問

固辭強之而後受石經固辭二字誤倒

勸公歸也宋本足利本無也字

注葬靈至段往 宋本正義無注字以下正義二節在遂使印段如周注下

蓋別有所掌兵子展守國 宋本兵作共閩本監本毛本作矣非也

不違啓處 石經宋本違作皇

皇暇也 宋本皇下有閒字按今本爾雅作偟暇也

以子展之命 宋本以下正義二節揔入其以宋升降乎注下

注治理至其城 宋本以下正義四節揔入子賤之也注下

知治杞之地 宋本重治杞二字是也

周宗諸姬也 諸本作諸此本誤諸今訂正

夏肄杞也 岳本脫也字

鄭玄云 案當作毛傳云

則昏姻其歸附也 宋本足利本無也字

齊高子容 石經本有齊字後磨去改刊高子容三字故此行九字案錢大昕云此齊字後人妄加石經磨改本是也傳於列國諸卿或書國或不書國皆有義例如此篇大叔文子不書衛高子容不書齊已見經文故也經不書游吉故子大叔稱鄭以別之華定書官不書族故稱宋以別于他國左氏傳不

可增損一字如此

相禮侍威儀也　淳熙本侍誤特

侈將以其力斃專則人實斃之將及矣　石經此行九字斃字起及字止將及二字改刊疑初作侈將及矣釋文所云本或作侈將及矣者非是也案漢書五行志引傳文斃作敝

爲此秋高止出奔燕　淳熙本纂圖本止誤正

展玉父　宋本翻岳本玉作王與石經合

公巫召伯仲　釋文召作邵案唐韻云魯有仲顏莊叔是仲當連下

下叔侯云　宋本下下有文字是也

杜以其言大悖無復君臣之禮　宋本悖無作爵欲非也

先君不高尚此叔侯之取貨也　閩本監本毛本作倘此本模糊據以補正宋本本此作地非也

追恨不殺靈王　宋本恨作欲非也

霍揚韓魏　諸本作揚石經初刻楊後改從才段玉裁云初刻作揚是也

焦在陝縣　淳熙本陝作郟非

何有盡歸之淳熙本有誤存

書魯之朝聘岳本脫之字

言先君毋寧怪夫人之所爲淳熙本君誤若

不得以壽終宋本明翻岳本終作死

爲昭四年豎牛作亂起本閩本監本毛本豎誤竪

好善而不能擇人宋本正義自此節起至君侈而多良節止總入自免於難句下

文王改都於豐宋本閩本監本毛本豐作豐

故嗟嘆之宋本嘆作歎

取詩爲章宋本取作歌

爲之歌邶鄘衞諸本作邶監本誤邲下同

兼幷彼一國宋本一作二是也

而必爲三者宋本必下有分字是也

注王黍離至爲雅宋本無離字

於漢則京兆郡鄭縣齊召南云西漢京兆稱尹不稱郡鄭氏詩譜本無郡字河南郡同扶風下亦衍郡字

與晉文侯定平王於東都王城監本與誤爲

後凡十一篇皆齊風也宋本後上有以字是也

爲之歌豳毛本作豳與說文合

美哉亦美其聲也監本毛本亦作又非也

而受其地宋本淳熙本明翻岳本其下有故字是也

魏姬姓國宋本淳熙本纂圖本明翻岳本閩本監本毛本作姓此本誤往今訂正

魏君儉嗇目褊急閩本目作自亦非宋本監本毛本作且是也監本褊誤偏

險而易行注云險當爲儉字之誤也惠士奇云險史記作儉古文也古文易云動乎儉中又云儉德辟難皆讀爲險險而易行卽易之易以知險杜云當爲儉誤是也惠棟云漢劉脩碑云動乎儉中今易作險案文選張載魏都賦注引傳作儉是也釋文依注音儉

則險節易行宋本明翻岳本監本毛本險作儉是也上文曰當爲儉矣則竟易爲儉字此漢人注經之例也

周成王封母弟叔虞於堯之故虛宋本閩本監本毛本虛作墟案墟虛古今字

其有陶唐氏之遺民乎案漢書地理志引亦作遺民杜注云晉本唐國故有堯之遺風詩唐風正義史記吳世家引傳作遺風

何憂之遠也石經何下有其字案詩唐風正義引傳作何其憂之遠也之遠上石經旁加思字非唐刻也

陳者大皞伏犧氏之虛也閩本監本毛本犧作羲

帝舜之冑毛本舜誤堯

言季子聞此二國歌淳熙本二作一非纂圖本閩本監本毛本作三亦誤

而好衣服浦鏜云好下脫絜字從詩譜增

曹者禹貢兗州陶丘之地名浦鏜云之下脫北字從詩譜增也

代殷繼伐宋本監本毛本作伐殷繼代閩本惟上伐字作代按詩序皇矣是代殷之詩文王有聲是繼伐之詩此本是也

既有小雅之體補案小雅下當有大雅二字

無復小體浦鏜正誤小作別

本由此風雅而來宋本此作比

思文武之德監本武作王毛本作工並非

謂有殷王餘俗故未大衰宋本淳熙本無衰字史記集解引注文同正義云故使周德未得大也亦無衰字

以其成功告於神明可也閩本亦作可宋本監本毛本作者

未嘗不祭羣神祖廟浦鏜正誤祖廟二字作但字屬下讀

頌詩止法祭祀之狀宋本監本毛本法作述

纔如變風之美者閩本監本毛本如作知

曲而不屈史記屈作詘案作詘是正字古人言詰詘猶今人言屈曲也

處而不底石經底作厎非案說文底山居也下也从广氐聲玉篇同廣韻云底下也止也

倩疑在下宋本監本毛本倩作猜

象箾舞所執足利本舞下有者字李善注文選長笛賦引同

言天下樂箾去無道段玉裁云箾當作削此以削訓箾也

詩云維清奏象舞則此象箾之舞浦鏜云詩下脫序字則疑卽字誤

不應復象文王之伐浦鏜正誤應作言

故此直言舞也浦鏜正誤舞作象

捎鳳凰宋本凰作皇是也

其箾拍字同也宋本監本毛本拍作捎

四成而南國是彊 宋本彊作疆浦鏜云禮記正義云象武王伐紂之後南方之國於是疆理也

言其德能成武功也 閩本監本毛本脫也字

以象以一代大樂 閩本監本毛本下以字作爲亦誤宋本作非是也○今從宋本

見舞韶濩者 諸本作韶釋文云本或作招

韶亦紹也 浦鏜正誤亦作言

聖人之弘也 蔡邕注典引引作聖人之治也

樂記解此樂名 宋本名下有云字

言簫見細器之備也 宋本閩本監本毛本作也此本誤他今改正

如天之無不幬也 案後漢書宋穆傳注引作如天之無不燾史記同是二字古多通用

在吳雖已涉見此樂歌之文 淳熙本涉誤步

公叔發 案禮記檀弓注云文子衛獻公之孫名拔或作發正義曰案世本衛獻公生成子當當生文子拔是獻公孫也或作發者以春秋左氏傳傳作發故云或作發

言晉國之政 諸本作政史記正義引作祚

故政在家 案史記正義引作故政在三家也

故其大夫高止於於北燕 諸本不重於字此衍文也

注實放至示罪 宋本此節正義在故難及之句下

故傳通以違文 閩本監本毛本違作爲宋本作以違爲文是也

齊人至仲也 宋本此節正義在注文晉人善其致邑句下

裨諶曰 惠棟云漢書古今人表作卑湛師古曰卑音脾湛音諶風俗通曰卑氏鄭大夫卑湛之後後漢有卑躬爲北池大守杜改卑爲裨俗又改湛爲諶古文盡亡矣釋文猶作湛云本亦作諶段玉裁云裨諶之名蓋本是煁字煁者烓也烓者行竈也故裨諶之字曰竈

不然將亡矣 石經將亡二字改刊初刻脫將字後增正也

故鄭人使知政耳 宋本無耳字

春秋左傳注疏卷三十九校勘記

珍倣宋版印

附釋音春秋左傳注疏卷第四十 襄三十年盡三十一年

杜氏注　孔穎達疏

經三十年春王正月楚子使薳罷來聘罷音皮○夏四月蔡世子般弑其君固般○音班○五月甲午宋災天火曰災○宋伯姬卒○天王殺其弟佞夫稱弟以惡王殘骨肉○佞乃定反惡烏路反下惡宋同一音如字疏注稱弟至骨肉○正義曰傳言罪在王知稱弟以惡王也○王子瑕奔晉不言出奔周無外○秋七月叔弓如宋葬宋共姬共姬從夫謚也叔弓叔老之子卿共葬事禮過厚三月而葬速○共音恭注皆同傳亦倣此疏注共姬至過厚○正義曰公羊傳曰其稱謚何賢也杜以共非夫人之謚故注顯而異之夫謚爲共從夫謚而稱之耳共非夫人之身行也昭三十年傳曰先王之制諸侯之喪士弔大夫送葬則夫人之喪不得過之也昭三年傳云文襄之霸也君薨大夫弔卿共葬事夫人士弔大夫送葬是法皆不使卿也伯姬魯女以災而死魯人愍之故使卿共葬事禮過厚也○鄭良霄出奔許耆酒荒淫書名罪之○耆市志反疏注耆酒至罪之○正義曰據傳子晳伐伯有而伯有有非有罪也春秋出奔書名皆是罪之之文故杜跡其罪狀書酒荒淫故書名也自許入于鄭不言復入獨還無兵○復扶又反疏注不言至無兵正義曰成十八年傳例曰以惡曰復入謂還而以兵害國爲惡事而入若魚石以楚師伐宋取其彭城欒盈帥曲沃之甲以入于絳如是乃爲惡入也良霄獨還無兵入國始爲惡非是以惡入故不得書復入直言入者自外而入內耳非彼例也成十五年宋華元出奔晉宋華元自晉歸于宋奔之與歸再書名氏此良霄不重書名氏者彼宋再告此鄭一告故連書之鄭人殺良霄○冬十月葬蔡景公無傳○

晉人齊人宋人衞人鄭人曹人莒人邾人滕人薛人杞人小邾人會于澶淵宋灾故。會未有言其事者此言宋災故以惡宋人不克己自責而出會求財○澶市然反字林云丈仙反澶水在宋

疏注會未至求財○正義曰案桓二年會于稷以成宋亂則是會言其事而此言會未有言其事義相違者彼言以成宋亂直連言所會之事與桓十五年會于袲伐鄭相似經不明言事之意故今此言宋灾故是丁寧之辭不與彼同按傳責諸侯之卿并及宋人杜此注何以唯言惡宋人不克己自責不兼爲諸侯卿者以傳云書曰某人某人。宋灾故尤之也是宋灾之文獨繫向戌稱人故知宋灾特惡宋也

傳三十年春王正月楚子使薳罷來聘通嗣君也郟敖即位穆叔問王子。之爲政何如王子圍爲令尹○問王子之爲政一本作問王子圍之爲政服虔王肅本同

疏傳王子之爲政○正義曰傳無圍字故杜云王子圍爲令尹也服虔云王子楚令尹王子圍也王肅云王子楚令尹圍也對曰吾儕小人食而聽事猶懼不給命而不免於戾焉與知政固問焉不告穆叔告大夫曰楚令尹將有大事子蕩。將與焉子蕩薳罷○儕仕皆反焉與上於虔反下音預下將與與於食同助之匿其情矣子圍素貴郟敖微弱諸侯皆知其將爲亂故穆叔問之○匿女力反○

子產相鄭伯以如晉叔向問鄭國之政焉對曰吾得見與否在此歲也駟良方爭未知所成駟氏子晳也良氏伯有也○相息亮反爭爭鬭之爭下注駟良爭同若有所成吾得見乃可知也叔向曰不既和矣乎對曰伯有侈而愎愎很也○愎彼力反很胡懇反子晳好在人上莫能相下

也雖其和也猶相積惡也惡至無日矣爲此年秋夏霄出奔傳○好呼報反下遐反○三。月癸未晉悼夫人食輿人之城杞者輿衆也城杞在往年○食音似輿音餘絳縣人或年長矣無子而往與於食有。與疑年使之年使言其年○長丁丈反疏有與至之年○正義曰有與同食者問此老人之年不告以實疑其年也使之年者更使言其真年也曰臣小人也不知紀年臣生之歲正月甲子朔四百有四十五甲子矣其季於今三之一也所稱正月謂夏正月也三分六甲之。一得甲子甲。戌盡癸未○夏戶雅反吏。走問諸朝皆不知故問之○吏走一本作使走如字速疾之意也一曰走使之人也服虔王肅本作吏云吏不知曆者疏吏走問諸朝○正義曰俗本吏作使服虔云吏不知曆數故走問於卿大夫王肅云吏不知曆也師曠曰魯叔仲。惠伯會郤成子于承。匡之歲也在文十一年疏師曠至歲也○正義曰劉炫云傳之敘事自可以魯爲主若載人語則當如其本言此師曠晉人自道晉事當云郤成子會魯叔仲惠伯所以云叔仲惠伯會郤成子于承匡之歲者丘明意在以魯爲主遂使此言反耳丘明尚不免於此況後解說者乎今知非者凡魯史所記云公卿會某侯者皆據公卿往會他若他來會我則以他爲文若衛侯會公于沓鄭伯會公于棐是也今郤成子在承匡魯往會之以晉爲主晉人。之言正是其宜劉炫以爲晉人不當稱叔仲惠伯會郤成子以爲丘明之誤恐非也是歲也狄伐魯叔孫莊叔於是乎敗狄于鹹獲長狄僑如及虺也豹也而皆以名其子七十三年矣叔孫僑如叔孫豹皆取長狄名○鹹音咸僑其驕反虺虛鬼反疏是歲至年矣○正義曰敗狄于鹹事在彼歲未必其年頓生三子當是欲表其功雖在後生子追以前事名之史趙曰亥有二首六身史趙晉大史亥字二畫在上并三六爲身如算之六○二畫音獲下同下二如身是其日數也下亥上二畫豎置身旁疏史趙至數也○正義曰二畫爲首六畫爲身下首之二畫竝之使如其身旁則是生來日數也因亥畫似算位故假之以爲言其本作亥字不爲此也案字書古之亥字體殊不然蓋春秋之時亥字有二六之體異於古制其說文是小篆之書又異於此說文云亥荄也十月微陽起接盛陰從二二古文上字一人男一人女也從乙象懷子咳咳之形也士文伯曰然則二萬二千六百有六旬也文伯士弱之子疏○士文至旬也○正義曰文十一年至此年爲七十四年而上云七十三年案文十一年正月甲子朔爲夏之正月是其年三月也此年之二月癸未是夏之十二月計爲七十三年猶尙年未終也假作全年算之置七十三年以全日三百六十五日乘之已得二萬六千六百四十五日也每年有四分日之一是四年而成一日以四除七十三年又得十八日并全日爲二萬六千六百六十三日計終此十二月盡有二萬六千六百六十三日四分日之一今除去三日四分日之一整取六旬合當十二月二十七日今杜長曆云二十三日癸未是少四日所以不與常曆同者蓋杜爲長曆約準春秋日月以爲長曆與常曆不同故置閏遠近不定蓋七十三年之內於常曆校四个大月而剩用四日故癸未爲二十三日若依常曆是二十七日也劉炫云所以少三日者文十一年非首章年其間閏有前却故長曆此月辛酉朔二十三日得癸未來月庚寅朔至朔長二日長曆去年閏八月由閏近故也計趙孟問其縣大夫則其屬也屬趙武疏趙孟至屬也○正義曰諸是守邑之長公邑稱大夫私邑則稱宰此言問其縣大夫問絳縣之大夫也絳非趙武私邑而云則其屬者蓋諸是公邑國卿分掌之而此邑屬趙武也召之而謝過焉曰武不才任君之大事以晉國之多虞不能由吾子由用也使吾子辱在泥塗久矣武之罪也敢謝不才遂仕之使助爲政辭以

老與之田使爲君復陶復陶主衣服之官○復音服疏注復陶至之官○正義曰昭十二年傳說楚子出獵云皮冠秦復陶翠被豹舄執鞭以出復陶之文在冠履之間知復陶是衣也此言君復陶知是主君衣服之官也衣服之名復陶其義未聞以爲絳縣師縣師掌地域○辨其夫家人民疏以爲絳縣師○正義曰既使爲主衣服之官又以爲絳邑之縣師也周禮縣師上士二人其職掌邦國都鄙稍甸郊里之地域而辨其夫家人民田萊之數及其六畜車輦之稽凡造都邑量其地而制其域以歲時徵野之賦貢天子之縣縣師掌此諸事則諸侯之縣師亦當然故杜略引周禮以解之據如周禮則縣師是王朝之官而此言以絳縣師者絳是晉國所都之邑蓋以居在絳邑故繫絳以言之而廢其輿尉以役孤老故疏而廢其輿尉○正義曰服虔云輿尉軍尉主發衆使民於時趙武將中軍若是軍尉當是中軍尉也○注以役孤老故○正義曰知者上云無子是孤年七十三是老也於是魯使者在晉歸以語諸大夫季武子曰晉未可媮也媮薄也○使所吏反語魚據反媮宅侯反有趙孟以爲大夫有伯瑕以爲佐伯瑕士文伯有史趙師曠而咨度焉有叔向女齊以師保其君其朝多君子其庸可媮乎勉事之而後可傳言晉所以強不失諸侯且明譽也○度待洛反○夏四月己亥鄭伯及其大夫盟駟良爭故君子是以知鄭難之不已也鄭伯微弱不能制其臣下君臣詛盟故曰亂未已○難乃旦反詛側慮反○蔡景侯爲大子般娶于楚通焉大子弑景侯終子產言有子禍也○爲于僞反娶七住反○初王儋季卒儋季周靈王弟○儋丁甘反其子括將見王而歎括除服見靈王入朝而歎○括古活反見賢遍反注同單公子愆期爲靈王御士過諸廷愆期行過王廷○單音善愆起

虔反下同音庭注同廷聞其歎而言曰烏乎必有此夫欲有此朝廷之權○烏乎本又作嗚呼音同夫音扶入以告王且曰必殺之不慼而願大視躁而足高心在他矣不殺必害王曰童子何知及靈王崩儋括欲立王子佞夫佞夫靈王子景王弟○躁早報反佞夫弗知戊子儋括圍蔿逐成愆成愆蔿邑大夫○蔿于委反成愆奔平時平時周邑○時音止又音市本或作嚋五月癸巳尹言多劉毅單蔑甘過鞏成殺佞夫五子周大夫○過音戈鞏力勇反括瑕廖奔晉括廖不書賤也○廖力彫反一音勑留反書曰天王殺其弟佞夫罪在王也佞夫不知故經書在宋災下從赴○或叫于宋大廟叫呼也○叫古弔反曰譆譆出出大廟音泰一本無大字呼火故反鳥鳴于亳社譆譆熱也出出戒伯姬○譆許其反出如字鄭注周禮引此作詘詘劉昌宗亦音出亳社殷社○亳步各反【疏】鳥鳴于亳社○正義曰哀四年亳社災穀梁傳曰亳社者亳之社也亳亡國也亡國之社以為廟屏戒也然則此亳社是殷社也殷都於亳武王伐紂而頌其社於諸侯以為亡國之戒此鳥鳴于魯國之亳社也服虔云殷宋之祖也故鳴其社伯姬魯女欲使魯往悟伯姬也如曰譆譆皆火妖也甲午宋大災宋伯姬卒待姆也姆女師○姆徐音茂字林音亡又反一音母【疏】宋大災○正義曰莊二十年齊大災杜云來告以大故書此不書大告者不言大也服虔云不書大非災火及人人伯姬坐而待之耳然則昭十八年衛宋陳鄭災災皆及人何以不言大也○注姆女師○正義曰鄭玄昏禮注云姆婦人年五十無子出而不復嫁能以婦道教人者若今時乳母矣何休云選老大夫妻為姆也大夫之妻當在夫室安得從女而嫁也若言既為夫人選大夫之妻為之則禮言女未嫁而有姆非至夫家始選也君子謂宋共姬女而

不婦女待人待人而行婦義事也義從宜也伯姬時年六十左右疏注義從至左右○正義曰義者宜也從宜宜辟火也成九年伯
姬歸于宋至此四十年故爲六十左右也○六月鄭子產如陳涖盟歸復命告大夫曰陳亡國也不
可與也不可與結好○好呼報反聚禾粟繕城郭恃此二者而不撫其民其君弱植公子侈
大子卑大夫敖。政多門政不由一人○繕上戰反植徐直吏反一音時力反敖五報反本亦作傲服本作放云淫放也疏。其君弱植
○正義曰周禮謂草木爲植物植。爲樹立君志弱不樹立也○大夫敖○正義曰言大夫驕敖也服虔云言大夫淫放則服本爲大夫放矣故今俗本多爲放
字以介於大國介間也介音界○能無亡乎不過十年矣爲昭八年楚滅陳傳○秋七月叔弓如
宋葬共姬也傷伯姬之遇災故使卿共葬○共音恭○鄭伯有耆酒爲窟室窟室地室○耆市志反窟口忽反而
夜飲酒擊鍾焉朝至未已朝者曰公焉在家臣故謂伯有爲公○焉於虔反其人曰吾公在壑
谷壑谷窟室壑呼洛反○皆自朝布路而罷布路分散○罷皮買反徐扶彼反既而朝伯有朝鄭君則又將使
子皙。如楚歸而飲酒庚子子皙。以駟氏之甲伐而焚之伯有奔雍梁雍梁鄭地○雍於用
反醒而後知之遂奔許大夫聚謀子皮曰仲虺之志仲虺湯左相○醒星頂反相息亮反云亂者
取之亡者侮之推亡固存國之利也罕駟豐同生罕子皮駟子皙豐公孫段也三家本同母兄弟○侮亡甫
反伯有汏侈。故不免。三家同出而伯有孤特又汏侈所以亡○汏音泰人謂子產就直助彊。時謂子皙直三家彊

子產曰豈爲我徒徒黨也言不以駟良爲黨國之禍難誰知所敝或主彊直難乃不生。言能彊能直則可弭難今三家未能。伯有方爭○難乃旦反下及注同弭彌氏反爭爭鬬之爭姑成吾所欲以無所附著爲所○著直略反辛丑子產斂伯有氏之死者而殯之不及謀而遂行不與於國謀○斂力豔反下同不與音預下文不與同印段從之子產義子皮止之衆曰人不我順何止焉子皮曰夫子禮於死者況生者乎遂自止之壬寅子產入。癸卯子石入子石印段皆受盟于子皙氏乙巳鄭伯及其大夫盟于大宮大宮祖廟盟國人于師之梁之外師之梁鄭城門伯有聞鄭人之盟己也怒聞子皮之甲。不與攻己也喜曰子皮與我。矣癸丑晨自墓門之瀆入墓門鄭城門○瀆徐音豆因馬師頡介于襄庫以伐舊北門馬師頡子羽孫○頡戶結反介音界下文同駟帶率國人以伐之駟帶子西之子子皙之宗主皆召子產駟氏伯有俱召子產曰兄弟而及此吾從天所與兄弟恩等故無所偏助伯有死於羊肆羊肆市列子產襚之枕之股而哭之斂而殯諸伯有之臣在市側者既而葬諸斗城斗城鄭地名○襚音遂枕之鴆反股音古子駟氏欲攻子產子皮怒之曰禮國之幹也殺有禮禍莫大焉乃止斂葬伯有爲有禮於是游吉如晉還聞難不入懼禍并及○難乃旦反復命于介八月甲子奔晉駟帶追之及酸棗與子上盟用兩珪質于河子上駟帶也沈珪於河爲信也酸棗陳留縣○與子上用兩珪質于河質如字一音致一本作與子上絕句用兩珪質于河別爲一句也沈音鴆又如字使公孫肸入盟大夫己巳復歸游吉歸也肸許乙反○書曰鄭人殺良霄不稱大夫言自外入也既出位絕非復鄭大夫○復扶又反於子蟜之卒也子蟜公孫蠆卒在十九年○蟜居表反將葬公孫揮與裨竈晨會事焉會葬事○揮許韋反過伯有氏其門上生莠子羽曰其莠猶在乎子羽公孫揮以莠喻伯有伯有侈知其不能久存○莠羊九反草也於是歲在降婁降婁中而旦降婁奎婁也周七月今五月降婁中而天明○降戶江反下及注同奎吉圭反

疏注降婁至天明○正義曰降婁奎婁釋天文也孫炎曰降下也奎爲溝瀆故稱降也杜以周七月今五月降婁中而天明劉炫以爲五月降婁未中而規杜失今知非者以二月諸星復位合昬奎婁在戌以衡反之平旦在辰又三月日體在胃平旦之時奎婁在胃昴之前亦當在辰既三月平旦在辰則四月在巳五月在午月令旦危中者據夜有長短及星度有廣狹細計之數杜據大略而言故與月令不同劉以月令之文而規杜氏非也是

裨竈指之曰猶可以終歲指降婁也歲星十二年而一終歲不及此次也已不及降婁及其亡也歲在娵訾之口娵訾營室東壁二十八年歲星淫在玄枵今三十年在娵訾是歲星停在玄枵二年○娵子須反訾子斯反壁音璧枵許驕反

疏注娵訾至二年○正義曰釋天云娵觜之口營室東壁也李巡曰娵觜玄武宿也營室東壁北方宿名孫炎曰娵觜之歎則口開方營室東壁四方似口故因名云。十二次子爲玄枵亥爲娵訾二十八年傳稱歲在星紀而淫於玄枵二十八年已在玄枵今三十年始在娵訾三十年始移一次是歲星住在玄枵二年也

其明年乃及降婁僕展從伯有與之皆死僕展鄭大夫伯有黨羽頡出奔晉爲任大夫羽頡馬師

頡任晉縣今屬廣平郡○任音壬雞澤之會在三年鄭樂成奔楚遂適晉羽頡因之與之比而事

趙文子言伐鄭之說焉以宋之盟故不可宋盟約弭兵○比毗志反故子皮以公孫鉏爲馬

師鉏子罕之子代羽頡○鉏仕居反○楚公子圍殺大司馬薳掩而取其室。薳掩二十五年爲大司馬申無

宇曰王子必不免無宇芋尹芋干付反○善人國之主也王子相楚國將善是封殖而虐

之是禍國也且司馬令尹之偏偏佐也○相息亮反下善相之同而王之四體也俱股肱也絕民之

主去身之偏艾王之體以禍其國無不祥大焉何以得免爲昭十三年楚弑靈王傳○去起呂反艾魚廢反

○爲宋災故諸侯之大夫會以謀歸宋財冬十月叔孫豹會晉趙武齊公

孫蠆宋向戌衞北宮佗佗北宮括之子○佗徒河反鄭罕虎子皮及小邾之大夫會于澶淵既

而無歸於宋故不書其人君子曰信其不可不慎乎澶淵之會卿不書不信也

夫諸侯之上卿會而不信寵名皆弃不信之不可也如是寵謂族也○不信也夫音扶一讀以夫爲下句首○詩曰文王陟降在帝左右信之謂也詩大雅言文王所以能上接天下接人動順帝者唯以信又曰淑

慎爾止無載爾僞不信之謂也逸詩也言當善慎舉止無載行詐僞書曰某人某人會于澶淵宋。

災。故尤之也傳云既而無歸所以釋諸侯大夫之不書也又云宋災故尤之所以釋向戌之并貶也戌爲正卿深致火災燒殺其夫人未聞克己

之意而以求。財合諸侯故與不歸。財者同文【疏】。注傳云至同文○正義曰諸侯不歸宋。財諸國大夫合貶耳向戌不合貶也而向戌亦貶稱人故傳明經所由杜又釋傳之意傳云既而無歸者是釋上傳之文故不書其人是也經又別言宋災故者此一句見向戌之并貶釋此傳書曰某人某人之文也向戌若不求財當顯書名氏今貶稱某人與諸國某人同故云所以釋向戌之并貶與不歸財者同文也不書魯大夫諱之也向戌既以災求財諸。大夫許而不歸客主皆貶君子以尊尊之義也君親有隱故略不書魯大夫以示例○鄭子皮授子產政伯有死子皮知政以子產賢故讓之辭曰國小而偪偪近大國○偪彼力反近附近之近族大寵多不可爲也爲猶治也子皮曰虎帥以聽誰敢犯子子善相之國無小言在治政治直吏反○小能事大國乃寬爲大所恤故也子產爲政有事伯石賂與之邑伯石公孫段有事欲使之子大叔曰國皆其國也奚獨賂焉言鄭大夫共憂鄭國事何爲獨賂之子產曰無欲實難言人不能無欲皆得其欲以從其事而要其成非我有成其在人乎言成猶在我非在他。也○要一遙反下注同何愛於邑邑將焉往言猶在國焉於虔反○子大叔曰若四國何恐爲四鄰所笑子產曰非相違也而相從也言賂以邑欲爲和順四國何尤焉鄭書有之鄭國史書曰安定國家必大焉先先和大族而後國家安○必大焉先並如字姑先安大以待其所歸要其成也既伯石懼而歸邑卒與之卒終也伯有既死使大史命伯石爲卿辭大史退則請命焉請大史更命己復命之又辭如是三乃受策。入拜子產是以惡其爲人也

惡其虛飾○復扶又反三息暫反又如字策初革反惡為路反注同使次己位畏其作亂故寵之子產使都鄙有章國都及邊

鄙車服尊卑各有分部○分扶運反上下有服公卿大夫服不相踰田有封洫封疆也洫溝也洫況域反疆居良反廬井有伍

廬舍也九夫為井使五家相保大人之忠儉者謂卿大夫○大人之忠儉者本或作大大夫者非從而與之泰侈者因而

斃之因其。罪而斃踣之○踣蒲比反豐卷將祭請田焉弗許田獵也○卷卷勉反徐居阮反曰唯君用鮮鮮野獸

衆給而已衆臣祭以芻豢為足○芻初俱反豢音患牛羊曰芻犬豕曰豢子張怒子張豐卷退而徵役召兵欲攻子產子產

奔晉子皮止之而逐豐卷豐卷奔晉子產請其田里請於公不。役。入三年而復之反其

田里及其入焉田里所收入從政一年輿人誦之曰取我衣冠而褚之褚。畜也奢侈者畏法故畜

藏○褚張呂反畜勑六反又許六反本又作稸同取我田疇而伍之孰殺子產吾其與之並畔為疇○並蒲杏反又

蒲頂反及三年又誦之曰我有子弟子產誨之我有田疇子產殖之殖生也○殖時力反徐是

吏反此協下韻子產而死。誰其嗣之嗣續也傳言鄭所以興

經三十有一年春王正月○夏六月辛巳公薨于楚宮公不居先君之路寢而安所樂失其所也○樂

音洛一音岳一音五教反又○秋九月癸巳子野卒不書葬未成君○己亥仲孫羯卒○冬十月滕

子來會葬諸侯會葬非禮○癸酉葬我君襄公○十有一月莒人弑其君密。州。不稱弑者主名

君無道也○弒申志反

傳三十一年春王正月穆叔至自會澶淵會還見孟孝伯語之曰趙孟將死矣其語偷不似民主偷苟且○語之魚據反下吾語諸同偷他侯反且年未盈五十而諄諄焉如八九十者弗能久矣成二年戰於鞌趙朔已死於是趙文子始生至襄三十年會澶淵蓋年四十七八故言未盈五十○諄徐之閏反或一音之純反若趙孟死爲政者其韓子乎韓子韓起吾子盍與季孫言之可以樹善君子也言韓起有君子之德今方知政可素往立善○盍戶獵反晉君將失政矣若不樹焉使早備魯使韓子早爲魯備既而政在大夫韓子懦弱大夫多貪求欲無厭齊楚未足與也魯其懼哉孝伯曰人生幾何誰能無偷朝不及夕將安用樹穆叔出而告人曰孟孫將死矣吾語諸趙孟之偷也而又甚焉言朝不及夕偷之甚也○懦乃亂反厭於鹽反人生幾何居豈反本或作民生无幾何朝如字注同又與季孫語晉故如與孟孫言季孫不從及趙文子卒在昭元年晉公室卑政在侈家韓宣子爲政不能圖諸侯魯不堪晉求讒慝弘多是以有平丘之會平丘會在昭十三年晉人執季孫意如○慝他得反

○齊子尾害閭丘嬰欲殺之使帥師以伐陽州陽州魯地我問師故魯以師往問齊何故伐我夏五月子尾殺閭丘嬰以說于我師言伐魯者嬰所爲也伐陽州不書不成伐○說如字工僂灑渻竈孔虺

賈寅出奔莒四子嬰之黨○僂力侯反灑所蟹反舊所綺反湝生領反徐本作省所幸反一音息井反一音銷𤴓許鬼反出羣公子爲昭十年欒高之難復羣公子起本○難乃旦反○公作楚宮適楚好其宮歸而作之○好呼報反穆叔曰大誓云民之所欲天必從之今尚書大誓亦無此文故諸儒疑之○大音泰本亦作泰

疏注今尚至疑之○正義曰今尚書大誓謂漢魏諸儒馬融鄭玄王肅等所注者也自秦焚詩書漢初求之尚書唯得二十八篇故大常孔臧與孔安國書云尚書二十八篇前世以爲放二十八宿都不知尚書有百篇也在後又得僞大誓一篇通爲二十九篇漢魏以來未立於學官馬融尚書傳序云大誓後得案其文似若淺露又春秋引大誓曰民之所欲天必從之國語引大誓曰朕夢協朕卜襲于休祥戎商必克孟子引大誓曰我武惟揚侵于之疆則取于凶殘我伐用張于湯有光孫卿引大誓曰獨夫紂禮記引大誓曰予克紂非予武惟朕文考無罪紂克予非朕文考有罪惟予小子無良今之大誓皆無此言吾見書傳多矣所引大誓而不在大誓者甚衆不復悉記略舉五事以明之亦可知已王肅亦云大誓近非本經是諸儒疑之也杜氏在晉之初亦未見真本及江東晉元帝時其豫章內史梅賾始獻孔安國所注古文尚書其內有泰誓三篇記傳所引大誓其文悉皆有之

君欲楚也夫故作其宮若不復適楚必死是宮也六月辛巳公薨于楚宮叔仲帶竊其拱璧拱璧公大璧○夫音扶復扶又反拱九勇反以與御人納諸其懷而從之由是得罪得罪謂魯人薄之故子孫不得志於魯立胡女敬歸之子子野胡歸姓之國敬歸襄公妾次于季氏秋九月癸巳卒毀也過哀毀以致滅性○瘠在亦反○己亥孟孝伯卒終穆叔言立敬歸之娣齊歸之子公子裯齊謚裯昭公名○娣大計反齊歸如字注同裯直由反穆叔不欲曰大子死有

母弟則立之無則長立立庶子則以年○長丁丈反年鈞。擇賢義鈞。則卜古之道也先人事後卜筮

也。義鈞謂賢等非適嗣。何必娣之子言子野非適嗣○適丁歷反且是人也居喪而不哀在慼而有

嘉容是謂不度不度之人鮮不爲患若果立之必爲季氏憂武子不聽卒立之

比及葬三易衰。衰衽如故衰。言其嬉戲無度○鮮息淺反比及必利反一本無及字三如字又息暫反衰本又作縗亦作𧘝同七

雷反下同衽而甚反徐而鴆反裳下也嬉許其反疏。衽○正義曰喪服注云衽爲兩燕尾凡用布三尺五寸上正一尺兩燕尾衺裹裁二尺五寸下廣四

寸綴於身旁所以掩裳際也於是昭公十九年矣猶有童心君子是以知其不能終也爲昭二十

五年公孫於齊。傳○冬十月滕成公來會葬惰而多涕惰不敬也○惰徒臥反涕他禮反子服惠伯曰

滕君將死矣怠於其位而哀已甚兆於死所矣有死兆能無從乎爲昭三年滕子卒傳○癸

酉葬襄公公薨之月子產相鄭伯以如晉晉侯以我喪故未之見也子產使盡

壞其館之垣而納車馬焉士文伯讓之曰敝邑以政刑之不脩寇盜充斥充滿斥見

言其多○相息亮反盡子忍反壞音怪下皆同館古亂反字從食字林云容舍也旁作舍非垣音袁牆也斥見賢遍反無若諸侯之屬辱

在寡君者何是以令吏人完客所館館舍也○令力呈反下注同完音丸高其閈閎。閎門也○閈戶旦反說文

云閭也汝南平輿縣里門曰閈沈云閉也閎獲耕反杜云門也爾雅云衡門謂之閎是也爾雅又云所以止扉謂之閎然爾雅本止扉之名或作閣字讀者因

改左傳皆作各音案下文云門不容車此云高其閈閎俱謂門耳於義自通無爲穿鑿疏。高其閈閎○正義曰說文云閈門也汝南平輿里門曰閈釋宮云衖門謂之閎李巡曰衖頭門也然則閈閎皆。門名言高爲其門耳厚其牆垣以無憂客使○無令客使憂寇盜使所吏反注同今吾子壞之雖從者能戒其若異客何以敝邑之爲盟主繕。完。葺。牆葺覆也○從才用反下實從同葺侵入反徐音集一音子入反謂以草覆牆疏繕完葺牆○正義曰周禮匠人有葺屋瓦屋瓦屋以瓦覆葺屋以草覆此云葺牆謂草覆牆也以待賓客若皆毀之其何以共命寡君使句。請命請問毀垣之命○共音恭句本作丐古害反士文伯名也今傳本皆作句字或作丐字釋例亦然解者云士伯是范氏之族不應與范宣子同名作丐是也案士文伯字伯瑕又春秋時人名字皆相配楚令尹陽丐字子瑕郎與文伯名字正同又鄭有駟乞字子瑕句與乞義同則作句者是又案魯有仲嬰齊是莊公之孫又有公孫嬰齊是文公之孫仲嬰齊於公孫嬰齊爲從祖同時同名鄭有公孫段字子石又云伯石印段字伯石傳又謂之二子石然印段即公孫段從父兄弟之子尚同名字伯瑕與宣子何嫌同乎疏寡君使句○正義曰句士文伯名也晉宋古本及釋例皆作。丐俗本作句此士文伯是范氏之別族不宜與范宣子同名今定本作句恐非對曰以敝邑褊小介於大國介閒也誅求無時誅責也是以不敢寧居悉索敝賦以來會時事隨時來朝會○索所白反一音悉各反逢執事之不閒而未得見又不獲聞命未知見時不敢輸幣亦不敢暴露其輸之則君之府實也非薦陳之不敢輸也薦陳猶獻見也○閒音閑見賢遍反下及注同暴步卜反下同其暴露之則恐燥濕之不時而朽蠹以重敝邑之罪僑聞文公之爲

盟主也僑子產名文公晉重耳○燥素早反蠹丁故反蟲也以重直用反下重罪同僑其驕反重耳直龍反敗宮室卑庳。無觀臺

樹以崇大諸侯之館館如公寢庫廄繕脩司空以時平易道路易治也○庳音婢亦音卑觀古亂反樹音謝本亦作謝土高曰臺有木曰樹廄九又反易以豉反注同疏無觀臺樹○正義曰釋宮云四方而高曰臺有木者謂之樹李巡曰臺上有屋謂之樹然則臺樹皆高可升之以觀望言無觀望之臺樹也○如公寢○正義曰言往前文公之客館如今日晉君之路寢也館圬人以時塓。

館宮室圬人塗者塓塗也○圬本作污同音烏塓莫歷反疏圬人至宮室○正義曰釋官云鏝謂之杇李巡曰鏝一名杇塗工作具也郭璞云泥鏝也然則圬是塗之所用因謂泥牆屋之人爲圬人塓亦泥也使此泥屋之人以時泥塗客館之宮室也諸侯賓至甸設庭燎庭燎設火於庭○甸徒遍反燎力妙反徐力遙反○一音力弔反庭燎大燭疏庭燎○正義曰郊特牲云庭燎之百由齊。桓公始也鄭玄云僭天子也庭燎之差公蓋五十侯伯子男皆三十僕人巡宮巡宮行夜○行下孟反下巡行同車馬有所有所處賓從有代代客役巾車脂

轄巾車主車之官○巾車如字劉昌宗周禮音居覲反轄戶瞎反隸人牧圉各瞻其事瞻視客所當得○瞻之廉反百官之

屬各展其物展陳也謂羣官各陳其物以待賓公不留賓而亦無廢事賓得速去則事不廢憂樂同之事

則巡之巡行也○樂音洛教其不知而恤其不足賓至如歸無寧菑患言見遇如此寧當復有菑患邪

無寧寧也○菑音災復扶又反不畏寇盜而亦不患燥濕。今銅鞮之宮數里銅鞮晉離宮○鞮丁兮反數所主反

而諸侯舍於隸人舍如隸人舍門不容車而不可踰越門庭之內迫迮又有牆垣之限○迮側百反疏注門

庭之內迫迮○正義曰知非館門卑小不得容車而云門庭之內迫迮者以傳稱舍於隸人明院宇迮小也盜賊公行而夭厲不戒厲猶災也言水潦無時○潦音老賓見無時命不可知若又勿壞是無所藏幣以重罪也敢請執事將何以命之問晉命己所止之宜○見賢遍反雖君之有魯喪亦敝邑之憂也言鄭與魯亦有同姓之憂若獲薦幣薦進也脩垣而行行去也君之惠也敢憚勤勞文伯復命反命於晉君趙文子曰信信如子產言我實不德而以隸人之垣以贏諸侯贏受也贏音盈○疏注贏受也○正義曰賈服王杜皆讀爲盈盈是滿也故皆訓爲受是吾罪也使士文伯謝不敏焉晉侯見鄭伯有加禮禮加敬厚其宴好而歸之乃築諸侯之館叔向曰辭之不可以已也如是夫子產有辭諸侯賴之若之何其釋辭也詩曰辭之輯矣民之協矣辭之繹矣民之莫矣詩大雅言辭輯睦則民協同辭說繹則民安定莫猶定也○好呼報反如是夫音扶讀者亦以夫爲下句首輯音集又七入反繹本又作懌音亦說音悅其知之矣謂詩人知辭之有益○鄭子皮使印段如楚以適晉告禮也得事大國之禮○莒犂比公生去疾及展輿犂比莒子密州之號○犂力私反或音力兮反比音毗去起呂反輿音餘本又作與音同既立展輿又廢之立以爲世子犂比公虐國人患之十一月展輿因國人以攻莒子弒之乃立展輿立爲君○弒之乃立弒音試本或作乃自立者誤去疾奔齊齊出也母齊女也展輿吳出也爲明年奔吳傳書曰莒人弒其

君買朱鉏。買朱鉏密州之字○鉏仕居反言罪之在也罪在鉏也傳始例中明君臣書弒今者父子故復重明例○復扶又反重直用
反○吳子使屈狐庸聘于晉狐庸巫臣之子也成七年適吳爲行人○屈君勿反狐音胡通路也通吳晉之路趙
文子問焉曰延州來季子其果立乎延州來季札邑【疏】延州來季札邑○正義曰釋例土地名延州來闕不知其處則
杜謂延州來三字共爲一邑服虔云延延陵也州來邑名季子讓王位升延陵爲大夫食邑州來傳家通言之案傳文謂之延陵季子則是延陵與州來必不
得爲一但不知何以呼爲延陵耳或延陵亦是邑名蓋並食二邑故連言之巢隕諸樊在二十五年○隕于敏反閽戕戴吳在二十五。
年戴吳餘祭○閽音昏戕在良反祭側界反天似啓之何如對曰不立是二王之命也非啓季子也
若天所啓其在今嗣君乎嗣君謂夷昧。甚德而度德不失民民歸德度不失事審事情民
親而事有序其天所啓也有吳國者必此君之子孫實終之季子守節者也雖
有國不立言其三兄雖欲傳國與之終不肯立○傳直專反○十二月北宮文子相衛襄公以如楚文子
北宮。佗襄公獻公子○相息亮反宋之盟故也晉楚之從交相見也過鄭印段廷勞于棐。林如聘禮而以
勞辭用聘禮而用郊勞之辭○過五禾反廷于況反勞力報反下及注同棐芳尾反本又作斐文子入聘報印段子羽爲行人
馮簡子與子大叔逆客逆文子事畢而出言於衛侯曰鄭有禮其數世之福也其
無大國之討乎詩云誰能執熱逝不以濯詩大雅濯以水濯手數所主反濯直角反○禮之於政如

熱之有濯也濯以救熱何患之有○此以上文子辭上時掌反子產之從政也擇能而使之

馮簡子能斷大事子大叔美秀而文其貌美其才秀斷丁亂反下同○公孫揮能知四國之爲

知諸侯所欲爲而辨於其大夫之族姓班位貴賤能否而又善爲辭令裨諶能謀謀於

野則獲得所謀也○裨婢支反諶市林反謀於邑則否此才性之敝鄭國將有諸侯之事子產乃問

四國之爲於子羽且使多爲辭令與裨諶乘以適野使謀可否而告馮簡子使

斷之事成乃授子大叔使行之以應對賓客是以鮮有敗事北宮文子所謂有

禮也傳跡子產行事以明北宮文子之言○乘繩證反鮮息淺反○鄭人游于鄉校鄉之學校○校戶孝反下同鄭國謂學爲校

以論執政論其得失然明謂子產曰毀鄉校何如患人於中謗議國政○謗布浪反疏鄉校○正義曰詩序云子

衿刺學校廢是校爲學之別名子產曰何爲夫人朝夕退而游焉以議執政之善否其所善者

吾則行之其所惡者吾則改之是吾師也若之何毀之我聞忠善以損怨爲忠善則

怨謗息○夫音扶下並注同朝直遙反舊如字惡烏路反又如字不聞作威以防怨欲毀鄉校即作威豈不遽止然猶

防川遽畏懼也遽其據反○大決所犯傷人必多吾不克救也不如小決使道道通也○道音導注

同不如吾聞而藥之也以爲己藥石疏不如至之也正義曰言不如不毀鄉校使人游處其中聞謗我之政者而即改焉以爲我

之藥石也然明曰蔑也今而後知吾子之信可事也小人實不才若果行此其鄭國實賴之豈唯二三臣仲尼聞是語也曰以是觀之人謂子產不仁吾不信也仲尼以二十二年生於是十歲長而後聞之○長丁丈反【疏】注仲尼至聞之○正義曰公羊傳於二十一年下云十。有。一月庚子孔子生穀梁傳於二十一年十月之下云庚子孔子生二十一年賈逵注經云此言仲尼生哀十六年夏四月己丑卒七十三年昭二十四年服虔載賈逵語云是歲孟僖子卒。屬其子使事仲尼仲尼時年三十五定以孔子為襄二十一年生也孔子世家云魯襄公二十二年而孔子生年七十三魯哀公十六年夏四月己丑卒杜此注從史記也

○子皮欲使尹何為邑為邑大夫子產曰少未知可否尹何年少○少詩照反注同子皮曰愿。吾愛之不吾叛也愿謹善也。○愿音願【疏】不吾叛也○正義曰謂尹何也劉炫云叛違也欲令子產不於我有違得使尹何為邑也使夫往而學焉夫亦愈知治矣夫謂尹何○治直吏反下注之治同【疏】夫亦愈知治矣○正義曰病差謂之愈言不能之病愈知治必速也劉炫云尹何比未解治邑以為己病今若遣往學治邑之病差自然以後知治邑矣

今吾子愛人則以政以政與之猶未。能操刀而使割也其傷實多多自傷○操七刀反其傷實多一本作其傷多子之愛人傷之而已其誰敢求愛於子子於鄭國棟也棟折榱崩僑將厭焉敢不盡言子有美錦不使人學製焉製裁也○棟丁弄反榱所追反椽也厭本又作壓於甲反徐於輒反下同製音制大官大邑身之所庇也而使學者製焉其為美錦不亦多乎言官邑之重多於美錦○所庇

必利反又音祕僑聞學而後入政未聞以政學者也若果行此必有所害譬如田獵射御貫則能獲禽貫習也○貫古患反若未嘗登車射御則敗績厭覆是懼何暇思獲子皮曰善哉虎不敏吾聞君子務知大者遠者小人務知小者近者我小人也衣服附在吾身我知而慎之大官大邑所以庇身也我遠而慢之慢易也○覆芳服反易以豉反微子之言吾不知也他日我曰子爲鄭國我爲吾家以庇焉其可也今而後知不足自知謀慮不足謀其家自今請雖吾家聽子而行子產曰人心之不同如其面焉吾豈敢謂子面如吾面乎抑心所謂危亦以告也子皮以爲忠故委政焉子產是以能爲鄭國傳言子產之治乃子皮之力○衛侯在楚北宮文子見令尹圍之威儀言於衛侯曰令尹似。君矣將有他志言語瞻視行步不常【疏】令尹似君矣○正義曰言令尹威儀已是國君之容矣服虔云言令尹動作。以君儀故云以君矣服言以君儀者明年傳云二執戈者前矣是用君儀也俗本作似君若云似君不須言矣今定本亦作。似。君恐非雖獲其志不能終也詩云靡不有初鮮克有終終之實難令尹其將不免公曰子何以知之對曰詩云敬慎威儀惟民之則令尹無威儀民無則焉民所不則以在民上不可以終公曰善哉何謂威儀對曰有威而可畏謂之威有儀而可象謂之儀君有君之威儀其臣畏而愛之則而象之故能有其國家令聞長世臣有臣之威儀其下畏而愛之故能守其官職保族宜家順是以下皆如是是以上下能相固也衛詩曰威儀棣棣。不可選也詩邶風棣棣富而。閑也選數也○鮮息淺反令聞音問本亦作問衛詩此邶詩刺衛頃公故曰衛詩棣棣本又作逮直待反選息兖反注同數所主反下文同言君臣上下父子兄弟內外大小皆有威儀也周詩曰朋友攸攝攝以威儀詩大雅攸所也攝佐也言朋友之道必相教訓以威儀也周書數文王之德逸書曰大國畏其力小國懷其德言畏而愛之也詩云不識不知順帝之則言則而象之也大雅又言文王行事無所斟酌唯在則象上天○斟之林反疏曰大至其德○正義曰尚書武成篇。曰大國以威加小國以德撫故大畏力小懷德也○不職至之也○正義曰不識不知謂不妄斟酌以為識知唯順天之法則是言則而象之謂文王法則放象上天而行下傳覆此謂天下則象文王也不同者謂文王能則象於天故天下亦則象文王也紂囚文王七年諸侯皆從之囚紂於是乎懼而歸之可謂愛之文王伐崇再駕而降為臣文王聞崇德亂而伐之三旬不降退脩教而後伐之因壘而降○降戸江反復扶又反疏紂囚文王七年○正義曰傳言因文王七年文王必七年為囚矣尚書無逸云文王受命唯中身厥享國五十年則文王在位歷年多矣未知何時被囚也。周本紀稱紂囚西伯於羑里閎夭之徒求美女美寶而獻之紂紂大說乃赦西伯賜之弓矢使之得征伐其下乃云虞芮爭獄俱讓而去諸侯聞之曰西伯受命之君也如馬遷所云虞芮質獄之前被囚也尚書傳稱文王一年質虞芮二年伐。邘三年伐密須四年伐犬夷紂乃囚之四友獻寶乃得免於虎口出而伐者鄭玄尚書注據書傳爲說云紂聞文王斷虞芮之訟後又三伐皆勝始畏而惡之拘於羑里紂得散宜生等獻寶而釋文王文王釋而伐黎以爲四年囚之五年釋之卽如所言被囚不盈一年此傳不得言紂囚文王七年也文王既已改元而又專伐諸國是則反形已露雖紂之愚非寶貨所能釋也馬遷之言當得其實在質虞芮之前因之故囚之得七年也蠻夷帥服可謂畏之文王之功天下誦而歌舞之可謂則之文王之行至今爲法可謂象之有威儀也故君子在位可畏施舍可愛進退可度周旋可則容止可觀作事可法德行可象聲氣可樂動作有文言語有章以臨其下謂之有威儀也○行下孟反下同樂音洛又音岳

附釋音春秋左傳注疏卷第四十

春秋左傳注疏卷四十校勘記　　阮元撰盧宣旬摘錄

附釋音春秋左傳注疏卷第四十　襄三十年盡三十一年

（經三十年）

天火曰灾　宋本淳熙本纂圖本明翻岳本閩本監本毛本灾作災

共姬從夫諡也　宋本明翻岳本毛本諡作謚非

據傳子晳伐伯有　閩本監本毛本晳誤晢

宋灾故石經宋本淳熙本纂圖本明翻岳本毛本灾作災石經故下後人增也字非也

杜此注故以唯言惡宋人　宋本監本毛本故作何是也

以傳云書曰某人某人　浦鏜正誤云某人下脫會于澶淵四字山井鼎云某作厶俗字也

（傳三十年）

穆叔問王子之爲政何如　釋文作問王子圍之爲政云一本無圍字案石經此行重刻疑初刊有圍字也

王子之爲政　宋本此節正義在注文故穆叔問之下

子蕩將與焉　石經宋本淳熙本纂圖本明翻岳本閩本監本毛本作蕩此本誤湯今訂正

三月癸未石經宋本淳熙本明翻岳本足利本三作二不誤

有與疑年石經有與一行九字初刻有字下有兩字後刊去刻與字

有與至之年宋本此節正義起至注以役孤老故止總入勉事之而後可注下

得甲子甲戌纂圖本閩本監本毛本戌作戊亦非宋本淳熙本明翻岳本作戌是也

吏走問諸朝釋文作使案正義曰俗本吏作使

魯叔仲惠伯會郤成子于承匡之歲也石經仲字起承字止此行九字惠伯會郤四字係改刊

晉人之言宋本之作所

併三六爲身閩本監本毛本六誤人

然則二萬二千六百有六旬也淳熙本明翻岳本足利本二千作六千與石經合按正義本同

爲一十四年宋本閩本監本毛本一作七是也

得二萬六千一百四十五日也宋本閩本監本毛本一作六不誤

所以少三日者宋本三作二

辯其夫家人民淳熙本明翻岳本辯作辨案周禮作辨

田來之數　宋本來作萊不誤閩本監本毛本作畝非也

蓋以居在絳邑　閩本監本毛本居作車非是

其庸可婾乎　纂圖本婾誤偷

蔡景侯爲大子般娶于楚　石經此處刓缺顧炎武云娶誤作聚所據謬刻也釋文于作於

單公子愆期爲靈王御士　石經期誤旗

烏乎必有此夫　石經宋本淳熙本乎作呼釋文作嗚呼云本又作烏乎

不殺必害　石經必下有爲字非也

或叫于宋大廟曰譆譆出出　宋本明翻岳本叫作叫釋文同石經作叫惠棟云叫說文引作訆云大呼也傳遜曰說文云譆痛也案說文誒可惡之辭引傳云誒誒出出从言矣聲譆痛也从言喜聲蓋許意謂左作誒誒即譆譆之假借字也其所見左氏作誒與他家作譆者異耳鄭氏周禮注引作譆譆詒詒釋文云一本無大字

烏鳴于亳社　宋本以下正義四節總入婦義事也注下

大及人　閩本監本毛本大作火

鄭玄昏禮注云　宋本玄作云

聚禾粟石經及諸本作禾此本誤木今訂正

大夫敖釋文云敖本亦作傲服本作放案正義云言大夫驕敖也服虔云言大夫淫放則服本爲大夫放矣故今俗本多爲放字

其君弱植宋本以下正義二節總入能無亡乎節注下

植爲樹立宋本爲作謂

則又將使子皙如楚閩本監本皙作晳非也下同

伯有汰侈故不免石經此處刓缺宋本淳熙本明翻岳本汰作汏是也注同釋文亦作汏

就直助彊閩本監本彊作疆非也下及注同

今三家未能伯有方爭宋本淳熙本纂圖本明翻岳本足利本能下有則字

壬寅子產入淳熙本入誤人

閽子皮之甲不與攻己也淳熙本甲誤申

子皮與伐矣石經宋本淳熙本纂圖本明翻岳本閩本監本毛本伐作我是也

駟帶追之石經駟作四顧炎武云石經駟誤四是也

注降婁至天明宋本以下正義二節總入子皮以公孫鉏爲馬師注下

而規杜失毛本失誤矣監本初亦作矣後刊去厶

以衡反之宋本閩本監本毛本作衡此本誤衝今改正

歲星十二年而一歲宋本淳熙本纂圖本明翻岳本足利本一歲作一終是也

娵訾營室東壁宋本淳熙本纂圖本明翻岳本閩本監本毛本壁作壁是也

故因名云宋本云下有也字

楚公子圍殺大司馬蒍掩而取其室石經宋本蒍作薳

蒍掩二十五年爲大司馬宋本蒍作薳

佗北宮之子纂圖本監本毛本宮下有結字閩本初刻無後擠刊宋本淳熙本明翻岳本足利本結作括是也

又曰淑慎爾止無載爾僞注云逸詩案陳樹華云又曰二字即承上而言似皆屬大雅之文梁履繩云廾一年傳詩曰優哉游哉聊以卒歲杜云詩小雅正義曰此采菽之篇彼詩云優哉游哉亦是戾矣與此不同者蓋師讀有異是可取以爲證

宋災故尤之也石經宋災上有爲字按此左氏援引聖經斷不妄增一字石經凡若此等皆唐時濫惡之本名儒所不窺者而板本轉相傳不誤也

戌爲正卿宋本正作政

而以求才合諸侯宋本淳熙本纂圖本明翻岳本閩本監本毛本才作財是也下同

注傳云至同文宋本此節正義在諱之也注下監本云作文非也

諸侯不歸宋才宋本閩本監本毛本才作財不誤

諸大夫許而不歸足利本諸下有侯字非

言成猶在我非在他也宋本淳熙本無也字

乃受策入拜石經淳熙本策作筞釋文作筴

使次己位石經宋本明翻岳本已作己是也

大人之忠儉者石經初刻夫後改人釋文云本或作大夫者非

因其罪而斃踣之宋本淳熙本纂圖本明翻岳本足利本其下有有字是也

請於公不役入明翻岳本足利本役作沒陳樹華云十一年傳云以其役邑入者無征可證閩本監本毛本入作人非也

取我衣冠而褚之案呂覽樂成篇作貯之元應書引同盧文弨云周禮廛人注褚藏釋文云褚本作貯又作褚

褚畜也纂圖本畜作蓄釋文作稸云本又作畜同

子產而死誰其嗣之案呂覽樂成篇而作若李善東都賦注潘安仁關中詩注褚淵碑文注引並作若

〔經三十一年〕

莒人殺其君密州 案傳作買朱鉏段玉裁云與密州音相同左傳經自作買朱鉏疑後人以公穀之經易此

〔傳三十一年〕

人生幾何 漢書引傳作民生幾何釋文同云本或作民生無幾何案臧琳云陸本與漢志正同當從之本或作無幾何無衍字也

湝寵 諸本作湝釋文云徐本作省

大誓云 釋文云大本亦作泰案尚書撰異云大誓與大誥之大同音泰者非據正義引顧彪說則作泰誓尚在彪以前非衞包始改

注今尚至疑之 宋本此節正義在由是得罪注下

戎商必克 閩本監本毛本戎作伐誤也

略舉五事以明之 閩本監本毛本舉改引

大誓近非本經 段玉裁據書正義近下增得字非下增其字

而從取之 石經初刻而從誤倒後改正

胡歸姓之國 淳熙本姓作子

年鈞擇賢義鈞則卜 閩本監本毛本鈞誤均注同

非適嗣釋文亦作適石經初刻作嫡後改從適纂圖本閩本監本毛本作嫡非也

三易襃襃衽如故襃史記漢書五行志引亦作襃石經初刻並作褑後改襃釋文作褑云本又作䙬亦作襃字按䙬正字也襃假借字也褑俗字也

衽宋本此節正義在於是昭公十九年矣注下

公孫於齊傳閩本監本傳誤傅

子產使盡壞其館之垣釋文云館字從食字林云客舍也旁或作舍非

高其閈閎釋文云閎或作閣字案爾雅釋宮郭注引作高其閈閣釋文云云郎郭氏所據本也今本爾雅注作閎者乃後人所改

閎門也後漢書馬援傳注引杜氏左傳注閈閎門也此但解閎疑有脫

高其閈閎宋本以下正義九節總入其知之矣注下

然則閈閎皆門名宋本皆下有是字是也

繕完葺牆李涪刊誤云繕完葺三字於文爲繁當是繕字葺牆以書之峻字雕牆爲比段玉裁云古三字重疊者時有安可以今人文法繩之下文無觀臺榭豈非三字重疊耶況此篇因壞垣屬辭士文伯誇垣之好不應見毁添設宇字則無謂矣

寡君使匄請命明翻岳本匄作匃釋文作丐正義云晉宋古本及釋例皆作丐俗本作匄此士文伯是范氏之别族不宜與范宣子同名今定

本作匃恐非據此則正義本作丐字也

皆作丐 宋本丐字則作丐字按作丏則當彌兗切作匃則古代切而丐則匃之俗體耳

宮室卑庳 纂圖本庳誤庳張載魏都賦注引作埤案說文庳中伏舍从广卑聲一曰屋庳或讀若逋此則當作庳爲正

圬人以時塓館宮室 張載魏都賦注引塓作冪按廣雅作摸而塓摸冪皆說文所無說文秖有幎字圬人塗塈義出於此釋文圬作汚云本又作圬

由齊相公始也 宋本監本毛本相作桓按作相避諱也

今銅鞮之宮數里 纂圖本今誤合鞮誤鍉閩本監本毛本亦誤作鍉注同

而天厲不戒 石經宋本淳熙本纂圖本明翻岳本天厲作天癘毛誼父六經正誤云天癘不戒注疏及臨川本作天地之天興國本監本作天闕之天案杜氏注云癘猶災也言水潦無時據此義則當作天地之天然經有言癘疫天札則天癘亦不爲非陸粲附注云天厲者天之厲氣猶周官司救所謂天患陳樹華云毛氏未見石經故不能遽定哀元年傳云天有菑癘更是一證又按凡經典癘疾癘鬼字皆从广而轉寫傳刻多譌爲厲正之不可勝正

賈服王注 宋本注作杜是也

辭之繹矣 釋文繹本亦作懌案詩作懌俗字

展與立爲君 諸本作輿此作與因釋文又作之字而誤改也○今訂正

莒人弑其君買朱鉏 監本鉏誤組注同

成七年適吳爲行人 纂圖本監本毛本七誤十閩本作卜亦非

延州來季札邑 毛本延上有注字宋本此節正義在雖有國不立注下

在二十五年 宋本淳熙本纂圖本明翻岳本足利本五作九是也

嗣君謂夷昧 宋本明翻岳本昧作末字按依宋本作末則作昧之本亦當是左日右末非左日右未也

文子北宮佗 毛本佗誤陀

印段廷勞于棐林 釋文棐本又作斐石經此行改刊計九字

此才性之敝 明翻岳本足利本敝作蔽

鄉校 宋本以下正義三節總入吾不信也注下

夫人朝夕退而游焉 石經初刻脫朝字重刊增入此行計十一字纂圖本游作遊

十有一月庚子 孫志祖云案公羊經上文云十月庚辰朔則庚子爲十月二十一日十一月不得有庚子也釋文庚子孔子生傳文上有十月庚辰此亦十月也據此則古本公羊無十有一月四字有者後人妄增穀梁亦作十月蓋孔子以周之十月夏正八月二十一日生此作十有一月孔沖遠所據本已誤

蜀其子使事仲尼　宋本閩本監本毛本蜀作屬是也

愿吾愛之　石經初刻似作願改刊作愿

不吾叛也　宋本以下正義二節總入子產是以能爲鄭國注下

猶未能操刀而使割也　纂圖本未誤夫

令尹似君矣　石經宋本淳熙本纂圖本明翻岳本閩本監本毛本作似漢書五行志引傳亦作似正義曰服虔云言令尹動作以君儀故云以君矣俗本作似君矣按此條孔本作似君而正義詳引服注明當作以君極爲明晰

令尹似君矣　宋本以下正義四節總入謂之有威儀也之下

言令尹動作以君儀故云以君矣　王應麟引亦作以閩本監本毛本誤似

今定本亦作以之恐非　閩本監本毛本之作字宋本作似君恐非是也

令聞長世　釋文聞本亦作問李善魏都賦注景福殿賦注引並作問

威儀棣棣　釋文棣棣本又作逮逮案禮記孔子閒居作威儀逮逮

富而閑也　毛本閑作閒字按閒即嫺字之假借說文嫺雅也按毛傳作棣棣富而閑習也

尙書武成篇曰　宋本曰作也

大本紀宋本大作周不誤山井鼎云恐又字誤非也

二年伐邗宋本毛本邘作邗是也閩本作邢監本作刊

四年伐犬夷閩本監本毛本犬誤大

春秋左傳注疏卷四十校勘記